매튜 풀

청교도 성경주석

MATTHEW POOLE'S COMMENTARY

사도행전 · 로마서

정충하 옮김

역자 정충하

역자는 성균관대학교 경영학과와 합동신학원을 졸업했으며, 기독지혜사에서 편집부장을 역임했다. 지금은 경기도 가평에 소재한 새소망교회에서 목회하면서, 전문번역가로 활동하고 있다. 주요 역서로는 「신약신학」(요아킴 예레미아스), 「선지자 연구」(에드워드 J. 영), 「신약의 초석」(랄프 P. 마틴), 「모세오경」(존 H. 세일해머), 「요한계시록의 신학」(도날드 거스리), 「복음서의 난해구절 해석」(로버트 H. 스타인), 또한 매튜 헨리 주석(「사무엘상하」를 비롯하여 역사서 4권) 등이 있다.

청교도
성경주석

17

매튜 풀

청교도 성경주석

MATTHEW POOLE'S COMMENTARY

사도행전 · 로마서

정충하 옮김

SINCE 1984
크리스천
다이제스트

MATTHEW POOLE'S COMMENTARY

사도행전

서론

사도행전은 모든 그리스도인들에 의해 정경(正經)으로 받아들여짐과 함께 하나님의 말씀 안에서 빛나는 가장 찬란한 보석들 가운데 하나로 존중되어 왔다. 그것은 그리스도의 교회의 초창기 역사(歷史)를 다루면서, 교회를 향한 하나님의 놀라운 돌보심과 강력한 섭리를 보여 준다. 그것은 같은 저자(누가)가 기록한 복음서가 끝나는 곳에서 시작하며, 거룩한 사도들의 생애와 가르침과 관련한 모든 허구적인 이야기들을 논박하며 물리치는데 매우 유용하다. 분명 누가는 바울과 동행하며 직접 보고 들은 증인으로서, 그가 말하고 행한 것을 기록하기에 가장 적합한 사람이었다. 이 책의 대부분이 바울의 행적과 관련한 이야기인 것은 그가 다른 모든 사도들보다 더 많이 수고했기 때문이었다(고전 15:10). 이 책에는 사도들과 사도적 인물들에 의해 전파된 많은 설교들이 포함되어 있는데, 그러한 설교들은 대부분 우리 구주의 죽음과 부활과 승천, 그를 통한 하나님의 긍휼, 믿는 자들에게 주어지는 새로운 생명, 그리고 신자들이 어떻게 자신들의 신앙 고백과 소망에 합당한 삶을 살 것인가 하는 등의 우리 기독교의 가장 중요한 부분들을 다룬다. 이제 사도행전을 읽어 나가면서 우리 안에서 속삭이는 내적인 음성에 귀를 기울여보도록 하자.

제 1 장

개요

1. 그리스도께서 제자들에게 예루살렘을 떠나지 말고 성령의 오심을 기다리라고 명령하신 후 그들이 보는 가운데 하늘로 올라가심(1-9).
2. 두 천사가 그의 다시 오심을 예고함(10-11) .
3. 제자들이 돌아와 기도에 전념함(12-14).
4. 베드로가 유다의 빈자리를 채울 것을 제안하고, 그에 따라 제비뽑기를 통해 맛디아가 사도로 선택됨(15-26).

1. 데오빌로여 내가 먼저 쓴 글에는 무릇 예수께서 행하시며 가르치시기를 시작하심부터.

내가 먼저 쓴 글. 이것은 같은 저자가 기록한 복음서 즉 누가복음을 가리킨다. 데오빌로. 이것은 여디디야와 같은 이름으로서 "하나님이 사랑하는 자" 혹은 "하나님을 사랑하는 자"를 의미한다. 이 사람이 누구인지는 확실하지 않다. 어떤 학자들은 이 이름을 보통명사적으로 취하기도 한다. 그러나 누가복음 1:3에서 그에게 "각하"라는 칭호가 주어진 것을 감안할 때, 그는 매우 높은 신분의 사람이었음이 분명하다. 왜냐하면 그것은 더둘로가 베스도를 부를 때와 천부장 루시아가 벨릭스에게 문안할 때 사용한 것과 동일한 칭호였기 때문이다(행 24:3; 23:26). 하나님이 부르신 자들 가운데 높은 신분의 사람들이 그다지 많지는 않았지만, 어쨌든 하나님은 자신의 은혜를 모든 종류의 사람들에게 펼치신다. 무릇 예수께서 행하시며 가르치시기를 시작하심부터. "예수께서 행하시며 가르치신" 것이 바로 복음의 총체이다. 설령 우리 구주께서 말씀하시고 행하신 모든 것을 다 기록할 수는 없었다 하더라도, 누가는 교회가 알아야 할 필요가 있는 것을 "기록되지 않은 전승"으로 남겨질 여지를 남기지 않고 빠짐없이 신실하게 기록했다(요 21:25).

2. 그가 택하신 사도들에게 성령으로 명하시고 승천하신 날까지의 일을 기록하였노라.

그가 승천하신 날. 즉 그가 하늘로 취하여져 올라간 날. 바로 이것이 그의 "먼저 쓴 글"(누가복음)과 "이 글"을 나누는 분기점이다. 그리고 그것은 그가 우리의 구원을 이루기 위해 얼마나 먼 길을 걸어왔는지를 보여 준다. 그가 택하신 사도들에게 성령으로 명하시고. 여기의 "성령으로"는 "명하시고"와 "택하신" 모두를 꾸밀 수 있다. 즉 그리스도는 성령으로 말미암아 택하신 사도들에게 성령으로 말미암아 명하셨다. 사도들은 하나님으로부터 메시지를 받고 그것을 전파하도록 — 특별히 온 세상에 복음을 전파하도록 — 성령으로 말미암아 세움을 받았다(마 28:19). 또 그들은 성령께서 임하실 때까지 예루살렘에 머물도록 명령받았다(눅 24:49).

3. 그가 고난 받으신 후에 또한 그들에게 확실한 많은 증거로 친히 살아 계심을 나타내사 사십 일 동안 그들에게 보이시며 하나님 나라의 일을 말씀하시니라.

그가 고난 받으신 후에 또한 그들에게 확실한 많은 증거로 친히 살아 계심을 나타내사. 그는 그들과 함께 먹고, 마시고, 말하고, 걸으셨다. 심지어 그들에게 자신의 상처를 보여 주시고, 그것을 만져보도록 하시기까지 하셨다. 또 하나님은 우리의 믿음을 강화시키기 위해 도마의 불신앙을 허락하셨다. 사십 일 동안 그들에게 보이시며. 그는 계속적으로가 아니라 자신이 기뻐할 때마다 간헐적으로 그렇게 하셨다. 그것은 그의 부활로부터 승천 때까지 계속되었다. 그리고 그 기간은 하나님이 시내산에서 스스로를 모세에게 나타내신 기간과 동일한 기간이었다. 그는 그 기간 동안 그들과 함께 머물기를 기뻐하셨다. 그리고 그렇게 함으로써 그는 자신의 인성(人性)과 부활의 사실을 좀 더 풍성하게 증명하고자 하셨다. 하나님 나라의 일을 말씀하시니라. 그는 천국에 대해, 승리한 교회 혹은 그의 지상 나라에 대해, 전투하는 교회에 대해, 그가 준비하실 미래의 행복에 대해, 그리고 그것을 얻기 위해 그들이 사용해야만 하는 수단들에 대해 말씀하셨다.

4. 사도와 함께 모이사 그들에게 분부하여 이르시되 예루살렘을 떠나지 말고 내게서 들은 바 아버지께서 약속하신 것을 기다리라.

사도와 함께 모이사. 그는 사도들을 한데 불러 모았다. 그들에게 분부하여 이르시되 예루살렘을 떠나지 말고. 만일 주님이 이렇게 분부하지 않았다면, 틀림없이 그들은 그의 피 냄새로 진동하는 예루살렘을 혐오했을 것이다. 그리스도는 자신의 영을 부을 장소로 예루살렘을 선택하셨다. 그는 자신이 수치를 당한 바로 그 장소에서 자신의 영광을 나타내고자 하셨다. 또 그곳은 그가 승천할 감람산에서 가까운 곳이었다. 이와 같이 그는 자신의 승천과 성령의 오심을 더 분명하게 나타내고자 하셨다. 그리고 그렇게 하여 이사야 2:3의 예언이 이루어지게 하셨다. 아버지께서 약속하신 것. 아버지께서 약속하신 것은 구주께서 아버지의 이름으로 약속하신 성령을 가리킨다(눅 24:49; 요 14:26). 그것은 단순히 "그 약속"으로 불리기도 하는데, 그것은 그 약속이 없이는 다른 약속들은 우리에게 아무 의미도 없기 때문이다.

5. 요한은 물로 세례를 베풀었으나 너희는 몇 날이 못되어 성령으로 세례를 받으리라 하셨느니라.

요한은 물로 세례를 베풀었으나. 마태복음 3:11을 참조하라. 물은 정결하게 하는 성격을 갖는다. 물은 어디에나 있으며 쉽게 갈 수 있다. 너희는 성령으로 세례를 받으리라. 오순절 날 사도들과 다른 모든 사람들에게 임한 그의 은혜와 은사들은 (1) 그들로 하여금 복음이 가르치는 것을 확신하도록 하기 위함이었으며 (2) 그들에게 주님의 명령에 순종하며 그가 맡겨준 사역을 감당할 수 있도록 능력을 입혀 주기 위함이었다. 그 일은 먼 훗날에 이루어질 일이 아니었다. 그의 승천으로부터 불과 열흘 후에 이루어질 일이었다. 그럼에도 불구하고 구주께서 그 날을 확실하게 지정하여 말씀하지 않은 것은 그들로 하여금 매일 깨어 있도록 하기 위함이었다.

6. 그들이 모였을 때에 예수께 여쭈어 이르되 주께서 이스라엘 나라를 회복하심이 이 때니이까 하니.

그들이 모였을 때에. 이것은 사도행전 1:15에 언급된 120명일 수도 있고, 고린도전서 15:6에 언급된 500명일 수도 있다. 주께서 이스라엘 나라를 회복하심이 이 때니이까?. 그들이 다 함께 이러한 질문을 한 것은 좀 더 확실한 대답을 듣기 위함이었다. 로마인들과 헤롯이 이스라엘 나라를 빼앗았다. 따라서 그들은 이스라엘 나라가 메시야에 의해 회복될 것으로 기대했다. 이와 관련하여 다니엘 7:27의 예언을 참조하라.

7. 이르시되 때와 시기는 아버지께서 자기의 권한에 두셨으니 너희가 알 바 아니요.

주님은 알 필요가 없는 것에 대해 호기심을 갖는 것으로 인해 그들을 꾸짖으신다. 주님은 그들이 알기를 원하는 것에 대해 대답하는 대신 그들이 마땅히 알아야만 하는 것에 대해 말씀하신다. 악인들이나 마귀들의 간구는 — 특별히 돼지 떼 안으로 들어가기를 간구했던 마귀들의 경우처럼 — 때로 그들이 원하는 대로 허락된다. 그러나 그리스도의 제자들의 기도는 그들에게 가장 유익한 방법으로 응답된다. 설령 그들이 원하는 바와 부합되지 않는 것처럼 보인다 하더라도 말이다. 때와 시기는 너희가 알 바 아니요. 어떤 은혜는 오랜 시간이 지연된 후 주어지기도 한다. 아버지께서 자기의 권한에 두셨으니. 이와 같이 그리스도는, 특별히 우리를 위한 중보자로서, 모든 것을 만유의 근원인 아버지에게 돌린다.

8. 오직 성령이 너희에게 임하시면 너희가 권능을 받고 예루살렘과 온 유대와 사마리아와 땅 끝까지 이르러 내 증인이 되리라 하시니라.

오직 성령이 너희에게 임하시면 너희가 권능을 받고. 성령이 임할 때까지, 제자들은 아무런 권능도 받지 못한다. 베드로가 주님을 세 번 부인한 것이나 다른 제자들이 그를 버리고 도망친 것에 잘 나타나는 것처럼, 그들의 권능은 그들 자신의 강함으로 말미암는 것이 아니라 하나님의 은혜로 말미암는다. 내 증인이 되리라. 진실로 나는 약속된 메시야니라. 너희는 나의 생애와 죽음과 부활과 승천과 내가 가르친 모든 것을 온 세상에 말과 거룩한 행실과 이적을 행함으로 증언할 것이라. 예루살렘과 온 유대와 사마리아. 그들의 증언을 반대하며 대적할 모든 곳. 여기의 말씀은 한편으로 사도들이 행해야만 하는 일을 말한 명령이면서, 다른 한편으로 그들이 그렇게 행할 수 있게 될 것이라는 예언이다.

9. 이 말씀을 마치시고 그들이 보는데 올려져 가시니 구름이 그를 가리어 보이지 않게 하더라.

마가복음 16:19과 누가복음 24:51을 참조하라. 모든 것이 성취될 때까지 자신의 목숨을 버리지 않으셨던 것처럼, 그는 또한 우리에게 필요한 모든 것이 계시될 때까지 세상을 떠나지 않으셨다. 그들이 보는데. 이렇게 하여 그들은 자신들의 눈으로 직접 본 완전한 목격자가 될 수 있었다. 올려져 가시니. 그는 천사들의 외적인 도움에 의해서가 아니라, 자기 자신의 능력에 의해 그리고 영광스럽게 변화된 몸의 특성에 의해 올려지셨다. 구름이 그를 가리어 보이지 않게 하더라. 설령 실제적인 구름이었다 하더라도, 그것은 통상적인 영광스러움 훨씬 이상의 영광스러운 구름으로서 그의 영광에 합당한 구름이었다.

10. 올라가실 때에 제자들이 자세히 하늘을 쳐다보고 있는데 흰 옷 입은 두 사람이 그들 곁에 서서.

그리스도의 승천은 천천히 이루어졌다. 따라서 많은 사람들이 그것을 바라볼 수 있었으며, 그로 말미암아 그들의 믿음이 더욱 강화될 수 있었다. 흰 옷 입은 두 사람이 그들 곁에 서서. 천사들은 통상적으로 사람의 형상으로 흰 옷을 입고 나타난다. 그들이 흰 옷을 입은 것은 그들의 정결함을 보여 주면서 동시에 그들이 보냄 받은 임무의 즐거움을 나타낸다.

11. 이르되 갈릴리 사람들아 어찌하여 서서 하늘을 쳐다보느냐 너희 가운데서 하늘로 올려지신 이 예수는 하늘로 가심을 본 그대로 오시리라 하였느니라.

이르되. 앞에서 언급한 (사람의 형상으로 나타난) 두 천사들이 이르되. 갈릴리 사람들아. 즉 그 지역 출신인 사도들을 가리킨다. 어찌하여 서서 하늘을 쳐다보느냐. 그들은 그리스도의 영광스러운 승천의 황홀경에 도취되어 있었다. 너희 가운데서 하늘로 올려지신 이 예수는 하늘로 가심을 본 그대로 오시리라. 그는 승천하실 때와 동일하게 다시 오실 것이다. 그러므로 그는 (1) 보이는 모습으로 (2) 구름 가운데 (3) 그 자신의 능력에 의해 (4) 동일한 영광으로 (5) 같은 영혼과 몸을 가지고 오실 것이다.

12. 제자들이 감람원이라 하는 산으로부터 예루살렘에 돌아오니 이 산은 예루살렘에서 가까워 안식일에 가기 알맞은 길이라.

감람원이라 하는 산. 이곳은 예루살렘 인근 지역으로서, 이 산 기슭에 베다니가 위치해 있었다. 따라서 누가복음 24:50은 이곳과 베다니를 구별하지 않는다. 우리 주님은 이곳에서 승천하심으로써 그의 고난이 시작된 장소(겟세마네 동산)와 가까운 장소에서 그리고 자신이 경멸과 정죄를 당한 예루살렘을 바라보며 영광을 받으셨다. 안식일에 가기 알맞은 길. 2~3km 정도의 거리. 혹은 하나님이 백성들에게 언약궤로부터 떨어지라고 명하신 정도의 거리(수 3:4).

13. 들어가 그들이 유하는 다락방으로 올라가니 베드로, 요한, 야고보, 안드레와 빌립, 도마와 바돌로매, 마태와 및 알패오의 아들 야고보, 셀롯인 시몬, 야고보의 아들 유다가 다 거기 있어.

들어가 그들이 유하는 다락방으로 올라가니. 아마도 이곳은 그들이 유월절을 지키며 주의 만찬에 참여했던 장소와 같은 장소였을 것이다. 그곳은 매우 넓은 장소로서 많은 사람들을 수용할 수 있었다. 베드로. 사도들 가운데 최초로 부름 받은 사람들 가운데 한 사람으로서, 대부분의 경우 그의 이름이 제일 앞에 나온다. 여기에서 특별히 베드로의 이름이 제일 앞에 나오면서 사도들의 이름이 다시금 반복되는 것은 비록 그들이 그리스도를 버리는 시험에 넘어지기는 했지만 그러나 다시 일어났음을 보여 주기 위한 것이었다. 그들은 배교에도 불구하고 다시 회복되었으며, 그럼으로 말미암아 그들의 사도직은 계속 유지되게 되었다.

14. 여자들과 예수의 어머니 마리아와 예수의 아우들과 더불어 마음을 같이하여 오로지 기도에 힘쓰더라.

마음을 같이하여 오로지 기도에 힘쓰더라. 그들은 모든 핍박과 반대에도 불구하고 불쌍히 여기심과 그들이 두려워하는 모든 악으로부터 보호하심을 받기 위해 굳은 결심으로 기도와 간구에 전념했다. 여자들. 사도들의 아내들, 혹은 특별히 마태복음 27:55-56에 나타나는 여자들. 예수의 아우들. 즉 성경에서 종종 "형제"라 불리는 그의 친족들과 친척들.

15. 모인 무리의 수가 약 백이십 명이나 되더라 그 때에 베드로가 그 형제들 가운데 일어서서 이르되.

그 때에. 우리 구주의 승천과 오순절 사이에. 베드로. 통상적으로 사도들을 대표하거나 혹은 사도들 가운데 말하는 사람은 베드로였다. 그러나 여기에서는 특별히 그가 최근에 부인했던 주님에 대한 그의 열심과 신실함이 나타난다. 모인 무리의 수가 약 백이십 명이나 되더라. 그리스도께서 회심시킨 사람들은 훨씬 더 많았을 것이다. 여기의 120명은 그들 가운데 비교적 특별한 사람들이거나 혹은 사역자로서 쓰임 받을 만한 사람들이었을 것이다(행 1:22).

16. 형제들아 성령이 다윗의 입을 통하여 예수 잡는 자들의 길잡이가 된 유다를 가리켜 미리 말씀하신 성경이 응하였으니 마땅하도다.

형제들. 이것은 유대인 동족들을 부르는 통상적인 호칭이었다. 여기에서 말하는 자와 듣는 자들 모두 히브리인 중의 히브리인이었다. 미리 말씀하신 성경이 응하였으니 마땅하도다. 미리 말씀하신 성경은 시편 41:9을 가리킨다. "내가 신뢰하여 내 떡을 나눠 먹던 나의 가까운 친구도 나를 대적하여 그의 발꿈치를 들었나이다." 그러나 하나님의 예언과 미리 아심이 유다의 죄를 정당화하는 것은 아니다. 예수 잡는 자들의 길잡이가 된 유다. 유다는 그들이 주님을 잡을 때 길을 안내했을 뿐만 아니라 그를 잡으려는 계략을 이끌었다. 베드로가 유다를 대신할 자를 세우자고 제안한 것은 그의 두려운 타락이 가져올 수 있는 해악을 감소시키고자 함이었다.

17. 이 사람은 본래 우리 수 가운데 참여하여 이 직무의 한 부분을 맡았던 자라.

우리 수 가운데 참여하여. 곧 열두 사도 가운데 한 사람이 되어.

맡았던 자라. '엘락세'(ἔλαχε). 유다는 맛디아의 경우처럼 제비뽑기에 의해서가 아니라 하나님의 섭리에 의해 사도가 되었다. 모든 제비뽑기와 우연한 일들은 하나님의 섭리에 의해 통치된다. 이러한 사실은 사도의 존귀가 유다나 혹은 다른 사도들에게 혈통이나 혹은 어떤 공로로부터가 아니라 단순히 하나님의 선하신 뜻과 기쁘심으로부터 왔음을 보여 준다. 이 직무(ministry)의 한 부분. 이와 같이 사도직은 섬김(ministerial)의 직분이다. 그들은 하나님의 백성들을 주관하는 주인이 아니었다.

18. 이 사람이 불의의 삯으로 밭을 사고 후에 몸이 곤두박질하여 배가 터져 창자

가 다 흘러 나온지라.

밭을 사고. 물론 밭을 산 것은 대제사장들이었다(마 27:7). 그러나 유다가 던진 돈으로 대제사장들이 샀으므로 결국 유다가 샀다고 말할 수 있다(마 27:5). 몸이 곤두박질하여 배가 터져. 그는 스스로 목을 맨 것으로 언급된다. 이것은 그가 숨이 막혀 죽었음을 함축한다. 그가 자신이 한 행동에 대한 혐오감으로부터 죽었는지 혹은 이러한 상황에서 흔히 있음직한 스스로에게 폭력을 가했는지 여부는 중요한 문제가 아니다.

19. 이 일이 예루살렘에 사는 모든 사람에게 알리어져 그들의 말로는 그 밭을 아겔다마라 하니 이는 피밭이라는 뜻이라.

그들의 말로는. 즉 바벨론 포로 후 유대인들 가운데 사용된 시리아어로는. 피밭. 그 밭은 그리스도의 피의 값으로 산 것이므로 그리고 유다의 피가 흘려진 밭이므로 피밭이라 불렸다.

20. 시편에 기록하였으되 그의 거처를 황폐하게 하시며 거기 거하는 자가 없게 하소서 하였고 또 일렀으되 그의 직분을 타인이 취하게 하소서 하였도다.

시편에 기록하였으되. 시편 69:25을 참조하라. 거기에서 다윗이 그의 원수들과 관련하여 이야기한 것이 여기에서 우리 구주를 배반한 유다에게 특별하게 적용된다. 거기에서 다윗은 그리스도의 모형이었으며, 도엑은 유다의 모형이었다. 그의 직분. 양 떼를 돌보는 목자의 임무 혹은 직무 혹은 직책.

21. 이러하므로 요한의 세례로부터 우리 가운데서 올려져 가신 날까지 주 예수께서 우리 가운데 출입하실 때에.

유대 교회에 열두 족장과 열두 지파가 있었던 것과 마찬가지로, 기독교회에 열두 사도가 있어야 했다. 요한의 세례로부터. 그리스도는 요한으로부터 세례를 받은 후 복음을 전파하는 사역을 시작하셨다. 우리 가운데 출입하실 때에. 그의 사역을 행하시며 제자들을 부르시는 일을 행하면서 우리와 함께 계실 때에.

22. 항상 우리와 함께 다니던 사람 중에 하나를 세워 우리와 더불어 예수께서 부활하심을 증언할 사람이 되게 하여야 하리라 하거늘.

우리와 더불어 예수께서 부활하심을 증언할. 그의 모든 일들은 부활에서 절정에 이른다. 그것은 가장 믿기 어려운 일이다. 따라서 하나님은 많은 목격자들을 통해 그것을 증명하시기를 기뻐하셨다.

23. 그들이 두 사람을 내세우니 하나는 바사바라고도 하고 별명은 유스도라고 하

는 요셉이요 하나는 맛디아라.

요셉. 그는 그들이 보통 쓰는 말로 바사바라고도 불렸고, 당시 그들을 통치하던 로마인들 사이에서는 유스도라고도 — 아마도 그의 정직함 때문에 — 불렸다. 맛디아. 어떤 사람들은 이 사람이 나다나엘과 동일 인물이라고 생각한다.

24. 그들이 기도하여 이르되 뭇 사람의 마음을 아시는 주여 이 두 사람 중에 누가 주님께 택하신 바 되어.

다른 사도들은 하나님의 의해 즉각적으로 선택되었다. 같은 직분을 가지고 행동할 사람은 같은 방식으로 선택될 필요가 있었다. 뭇 사람의 마음을 아시는. 이것은 오직 하나님만의 특권이다. 다른 모든 존재는 외양(外樣)에 의해 오류를 범할 수 있다.

25. 봉사와 및 사도의 직무를 대신할 자인지를 보이시옵소서 유다는 이 직무를 버리고 제 곳으로 갔나이다 하고.

봉사와 및 사도의 직무. '클레론'(κλῆρον) 혹은 세상에서의 모든 사람들의 위치는 하나님의 섭리에 의해 정해진다. 그리고 그들의 몫 혹은 분깃 역시 하나님의 섭리에 의해 할당된다. 이와 같이 사도들에게 사도의 직무가 할당되었다. 제 곳으로. 유다는 지옥 혹은 멸망을 의도하지 않았지만, 그러나 그것은 하나님에 의해 정당하게 그의 몫으로 할당되었다. 그는 세상에 있는 동안 (특별히 구주를 배반한 후) 그것을 스스로 자취했다.

26. 제비 뽑아 맛디아를 얻으니 그가 열한 사도의 수에 들어가니라.

제비 뽑아. 제비를 뽑는 정확한 방법이 무엇이었는지는 확실하지 않다. 또 그것을 아는 것이 꼭 필요한 것도 아니다. 다만 중요한 것은 제비의 결과를 주님이 이끄셨다는 사실이다. "제비는 사람이 뽑으나 모든 일을 작정하기는 여호와께 있느니라"라는 말씀처럼 말이다(잠 16:33). 그러므로 그들은 이를테면 하나님에 의해 직접적으로 선택되었으며, 그리스도 자신에 의해 거룩하게 구별되었다. 어떤 사도도 다른 방법으로 세워지지 않는다. 그들 모두는 그리스도에 의해 부름 받고 세워진다. 그가 열한 사도의 수에 들어가니라. 나머지 사도들과 온 교회가 그러한 신적 선택에 기꺼이 동의했다.

제2장

개요

1. 오순절 날 성령께서 제자들 위에 강림하심. 그들이 여러 가지 언어를 말하자 사람들이 놀람. 그러나 어떤 사람들은 그들을 조롱함(1-13).
2. 베드로가 요엘의 예언이 지금 성취되었으며, 그들이 십자가에 못 박아 죽인 예수가 죽은 자 가운데 다시 살아났으며, 다윗의 예언대로 그가 하늘로 올라가셨으며, 그의 메시야 되심의 증거로서 믿는 자들에게 성령의 선물이 주어질 것임을 말함(14-36).
3. 베드로의 설교로 말미암아 많은 사람들이 회심함(37-40).
4. 회심하고 세례를 받은 사람들이 서로 물건을 통용함. 사도들이 많은 기적을 행하고, 주께서 구원받은 사람들을 날마다 더하심(41-47).

1. 오순절 날이 이미 이르매 그들이 다같이 한 곳에 모였더니.

오순절. 오순절은 유월절 혹은 무교절 절기로부터 50일째 되는 날이었다(레 23:16). 오순절은 또한 칠칠절로 불리기도 했는데(출 34:22), 그것은 오순절이 무교절로부터 7주 후에 지켜졌기 때문이었다(신 16:9). 그것은 또한 추수의 첫 열매를 기념하는 절기로서 초실절이라고 불리기도 했다(출 34:22). 바로 이 날, 그리스도의 승천의 첫 열매로서 성령이 풍성하게 부어졌다. 뿐만 아니라 율법이 주어진 것도 바로 이 날이었다(출 19:1, 11). 그와 같이 바로 이 날 복음(그리스도의 율법)이 선포되었다. 또 이 날은 한 주의 첫 날이었다. 이와 같이 그리스도께서 부활하신 날과 더불어 성령께서 강림하신 날은 한 주의 첫째 날을 주의 날로서 존귀하게 했다. 다같이. 마치 그들 모두가 한마음인 것처럼. 한 곳. 이곳은 아마도 사도행전 1:13이 언급하는 장소와 동일한 장소일 것이다.

2. 홀연히 하늘로부터 급하고 강한 바람 같은 소리가 있어 그들이 앉은 온 집에 가득하며.

홀연히. 사도들조차도 그것을 전혀 예상하지 못했다. 하늘로부터 급하고 강한 바람 같은 소리가 있어. 이것은 이제 그들이 보고 들을 일을 위해 그들을 준비시킴과 동시에 이제부터 복음이 매우 강력하게 전개될 것을 나타내기 위한 것이었다. 이와 같은 일이 다른 장소들에서도 이루어질 것이다. 하나님은 이러한 기적을 계속적으로 반복하시며 더욱더 대중화시키실 것이다. 그들이 앉은 온 집에 가득하며. 이것은 성령이 거기에 모인 자들과 세상의 모든 교회에게 주어진 것을 나타내기 위한 것이었다.

3. 마치 불의 혀처럼 갈라지는 것들이 그들에게 보여 각 사람 위에 하나씩 임하여 있더니.

불의 혀처럼. 이것은 (1) 사도들이 나누어 주어야 하는 빛과 (2) 그들에게 입혀진 뜨거운 열심과 (3) 복음이 모든 거짓들을 이기며 세상에 펼쳐질 것과 (4) 복음을 전파하는 자들이 나타내야만 하는 정결과 거룩을 표현한다. 갈라지는 것들이. 이것은 사도들이 말할 수 있게 된 언어들의 다양함과, 모든 나라들에 복음을 전파할 수 있는 능력이 그들에게 입혀졌음과, 언어의 혼잡이 야기한 장애물이 제거되었음을 나타내기 위한 것이었다. 각 사람 위에 임하여 있더니. 이것은 기독교가 세워지기 위해 필요한 한 남아 있을 것이다. 그리고 나단이나 사무엘에게 임한 예언의 은사처럼 단지 이따금씩(occasionally) 주어진 것이 아니었다.

4. 그들이 다 성령의 충만함을 받고 성령이 말하게 하심을 따라 다른 언어들로 말하기를 시작하니라.

성령의 충만함을 받고. 사도들은 성령으로부터 말미암는 모든 은혜들과 은사들을 예전보다 더 뛰어난 방식으로 갖게 되었으며, 방언(tongues)의 은사가 더해졌다. 다른 언어들(tongues)로. 그들 자신의 자국어 외에 다른 언어들로. 성령이 말하게 하심을 따라. '아포프테게스타이' 는 단순히 말하는 것 이상을 의미한다. 그것은 그들이 성령으로 말미암아 각각의 언어들을 강력하며, 탁월하며, 웅변적인 방식으로 완전하게 구사했음을 함축한다.

5. 그 때에 경건한 유대인들이 천하 각국으로부터 와서 예루살렘에 머물러 있더니.

그때 예루살렘에는 항시적으로 거주하는 주민들만이 아니라 일시적으로 머무는 사람들도 많이 있었다. 일시적으로 머무는 사람들 가운데는 다른 지역으로부터 온 유대인들과 이방인 개종자들이 있었다. 그들이 예루살렘에 온 것은 부분적으로 이곳에 대하여 가지고 있었던 존경심 때문이기도 했지만, 거기에 더하여 그들이 가지고 있었던 메시야에 대한 큰 기대 때문이기도 했다. 그들은 메시야와 관련하여 많은 것들을 알고자 했다. 천하 각국으로부터 와서. 다양한 지역으로 분산된 유대인들이 지금 각각의 지역으로부터 예루살렘으로 모였다. 이렇게 하여 이사야 43:5의 예언이 부분적으로 성취되었다.

6. 이 소리가 나매 큰 무리가 모여 각각 자기의 방언으로 제자들이 말하는 것을 듣고 소동하여.

이 소리가 나매. 그들은 급하고 강한 바람 소리나 혹은 그리스도의 제자들이 성령의 충만 가운데 말하는 것을 들었다. 소동하여. 그들이 소동한 것은 하나님이 그토록 영화롭게 한 그리스도를 자신들이 죽인 것으로 인한 부끄러움 때문이든지 아니면 그토록 특이한 사건에 대한 놀람 때문이었을 것이다. 각각 자기의 방언으로 제자들이 말하는 것을 듣고. 아마도 이것은 사도들이 한 동일한 말이 각각의 청중들에게 그들이 이해할 수 있는 다양한 언어로 들렸음을 의미하는 것은 아닌 것으로 보인다. 다만 그것은 사도들이 모든 사람들에게 그들이 가장 잘 이해할 수 있는 언어로 말했음을 의미하는 것으로 보인다. 바로 이것이 방언(tongues)의 은사였다. 이러한 은사는 교회 안에서 어느 정도 기간 동안 계속되었다.

7. 다 놀라 신기하게 여겨 이르되 보라 이 말하는 사람들이 다 갈릴리 사람이 아니냐.

사도들은 많은 교육을 받지 못한 평범한 갈릴리 사람들이었다. 더욱이 당시 사람들은 갈릴리로부터 선지자와 같은 선한 것이 나올 수 없다고 생각했다(요 1:46).

8. 우리가 우리 각 사람이 난 곳 방언으로 듣게 되는 것이 어찌 됨이냐.

통상적으로 '디알렉토스'는 같은 언어지만 그러나 다른 방식으로 말하는 것을 의미한다. 마치 북부 지역의 영국인들과 남부 지역의 영국인들이 동일한 영어를 말함에도 불구하고 발음이라든지 어떤 단어들에서 서로 다른 것처럼 말이다. 하나님의 일은 가장 완전하게 이루어진다. 사도들은 모두가 이해할 수 있는 같은 언어로 말할 수 있었을 뿐만 아니라 또한 모든 사람들에게 가장 잘 맞는 같은 어법과 말씨로 말할 수 있었다.

9. 우리는 바대인과 메대인과 엘람인과 또 메소보다미아, 유대와 갑바도기아, 본도와 아시아.

엘람인. 셈의 아들인 엘람의 자손들(창 10:22). 이들은 페르시아인들로 생각된다. 메소보다미아. 두 강 즉 티그리스 강과 유프라테스 강 사이의 지역. 유대. 사도들은 갈릴리 사람들로서 여타의 유대인들과 다른 방언을 사용했다. 아시아. 당시 이러한 이름으로 일컬어졌던 특정한 지역(벧전 1:1).

10. 브루기아와 밤빌리아, 애굽과 및 구레네에 가까운 리비야 여러 지방에 사는

사람들과 로마로부터 온 나그네 곧 유대인과 유대교에 들어온 사람들과.

로마로부터 온 나그네. 로마 시(市)에 사는 혹은 로마 시 인근 지역에 사는 많은 사람들이 유대교를 받아들인 것은 명백한 사실이다. 이들도 사도들이 말하는 것을 이해할 수 있었다. 유대인. 9절에 언급된 유대인은 당시 유다 지역에 살던 유다 사람들이었다. 반면 여기의 유대인은 유다 외에 다른 지역에 사는 사람들로서 예배를 위해 잠시 예루살렘에 와서 머물고 있었다. 유대교에 들어온 사람들. 여기에는 두 종류의 사람들이 있었다. 하나는 이교(異敎)를 버리고 유대교로 들어와 단순히 노아의 교훈을 지키면서 유대인들 가운데 자유롭게 생활하며, 장사하며, 교류하는 사람들이다. 이들은 '문의 개종자' (proselytes of the gate)로 불렸다. 반면 다른 하나는 '의의 개종자' (proselytes of the righteousness)라고 불리는 사람들인데, 이들은 할례를 받고 모세의 율법 전체를 지킴으로 말미암아 하나님의 백성에게 속하는 모든 특권을 갖는 사람들이었다.

11. 그레데인과 아라비아인들이라 우리가 다 우리의 각 언어로 하나님의 큰 일을 말함을 듣는도다 하고.

그레데인. 그레데 섬에 사는 사람들로서 오늘날 칸디아(Candia)라고 불리는 사람들. 하나님의 큰 일. 하나님이 놀랍게 행하신 일들. 그 가운데서도 특별히 우리 구주가 죽은 자 가운데서 부활하신 일. 바로 이것이 가장 큰 일로서, 사도들의 모든 증언이 여기에 초점이 맞추어졌으며 사람들이 듣고 회심해야 하는 주된 메시지였다.

12. 다 놀라며 당황하여 서로 이르되 이 어찌 된 일이냐 하며.

다 놀라며. 7절을 참조하라. '엑시스산토' - ἐξίσαντο 그들은 마치 황홀경(ecstasy) 가운데 있는 것 같았다. 그들은 이러한 놀라운 일들의 이유 혹은 원인을 상상할 수 없었으며, 그러한 수수께끼가 풀려지기를 바랐다.

13. 또 어떤 이들은 조롱하여 이르되 그들이 새 술에 취하였다 하더라.

어떤 이들. 다른 나라의 언어를 알지 못하는 서기관들과 바리새인들과 예루살렘과 유다 지역에 사는 유대인들은 사도들이 다른 언어로 말할 때 헛된 소리를 지절거린다고 생각할 수 있었다. 새 술(new wine). 아직 완전한 포도 결실기는 아니었다 하더라도, 그 때는 이미 새 포도주가 나오기 시작한 시기였다.

14. 베드로가 열한 사도와 함께 서서 소리를 높여 이르되 유대인들과 예루살렘에 사는 모든 사람들아 이 일을 너희로 알게 할 것이니 내 말에 귀를 기울이라.

베드로가 서서. 이것은 그의 특별한 용기를 보여 준다. 실족하여 넘어지고 난 후,

그는 다시 일어나 힘차게 달리며 주님이 그에게 준 이름을 증명하기 시작한다. 베드로라는 이름처럼, 그는 견고하고 단단한 반석의 모습으로 스스로를 나타낸다. 열한 사도와 함께. 아마도 다른 사도들도 여러 가지 언어들로 말했을 것이다. 그러나 누가는 이야기를 간략화시키기 위해 그들의 메시지는 빠뜨렸다. 유대인들(men of Judea). 유대의 각 지역으로부터 온 유대 사람들. 예루살렘에 사는 모든 사람들. 예루살렘에 항시적으로 거주하는 주민들.

15. 때가 제 삼 시니 너희 생각과 같이 이 사람들이 취한 것이 아니라.

이 사람들이. 이러한 표현은 다른 사도들도 베드로와 마찬가지로 말했음을 증명한다. 취한 것이 아니라. 베드로는 그들의 조롱을 부드러우면서도 단호하게 반박한다. 제 삼 시. 이것은 오늘날의 오전 9시에 해당된다. 이 시간은 유대인들이 아침제사와 기도를 드리는 시간이었으며, 그 전까지 그들은 아무것도 먹거나 마시지 않았다. 특별히 절기 중에는 통상적으로 제 육 시 즉 정오가 될 때까지 그들은 예배에 집중하기 위해 아무것도 먹거나 마시지 않았다. 그러므로 이 시간은 그들이 가장 맑은 정신으로 있었을 때였다.

16. 이는 곧 선지자 요엘을 통하여 말씀하신 것이니 일렀으되.

일반적으로 하나님은 심판을 행하시는 등 특별한 일을 하시기 전에 먼저 긍휼로 말미암아 그들을 새롭게 고치시고자 애쓰신다. 요엘뿐만 아니라 이사야와 예레미야와 에스겔과 다른 선지자들도 멸망이 임하기 전에 하나님이 그것보다 더 큰 것을 보내실 것을 예언했다. 특별히 여기의 요엘은 마지막 멸망이 임하기 전에 하나님이 풍성한 성령과 빛을 부어주심으로써 그들에게 다가올 진노를 예고하고 그것으로부터 그들을 구원하실 것을 예언했다.

17. 하나님이 말씀하시기를 말세에 내가 내 영을 모든 육체에 부어 주리니 너희의 자녀들은 예언할 것이요 너희의 젊은이들은 환상을 보고 너희의 늙은이들은 꿈을 꾸리라.

말세에(in the last days). 메시야의 날에. 메시야의 날은 딤후 3:1; 히 1:2; 벧후 3:3의 경우처럼 '마지막 날들' (last days)이라고 불리기도 하고, 벧전 1:5; 요 2:18; 유 1:18의 경우처럼 '마지막 때' (last time)라고 불리기도 한다. 그것은 지금 우리가 하나님의 일의 마지막 (그리고 가장 완전한) 시대 아래 있기 때문이다. 이제 남은 것은 만물의 최후의 절정뿐이다. 내가 내 영을 부어 주리니. 예전에 성령은 상대적으로 적은 분량으로 여기에서 조금 저기에서 조금 주어졌을 뿐이지만, 그러나 지금은 흘러넘치도록 풍성하게 주어진다. **모든 육체에.** 유대인뿐 아니라 이방인까지 모든 종류의 사람들에게. 하나님은 이스라엘 밖에서는 어느 누구 안에도 거하시지 않는다는 유대인들의 오만한 자부심과는 반대로 모든 종류의 사람들에게. **너희의 자녀들(daughters)은 예언할 것이요.** 너희의 "딸들"이 예언할 것이라는 말씀은 여선지자 안나 안에서 그리고 빌립의 네 딸들 안에서 성취되었다(눅 2:36; 행 21:9). **환상.** 환상은 이사야와 예레미야의 경우처럼 내적으로 사람들의 마음에 나타나기도 하고, 벨사살과 베드로의 경우처럼 외적으로 사람들의 육체의 눈에 나타나기도 한다(단 5:5; 행 10:11). **꿈.** 요셉의 경우처럼, 하나님은 때로 꿈을 통해 당신의 뜻을 나타내셨다. 한편 베드로는 여기에서 그것을 복음 시대에 적용시킨다. 그는 꿈이라는 표현으로써 그리스도 안에서의 하나님의 뜻의 다양하며 더 풍성한 계시를 이해한다.

18. 그 때에 내가 내 영을 내 남종과 여종들에게 부어 주리니 그들이 예언할 것이요.

내 남종과 여종들에게. 이러한 표현은 모든 사람이 구약과 신약에 나타난 하나님의 약속들로부터 어떤 은택이나 혹은 위로를 받을 소망을 갖지만 그러나 불순종하며 믿지 않는 사람들에게는 하나님의 모든 책 안에 어떤 위로의 말씀도 없음을 보여 준다. 어떤 사람들은, 하나님이 가장 낮은 계급의 사람들까지도 무시하지 않으시고 그들에게도 성령의 약속이 주어지는 것을 나타내기 위해, 대명사 "내" 없이 그냥 "남종들과 여종들에게"라고 읽는다.

19. 또 내가 위로 하늘에서는 기사를 아래로 땅에서는 징조를 베풀리니 곧 피와 불과 연기로다.

베드로는 청중들을 설득하기 위해 앞에서 사랑의 언어를 사용했던 것과 마찬가지로 여기에서는 위협적인 언어를 사용하면서 주의 두려움을 선포한다. 여기의 "기사"(奇事)는 일차적으로는 예루살렘의 멸망을, 그리고 궁극적으로는 세상 전체의 멸망을 가리킨다.

20. 주의 크고 영화로운 날이 이르기 전에 해가 변하여 어두워지고 달이 변하여 피가 되리라.

해가 변하여 어두워지고 달이 변하여 피가 되리라. 이것은 앞에 인용한 요엘 2:31의 예언과 비슷하다. 이러한 놀라운 표적들이 문자적으로 성취될 것인지 아니면 단지 사람들의 두려움과 놀람이 너무나 클 것을 표현하기 위한 것일 뿐인지는 본질적인 문제가 아니다.

크고 영화로운 날. '에피파네' (ἐπιφανῆ) 현저하며 명백하게 나타나는 날. 이러한 표현은 위로의 의미로 취하여질 수 있다. 그날을 위해 준비하며 기다리는 모든 사람들에게, 그날은 정말로 위로의 날일 것이다. 왜냐하면 그날은 '주의 날' 이기 때문이다. 또 그리스도가 그의 모든 원수들과 친구들과 자녀들과 종들에게 높임을 받는 '그리스도의 날' 이기 때문이다.

21. 누구든지 주의 이름을 부르는 자는 구원을 받으리라 하였느니라.

이와 같이 베드로는 그들과 우리가 피할 수 있는 방법을 보여 준다. 그것은 그의 이름을 부르는 것, 다시 말해서 믿음으로 그에게 기도하는 것이다. 우리는 이름을 통해 어떤 사람을 안다. 주의 이름은 그의 속성들 즉 그의 선하심과 능력과 지혜와 신실하심 등을 의미한다. "주의 이름은 견고한 망대라 의인은 그리로 달려가서 안전함을 얻느니라"(잠 18:10).

22. 이스라엘 사람들아 이 말을 들으라 너희도 아는 바와 같이 하나님께서 나사렛 예수로 큰 권능과 기사와 표적을 너희 가운데서 베푸사 너희 앞에서 그를 증언하셨느니라.

나사렛 예수. 빌라도는 경멸적인 의미로 패 위에다가 우리 구주를 이와 같이 기록했다. 이렇게 하여 청중들은 지금 베드로가 말하고 있는 자에 대해 분명하게 알 수 있었다. 지금 (물론 전에도 마찬가지였지만) 베드로는 그를 시인하는 것을 조금도 부끄러워하지 않았다. 그는 지금 구주를 기꺼이 나사렛 예수라고 부른다. 증언하셨느니라(approved). 하나님은 그를 어떤 반박의 여지도 없이 메시야로 증명하셨다. 빌라도가 정죄하고 나사렛 예수라고 부른 그리스도가 진실로 하나님의 아들이요 참된 메시야라는 것이 베드로가 전파한 위대한 진리였다. 큰 권능과 기사와 표적. 이러한 표현들 사이의 본질적인 차이는 중요하지 않다. 말하고자 하는 사실의 중요성을 나타내기 위해 반복적인 표현을 사용하는 것은 통상적인 일이다. 진실로 그리스도께서 행하신 모든 종류의 놀라운 일들은 비슷한 표현들을 아무리 반복하더라도 충분하게 표현될 수 없다. 너희도 아는 바와 같이. 그것은 모든 사람이 아는 명백한 일이었다. 그러므로 보고도 깨닫지 못하는 자들은 스스로를 정죄하는 꼴이다.

23. 그가 하나님께서 정하신 뜻과 미리 아신 대로 내준 바 되었거늘 너희가 법 없는 자들의 손을 빌려 못 박아 죽였으나.

그가 하나님께서 정하신 뜻과 미리 아신 대로 내준 바 되었거늘. 베드로는 그리스도의 십자가의 거치는 것을 제거하기 위해 그들에게 그가 우연히 고난을 당한 것이 아니라 하나님의 지혜로우시며 거룩하신 섭리에 따라 고난을 당했노라고 선언한다. 그리스도가 영광에 들어가기에 앞서 고난을 당한 것은 하나님께서 정하신 뜻과 그의 선지자들이 예언한 대로 이루어진 것이었다(눅 24:26). 그러나 이것이 그의 죽음의 도구가 된 자들의 죄를 정당화하는 것은 아니다. 왜냐하면 그와 관련한 하나님의 정하신 뜻에도 불구하고 베드로는 유대인들에게 "너희가 못 박아 죽였다"고 말하기 때문이다. 하나님의 정하신 뜻이 곧 어떤 사람으로 하여금 강제로 죄 짓게 만드는 것을 의미하는 것은 아니다. 그러므로 그것은 그의 죄를 정당화하지 않는다. **법 없는 자들의 손을 빌려 못 박아 죽였으나.** '아노모이' 즉 하나님의 율법이 없는 로마인들을 통해 못 박아 죽였으나. 유대인들은 로마인들에게 예수를 못 박아 죽이도록 재촉하며 다그쳤다. 그러므로 그 모든 일은 그들 자신의 행동으로 정당하게 간주될 수 있다.

24. 하나님께서 그를 사망의 고통에서 풀어 살리셨으니 이는 그가 사망에 매여 있을 수 없었음이라.

하나님께서 그를 살리셨으니. 그리스도는 하나님으로서의 자기 자신의 능력으로 살아나셨는데, 틀림없이 이것은 우리 구주에 대해 그토록 큰 편견을 가지고 있었던 사람들에게 주기에는 너무나 거친 음식이었을 것이다. 그러나 베드로는 이어지는 메시지 가운데 그것을 분명하게 이야기한다. **풀어.** 여기에 사용된 단어 '카보'는 줄이나 혹은 고통 따위를 푸는 것을 의미한다. **사망의 고통.** 설령 "다 이루었다"고 말씀하시고 그 영혼이 떠나신 후에는 더 이상의 고통을 당하지 않으셨다 하더라도, 여전히 그리스도는 무덤 안에 있는 동안 사망의 권세 아래 계셨다. 그러므로 그의 사망의 고통은 그의 부활과 함께 풀렸다고 말하여질 수 있다. **이는 그가 사망에 매여 있을 수 없었음이라.** 다윗이 가리켜 말한 자가 도대체 어떻게 영원히 사망에 매여 있을 수 있단 말인가?

25. 다윗이 그를 가리켜 이르되 내가 항상 내 앞에 계신 주를 뵈었음이여 나로 요동하지 않게 하기 위하여 그가 내 우편에 계시도다.

다윗이 그를 가리켜 이르되. 시편 16:8을 보라. **내가 항상 내 앞에 계신 주를 뵈었음이여.** 시편 16:8에는 "내가 주를 항상 내 앞에 모심이여"라고 되어 있다. 베드로는 70인경의 독법(讀法)을 따랐는데, 둘은 의미적으로 동일하다. 왜냐하면 우리는 믿음으로 하나님을 보기도 하고 또 그를 우리 앞에 모시기도 하기 때문이다. 다윗과 특별히 우리 구주는 하나님을 보는 가운데 모든 일을 행했으며, 하나님이 자신을 돌보시며 도우심을 분명하게 알았다. 이와 같이 모든 고통 가운데 하나님의 뜻이 담겨 있음을 아는 것보다 더 큰 위로는 없다. 그리스도와 마찬가지로 그에게 속한 모든 사람들은 하나님을 바라보며 (그리고 하나님의 바라보심 아래) 싸운다. 마치 병사들이 장군의 눈 앞에서 싸우는 것처럼 말이다. 나의 오른쪽. 이것은 피고소인을 위해 변호인이 서는 위치이다.

26. 그러므로 내 마음이 기뻐하였고 내 혀도 즐거워하였으며 육체도 희망에 거하리니.

그러므로. 하나님이 그 앞에 가까이 계시므로. 내 마음이 기뻐하였고. 그리스도와 그의 백성들의 기쁨은 참되며, 실제적이며, 내적이며, 흔들리지 않는 기쁨이다. 이러한 기쁨 가운데 우리는 모든 시험을 능히 감당할 수 있다. 내 혀. 시편 16:9을 보라. "이러므로 나의 마음이 기쁘고 나의 영도 즐거워하며 내 육체도 안전히 살리니." 혀는 이성적(理性的)인 피조물의 탁월함인 영의 생각이나 판단을 말로써 전달하는 통로이다. 내 육체. 혹은 내 몸. 희망에 거하리니. 부활 즉 무덤의 장막을 젖히고 나가는 희망 가운데 쉬리니.

27. 이는 내 영혼을 음부에 버리지 아니하시며 주의 거룩한 자로 썩음을 당하지 않게 하실 것임이로다.

내 영혼. 다시 말해서 나 자신. 영혼은 곧 어떤 사람 자신을 의미한다. 로마서 13:1의 "각 영혼은(every soul) 위에 있는 권세들에게 복종하라"라는 말씀처럼 말이다. 그런가 하면 때로 그것은 레위기 19:28이나 민수기 5:2의 경우처럼 죽은 몸을 가리키기도 한다. 영혼을 의미하는 '네페쉬'는 다양한 구절들에서 그와 같은 의미로 사용된다. 음부. '하데스'는 무덤의 의미로 사용되기도 하고, 저주받은 자들이 가는 장소를 의미하기도 한다. 여기의 말씀이 그리스도의 부활의 증거로서 인용되는 사실과 우리 구주의 영혼이 의문의 여지 없이 낙원에 계셨음을 — 회개한 강도에게 "오늘 네가 나와 함께 낙원에 있으리라"고 말씀하신 것처럼 — 생각할 때, 그것은 우리 구주의 몸을 그것이 썩을 때까지 오랜 시간 붙잡아 놓을 수 없었던 무덤을 의미한 것으로 보인다. 만일 다윗이 여기에서 "나의 영혼"이라는 표현으로 구주를 의미했다면(왜냐하면 그에게 구주는 이를테면 그의 영혼 중의 영혼이며 그의 생명 중의 생명이기 때문에), 그것은 그가 구주를 어떻게 평가했으며 또 우리가 그를 어떻게 평가해야 하는지를 잘 보여 준다. 그의 거룩한 자. 하나님에 의해 기름부음 받고, 거룩하게 구별되고, 보냄을 받은 자로서.

28. 주께서 생명의 길을 내게 보이셨으니 주 앞에서 내게 기쁨이 충만하게 하시리로다 하였으므로.

주께서 내게 보이셨으니. 하나님은 종종 당신이 우리에게 주시는 긍휼을 우리에게 보이신다. 생명의 길. 생명 그 자체인 참된 생명의 길. 다윗은 이러한 표현으로 하나님이 자신을 극심한 고통으로부터 건지셨음을 선언한다. 그는 다른 사람들과 자기 자신에 의해 죽은 자로 간주되었지만, 그러나 다시금 건짐을 받아 성전을 보며 하나님의 거룩한 규례들을 행하는 즐거움을 누릴 수 있게 되었다. 이와 같이 우리 구주는 수난과 죽음 후에 부활하시고 승천하사 영원히 살아 계셔서 우리를 위해 중보하신다. 주 앞에서. 주의 임재 앞에서 혹은 주의 사랑과 은총의 나타남 앞에서.

29. 형제들아 내가 조상 다윗에 대하여 담대히 말할 수 있노니 다윗이 죽어 장사되어 그 묘가 오늘까지 우리 중에 있도다.

형제들. 이러한 표현으로 베드로는 자신도 그들의 동족 가운데 한 사람임을 암시하면서 그들에 대한 자신의 관심과 호의를 나타낸다. 유대인들 가운데 다윗은 큰 존경을 받았으며, 그들의 조상인 아브라함과 이삭과 야곱과 마찬가지로 매우 보배로운 위치를 차지하고 있었다.

다윗이 죽어 장사되어. 그들이 굳게 믿는 열왕기상 2:10과 다른 곳에 기록된 것처럼. 그 묘가 우리 중에 있도다. 그의 묘는 예루살렘을 파괴한 야만적인 적들에 의해 완전히 멸실되지 않았다. 도리어 그것은 포로 이후 보수되었으며, 그에 대한 기억은 유대인들 가운데 계속해서 유지되었다. 여기의 표현은 우리에게 앞에 인용된 시편 구절이 다윗이 자기 자신과 관련하여 말한 것이 아니었음을 분명하게 보여 준다. 그는 썩음을 볼 수밖에 없었으며, 그들 자신이 그것의 증인이다.

30. 그는 선지자라 하나님이 이미 맹세하사 그 자손 중에서 한 사람을 그 위에 앉게 하리라 하심을 알고.

하나님이 이미 맹세하사. 하나님은 단순하게 맹세하셨을 — 물론 이것만으로도 충분하지만 — 뿐만 아니라, 그것의 중요성과 또 우리가 그것을 반드시 믿어야만 함을 나타내기 위해 또다시 엄중한 말씀으로 맹세하셨다(시 132:11). 그 자손 중에서. 그의 허리의 열매 중에서.

육체를 따라(according to the flesh). 우리 구주는 진실로 인성에 참여하시고 종의 형체를 취하셨다(한글개역개정판에는 "육체를 따라"가 없음). 그가 그리스도를 일으키사(he would raise up Christ). 하나님은 성육신과 관련하여 성령의 능력으로 그의 어머니의 태 안에서 그를 일으키셨으며, 부활과 관련하여 같은 능력으로 그를 무덤 밖으로 일으키셨다. 그 위(位)에 앉게 하리라. 누가복음 1:32, 33을 보라. 그는 일시적인 왕으로서 위(位)에 앉지 않는다. 왜냐하면 그의 나라는 이 세상에 속한 것이 아니기 때문이다. 다윗이 하나님의 모든 백성을 다스렸던 것처럼, 그리스도도 그러하다. 그리고 그는 영원히 다스리실 것이다.

31. 미리 본 고로 그리스도의 부활을 말하되 그가 음부에 버림이 되지 않고 그의 육신이 썩음을 당하지 아니하시리라 하더니.

미리 본 고로. 다윗은 선지자의 눈으로 그것을 미리 보았다. 선지자의 눈에 나타난 것은 육체의 눈에 나타난 것과 마찬가지로 명백하며 확실한 것이었다. 성육신에 대해 말했을 때와 동일한 선지자적 영과 동일한 확실함으로, 그는 또한 그리스도의 부활에 대해 말했다. 나머지를 위해서는 사도행전 2:27을 보라.

32. 이 예수를 하나님이 살리신지라 우리가 다 이 일에 증인이로다.

이 예수. 너희가 십자가에 못 박아 죽인 그리고 우리가 전파하는 이 예수. 우리가 다 이 일에 증인이로다. 사도행전 1:6에 언급된 권능을 받은 사도들은 자신들이 듣고, 보고, 느낀 것을 증언한다. 그로 말미암아 얻을 것이 증오와 박해와 죽음 외에 아무것도 없었음에도 불구하고 말이다.

33. 하나님이 오른손으로 예수를 높이시매 그가 약속하신 성령을 아버지께 받아서 너희가 보고 듣는 이것을 부어 주셨느니라.

하나님이 자신의 오른손으로. 다시 말해서 하나님이 자신의 권능으로. 이것은 사람들이 말하는 예대로 말한 것이다. 어떤 사람들은 "하나님이 자신의 오른 편에"라고 읽는다. 그렇다면 베드로는 그리스도의 승천과 그가 하나님에 의해 의롭다 하심을 받은 — 비록 사람들에 의해서는 정죄를 받았다 하더라도 — 것에 대해서도 이야기하는 셈이다. 약속하신 성령을 아버지께 받아서. 시편 68:18을 보라. 너희가 보고 듣는. 그들은 불처럼 갈라지는 혀를 보았으며, 사도들이 여러 언어들로 말하는 것을 들었다.

34. 다윗은 하늘에 올라가지 못하였으나 친히 말하여 이르되 주께서 내 주에게 말씀하시기를.

여기에서 베드로는 다윗이 말한 말들이 일차적으로 다윗 자신이 아니라 그리스도와 관련하여 이해되어야만 함을 논증한다. 왜냐하면 다윗의 몸은 이미 무덤 속에 들어가 그들 가운데 지켜지고 있기 때문이다. 주께서 내 주에게 말씀하시기를. 영원하신 아버지께서 육체가 되신 영원하신 아들에게 말씀하시기를. 이와 같이 우리 구주는 자신의 신성을 증명하신다(마 22:45). 여기에 인용된 말씀은 시편 110:1이다.

35. 내가 네 원수로 네 발등상이 되게 하기까지 너는 내 우편에 앉아 있으라 하셨도다 하였으니.

그리스도는 만유가 완성될 때까지 만유를 다스리며 통치하는 권세를 부여받았다(엡 1:20-22; 고전 15:27, 28). 그럼에도 불구하고 세상이 계속되는 동안 그와 그의 백성들과 그의 진리들을 거스르며 대적하는 원수들이 계속 있을 것이다.

36. 그런즉 이스라엘 온 집은 확실히 알지니 너희가 십자가에 못 박은 이 예수를 하나님이 주와 그리스도가 되게 하셨느니라 하니라.

바로 이것이 베드로가 지금까지 이야기한 모든 것으로부터 끌어내는 결론이다.

너희가 십자가에 못 박은. 베드로는 청중들을 향해 그들이 예수를 십자가에 못 박은 장본인들이라고 말한다. 주. 첫째 아담 훨씬 이상(以上)의 모든 피조물을 다스리는 주.

그리스도. 하나님의 모든 백성을 통치하는 왕. 그는 그들 가운데 통치하며, 그들을 위해 통치한다. 그가 그리스도 혹은 하나님의 기름 부음 받은 자로서 하나님에 의해 그와 같이 선포되고 또 그를 믿는 모든 사람들에 의해 그와 같이 시인되는 것은 바로 이와 같은 목적을 위한 것이다.

37. 그들이 이 말을 듣고 마음에 찔려 베드로와 다른 사도들에게 물어 이르되 형제들아 우리가 어찌할꼬 하거늘.

그들이 마음에 찔려. 그들의 심장은 마치 강렬한 고통의 창에 의해 관통되는 것 같았다. 그것은 가장 예리한 고통이었다. 이것은 스가랴 12:10에 예언되었다. 형제들아. 베드로도 이것과 똑같은 호칭을 그들에게 사용했다(행 2:29). 우리가 어찌할꼬. 그들은 "우리가 무엇이라고 말할꼬?"라든지 혹은 "우리가 무엇을 믿을꼬?"라고 묻지 않고 "우리가 어찌할꼬?"(What shall we do?) 즉 "우리가 무엇을 행할꼬?"라고 물었다. 참된 회심은 단순한 입술의 고백 훨씬 이상(以上)이다. 그것은 단순히 말에 있는 것이 아니라, 말과 행동에 있는 것이다. 그들은 자신들 같은 죄인들이 죄 사함을 받을 수 있는지 알기를 간절히 바랐다.

38. 베드로가 이르되 너희가 회개하여 각각 예수 그리스도의 이름으로 세례를 받고 죄 사함을 받으라 그리하면 성령의 선물을 받으리니.

회개하여. 이것은 삶을 고치는 것을 포함한다(마 3:8; 눅 3:8). 예수 그리스도의 이름으로. 그렇다고 해서 아버지와 성령의 이름이 배제되는 것은 아니다. 그들은 아버지와 아들과 성령의 이름으로 세례를 받아야 했다(마 2819). 그러나 여기에서 예수의 이름이 언급된 것은 그들이 아직 그를 알지 못했기 때문이었다(알기는 고사하고 도리어 그를 핍박하고 죽였다). 그리고 이제부터 그들이 그를 주와 그리스도로 고백하면서 오직 그를 통해 죄 사함과 구원을 찾아야만 했기 때문이었다. **죄 사함을 받으라.** 여기에서 베드로는 세례와 죄 사함을 함께 연결한다. 이와 같이 바울도 세례를 통해 죄를 씻는 것으로 말한다(행 22:16). 한 걸음 더 나아가 베드로는 다른 곳에서 세례가 우리를 구원한다고 말한다. 베드로전서 3:21을 보라. 거기에서 베드로는 세례를 가리켜 "육체의 더러운 것을 제하여 버림이 아니요 하나님을 향한 선한 양심의 간구"라고 말한다. **성령의 선물.** 성령의 선물에는 사람의 믿음을 확고하게 하며 강화시키는 것과 같은 내적인 선물과 여기에서처럼 여러 언어들로 말하는 것과 같은 외적인 선물이 있다. 하나님은 사람들의 조건과 상황에 따라 각자에게 그러한 선물들을 주신다.

39. 이 약속은 너희와 너희 자녀와 모든 먼 데 사람 곧 주 우리 하나님이 얼마든지 부르시는 자들에게 하신 것이라 하고.

이 약속은 너희에게 하신 것이라. 베드로는 그들의 죄가 아무리 클지라도 그들이 죄 사함의 은혜로부터 배제되지 않음을 강조하기 위해 "너희에게"를 분명하게 언급한다. 베드로는 그들에게 소망의 근거를 주는데, 그것은 그들이 이러한 약속이 특별하게 주어진 아브라함의 자손이라는 사실이다(렘 31:34). **모든 먼 데 사람.** 다시 말해서 하나님에게 가까운 사람들로 일컬어지는 유대인들뿐만 아니라, 하나님으로부터 멀리 떨어진 사람들로 일컬어지는 이방인들까지(사 57:19; 엡 2:13). **주 우리 하나님이 얼마든지 부르시는 자들에게.** 말씀에 의한 외적인 부르심이든 성령에 의한 내적인 부르심이든, 모든 부르심은 하나님의 기쁘신 뜻에 의존한다. 유대인들에게 주어진 죄 사함과 자녀로 받아주심의 약속은 이방인들에게도 똑같이 유효하다.

40. 또 여러 말로 확증하며 권하여 이르되 너희가 이 패역한 세대에서 구원을 받으라 하니.

여러 말로. 사도들이 전파한 말이나 혹은 우리 구주께서 말씀하신 모든 것이 기록된 것은 아니다. 다만 하나님이 보실 때 그의 교회가 알고 믿어야 할 필요가 있는 것은 모두 기록되었다. **확증하며 권하여.** 하나님의 이름과 그의 권위를 사용하여, 다시 말해서 이를테면 하나님을 증인으로 부르면서. **이 패역한 세대에서.** 세상 전체는 악 가운데 놓여 있다. 그러나 특별히 서기관들과 바리새인들 같은 사람들은 스스로를 그리스도 예수의 원수로 분명하게 드러냈다. **구원을 받으라**(save yourselves). 여기의 "save yourselves" 즉 "스스로를 구원하라"는 말씀은 우리 영혼의 구원이 우리의 악하며 타락한 인격에 의존함을 의미하지 않는다.

41. 그 말을 받은 사람들은 세례를 받으매 이 날에 신도의 수가 삼천이나 더하더라.

그 말을 받은 사람들. 사도들이 여러 언어들로 말하는 것을 들었음에도 불구하고 어떤 사람들은 여전히 불신앙과 마음의 강퍅함 가운데 남아 있었다. **그들에게 삼천이나 더하더라.** 여기의 "그들"은 교회 혹은 1:15에 언급된 120명을 가리킨다(한글개역개정판에는 "신도의 수가 삼천이나 더하더라"라고 되어 있음). 이것은 그리스도께서 자신을 박해하는 자들을 위해 기도하신 것의 결과였다. "아버지 저들을 사하여 주옵소서 자기들이 하는 것을 알지 못함이니이다"(눅 23:34). 뿐만 아니라 이것은 그의 권능의 날에 사람들이 기꺼이 주께 나오게 될 것이라는 성령의 약속이 성취된 것이었다.

42. 그들이 사도의 가르침을 받아 서로 교제하고 떡을 떼며 오로지 기도하기를 힘쓰니라.

그들이 힘쓰니라. 이것은 그들의 회심이 실제적인 것임을 말해준다. 그들은 보고 들은 것에 의해 잠시 영향을 받은 것이 아니라, 실제적으로 회심했다. 여기의 예배의 세 부분 즉 서로 교제하며, 떡을 떼며, 기도하는 것은 순전한 시대에 늘 반복되었다. **떡을 떼며.** 어떤 사람들은 이러한 표현을 그들의 사회적 교제로서 이해한다. 그러나 우리 구주께서 성만찬의 규례를 제정하실 때 떡을 떼는 것을 사용하신 것과(마 26:26) 여기에서 떡을 떼는 것이 사도들의 가르침을 받는 것과 기도하는 것과 나란히 나오는 것을 생각할 때, 여기에서 그것은 일차적으로 성만찬을 기념하는 것으로서 이해되어야만 한다. **기도하기를.** 여기에는 그들의 일상적인 기도뿐만 아니라 사도 바울이 디모데전서 2:1에서 언급한 모든 종류의 기도들이 포함된다. "그러므로 내가 첫째로 권하노니 모든 사람을 위하여 간구와 기도와 도고와 감사를 하되." 이와 같이 그들은 하나로 연합된 힘으로 하늘의 긍휼을 끌어당기면서 천국으로 침노해 들어갔다.

43. 사람마다 두려워하는데 사도들로 말미암아 기사와 표적이 많이 나타나니.

사람마다 두려워하는데(fear came upon every soul). 즉 두려움이 모든 영혼 위에 임했다. 직접 현장에서 사도들이 전파하는 메시지를 듣고 그리스도를 믿기로 설득된 사람들뿐 아니라 그들에 의해 행해지는 기사와 표적들에 대해 듣고 알게 된 사람들에게도 두려움이 임했다. 이렇게 하여 사람들은 사도들에 대해 큰 경외심과 존경심을 갖게 되었다.

44. 믿는 사람이 다 함께 있어 모든 물건을 서로 통용하고.

믿는 사람이 다 함께 있어. 그들은 한 집이나 혹은 한 거리에서 함께 살았을 뿐만 아니라, 거룩한 예배의 자리에서 자주 함께 만났다. 바울 사도가 히브리서 10:25에서 말하는 "모이기를 폐하는 어떤 사람들의 습관"은 아직 교회 안에 나타나지 않은 죄였다. 모든 물건을 서로 통용하고. 이것은 그때 그곳에서만 있었던 일이었다. 그리고 그것은 강요된 것이 아니었다. 그리스도의 복음은 율법을 파괴하지 않는다. "도둑질하지 말라"는 여덟 번째 계명은 여전히 유효하다. 사유 재산 혹은 "네 것 내 것"(meum and tuum)이 없다면, 이러한 계명은 가능할 수 없다. 이 이야기 후에 우리는 아나니아가 그의 땅을 판 이야기를 듣는다. 그때 베드로는 팔기 전의 땅이든 팔고 난 후의 돈이든 여전히 그 자신의 소유라고 말한다(행 5:4). 그들이 서로 통용한 "모든 물건"은 모든 사람들이 가난한 사람들을 위해 값없이 내놓은 물건들에 한정된 것이었든지, 아니면 새로운 회심자들의 특별히 후한 성격을 이야기하는 것일 것이다.

45. 또 재산과 소유를 팔아 각 사람의 필요를 따라 나눠 주며.

그들은 자신들의 재산과 소유를 구제와 자선의 일을 위해 따로 떼어두었다. 그들은 여기에서 "재산"이라고 표현된 땅이나 집을 팔기도 했고, 여기에서 "소유"라고 표현된 여러 종류의 동산(動産)들을 처분하기도 했다. 그렇다고 해서 그들에게 아무런 재산도 남지 않았던 것은 아니다. 그러한 사실을 우리는 마가의 어머니 마리아가 여전히 자신의 집을 가지고 있었던 사실과 루디아가 세례를 받은 후 자신의 집을 처분하지 않고 그대로 가지고 있으면서 바울 일행에게 자신의 집에 와서 머물 것을 간청한 사실 안에서 발견할 수 있다(행 12:12; 16:15).

46. 날마다 마음을 같이하여 성전에 모이기를 힘쓰고 집에서 떡을 떼며 기쁨과 순전한 마음으로 음식을 먹고.

성전에. 성전의 뜰과 문 앞에. 당시 백성들은 아침과 저녁의 제사와 기도 시간에 성전의 뜰과 문 앞에 많이 모였다. 그러므로 사도들은 그 시간에 그들 가운데 복음을 전파할 수 있는 좋은 기회를 가질 수 있었다. 그곳은 고기가 많아 그물을 던지기에 적합한 장소였다, 집에서(from house to house). 형편이 되는 대로 이번에는 이 집에서 다음번에는 저 집에서. 부유한 자들은 가난한 형제들을 기꺼이 자신들의 식탁에 초대하며 환대했다. 떡을 떼며. 이것은 성만찬을 기념하는 것만이 아니라, 고린도전서 11:21-22에 나타나는 것처럼 그들이 통상적으로 가졌던 사랑의 만찬이었다. 기쁨과 순전한 마음으로 음식을 먹고. 만일 앞의 구절이 주의 만찬을 의미한다면, 이것은 그로 말미암아 그들이 얻은 영적인 힘과 위로와 격려를 가리키는 것일 것이다. 반면 만일 이것이 그들이 서로 나누었던 일반적인 애찬을 의미하는 것이라면, 그것을 베푼 부자들이 내적인 평안과 만족으로 더 큰 보상을 받았을 것이다. 왜냐하면 주는 자가 받는 자보다 더 복되기 때문이다.

47. 하나님을 찬미하며 또 온 백성에게 칭송을 받으니 주께서 구원 받는 사람을 날마다 더하게 하시니라.

하나님을 찬미하며. 한 사람의 부족함을 다른 사람의 풍성함으로 채우게 하시는 하나님께 감사하며. 온 백성에게 칭송을 받으니. 사도들과 모든 신자들의 선함과 온유함과 오래 참음은 사람들 사이에서 좋은 평판을 낳기에 충분했다. 주께서 구원 받는 사람을 날마다 더하게 하시니라. 구원은 오직 주님으로부터 말미암는다. 그것은 베드로의 설교로부터도 말미암지 않고, 불처럼 갈라지는 혀와 급하고 강한 바람의 기적으로부터도 말미암지 않는다. 그것은 오직 '데이 티 엔돈'(Δέι τι ἔνδον) 즉 그들의 마음 가운데 역사(役事)하는 하나님의 영의 강력한 작용으로부터 말미암는다.

제3장

개요

1. 걷지 못하던 사람이 베드로와 요한에 의해 고침을 받음(1-11)
2. 베드로가 백성들에게 이 일이 자신이나 혹은 요한 안에 있는 어떤 능력이나 거룩함으로 말미암아 이루어진 것이 아니라 예수의 이름을 믿는 믿음을 통한 하나님의 능력으로 말미암아 이루어진 것임을 선포함. 계속해서 베드로가 그들에게 그들이 알지 못하고 그를 십자가에 못 박아 죽였으나 하나님이 성경에 따라 그를 죽은 자 가운데 다시 살리셨음을 선포하면서, 믿음으로 말미암아 죄 사함과 구원을 받을 것을 권면함(12-26)

1. 제 구 시 기도 시간에 베드로와 요한이 성전에 올라갈새.

제 구 시. 저녁 제사를 위한 시간으로서 오늘날의 시간으로 오후 3시이다. 기도 시간에. 자연법과 하나님의 율법은 공히 하나님이 매일같이 예배와 기도를 받으셔야 함을 요구한다. 그러나 마이모니데스는 하루에 몇 번 기도를 드려야 한다든지, 어떤 기도를 드려야 한다든지, 어느 시간에 기도를 드려야 한다든지 등과 관련하여 하나님의 직접적인 명령에 의한 의무는 없다고 말한다(Maimonides: 12세기 스페인 태생의 유대인 철학자). 그러나 유대인들은 통상적으로 하루에 세 번 기도하면서, 그러한 세 번의 기도 시간이 아브라함과 이삭과 야곱 세 명의 족장 각각으로부터 말미암은 것이라고 생각했다. 그러나 아침 제사와 저녁 제사를 드리는 시간은 기도를 위한 시간으로서 하나님 자신이 말씀하신 시간이었다. 일반적인 기도가 입으로 하는 기도였다면, 제사는 행동으로 하는 기도였다. 성전에 올라갈새. 베드로와 요한이 성전에 올라간 것은 유대인들과 함께 예배에 동참하기 위함이 아니라, 복음의 씨앗을 뿌릴 더 넓은 밭을 얻기 위함이었다. 그러므로 이 날은 안식일이나 혹은 어떤 절기였을 가능성이 매우 높다. 혹은 (앞장의) 오순절 큰 날의 저녁이었을 가능성도 충분히 있다.

2. 나면서 못 걷게 된 이를 사람들이 메고 오니 이는 성전에 들어가는 사람들에게 구걸하기 위하여 날마다 미문이라는 성전 문에 두는 자라.

나면서 못 걷게 된 이. 그는 어떤 사고에 의해서가 아니라 태어나면서부터 못 걷게 된 사람이었다. 그러므로 하나님의 능력은 더 분명하게 나타났다. 성전에 들어가는 사람들에게 구걸하기 위하여. 어떤 사람이 가난한 것이 곧 하나님이 그에 대해 호의적이지 않음을 나타내는 표적은 아니다. 우리의 복된 구주는 매우 특별한 의미로 "가난한 자들의 머리"(caput pauperum)라고 일컬어진다. 도리어 이 사람의 불구(不具)는 그로 하여금 그리스도를 알고 그를 통해 구원을 받도록 이끌었다. 날마다 … 두는 자라. 그러므로 여기의 기적이 두 사도와 앉은뱅이 사이의 어떤 사전 거래나 혹은 사기(詐欺)에 의해 이루어진 것이 아님이 분명하게 증명된다. 성전 문. 성전 문은 항상 많은 사람들이 들고나는 곳이었다. 그곳을 들고나는 모든 사람은 거기에 앉아 있는 앉은뱅이를 볼 수밖에 없었다. 미문. 그 문은 그것의 탁월한 아름다움으로 인해 미문(美門)이라 불렸다. 그 문은 둘째 마당으로 들어가는, 혹은 이방인의 마당으로부터 유대인의 마당으로 들어가는 입구에 서 있었다. 이 사람은 유대인으로서의 자존심 때문에 이방인들에게는 구걸하고자 하지 않고 동족들에게 구걸하고자 미문 앞에 앉아 있었다.

3. 그가 베드로와 요한이 성전에 들어가려 함을 보고 구걸하거늘.

보고. 그는 걸을 수는 없었지만 그러나 볼 수는 있었다. 모든 사람은 하나님께 감사와 찬미를 드릴 만한 어떤 것들을 가지고 있다.

4. 베드로가 요한과 더불어 주목하여 이르되 우리를 보라 하니.

눈은 마음에 영향을 끼치는 법이다. 베드로는 자기 앞에서 구걸하는 앉은뱅이에 대해 동정심을 나타낸다. 베드로는 그에 대해 추호도 멸시하는 마음을 갖지 않는다. 도리어 "우리를 보라"고 말하면서 그의 기대에 불을 붙이며, 그의 관심을 불러일으킨다. 그렇게 함으로써 그는 치유를 받고 하나님께 영광을 돌릴 수 있도록 더 잘 준비될 수 있었다.

5. 그가 그들에게서 무엇을 얻을까 하여 바라보거늘.

무엇을 얻을까 하여 바라보거늘. 그의 눈뿐만 아니라 그의 마음까지 두 사도를 향해 집중되었으며, 그로 말미암아 그는 자신이 원하는 것보다 훨씬 이상의 것을 얻었다. 이와 같이 우리는 우리가 생각하며 구하는 것보다 훨씬 이상의 것을 매일같이 하나님으로부터 받는다.

6. 베드로가 이르되 은과 금은 내게 없거니와 내게 있는 이것을 네게 주노니 나사렛 예수 그리스도의 이름으로 일어나 걸으라 하고.

은과 금은 내게 없거니와. 사도들은 은혜에 있어서는 정말로 부요했지만 그러나 재물에 있어서는 그렇지 않았다. 내게 있는 이것. 즉 그리스도로부터 임하는 치유의 능력. 네게 주노니. 즉 내가 그것을 네게 적용하노니 혹은 내가 그것을 네게 유효하도록 만들 것이니. 예수 그리스도의 이름으로. 예수 그리스도의 능력으로, 혹은 예수 그리스도의 명령으로, 혹은 없는 것을 있는 것처럼 부르시는 자의 도우심을 의지(依支)하여. 나사렛 예수 그리스도. 우리 구주는 통상적으로 이러한 이름으로 일컬어지고 알려졌다. 이러한 이름은 많은 경우 경멸적인 의미로 사용되었지만, 그러나 베드로는 그러한 이름을 사용하기를 꺼리지 않았다.

7. 오른손을 잡아 일으키니 발과 발목이 곧 힘을 얻고.

오른손을 잡아. 베드로는 가련한 앉은뱅이 걸인의 손을 잡는 것을 꺼리지 않았다. 뿐만 아니라 그는 그리스도께서 그와 함께 하심으로 그가 치유를 받을 것을 확신했다. 발과 발목. 그의 불구(不具)는 바로 여기로부터 시작되었다. 곧. 그의 치유는 즉각적으로 이루어졌는데, 그러한 사실은 그것이 하나님의 역사(役事)임을 한층 더 분명하게 나타냈다. 도대체 누가 아무 수단도 사용함이 없이 즉각적으로 이런 일을 일으킬 수 있단 말인가? 힘을 얻고. 이와 같이 하나님은 연약한 자에게 "강하라"고 말씀하실 수 있다.

8. 뛰어 서서 걸으며 그들과 함께 성전으로 들어가면서 걷기도 하고 뛰기도 하며 하나님을 찬송하니.

이와 같이 이사야 35:6의 "그 때에 저는 자는 사슴 같이 뛸 것이며"라는 예언이 이루어졌다. 또 그렇게 하여 나면서부터 걷지 못하던 자는 자신이 즉각적으로 완전하게 치유되었음을 나타냈다. 걷기도 하고 뛰기도 하며 하나님을 찬송하니. 그는 자신의 즉각적이며 완전한 치유를 전적으로 하나님께 돌렸다. 그는 "수단들"에 대해서는 아무것도 돌리지 않았다. 그는 사도들이 전파한 말씀에 대해서는 거의 혹은 아무것도 알지 못했다. 다만 그에게 하나님이 모든 것이었다. 그리하여 그는 자신에게 이루어진 기적의 사실을 증명하기 위해 뛰었으며, 그의 영혼은 그의 구주 하나님을 기뻐하며 찬송했다.

9. 모든 백성이 그 걷는 것과 하나님을 찬송함을 보고.

여기의 기적은 은밀하게 이루어진 것이 아니라 많은 사람들이 왕래하는 곳에서 공개적으로 이루어졌다. 따라서 아무도 그 사실을 부인할 수 없었으며, 복음을 대적하는 원수들조차 그러한 사실을 인정하지 않을 수 없었다(행 4:16).

10. 그가 본래 성전 미문에 앉아 구걸하던 사람인 줄 알고 그에게 일어난 일로 인하여 심히 놀랍게 여기며 놀라니라.

그가 본래 성전 미문에 앉아 구걸하던 사람인 줄 알고. 많은 사람들이 그 앉은뱅이 걸인을 알고 있었던 것으로 보인다. 그에게 일어난 일로 인하여 심히 놀랍게 여기며 놀라니라. 지금 그의 모습은 방금 전의 구걸하던 때의 모습과 정반대였다. 그러므로 그들은 그것을 보며 심히 놀랍게 여기며 놀랄 수밖에 없었다. "창세 이후로 맹인으로 난 자의 눈을 뜨게 하였다 함을 듣지 못했던" 것처럼, 나면서부터 걷지 못하던 자가 한순간에 걷고 뛰게 된 것 역시 마찬가지였다(요 9:32).

11. 나은 사람이 베드로와 요한을 붙잡으니 모든 백성이 크게 놀라며 달려 나아가 솔로몬의 행각이라 불리우는 행각에 모이거늘.

베드로와 요한을 붙잡으니. 그는 두 사도에 대한 감사와 환희 가운데 그들을 붙잡았다. 왜냐하면 그들은 그에 대한 하나님의 놀라운 긍휼의 도구였기 때문이었다. 뿐만 아니라 그들이 떠나고 나면 자신이 다시금 예전의 상태로 되돌아갈 것을 두려워했기 때문이기도 했을 것이다. 자기 안에서 이토록 놀라운 변화가 일어난 것을 발견한 사람은 옆에서 그러한 변화를 지켜본 사람들 못지않게 놀랄 수밖에 없었다. 솔로몬의 행각이라 불리우는 행각. 물론 이것은 솔로몬 자신에 의해 세워진 행각이 아니다. 왜냐하면 그것은 성전의 다른 부분들과 함께 바벨론 사람들에 의해 파괴되었기 때문이다(왕하 25:9). 어쩌면 그 행각의 일부가 성전의 다른 부분들이 불탈 때 불에 삼켜지지 않은 채 남아 있다가 나중에 보수(補修)되었는지도 모른다. 그렇지 않으면 나중에 성전이 재건될 때 본래 자리에 다시 세워지고 그럼으로써 같은 이름으로 계속해서 불리게 되었을 수도 있다. 어떤 사람들은 그곳이 거기에 모인 사람들 가운데 말씀을 듣고 믿은 자가 5,000명이나 될 정도로 그렇게 넓은지에 대해 의문을 갖는다(행 4:4). 그러나 그것은 이방인의 마당뿐만 아니라 유대인의 마당에 이르기까지, 다시 말해서 바깥마당과 안마당에 걸쳐 있었던 것으로 생각된다.

12. 베드로가 이것을 보고 백성에게 말하되 이스라엘 사람들아 이 일을 왜 놀랍게 여기느냐 우리 개인의 권능과 경건으로 이 사람을 걷게 한 것처럼 왜 우리를 주목하느냐.

이스라엘 사람들아. 유대인들에게 이것은 매우 호의적인 호칭이었다. 그들은 항상 스스로를 이스라엘 사람으로서 높이 평가했다. 우리 개인의 권능과 경건으로. 경건(holiness) 즉 거룩함 자체는 매우 소중한 것임에도 불구하고 최소한의 기적조차 만들어내지 못한다.

13. 아브라함과 이삭과 야곱의 하나님 곧 우리 조상의 하나님이 그의 종 예수를

영화롭게 하셨느니라 너희가 그를 넘겨 주고 빌라도가 놓아 주기로 결의한 것을 너희가 그 앞에서 거부하였으니.

아브라함과 이삭과 야곱의 하나님. 여기에서 베드로가 아브라함과 이삭과 야곱을 언급하는 것은 그들에게 메시야의 약속이 주어졌기 때문이었다. 그의 종 예수를 영화롭게 하셨느니라. 여기에서 예수가 "그의 종"으로 불리는 것은 그가 이사야 53:11에서 그와 같은 이름으로 불리기 때문이다. 그는 우리를 구속하기 위해 종의 형체를 취하시고 십자가에 죽기까지 복종하셨다. 그렇게 하여 그는 하나님이 자신을 세상에 보내신 목적인 구속의 위대한 일을 이루셨다. 너희가 그를 넘겨 주고. 우리의 복된 구주는 유대인의 관원들의 명령에 따라 체포되고, 결박되고, 빌라도에게 넘겨졌다(마 27:1, 2). 너희가 거부하였으니. 이것은 "그 피를 우리와 우리 자손에게 돌릴지어다"라고 외친 보통사람들에 대한 참소이다(마 27:25). 여기에서 그들의 죄가 그대로 까발려지는 것은 그들로 하여금 애통함으로 구원의 말씀을 받아들이도록 하기 위함이었다.

14. 너희가 거룩하고 의로운 이를 거부하고 도리어 살인한 사람을 놓아 주기를 구하여.

너희가 거룩하고 의로운 이를 거부하고. 한 목소리로 "가이사 외에는 우리에게 왕이 없나이다"라고 외칠 때, 그들은 그들의 구속자인 기름 부음 받은 그리스도를 거부한 것이었다(요 19:15). 살인한 사람을 놓아 주기를 구하여. 즉 바라바를 놓아 주기를 구하여. 그들은 한 목소리로 "이 사람이 아니라 바라바라"라고 외쳤다(요 18:40). 그들에게 두 사람 가운데 한 사람을 선택할 기회가 주어졌다. 한 사람은 거룩하고 의로운 자 예수였고, 다른 한 사람은 살인한 사람 바라바였다. 그러나 그들은 후자를 선택했다. 그것은 그들의 불경건을 더욱 가중시켰으며, 오늘날에 이르기까지 그들의 멸망과 고통이 되었다. 그들은 보아도 보지 못하는 소경이었으며, 그들의 마음은 돌처럼 딱딱했다.

15. 생명의 주를 죽였도다 그러나 하나님이 죽은 자 가운데서 그를 살리셨으니 우리가 이 일에 증인이라.

생명의 주. 하나님과 마찬가지로 그는 우리의 육체의 생명의 창시자이다. 우리는 그 안에서 살고 움직이며, 우리의 호흡은 그의 손 안에 있다. 뿐만 아니라 그리스도는 중보자로서 영원한 생명의 길이며, 우리를 그곳으로 인도하는 인도자이다(요 14:6). 베드로는 솔로몬 행각에 모인 많은 유대인들에게 "너희가 그를 죽였다"고 말했다. 비록 그 자리에 헤롯도 없고, 빌라도도 없고, 그를 직접 십자가에 못 박은 사람들도 없었음에도 불구하고 말이다. 그러나 그 일은 그들의 요구와 바람에 따라 — 그러므로 결국 그들 때문에 — 이루어진 일이었다. 그렇기 때문에 베드로는 여기에서 그들이 그를 죽였다고 참소하고 있는 것이다.

16. 그 이름을 믿으므로 그 이름이 너희가 보고 아는 이 사람을 성하게 하였나니 예수로 말미암아 난 믿음이 너희 모든 사람 앞에서 이같이 완전히 낫게 하였느니라.

그의 이름. 그의 능력. 그는 그의 이름에 의해 알려진다. 다른 사람들이나 사물들이 각자의 이름에 의해 알려지는 것처럼 말이다. 뿐만 아니라 그리스도의 이름은 그리스도 자신을 대신하여 제시된다. 마치 하나님의 이름이 종종 하나님 자신을 대신하여 제시되는 것처럼 말이다. 그 이름을 믿으므로. 믿음으로 그리스도의 이름을 부름으로. 그가 여기의 앉은뱅이를 고칠 수 있으며 또 고치실 것을 완전히 확신하며. 예수로 말미암아 난 믿음. 믿음의 대상으로서의 그리스도에 대한 믿음뿐만 아니라, 믿음의 창시자로서의 그리스도로부터 혹은 그리스도로 말미암은 믿음. 여기의 기적 속에 이중적인 믿음이 나타난다. 베드로에게는 고칠 수 있다는 믿음이 요구되며, 앉은뱅이에게는 고쳐질 것이라는 믿음이 요구된다.

17. 형제들아 너희가 알지 못하여서 그리하였으며 너희 관리들도 그리한 줄 아노라.

앞에서 베드로는 솔로몬 행각에 모인 유대인들을 향해 "너희가 생명의 주를 죽였다"고 책망했다(13-15절). 그리하여 베드로는 그들이 양심의 가책으로 인해 지나친 절망에 빠지지 않도록 하기 위해 그들을 "형제들"이라고 부르면서 그들의 마음을 달래주는 말을 한다. 너희가 알지 못하여서 그리하였으며. 그들은 두 가지를 알지 못한 채 그리스도를 대적하는 행동을 했다. (1) 그들은 그리스도가 태어난 장소에 대해 제대로 알지 못했다. 그들은 그가 나사렛에서 태어났다고 생각했다. (2) 그들은 그의 나라의 성격에 대해 제대로 알지 못했다. 너희 관리들도 그리한 줄 아노라. 관리들의 잘못은 훨씬 더 컸다. 왜냐하면 많은 사람들을 부추겨 그리스도를 대적하게 했기 때문이다. 그러나 베드로는 심지어 그들에게조차 회개를 통한 희망의 문을 열어 준다.

18. 그러나 하나님이 모든 선지자의 입을 통하여 자기의 그리스도께서 고난 받으실 일을 미리 알게 하신 것을 이와 같이 이루셨느니라.

선지자들은, 마치 하나의 입으로부터 말하는 것처럼 그리고 하나의 영으로 말미암아 말하는 것처럼, 모두 동일한 것을 말했다. 하나님은 당신의 거룩한 목적을 이루기 위해 사람들의 무지와 악의를 사용하셨다. "그리스도께서 고난 받으실" 것은 이사야 53:5-7에 분명하게 예언되었다.

19. 그러므로 너희가 회개하고 돌이켜 너희 죄 없이 함을 받으라 이같이 하면 새롭게 되는 날이 주 앞으로부터 이를 것이요.

그러므로 너희가 회개하고 돌이켜. 바로 이것 즉 그들이 회개하고 돌이키는 것이 앞의 기적과 여기의 설교의 참된 목적이며 적용이다. 너희 죄 없이 함을 받으라. That your sins may be blotted out. 즉 너희 죄가 지워지게 하라. 이러한 표현은 당시 돌판 위에 글을 쓰는 방식과 관련된다. 뿐만 아니라 그것은 또한 오늘날 종이나 혹은 양피지에 글을 쓰는 방식과도 잘 연결된다. 우리의 모든 죄가 기록된 기억의 책이 있다. "유다의 죄는 금강석 끝 철필로 기록되되"(렘 17:1). 죄가 사해지는 것은 곧 그것이 지워지는 것으로 표현된다(사 44:22). 그러면 눈을 부릅뜨고 찾을지라도 그것은 더 이상 발견되지 않는다. "그 날 그 때에는 이스라엘의 죄악을 찾을지라도 없겠고 유다의 죄를 찾을지라도 찾아내지 못하리니 이는 내가 남긴 자를 용서할 것임이라"(렘 50:20). 새롭게 되는 날(times of refreshing). 혹은 시원하게 되는 때. 고통이 불같은 시련으로 일컬어지는 것처럼, 그것으로부터 건짐을 받는 것은 새롭게 되는 혹은 시원하게 되는 때이다. 그와 같이 여러 가지 고통으로부터 새롭게 되는 날 혹은 시원하게 되는 때는 일반적으로 이생에서 온다. 그러나 모든 고통으로부터 건짐 받는 때는 이생이 끝날 때 올 것이다. 주 앞(presence of the lord)으로부터 이를 것이요. 하나님의 백성들에게 있어 새롭게 되며 시원하게 되는 모든 것이 발생되는 원인과 기초는 바로 하나님의 임재(God' s presence)이다. 이것이 없다면, 천국은 더 이상 천국(무한한 행복과 영광의 장소)이 아닐 것이다. 하나님은 우리의 행복의 기초이면서, 우리에게 모든 위로를 주시는 자시다. 그리고 그의 영이 우리의 유일한 위로자이다.

20. 또 주께서 너희를 위하여 예정하신 그리스도 곧 예수를 보내시리니.

하나님은 그의 백성들로부터 모든 악과 고통을 제거하기 위해 그리스도를 보내실 것이다. 태양이 비취면 모든 구름과 안개가 흩어지는 것처럼, 그가 오시면 그의 백성들의 모든 악과 고통을 사라질 것이다. 이것은 특별히 그리스도의 재림과 관련된다. 여기에서 이것이 약속되는 것은 우리로 하여금 악을 버리고 선을 행하도록 그리고 회개하고 위로를 얻도록 격려하기 위함이다.

21. 하나님이 영원 전부터 거룩한 선지자들의 입을 통하여 말씀하신 바 만물을 회복하실 때까지는 하늘이 마땅히 그를 받아 두리라.

만물을 회복하실 때까지. 혹은 만물을 제자리로 되돌리실 때까지. 타락은 우주 전체를 망가뜨리고 혼란에 빠뜨렸다. 아담이 범죄함으로 말미암아 이를테면 사망의 색깔이 모든 피조물을 덮었다. 그리하여 모든 창조세계가 지금까지 해산의 고통 가운데 탄식하며 신음하고 있다(롬 8:22). 그러나 세상의 마지막은 만물이 제자리로 되돌려지는 회복의 때가 될 것이다. 특별히 그때 사람이 하나님께 대하여 복된 불멸의 존재로 온전히 회복될 것이다. 만일 이것이 없다면, 선지자들의 모든 예언과 사도들의 모든 복음 전파는 헛된 것이 될 것이다(고전 15:14). 하늘이 마땅히 그를 받아 두리라. 하늘이 그를 받은 후, 그는 만물이 회복될 때까지 그곳에 계실 것이다. 실제적인 장소가 실제적인 몸을 받는 것처럼, 하늘은 그렇게 그의 몸을 받았다. 그와 같이 그리스도의 몸은 실제적인 몸이다. 이와 같이 하늘이 그의 몸을 받았기 때문에, 하늘은 만왕의 왕이며 만주의 주이신 자의 궁전이며 보좌이다. 그는 거기에서 모든 원수들을 자기 발 아래 둘 때까지 통치할 것이다(고전 15:25).

22. 모세가 말하되 주 하나님이 너희를 위하여 너희 형제 가운데서 나 같은 선지자 하나를 세울 것이니 너희가 무엇이든지 그의 모든 말을 들을 것이라.

모세가 조상들에게 말하되. 여기의 "조상들"은 물론 "광야에 있던 조상들"을 가리킨다(한글개역개정판에는 "조상들에게"가 없음). 신명기 18장 15절과 18절을 참조하라. 베드로는 여기에서 그들의 선지자들 가운데 가장 뛰어난 한 사람의 선지자를 가리킨다. 나 같은. (1) 지혜에 있어 나 같은. (2) 기적을 행함에 있어 나 같은. (3) 하나님과 그의 백성들 사이의 중보자로서 나 같은. (4) 이스라엘 백성들의 형제 즉 아브라함의 자손이라는 측면에서 나 같은. (5) 특별한 방식으로 하나님으로부터 보냄을 받았다는 측면에서 나 같은. 너희가 무엇이든지 그의 모든 말을 들을 것이라. 만일 어떤 선지자가 그들 가운데 와서 미래에 이루어질 일에 대해 예언하거나 혹은 참된 기적을 행한다면, 그가 그들을 거짓 신을 섬기도록 이끌지 않는 한 그들은 그를 믿어야만 했다. 같은 맥락에서 그들은, 그들에게 오직 참 하나님을 경외하도록 가르친 그리고 온 율법과 선지자가 이야기한, 우리 구주를 믿어야만 했다.

23. 누구든지 그 선지자의 말을 듣지 아니하는 자는 백성 중에서 멸망 받으리라 하였고.

그 선지자의 말을 듣지 아니하는. 즉 그 선지자를 믿지 아니하고 순종하지 아니하는. 백성 중에서 멸망 받으리라. 모세에게 순종하지 않은 자들이 멸망을 당했던 것처럼. 그때 많은 사람들이 갑작스러운 죽음으로 멸망을 당했다. 우리는 그때 고라와 다단과 아비람과 그들에게 속한 모든 사람들이 바로 이 죄로 말미암아 땅에 삼켜졌음을 읽는다(민 16:1-50). "우리가 이같이 큰 구원을 등한히 여기면 어찌 그 보응을 피하리요"(히 2:3). 우리가 큰 보응을 피할 수 없는 것은 모세보다 크신 이가 여기 계시기 때문이다. 하나님은 그의 말을 듣지 아니하는 모든 사람들에게 그와 같이 반문하신다(신 18:19).

24. 또한 사무엘 때부터 이어 말한 모든 선지자도 이 때를 가리켜 말하였느니라.

설령 모세와 사무엘 사이에 몇몇 선지자들이 있었다 하더라도, 그러나 그들은 어떤 특별한 상황에서 예언했을 뿐이었다. 또 사무엘의 때에는 여호와의 말씀이 희귀했다(삼상 3:1). 그러나 그때 그리스도의 모형인 다윗이 등장했으며, 그 안에서 그리고 그로 말미암아 메시야가 더 분명한 모습으로 나타났다. 뿐만 아니라 사무엘은 자신의 예언을 기록하고 또 선지자 학교를 세운 첫 번째 사람이었다. 이와 같은 이유들로 본문은 선지자들이 그로부터 시작된 것으로 언급된다.

25. 너희는 선지자들의 자손이요 또 하나님이 너희 조상과 더불어 세우신 언약의 자손이라 아브라함에게 이르시기를 땅 위의 모든 족속이 너의 씨로 말미암아 복을 받으리라 하셨으니.

선지자들의 자손(children). 왜냐하면 그들의 조상인 아브라함과 이삭과 야곱이 선지자로 일컬어지기 때문이다(시 105:15). 그들은 장차 이루어질 일을 예언하며 미리 말했다. 선지자들의 제자들 역시도 그들의 자녀(children) 혹은 아들로 일컬어진다(왕하 2:3). 언약의 자손. 하나님은 아브라함 및 그의 자손들과 더불어 언약을 세우셨다. 따라서 그들은 언약의 자손이라 불린다(롬 9:8; 갈 4:28). 바로 이 언약 때문에 하나님은 모든 가혹한 재앙들에도 불구하고 항상 그 백성들 가운데 일부를 보존하셨다. 어느 때든지 항상 구원받은 남은 자들이 있었다. 땅 위의 모든 족속. 세상의 모든 종족들과 나라들. 복을 받으리라. 아브라함의 씨인 그리스도를 통해. 이 세상의 모든 긍휼과 장차 올 세상에서의 영원한 생명과 은혜와 영광과 모든 선한 것들은 오직 그를 통해 주어진다.

26. 하나님이 그 종을 세워 복 주시려고 너희에게 먼저 보내사 너희로 하여금 돌이켜 각각 그 악함을 버리게 하셨느니라.

그 아들 예수를 세워(raised up his son, Jesus: 한글개역개정판에는 "그 종을 세워"라고 되어 있음). 이러한 표현은 단순히 그리스도의 부활만이 아니라, 그가 구주와 왕으로 세워진 것까지 가리킨다. 이와 관련하여 "큰 선지자가 우리 가운데 **일어나셨다**"라든지 혹은 "우리를 위하여 구원의 뿔을 그 종 다윗의 집에 **일으키셨으니**" 등과 같은 표현을 주목하라(눅 7:16; 1:69). 그러나 우리가 복을 받는 것은 그리스도께서 죽은 자 가운데 일으키심을 받고 그의 나라로 들어가신 것 때문이다. **너희에게 먼저 보내사.** 여기에서 "너희"는 이스라엘 집의 잃어버린 양인 유대인들과 예루살렘 거민들을 가리킨다. 고넬료와 관련한 환상에 의해 깨달을 때까지, 베드로는 이방인들이 부름 받을 것에 대해 알지 못했다(행 10:1-48). 구주께서 사도들에게 땅끝까지 이르러 자신의 증인이 될 것을 말씀하셨음에도 불구하고, 그들은 단지 그것을 온 세상에 흩어져 있는 이스라엘 백성들에게만 해당되는 것으로 이해했다(벧전 1:1). **너희로 하여금 돌이켜 각각 그 악함을 버리게 하셨느니라.** 진실로 이것이 가장 큰 복이다. 우리 구주에게 "예수"라는 이름이 주어졌는데, 그것은 그가 자기 백성을 그들의 죄로부터 구원할 것이기 때문이었다(마 1:21). 자신의 죄로부터 구원받는 것이 없이는 어떤 것도 진정으로 복일 수 없다. "악인에게는 화가 있으리니 이는 그의 손으로 행한 대로 그가 보응을 받을 것임이니라"(사 3:11). 또 "내 하나님의 말씀에 악인에게는 평강이 없다 하셨느니라"(사 57:21). 여기에 한 가지만 덧붙이자. 만일 어떤 사람이 자신의 죄로부터 돌이켜진다면, 그것은 그리스도 안에 있는 하나님의 복으로 말미암은 것이다.

제4장

개요

1. 유대인의 관리들이 베드로와 요한의 메시지에 분개하여 그들을 가둠(1-4).
2. 베드로가 공회 앞에서 앉은뱅이가 치유된 것이 예수의 이름으로 이루어진 것임을 담대하게 말하면서, 사람이 다른 이름으로는 구원받을 수 없음을 공언함(5-12).
3. 공회가 두 사도의 담대함을 기이히 여기는 가운데 서로 의논한 후 예수의 이름으로 더 이상 말하지 말 것을 경고하면서 그들을 풀어줌(13-22).
4. 교회가 기도에 전념함(23-30).
5. 집이 흔들리며 사도들이 담대하게 말씀을 전파하는 것으로 성령의 임재가 나타남(31).
6. 교회가 한 마음으로 모든 물건을 서로 통용함(32-37).

1. 사도들이 백성에게 말할 때에 제사장들과 성전 맡은 자와 사두개인들이 이르러.

성전 맡은 자(the captain of the temple). 성전을 수비(守備)하고 거기에서 예배하기 위해 모인 군중들로 인해 소요가 발생하지 않도록 임명된 병사들의 우두머리. 이 사람은 유대인이었기보다 로마인이었을 가능성이 매우 높다.

사두개인. 이들이 복음에 대해 가장 완강하게 반대했는데, 그것은 그들이 복음의 요체인 부활을 믿지 않았기 때문이었다. 이렇게 하여 시편 2편에 예언된 대로 유대인들과 이방인들이 합세하여 그리스도를 대적했다. "어찌하여 이방 나라들이 분노하며 민족들이 헛된 일을 꾸미는가 세상의 군왕들이 나서며 관원들이 서로 꾀하여 여호와와 그의 기름 부음 받은 자를 대적하며"(1, 2절).

2. 예수 안에 죽은 자의 부활이 있다고 백성을 가르치고 전함을 싫어하여.

싫어하여. 그들은 부활과 관련한 복음의 메시지를 마치 큰 두통거리라도 되는 양 싫어하며 증오했다. 부활의 교리는 사두개인들을 격동시키는 메시지였다. 왜냐하면 그들은 부활을 부인했기 때문이었다. 그것이 그들을 더더욱 격동시켰던 것은 사도들이 "예수를 통한 부활"을 전파했기 때문이었다. 사도들은 우리 구주의 부활만을 전파한 것이 아니었다. 그들은 그리스도가 부활의 창시자이며 잠자는 자들의 첫 열매라고 전파했다. 그들은 그리스도의 부활로부터 그를 따르는 자들도 죽은 자 가운데 부활할 것을 추론했다.

3. 그들을 잡으매 날이 이미 저물었으므로 이튿날까지 가두었으나.

그들을 가두었으나. 어떤 사람들은 이것이 두 사도를 감옥에 투옥한 것이 아니라 잠깐 동안 구류해 둔 것이라고 생각한다. 어쨌든 이렇게 하여 우리 구주의 예언이 이루어지기 시작했다. "그들이 너희에게 손을 대어 박해하며 회당과 옥에 넘겨 주며"(눅 21:12). 그러나 하나님은 당신의 교회에 박해가 점진적으로 임하도록 하셨다. 해가 진 후(다시 말해서 그리스도가 그들로부터 떠나고 난 후), 곧바로 빽빽한 어둠이 임하지 않았다. 하나님은 항상 자기 백성들의 상태와 자신의 약속을 기억하신다. 그리고 그들에게 감당할 수 없는 시험을 허락하시지 않는다.

4. 말씀을 들은 사람 중에 믿는 자가 많으니 남자의 수가 약 오천이나 되었더라.

믿음은 들음에서 나며 들음은 하나님의 말씀으로 말미암는다(롬 10:17). 바로 이것이 하나님이 정하신 통상적인 방법이다. 사도들은 이러한 방법을 사용하여 청중들로 하여금 자신들의 죄를 깨닫고 하나님께로 돌아오도록 만들었다. 여기에 말씀을 들은 전체 청중의 숫자는 나타나지 않는다. 다만 여기의 5,000명은 이번 설교(행 3:12-26)를 듣고 회심한 사람들의 숫자를 가리키는 것이든지, 아니면 그보다도 베드로의 앞 설교(행 2:14-40)를 통해 회심한 사람들의 숫자에다 여기의 설교를 통해 회심한 사람들의 숫자가 합쳐진 것일 것이다. 어쨌든 하나님은 신자들의 숫자를 크게 증가시키셨다.

5. 이튿날 관리들과 장로들과 서기관들이 예루살렘에 모였는데.

관리들(their rulers). 산헤드린 공회의 공회원들. 장로들과 서기관들. 유대인들 가운데 지도자의 위치에 있는 서기관이나 율법학자 등과 같은 사람들. 이들은 모두 한 목소리로 복음의 메시지를 반대했다. 마치 헤롯이 구유에 있는 그리스도를 죽이려고 했던 것처럼, 이들은 빛이 비취기 시작할 때 그 빛을 꺼버리고자 애를 썼다.

6. 대제사장 안나스와 가야바와 요한과 알렉산더와 및 대제사장의 문중이 다 참여하여.

대제사장 안나스와 가야바. 두 사람 모두 대제사장으로 호칭된다(눅 3:2). 그들이 매년 번갈아 가며 대제사장의 직분을 감당했는지 혹은 로마 권력이 자기들 마음대로 그들을 세우고 폐하고 했는지 혹은 대제사장의 직분을 내려놓았음에도 불구하고 예우의 차원에서 계속 그러한 칭호로 불렀는지 하는 문제는 본질적인 문제가 아니다. 요한. 이 사람은 안나스의 아들이었던 것으로 생각된다. 알렉산더. 요세푸스는 이 사람이 그들 가운데 큰 명망을 가지고 있었다고 말한다. 대제사장의 문중. 그들은 대제사장과의 혈연관계로 말미암아 산헤드린 공회의 회원이 되었다.

7. 사도들을 가운데 세우고 묻되 너희가 무슨 권세와 누구의 이름으로 이 일을 행하였느냐.

사도들을 가운데 세우고. 산헤드린 공회가 두 사도를 가운데 세우고 둥글게 둘러앉은 것은 그들과의 의사소통을 좀 더 원활히 하고자 함이었다. 무슨 권세로? 자연적인 권세로, 아니면 초자연적이며 신적인 권세로? 누구의 이름으로? 누구의 명령으로, 혹은 누구의 권위로? 그들은 사도들이 스스로를 선지자나 혹은 특별히 보냄을 받은 자들로 자임하는지 물었다. 그들이 행한 기적은 그것이 누구의 능력으로 이루어진 것인지를 충분하게 보여 주고도 남았다. 그러나 그에 대해 그들은 스스로 무지(無知)하기로 작정하면서, 사도들의 말로부터 그들을 정죄할 수 있는 꼬투리를 잡으려고 질문을 던졌다.

8. 이에 베드로가 성령이 충만하여 이르되 백성의 관리들과 장로들아.

성령이 충만하여. 성령은 지금 베드로를 강하게 하심으로써 그로 하여금 산헤드린에서 담대하게 말하도록 인도하고 계셨다. 지금의 그의 모습은 그의 본래의 모습과 너무나 달랐다. 전에 그는 한 여종을 두려워하여 구주를 세 번 부인했다. 그러나 지금은 유대인의 지도자들 앞에서 구주를 고백하기를 조금도 두려워하지 않는다. 백성의 관리들과 장로들. 5절을 보라. 이들은 모세가 하나님의 명령에 따라 자신의 짐을 나누어 지기 위해 세운 70명을 모방하여 세운 산헤드린 공회의 공회원들이었다(민 11:16, 24).

9. 만일 병자에게 행한 착한 일에 대하여 이 사람이 어떻게 구원을 받았느냐고 오늘 우리에게 질문한다면.

착한 일. 두 사도는 유대 법정의 권위를 부인하지 않으면서 자신들의 무죄함을 주장했다. 그들이 행한 일은 "착한 일"(good deed) 즉 "선한 행동" 외에 아무것도 아니었다. 이 사람이 어떻게 구원을 받았느냐? 7절의 표현을 빌려 말하면, "이 사람이 무슨 권세와 누구의 이름으로 온전하게 되었느냐?" 질문한다면. 법정적(法庭的)으로 심문한다면. 이것은 법률적인 용어이다.

10. 너희와 모든 이스라엘 백성들은 알라 너희가 십자가에 못 박고 하나님이 죽은 자 가운데서 살리신 나사렛 예수 그리스도의 이름으로 이 사람이 건강하게 되어 너희 앞에 섰느니라.

너희와 모든 이스라엘 백성들은 알라. 두 사도는 조금도 당황하거나 두려워하지 않고 자신들의 담대함을 나타냈다(13절). 그들은 그들 모두에게 그리스도를 전파하여 그들 모두가 그리스도를 알게 되기를 바랐다. 하나님이 죽은 자 가운데서 살리신. 즉 아버지 하나님이 죽은 자 가운데서 살리신. 우리 구주는 하나님 자신에 의해 무덤의 감옥 안으로 던져졌다가, 하나님 자신에 의해 그곳으로부터 다시 건지심을 받았다. 나사렛 예수 그리스도. 사도행전 2:22을 보라. 이 사람이 건강하게 되어 너희 앞에 섰느니라. 나면서부터 걷지 못하던 사람이 온전하게 된 것은 눈으로 볼 수 있도록 나타난 기적이었다.

11. 이 예수는 너희 건축자들의 버린 돌로서 집 모퉁이의 머릿돌이 되었느니라.

이것은 시편 118:22을 인용한 것으로서, 그 예언이 지금 성취되었다. 사도행전 2:23을 보라. 너희 건축자들. 그들은 그들의 직분으로 말미암아 여기에서 "건축자"라는 이름으로 일컬어진다. 그러므로 그들은 건축자로서의 의무 즉 건물을 허물어뜨리거나 약하게 하거나 흉하게 하지 않고 그것을 강하게 하며 아름답게 하며 계속해서 지어나가는 의무를 기꺼이 감당해야만 한다. 집 모퉁이의 머릿돌. 혹은 모퉁잇돌. 그리스도는 종종 이와 같은 이름으로 일컬어진다(마 21:42; 막 12:10). 그가 그와 같은 이름으로 일컬어지는 것은 (1) 그가 전체 건물을 지탱하며 떠받치기 때문이며, (2) 로마서 9:33이 말하는 것처럼 그가 거치는 돌 혹은 반석이기 때문이며, (3) 베드로전서 2:6의 표현처럼 그가 가장 보배롭기 때문이며 — 통상적으로 모퉁잇돌은 가장 크고 가장 단단하며 가장 좋은 돌로 사용하기 때문에, (4) 그가 이스라엘 백성들의 영광일 뿐만 아니라 또한 이방인들을 비추는 빛이기 때문이다. 이방인과 유대인은 그 안에서 연합되며, 그로 말미암아 구원받는다. 마치 모퉁잇돌이 양쪽 모두에 똑같이 필요한 것처럼 말이다. 건물의 오른쪽 부분과 왼쪽 부분은 모퉁잇돌 안에서 서로 하나가 되며 그것에 의해 지탱되며 떠받쳐진다.

12. 다른 이로써는 구원을 받을 수 없나니 천하 사람 중에 구원을 받을 만한 다른 이름을 우리에게 주신 일이 없음이라 하였더라.

다른 이로써는 구원을 받을 수 없나니. 다른 사람이나 혹은 다른 것으로써는 영혼의 구원뿐만 아니라 몸의 구원도 받을 수 없나니. 천하 사람 중에. 족장이든, 선지자든, 제사장이든, 왕이든, 심지어 그들이 신뢰하는 모세든. 다른 이름을 우리에게 주신 일이 없음이라. 고통 속에서 사람들은 종종 바알과 같은 다른 신들의 이름을 부르곤 한다(왕상 18:26). 그러나 하나님은 우리에게 다른 이름을 주신 일이 없다.

13. 그들이 베드로와 요한이 담대하게 말함을 보고 그들을 본래 학문 없는 범인으로 알았다가 이상히 여기며 또 전에 예수와 함께 있던 줄도 알고.

학문 없는. 이것은 아무것도 배우지 못했다는 뜻이 아니라 통상적인 교육 이상의 교육을 받지 못했다는 뜻이다. 당시 유대인들은 대부분 통상적인 정도의 교육은 받았다. 범인. 무지한 사람들. 여기의 헬라어는 별다른 교육을 받지 못한 채 관리나 율법 선생이 되지 못하고 오로지 모국어밖에 할 줄 모르는 사람들을 의미한다. 전에 예수와 함께 있던 줄도 알고. 우리는 복음서의 몇몇 구절들로부터 유대인의 관리들이 종종 예수의 무리와 접촉했던 사실을 발견한다(마 21:23; 눅 18:18; 요 12:42).

14. 또 병 나은 사람이 그들과 함께 서 있는 것을 보고 비난할 말이 없는지라.

서 있는 것을 보고. 그는 고침을 받기 전에는 서 있을 수 없었다. 앉든지 혹은 누워 있을 수밖에 없었다. 비난할 말이 없는지라. 그들은 그것이 기적으로 이루어진 선한 행동임을 부인할 수 없었다.

15. 명하여 공회에서 나가라 하고 서로 의논하여 이르되.

공회에서 나가라 하고. 이것은 단순히 공회가 회집된 장소로부터 나가라는 것에 불과했다. 왜냐하면 두 사도는 자유롭게 집으로 돌아가도록 허락되지 않았기 때문이다. 서로 의논하여. 그들은 한마음으로 연합하여 복음을 질식시키고자 했다. 그리하여 그들은 지금 그렇게 하기 위한 가장 좋은 방법이 무엇인지 서로 의논한다. 그러나 그들은 자신들이 의논하는 것을 두 사도가 듣지 못하도록 했다. 왜냐하면 그들로 하여금 그들을 참소하는 증거가 너무나 미약함을 알아채지 못하도록 해야만 했기 때문이다.

16. 이 사람들을 어떻게 할까 그들로 말미암아 유명한 표적 나타난 것이 예루살렘에 사는 모든 사람에게 알려졌으니 우리도 부인할 수 없는지라.

이 사람들을 어떻게 할까. 관리들은 두 사도를 어떻게 처리할지 알지 못한 채 난감해했다. 두 사도를 붙잡아 심문할 때, 그들은 승리를 거둔 것처럼 보였다. 그러나 세 명의 증인들(즉 두 사도와 앉은뱅이)과 일어난 사실 자체에 의해 그들은 계속해서 패퇴를 거듭하고 있었다. 그들은 당황하여 어찌 할 바를 알지 못했지만, 그러나 그러한 모습을 노출시키고 싶지 않았다. 그들에게는 자신들과 다른 사람들의 영혼이 구원을 받는 것보다 자신들의 체면을 유지하는 것이 더 중요했다.

17. 이것이 민간에 더 퍼지지 못하게 그들을 위협하여 이 후에는 이 이름으로 아무에게도 말하지 말게 하자 하고.

그들을 위협하여. 여기에 사용된 용어는 매우 엄중한 위협을 함축한다. 이를테면 그것은 가장 악독한 행동에 대해 가장 참혹한 형벌을 가하겠다는 것이었다. 이 후에는 이 이름으로 아무에게도 말하지 말게 하자. 사도들은 (1) 그리스도의 이름을 전파해서도 안 되었고, (2) 그 이름으로 기도해서도 안 되었고, (3) 그 이름으로 또다시 기적을 행해서도 안 되었다.

18. 그들을 불러 경고하여 도무지 예수의 이름으로 말하지도 말고 가르치지도 말라 하니.

예수의 이름으로 말하지도 말고. 개인적으로도 말하지 말고 공적으로도 말하지 말고. 가르치지도 말라. 마치 그로부터 보냄 받은 사도들과 사역자들인 것처럼 그의 이름으로 가르치지도 말라.

19. 베드로와 요한이 대답하여 이르되 하나님 앞에서 너희의 말을 듣는 것이 하나님의 말씀을 듣는 것보다 옳은가 판단하라.

베드로와 요한이 대답하여. 그들은 한 영으로 같은 대답을 했다. 그들은 지금 당장 자신들에게 가장 유익한 것을 구하지 않았다. 도리어 그들은 관리들에게 "하나님 앞에서 너희의 말을 듣는 것이 하나님의 말씀을 듣는 것보다 옳은가 판단하라"라고 말했다. 두 사도는 랍비들 사이에서 일반적으로 받아들여지는 법칙을 언급한 것으로 보인다. 그들은 그러한 법칙을 다음 장에서 또다시 사용한다. "베드로와 사도들이 대답하여 이르되 사람보다 하나님께 순종하는 것이 마땅하니라"(행 5:29). 중요한 문제들에 있어 하나님은 항상 증인들을 세우신다(암 2:11).

20. 우리는 보고 들은 것을 말하지 아니할 수 없다 하니.

우리는 말하지 아니할 수 없다. 육체적인 의미에서가 아니라 도덕적인 의미에서. 그들이 말하지 않을 수 없었던 것은 반드시 그렇게 해야만 했기 때문이었다. 만일 그들이 복음을 전파하지 않는다면, 그들에게 화가 있을 것이었다(고전 9:16). 만일 어떤 사람이 어떤 사실을 알고 있음에도 불구하고 그것을 증언하기를 거부한다면, 그는 죄를 범하는 것이다. 하물며 하나님으로부터 보냄을 받았음에도 불구하고 그를 위해 증언하기를 거부한다면, 그것은 얼마나 큰 죄겠는가!

21. 관리들이 백성들 때문에 그들을 어떻게 처벌할지 방법을 찾지 못하고 다시 위협하여 놓아 주었으니 이는 모든 사람이 그 된 일을 보고 하나님께 영광을 돌림이라.

관리들이 … 놓아 주었으니. 그들은 일단 두 사도를 놓아 주었다. 왜냐하면 그들을 계속 가두어둘 아무런 죄목도 없었기 때문이었다. 그러나 다른 증거가 나온다면 두 사도는 또다시 심문을 받게 될 수도 있었다. **백성들 때문에.** 그들로 하여금 두 사도를 놓아 주도록 만든 것은 자신들의 행동의 부당함을 인식했기 때문도 아니었고, 하나님이 기뻐하지 않으심을 염려했기 때문도 아니었다. 다만 그것은 백성들을 의식(意識)했기 때문이었다. 이와 같이 사람들의 패역함은 종종 하나님의 자녀들의 유익으로 귀결되기도 한다. **모든 사람이 하나님께 영광을 돌림이라.** 신자들뿐만 아니라 다른 사람들도 앉은뱅이를 걷게 하고 그로 말미암아 사도들이 큰 존경의 대상이 되도록 만든 것이 다름 아닌 하나님의 손이었음을 인정하지 않을 수 없었다.

22. 이 표적으로 병 나은 사람은 사십여 세나 되었더라.

그러므로 (1) 그는 고침을 받기가 더욱 어려운 사람이었다. (2) 그는 자신의 치유를 더욱 확신할 수 있었다. 왜냐하면 그는 다리를 쓸 수 없다는 것이 어떤 것인지 오랜 경험을 통해 잘 알고 있었기 때문이다. (3) 많은 사람들이 그가 미문에 앉아 구걸하는 것을 볼 수밖에 없었다. 여기에서 우리는 한 가지 의문을 가질 수 있다. 그것은 만일 그가 성전의 미문에서 그토록 오랜 세월 동안 구걸을 했다면 어째서 진작에 고침을 받지 못했을까 하는 의문이다. 왜냐하면 우리 주님 역시도 그 미문을 종종 지나다니셨을 것이기 때문이다. 우리는 구주께서 고침을 받기 위해 자신에게 나아오는 사람을 거부했다는 이야기를 듣지 못한다. 그러나 이러한 의문에 대해서는 한 가지 대답으로 충분하다. 그것은 때와 시기는 하나님의 손 안에 있다는 것이다. 하나님은 적당한 때가 될 때까지 구원을 미루신다. 특별히 여기의 기적은 사도들이 전파하는 복음이 사실임을 확증하기 위해 이때까지 유보되었다.

23. 사도들이 놓이매 그 동료에게 가서 제사장들과 장로들의 말을 다 알리니.

그 동료에게 가서. 두 사도는 다른 사도들과 신자들에게로 갔다. 양은 양끼리 모이고, 염소는 염소끼리 모이는 법이다. 두 무리가 나누이는 것은 마지막 날에 이루어질 것이라 하더라도, 그 기초는 여기에서 놓여진다. **다 알리니.** 이렇게 한 것은 그들에게도 같은 위험이 임할 수 있음을 경고하면서, 그럼에도 불구하고 주님이 비슷한 구원을 베푸실 것을 소망 가운데 바라보도록 격려하기 위함이었다. **으뜸 제사장들**(chief priests, 한글개역개정판에는 그냥 "제사장들"이라고 되어 있음). 이들은 아마도 다윗이 나눈 24반차 가운데 첫 번째(first) 반차나 혹은 으뜸 되는(chief) 반차에 속한 제사장들이었을 것이다. 다윗이 나눈 반차들은 우리 구주의 때까지 계속해서 지켜졌다(눅 1:5).

24. 그들이 듣고 한마음으로 하나님께 소리를 높여 이르되 대주재여 천지와 바다와 그 가운데 만물을 지은 이시요.

그들이 듣고 한마음으로 하나님께 소리를 높여. 두 사도의 말을 들은 동료들은 한마음과 한 영으로 아멘으로 화답했다. 대주재여. 그들은 "대주재"라는 장엄한 호칭으로 기도하기 시작한다(여기의 헬라어는 '퀴리에'가 아니라 '데스포타'이다). 그것은 그들의 기도와 찬미에 가장 잘 어울리는 호칭이었다. 그들이 "대주재"라는 호칭으로 그들의 구주를 의미했는지 아니면 아버지 하나님을 의미했는지 하는 것은 본질적인 문제가 아니다. 왜냐하면 삼위일체 가운데 어떤 한 위격을 부를 때 거기에는 다른 위격들도 포함되기 때문이다. 천지와 바다와 그 가운데 만물을 지은 이. 신적 창조는 동시에 신적 통치권을 의미한다. 그것을 생각할 때, 우리는 어떤 일 앞에서도 흔들리지 않고 견고하게 설 수 있다.

25. 또 주의 종 우리 조상 다윗의 입을 통하여 성령으로 말씀하시기를 어찌하여 열방이 분노하며 족속들이 허사를 경영하였는고.

종. 혹은 아들. 하나님과 다윗의 관계는 그가 많은 백성을 다스리는 왕이라는 사실보다 훨씬 더 큰 존귀이다. 다윗의 입을 통하여 성령으로 말씀하시기를. 이러한 표현은 다윗과 다른 하나님의 거룩한 종들이 말한 것이 성령으로부터 말미암은 것임을 보여 준다. 그러므로 그것은 성령께서 말씀하신 것으로 받아들여지고 믿어져야 한다. 어찌하여 열방이 분노하며 족속들이 허사를 경영하였는고. 하나님의 원수들이 까닭 없이 하나님의 백성들을 박해하는 것은 비합리적이며 터무니없는 분노이다. 그리고 그 모든 것은 결국 그들 자신의 머리 위로 떨어진다. "하나님을 사랑하는 자 곧 그의 뜻대로 부르심을 입은 자들에게는 모든 것이 합력하여 선을 이루느니라"(롬 8:28). 순교자들의 피는 결국 교회를 자라게 하는 보배로운 밑거름이 되었다. 여기의 말씀은 시편 2:1로부터 인용한 것이다.

26. 세상의 군왕들이 나서며 관리들이 함께 모여 주와 그의 그리스도를 대적하도다 하신 이로소이다.

여기의 말씀은 시편 2:2과 그 의미에 있어 본질적으로 동일하다. 군왕들. 여기에는 우리가 엄격한 의미로 왕이라고 부르는 사람들뿐만 아니라 예컨대 헤롯이나 빌라도 같은 높은 지위의 통치자들까지도 포함된다. 관리들. 산헤드린 공회의 공회원들. 주를 대적하도다. 하나님은 자신을 경외하는 자들에 대해 행해지는 모든 일을 자신에 대해 행해지는 것으로 간주하신다. 이와 같이 모세와 아론을 거슬러 모인 이스라엘 백성들은 주를 거슬러 모인 것으로 말하여진다(민 16:11). **그의 그리스도를 대적하도다.** 우리 구주는 아버지의 오른편에 계신다. 그럼에도 불구하고 그의 지체들을 괴롭히는 자들은 곧 그를 괴롭히는 것이다. 그는 하늘로부터 사울에게 "네가 왜 나를 핍박하느냐?"라고 말씀하셨다(행 9:4). 뿐만 아니라 그는 이 땅에 계실 때에도 "너희를 저버리는 자는 곧 나를 저버리는 것이요"라고 말씀하셨다(눅 10:16).

27. 과연 헤롯과 본디오 빌라도는 이방인과 이스라엘 백성과 합세하여 하나님께서 기름 부으신 거룩한 종 예수를 거슬러.

헤롯과 본디오 빌라도는 이방인과 이스라엘 백성과 합세하여. 그들은 그리스도와 그의 진리와 그의 백성들을 대적하는 이상한 동맹을 맺었다. 이방인들과 유대인들은 전에 그렇게 연합한 적이 결코 없었다. 많은 적들을 갖는 것은 결코 부끄러운 일이 아니다. 왜냐하면 우리 구주에게도 많은 적들이 있었기 때문이다. **하나님께서 기름 부으신.** 하나님은 그에게 기름을 부으사 그를 교회의 왕과 제사장과 선지자로 삼으셨다. **거룩한 종(thy holy child).** 이것은 그리스도가 하나님에게 자녀(child)처럼 사랑스러우며 종처럼 순종하는 것을 보여 준다.

28. 하나님의 권능과 뜻대로 이루려고 예정하신 그것을 행하려고 이 성에 모였나이다.

사도들은 구주나 혹은 그들 자신이 고난을 당한 이차적인 원인들에 대해서는 괘념치 않았다. 다만 그들은 모든 일 안에서 하나님을 인식했다. 그는 구부러진 막대기를 곧게 만드신다. 그는 거룩하시며, 지혜로우시며, 선하시다. 그는 종종 악을 허락하시지만, 그러나 마침내 그것을 선으로 바꾸신다. 그러므로 그는 모든 일로 인해 찬양을 받으시기에 합당하신 분이시다(엡 5:20). 여기의 말씀과 관련하여 사도행전 2:23을 보라. **하나님의 권능과 뜻대로.** 하나님은 모든 사람들과 사물들을 임의로 처분하며 배치하는 권능과 권리를 가지고 계신다. "두 염소를 위하여 제비 뽑되 한 제비는 여호와를 위하고 한 제비는 아사셀을 위하여 할지며"(레 16:8). 두 염소를 위해 던져진 제비를 생각해 보라. 제비가 결정되는 것은 여호와로부터 말미암는다(잠 16:33). 그러한 제비로 말미암아 희생제물로 드려질 염소와 광야로 보내질 염소가 결정되었던 것처럼, 그리스도가 우리를 위한 속죄제물이 된 것은 결코 하나님의 계획과 무관한 것이 아니다. 그렇다고 해서 이것이 그의 죽음과 고난의 도구가 된 자들의 악을 정당화하는 것은 결코 아니다.

29. 주여 이제도 그들의 위협함을 굽어보시옵고 또 종들로 하여금 담대히 하나님

의 말씀을 전하게 하여 주시오며.

그들의 위협함을 굽어보시옵고. 그들은 하나님을 하늘을 지으신 자로서 인식했다(24절). 그러므로 그들은 그가 그의 처소인 하늘로부터 그들과 그들의 고통을 굽어보시기를 간절히 원했다. 만물은 그의 눈 앞에 그대로 드러난다. 담대히. 거리낌 없이. (그리스도와 그의 진리로 말미암은) 담대함은 온갖 좋은 은사들과 마찬가지로 빛들의 아버지로부터 내려온다(약 1:17). 우리 구주께서는 제자들에게 "그 때에 마땅히 할 말을" 주시겠다고 약속하셨다(눅 12:11, 12).

30. 손을 내밀어 병을 낫게 하시옵고 표적과 기사가 거룩한 종 예수의 이름으로 이루어지게 하옵소서 하더라.

손을 내밀어. 그들은 담대함과 함께 하나님이 그들과 그들의 사역을 인정해 주시는 것을 간절히 바랐다. 표적과 기사가 이루어지게 하옵소서. 그때 기적은 그들이 하나님으로부터 보냄을 받았음을 인치는 증표로써 꼭 필요했다. 그들은 그러한 증표가 계속해서 따르기를 간절히 바랐다. 예수의 이름으로. 예수의 권세와 능력으로. 그들이 이와 같이 기도한 것은 그들이 자신들이 행하는 모든 표적과 기사를 통해 그들 자신이 아니라 오직 그리스도만을 높이기를 원했기 때문이다.

31. 빌기를 다하매 모인 곳이 진동하더니 무리가 다 성령이 충만하여 담대히 하나님의 말씀을 전하니라.

모인 곳이 진동하더니. 마치 파도가 출렁이는 것처럼 그곳이 위아래로 흔들렸는데, 그것은 하나님이 그들과 함께 계시면서 그들과 그들의 기도를 받으셨음을 나타내는 증표였다. 무리가 다 성령이 충만하여. 사도들은 사도들대로 (왜냐하면 여기의 기도는 특별히 사도들을 위한 것이었기 때문에) 일반 신자들은 일반 신자들대로, 각자의 조건에 따라 모두 성령으로 충만했다. 담대히 하나님의 말씀을 전하니라. 이것은 그들이 29절에서 간구한 은혜였다. 하나님은 그들에게 그러한 은혜와 함께 그들에게 필요한 다른 모든 은혜들을 주셨다. 고난과 역경 속에서, 그들은 하나님께 나아가 필요한 것을 구했다. 기도는 가장 성공적인 수단이다.

32. 믿는 무리가 한마음과 한 뜻이 되어 모든 물건을 서로 통용하고 자기 재물을 조금이라도 자기 것이라 하는 이가 하나도 없더라.

한마음과 한 뜻이 되어. 마치 하나의 마음과 하나의 영혼이 무리 전체를 움직이는 것 같았다. 의심의 여지 없이 그들 가운데 한 영 즉 하나님의 영이 계셨다. 그 영의 은혜로 말미암아 그들은 모든 진리에 있어 하나가 되었으며 서로 마음을 같이했다.

그렇게 하여 그들은 자신의 재물을 기꺼이 궁핍한 형제들과 더불어 나누었다. 물건을 서로 통용하는 것은 명령에 의한 것이 아니었다. 그것은 각자의 자유에 맡겨졌다. 그것은 그때 그곳에서 가장 적합한 방식이었다. 그것이 명령에 의한 것이 아니었음을 우리는 5:4에서도 볼 수 있다. 뿐만 아니라 그것은 예루살렘 이외의 다른 곳에서는 시행되지 않았다. 그것이 특별히 예루살렘에서 시행되었던 것은 그곳의 멸망과 관련한 우리 구주의 예언을 그들이 완전하게 신뢰했음을 보여 준다. 그들은 예루살렘에 거하면서 재물을 소유하는 일에 큰 중요성을 부여하지 않았다. 어쩌면 그때 교회 안에서 모든 물건을 서로 통용하는 일과 관련하여 어떤 명령이 있었을는지도 모른다. 그러나 교회가 박해로 말미암아 사방으로 흩어지면서 그러한 방식은 더 이상 따를 수 없게 되고 마침내 사라지게 되었다.

33. 사도들이 큰 권능으로 주 예수의 부활을 증언하니 무리가 큰 은혜를 받아.

큰 권능으로. 그들이 행한 기적들과 그들이 말할 때의 담대함으로 말미암아. 사도들과 같이 많은 교육을 받지 못한 사람들이 수많은 랍비들 앞에서 담대하게 복음의 진리를 증언하는 것은 정말로 놀라운 일이었다. 주 예수의 부활을 증언하니. 가장 큰 논쟁의 대상은 다름 아닌 부활이었다. 이것만 받아들여진다면, 그리스도와 복음과 관련한 다른 모든 것들은 아무 문제 없이 받아들여질 것이었다. 그리하여 그것이 여기에서 특별하게 언급되고 있는 것이다. 큰 은혜. 은총과 받으심. 사람들은 사도들이 전파하는 것에 대해 좋게 생각할 수밖에 없었다. 왜냐하면 사람들에게 그들은 너무나 순전하며, 거룩하며, 온유하며, 선하게 보였기 때문이다. 특별히 하나님의 은혜가 그들의 말과 행동 가운데 나타났다.

34. 그 중에 가난한 사람이 없으니 이는 밭과 집 있는 자는 팔아 그 판 것의 값을 가져다가.

이렇게 하여 신자들의 궁핍이 구제되었다. 모든 사람이 자신이 가진 모든 것을 판 것은 아니었다. "도둑질하지 말라"는 여덟 번째 계명은 여전히 유효했다. 내 것 네 것이 없다면, 남의 물건을 도둑질하는 것도 있을 수 없을 것이다. 그리스도는 율법을 폐하기 위해 오신 것이 아니라 완성하기 위해 오셨다. 어쨌든 여기의 초창기 그리스도인들은 궁핍한 형제들을 돕기 위해 기꺼이 자신들의 재산을 팔았다. 사도행전 2:44을 보라.

35. 사도들의 발 앞에 두매 그들이 각 사람의 필요를 따라 나누어 줌이라.

사도들의 발 앞에 두매. 자신들의 재산을 판 값을 사도들의 처분에 맡기매. 이러한 은유는 고린도전서 15:27에서도 사용되었다. "만물을 그의 발 아래에 두셨다 하셨으니." 각 사람의 필요를 따라. 구제에 있어 가장 적합한 분량은 가난한 사람의 "필요"이다.

36. 구브로에서 난 레위족 사람이 있으니 이름은 요셉이라 사도들이 일컬어 바나바라(번역하면 위로의 아들이라) 하니.

바나바. 위로로 가득한. 그는 가난한 형제들을 구제하기 위해 자신의 재산을 팔 정도로 마음이 따뜻한 사람이었다. 그는 모든 사람들에게 내적이며 영적인 위로를 베풀었으며, 매우 온유한 성품을 가지고 있었다. 그는 레위인이었음에도 불구하고 — 본래 여호와가 특별한 의미에서 그들의 기업이었다 — 밭을 가지고 있었다. 그것은 그의 아내의 권리에 속한 것이었든지, 아니면 비느하스의 경우처럼 그와 그의 조상들에게 주어진 것이었을 것이다(수 24:33). 한편 유대인들은 온 세계에 흩어져 있었는데, 어떤 사람들은 바나바의 부모처럼 구브로에서 살았으며, 또 어떤 사람들은 사울의 부모처럼 다소에서 살았다. 이와 같이 여기의 바나바는 구브로 출신의 레위인이었다.

37. 그가 밭이 있으매 팔아 그 값을 가지고 사도들의 발 앞에 두니라.

이것은 사도행전 4:34-35의 한 가지 실례(實例)이다. 바나바가 그에 대한 실례로서 제시된 것은 아마도 그가 상대적으로 큰 밭을 팔았기 때문이었든지 아니면 이런 종류의 행동을 한 최초의 사람들 가운데 한 사람이었기 때문일 것이다. 사도들의 발 앞에 두니라. 35절을 보라.

제5장

개요

1. 아나니아와 삽비라가 거짓말로 성령을 시험하다가 베드로의 책망으로 엎드러져 죽음(1-11).
2. 사도들이 많은 기적을 행함으로써 신자의 수가 크게 더해짐(12-16).
3. 사도들이 투옥됨. 그러나 천사에 의해 풀려나 성전에서 공개적으로 복음을 전파하도록 보냄을 받음. 그리고 그들이 다시 공회 앞에 끌려옴(17-28).
4. 사도들이 공회 앞에서 담대히 복음의 메시지를 증언함(29-32).
5. 공회가 가말리엘의 조언에 따라 사도들을 죽이는 대신 채찍질을 하고 다시는 예수의 이름으로 말하지 말라고 경고하면서 놓아 보냄(33-40).
6. 사도들이 고난을 당하는 것을 기뻐하면서 계속해서 그리스도를 전파하기를 그치지 않음(41-42).

1. 아나니아라 하는 사람이 그의 아내 삽비라와 더불어 소유를 팔아.

우리는 여기에서 외식(外飾)와 신성모독에 대한 하나님의 진노를 보여 주는 한 가지 두려운 실례를 보게 된다. 그러한 죄는 사람들의 정죄는 피할는지 모르지만, 그러나 하나님의 눈은 피하지 못한다. 감추어져 있는 것을 찾아내는 것이 하나님의 영광이다. 소유. 집이나 땅이나 밭.

2. 그 값에서 얼마를 감추매 그 아내도 알더라 얼마만 가져다가 사도들의 발 앞에 두니.

그 값에서 얼마를 감추매. 하나님께 전체를 드릴 것을 맹세하고 난 후 일부를 뒤로 감춘 것은 무슨 핑계를 대더라도 결국 하나님의 것을 도둑질하는 것이었다. 거짓으로 자신의 모든 소유를 드린 것처럼 꾸미는 것은 결국 하나님을 믿지 않음을 스스로 드러내는 것이었다. 그 아내도 알더라. 남편에 대한 그녀의 복종은 그녀가 남편의 죄에 참여한 것을 정당화시키지 않는다. 얼마만 가져다가. 그들은 경건하며 관대한 사람들처럼 보이고자 했다. 그러나 그들의 탐심이 결국 그들의 온전한 헌신을 가로막았다. 사도들의 발 앞에 두니. 사도행전 4:35을 보라.

3. 베드로가 이르되 아나니아야 어찌하여 사탄이 네 마음에 가득하여 네가 성령을 속이고 땅 값 얼마를 감추었느냐.

베드로가 이르되. 베드로는 성령의 영감에 의해 이러한 속임을 알았다. 성령의 영감이 아니었다면 틀림없이 이러한 행동은 발각되지 않았을 것이다. 사탄이 네 마음에 가득하여. 그들이 절망적이며 끔찍한 죄의 길로 달려간 것은 그들의 마음에 사탄이 가득했기 때문이었다. 성령을 속이고. 성령께 거짓말을 하고. 이것이 성령께 거짓말을 한 죄인 이유는 무엇인가? 그것은 첫째로, 하나님의 영이 그들 자신의 양심을 대적하여 그들의 영과 더불어 증언하시기 때문이다(롬 9:1). 그리고 둘째로, 실제로는 그들 자신을 섬기기 위한 것이었음에도 불구하고 거룩함을 가장하며 하나님을 섬기는 것처럼 꾸몄기 때문이다. 성령은 특별한 의미로 거룩함의 영이며, 우리 안에서 거룩함을 이루는 창시자이다. 그들은 거짓으로 성령에 감동되어 행동하는 것처럼 꾸몄다. 그리고 마지막으로, 그들은 그리스도의 지체들을 속임으로써 결국 성령께 거짓말을 한 것이었다. 성령은 교회를 세우시며, 사람들에게가 아니라 하나님에게 드려진 예물을 받으신다.

4. 땅이 그대로 있을 때에는 네 땅이 아니며 판 후에도 네 마음대로 할 수가 없더냐 어찌하여 이 일을 네 마음에 두었느냐 사람에게 거짓말한 것이 아니요 하나님께로다.

땅이 그대로 있을 때에는 네 땅이 아니며. 이와 같이 그들에게 소유를 팔 것을 강요하는 어떤 명령도 없었다. 모든 것은 자발적으로 행해진 일이었다. 네 마음대로 할 수가 없더냐? 마치 하나님 아래 있는 청지기처럼 그것을 하나님의 뜻에 따라 네가 하고자 하는 대로 할 수가 없더냐? 그들의 소유에 대해 어느 누구도 이래라 저래라 하지 않았으며 또 할 수도 없었다. 어찌하여 이 일을 네 마음에 두었느냐. 이러한 표현으로 볼 때, 그들의 행동은 매우 계획적인 죄로 보인다. 사람에게 거짓말한 것이 아니요 하나님께로다. 본문 가운데 아나니아의 맹세와 관련한 분명한 언급은 나타나지 않는다. 그리하여 어떤 사람들은 그의 행동을 신성모독과는 무관한 것으로 생각하면서 단순히 탐심과 외식 가운데 사도들에게 거짓말을 한 것으로 생각한다. 그러나 본문은 사람에게 거짓말을 한 것이 아니라 하나님께 거짓말을 한 것이라고 분명하게 말한다.

5. 아나니아가 이 말을 듣고 엎드러져 혼이 떠나니 이 일을 듣는 사람이 다 크게 두려워하더라.

엎드러져 혼이 떠나니. 숨을 거두고 죽었으니. 유대 교회가 시작될 때에도 죄인들에 대한 하나님의 특별한 심판의 실례(實例)들이 있었다. 안식일에 나무 하는 사람의 경우라든지 혹은 나답과 아비후의 경우가 그 대표적인 실례들이었다(민 15:35; 레 10:1-2). 이것은 기독교회가 시작될 때에도 마찬가지였다. 하나님은 우리에게 그와 같은 종류의 죄를 가까이 하지 말도록 가르치고자 하셨다. 또 우리는 우리가 섬기는 하나님을 크게 두려워해야만 함을 배워야만 했다. 그리하여 하나님은 공권력이 교회를 보호하기는 고사하고 도리어 가장 큰 적이 되어 있었던 시대에 거짓으로 성령을 속인 자들에게 기적의 방법으로 형벌을 내리셨다. 이 일을 듣는 사람이 다 크게 두려워하더라. 다른 사람들도 듣고 두려워 떨어야 했다. 그리하여 더 이상 그와 같은 종류의 죄를 범하지 않도록 해야 했다.

6. 젊은 사람들이 일어나 시신을 싸서 메고 나가 장사하니라.

젊은 사람들. 그 시간에 그 자리에 있어 그 일을 행하기에 가장 적합했던 사람들. 시신을 싸서. 그들은 유대인들의 장례법대로 시신을 싸서 무덤에 두었다. 우리 주님의 시신이 어떻게 다루어졌는지를 보기 위해서는 마가복음 15:46을 보라. "요셉이 세마포를 사서 예수를 내려다가 그것으로 싸서 바위 속에 판 무덤에 넣어 두고 돌을 굴려 무덤 문에 놓으매."

7. 세 시간쯤 지나 그의 아내가 그 일어난 일을 알지 못하고 들어오니.

세 시간쯤 지나. 이러한 말씀은 이 이야기의 사실성을 분명하고 보여 준다. 그 일어난 일을 알지 못하고. 그 자리에 있었던 모든 사람이 두려움과 섬뜩함 가운데 있었다. 그럼에도 불구하고 누구도 그녀에게 감히 말하지 못했다. 그것은 한편으로 베드로의 마음을 상하게 하지 않기 위함이기도 했을 것이고, 다른 한편으로 그토록 갑작스러운 소식으로 그녀를 슬프게 하지 않기 위함이기도 했을 것이다. 들어오니. 교회 혹은 그들이 모여 있는 장소 안으로 들어오니.

8. 베드로가 이르되 그 땅 판 값이 이것뿐이냐 내게 말하라 하니 이르되 예 이것뿐이라 하더라.

그 땅 판 값이 이것뿐이냐. 정확한 값은 언급되지 않는다. 마치 이 이야기에서 그것은 성령의 의도와 무관하다는 듯이 말이다. 예 이것뿐이라. 그녀는 자기 남편과 미리 입을 맞추었다. 이와 같이 하나의 죄는 또 다른 죄를 끌어들이는 법이다. 마침내 멸망에 이를 때까지 말이다.

9. 베드로가 이르되 너희가 어찌 함께 꾀하여 주의 영을 시험하려 하느냐 보라 네 남편을 장사하고 오는 사람들의 발이 문 앞에 이르렀으니 또 너를 메어 내가리라 하니.

주의 영을 시험하려 하느냐. 하나님을 시험한다거나 혹은 하나님의 영을 시험한다는 표현은 이교도 저술가들 사이에서는 사용되지 않는다. 이러한 죄는 이교도들 사이에서는 행해지지 않는다. 그러나 참된 복음을 고백하는 모든 사람들은 이러한 죄를 두려워해야 한다. 사람들은 자신의 양심에 대하여 범죄하는 것만큼이나 자주 하나님이 정말로 모든 것을 아는지 혹은 하나님이 자신의 죄에 대해 정말로 형벌을 내리는지 등을 시험하곤 한다. 네 남편을 장사하고 오는 사람들의 발이 문 앞에 이르렀으니. 베드로는 일이 일어지기 전에 먼저 그에 대해 이야기한다. 이렇게 하여 그는 자신의 권위와 복음의 진실함을 또다시 확증한다. 또 너를 메어 내가리리라. 너 역시 죽어 장사될 것이라.

10. 곧 그가 베드로의 발 앞에 엎드러져 혼이 떠나는지라 젊은 사람들이 들어와 죽은 것을 보고 메어다가 그의 남편 곁에 장사하니.

같은 죄에는 같은 형벌이 따른다. 유대인이든 이방인이든 남자든 여자든, 하나님은 사람을 차별하지 않는다.

11. 온 교회와 이 일을 듣는 사람들이 다 크게 두려워하니라.

벧세메스에서 많은 사람이 죽음을 당했을 때, 그들은 "이 거룩하신 하나님 여호와 앞에 누가 능히 서리요"라고 말했다(삼상 6:20). 또 웃사야가 죽었을 때, 다윗은 여호와를 두려워하면서 "여호와의 궤가 어찌 내게로 오리요"라고 말했다(삼하 6:9). 이와 같이 하나님의 심판은 사람들의 행동을 삼가게 한다.

12. 사도들의 손을 통하여 민간에 표적과 기사가 많이 일어나매 믿는 사람이 다 마음을 같이하여 솔로몬 행각에 모이고.

사도들의 손을 통하여. 사도들의 사역으로 말미암아. 거룩하며 탁월한 사람들이기는 했지만, 그럼에도 불구하고 그들은 단지 도구에 불과했다. 그들이 행한 능력은 그들 자신의 것이 아니라 하나님의 것이었다. 그들은 그러한 사실을 분명하게 인식하면서 그러한 능력을 위해 기도했다(4:30). 민간에. 백성들 사이에, 특별히 보통사람들 사이에. 관리들 사이에서는 그를 믿는 사람이 거의 없었다(요 7:48). 이와 관련하여 바울은 "너희를 부르심을 보라 육체를 따라 지혜로운 자가 많지 아니하며 능한 자가 많지 아니하며 문벌 좋은 자가 많지 아니하도다"라고 말한다(고전 1:26). 솔로몬 행각. 이곳은 많은 사람들이 모일 수 있는 넓은 장소였다. 이곳에서 사람들은 자기들 앞에서 펼쳐지는 일을 매우 편리하게 보고 들을 수 있었다.

13. 그 나머지는 감히 그들과 상종하는 사람이 없으나 백성이 칭송하더라.

그 나머지. 보통사람들 이외의 다른 사람들 혹은 교회에 들어온 사람들 이외의 다른 사람들. 이들은 아나니아와 삽비라 두 사람에 대한 하나님의 심판에 크게 놀라 감히 외식(外飾)적인 행동을 하지 못했다.

14. 믿고 주께로 나아오는 자가 더 많으니 남녀의 큰 무리더라.

이것은 앞 절을 설명해 주면서, 우리로 하여금 그것을 오해하지 않도록 도와준다. 아나니아와 삽비라에 대한 하나님의 심판은 복음을 가로막는 장애물이 되기는 고사하고 도리어 복음을 크게 진척시키는 것이 되었다. 왜냐하면 설령 관리들과 같은 높은 사람들은 그로 인해 그리스도와 그의 진리를 받아들이기를 두려워하게 되었다 하더라도 다른 사람들은 그로 인해 복음을 더 기꺼이 받아들일 수 있게 되었기 때문이다.

15. 심지어 병든 사람을 메고 거리에 나가 침대와 요 위에 누이고 베드로가 지날 때에 혹 그의 그림자라도 누구에게 덮일까 바라고.

거리에 나가(into the streets). 모든 거리에 나가. 사람들은 어느 특정한 한 거리가 아니라 모든 거리로 나왔다. 이것은 그 능력이 하나님으로부터 말미암은 것임을 나타냄과 함께 복음의 진실성을 다시금 확증하는 것이었다. 그리고 이것은 우리 구주께서 사도들에게 약속하신 것 즉 "나를 믿는 자는 나보다 더 큰 일을 할" 것이라는 약속이 성취된 것이었다(요 14:12).

16. 예루살렘 부근의 수많은 사람들도 모여 병든 사람과 더러운 귀신에게 괴로움 받는 사람을 데리고 와서 다 나음을 얻으니라.

이와 같이 수많은 사람들이 나음을 받은 사실은 사도들에게 나타나는 능력을 한층 더 분명하게 드러낸다. 다 나음을 얻으니라. 이것은 여기의 치유가 이차적인 원인에 의해 이루어진 것이 아님을 증명한다. 왜냐하면 아무리 좋은 약이라 하더라도 모든 사람을 낫게 하지는 못하기 때문이다. 그들은 기적에 의해 순간적으로 그리고 완전하게 고침을 받았다. 그것은 자연(nature)의 하나님이 모든 수단이나 기술을 초월하여 자연을 회복시킴으로 말미암아 이루어진 것이었다.

17. 대제사장과 그와 함께 있는 사람 즉 사두개인의 당파가 다 마음에 시기가 가득하여 일어나서.

대제사장이…일어나서. 그러한 소식을 듣고 대제사장이 도대체 무슨 일이 일어났는지 확인하기 위해 일어나 공회로부터 나왔다. 그와 함께 있는 사람 즉 사두개인의 당파가. 산헤드린에는 바리새인들과 사두개인들이 모두 있었다(행 23"6). 그러나 이때 대제사장을 포함하여 대부분의 공회원들은 사두개인들이었다. 시기. 혹은 열심. "열심"이 하늘로부터 불붙어 하나님의 말씀과 진리를 위해 펼쳐질 때, 그것 즉 열심은 최선의 형태로 나타난다. 반면 육신적인 격정으로부터 불붙어 잘못된 대상을 향해 펼쳐질 때, 그것은 최악의 형태로 나타난다. 여기의 사두개인들은 사도들에 대하여 극도로 분개하는 마음을 가지고 있었다. 왜냐하면 그들이 자신들이 부인하는 부활을 가르쳤기 때문이었다.

18. 사도들을 잡아다가 옥에 가두었더니.

이를 위해서는 사도행전 4:3을 보라.

19. 주의 사자가 밤에 옥문을 열고 끌어내어 이르되.

하나님은 당신이 기뻐하실 때 종종 천사들을 통해 일하신다. 그리스도의 무덤 입구를 막았던 돌을 굴려낸 것도 천사였다. 또 그리스도께서 광야에서 사탄의 시험을 물리쳤을 때 그에게 나아와 수종든 것도 천사들이었다(마 4:11). 천사들은 "섬기는 영으로서 구원 받을 상속자들을 위하여 섬기도록 보내심 받은" 존재들이다(히 1:14). 또 천사들은 "하나님을 경외하는 자들을 둘러 진을 친다"(시 34:7). 옥문을 열고. 주의 사자는 옥문을 열고 사도들을 끌어낸 후 그들이 나가자 그것을 다시 닫았다(23절).

20. 가서 성전에 서서 이 생명의 말씀을 다 백성에게 말하라 하매.

서서. 이러한 자세는 용기와 확고부동함을 나타낸다. 이 생명. 어떤 사람들은 이것을 대환법(代換法)으로 보면서, "이 생명의 말씀"(the words of this life)를 "이러한 생명의 말씀"(these words of life)으로 읽는다. 왜냐하면 "이 생명"(this life)은 고린도전서 15:19의 경우처럼 통상적으로 현재의 일시적인 생명으로 이해되기 때문이다. 그러나 굳이 그렇게 이해할 필요는 없다. 왜냐하면 주의 사자는 "이 생명"이라는 표현으로 충분히 영원한 생명과 구원을 의미할 수 있었기 때문이다.

말씀을 다. 사도들은 사람들의 구원에 필요하다면 모든 말씀을 빠짐없이 말해야만 했다. 그들은 듣기 좋은 말씀은 앞으로 내세우고 껄끄러운 말씀은 뒤로 감추는 따위의 행동을 해서는 안 되었다. 그리스도는 잠시 동안 그들을 제한하셨었다. 베드로의 신앙 고백 직후, 그는 제자들에게 "내가 그리스도인 것을 아무에게도 말하지 말라"고 명령하셨다(마 16:20). 그러나 이제 그들은 예수가 그리스도인 것을 더 이상 침묵해서는 안 되었다. 또 변화산에서 주님은 제자들에게 "인자가 죽은 자 가운데서 살아나기 전에는 본 것을 아무에게도 이르지 말라"고 명령하셨다(마 17:9).

그러나 이제 그들은 그들이 변화산에서 본 것을 더 이상 침묵해서는 안 되었다. 이제 그러한 제한은 모두 해제되었다.

21. 그들이 듣고 새벽에 성전에 들어가서 가르치더니 대제사장과 그와 함께 있는 사람들이 와서 공회와 이스라엘 족속의 원로들을 다 모으고 사람을 옥에 보내어 사도들을 잡아오라 하니.

그들이 듣고. 하나님으로부터 명령을 받았을 때, 사도들은 사람보다 하나님에게 순종할 것을 굳게 결심했다. 새벽에. 아침 일찍. 그들은 또다시 붙잡힐 위험을 충분히 예상할 수 있었음에도 불구하고 머뭇거리지 않고 날이 밝기가 무섭게 성전에 가서 복음을 전파했다. 공회. 산헤드린. 원로들. 하급 법정의 재판관들 혹은 으뜸 제사장들(chief priests). 이들 가운데는 예루살렘에 거주하는 사람들도 있었을 것이고, 절기를 맞이하여 그곳에 온 사람들도 있었을 것이다.

22. 부하들이 가서 옥에서 사도들을 보지 못하고 돌아와.

부하들. 복음이 전파되는 것을 막기 위해 보냄 받은 이 사람들은 결국 복음을 다시금 재확인해 주는 꼴이 되고 말았다. 그들은 자신들이 본 것을 그대로 상관들에게 말했다. 이와 같이 하나님은 당신의 진리를 대적하는 사람들까지도 쉽게 사용하실 수 있으시다.

23. 이르되 우리가 보니 옥은 든든하게 잠기고 지키는 사람들이 문에 서 있으되 문을 열고 본즉 그 안에는 한 사람도 없더이다 하니.

그들은 사도들을 붙잡아놓기 위해 상상할 수 있는 모든 수단을 사용했다. 그러나 하나님이 그들을 건져내시는데 도대체 누가 그들을 붙잡아놓을 수 있단 말인가? 하나님이 일하시는데 도대체 누가 그를 막을 수 있단 말인가?(욥 11:10). 사도들의 무죄함과 그들이 전파한 메시지가 사실이라는 증거가 그토록 풍부했음에도 불구하고 끝끝내 유대 지도자들의 편견의 벽이 깨어지지 않은 것은 참으로 이상한 일이었다. 하나님의 은혜의 강력한 능력이 없이는, 이러한 소경됨은 결코 고쳐지지 않는다. 오직 하나님의 에바다만이 그것을 고칠 수 있다.

24. 성전 맡은 자와 제사장들이 이 말을 듣고 의혹하여 이 일이 어찌 될까 하더니.

성전 맡은 자. 성전을 수비하기 위해 세워진 병사들의 우두머리. 그들의 주된 임무는 그곳의 모든 시설과 집기비품들을 지키며, 거기에서 일어나는 모든 소요와 폭동을 진압하는 일이었다. 빌라도가 한 번 그들에 대해 말한 적이 있다(마 27:65). 으뜸 제사장들(chief priests, 한글개역개정판에는 그냥 "제사장들"이라고 되어 있음). 24반차 가운데 첫 번째(first) 반차나 혹은 으뜸 되는(chief) 반차에 속한 제사장들.

이 말을 듣고 의혹하여. 그들은 도대체 어떻게 이런 일들이 벌어질 수 있는지 의아하게 생각하지 않을 수 없었다. 왜냐하면 그들은 사도들 안에 계신 하나님을 인정하기 싫었기 때문이었다.

25. 사람이 와서 알리되 보소서 옥에 가두었던 사람들이 성전에 서서 백성을 가르치더이다 하니.

"너희는 함께 계획하라 그러나 끝내 이루지 못하리라"는 이사야 8:10은 정말로 사실이다. 오직 "여호와의 계획만이 영원히 설" 것이다(시 33:11).

26. 성전 맡은 자가 부하들과 같이 가서 그들을 잡아왔으나 강제로 못함은 백성들이 돌로 칠까 두려워함이더라.

그들을 잡아왔으나 강제로 못함은. 그들이 강제로 하지 않은 것은 그토록 기적적으로 옥으로부터 나온 그들을 다시금 강제로 결박하여 끌고 오는 것이 무의미하거나 혹은 불가능하다고 생각했기 때문이었을 것이다. 뿐만 아니라 거기에는 한 가지 더 분명한 이유가 있었다. 백성들이 돌로 칠까 두려워함이더라. 그것은 그들이 백성들을 두려워했기 때문이었다. 그들은 그토록 놀라운 일을 행하신 하나님보다 사람들을 더 두려워했다.

27. 그들을 끌어다가 공회 앞에 세우니 대제사장이 물어.

그들은 사도들을 재판함에 있어 기꺼이 그들에게 답변할 기회를 줌으로써 합법성을 가장하여 그들을 정죄하고자 했다.

28. 이르되 우리가 이 이름으로 사람을 가르치지 말라고 엄금하였으되 너희가 너희 가르침을 예루살렘에 가득하게 하니 이 사람의 피를 우리에게로 돌리고자 함이로다.

우리가 엄금하였으되. 실제로 그들은 그렇게 했다(4:18). 그러므로 그들은 사도들의 행동에 대해 더욱 분개했다. 왜냐하면 그들이 볼 때 사도들은 단순히 무지 가운데 행한 것이 아니라 알면서도 악의적으로 행한 것이었기 때문이다. 이 이름, 이 사람의 피. 이러한 표현들 속에는 우리 구주에 대한 멸시의 개념이 담겨 있다. 그들은 우리 구주에 대해 마치 그 이름조차 부를 가치가 없다는 듯이 그렇게 표현했다. 이 사람의 피를 우리에게로 돌리고자 함이로다. 그들은 기꺼이 살인의 죄를 저지르면서도 그 죄책이 자신들에게 돌려지는 것은 두려워했다. 이와 같이 대부분의 사람들은 기꺼이 어떤 악은 행하면서도 그 죄책을 지는 것은 싫어한다.

29. 베드로와 사도들이 대답하여 이르되 사람보다 하나님께 순종하는 것이 마땅하니라.

그들 모두 이것에 기꺼이 동의할 것이었다. 정말로 이것은 모든 사람에게 지극히 상식적인 사실이다. 소크라테스도 스스로를 변명하는 가운데 아테네 사람들에게 이렇게 말했다. "아테네 사람들이여, 나는 그대들을 사랑으로 포옹하노라. 그러나 나는 그대들보다 하나님에게 순종할 것이라." 사도들은 앞에서도 이것을 분명하게 천명했다(4:19).

30. 너희가 나무에 달아 죽인 예수를 우리 조상의 하나님이 살리시고.

나무에 달아 죽인. 여기에서 십자가 대신 나무라는 표현이 사용되었는데, 그것은 "나무에 달린 자는 하나님께 저주를 받았음이니라"라고 말하는 신명기 21:23을 염두에 두고 말한 것이다. 이와 같이 그리스도는 우리를 위해 저주가 되셨다(갈 3:13). 우리 조상의 하나님. 사도들은 다른 하나님을 전파한 것이 아니었다. 그들은 오직 여기의 유대인들이 조상 때부터 섬겨온 하나님을 전파했을 뿐이었다.

31. 이스라엘에게 회개함과 죄 사함을 주시려고 그를 오른손으로 높이사 임금과 구주로 삼으셨느니라.

회개함. 회개는 하나님의 선물이다. 이스라엘이 회개해야 할 가장 큰 죄는 그리스도를 배척하고 죽인 것이었다. 회개에는 삶을 새롭게 하는 것이 포함된다. 그러므로 우리는 우리 구주께서 걸어가신 길을 따라 걸어가고 그가 행하신 대로 행해야 한다. 그리고 오직 그럴 때에만 우리는 그를 향유하며, 마침내 그가 계신 곳에 이를 수 있게 된다. 죄 사함을 주시려고. 참된 회개에는 반드시 죄 사함이 따른다. 그러므로 그것은 또한 "생명 얻는 회개"라고도 불린다(행 11:18). 하나님이 그를 오른손으로 높이사. 사도행전 2:33을 보라. 임금(Prince). 모든 원수들을 정복하며 굴복시키고 자기 백성들을 지키며 보호하는 통치자. 구주. "예수"라는 이름처럼 자기 백성을 그들의 죄로부터 즉 죄에 합당한 정죄와 그로 말미암은 오염으로부터 구원하는 자(마 1:21).

32. 우리는 이 일에 증인이요 하나님이 자기에게 순종하는 사람들에게 주신 성령도 그러하니라 하더라.

우리는 이 일에 증인이요. 그들은 우리를 위해 선한 증언을 하신 그리스도를 위해 증언하는 것을 거부하지 않았다. 자기에게 순종하는. 어떤 사람들은 "자기를 믿는"이라고 읽는다. 어쨌든 둘 모두 그 의미에 있어서는 동일하다. 왜냐하면 믿음이 없는 곳에는 참된 회개도 없고, 회개와 스스로를 새롭게 함이 없는 곳에는 참된 구원의 믿음도 없기 때문이다.

성령도 그러하니라. 성령은 (1) 사도들로 말미암아 ― 그들이 가진 그의 은혜와 능력을 통해 ― 증언하시며, (2) 행해지는 모든 기적들로 말미암아 ― 왜냐하면 그것들은 오직 그의 능력으로 행해지는 것이기 때문에 ― 증언하시며, (3) 사람들에게 이러한 것들을 믿도록 하심으로 말미암아 ― 왜냐하면 믿음은 그의 역사(役事)이기 때문에 ― 증언하신다. 성령은 특별히 그리스도에 대해 증언하신다. 그리스도께서 세례를 받으실 때, 하늘로부터 성령이 임함과 함께 "이는 내 사랑하는 아들이요 내 기뻐하는 자라"는 증언이 울려퍼졌다(마 3:17).

33. 그들이 듣고 크게 노하여 사도들을 없이하고자 할새.

크게 노하여. 그들은 이를 갈며 자신들 안에 있는 분개와 격노를 표출했다. 그들의 마음은 악의와 분노로 부글부글 끓었다. "호 가르 메가스 포노스 토 메 젠 칼로스."

34. 바리새인 가말리엘은 율법교사로 모든 백성에게 존경을 받는 자라 공회 중에 일어나 명하여 사도들을 잠깐 밖에 나가게 하고.

바리새인. 바리새 종파는 사두개 종파보다 비교적 온건했던 것으로 평가된다. **가말리엘.** 이 사람은 바울이 사도행전 22:3에서 언급하는 가말리엘과 같은 사람으로 생각된다. "나는 유대인으로 길리기아 다소에서 났고 이 성에서 자라 가말리엘의 문하에서 우리 조상들의 율법의 엄한 교훈을 받았고." 예컨대 그가 바나바와 스데반의 스승이었다는 그와 관련한 다른 많은 이야기들은 매우 의심스럽다. 어쨌든 하나님은 당신의 교회와 백성들을 보호하기 위해 그를 사용하시기를 기뻐하셨다. 비록 그가 그때 당신의 교회를 대적하는 편에 서 있었다 하더라도 말이다. 하나님은 아무 수단도 사용하지 않고 일을 이루실 수도 있고, 자신을 거스르며 대적하는 사람으로 하여금 갑자기 자신을 위해 행동하도록 만드실 수도 있다. **명하여 사도들을 잠깐 밖에 나가게 하고.** 사도행전 4:15의 경우처럼, 이렇게 하여 그들은 어떻게 대처할지에 대해 자신들끼리 의논할 수 있게 되었다.

35. 말하되 이스라엘 사람들아 너희가 이 사람들에게 대하여 어떻게 하려는지 조심하라.

이것은 참으로 지혜로운 충고였다. 왜냐하면 다른 사람에게 해를 끼치는 자는 결국 더 큰 해를 받게 되기 때문이다.

36. 이 전에 드다가 일어나 스스로 선전하매 사람이 약 사백 명이나 따르더니 그가 죽임을 당하매 따르던 모든 사람들이 흩어져 없어졌고.

드다(Theudas). 어떤 사람들은 이것을 네오도루스(Theodorus)의 축약된 이름이라고 추측한다. 마치 데마(Demas)가 데메트리우스(Demetrius)의 축약된 이름인 것처럼 말이다. 그런가 하면 또 어떤 사람들은 이것을 히브리 이름이라고 생각한다. 이 전에. 여기의 드다가 활동하던 때는 아마도 아우구스투스가 통치하던 때였던 것으로 추측된다.

37. 그 후 호적할 때에 갈릴리의 유다가 일어나 백성을 꾀어 따르게 하다가 그도 망한즉 따르던 모든 사람들이 흩어졌느니라.

호적할 때에. 로마 제국의 통치 아래 있는 모든 사람들은 황제의 명령에 따라 자신들의 이름을 명부에 올려야 했다. 그렇게 하여 (1) 그들은 자신들이 그의 백성임을 인정했다. (2) 그들은 자신들이 그에게 예속되는 백성임을 나타내는 증표로서 그에게 세금을 바쳤다. (3) 그는 자신에게 예속된 백성들의 숫자와 함께 각 지역의 형편을 알 수 있었다. 이것은 누가복음 2:2에 언급된 호적과 다른 호적이었다. 왜냐하면 거기에는 "처음 한 것"이라고 특별하게 명기되어 있기 때문이다. 갈릴리의 유다. 이 사람이 그가 태어난 성읍의 이름을 따서 가올론 사람(Gaolonite, 가올론은 갈릴리 지역 안에 혹은 인근에 위치한 성읍이었던 것으로 보인다) 유다로 불린 사람인지 아니면 그가 태어난 지역의 이름을 따서 갈릴레우스(Galileus) 유다로 불린 사람인지 여부는 그다지 중요한 주제가 아니다. 요세푸스는 이러한 이름을 가진 두 사람을 언급한다.

38. 이제 내가 너희에게 말하노니 이 사람들을 상관하지 말고 버려 두라 이 사상과 이 소행이 사람으로부터 났으면 무너질 것이요.

이제 내가 너희에게 말하노니. 가말리엘은 이런 상황에서 그들이 어떻게 행동해야 할지에 대해 조언하는 일을 떠맡는다. 이 사람들을 상관하지 말고 버려 두라. 우리 구주와 관련하여 빌라도의 아내가 자기 남편에게 조언한 것처럼, 가말리엘은 그들의 일에 아무 상관도 하지 말라고 조언했다(마 27:19). 가말리엘이 그렇게 조언한 것은 부분적으로 그의 온건한 성품 때문이기도 했지만, 또 부분적으로 자칫 사도들을 죽임으로써 로마인들을 격동시킬 것을 우려했기 때문이기도 했다. 왜냐하면 사람을 죽일 수 있는 권세는 오직 그들만이 가지고 있었기 때문이었다. 그들은 그러한 권세를 매우 중요하게 여기며, 그것이 침해당하는 것을 매우 싫어했다. 이 사상과 이 소행이 사람으로부터 났으면 무너질 것이요. 가말리엘이 사도들을 상관하지 말고 그냥 내버려 두라고 조언한 것 속에 담겨 있는 딜레마는 요한의 세례와 관련하여 우리 주님이 던진 질문 속에 담긴 딜레마와 마찬가지로 매우 강력했다(마 21:25). 이것은 명백한 사실이었다. 왜냐하면 모래 위에 세워진 집은 필연적으로 무너질 수밖에 없기 때문이다(마 7:27).

39. 만일 하나님께로부터 났으면 너희가 그들을 무너뜨릴 수 없겠고 도리어 하나님을 대적하는 자가 될까 하노라 하니.

만일 하나님께로부터 났으면 너희가 그들을 무너뜨릴 수 없겠고. 하나님이 뜻하신 것은 영원히 설 것이다(잠 19:21; 사 46:10). 왜냐하면 모든 능력이 그의 것이며, 우리는 그 안에서 살며 움직이기 때문이다(행 17:28). 도리어 하나님을 대적하는 자가 될까 하노라. 부당하게 하나님의 백성들을 괴롭히는 자들은 스스로를 하나님의 원수로 만드는 것이다. 마침내 하나님은 자신과 자신의 백성들의 원수들을 이기실 것이다.

40. 그들이 옳게 여겨 사도들을 불러들여 채찍질하며 예수의 이름으로 말하는 것을 금하고 놓으니.

그들이 옳게 여겨. 그들은 가말리엘의 말에 설득되어 그의 조언을 순순히 받아들였다. 채찍질하며. 이것은 우리 구주께서 그들에게 미리 말씀하신 것이었다(마 10:17). 이와 같이 "농부들이 종들을 잡아 심히 때렸다"(마 21:35). 그들은 사소한 범법자들을 회당에서 심리하여 처벌할 수 있는 권세를 로마인들로부터 부여받았다. 그러나 공식적으로 재판하여 사형에 처할 수 있는 권세는 부여받지 못했다.

41. 사도들은 그 이름을 위하여 능욕 받는 일에 합당한 자로 여기심을 기뻐하면서 공회 앞을 떠나니라.

그 이름을 위하여. 그리스도의 이름을 위하여, 혹은 그리스도를 위하여, 혹은 그의 진리를 위하여. 능욕 받는 일에 합당한 자로 여기심. 하나님이 어떤 사람을 사용하여 그의 진리를 증언하도록 하는 것은 그의 은혜이다. 설령 그로 인해 고난이 따른다고 하더라도 말이다. "그리스도를 위하여 너희에게 은혜를 주신 것은 다만 그를 믿을 뿐 아니라 또한 그를 위하여 고난도 받게 하려 하심이라"(빌 1:29). 능욕. 수치스러운 형벌. 기뻐하면서. 그들은 그리스도를 위해 수치를 당하는 것을 영광으로 여길 수 있었다. 그것은 그들이 진리를 완전하게 확신하면서 그것을 따라 살 것을 굳게 결심했기 때문이었다.

42. 그들이 날마다 성전에 있든지 집에 있든지 예수는 그리스도라고 가르치기와 전도하기를 그치지 아니하니라.

성전에 있든지 집에 있든지. 이것은 우리가 사도행전 20:20에서 읽는 것과 동일하다. "유익한 것은 무엇이든지 공중 앞에서나 각 집에서나 거리낌이 없이 여러분에게 전하여 가르치고." 사도들은 성전을 비롯한 공적인 장소에서 유대인들에게 복음을 전파했으며, 또 필요할 때마다 사적인 장소나 각 집에서 사람들을 가르쳤다. 그들은 양 떼를 방문하여 각자의 처한 상황에 따라 그들을 가르치며, 훈계하며, 위로했다. 여기에서 그들 안에 나타난 하나님의 은혜의 능력을 보라. 그들은 군병들이 그리스도를 잡으러 왔을 때 그리스도를 버리고 도망친 사람들이었다. 그러나 지금 그들은 당당하게 그의 이름을 고백하며 자신들의 믿음을 굳게 지킨다. 설령 그로 인해 수치와 채찍질을 당한다 하더라도 말이다.

제6장

개요

1. 사도들이 기도와 말씀에 전념하기 위해 일곱 집사를 선택할 것을 제안함(1-4).
2. 교회가 동의하고 일곱 집사를 세움(5-6).
3. 하나님의 말씀이 점점 왕성해짐(7).
4. 스데반이 믿음과 성령으로 충만하여 반대자들과의 논쟁에서 이김. 그러자 그들이 그가 율법과 성전을 모독했다는 거짓 증거로 그를 참소함(8-15).

1. 그 때에 제자가 더 많아졌는데 헬라파 유대인들이 자기의 과부들이 매일의 구제에 빠지므로 히브리파 사람을 원망하니.

헬라파. 이들은 헬라 전역에 흩어져 살고 있었던 유대인들이었다. 그들은 이스라엘이 국가적 재앙을 당할 때 자기 나라를 떠나 알렉산드리아를 비롯한 다양한 지역으로 피신한 사람들의 자손들이었다. 그들은 다른 나라와 혼합되지 않은 채 하나님에 대한 지식을 지키면서 중요한 절기 때에 예배를 위해 예루살렘을 찾아오곤 했다. 그러나 그들은 히브리어를 사용하지 않고 헬라어에 더 익숙했다(당시 모든 곳에서 일반적으로 사용되는 언어는 헬라어였다). 그리고 그들은 헬라어로 번역된 성경을 사용했다. 자기의 과부들이 매일의 구제에 빠지므로. 헬라파 과부들은 당시 구제의 대상에서 빠져 있었다. 왜냐하면 헬라파 유대인들의 소유는 먼 곳에 떨어져 있었기 때문에 자신들과 다른 사람들의 구제를 위해 쉽게 팔 수가 없었기 때문이었다.

2. 열두 사도가 모든 제자를 불러 이르되 우리가 하나님의 말씀을 제쳐 놓고 접대를 일삼는 것이 마땅하지 아니하니.

열두 사도가. "the twelve" 즉 열둘이. 그들의 숫자가 다시 열둘이 된 것은 맛디아가 유다의 빈 자리를 채웠기 때문이었다. 하나님의 말씀을 제쳐놓고. 말씀을 전파하는 일과 그것에 속한 다른 의무들을 제쳐놓고. 접대를 일삼는. 식탁을 섬기는 일을 일삼는. 애찬을 준비하는 일이나 혹은 필요한 물건을 나누어 주는 일을 일삼는.

3. 형제들아 너희 가운데서 성령과 지혜가 충만하여 칭찬 받는 사람 일곱을 택하라 우리가 이 일을 그들에게 맡기고.

너희 가운데서 일곱을 택하라. 깊은 관심을 가지고 너희 가운데서 두루 살펴보아라. 그리고 그 가운데서 일곱을 택하라. 칭찬 받는 사람을 택하라. 이것은 오늘날에도 하나님과 교회를 섬기는 일꾼을 뽑는 모든 선거에서 계속해서 지켜져야 할 원리이다. 성령이 충만하여. 성령의 은사와 은혜들로 충만하여. 이것은 오직 사도들에게만 독점적으로 주어진 것이 아니었다. 지혜. 하나님의 말씀 안에 있는 신중함과 총명함. 하나님의 말씀은 사람으로 하여금 "구원에 이르는 지혜"가 있게 한다(딤후 3:15).

4. 우리는 오로지 기도하는 일과 말씀 사역에 힘쓰리라 하니.

우리는 오로지 힘쓰리라. 우리는 그 일에 계속적으로 우리 자신을 던지리라. 기도하는 일과 말씀 사역. 예수 그리스도의 사역자들이 감당해야 하는 두 가지 주된 일은 백성들을 위해 하나님께 기도하는 것과 하나님으로부터 백성들에게로 말씀을 가르치는 것이다. 사도들은 구제하는 일은 다른 사람들에게 위임했지만 그러나 이 두 가지 일은 위임하지 않았다.

5. 온 무리가 이 말을 기뻐하여 믿음과 성령이 충만한 사람 스데반과 또 빌립과 브로고로와 니가노르와 디몬과 바메나와 유대교에 입교했던 안디옥 사람 니골라를 택하여.

여기의 일곱 이름은 모두 그리스식 이름이다. 따라서 그들은 모두 이방 나라에서 히브리인 부모로부터 태어난 헬라파였든지, 아니면 유대인으로서 본래의 이름 외에 또 하나의 이름을 가짐으로써 누가가 사도행전을 기록하면서 그것을 헬라어로 번역한 것이었을 것이다. 유대교에 입교했던 안디옥 사람. "A proselyte of Antioch" 다시 말해서 안디옥의 개종자. 사도행전 2:10을 보라.

6. 사도들 앞에 세우니 사도들이 기도하고 그들에게 안수하니라.

기도하고. 기도는 맛을 내며 거룩하게 구별하는 소금이다. 안수하니라. 구약 교회에서 안수는 다음과 같은 경우에 사용되었다. (1) 희생제물을 드릴 때(출 29:15). (2) 축복할 때(창 48:14). (3) 어떤 직분이나 책임을 위임할 때 — 예컨대 모세가 여호수아에게 이스라엘을 인도하는 책임을 위임할 때(민 27:18). 이러한 안수는 신약으로 그대로 이어졌다. 우리 구주는 자기에게 나아오는 아이들을 안수하시며 축복하셨다(마 19:13). 또 초창기 교회에서 사역자들은 안수와 함께 임직되었다(딤전 5:22).

7. 하나님의 말씀이 점점 왕성하여 예루살렘에 있는 제자의 수가 더 심히 많아지

고 허다한 제사장의 무리도 이 도에 복종하니라.

허다한 제사장의 무리. 복음에 대해 가장 격렬하게 반대한 사람들은 바로 제사장들이었다. 그러나 진리의 영이 얼마나 위대한지 보라. 진리의 영은 마침내 그들을 정복했다. 그토록 복음을 반대하던 사람들이 회심한 것을 생각할 때, 그것은 정말로 놀라운 일이 아닐 수 없었다. 이 도에 복종하니라. "obedient to the faith" 즉 믿음에 복종하니라. 기독교는 단순한 사색의 종교가 아니라 실천의 종교이다. 어떤 사람의 믿음의 분량은 그의 실천의 분량을 넘어서지 못한다. 그는 실천하는 만큼만 믿을 뿐이다.

8. 스데반이 은혜와 권능이 충만하여 큰 기사와 표적을 민간에 행하니.

은혜와 권능이 충만하여. 그리스도로 말미암아 말씀을 전파하고, 반론을 논파하며, 능히 모든 일을 감당할 수 있는 힘을 얻어. 큰 기사와 표적을 민간에(among the people) 행하니. 스데반은 백성들 가운데서(among the people) 다시 말해서 공개적으로 많은 사람들의 병을 고쳤다.

9. 이른 바 자유민들 즉 구레네인, 알렉산드리아인, 길리기아와 아시아에서 온 사람들의 회당에서 어떤 자들이 일어나 스데반과 더불어 논쟁할새.

자유민들. 어떤 사람들은 이들이 아프리카에 있는 어떤 나라의 원주민들이었다고 생각한다. 그러나 그들은 문자 그대로 자유롭게 된 사람들로서, 본래 자유롭게 태어난 사람들과 노예 사이의 중간 계급이었을 가능성이 훨씬 더 높다. 구레네인, 알렉산드리아인, 길리기아와 아시아에서 온 사람들. 당시 예루살렘에 480개의 회당이 있었다고 전해진다. 이것은 매우 많은 숫자로서 아마도 이런 여러 부류의 사람들 때문에 그렇게 많아진 것이었을 것이다. 여기에서 특별히 구레네는 아프리카에 속한 지역으로서 알렉산드리아와 인접한 곳이었다. 이와 같이 하나님은 헬라파 사람들이 예루살렘에 와서 그들이 가장 잘 이해할 수 있는 언어로 복음을 들을 수 있도록 역사하셨다. 왜냐하면 아직까지는 복음이 이방인들에게 본격적으로 전파되지 않았기 때문이다. 회당. 회당은 배움과 가르침이 행해지는 곳으로서 오늘날의 학교와 비슷했다. 그러한 회당은 그곳에 드나드는 사람들에 따라 구별되었다.

10. 스데반이 지혜와 성령으로 말함을 그들이 능히 당하지 못하여.

지혜. 하나님의 어리석음이 사람보다 지혜롭다(고전 1:25). 성령. 주님께서 약속하신 대로, 성령께서 그를 인도하시고 그의 말에 신적 권능을 부여하셨다(마 10:20). 능히 당하지 못하여. 그들은 스데반의 말에 효과적으로 반박하지 못했다.

11. 사람들을 매수하여 말하게 하되 이 사람이 모세와 하나님을 모독하는 말을 하는 것을 우리가 들었노라 하게 하고.

"모세와 하나님을 모독하는 말"을 위해서는 14절을 보라. "그의 말에 이 나사렛 예수가 이 곳을 헐고 또 모세가 우리에게 전하여 준 규례를 고치겠다 함을 우리가 들었노라." 이것은 아직까지도 수건이 그들의 마음을 덮고 있었음을 보여 준다. 그리하여 아직까지도 그들은 해가 뜨면 그림자는 사라져야만 한다는 사실을 받아들일 수 없었다. 그러나 실체가 나타나면 그것을 상징했던 모형은 폐하여져야 한다. 바로 이 진리가 그들이 말하는 "모세와 하나님을 모독하는 말"이었다.

12. 백성과 장로와 서기관들을 충동시켜 와서 잡아가지고 공회에 이르러.

그들은 이성(理性)과 논리로는 스데반을 이길 수 없었다. 그리하여 그들은 상상할 수 있는 모든 악한 계교를 사용한다. 그들은 사람들을 매수하여 스데반에 대해 거짓 증언하도록 사주한다. 마치 이세벨이 나봇과 관련하여 그렇게 한 것처럼 말이다. 또 그들은 백성들을 자기편으로 만든 후 그들로 하여금 스데반을 제사장들에게 고소하도록 만든다. 그리고 마침내 그들은 스데반을 강제로 붙잡아 공회로 끌고 온다. 죄는 마치 흐르는 강물과 같다. 전능자가 "멈추라"고 말씀하지 않는 한, 그것은 결코 멈추지 않는다.

13. 거짓 증인들을 세우니 이르되 이 사람이 이 거룩한 곳과 율법을 거슬러 말하기를 마지 아니하는도다.

그들은, 우리 주님을 참소한 사람들이 그랬던 것처럼, 자신들의 증언 가운데 사실과 거짓말을 혼합시킨다. 스데반은 전에 주님이 말씀하신 것을 가르쳤을 수 있었다(눅 19:43, 44). 그러나 두 사람은(즉 주님과 스데반은) 완전히 무죄했다. 왜냐하면 그들은 율법과 성전을 모독한다든지 혹은 증오하는 차원에서 말한 것이 아니었기 때문이다. 그러나 증인들은 그들의 말을 가감(加減)하며 왜곡했다. 그것은 거짓 증인들의 전형적인 행태였다. "한 가지가 거짓이면, 모든 것이 거짓이다"(Falsus in uno, falsus in omnibus). 이것은 증언에 있어 널리 받아들여지는 격언이다.

14. 그의 말에 이 나사렛 예수가 이 곳을 헐고 또 모세가 우리에게 전하여 준 규례를 고치겠다 함을 우리가 들었노라 하거늘.

"이 곳"은 성전을 가리킨다. 오래 전에 예레미야가 성전이 무너질 것에 대해 예언했다(렘 26:12-16). 뿐만 아니라 다니엘도 예루살렘의 멸망과 성전의 무너짐에 대해 예언했다(단 9:26). 그러나 그들은 백성들 가운데 큰 존경을 받았다. 또 이방인들이 부름을 받을 것과 관련하여 말라기보다 더 분명하게 말한 사람은 아무도 없었다(말 1:11). 그러나 사도들이 그러한 예언들을 더 완전하게 적용하며 선포할 때, 그들은 그것을 감당할 수 없었다.

15. 공회 중에 앉은 사람들이 다 스데반을 주목하여 보니 그 얼굴이 천사의 얼굴과 같더라.

스데반의 얼굴은 특별한 광채와 영광으로 빛났다. 그것은 사람들 가운데 나타나는 모든 광채를 능가하는 광채였다. 그의 얼굴은 마치 부활의 날 나타난 천사의 얼굴과 같았다(마 28:2, 3). 마치 모세의 얼굴처럼, 그의 얼굴은 보는 사람으로 하여금 큰 경외심을 느끼게 만드는 얼굴이었다.

제7장

개요

1. 스데반이 자신에 대한 참소에 대해 답변하도록 요구 받음. 이에 스데반이 하나님이 아브라함을 부르시고 그와 그의 후손에게 가나안 땅을 주신 것으로부터 이야기를 시작함(1-8).
2. 계속해서 요셉이 형들에 의해 팔린 것과 야곱의 가족들이 애굽으로 내려간 것을 이야기함(9-16).
3. 계속해서 그들이 애굽 사람들에게 압제를 당할 때 모세가 태어나 이스라엘을 애굽으로부터 구원하기 위해 보냄을 받은 것을 이야기함(17-36).
4. 계속해서 모세가 그리스도에 대해 증언한 것과 율법을 받은 것과 그들의 조상들의 불순종과 우상 숭배를 경험한 것을 이야기함(37-43).
5. 계속해서 그들에게 먼저 증거의 장막이 있었고 나중에 솔로몬에 의해 성전이 건축된 것을 이야기함(44-50).
6. 스데반이 청중들에게 그들이 그리스도를 죽이고 자신들이 받은 율법을 지키지 않음으로써 그들의 조상들의 반역을 똑같이 반복한다고 책망함(51-53).
7. 그 말을 들은 자들이 이를 갈며 스데반에게 돌을 던짐. 그가 예수께 자신의 영혼을 받아주실 것과 자신을 박해하는 자들을 용서해 주실 것을 간구함(54-60).

1. 대제사장이 이르되 이것이 사실이냐.

대제사장이 이르되. 요한복음 9:22에 나타나는 것처럼, 그는 이미 그리스도를 고백하는 자들은 누구든지 정죄하기로 마음을 정한 상태였다. 이것이 사실이냐. 언뜻 보면 그는 매우 공정한 것처럼 보인다. 왜냐하면 피고로 하여금 스스로를 변명하도록 답변할 기회를 주는 것처럼 보이기 때문이다. 그러나 그렇게 한 것은 단지 그가 실제로 그렇게 가르쳤는지 그렇지 않은지 그 자신의 입으로 직접 듣기 위함이었다.

2. 스데반이 이르되 여러분 부형들(brethren and fathers)이여 들으소서 우리 조상 아브라함이 하란에 있기 전 메소보다미아에 있을 때에 영광의 하나님이 그에게 보여.

형제들이여(brethren). 스데반은 자신과 자신이 가르친 것에 대해 그들이 가질 수 있는 편견을 제거하기 위해 그들을 "형제들"이라고 부른다. 그들은 (1) 자신과 더불어 같은 약속을 소망하며 바라보는 사실로 말미암아, (2) 같은 율법을 지키는 사실로 말미암아, (3) 같은 하나님을 예배하는 사실로 말미암아 그의 형제였다. **아버지들이여**(fathers). 이것은 특별히 그 가운데 원로들과 재판장들에게 경의를 표하는 표현이었다. 이와 비슷하게 로마의 원로원 의원들 역시도 "아버지들"(fathers)로 불렸다. 통치자들은 나라의 아버지들로 공경되어야 한다. **메소보다미아.** 메소보다미아는 때로 엄격하게 두 강 즉 티그리스와 유프라테스 사이의 지역을 의미하기도 하며, 또 때로 갈대아를 포함하는 좀 더 넓은 지역을 의미하기도 한다. 여기에서는 후자의 의미로서 사용되었다. **하란.** 파르티아인들(Parthians)의 도시. 이곳은 메소보다미아와 가나안의 경계에 위치해 있었다. **영광의 하나님.** 그는 또한 "영광의 왕"으로도 불린다(시 24:7). 모든 영광은 그로부터 천사들이나 혹은 사람들에게 내려온다. 이러한 표현으로 스데반은 자신이 참된 하나님을 경외하는 사실과 율법과 성전과 족장들을 소중하게 생각하는 사실을 나타내고자 했다. 여기에서 스데반이 제일 먼저 아브라함의 이름을 거명하는 것은 그가 유대인들의 첫 번째 조상이었을 뿐만 아니라 그에게 메시야가 그의 후손으로부터 올 것이라는 약속이 처음으로 분명하게 주어졌기 때문이었다.

3. 이르시되 네 고향과 친척을 떠나 내가 네게 보일 땅으로 가라 하시니.

아브라함에게 주어진 이러한 명령을 우리는 창세기 12:1, 5, 6에서 읽는다. 여기에서 스데반이 이것을 언급하는 것은 아브라함이 가나안 땅을 보기 전에, 아직 모세에 의해 의식적(儀式的)인 율법들이 주어지기 전에, 그리고 특별히 아직 성전이 건축되기 전에 하나님의 호의(好意) 가운데 있으면서 그를 참으로 섬겼음을 증명하기 위함이었다. 그러므로 하나님이 그러한 의식(儀式)들이 없이도 어디에서나 예배를 받으실 수 있다고 가르치는 것은 결코 하나님과 성전을 모독하는 것이 될 수 없었다. **내가 네게 보일 땅.** 하나님에게 절대적으로 순종한 것이 아브라함의 믿음의 영광이었다. 그러한 믿음으로 그는 갈 바를 알지 못하고 나아갈 수 있었다(히 11:8). 왜냐하면 그는 하나님이 자신을 결국 그곳으로 인도할 것을 굳게 믿었기 때문이었다.

4. 아브라함이 갈대아 사람의 땅을 떠나 하란에 거하다가 그의 아버지가 죽으매 하나님이 그를 거기서 너희 지금 사는 이 땅으로 옮기셨느니라.

다른 사람들과 마찬가지로 아브라함 역시도 자신의 친척과 본토에 대한 큰 애착을 가지고 있었다. 그러나 그는 그것보다 더 큰 믿음을 가지고 있었으며, 그 믿음은 그로 하여금 하나님의 부르심과 명령에 순복하도록 그리고 어디에 있든 하나님의 뜻을 따라 행하도록 만들었다. 여기에서 하나님은 자기 백성들의 기업과 거처를 택하시고 그들을 그곳으로 옮기는 분으로 나타난다(시 47:4).

5. 그러나 여기서 발 붙일 만한 땅도 유업으로 주지 아니하시고 다만 이 땅을 아직 자식도 없는 그와 그의 후손에게 소유로 주신다고 약속하셨으며.

발 붙일 만한 땅. 이것은 아주 작은 땅을 가리키는 표현이다. 여기에서 스데반이 말하고자 했던 것은 아브라함과 자신들의 복이 그 땅을 향유하는데 의존하지 않는다는 것이었다.

유업으로 주지 아니하시고. 아브라함에게 밭과 막벨라 굴이 있었던 것은 사실이다(창 23:9). 그러나 그 땅은 살아 있는 동안에는 아무 쓸모 없는 땅이었다. 다만 죽을 때 매장하는 장소일 뿐이었다. 더욱이 그것은 하나님이 선물로 주신 유업이 아니라 그가 돈을 주고 산 것이었다. 그와 그의 후손에게. 아브라함의 믿음은 두 가지 난제(難題)에 부딪혔다. 하나는 그가 지금 발 붙일 만한 땅조차 가지고 있지 못함에도 불구하고 장차 가나안 땅 전체를 유업으로 소유하게 될 것을 믿어야만 했다는 것이며, 다른 하나는 그것이 또한 그의 후손들의 유업이 될 것을 믿어야만 — 지금 그에게 단 한 명의 자식조차 없음에도 불구하고 — 했다는 것이다. 이와 같이 믿음은 "보지 못하는 것들의 증거"다(히 11:1).

6. 하나님이 또 이같이 말씀하시되 그 후손이 다른 땅에서 나그네가 되리니 그 땅 사람들이 종으로 삼아 사백 년 동안을 괴롭게 하리라 하시고.

다른 땅에서 나그네가 되리니. 마치 남의 집에서 사는 사람들처럼. 이것은 앞 절에 언급된 약속과 모순되는 것처럼 보인다. 그러나 그것은 단지 아브라함으로 하여금 바랄 수 없는 중에 바라면서 믿도록 만들기 위함이었다(롬 4:18). 아무리 많은 난제들이 있다 할지라도, 믿음은 능히 그 모든 것을 극복할 것이었다. 특별히 여기에 언급된 400년을 주목하라(창 15:13). 그것은 다음과 같이 계산된다. 약속의 씨인 이삭의 탄생으로부터 야곱의 탄생까지 60년. 야곱의 탄생으로부터 그가 애굽에 내려갈 때까지 130년. 그때부터 그들이 애굽으로부터 나올 때까지 210년. 이 모든 기간을 합하면 400년이 된다. 한편 출애굽기 12:40-41과 갈라디아서 3:17은 430년이라고 말한다. 여기에서 30년이 더해진 것은 아브라함에게 씨의 약속이 처음 주어진 때로부터 그러한 약속이 이삭의 탄생으로 이루어진 때까지의 기간이 포함된 것이다. 그러나 스데반은 여기에서 그 기간을 빼고 이삭의 탄생으로부터 계산했다.

7. 또 이르시되 종 삼는 나라를 내가 심판하리니 그 후에 그들이 나와서 이곳에서

나를 섬기리라 하시고.

내가 심판하리니. 혹은 내가 형벌을 내리리니. 애굽 사람들은 단순히 사람의 손에 의해서가 아니라 신적 능력에 의해 형벌을 받을 것이었다. 이와 같이 애굽 사람들은 하나님이 약속하신 때가 찬 바로 그날 밤 마침내 하나님 자신의 직접적인 손에 의해 형벌을 받았다. 그러므로 이스라엘은 그 밤을 대대로 영원히 기억하고 지켜야만 했다(출 12:42). 그것은 그의 백성들의 안식과 함께 그의 원수들의 멸망이 잠들지 않음을 보여 주었다(벧후 2:3). 이곳에서 나를 섬기리라. 이곳은 호렙 산을 가리킨다. 하나님이 자기 백성을 구원하시는 것은 그들로 하여금 그를 섬기게 하기 위함이다(눅 1:74, 75). 하나님의 백성들에게 이 세상에서 행할 어떤 일이 남아 있는 한, 하나님은 그들을 보존하시며 구원하실 것이다.

8. 할례의 언약을 아브라함에게 주셨더니 그가 이삭을 낳아 여드레 만에 할례를 행하고 이삭이 야곱을, 야곱이 우리 열두 조상을 낳으니라.

할례의 언약. 여기의 언약의 표증과 인(印)은 할례였다. 하나님은 아브라함과 그의 후손들에게 할례를 요구하셨는데, 그것은 그들이 육체가 사랑하며 소중하게 여기는 모든 것을 끊어버려야만 함을 의미했다. 이삭을 낳아. 아브라함이 이삭을 낳은 것은 약속에 따른 것이었다. 이와 같이 이삭을 위해 혹은 이삭으로 인해 약속이 주어진 것이 아니라, 약속으로 인해 이삭이 주어진 것이었다. 이것은 여기에서 스데반이 전파하는 복음의 은혜를 잘 나타낸다. 열두 조상. "The twelve patriarchs" 즉 열두 족장들. 그들은 열두 지파의 머리로서, 그들의 이름이 결국 각 지파의 이름이 되었다. 그들의 족보를 위해서는 마태복음 1:1-2을 보라. 우리는 창세기에서 그들의 역사(歷史)를 읽는다.

9. 여러 조상이 요셉을 시기하여 애굽에 팔았더니 하나님이 그와 함께 계셔.

요셉을 시기하여. 요셉에게 분개하여. 여기에서 스데반이 요셉의 형들의 이야기를 언급하는 것은 그들로 하여금 자신들의 행동을 되돌아보도록 하기 위함이었다. 왜냐하면 요셉의 형들이 요셉을 팔았던 것처럼, 그들은 자신들의 구주를 이방인들에게 팔았기 때문이었다. 하나님이 그와 함께 계셔. 하나님은 요셉과 함께 계시면서 그에게 풍성한 은총과 축복을 베푸셨다. 이와 같이 하나님의 함께 계심에는 모든 선한 것들이 부가적으로 따른다. 이러한 사실로 인해 스데반 자신도 위로를 받을 수 있었다.

10. 그 모든 환난에서 건져내사 애굽 왕 바로 앞에서 은총과 지혜를 주시매 바로

가 그를 애굽과 자기 온 집의 통치자로 세웠느니라.

그 모든 환난에서 건져내사. 이것은 하나님이 그와 함께 계신 것의 결과였다. 하나님은 항상 특별한 방식으로 자기 백성들과 함께 계신다. 하나님은 다른 모든 피조물들과 함께 계시는 것처럼 그렇게 함께 계실 뿐만 아니라, 특별히 영혼이 몸과 함께 있는 것과 같은 가장 효과적인 방식으로 자기 백성들과 함께 계신다. 애굽 왕 바로 앞에서 은총과 지혜를 주시매. 하나님은 다니엘에게도 그와 같이 은총을 베푸셨다(단 1:9). 이와 같이 하나님은 모든 사람들의 마음을 자신의 뜻대로 움직이신다.

11. 그 때에 애굽과 가나안 온 땅에 흉년이 들어 큰 환난이 있을새 우리 조상들이 양식이 없는지라.

흉년. 창세기 41:54을 보라. 큰 환난. 재난에는 항상 여러 가지 악들이 부수적으로 따르게 마련이다. 기근에는 약탈과 수많은 질병들이 따른다. 양식이 없는지라. 그들에게는 풀과 채소와 같은 최소한의 먹을거리조차 없었다.

12. 야곱이 애굽에 곡식 있다는 말을 듣고 먼저 우리 조상들을 보내고.

이 이야기를 위해서는 창세기 42:1-38을 보라. 우리 조상들. 우리 열두 지파의 머리가 된 야곱의 아들들.

13. 또 재차 보내매 요셉이 자기 형제들에게 알려지게 되고 또 요셉의 친족이 바로에게 드러나게 되니라.

요셉의 형들이 두 번째로 애굽에 간 이야기를 위해서는 창세기 45:3, 4, 16을 보라. 요셉이 자신의 정체를 형들에게 알린 것은 바로 이때였다. 요셉의 친족이 바로에게 드러나게 되니라. 그때 이스라엘 자손은 바로로부터 고센 땅을 받았으며, 그렇게 하여 그들은 그곳에서 계속적으로 생계를 이어갈 수 있게 되었다. 이와 같이 하여 전에 예언된 것이 이루어졌다.

14. 요셉이 사람을 보내어 그의 아버지 야곱과 온 친족 일흔다섯 사람을 청하였더니.

온 친족 일흔다섯 사람. 이것은 야곱의 몸으로부터 태어난 혈족만을 말하는 것이 아니었다. 왜냐하면 창세기 46:26에 따를 때, 야곱의 몸에서 태어난 혈족은 66명이었기 때문이다. "야곱과 함께 애굽에 들어간 자는 야곱의 며느리들 외에 육십육 명이니 이는 다 야곱의 몸에서 태어난 자이며." 계속해서 27절은 "야곱의 집 사람으로 애굽에 이른 자가 모두 70명"이었다고 말하는데, 그것은 앞의 66명에다가 야곱 자신과 요셉과 요셉의 두 아들을 더한 숫자이다. 한편 스데반이 여기에서 "요셉이 아버지 야곱과 그의 온 친족 75명을 청했다"고 말하는 것은 앞의 66명에다가 야곱의 며느리들이 포함된 것일 수 있다. 여기의 차이와 관련한 다른 설명들도 있지만, 그러나 어쨌든 그것은 우리의 믿음과 거룩한 삶과는 아무 상관 없는 문제이다. 오직 이것 즉 믿음과 거룩한 삶만이 우리의 구원에 필요할 뿐이다. 다만 여기에서 우리를 가장 놀라게 만드는 것은 애굽 사람들의 그토록 잔인한 학대에도 불구하고 이스라엘 자손이 엄청난 숫자로 불어났다는 사실이다(출 12:37).

15. 야곱이 애굽으로 내려가 자기와 우리 조상들이 거기서 죽고,

여기에서 스데반이 그들에게 암시적으로 말하고자 했던 것은 특정한 지역이나 장소나 성전이 절대적으로 필요한 것은 아니라는 것이었다. 왜냐하면 그들의 조상들은, 비록 약속의 땅을 떠나 애굽에 와 있었음에도 불구하고, 하나님의 은총 가운데 살다가 하나님의 은총 가운데 죽었기 때문이다.

16. 세겜으로 옮겨져 아브라함이 세겜 하몰의 자손에게서 은으로 값 주고 산 무덤에 장사되니라.

이스라엘 자손들은 요셉이 맹세시킨 대로 그의 시신을 가나안으로 옮겨 그곳에 장사했다(창 20:25). 요셉이 그와 같이 바란 것은 믿음으로 말미암은 것이었다(히 11:22). 그러나 요셉의 나머지 형제들까지도 사후(死後)에 가나안으로 옮겨져 그곳에 장사되었는지 여부는 불확실하다. 그러나 나는 그렇게 되었을 가능성이 매우 높다고 생각한다. 그 이유는 다음과 같다. 첫째로, 그들 역시도 요셉과 마찬가지로 그렇게 열망할 만한 충분한 이유를 가지고 있었기 때문이었다. 그들 역시도 동일한 약속을 믿었으며, 그 땅에 대한 간절한 마음을 가지고 있었다. 둘째로, 요셉의 자손들이 요셉에 대해 가지고 있었던 존경심을 그들(즉 요셉의 나머지 형제들)의 자손들 역시도 그들에 대해 똑같이 가지고 있었기 때문이었다. 셋째로, 가나안 땅의 열두 상속자 가운데 단 한 사람도 멍에의 땅에 남아 있지 않았을 것이라고 보는 것이 매우 합리적이기 때문이다. 사실 이 부분은 풀기 어려운 난제 가운데 하나로 알려져 있다. 난제는 잘못 풀기보다는 차라리 그대로 내버려 두는 것이 낫다. 사실 히브리어는 통상적으로 문장을 축약하여 기록하는 경향이 있다. 이러한 사실을 감안할 때, 나는 우리가 본문을 다음과 같이 풀어 쓸 수 있다고 믿는다 — 야곱과 우리 조상들이 죽고, 세겜으로 옮겨져, 아브라함이 세겜 하몰의 자손에게서 은으로 값 주고 산 무덤에 장사되니라(라이트푸트).

17. 하나님이 아브라함에게 약속하신 때가 가까우매 이스라엘 백성이 애굽에서

번성하여 많아졌더니.

약속하신 때. 약속하신 것이 이루어질 때. 여기의 약속은 그의 후손을 번성하게 하실 것이라는 약속일 수도 있고, 그들을 멍에로부터 구원하실 것이라는 약속일 수도 있다. 왜냐하면 하나님은 두 가지를 모두 약속하셨기 때문이다. 어떤 방해에도 불구하고 하나님의 약속은 때가 되면 반드시 이루어진다.

18. 요셉을 알지 못하는 새 임금이 애굽 왕위에 오르매.

이것은 70인경으로부터 취한 것이다(출 1:8).

19. 그가 우리 족속에게 교활한 방법을 써서 조상들을 괴롭게 하여 그 어린 아이들을 내버려 살지 못하게 하려 할새.

바로는 이스라엘 자손들과 관련하여 지혜롭게 행하고자 마음먹었으며(출 1:10), 애굽 사람들은 그들에 대해 교활하게 행했다(시 105:25). 이스라엘 자손들의 수가 크게 늘어나는 것은 그들에게 위험한 일이 될 수 있었다. 그러나 그들은 이스라엘 자손들을 단번에 멸망시킬 수 없었다. 왜냐하면 그렇게 했다가는 자칫 애굽이 쇠약해질 수 있었기 때문이었다. 그렇게 하는 대신 그들은 다음과 같은 방법으로 그들을 점차적으로 멸망시키고자 했다. (1) 가혹한 노동을 통해 그들을 쇠약하게 만듦으로써. (2) 산파들에게 은밀하게 사내아이들을 죽이라고 명령함으로써. (3) 숨긴 아이들을 색출하여 나일강에 던짐으로써. 그러나 그들을 점차적으로 멸망시키고자 하는 이 모든 노골적이며 은밀한 방법들에도 불구하고, 하나님이 그들을 보존하셨다. 이와 같이 하나님은 교회를 허물어뜨리고자 하는 모든 악의적인 시도들에도 불구하고 자신의 교회를 끝까지 보존하실 것이다.

20. 그 때에 모세가 났는데 하나님 보시기에 아름다운지라 그의 아버지의 집에서 석 달 동안 길리더니.

하나님 앞에 아름다운지라. "fair to God" 즉 하나님에게 아름다운지라. 어떤 사람들은 이것을 그의 마음의 내적인 아름다움을 가리키는 것으로 이해한다. 그러나 나는 그것이 그의 육체의 특별한 아름다움 외에 다른 것으로 이해될 필요가 전혀 없다고 생각한다. 하나님은 그에게 육체의 아름다움의 선물을 특별한 분량으로 주셨다. 그리고 바로 이것이 바로의 딸의 마음에 불쌍히 여기는 마음을 불러일으킨 결정적인 요인이었을 수 있다. 히브리 문화에서 어떤 종류의 것이든 탁월한 것은 하나님으로부터 말미암는 것으로 간주되는 경향이 있다. 이런 차원에서 우리는 니느웨가 "하나님의 성읍"(a city of God)으로 일컬어지는 것을 발견할 수 있다(욘 3:3,

한글개역개정판에는 "하나님 앞에 큰 성읍"이라고 되어 있음). 요세푸스는 모세가 너무나 아름다움으로 말미암아 지나가는 사람들이 잠시 멈추고 그를 바라보곤 했다고 말한다(「유대 고대사」. ii. 5).

21. 버려진 후에 바로의 딸이 그를 데려다가 자기 아들로 기르매.

버려진 후에. 남겨져 노출된 후에(출 2:2). 이제 하나님이 그를 높이 드실 때가 되었다(시 27:10). 바로의 딸. 하나님은 이스라엘의 원수였음에도 불구하고 모세를 기르며 교육하는 일에 그녀를 사용하셨다. 모세는 이스라엘을 구원할 자였다. 그러나 그녀는 그것을 알지 못한 채 그를 양자로 삼고 그를 교육시켰다(출 2:10).

22. 모세가 애굽 사람의 모든 지혜를 배워 그의 말과 하는 일들이 능하더라.

애굽 사람의 모든 지혜를 배워. 애굽은 고대에 천문학과 몇몇 철학 분야에서 매우 뛰어난 곳이었다. 말이 능하더라. 그는 말을 잘 하는 사람이었다. 하는 일들이 능하더라. 그는 말뿐만 아니라 행동에도 능했다. 그는 자신의 신분에 어울리게 말하며 행동할 수 있었다.

23. 나이가 사십이 되매 그 형제 이스라엘 자손을 돌볼 생각이 나더니.

나이가 사십이 되매. 이때의 모세의 나이와 관련하여 출애굽기는 아무 언급도 하지 않는다. 그러나 유대인들은 전승에 의해 이때의 모세의 나이를 알았으며, 그것이 여기의 스데반에 의해 확증된다. 모세는 지난 40년을 바로의 궁중에서 보냈다. 생각이 나더니. "It came into his heart." 직역하면 "그것이 그의 마음 안으로 들어왔다." 이러한 표현은 이스라엘 자손을 돌볼 생각과 결심이 하나님으로부터 왔음을 암시한다. 그것은 공주의 아들의 신분을 부인하는 것으로서, 히브리서는 그것을 그의 믿음에 돌린다(히 11:24). 그리고 그러한 믿음은 하나님의 선물이다(엡 2:8).

24. 한 사람이 원통한 일 당함을 보고 보호하여 압제 받는 자를 위하여 원수를 갚아 애굽 사람을 쳐 죽이니라.

어떤 사람들은 모세의 이러한 행동을 "무죄한 자를 보호하기 위한 행동은 정당하다"는 자연법에 의거하여 옹호한다. 어쨌든 그의 행동은 그들로 하여금 하나님이 자신의 손을 통해 그들을 구원해 주시는 것을 깨닫도록 하기 위한 것이었다.

25. 그는 그의 형제들이 하나님께서 자기의 손을 통하여 구원해 주시는 것을 깨달으리라고 생각하였으나 그들이 깨닫지 못하였더라.

이것을 그들은 다음과 같은 사실들로부터 충분히 추론할 수 있었다. (1) 어렸을 때 그가 애굽 사람들의 손과 강으로부터 특별하게 구원받은 것으로부터. (2) 그가 기꺼이 그들을 지키고자 했던 것으로부터. 그와 같이 높은 신분의 사람이 그들을 위해 마음을 쓰는 것은 참으로 특이한 일이었다. (3) 그들의 구원의 때가 가까이 다가온 사실로부터. 조금만 관심을 기울여도 그들은 그것에 대해 완전히 부지할 수 없었다. 자기의 손을 통하여. 자기의 사역을 통하여. 그들이 깨닫지 못하였더라. 이스라엘 자손의 마음은 너무나 자주 어리석음으로 얼룩져 있었다. 모세의 때에 그들은 그를 영접하지 않았다. 마치 그리스도의 때에 그리스도를 영접하지 않은 것처럼 말이다.

26. 이튿날 이스라엘 사람끼리 싸울 때에 모세가 와서 화해시키려 하여 이르되 너희는 형제인데 어찌 서로 해치느냐 하니.

모세가 와서. 마치 하나님으로부터 그들을 구원하도록 세움 받은 자처럼. 화해시키려 하여. 진지한 마음으로 그들을 설득하려 하여. 이르되 너희는 형제인데. 출애굽기 2:13에 이러한 말은 나타나지 않는다. 그러나 그곳과 이곳의 의미는 동일하다. 형제. 그들은 모두 같은 조상 아브라함으로부터 태어난 동족일 뿐만 아니라 또한 같은 하나님을 섬기는 자들이었다. 그러므로 서로 화합하여 일치하는 것이 그들의 가장 큰 의무였다. 설령 어떤 잘못이 있다 하더라도, 그들은 서로 용서해야 했다. "네 형들이 네게 악을 행하였을지라도 이제 바라건대 그들의 허물과 죄를 용서하라"(창 50:17).

27. 그 동무를 해치는 사람이 모세를 밀어뜨려 이르되 누가 너를 관리와 재판장으로 우리 위에 세웠느냐.

가해자는 전혀 화해할 뜻이 없었다. 그리하여 그는 모세를 밀어뜨리며 어째서 남의 일에 끼어드냐며 항변한다. 이와 같이 하나의 죄는 또 다른 죄를 이끄는 법이다. 이것은 까닭 없는 흠잡기였다.

28. 네가 어제는 애굽 사람을 죽임과 같이 또 나를 죽이려느냐 하니.

그는 모세에게 살인의 죄책을 씌우면서 더 이상 남의 일에 이래라 저래라 하지 말라고 말한다. 이를테면 너는 나와 마찬가지 아니냐는 혹은 나보다 더 악하지 않느냐는 것이다. 그는 이를테면 자기 혼자만 악한 것이 아닌 것으로 인해 만족하는 것처럼 말한다. 사람들은 종종 이러한 태도를 갖곤 하는데, 이러한 태도는 이스라엘 백성이 아니라 애굽 사람들에게 더 어울리는 태도이다.

29. 모세가 이 말 때문에 도주하여 미디안 땅에서 나그네 되어 거기서 아들 둘을 낳으니라.

모세가 이 말 때문에 도주하여. 마침내 모세는 자신이 한 애굽인을 쳐 죽인 것이 바로에게 알려진 것과 자신의 목숨이 위험 가운데 빠진 것을 알게 되었다. 미디안 땅. 미디안은 아브라함이 후처 그두라를 통해 낳은 아들이었다(창 25:1, 2). 모세는 처음 40년은 애굽에서 보냈으며, 다음 40년은 르우엘(출 2:18) 혹은 호밥(민 10:29)이라고도 불리는 이드로와 함께 미디안에서 보냈으며, 마지막 40년은 광야에서 이스라엘 백성들과 함께 보냈다. 이와 같이 그는 120세까지 살았다(신 34:7). 여기에서 스데반은 하나님이 항상 자기를 경외하는 자들과 함께 계심을 (그들이 어디에 있든지 상관없이) 논증한다. 하나님은 아브라함이 메소보다미아에 있을 때에도 그와 함께 계셨으며, 자기 백성이 애굽에 있을 때에도 그들과 함께 계셨으며, 모세가 미디안에 있을 때에도 그와 함께 계셨다.

30. 사십 년이 차매 천사가 시내 산 광야 가시나무 떨기 불꽃 가운데서 그에게 보이거늘.

사십 년. 이와 같이 오랜 시간 동안 하나님은 모세의 믿음과 그의 백성들의 인내를 시험하시기를 기뻐하셨다. 시내 산. 아라비아 광야에 있는 산. 나중에 이곳에서 율법이 전달되었다(출 18:5; 19:3). 천사. 여기의 천사는 창조된 천사가 아니라 창조되지 않은 천사이다. 사도행전 7:32에 나타나는 것처럼, 그는 언약의 사자였다. 그가 나타난 곳은 거룩한 곳이었기 때문에 모세는 신을 벗어야만 했다(출 3:2, 5). 뿐만 아니라 그는 출애굽기 3:4에서 "여호와"라고 불린다. 가시나무 떨기 불꽃 가운데서. 여기에서 하나님이 이와 같이 나타나신 것은 당신이 당신의 백성들의 모든 고통 가운데 함께 계심을 나타내기 위함이었다. 가시나무 떨기 불꽃 가운데 있음에도 불구하고, 그들은 결코 불에 의해 삼킴을 당하지 않을 것이었다. 그들은 불에 의해 멸망을 당하지 않고 도리어 정결하게 될 것이었다. 그들에게 이와 같은 모습으로 나타나셨던 것처럼, 하나님은 우리에게도 같은 모습으로 나타나신다.

31. 모세가 그 광경을 보고 놀랍게 여겨 알아보려고 가까이 가니 주의 소리가 있어.

모세가 그 광경을 보고 놀랍게 여겨. 그는 가시나무 떨기가 불꽃 가운데 있음에도 불구하고 그것에 의해 삼킴을 당하지 않는 것을 보았다. 이것은 모든 것을 삼키는 불의 본성에 반하는 것이었다. 그리하여 모세는 하나님의 임재를 확신하면서 그가 말씀하시는 것에 귀를 기울이며 그 음성에 순종할 준비가 더 잘 될 수 있었다.

32. 나는 네 조상의 하나님 즉 아브라함과 이삭과 야곱의 하나님이라 하신대 모

세가 무서워 감히 바라보지 못하더라.

나는 네 조상의 하나님이라. 이렇게 하여 모세는 자신이 누구로부터 사명을 받았으며 누구에 의해 보냄을 받았는지 분명하게 알 수 있었다. 아브라함과 이삭과 야곱의 하나님. 여기에서 하나님이 스스로를 이와 같이 부르신 것은 이제 때가 차매 자신의 약속, 즉 그들의 자손을 구원하시겠다는 약속을 이행하실 것을 나타내기 위함이었다.

모세가 무서워 감히 바라보지 못하더라. 경외함으로 앙망하는 마음에는 항상 어느 정도의 두려움이 포함되는 법이다. 하나님의 나타나심에는 — 비록 긍휼 가운데 나타나는 것이라 할지라도 — 항상 두려움과 놀람이 따른다. 하물며 심판과 보응을 위해 임하실 때에는 얼마나 더 그렇겠는가? 그때 과연 누가 감히 그 앞에 설 수 있을 것인가?

33. 주께서 이르시되 네 발의 신을 벗으라 네가 서 있는 곳은 거룩한 땅이니라.

네 발의 신을 벗으라. 여호수아 5:15처럼 신적 임재에 대한 경외심으로부터든 혹은 룻기 4:7처럼 스스로를 하나님의 뜻과 처분에 온전히 맡기는 것을 나타내기 위함이든, 모세는 그 앞에서 신을 벗어야만 했다. 특별히 룻기에서, 가까운 친족은 자신의 신을 벗어 보아스에게 줌으로써 자신의 모든 권리를 그에게 양도함을 나타냈다.

거룩한 땅. 그곳이 거룩한 땅이었던 것은 하나님이 그곳에 나타나셨기 때문이었다. 그러므로 하나님이 그곳에 계신 동안 그곳은 거룩한 땅이었다.

34. 내 백성이 애굽에서 괴로움 받음을 내가 확실히 보고 그 탄식하는 소리를 듣고 그들을 구원하려고 내려왔노니 이제 내가 너를 애굽으로 보내리라 하시니라.

내가 확실히 보고. "I have seen, I have seen." 즉 내가 보고 또 보았으며, 주의를 기울여 유심히 보았노라. 여기에서 이것이 이중으로 표현된 것은 그것의 확실함을 나타내기 위함이었다. 만일 이 땅의 부모가 연약함 가운데 있는 자녀들을 유심히 살핀다면, 하물며 하늘의 아버지는 얼마나 더 그렇겠는가! 그 탄식하는 소리를 듣고. 하나님은 언어로 표현되지 않는 신음소리까지도 들으셨다. 내려왔노니. 이것은 사람의 예(例)대로 표현한 것이다. 하나님이 어떤 사람을 고통으로부터 건지실 때, 하나님이 그에게 내려오셨다고 표현된다. 출애굽기 3:7-8을 보라. 특별히 여기의 표현은 70인경의 독법(讀法)으로부터 취하여진 것이다.

35. 그들의 말이 누가 너를 관리와 재판장으로 세웠느냐 하며 거절하던 그 모세

를 하나님은 가시나무 떨기 가운데서 보이던 천사의 손으로 관리와 속량하는 자로서 보내셨으니.

천사의 손. 천사의 능력. 그토록 큰 구원을 이루시는 자는 모세가 아니라 하나님이셨다. 속량하는 자. 혹은 구속자. 여기에서 모세는 그리스도의 모형으로 나타난다. "우리는 그리스도 안에서 그의 피로 말미암아 속량 곧 죄 사함을 받았느니라"(엡 1:7). 모세는 유월절 어린 양의 피로 말미암아 이스라엘 백성들을 구원했다.

36. 이 사람이 백성을 인도하여 나오게 하고 애굽과 홍해와 광야에서 사십 년간 기사와 표적을 행하였느니라.

이 사람이 기사와 표적을 행하였느니라. 하나님은 지극히 작은 행동만으로도 능히 자기 백성을 구원할 수 있으셨다. 그럼에도 불구하고 하나님은 여러 가지 기사와 표적을 행하시기를 기뻐하셨다. 그것은 그들로 하여금 그것을 보고 잊어버리지 않도록 하기 위함이었다. 홍해. 그 바다가 이와 같은 이름으로 불리게 된 이유에 대해서는 사람들 사이에 서로 의견이 갈린다. 어쨌든 그 바다는 이교도 저술가들 사이에서 이와 같은 이름으로 불린다. 여기의 이야기를 위해서는 출애굽기 1-15장을 읽어 보라.

37. 이스라엘 자손에 대하여 하나님이 너희 형제 가운데서 나와 같은 선지자를 세우리라 하던 자가 곧 이 모세라.

스데반은 그들이 잘못 생각하는 것처럼 자신이 결코 모세를 대적하는 것이 아니며 자신은 단지 오래 전에 모세가 예언한 자를 전파하고 있을 뿐임을 보이고자 했다. 선지자(a prophet). 선지자들의 머리인 메시야 그리스도. 사도행전 3:22을 보라.

38. 시내 산에서 말하던 그 천사와 우리 조상들과 함께 광야 교회에 있었고 또 살아 있는 말씀을 받아 우리에게 주던 자가 이 사람이라.

광야 교회에 있었고. 혹은 회중 가운데 있었고. 그는 백성들과 함께 그들의 모든 광야 여행 가운데 함께 계셨다. 그 천사. 사도행전 7:30을 보라. 살아 있는 말씀. 하나님의 율법과 말씀이 이와 같은 이름으로 불리는 것은 그것이 우리를 생명으로 이끄는 유일한 규칙이기 때문이다. 신명기 32:47에서 하나님의 율법과 말씀은 "우리의 생명"이라고 일컬어진다. 그것은 사람을 영적이며 거룩한 삶으로 이끄는 통상적인 도구이다.

39. 우리 조상들이 모세에게 복종하지 아니하고자 하여 거절하며 그 마음이 도리어 애굽으로 향하여.

유대인들은 자신들의 조상에 대해 큰 자부심을 가지고 있었다. 그러나 스데반은 그들의 조상들 가운데 많은 사람들이 하나님과 그의 종 모세를 대적했음을 일깨워 준다. 그들은 지금 (예전의 모세처럼) 그들을 구원하기 위해 오신 그리스도를 대적하고 있었다. 그 마음이 도리어 애굽으로 향하여. 그들의 마음은 애굽과 그곳의 음식(마늘과 양파)으로만 향하여져 있었던 것이 아니라, 다음 절에 나타나는 것처럼 그들의 미신과 우상 숭배로도 향하여져 있었다.

40. 아론더러 이르되 우리를 인도할 신들을 우리를 위하여 만들라 애굽 땅에서 우리를 인도하던 이 모세는 어떻게 되었는지 알지 못하노라 하고.

신들(gods). 이것은 애굽 사람들의 통상적인 표현 방식이다. 애굽 사람들은 다양한 계급으로 구성된 많은 신들이 있다고 믿었다. 그리하여 그들은 신을 항상 복수로 표현했다. 이 모세(this Moses). 그들은 자신들의 구원이 모세를 통해 이루어진 것을 기꺼이 인정하면서도 그를 매우 경멸적으로 부른다. 이 모세는 어떻게 되었는지 알지 못하노라. 그들은 모세가 하나님의 명령에 따라 하나님의 산으로 올라간 것과, 그들을 그냥 내버려 두지 않고 그들을 통제하도록 아론과 훌을 남겨둔 것을 분명히 알고 있었다. 그러나 최근까지도 많은 표적과 기사를 경험했음에도 불구하고 그들은 너무나 빨리 하나님과 모세를 잊어버렸다. 그리고 그것은 그들을 참소하는 기록으로 남겨졌다(시 106:13, 21).

41. 그 때에 그들이 송아지를 만들어 그 우상 앞에 제사하며 자기 손으로 만든 것을 기뻐하더니.

송아지를 만들어. 이것은 애굽 사람들의 행태를 따른 것이었다. 그들은 황소의 형상으로 된 아피스 신을 숭배했다. 그 우상. 그들은 자신들을 만든 자를 섬기는 대신 자신들이 만든 것을 섬겼다. 바로 이것이 우상 숭배의 죄이다(고전 10:6, 7). 자기 손으로 만든 것. 통상적으로 우상 혹은 우상들은 이와 같이 표현된다(시 115:4; 135:15). 이러한 표현은 우상이 헛되며 아무것도 아님을 함축한다. 헛된 신을 만드는 것은 헛된 일이다. 기뻐하더니. 그들은 먹고 마시며 노래하며 춤을 추면서 자신들의 기쁨을 표현했다(출 32:6).

42. 하나님이 외면하사 그들을 그 하늘의 군대 섬기는 일에 버려 두셨으니 이는 선지자의 책에 기록된 바 이스라엘의 집이여 너희가 광야에서 사십 년간 희생과 제물을 내게 드린 일이 있었느냐.

하나님이 외면하사. 하나님은 그들의 아버지와 재판장으로서 그들을 징벌하기 위해 그들로부터 돌이키셨다. **버려 두셨으니**. 이것은 사실상 그들을 사탄에게 내어주는 것이었다. 하나님은 자신의 은혜를 오용(誤用)하는 자들로부터 은혜를 거두시고 그들을 (하나의 죄로부터 또 다른 죄로 떨어지도록) 그냥 내버려 두신다(롬 1:21, 25). **하늘의 군대**. 천사들은 종종 이와 같은 이름으로 일컬어진다(눅 2:13). 그러나 여기에서는 해와 달과 별들을 의미하는 것으로 이해되어야 한다. 이와 관련하여 신명기 17:3, 이사야 40:26 등을 참조하라. **선지자의 책에**(in the book of the prophets). 여기에 인용된 말씀은 아모스 5:25이다. 여기에서 책이 단수로 표현된 것은 열두 권의 소선지서가 유대인들에 의해 하나의 책으로 간주되었기 때문이다. **너희가 희생과 제물을 내게 드린 일이 있었느냐**. 이러한 말씀은 그들이 광야에 있는 동안 하나님께 희생제물을 드린 것을 단호히 부인한다. 도리어 그들은 우상에게 희생제물을 바쳤을 뿐이다. 하나님을 올바로 섬기지 못할 때, 그들의 희생제물은 더 이상 하나님께 드려지는 올바른 희생제물이 되지 못한다(사 1:11; 43:23).

43. 몰록의 장막과 신 레판의 별을 받들었음이여 이것은 너희가 절하고자 하여 만든 형상이로다 내가 너희를 바벨론 밖으로 옮기리라 함과 같으니라.

몰록. 암몬 백성들의 우상. 이스라엘 백성은 몰록을 섬기는 것이 특별하게 금지되었다(레 18:21, 20:2). 그러나 그들은 너무나 자주 몰록을 섬겼다(대하 28:3; 렘 7:31). 솔로몬은 몰록을 위해 산당을 지었다(왕상 11:7). **몰록의 장막**. 이것은 몰록 우상을 넣은 궤짝이었든지, 아니면 몰록을 섬기는 자들이 예배를 위해 들어간 전각이었을 것이다. 그들이 어떤 종류의 일월성신을 숭배했는지 다시 말해서 그들이 태양을 숭배했는지, 혹은 화성을 숭배했는지 혹은 토성을 숭배했는지 여부는 그다지 중요한 문제가 아니다. 그들은 자신들이 섬기는 것을 ── 그것이 어떤 종류의 일월성신이든 혹은 다른 신이든 ── 몰록이라고 불렀다. 그 단어를 보통명사적으로 취하면서 말이다.

레판. 여기의 말씀은 아모스 5:26을 인용한 것인데, 거기에서는 이것이 '기윤' 이라는 이름으로 불린다. "너희가 너희 왕 식굿과 '기윤' 과 너희 우상들과 너희가 너희를 위하여 만든 신들의 별 형상을 지고 가리라." 여기의 레판과 아모스의 기윤은 같은 우상이다. 그 우상과 관련하여, 아모스는 본래의 이름을 사용한 반면 스데반은 70인경에 표기된 이름을 사용했다. 그것이 어떤 사람들이 생각하는 것처럼 토성을 의미하는 것인지, 아니면 다른 사람들이 생각하는 것처럼 헤라클레스 자리를 의미하는 것인지를 탐구하는 것은 지금의 우리의 관심사가 아니다. **바벨론 밖으로**. 아모스는 "다메섹 밖으로"라고 말한다(암 5:27). 여기에서 스데반이 말하는 것은 아모스가 말한 것과 모순되지 않는다. 왜냐하면 바벨론 밖으로 옮겨지는 사람들은 필연적으로 다메섹을 통과해야만 하기 때문이다.

44. 광야에서 우리 조상들에게 증거의 장막이 있었으니 이것은 모세에게 말씀하신 이가 명하사 그가 본 그 양식대로 만들게 하신 것이라.

증거의 장막. 이것은 또한 회막이라고도 불렸다(출 33:7). 그것은 백성들이 모든 종류의 종교적인 일을 위해 그곳에 모였기 때문이었다. 여기에서 그것이 "증거의 장막"으로 불리는 것은 이곳에서 하나님이 자신의 영광스러운 임재를 증거하신 것과, 특별히 율법의 증거가 돌판의 형태로 언약궤 안에 보관된 것 때문이었다. 그가 본 그 양식대로. 출애굽기 25:40과 히브리서 8:5을 보라. 모세는 산에서 본 양식을 바꾸어서는 안 되었다. 모든 것은 하나님의 계획과 설계대로 만들어져야 했다.

45. 우리 조상들이 그것을 받아 하나님이 그들 앞에서 쫓아내신 이방인의 땅을 점령할 때에 예수(Jesus)와 함께 가지고 들어가서 다윗 때까지 이르니라.

예수(Jesus). 혹은 여호수아(Joshua). 히브리서 4:8에도 나타나는 것처럼, 예수와 여호수아는 같은 이름이었다. 여호수아는 예수의 모형이었다. 여호수아는 예수와 그 이름에 있어 일치했을 뿐만 아니라, 그 이름이 의미하는 것에 있어서도 일치했다. 여호수아 역시도 백성들을 구원하여 약속된 안식으로 데려갔다. 그러나 그들 사이의 차이 또한 크다. 왜냐하면 여호수아는 그들을 지상의 가나안으로 데려간 반면 예수는 그들을 하늘의 가나안으로 데려갔기 때문이다.

46. 다윗이 하나님 앞에서 은혜를 받아 야곱의 집을 위하여 하나님의 처소를 준비하게 하여 달라고 하더니.

하나님 앞에서 은혜를 받아. 마리아가 하나님 앞에서 은혜를 입은 것처럼, 다윗도 하나님 앞에서 은혜를 입었다(눅 1:30). 야곱의 집을 위하여 하나님의 처소를 준비하게 하여 달라고 하더니. 어떤 방식으로든 — 특별히 예배의 방식으로 — 하나님을 영화롭게 하는 것이 다윗의 간절한 소원이었다. 그랬기 때문에 그는 언약궤가 어디에서 안식할 수 있는지 그래서 성전이 어디에 세워져야 할지 알 수 있었다. 시편 132편을 참조하라.

47. 솔로몬이 그를 위하여 집을 지었느니라. 이를 위하여 열왕기상 6:9; 역대하 3:1-2을 보라. 집. 견고하며 고정된 구조물. 집은 장막처럼 유동적인 것이 아니다.

48. 그러나 지극히 높으신 이는 손으로 지은 곳에 계시지 아니하시나니 선지자가

말한 바.

이것은 또한 바울이 가르친 것이기도 했다. 바울은 아덴에서 다양한 이교도들을 설득하기 위해 "우주와 그 가운데 있는 만물을 지으신 하나님께서는 천지의 주재시니 손으로 지은 전에 계시지 아니하시고"라고 말했다(행 17:24). 하나님은 어떤 장소에 제한될 수 없다. 마찬가지로 하나님은 어떤 장소에 국한되어 예배될 수 없다. 그러나 유대인들은 어리석게도 하나님을 예배하는 것을 성전에 한정시켰다. 마치 하나님이 성전 안에 속박되어 계시는 것처럼 말이다. 초창기 그리스도인들은 자신들이 모이는 장소를 성전이라는 이름으로 부르지 않았다. 그리하여 이교도들은 그들이 어떤 제단이나 형상이나 성전도 가지고 있지 않다고 말하며 그들을 조롱했다.

49. 주께서 이르시되 하늘은 나의 보좌요 땅은 나의 발등상이니 너희가 나를 위하여 무슨 집을 짓겠으며 나의 안식할 처소가 어디냐.

여기의 말씀은 이사야 66:1을 인용한 것이다. 너희가 나를 위하여 무슨 집을 짓겠으며. 도대체 누가 하나님처럼 큰 집을 지을 것이란 말인가? 열왕기상 8:27을 보라.

50. 이 모든 것이 다 내 손으로 지은 것이 아니냐 함과 같으니라.

창조 이야기 가운데 나타나는 것처럼(창 1:1). 여기의 표현은 사람의 예(例)대로 표현한 것이다. 그것은 하나님이 너무나 크시므로 성전이나 제물 따위를 필요로 하지 않음을 함축한다. 그가 요구하는 예배는 그 자신을 위한 것이 아니다. 왜냐하면 우리의 의(義)가 그에게 무슨 특별한 유익을 끼칠 수 없기 때문이다. 도리어 그것은 우리를 위한 것이다. 왜냐하면 그렇게 함으로써 우리가 믿음과 경건의 의무를 이행하게 되기 때문이다.

51. 목이 곧고 마음과 귀에 할례를 받지 못한 사람들아 너희도 너희 조상과 같이 항상 성령을 거스르는도다.

목이 곧고. 멍에를 메는데 익숙하지 않은 어린 암소로부터 취한 은유. 마음에 할례를 받지 못한. 여전히 패역한 마음을 가지고 있는. 그들은 육체의 포피(包皮)를 잘라내는 대신 패역한 마음을 잘라내야 했다. 왜냐하면 그들은 "마음에 할례를 행하라"고 명령받았기 때문이다(신 10:16). 또 하나님은 자기 백성들을 위해 그렇게 하실 것을 약속하셨다(신 30:6). 이와 같이 두 가지 할례에 대해 말한 것은 바울이 처음이 아니었다(롬 2:28, 29). 하나님은 자신의 규례의 내적이며 영적인 측면을 항상 주목하신다. 귀에 할례를 받지 못한. 기꺼이 듣고 자신들의 행할 바가 무엇인지를 알려고 하지 않는. 항상 성령을 거스르는도다. 그들은 항상 당신의 선지자들과 사역자들을 통해 말씀하시며 참된 경건에 대해 훈계하시는 성령을 거슬렀다. 이러한 말로써 스데반은 그들로 하여금 할례를 자랑하지 못하도록 하게 하고자 했다. 왜냐하면 그들은 할례에 대해 과도하게 집착하며 그것을 자랑했기 때문이었다. 너희도 너희 조상과 같이 행하여. 같은 의미를 가진 속담으로 "어머니가 그러하면 딸도 그러하다"는 속담이 있다(겔 16:44).

52. 너희 조상들이 선지자들 중의 누구를 박해하지 아니하였느냐 의인이 오시리라 예고한 자들을 그들이 죽였고 이제 너희는 그 의인을 잡아 준 자요 살인한 자가 되나니.

너희 조상들이 선지자들 중의 누구를 박해하지 아니하였느냐. 유대인들은 자신들의 조상에 대해 큰 자부심을 가지고 있었는데, 이러한 스데반의 말은 그러한 자부심에 찬물을 끼얹는다. 마태복음 5:12, 23:31, 37을 보라. 의인(the just One). 의로운 자. 우리 주님은 정당하게 이러한 이름으로 불릴 자격이 있다. 그는 그 자신 의로우시며 모든 의를 이루셨을 뿐만 아니라, 우리의 의가 되시고 우리에게 "지혜와 의로움과 거룩함과 구원함"이 되셨다(고전 1:30). 여기의 "의로운"(just)은 법정적인 단어로서, "무죄"(innocent)와 같은 의미이며 "유죄"(guilty)와 반대 되는 말이다. 이와 같이 스데반은 우리 구주의 무죄함을 주장한다. 비록 이 땅에서는 그에게 부당한 판결이 내려졌다 하더라도 말이다. 잡아 준 자. 그들은 유다를 매수함으로써 그리스도를 잡아 준 자가 되었다. 살인한 자. 그들은 빌라도를 충동하여 그리스도를 정죄하도록 했으며, 병사들을 동원하여 그를 처형하도록 했다.

53. 너희는 천사가 전한 율법을 받고도 지키지 아니하였도다 하니라.

천사가 전한 율법. 이것은 천사들에 의해 계명들이 반포된 것이나 혹은 (천사로 불리는, 행 7:35) 하나님의 아들에 의해 율법이 주어진 것을 가리킨다(신 33:2; 시 68:8; 갈 3:13, 19). 지키지 아니하였도다. 천사들에 의해 그토록 영광스럽게 전달되었음에도 불구하고, 그들은 율법을 깨뜨렸다. 그러므로 그들이 그토록 비천하며 보잘것없는 제자들에 의해 전파된 복음을 배척한 것은 조금도 놀랄 일이 아니었다.

54. 그들이 이 말을 듣고 마음에 찔려 그를 향하여 이를 갈거늘.

마음에 찔려. 미친 듯이 분노하여. 그를 향하여 이를 갈거늘. 이를 가는 것은 저주받은 자들의 행동이다(마 8:12). 사람들은 자신의 죄로 말미암아 스스로 저주를 자초한다.

55. 스데반이 성령 충만하여 하늘을 우러러 주목하여 하나님의 영광과 및 예수께

서 하나님 우편에 서신 것을 보고.

성령 충만하여. 지금의 시련과 고통에 적합한 은혜로 충만하여. 하나님의 영광. 영광스러운 하나님. 혹은 육체의 눈이 바라볼 수 있는 하나님의 보좌와 영광. 예수께서 하나님 우편에 서신 것을 보고. 비록 빌라도에 의해 정죄를 받았다 하더라도, 그는 하나님에 의해 의롭다 하심을 받았다. 특별히 그가 서 계시는 것은 그가 자신으로 인해 고난을 당하는 모든 사람들을 도우시며 위로하실 준비가 되어 있음을 나타낸다.

56. 말하되 보라 하늘이 열리고 인자가 하나님 우편에 서신 것을 보노라 한대.

보라 하늘이 열리고. "I see the heavens opened" 즉 내가 하늘이 열린 것을 보노라. 아무것도 그의 시야를 가로막을 수 없었다. 인자. 그리스도는 종종 이와 같은 이름으로 불린다. 여기의 말로써 스데반은 그들에게 그리스도와 그의 진리를 대적하는 것이 얼마나 헛된 일인지를 알려주고자 했다. 하나님 우편에 서신. 그리스도는 스데반을 위한 대언자와 병사와 장군으로서 하나님 우편에 서 계셨다. 또 그는 스데반에게 마치 이제 그가 받게 될 상을 보여 주기라도 하는 것처럼 하나님 우편에 서 계셨다. 스데반은 그러한 광경을 보며 격려를 받을 필요가 있었다. 그러나 스데반이 같은 장소에 있었음에도 불구하고 아무것도 보지 못한 유대인들에게 이러한 하늘의 환상에 대해 이야기해야만 했던 것은 다소 이상해 보인다. 그러나 그는 다음과 같은 이유들 때문에 그렇게 할 수 있었다. (1) 그리스도에 대한 뜨거운 사랑으로부터. 그는 그리스도를 존귀케 하기를 간절히 열망했다. (2) 그의 원수들에게 회개하도록 초청하기 위해. 지금 하늘이 열리고 그리스도께서 그들을 영접하기 위해 손을 펼치고 계셨다. (3) 그들로 하여금 그리스도와 그의 진리를 시인하도록 이끌기 위해. (4) 그들 가운데 가장 완악한 자들에게 심판주를 보임으로써 그들을 두렵게 만들기 위해. (5) 스스로를 그리스도의 부활의 목격자로서 나타내기 위해.

57. 그들이 큰 소리를 지르며 귀를 막고 일제히 그에게 달려들어.

그들이 큰 소리를 지르며. 그들은 갑자기 폭도로 돌변했다. 귀를 막고. 이렇게 하여 그들은 스데반의 말에 대한 극도의 혐오감을 나타냈다. 일제히 그에게 달려들어. 이러한 격노와 폭력은 하나님의 율법과 세상의 법 모두를 범하는 것이었다. 나중에 열심당원들은 로마인들을 격발시켜 예루살렘 도성과 성전을 파괴하도록 만들었다.

58. 성 밖으로 내치고 돌로 칠새 증인들이 옷을 벗어 사울이라 하는 청년의 발 앞에 두니라.

성 밖으로 내치고. 예루살렘 도성이 그의 신성모독으로 더럽혀지지 않도록. 돌로 칠새. 이것은 거짓 신을 섬기도록 유혹한 자들을 처벌하는 형벌이었다(신 13:6, 10). 그들 스스로 고백하는 것처럼, 그들에게는 사람을 죽일 권세가 없었다(요 18:31). 그러나 광분한 폭도들이 하지 못할 일이 도대체 무엇이란 말인가? 증인들. 율법에 따라 이들이 제일 먼저 돌을 던져야 했다(신 17:7). 그러나 만일 그들이 거짓 증언을 했다면, 그들 자신이 흘려진 피의 죄책을 떠맡아야 했다. 그리고 그들을 따라 돌을 던진 나머지 사람들의 죄책은 면제되었다. 옷을 벗어. 증인들은 옷을 벗음으로써 더 크고 무거운 돌을 던질 수 있었다.

59. 그들이 돌로 스데반을 치니 스데반이 부르짖어 이르되 주 예수여 내 영혼을 받으시옵소서 하고.

스데반은 하나님 우편에 서 계신 구주를 불렀다. 내 영혼(my spirit). 혹은 내 영. 여기에서 스데반은 십자가 위에서 자기 영혼을 아버지의 손에 맡기신 우리 주님을 똑같이 모방한다(눅 23:46). 그러면서 그는 비록 육체는 죽임을 당할지라도 자신의 영혼은 안전함을 확신한다.

60. 무릎을 꿇고 크게 불러 이르되 주여 이 죄를 그들에게 돌리지 마옵소서 이 말을 하고 자니라.

무릎을 꿇고. 이것은 경건하게 기도하는 자세이다. 그렇다면 그는 자신을 위해 기도한 것과 마찬가지로 자신에게 돌을 던지는 원수들을 위해 기도한 것이다. 그는 자신을 위해서는 서서 기도했고, 그들을 위해서는 무릎을 꿇고 기도했다. 이 죄를 그들에게 돌리지 마옵소서. 이 죄가 그들에게 전가되고 남아 있음으로 말미암아 그들의 회심을 가로막는 장애물이 되지 말게 하옵소서. 우리 주님은 "너희를 박해하는 자들을 위하여 기도하라"고 명령하셨으며, 스데반은 그것을 실천했다(마 5:44; 눅 23:34). 원수를 위해 이와 같이 기도할 수 있는 자는 그 안에 그리스도의 영이 계시는 큰 증거를 가진 것이다. 자니라. 죽으니라. 그의 죽음이 이와 같이 자는 것으로 표현된 것은 (1) 마치 잠에 떨어진 사람처럼 그가 조용히 죽었기 때문이었다. (2) 그가 가진 부활에 대한 확실한 소망 때문이었다. (3) 마치 자다가 깨어나는 사람처럼 그가 그리스도에 의해 다시 깨어날 것이기 때문이었다. (4) 히브리 문화에서 죽음이 통상적으로 잠자는 것으로 표현되기 때문이었다.

제8장

개요

1. 예루살렘에 임한 큰 박해로 말미암아 교회가 흩어짐. 그리고 빌립에 의해 사마리아에 교회가 심어짐(1-8).
2. 마술사 시몬이 다른 많은 사람들과 함께 세례를 받음(9-13).
3. 베드로와 요한이 사마리아로 보냄을 받음. 그리고 그들의 기도와 안수로 사람들이 성령을 받음(14-17).
4. 시몬이 돈을 주면서 그러한 능력을 사고자 했다가 베드로로부터 엄한 책망을 받음. 말씀을 전파한 후 사도들이 다시 예루살렘으로 돌아옴(18-25).
5. 에디오피아 내시의 회심과 세례를 위해 빌립이 보냄을 받음(26-40).

1. 사울은 그가 죽임 당함을 마땅히 여기더라 그 날에 예루살렘에 있는 교회에 큰 박해가 있어 사도 외에는 다 유대와 사마리아 모든 땅으로 흩어지니라.

그가 죽임 당함을 마땅히 여기더라. 사울은 스데반이 죽임 당하는 것을 기뻐하며, 말과 생각과 행동으로 그에 동의했다(행 22:4, 20). 여기의 사울의 모습으로부터 우리는 하나님의 은혜가 그에게 일으킨 변화가 얼마나 크고 놀라운 것인지 알 수 있다. 교회에 큰 박해가 있어. 이것은 단순히 사도들에 대한 박해가 아니라 교회 전체에 대한 박해였다. 사도 외에는. 사도들은 예루살렘을 떠나지 말고 그곳에 남아 있도록 명령받았다(행 1:4). 그들은 모든 것을 그곳으로부터 시작해야만 했다(눅 24:47). 그리고 그곳으로부터 다른 지역으로 모든 것이 퍼져나가야만 했다(사 2:3). 하나님이 예루살렘에서 그들을 통해 일하시는 한, 그들은 하나님이 그들을 원수들 가운데 지켜 주실 수 있으며 또 지켜 주실 것을 믿어야 했다. 마치 불꽃 가운데 있는 떨기나무처럼 말이다(출 3:3). 다 흩어지니라. 이와 같이 박해를 피하여 흩어지는 것은 단순히 허락된 일이었을 뿐만 아니라 주님이 그렇게 명령하신 일이었다(마 10:23). 주님은 제자들에게 이 동네에서 박해하거든 다른 동네로 피하라고 말씀하셨다. 특별히 그들 가운데 (사도들 외에) 가르치는 위치에 있는 사람들은 예루살렘으로부터 떠나도록 강권(强勸)되었다. 왜냐하면 그렇게 함으로써 그들이 가는 모든 지역에 복음이 전파될 것이었기 때문이었다. 이와 같이 하나님은 복음을 훼방하고자 의도된 것을 복음을 촉진하는 것으로 바꾸셨다. 하나님은 과거에도 그렇게 하셨고, 지금도 그렇게 하시고, 앞으로도 그렇게 하실 것이다. "형제들아 내가 당한 일이 도리어 복음 전파에 진전이 된 줄을 너희가 알기를 원하노라"(빌 1:12).

2. 경건한 사람들이 스데반을 장사하고 위하여 크게 울더라.

그들은 많은 박해자들 앞에서 스데반에 대한 존경심을 감추지 않음으로써 자신들의 경건을 나타냈다. 유대인들에게 있어 신성모독으로 죽은 자의 시신을 만지는 것은 극도로 혐오스러운 일이었다. 그럼에도 불구하고 그들은 스데반을 위해 (마치 중요한 인물을 장사할 때처럼) 정중하게 장례 의식을 치렀다.

위하여 크게 울더라. 위하여 크게 애곡하더라. 유대인들은 특별히 중요한 인물을 장사할 때 이렇게 했다. 예컨대 야곱을 장사할 때라든지 혹은 나사로를 장사할 때와 같은 경우 말이다(창 50:10; 요 11:1-44).

3. 사울이 교회를 잔멸할새 각 집에 들어가 남녀를 끌어다가 옥에 넘기니라.

사울이 교회를 잔멸할새. 사울은 통상적인 정도의 박해자가 아니었다. 그 자신이 인정한 것처럼, 그는 특별한 박해자요 폭행자였다(딤전 1:13). **각 집**(every house)**에 들어가.** 그는 한 집도 남지지 않고 샅샅이 뒤졌다. **남녀를 끌어다가.** 마치 머리카락을 잡고 끌고 가는 것처럼. **옥에 넘기니라.** 유대인들은 로마인들로부터 권세를 부여받아 이 정도의 처벌은 가할 수 있었다. 어쨌든 이 모든 것은 사울에 대한 하나님의 긍휼의 부요함을 더 두드러지게 하기에 충분하다.

4. 그 흩어진 사람들이 두루 다니며 복음의 말씀을 전할새.

이제 사람들을 나누는 벽은 허물어졌다. 하나님은 이방인들을 교회의 울타리 안으로 들어오게 하기 위해 이상한 방법을 준비하셨다. 제자들은 목숨을 보존하기 위해 예루살렘을 떠나 다른 곳으로 피신하지 않을 수 없었다. 그렇게 함으로써 그들은 그곳에서 그리스도와 복음을 전파할 기회를 가지게 되었다. 이와 같이 하나님은 어둠 가운데 빛이 비추사 야벳으로 하여금 셈의 장막에 거하도록 이끄셨다(창 9:27).

5. 빌립이 사마리아 성에 내려가 그리스도를 백성에게 전파하니.

빌립. 사도 빌립이 아니라 집사 빌립. 왜냐하면 사도들은 예루살렘에 남아 있었기 때문이다(1절). **사마리아.** 이것은 유대와 갈릴리 사이의 넓은 지역을 가리키는 이름이기도 하고, 그 지역의 주된 성읍의 이름이기도 하다(왕상 16:24). 여기에서는 후자의 의미로 취하여진다. **그리스도를 전파하니.** 그리스도의 진리 즉 그의 동정녀 탄생, 거룩한 생애와 죽음, 영광스러운 부활과 승천, 그리고 그의 이름을 믿는 믿음으로 말미암는 죄 사함 등을 전파하니.

6. 무리가 빌립의 말도 듣고 행하는 표적도 보고 한마음으로 그가 하는 말을 따르더라.

말도 듣고. 말씀을 들을 때, 사람은 회심을 위해 준비된다. "믿음은 들음에서 나며 들음은 그리스도의 말씀으로 말미암았느니라"(롬 10:17). 행하는 표적도 보고. 이러한 표적들은 그가 전파하는 것이 진리라는 사실과 그가 하나님의 권세를 가지고 말하는 사실을 증명해 주었다.

7. 많은 사람에게 붙었던 더러운 귀신들이 크게 소리를 지르며 나가고 또 많은 중풍병자와 못 걷는 사람이 나으니.

더러운 귀신들(unclean spirits)이 크게 소리를 지르며 : 성경에서 우리는 악한 영들이 큰 소리를 지르는 것을 종종 발견한다(마 8:29; 막 1:26; 3:11; 5:3; 눅 4:41). 이것은 우리에게 악한 영들이 우리를 괴롭히며 파괴하지 못하도록 지켜져야만 하는 사실을 보여 준다. 또 그들은 "더러운 영들"로 불리는데, 그것은 그들이 죄를 좋아하며 또 사람들을 그 가운데 넘어뜨리기를 좋아하기 때문이다. 죄는 영혼을 더럽히는 영적인 더러움이다. 많은 중풍병자와 못 걷는 사람이 나으니. 이것은 마가복음 16:17-18에 약속되었다. "믿는 자들에게는 이런 표적이 따르리니 … 병든 사람에게 손을 얹은즉 나으리라."

8. 그 성에 큰 기쁨이 있더라.

멸시를 당하던 사마리아는 복음을 듣고 크게 기뻐한 반면, 특별한 사랑을 받은 예루살렘은 복음을 배척했다. 이러한 이상한 현상은 하나님의 값없는 은혜로 말미암은 것이었다. 큰 기쁨. 그들의 몸에 일어난 치료뿐만 아니라, 그것보다 훨씬 더 그들의 영혼에 전파된 화해와 구원의 말씀으로 인해. 특별히 성령 안에서 기뻐하는 것은 하나님 나라가 가져다주는 결과 가운데 하나이다. "하나님의 나라는 먹는 것과 마시는 것이 아니요 오직 성령 안에 있는 의와 평강과 희락이라"(롬 14:17).

9. 그 성에 시몬이라 하는 사람이 전부터 있어 마술을 행하여 사마리아 백성을 놀라게 하며 자칭 큰 자라 하니.

마술을 행하여. 마술사인 그는 마술로써 사람들을 현혹시켰다. 백성을 놀라게 하며. 그는 마술로써 사람들을 황홀경 가운데 빠뜨려 자신에 대해 놀라며 자신을 두려워하도록 만들었다. 자칭 큰 자라 하니. 그는 마치 자신이 하나님인 것처럼 혹은 최소한 하나님으로부터 특별한 은총과 큰 능력을 받은 자인 것처럼 스스로를 꾸몄다.

우리는 성경 이외의 다른 책들에서 이 사람에 대한 여러 가지 기록들을 발견한다. 어떤 책은 이 사람이 자신을 위해 로마에다가 "거룩한 신 시몬"이라고 새겨진 동상을 세웠다고 말한다.

10. 낮은 사람부터 높은 사람까지 다 따르며 이르되 이 사람은 크다 일컫는 하나님의 능력이라 하더라.

낮은 사람부터 높은 사람까지. 이것은 대다수의 사람들이 시몬의 마술에 미혹되었음을 보여 준다. 하나님이 은혜 가운데 지켜주시지 않는 한, 어느 누구도 미혹으로부터 면제되지 않는다. 이 사람은 크다 일컫는 하나님의 능력이라. "This man is the great power of God." 즉 이 사람은 하나님의 큰 능력이라. 그는 유대인들에게는 메시아와 같은 존재였으며, 이방인들에게는 신과 같은 존재였다.

11. 오랫동안 그 마술에 놀랐으므로 그들이 따르더니.

그들은 그가 말하는 것을 받아들이며 그의 말에 순복했다. 그의 말은 그들의 귀를 통해 마침내 그들의 마음을 사로잡았다. 우리 주님이 말씀하신 "나는 내 아버지의 이름으로 왔으매 너희가 영접하지 아니하나 만일 다른 사람이 자기 이름으로 오면 영접하리라"라는 말씀은 얼마나 사실인가?(요 5:43). 그 마술에. 시몬은 하나님의 허락 하에 사탄의 능력으로 기사(奇事)들을 행했다. 놀랐으므로. 시몬은 사람들을 제정신이 아닌 상태로 만들었다. 그리하여 그들은 이성적(理性的)으로 행동할 수 없었다.

12. 빌립이 하나님 나라와 및 예수 그리스도의 이름에 관하여 전도함을 그들이 믿고 남녀가 다 세례를 받으니.

하나님 나라에 관하여. 은혜의 나라에 관하여 혹은 그의 영광의 나라에 관하여. 이것들은 모두 같은 것을 가리키는 표현들이다. 그것은 여기에서 시작되고 장차 하늘에서 완성되는 것이다. 그들이 믿고. 세례를 받기 전에 그들은 먼저 그리스도에 대한 믿음을 고백함으로써 자신들의 회심을 증명해야만 했다. 남녀가. 남자들과 여자들이. 여자들은 복음 안에서 남자들과 마찬가지로 세례라고 하는 언약의 인(印)을 가진다.

13. 시몬도 믿고 세례를 받은 후에 전심으로 빌립을 따라다니며 그 나타나는 표적과 큰 능력을 보고 놀라니라.

시몬도 믿고. 시몬은 우리 구주가 많은 기적을 행하시고 죽은 자 가운데 다시 살아나신 것이 사실임을 역사적 믿음(historical faith)으로 믿었다. 그러나 그의 믿음은 요컨대 죽은 믿음이었다. 그는 마음으로 믿지도 않았으며, 그리스도의 법을 따라 살고자 결심하지도 않았다. 그 나타나는 표적과 큰 능력을 보고 놀라니라. 이와 같이 애굽의 요술사도 그 마음은 하나님에 대하여 강퍅했음에도 불구하고 어쩔 수 없이 그의 권능을 인정할 수밖에 없었다. "요술사가 바로에게 말하되 이는 하나님의 권능이니이다"(출 8:19).

14. 예루살렘에 있는 사도들이 사마리아도 하나님의 말씀을 받았다 함을 듣고 베드로와 요한을 보내매.

베드로와 요한이 보냄을 받은 것은 빌립이 사마리아인들 가운데 전파한 복음을 다시금 재확인하고, 사도적 권위로써 사마리아에 교회를 세우고자 함이었다.

15. 그들이 내려가서 그들을 위하여 성령 받기를 기도하니.

그들이. 베드로와 요한이. 그들을 위하여 기도하니. 이 일에 있어 그들은 빌립의 전도를 통해 믿고 세례를 받은 남녀 모두를 위해 기도하지 않았다(행 8:12). 성령 받기를. 방언과 예언과 이적을 행하는 등의 특이한 은사들을 받기를. 사도행전 10:45을 보라.

16. 이는 아직 한 사람에게도 성령 내리신 일이 없고 오직 주 예수의 이름으로 세례만 받을 뿐이더라.

아직 한 사람에게도 성령 내리신 일이 없고. 이러한 표현으로 볼 때, 이것이 의미하는 것은 "구원의 은혜를 가져다주는 자"로서의 성령이 아닌 것이 명백하다. 왜냐하면 믿는 모든 사람들에게는 이미 성령이 임했기 때문이다. 그러므로 여기의 성령은 "특별한 은사들을 주시는 자"로서의 성령을 의미한다(행 2:4). 이런 의미의 성령은 아직 그들에게 주어지지 않았다. 오직 주 예수의 이름으로 세례만 받을 뿐이더라. (1) 그들은 주 예수의 권세와 위임에 의해 세례를 받았다(마 28:19). (2) 세례로 말미암아 그들은 이제 주 예수에게 속하며 그와 연합된다. 우리는 "주 예수와 합하여" 세례를 받는다(롬 6:3).

17. 이에 두 사도가 그들에게 안수하매 성령을 받는지라.

여기의 사도들의 안수가 사람들의 믿음을 견고하게 하기 위해서나 혹은 어떤 직분에 임직하기 위한 의식(儀式)으로서 의도된 것이 아니었음은 문맥으로 볼 때 명백하다. 성령을 받는지라. 방언을 말하며 이적을 행하는 능력은 사도행전 전체에 걸쳐 성령을 받은 것의 결과로서 언급된다.

18. 시몬이 사도들의 안수로 성령 받는 것을 보고 돈을 드려.

성령. 앞에서 언급한 특별한 은사들. 이것은 볼 수 있고 들을 수 있게 나타났다. 이로 말미암아 성령이 사람 안에서 일으키는 위대한 변화가 분명하게 나타났다. 돈을 드려. 마술사 시몬은 이러한 외적인 은사들에 매혹되었다. 그렇다면 하나님의 내적이며 영적인 은사들은 얼마나 더 가치 있는 것이겠는가!

19. 이르되 이 권능을 내게도 주어 누구든지 내가 안수하는 사람은 성령을 받게 하여 주소서 하니.

그가 기적을 행하는 능력을 열망한 것은 하나님을 영화롭게 하기 위해서나 혹은 복음이 진리임을 분명하게 확증하기 위함이 아니었다. 다만 자신의 명성을 계속해서 유지하며 그로부터 이익을 취하고자 하는 탐심 때문이었다.

20. 베드로가 이르되 네가 하나님의 선물을 돈 주고 살 줄로 생각하였으니 네 은과 네가 함께 망할지어다.

네가 … 생각하였으니. 우리는 항상 자신의 마음을 살펴야 한다. 여기의 경우처럼 우리의 마음은 극도로 죄로 향할 수 있다. 네 은과 네가 함께 망할지어다. 베드로는 시몬의 돈뿐만 아니라 시몬 자신에게 공식적으로 저주를 내렸다. 그러나 저주는 항상 조건적이다. 다시 말해서 거기에는 항상 "만일 네가 회개하지 않는다면"이 전제된다.

21. 하나님 앞에서 네 마음이 바르지 못하니 이 도에는 네가 관계도 없고 분깃 될 것도 없느니라.

하나님 앞에서 네 마음이 바르지 못하니. 베드로는 고린도전서 12:10에 언급된 영 분별의 은사를 가지고 있었다. 이러한 은사로써 그는 앞 절의 저주를 내릴 수 있었다. 이 도에는 네가 관계도 없고 분깃 될 것도 없느니라. 성령을 받거나 혹은 나누어 주는 일에 너는 어떤 기업이나 몫도 없을 것이니라. 혹은 우리가 전파하는 영원한 생명에 너는 아무 분깃도 갖지 못할 뿐만 아니라 그 사역에 전혀 적합하지 못하니라.

22. 그러므로 너의 이 악함을 회개하고 주께 기도하라 혹 마음에 품은 것을 사하여 주시리라.

바로 이것이 그의 절망적인 상황을 고칠 수 있는 유일한 치료제이다. 여기의 "혹"은 참된 회개에도 불구하고 사함을 받지 못할 수도 있음을 표현하는 것이 아니다. 그것은 다만 마술사 시몬의 회개가 참된 것인지 여부를 의심하는 표현이다. 회개는 죄 사함의 조건이다. 그러나 그것이 죄 사함을 일으키는 원인은 아니다. 죄 사함을 일으키는 원인은 오직 하나님 자신의 사랑과 긍휼일 뿐이다.

23. 내가 보니 너는 악독이 가득하며 불의에 매인 바 되었도다.

악독. "the gall of bitterness" 즉 쓴 쓸개. 비슷한 표현으로 "쓸개와 쑥"(gall and wormwood)이 있다(신 29:18, 한글개역개정판에는 "독초와 쑥"으로 되어 있음). 이것은 마치 쓸개즙으로 버무려진 음식처럼 마음과 영혼의 지극히 악독한 성품과 기질을 가리킨다. 너는 악독이 가득하며. "thou art in the gall of bitterness" 즉 너는 쓴 쓸개 가운데 있으며. 마술사 시몬은 "쓴 쓸개 가운데" 있었는데, 이것은 "그 안에 쓴 쓸개가 있는" 것보다 훨씬 더 나쁜 상태이다. 마치 (요 9:34에서 바리새인들이 소경을 꾸짖을 때 사용한 것처럼) "죄 가운데 태어난" 것이 "그 안에 죄가 있는" 것보다 훨씬 더 나쁜 상태를 가리키는 것처럼 말이다. 이와 같이 다윗도 "죄악 중에서 출생"하였노라며 탄식했다(시 51:5). 로마서 8장에 나타나는 "영에 있는 자"와 "육에 있는 자"라는 표현 역시도 이와 같은 의미로 이해될 수 있다. 불의에 매인 바 되었도다. "thou art in the bond of iniquity" 즉 너는 불의의 띠 안에 있도다. 여기의 "불의의 띠"는 베드로가 그에 대해 내리는 심판을 가리키는 것이거나, 그것보다 훨씬 더 그의 죄 자체를 가리키는 것일 것이다. 이와 비슷한 의미로서 우리는 이사야 58:6에서 "악함의 줄"(bands of wickedness)이라는 표현을 읽는다(한글개역개정판에는 "멍에의 줄"이라고 되어 있음). 하나의 죄는 또 다른 죄와 얽혀 있어 끊거나 혹은 풀기가 매우 어렵다.

24. 시몬이 대답하여 이르되 나를 위하여 주께 기도하여 말한 것이 하나도 내게 임하지 않게 하소서 하니라.

마술사 시몬은 자신의 상태가 실제로 베드로가 말한 상태와 같음을 자각했다. 그리하여 그는 베드로가 저주한 것이 자신에게 임하지 않기를 간절히 바라면서 참된 회개자의 모양을 꾸민다. 어쩌면 그는 아나니아와 삽비라에게 떨어진 형벌이 자신에게도 떨어질 것을 두려워했는지도 모른다. 왜냐하면 그 역시도 그들의 이야기를 이미 들어 알고 있었을 수 있기 때문이다.

25. 두 사도가 주의 말씀을 증언하여 말한 후 예루살렘으로 돌아갈새 사마리아인의 여러 마을에서 복음을 전하니라.

베드로와 요한은 사마리아 도성뿐 아니라 그 주변의 작은 고을들에도 복음을 전했다. 이것은 이미 그들에게 약속된 것이었다. "오직 성령이 너희에게 임하시면 너희가 권능을 받고 예루살렘과 온 유대와 사마리아와 땅 끝까지 이르러 내 증인이 되리라 하시니라”(행 1:8).

26. 주의 사자가 빌립에게 말하여 이르되 일어나서 남쪽으로 향하여 예루살렘에서 가사로 내려가는 길까지 가라 하니 그 길은 광야라.

어떤 사람들은 두 곳의 가사에 대해 말한다. 하나는 여기의 광야라는 설명어에 의해 다른 하나와 구별된다고 본다. 그러나 그렇게 보기보다는 하나의 가사로 가는 두 길이 있었으며 여기에서 “광야”로 불리는 것은 성읍이 아니라 그곳으로 가는 길이었다고 보는 것이 더 옳을 것이다. 여기에서 주의 사자는 빌립에게 통상적인 길이 아니라 사람들이 잘 다니지 않는 산지 길로 가라고 명령한다. 그렇게 함으로써 그는 에디오피아 내시를 만나게 될 것이었다. 이와 같이 하나님은 우리의 발걸음을 지정하신다.

27. 일어나 가서 보니 에디오피아 사람 곧 에디오피아 여왕 간다게의 모든 국고를 맡은 관리인 내시가 예배하러 예루살렘에 왔다가.

에디오피아 사람. 유대인들에게 에디오피아인들은 가장 경멸적인 사람들이었다. 호메로스는 그들을 ‘에스카토이 아노론(ἔσχατοι ἄνδρων)이라고 부른다. 그러나 하나님은 여기에서 민족들 사이에 어떤 차별도 없음을 보여 주셨다. 하나님은 모든 나라에서 의를 행하는 자들을 받으실 것이다(행 10:35). 내시. 이 사람은 에디오피아 궁중에서 여왕을 가까이 섬기는 매우 존귀한 사람이었다. 이와 같이 이사야 56:4-5의 예언이 성취되었다. 간다게. 마치 애굽에서 자신들의 왕을 바로라 부르며 독일에서 자신들의 황제를 카이저라고 부르는 것처럼, 간다게는 에디오피아에서 여왕을 일컫는 일반적인 호칭이었다. 예배하러 예루살렘에 왔다가. 그는 이방인 개종자로서 유월절 절기에 하나님을 예배하러 예루살렘에 왔다가 다시 고국으로 돌아가고 있었다.

28. 돌아가는데 수레를 타고 선지자 이사야의 글을 읽더라.

그는 참 하나님에 대한 어느 정도의 지식을 가지고 있었다. 그는 하나님에 대해 좀 더 많이 알기를 간절히 바랐다. 간절히 찾는 자가 찾을 것이며, 가진 자에게 더 많이 주어질 것이다. 하나님은 당신과 당신의 뜻을 알기를 간절히 바라는 자를 결코 실망시키지 않으실 것이다.

29. 성령이 빌립더러 이르시되 이 수레로 가까이 나아가라 하시거늘.

성령이 이르시되. 앞의 26절처럼 천사의 사역에 의해서나 혹은 그 자신의 직접적인 영감에 의해. 이 수레로 가까이 나아가라. 이 수레로 가까이 접근하고 그것으로부터 떨어지지 말아라. 가까이 : 수레에 앉아 있는 자에게 말할 수 있을 만큼 가까이.

30. 빌립이 달려가서 선지자 이사야의 글 읽는 것을 듣고 말하되 읽는 것을 깨닫느냐.

빌립이 달려가서. 그는 신적 명령에 속히 순종하기 위해 그리고 영혼을 얻고자 하는 간절한 마음으로 급히 달려갔다. 선지자 이사야의 글 읽는 것을 듣고. 아마도 내시는 몇몇 수행원들을 가르치기 위해 큰 소리로 읽은 것 같다. 읽는 것을 깨닫느냐. 깨닫지 못하고 읽는 것은 마치 울리는 꽹과리와 같다.

31. 대답하되 지도해 주는 사람이 없으니 어찌 깨달을 수 있느냐 하고 빌립을 청하여 수레에 올라 같이 앉으라 하니라.

내시는 높은 지위의 사람이었음에도 불구하고 매우 겸손하며 수수한 사람이었다. 그는 빌립이 갑자기 끼어들어 질문하는 것을 불쾌하게 여기지 않고 좋게 받아들인다. 또 그는 자신의 무지를 기꺼이 인정하며 가르침을 받기를 바란다. 그리고 평범한 사람처럼 보이는 사람을 스스럼없이 청하여 기꺼이 그의 가르침을 받고자 한다.

32. 읽는 성경 구절은 이것이니 일렀으되 그가 도살자에게로 가는 양과 같이 끌려갔고 털 깎는 자 앞에 있는 어린 양이 조용함과 같이 그의 입을 열지 아니하였도다.

여기에 나타난 하나님의 인도하심은 얼마나 놀라운가! 내시가 지금 읽고 있는 성경은 그리스도의 고난과 관련한 진리를 풍성하게 담고 있었던 그리고 그가 꼭 가르침을 받아야만 했던 바로 그 성경구절이었다. 여기에 언급된 말씀은 이사야 53:7이다. 그가 (에디오피아에 사는 많은 유대인들로부터 히브리어를 배워서) 히브리어 성경을 읽었는지 그렇지 않으면 그 당시 널리 사용되었던 70인경 역본을 읽었는지 여부는 중요한 문제가 아니다. 둘 모두 그 의미에 있어 조금도 다르지 않다. 진실로 그리스도는 도살자 앞에 끌려가는 양처럼 묵묵히 모든 것을 받아들이셨다. 그는 스스로를 옹호하기 위해 입을 열지 않으셨다. 특별히 그는 우리를 위한 희생제물이 되심에 있어 양과 같았다. 그는 보응의 천사로 하여금 그냥 넘어가도록 만드는 참된 유월절 어린 양이다. 뿐만 아니라 그는 우리를 지키시며 우리에게 양식을 공급하시는 우리의 목자이시다(시 23:1).

33. 그가 굴욕을 당했을 때 공정한 재판도 받지 못하였으니 누가 그의 세대를 말하리요 그의 생명이 땅에서 빼앗김이로다 하였거늘.

그가 굴욕을 당했을 때. 우리의 복된 구주께서 가장 낮고 비천한 상태에 계셨을 때. 그의 영혼은 우리를 위한 희생제물이 되었으며, 그의 몸은 무덤에 눕혀졌다. 그는 우리를 대신하여 모든 형벌을 받음으로써 사망의 멍에를 끊고 옥문을 열었다. 이것이 이사야 선지자에 의해 온전히 예언되었다(사 53:7, 8). 누가 그의 세대를 말하리요. 그의 영혼의 산고(産苦)로 말미암아 태어나게 될 자녀들이 얼마나 많을지 누가 말할 수 있으리요. 그런가 하면 또 어떤 사람들은 여기의 "세대"를 그리스도께서 그의 죽음에도 불구하고 영원히 계시는 것으로서 이해한다. "게네아"는 종종 영속적인 기간을 의미한다. 그것을 위해서는 이사야 34:10, 17을 보라. 그렇게 본다면, 여기의 말씀은 다음과 같이 풀어 읽을 수 있을 것이다. 더 이상 죽지 않으시는 그리고 그의 나라가 무궁한 그리스도의 영원하심을 누가 말할 수 있으리요(롬 6:9; 눅 1:33). 그의 생명이 땅에서 빼앗김이로다. 그리스도는 고난을 통해 영광을 얻으셨다. 그가 잠시 받은 환난의 경한 것이 마침내 지극히 크고 영원한 영광의 중한 것을 그에게 이루었다(고후 4:17을 참조하라). 그는 죽기까지 순종하심으로 말미암아 지극히 높이 승귀(昇貴)되셨다(빌 2:8, 9).

34. 그 내시가 빌립에게 말하되 청컨대 내가 묻노니 선지자가 이 말한 것이 누구를 가리킴이냐 자기를 가리킴이냐 타인을 가리킴이냐.

선지자가 이 말한 것이 누구를 가리킴이냐. 이러한 질문으로 말미암아 내시는 우리 구주에 대한 설명을 듣게 되고 마침내 깨달음을 얻는다.

자기를 가리킴이냐 타인을 가리킴이냐. 내시가 이렇게 질문한 것은 이사야 자신도 므낫세 아래서 많은 고난을 받았기 때문이었다.

35. 빌립이 입을 열어 이 글에서 시작하여 예수를 가르쳐 복음을 전하니.

입을 열어. 이것은 무언가 중요한 말을 시작할 때 종종 사용되는 표현이다. 이 글에서 시작하여. 빌립은 이사야 53:7-8이 결코 이사야 선지자 자신이나 혹은 예레미야나 혹은 다른 선지자를 가리키는 것일 수 없음을 보인다. 예수를 가르쳐. 그는 그 예언이 우리의 복된 구주 외에 다른 어느 누구에게도 적용될 수 없음을 보인다.

36. 길 가다가 물 있는 곳에 이르러 그 내시가 말하되 보라 물이 있으니 내가 세례를 받음에 무슨 거리낌이 있느냐.

물 있는 곳. 이 곳은 벳소라(Bethsora)라 불리는 마을에 있는 우물이었든지 아니면 엘레우테루스(Eleutherus)라 불리는 강으로 추측된다. 그곳은 종종 말라 있거나 아니면 아주 적은 물밖에는 없었다. 내가 세례를 받음에 무슨 거리낌이 있느냐. 여기에 분명하게 언급되어 있지는 않지만 틀림없이 빌립은 내시에게 세례에 대해 알려주었을 것이며 그리하여 내시는 기꺼이 세례를 받고자 했을 것이다.

37. (없음)

38. 이에 명하여 수레를 멈추고 빌립과 내시가 둘 다 물에 내려가 빌립이 세례를 베풀고.

더운 나라에서 몸 전체가 물에 잠기는 방식으로 세례 의식을 행하는 것은 통상적인 일이었다. 바울도 고린도인들에게 "너희가 주 예수 그리스도의 이름과 우리 하나님의 성령 안에서 씻음을 받았느니라"라고 말할 때 이와 같은 방식의 세례를 암시한다(고전 6:11). 그러나 하나님은 제사를 원치 아니하시고 긍휼을 원하신다. 물을 뿌리는 것 역시 물로 씻는 것과 동일한 효과를 갖는다. 그리고 둘 모두 그 상징적인 의미에 있어 동일하다. 우리는 출애굽기 12:3에서 세상 죄를 지고 가는 하나님의 어린 양인 예수 그리스도의 피 뿌림을 예표하는 유월절 어린 양의 피 뿌림에 대해 읽는다. 또 우리 마음은 "뿌림을 받아 악한 양심으로부터 벗어나야" 한다(히 10:22). 성례를 효과적으로 만드는 것은 외적인 요소가 아니다. 그것은 오직 하나님이 정하신 것으로서 하나님의 뜻에 따라 행해질 때 효과적인 것이 된다.

39. 둘이 물에서 올라올새 주의 영이 빌립을 이끌어간지라 내시는 기쁘게 길을 가므로 그를 다시 보지 못하니라.

빌립은 갑자기 그리고 매우 특별한 방식으로 내시 일행으로부터 취하여져 사라졌다. 그럼으로써 내시는 그가 가르친 것들이 진리임을 더욱 확신할 수 있었다. 기쁘게. 기쁨은 그의 믿음의 결과였다. 지금 그는 우리 주 예수 그리스도로 말미암아 의롭다 하심을 받고 하나님과 더불어 화평하게 되었다(롬 5:1).

40. 빌립은 아소도에 나타나 여러 성을 지나 다니며 복음을 전하고 가이사랴에 이르니라.

성령께서는 신비한 방법으로 빌립을 이끌어 블레셋의 아스돗(Ashdod) 혹은 70인경의 표현대로 아소도(Azotus)에 놓으셨다. 사람의 이름이나 지명(地名)은 종종 때와 장소에 따라 달리 불린다. 어쨌든 아스돗 혹은 아소도는 하나님의 교회의 원수인 블레셋 사람들의 주된 성읍들 가운데 한 곳이었으며, 특별히 다곤 우상으로 유명한 곳이었다(삼상 5:3), 그러나 그리스도께서 임하시면, 사탄은 그의 요새로부터 쫓겨난다. 여기의 아소도는 가사로부터 대략 55km 정도 떨어져 있다.

제9장

개요

1. 다메섹으로 가던 사울이 하늘의 강렬한 빛에 둘러싸인 채 땅에 엎드러짐. 그리고 그가 그리스도의 부르심을 받고 아무것도 보지 못하게 된 상태로 다메섹에 들어감(1-9).
2. 아나니아를 통해 사울이 다시 보게 되고 세례를 받음. 그리고 곧바로 그가 담대히 그리스도를 전파함(10-22).
3. 다메섹의 유대인들이 사울을 죽이려고 함(23-25).
4. 사울이 예루살렘으로 감. 그리고 바나바가 그를 사도들에게 데려감. 사울이 헬라파 유대인들에게 담대히 그리스도를 전파하자, 그들이 또다시 사울을 죽이려고 함. 그리하여 그가 다소로 보냄을 받음(26-30).
5. 교회가 평안해지고 수가 크게 늘어남(31).
6. 베드로가 룻다에서 중풍병자 애니아를 고침(32-35).
7. 베드로가 욥바에서 다비다를 살림(36-43).

1. 사울이 주의 제자들에 대하여 여전히 위협과 살기가 등등하여 대제사장에게 가서.

여기에서 누가는 우리에게 바울 사도의 놀라운 회심 이야기를 전해준다. 이와 관련하여 특별히 우리는 회심 이전에 그가 어떤 성정(性情)의 사람이었는지 알 필요가 있다. 그럴 때 우리는 하나님의 은혜에 대해 결코 절망하지 않게 될 것이다. 위협과 살기가 등등하여. 사울은 그 안에 격노가 가득 찬 사람이었다. 그는 지금 겉으로 볼 때는 냉정하게 보일는지 모르지만 그러나 그 안에 불이 격렬하게 타오르고 있었다. 지금 많은 원수들이 교회를 허물어뜨리고자 광분하고 있었는데, 그들 가운데 한 사람이 바로 여기의 사울이었다. 그는 지금 그리스도인들의 목숨을 노리는 사냥꾼과 같았다. 대제사장. 당시 산헤드린 공회를 주관하는 사람은 대제사장이었다. 그들의 갈증은 스데반의 피에도 불구하고 해소되지 않고 도리어 더 심해졌다. 그들은 더 많은 피를 마시고자 했다.

2. 다메섹 여러 회당에 가져갈 공문을 청하니 이는 만일 그 도를 따르는 사람을 만나면 남녀를 막론하고 결박하여 예루살렘으로 잡아오려 함이라.

여러 회당에 가져갈. 산헤드린 공회는 예루살렘에 있었음에도 불구하고 모든 지역의 회당들을 주관하는 권세를 가지고 있었다. 그 도(way). 그 길. 복음은 특별히 "길"로 표현된다. 그것은 하나님의 길이며, 생명의 길이며, 올바르며 참된 유일한 길이다. 남녀를 막론하고. 이러한 표현은 사울의 격노를 잘 보여 준다. 그는 여자들까지도 모두 잡아가고자 했다. 예루살렘으로. 그들은 예루살렘에서 이러한 종류의 사람들을 재판할 수 있는 권세를 가지고 있었다. 예루살렘 밖에서는 선지자가 죽는 법이 없다(눅 13:33).

3. 사울이 길을 가다가 다메섹에 가까이 이르더니 홀연히 하늘로부터 빛이 그를 둘러 비추는지라.

그가 다메섹에 가까이 이르렀을 때, 갑자기 그 앞에 놀라운 환상이 펼쳐졌다. 그로 말미암아 그는 아무것도 보지 못하게 되고, 그런 상태로 다메섹으로 이끌려져 가게 된다. 이로 말미암아 그에게 일어난 기적은 더 많은 사람들에게 쉽게 알려질 수 있게 되었다. 다메섹은 수리아의 주요한 도시로서, 예루살렘으로부터 6일 정도의 여행 거리였다. 거기에는 많은 유대인들이 거주하고 있었으며, 이 일은 정오 즈음에 일어났다. 그때 그에게 비친 빛은 단순한 햇빛을 훨씬 초월하는 강렬한 빛이었다. 그것은 이제 그의 마음을 밝히게 될 내적인 빛과, 그가 전파하게 될 정결한 진리와, 그가 이끌려질 거룩한 삶의 상징이었다. 그것은 그리스도의 영화로워진 몸으로부터 흘러나오는 빛이었다.

4. 땅에 엎드러져 들으매 소리가 있어 이르시되 사울아 사울아 네가 어찌하여 나를 박해하느냐 하시거늘.

땅에 엎드러져. 그는 하늘로부터 비추는 강렬한 빛과 그리스도의 두려운 음성에 압도되었다. 그것은 다니엘이 경험했던 것과 같은 하나님 임재의 의식(意識)이었다(단 8:17; 10:9). 사울아 사울아. 사울이라는 이름은, 마치 옛 사울이 그리스도의 모형이었던 다윗을 박해했던 것처럼, 그가 그리스도의 지체들을 박해하는 것 안에서 그리스도 자신을 박해하고 있었음을 일깨워 준다. 그리고 여기에서 그의 이름이 두 번 반복되는 것은 그를 각성시키기 위함일 뿐만 아니라, 나아가 그에 대한 그리스도의 사랑과 긍휼을 증명하기 위함이었다. 네가 어찌하여 나를 박해하느냐. 그리스도는 하늘에 계셨다. 따라서 그는 사울의 격노로부터 떨어져 계셨다. 그러나 그리스도와 그의 교회는 한 몸이다. 그리스도께서 "내가 주릴 때에 너희가 먹을 것을 주었고 목마를 때에 마시게 하였느니라"라고 말씀하신 것도 이와 같은 의미에서였다

(마 25:35). 그는 자기 백성들이 고통을 당하는 것 안에서 고통을 당하신다(사 63:9). 그러나 여기에서 "나를"은 마치 우리 구주께서 그를 큰 사랑과 긍휼로 바라보고 계시며 또 그를 위해 죽음과 고난을 당했음을 특별하게 일깨워 주기 위해 강조적으로 언급된 것으로 보인다. 내가 너를 사랑하여 너를 위해 고난과 죽음을 당했건만, 어째서 너는 그런 "나를" 박해하느냐고 말이다.

5. 대답하되 주여 누구시니이까 이르시되 나는 네가 박해하는 예수라.

주여 누구시니이까. 사울은 엄청난 혼란 가운데 빠져 지금 말하는 자가 하나님인지 천사인지 물었다. 네가 박해하는 예수. 물론 사울은 그리스도를 박해하고자 의도하지 않았다. 그럼에도 불구하고 우리 구주는 자기 백성들에게 행해진 것을 — 그것이 선한 것이든 악한 것이든 — 자신에게 행해진 것으로 간주하고 계셨다.

6. 너는 일어나 시내로 들어가라 네가 행할 것을 네게 이를 자가 있느니라 하시니.

시내로 들어가라. 지금 사울이 있는 곳은 다메섹에서 매우 가까운 곳이었다. 그리스도께서 그에게 자신의 복음을 지금 계시하셨는지, 아니면 그가 아무것도 보지 못하는 상태로 사흘 동안 다메섹에 머무는 동안 계시하셨는지 여부는 확실하지 않다. 그러나 그 자신이 분명하게 말하는 것처럼, 그가 '크리스토 디다크토스' (*Χριστο δίδακτος*) 즉 그리스도 자신으로부터 직접적으로 가르침을 받은 것은 확실하다(갈 1:12). 그는 그리스도로부터 직접적으로 가르침을 받은 후 또 다른 가르침을 받음이 없이 곧바로 세례를 받았다(행 9:17, 18). 네가 행할 것을 네게 이를 자가 있느니라. 하나님은 자신의 도구를 통해 일하기를 기뻐하신다. 여기의 경우에도 하나님은 사울에게 아나니아를 보내시고 그를 통해 인도하시기를 기뻐하셨다. 이것은 고넬료의 경우에도 마찬가지였다. 어느 날 고넬료 앞에 천사가 나타났는데, 하나님은 그 천사로 하여금 고넬료를 가르치도록 하실 수 있으셨다(행 10:3). 그러나 하나님은 고넬료로 하여금 베드로를 청하여 그로부터 가르침을 받도록 이끄셨다.

7. 같이 가던 사람들은 소리만 듣고 아무도 보지 못하여 말을 못하고 서 있더라.

소리만 듣고. 여기의 구절을 사도행전 22:9과 조화시키는 것은 어려운 문제이다. 왜냐하면 거기에는 "나와 함께 있는 사람들이 빛은 보면서도 나에게 말씀하시는 이의 소리는 듣지 못하더라"라고 언급되어 있기 때문이다. 그러나 우리는 거기에 "나에게 말씀하시는 이의"가 덧붙여져 있는 것을 주목할 필요가 있다. 이와 관련하여 어떤 사람들은 여기의 "소리만 듣고"를 그들이 바울이 말하는 소리를 들었음을 의미하는 것으로 이해한다. 요컨대 그들이 바울에게 말하는 소리는 듣지 못한 채 바울이 말하는 소리만 들으면서 그가 도대체 누구에게 말하는지 그리고 무슨 말을 하는지 의아하게 생각했다는 것이다. 실제로 그들이 그리스도의 소리를 듣지 못한 것은 매우 가능성이 높아 보인다. 왜냐하면 우리는 그들 가운데 어느 누구도 회심했다는 이야기를 듣지 못하기 때문이다. 그들은 계속해서 불신앙 가운데 남아 있었다. 반면 두 곳 모두를 그리스도의 소리로 이해한다면, 여기의 말씀은 그들이 그리스도의 소리를 듣기는 했지만 그러나 그것을 분명하게 듣고 이해하지는 못했음을 의미하는 것이 될 것이다. 이와 비슷한 예를 우리는 요한복음 12:29에서 발견할 수 있다. 그때 사람들은 하늘로부터 나는 소리를 듣기는 했지만 그것을 분명하게 듣고 이해하지 못한 채 단순히 "천둥이 울었다"고 생각했다. 실제로 하나님의 말씀에 의해 회심한 사람들과 회심하지 않은 사람들을 생각해 보라. 그들 모두 말씀을 들었다. 그렇지만 실제로 그들은 매우 다른 방식으로 들은 것이다. 오직 회심한 자들만이 말씀을 내적이며, 영적이며, 효과적으로 들은 것이다. **아무도 보지 못하여.** 사울과 동행했던 자들은 아무도 보지 못했다고 언급된다. 그러나 이러한 표현은 그들이 말하는 자를 보려고 애를 썼음을 암시한다. 이와 비슷한 경우를 우리는 다니엘 10:7에서 발견한다. "이 환상을 나 다니엘이 홀로 보았고 나와 함께 한 사람들은 이 환상은 보지 못하였어도 그들이 크게 떨며 도망하여 숨었느니라." **말을 못하고 서 있더라.** 사도행전 26:14은 사울과 마찬가지도 그들 모두 땅에 엎드러졌다고 말한다. 그렇다면 그들은 처음에는 엎드러져 있었다가 지금은 서 있었던 것으로 보인다. 그렇지 않으면 아마도 여기의 "서 있더라"는 단지 그들이 너무나 놀란 나머지 자신들이 있었던 장소에 그냥 멍한 상태로 남아 있었음을 의미하는 것일 것이다.

8. 사울이 땅에서 일어나 눈은 떴으나 아무 것도 보지 못하고 사람의 손에 끌려 다메섹으로 들어가서.

눈은 떴으나. 그가 다른 때처럼 일어나 눈을 떴을 때, 영광스러운 빛이 그의 눈을 너무나 부시게 만듦으로 말미암아 그는 아무것도 볼 수 없었다. 이와 같이 모든 사람은 회심하기 전에는 아무것도 보지 못한다.

9. 사흘 동안 보지 못하고 먹지도 마시지도 아니하니라.

어떤 사람들은 이러한 사흘 동안 바울이 셋째 하늘에 끌려 올라가는 경험을 한 것으로 생각한다. "내가 그리스도 안에 있는 한 사람을 아노니 그는 십사 년 전에 셋째 하늘에 이끌려 간 자라"(고후 12:2). 그러나 그러한 경험은 나중에 있었던 것으로 보인다. 어쨌든 하나님은 그로 하여금 온전히 자신을 신뢰하며 의지하도록 만들고자 하셨다. 그럼으로써 그는 나중에 시력이 회복될 때 그러한 경험을 더욱 소중하게 여길 수 있었다. 먹지도 마시지도 아니하니라. 그는 완전한 금식 상태에서 기도에 더욱 전념할 수 있었다. 왜냐하면 금식은 온전히 기도에 전념할 수 있도록 도와주기 때문이다. 이런 이유로 성경에 금식과 기도가 종종 함께 등장하곤 한다(마 17:21; 행 13:3). 오늘날의 우리의 경우보다 당시 유대인들은 건강에 대한 편견 없이 더 길게 금식하면서 그것을 통해 영적 유익을 얻을 수 있었다.

10. 그 때에 다메섹에 아나니아라 하는 제자가 있더니 주께서 환상 중에 불러 이르시되 아나니아야 하시거늘 대답하되 주여 내가 여기 있나이다 하니.

아나니아. 사도행전 22:12에 나타나는 것처럼, 그는 경건함과 거룩함으로 사람들로부터 칭찬을 받는 사람이었다. 그러나 그가 우리 주님이 보내셨던 70명의 제자들 가운데 한 사람이었는지 여부는 확실하지 않다. 대답하되 주여 내가 여기 있나이다. 여기의 아나니아의 응답은 엘리의 부름에 대한 사무엘의 응답과 매우 유사하다. 이와 같이 아나니아는 하나님의 부르심에 응답하면서, 그가 무엇을 명하시든 기꺼이 행할 준비가 되어 있음을 나타냈다.

11. 주께서 이르시되 일어나 직가라 하는 거리로 가서 유다의 집에서 다소 사람 사울이라 하는 사람을 찾으라 그가 기도하는 중이니라.

유다의 집에서 다소 사람 사울이라 하는 사람을 찾으라. 이와 같이 하나님은 우리의 거처를 아시며 우리의 슬픔을 주목하고 계신다. 그가 기도하는 중이니라. 9절에 언급된 것처럼, 사울은 사흘 동안 금식하며 기도하고 있었다. 아무 음식도 입에 대지 않는 것은 큰 겸비(謙卑)의 행동이었으며, 그리하여 아나니아는 아무 두려움 없이 그에게 다가갈 수 있었다. 이것은 얼마나 놀라운 변화인가! 사울이 기도하는 자들 가운데 있는가? 이것은 옛 사울이 선지자들 가운데 있었던 것보다 더 놀라운 일이었다.

12. 그가 아나니아라 하는 사람이 들어와서 자기에게 안수하여 다시 보게 하는 것을 보았느니라 하시거늘.

만일 이것이 누가의 말이라면, 이것은 부연설명을 위한 말로써 괄호로 처리되어야 할 것이다. 그러나 이것은 우리 주님이 아나니아에게 앞 절에 이어 계속해서 말씀하신 것으로 보인다. 그렇다면 이것은 하나님이 아나니아에게 그의 우려와는 달리 그가 사울에게 기쁘게 영접되도록 미리 준비해 놓으셨음을 말하는 것이 될 것이다.

13. 아나니아가 대답하되 주여 이 사람에 대하여 내가 여러 사람에게 듣사온즉 그가 예루살렘에서 주의 성도에게 적지 않은 해를 끼쳤다 하더니.

이 사람에 대하여 내가 여러 사람에게 듣사온즉. 사울이 다메섹에 온 목적은 이미 많은 사람들에게 알려져 있었다. 주의 성도. 그리스도의 제자들이 성도(saints)라 불리는 것은 (1) 그들이 세례를 통해 주님께 드려졌기 때문이었다. (2) 그들이 거룩함으로 부름 받았기 때문이었다. (3) 그들이 다른 사람들에게 모범이 될 정도로 실제로 거룩하게 살았기 때문이었다.

14. 여기서도 주의 이름을 부르는 모든 사람을 결박할 권한을 대제사장들에게서 받았나이다 하거늘.

여기에서 아나니아는 자신이 사울에게 가기를 꺼리는 이유를 말한다. 애굽으로 가기를 꺼리면서 "주여 보낼 만한 자를 보내소서"라고 말했던 모세처럼, 그 안에서 혈과 육이 부르짖고 있었다(출 4:13).

15. 주께서 이르시되 가라 이 사람은 내 이름을 이방인과 임금들과 이스라엘 자손들에게 전하기 위하여 택한 나의 그릇이라.

내 이름을 이방인들에게 전하기 위하여. 이방인들을 부르시는 신비가 이제 나타나기 시작하고 있었으며, 좀 더 분명하게 나타날 것이었다. 그것은 이사야 49:6과 예레미야 1:10 등의 약속들 가운데 이미 암시적으로 내포되어 있었다. 택한 그릇. 세상 전체가 하나님의 집이다. 그리고 교회는 특별한 의미로 그의 집이다. 세상 전체뿐만 아니라 보이는 교회에는 모든 종류의 그릇들이 있다. 귀히 쓰는 그릇들도 있고 천히 쓰는 그릇들도 있다. 사울은 귀히 쓸 그릇이 될 것이었다(롬 9:21). 그는 질그릇임에도 불구하고 그 안에 하나님의 말씀의 보배가 가득 담길 것이었다(고후 4:7). 진실로 그는 복음을 전파하며 그리스도의 이름으로 고난을 받기 위해 하나님에 의해 택함을 받았다(갈 1:15-16; 살전 3:3).

16. 그가 내 이름을 위하여 얼마나 고난을 받아야 할 것을 내가 그에게 보이리라 하시니.

그는 자신이 가했던 고통보다 더 큰 고통을 당할 것이었다. 그는 그의 동족인 유대인들로부터 미움을 받고 이방인들로부터 격노를 당할 것이었다. 그가 받은 고통들의 목록을 위해서는 고린도후서 11:23-27을 보라. 한 사람에게 이렇게 많은 고통들이 집중된 경우가 있었던가? 이 모든 것이 미리 예고되었음에도 불구하고, 그는 추호의 머뭇거림도 없이 기꺼이 복음을 전하고자 했다. 많이 용서받은 사람이 많이 사랑하는 법이다.

17. 아나니아가 떠나 그 집에 들어가서 그에게 안수하여 이르되 형제 사울아 주 곧 네가 오는 길에서 나타나셨던 예수께서 나를 보내어 너로 다시 보게 하시고 성령으로 충만하게 하신다 하니.

그 집. 사울이 머물고 있었던 유다의 집(11절). **그에게 안수하여.** 안수를 위해서는 사도행전 6:6을 보라. 여기의 안수의 목적 가운데 하나는 바울이 보지 못하는 상태에서 다시 볼 수 있도록 치유되는 것이었다. 그리스도의 제자들은, 마가복음 16:18에 약속된 대로, 병자들과 불구자들에게 자신들의 손을 얹었다. **형제 사울.** 사울은 동일한 믿음을 고백하며 동일한 약속의 상속자가 됨으로 말미암아 아나니아의 형제가 되었다. **네가 오는 길에서 나타나셨던 예수.** 아나니아는 사울에게 그가 다메섹으로 오는 도중에 무슨 일이 일어났는지를 이야기한다. 그리하여 사울은 그가 하나님으로부터 보냄 받은 것을 확실하게 알 수 있었다. 왜냐하면 아무도 그에게 일어난 일을 알 수 없었기 때문이다.

18. 즉시 사울의 눈에서 비늘 같은 것이 벗어져 다시 보게 된지라 일어나 세례를 받고.

비늘. 사울은 일반적인 맹인과는 전혀 달랐다. 그는 통상적인 원인으로 보지 못하게 된 것도 아니었고, 통상적인 방법으로 고침을 받을 수도 없었다.

19. 음식을 먹으매 강건하여지니라 사울이 다메섹에 있는 제자들과 함께 며칠 있을새.

사울은 지금 매우 쇠약한 상태일 수밖에 없었다. 그는 두려움과 슬픔 가운데 금식하며 기도하고 있었다. 그러나 이제 그는 형제들로부터 돌봄을 받고 건강을 회복함과 함께 하나님의 일을 위해 준비될 수 있게 되었다. **제자들과 함께.** 사울은 변화를 경험한 후 랍비들에게로 가지 않고 그리스도의 제자들과 함께 머물렀다. 그는 그리스도를 주인으로 섬기는 사람들과 함께 사랑을 나누며 그들로부터 배우고자 했다.

20. 즉시로 각 회당에서 예수가 하나님의 아들이심을 전파하니.

각 회당에서 전파하니. 사도들은 먼저 유대인들에게 말씀을 전파했다. 그것은 그들을 회심시키거나 혹은 최소한 핑계를 대지 못하도록 하기 위함이었다. **예수가 하나님의 아들이심을.** 사울이 각 회당에서 전파한 메시지의 핵심은 예수가 하나님의 아들이라는 것이었다. 그는 그리스도 안에 있는 하나님의 은혜의 능력을 맛보았다. 지금 그의 마음은 하나님의 은혜로 가득 차 있었으며, 그것이 그의 마음으로부터 입으로 쏟아져 나오고 있었다.

21. 듣는 사람이 다 놀라 말하되 이 사람이 예루살렘에서 이 이름을 부르는 사람을 멸하려던 자가 아니냐 여기 온 것도 그들을 결박하여 대제사장들에게 끌어 가고자 함이 아니냐 하더라.

사울에게 일어난 변화는 그들에게 도무지 설명할 수 없는 것이었다. 그리하여 그들은 놀라지 않을 수 없었다. 사울의 마음은 너무나 완악한 상태 가운데 있었지만, 그러나 하나님이 변화시킬 수 없을 만큼 완악한 마음은 없다.

22. 사울은 힘을 더 얻어 예수를 그리스도라 증언하여 다메섹에 사는 유대인들을 당혹하게 하니라.

힘을 더 얻어(increased the more in strength). 참된 은혜는 반대와 훼방에 의해 자라며 커진다. 여기의 표현은 건축자들의 은유로부터 취한 것이다. 건축자들은 집을 지음에 있어 한 부분을 다른 부분과 계속적으로 맞추어 나가면서 그것들을 서로 연결시킨다. 사울도 구약의 예언들을 제시하며 인용함에 있어 그리고 그러한 예언들이 신약에서 혹은 우리 구주 예수 그리스도의 복음 안에서 정확하게 성취되었음을 보임에 있어 그와 같이 했다. 예수를 그리스도라 증언하여. 바로 이것이 복음의 핵심이었다.

23. 여러 날이 지나매 유대인들이 사울 죽이기를 공모하더니.

여러 날. 하나님은 곧바로 사울을 위험 가운데 노출시키고자 하지 않으셨다. 도리어 그로 하여금 점차적으로 고난에 익숙해지도록 이끄셨다. 하나님은 그의 생명이 오랫동안 남아 있는 것을 기뻐하셨다. 그는 어느 정도 기간 동안 아라비아에 있었던 것을 빼고는 이곳 다메섹에서 3년 동안이나 머물렀다(갈 1:17, 18).

24. 그 계교가 사울에게 알려지니라 그들이 그를 죽이려고 밤낮으로 성문까지 지키거늘.

그를 죽이려고 밤낮으로 지키거늘. 유대인들은 다메섹 왕 아레다를 충동하여 바울을 죽이고자 했다(고후 11:32, 33). 16절에서 예언된 것이 이제 이루어지기 시작하고 있었다.

25. 그의 제자들이 밤에 사울을 광주리에 담아 성벽에서 달아 내리니라.

마치 라합이 정탐꾼들에게 그렇게 했던 것처럼(수 2:15), 그리고 미갈이 다윗에게 그렇게 했던 것처럼(삼상 19:12).

26. 사울이 예루살렘에 가서 제자들을 사귀고자 하나 다 두려워하여 그가 제자 됨을 믿지 아니하니.

사귀고자 하나. 사울은 주의 제자들과 더불어 친밀한 교제를 갖고자 했다. 다 두려워하여. 사울의 이름과 얼굴은 예루살렘에서 충분히 알려져 있었으며, 많은 사람들이 그의 격노를 알고 있었다. 그가 제자 됨을 믿지 아니하니. 갈라디아서 1:18에 따르면, 사울이 예루살렘에 간 것은 회심하고 나서 3년 후였다. 그러면 도대체 어떻게 그들은 그의 회심을 이토록 오랜 시간 동안 몰랐을 수 있었던 말인가? 이러한 의문에 대한 해답을 찾기 위해, 우리는 다음과 같은 요소들을 고려할 필요가 있다. (1) 예루살렘과 다메섹 사이의 먼 거리. 둘 사이의 거리는 6일 간의 여행 거리였다. (2) 두 지역의 왕들 즉 헤롯과 아레다 사이에 교류가 거의 없었던 사실. (3) 예루살렘에 있었던 박해로 인해 다메섹의 회심자들이 그곳으로 가는 일이 거의 없었던 사실. (4) 사울이 3년 가운데 상당 기간을 아라비아에서 보냈던 사실.

27. 바나바가 데리고 사도들에게 가서 그가 길에서 어떻게 주를 보았는지와 주께서 그에게 말씀하신 일과 다메섹에서 그가 어떻게 예수의 이름으로 담대히 말하였는지를 전하니라.

바나바. 사도행전 4:36에 이어 여기에서 다시 그의 이름이 언급된다. 그는 사울과 함께 가말리엘 문하에서 수학한 동문으로 생각된다. 데리고 사도들에게 가서. 바나바가 사울을 데리고 간 사도들은 베드로와 야고보였다(갈 1:18, 19). 할례의 사도들인 그들은 예루살렘에 거하면서 유대 지역을 관할하고 있었다. 그때 다른 사도들은 예루살렘에 없었던 것으로 보이는데, 아마도 다른 지역에서 교회를 세우고 있었을 것이다. 그가 길에서 어떻게 주를 보았는지와 주께서 그에게 말씀하신 일과 다메섹에서 그가 어떻게 예수의 이름으로 담대히 말하였는지를 전하니라. 이러한 말을 어떤 사람들은 사울 자신이 한 것으로 취하는 반면 또 어떤 사람들은 사울에 대해 바나바가 증언한 것으로 취한다.

28. 사울이 제자들과 함께 있어 예루살렘에 출입하며.

사울은 그들 즉 베드로와 야고보와 다른 신자들 가운데 거하면서 그들과 더불어 자유롭게 교제를 나누었다.

29. 또 주 예수의 이름으로 담대히 말하고 헬라파 유대인들과 함께 말하며 변론하니 그 사람들이 죽이려고 힘쓰거늘.

헬라파 유대인들과 함께 말하며 변론하니. 헬라파 유대인들을 위해서는 사도행전 6:1을 보라. 그들은 유대인 부모로부터 이방 나라에서 태어난 사람들이었다. 사울이 변론의 대상으로서 이들을 선택한 것은 그들이 스데반을 죽이는 일에 앞장 선 장본인들이었기 때문이다. 그때는 여기의 사울 역시도 그들과 같은 입장이었다. 그러나 지금 그는 예전에 그들과 함께 했던 모든 연합의 띠로부터 풀려나기를 간절히 바랐으며, 그들 역시도 자기와 같이 되기를 진심으로 바랐다. 그는 그들의 영혼에 특별한 관심을 가지고 있었다.

30. 형제들이 알고 가이사랴로 데리고 내려가서 다소로 보내니라.

가이사랴. 당시 이러한 이름으로 불리는 곳이 두 곳 있었다. 하나는 사도행전 8:40에 언급된 해안 도시였으며, 다른 하나는 레바논 산 인근에 위치한 가이사랴 빌립보라고 불리는 곳이었다. 다소. 사울이 태어난 곳. 거기에 있는 그의 친척들과 지인들은 그가 안전하기를 바랄 것이었다.

31. 그리하여 온 유대와 갈릴리와 사마리아 교회가 평안하여 든든히 서 가고 주를 경외함과 성령의 위로로 진행하여 수가 더 많아지니라.

교회가 평안하여. 사울이 악의에 찬 헬라파 유대인들을 피하여 다소로 보냄을 받자 교회에 평안이 임했다. 든든히 서 가고. 교회는 종종 건물로 비유된다. 모든 신자는 그 안에 하나님이 거하시는 하나님의 성전인데, 여기의 은유는 이러한 진리로부터 취하여진 것이다(고전 3:16; 6:19). 주를 경외함으로 진행하여(walking in the fear of the Lord). 걷는 것(walking)은 점진적인 개념이다. 건물도 이와 같다. 그것은 완성에 이를 때까지 계속적으로 구조물을 더해 간다. 여기의 표현은 신자들이 하나님을 아는 지식과 참된 경건과 사랑 안에서 계속적으로 자라갔음을 의미한다. 성령의 위로. 이것은 또한 성령의 훈계를 의미한다. 그것은 하나님으로부터 사도들을 통해 주어진 훈계였다. 두말할 것도 없이 하나님의 명령에 대한 우리의 순종 없이는 성령의 위로 역시 없다. 교회가 든든하게 서 간 것은 신자들이 주를 경외함으로 행했기 때문이었다. 복음의 도를 가장 효과적으로 만드는 것은 그것을 고백하는 자들의 거룩한 삶이다.

32. 그 때에 베드로가 사방으로 두루 다니다가 룻다에 사는 성도들에게도 내려갔더니.

사방으로 두루. 베드로는 흩어진 제자들이 교회를 세운 곳으로 두루 찾아 다녔다. 성도들. 13절을 보라. 룻다. 요단 서안(西岸)에 위치한 작은 마을. 이곳은 지중해로부터 멀지 않았다.

33. 거기서 애니아라 하는 사람을 만나매 그는 중풍병으로 침상 위에 누운 지 여덟 해라.

여기의 애니아는 룻다에 살고 있는 유대인으로 추측된다. 여기에서 누가는 그를 헬라인들이 부르는 이름으로 부른다. 유대인들 사이에서 그는 힐렐이라고 불렸다. 침상 위에 누운 지 여덟 해라. 이것은 그의 치유의 어려움과 그에게 임한 기적의 위대함을 보여 준다.

34. 베드로가 이르되 애니아야 예수 그리스도께서 너를 낫게 하시니 일어나 네 자리를 정돈하라 한대 곧 일어나니.

예수 그리스도께서 너를 낫게 하시니. 이것은 기도가 아니라 애니아에 대한 회복의 약속이었다. 이러한 약속으로 인해 애니아는 누구에게 감사해야 할지 알 수 있었다. 일어나 네 자리를 정돈하라. "make thy bed" 즉 네 자리를 만들라. 우리 구주는 중풍병자와 베데스다 못가의 병자에게 일어나 침상을 가지고 집으로 가라고 명령하셨다(막 2:11; 요 5:8). 반면 베드로는 여기에서 중풍병자에게 네 자리를 만들라고 명령한다. 이것은 매우 이상하게 보인다. 왜냐하면 그는 일어나라고 명령 받았으므로 굳이 자리를 만들 필요가 없었기 때문이었다. 그러므로 이것은 단지 그가 얼마나 충분하게 치유되었는지를 나타내기 위한 의도였던 것으로 보인다. 그가 자리를 만드는 것은 그 자신과 다른 사람들에게 그가 회복된 것을 완전하게 증명해 줄 것이었다.

35. 룻다와 사론에 사는 사람들이 다 그를 보고 주께로 돌아오니라.

룻다. 32절을 보라. 사론. 사론은 성읍의 이름이다(대상 5:16). 그러나 여기에서는 다볼 산과 디베랴 호수 사이의 매우 풍요로운 평원 지역을 가리키는 이름으로 사용되었다(대상 27:29; 아 2:1). 주께로 돌아오니라. 그의 진리를 시인(是認)하니라. 사람은 진리를 알게 됨으로써 하나님께로 돌아온다. 거짓은 사람을 하나님으로부터 가로막는다.

36. 욥바에 다비다라 하는 여제자가 있으니 그 이름을 번역하면 도르가라 선행과 구제하는 일이 심히 많더니.

욥바. 사도행전 10:5을 보라. 여기에서 사람들과 지역들이 구체적으로 명시되는 것은 이야기의 사실성을 확증하기 위한 것이었다. 다비다. 당시 유대인들 사이에서 통용되었던 수리아 방언에 따른 이름. 도르가. 헬라인들 사이에서 불렸던 이름. 당시 유대인들에게 두 가지 이름 즉 히브리식 이름과 헬라식 이름이 있었던 것은 일반적인 일이었다. 디두모로 불렸던 도마와 베드로로 불렸던 게바의 경우처럼 말이다. 선행과 구제하는 일이 심히 많더니. 그녀는 선행에 있어 부요했다. 이것이 가장 오래 가며 가장 멀리 가는 최고의 부요이다.

37. 그 때에 병들어 죽으매 시체를 씻어 다락에 누이니라.

그들은 시체를 씻고 기름을 바름으로써 장례 준비를 하는 동시에 특별히 부활에 대한 자신들의 소망을 나타냈다(고전 15:29).

38. 룻다가 욥바에서 가까운지라 제자들이 베드로가 거기 있음을 듣고 두 사람을 보내어 지체 말고 와 달라고 간청하여.

그들은 베드로를 불러 그로 하여금 그토록 훌륭한 여인을 잃은 사람들을 위로하도록 하기 위해 사람들을 보냈다. 뿐만 아니라 거기에는 베드로의 기적에 의해 그녀가 다시 살아날 것에 대한 소망이 포함되어 있었을 수 있었다. 특별히 그들이 베드로에게 급히 와 달라고 재촉한 사실이 그러한 가능성을 더욱 높여 준다.

39. 베드로가 일어나 그들과 함께 가서 이르매 그들이 데리고 다락방에 올라가니 모든 과부가 베드로 곁에 서서 울며 도르가가 그들과 함께 있을 때에 지은 속옷과 겉옷을 다 내보이거늘.

여기의 사람들이 죽은 자가 다시 살아날 소망과 함께 베드로를 청한 것은 참으로 특별한 일이었다. 그것은 기적을 통해 자신의 진리와 영광을 나타내시고자 하신 하나님이 그들의 마음 가운데 역사(役事)하신 결과였다. 그들은 믿음으로 그렇게 했다. 만일 다른 사람들이 이것을 흉내 낸다면, 그것은 단지 억측에 불과한 것이 될 것이다. 울며. 도르가의 경우에는 애곡하는 여자들을 따로 고용할 필요가 없었다. 그녀의 죽음은 모든 사람에게 큰 슬픔이었다. 여기의 옷들은 도르가가 살아 있을 때 가난한 자들을 입히기 위해 그녀가 만든 것들이었다.

40. 베드로가 사람을 다 내보내고 무릎을 꿇고 기도하고 돌이켜 시체를 향하여 이르되 다비다야 일어나라 하니 그가 눈을 떠 베드로를 보고 일어나 앉는지라.

베드로가 사람을 다 내보내고. 베드로가 사람들을 모두 내보낸 것은 아무런 방해 없이 기도에 더욱 전념하기 위해서였다. 이와 같이 엘리사도 수넴 여인의 아들을 위해 기도할 때 문을 닫았다(왕하 4:33). 무릎을 꿇고. 무릎은 꿇는 것은 하나님께 기도함에 있어 경외함을 나타내는 행동이다. 기도하고. 기도를 통해 베드로는 자신의 힘으로는 아무것도 할 수 없으며 모든 것은 오직 위로부터 내려와야만 한다는 사실을 나타냈다.

41. 베드로가 손을 내밀어 일으키고 성도들과 과부들을 불러 들여 그가 살아난 것을 보이니.

성도들과 과부들. 베드로를 부른 사람들. 그들은 지금 그의 기도의 결과를 보기 위해 모였다. 그가 살아난 것을 보이니. 그녀는 기적에 의해 치유 받은 다른 모든 사람들과 마찬가지로 완전하게 건강을 회복했다. 하나님의 역사(役事)는 완전하다(신 32:4).

42. 온 욥바 사람이 알고 많은 사람이 주를 믿더라.

다른 모든 기적들과 마찬가지로 여기의 치유 역시 많은 사람들에게 그가 전파한 복음을 믿게 만드는 도구가 되었다. 그것은 그가 전파한 복음이 하늘로부터 말미암은 것임을 보여 주는 부인할 수 없는 증거였다. 왜냐하면 하나님이 함께 하시지 않으면 아무도 그와 같은 일을 행할 수 없었기 때문이다. 이와 같이 베드로에 의해 행해진 기적은 도르가 자신의 육체보다 많은 사람들의 영혼에 더 큰 유익을 끼쳤다.

43. 베드로가 욥바에 여러 날 있어 시몬이라 하는 무두장이의 집에서 머무니라.

여기의 기적은 단지 사람들로 하여금 베드로가 그들 가운데 머물면서 가르친 교훈을 받아들이도록 준비시켰을 뿐이다. 기적에 의해 토양이 준비되었다. 이제 베드로는 이 기회를 취하여 그 안에다가 말씀의 씨앗을 뿌린다.

제10장

개요

1. 천사가 경건한 백부장 고넬료에게 베드로를 청할 것을 명령함(1-8).
2. 그 사이 베드로는 하늘의 환상을 통해 준비됨(9-16).
3. 성령께서 베드로에게 사자들과 함께 가이사랴로 갈 것을 명령하심(17-24).
4. 고넬료가 베드로를 정중하게 영접하고, 그를 청하기 위해 사자들을 보낸 이유를 설명함(25-33) .
5. 베드로가 고넬료와 그의 무리들에게 그리스도를 전파함(34-43).
6. 성령께서 그들 위에 임하시고, 그들이 세례를 받음(44-48).

1. 가이사랴에 고넬료라 하는 사람이 있으니 이달리야 부대라 하는 군대의 백부장이라.

가이사랴. 당시 이러한 이름으로 불리는 곳이 두 곳 있었는데, 이곳은 레바논 산 인근에 위치한 가이사랴 빌립보가 아니라 팔레스타인 지방에 있는 가이사랴였다. 고넬료. 이 사람은 로마 군대의 백부장이었는데, 우리는 이러한 이름을 로마의 명문가(名文家)인 스키피오(Scipios) 가문과 실라(Syllas) 가문에서 자주 발견한다. 부대(band). 이것은 오늘날의 연대(regiment))나, 혹은 그것보다 훨씬 더 큰 규모인 당시 로마 군대의 군단(region)에 해당되는 단어이다. 고넬료가 속한 군대는 이달리야 부대(Italian band)라고 불렸다. 그것은 이달리야 출신의 병사들로 구성되었기 때문이었다. 그들은 아마도 당시 가이사랴에 주재(駐在)했던 총독을 호위하기 위한 부대였을 것이다. 그때 총독은 벨릭스였다(행 23:24).

2. 그가 경건하여 온 집안과 더불어 하나님을 경외하며 백성을 많이 구제하고 하나님께 항상 기도하더니.

경건하여. 여기의 고넬료는 노아의 일곱 가지 계명을 준수하는 "문의 개종자"(proselyte of the gate)였다. 온 집안과 더불어. 그가 온 집안과 더불어 (최소한 외적으로) 하나님을 경외한 것은 그가 진정으로 하나님을 경외했음을 보여 주는 좋은 표적이었다. 하나님이 아브라함을 택하신 것에는 이와 같은 목적이 포함되어 있었다. "내가 그로 그 자식과 권속에게 명하여 여호와의 도를 지켜 의와 공도를 행하게 하려고 그를 택하였나니"(창 18:19).

하나님께 항상 기도하더니. 그는 기도 시간 특별히 아침 제사와 저녁 제사를 드리는 시간을 소홀히 하지 않았다. 그들은 아침 제사와 저녁 제사를 드리는 시간에 기도함으로써 우리의 희생제물이신 그리스도와 그의 공로로 말미암은 은택에 참여하기를 간절히 열망했다. 왜냐하면 제사는 그리스도의 희생제사를 예표하는 것이었기 때문이었다. 고넬료는 실제로 도덕적인 의미에서 항상 기도했다. 마치 우리가 항상 감사하라고 명령받은 것처럼 말이다(엡 5:20). 그러나 그는 자연적인 의미에서 항상 기도할 수 없었다. 왜냐하면 만일 그렇게 한다면 그 외에 다른 모든 의무들은 소홀히 할 수밖에 없었기 때문이다. 어쨌든 그의 마음은 항상 기도하는 일에 집중되어 있었다.

3. 하루는 제 구 시쯤 되어 환상 중에 밝히 보매 하나님의 사자가 들어와 이르되 고넬료야 하니.

환상 중에. 꿈이나 황홀경 가운데가 아니라, 지각(知覺)할 수 있을 정도로 선명하게. 제 구 시. 오늘날의 시간으로 오후 3시. 이 시간은 통상적으로 저녁 제사를 위한 시간으로서, 그들의 기도 시간이었다(3:1). 고넬료는 하나님의 얼굴을 헛되이 찾지 않았다. 그의 신실함의 분량은 작은 것이었지만, 그러나 하나님은 그에게 큰 것을 주셨다. 그는 좀 더 완전한 가르침을 받을 필요가 있었다. 그리하여 하나님은 그에게 천사를 보내시고, 곧이어 베드로에게 보내셨다.

4. 고넬료가 주목하여 보고 두려워 이르되 주여 무슨 일이니이까 천사가 이르되 네 기도와 구제가 하나님 앞에 상달되어 기억하신 바가 되었으니.

두려워. 큰 광채 가운데 나타난 천사로 인해 고넬료는 두려워할 수밖에 없었다. 앙망(仰望)하는 마음에는 어느 정도의 두려움이 포함되기 마련이다. 주여 무슨 일이니이까. 이것은 "주여 내가 무엇을 하기를 원하시나이까?"와 같은 말이다. 이것은 고넬료가 천사의 메시지를 들을 준비가 되어 있었음을 보여 준다. 네 기도와 구제. 기도와 구제는 우리 주님의 강화(講話)에서 하나로 연합된다(마 6:1-7). 특별히 구제(연보)에 대한 바울 사도의 명령을 위해서는 고린도전서 16:1을 보라. 구제는 복음 아래서 우리가 드리는 희생제물이다(빌 4:18, 히 13:16). 하나님 앞에 상달되어 기억하신 바가 되었으니. 여기에 율법 아래에서 분향한 향의 연기가 하나님께 올라가는 것이 암시되어 있다. 다윗은 향의 연기가 올라가는 것처럼 자신의 기도가 하나님께 올라가기를 간절히 바랐다(시 141:2). 이와 같이 복음 아래에서 기도는 향의 연기와 비슷하다(계 8:3). 기도가 상달되어 기억하신 바가 되는 것은 향의 연기와 관련한 동일한 은유로부터 말미암은 것이다. 우리는 레위기 2:2에서 "제사장은 그 모든 유향을 가져다가 기념물로 제단 위에서 불사를지니 이는 화제라 여호와께 향기로운 냄새니라"라는 말씀을 읽는다(레 2:2). 이 모든 것은 하나님에게 그의 백성들의 기도가 얼마나 받으심 직한 것인지 잘 보여 준다. 하나님은 이 모든 것을 기억하고 계셨다가 그의 때에 그리고 각자의 분량에 따라 그들에게 모든 것을 주신다. 하나님은 여기에서 기도와 구제를 하나 되게 하셨는데, 우리는 하나님이 하나 되게 하신 것을 나누어서는 안 된다.

5. 네가 지금 사람들을 욥바에 보내어 베드로라 하는 시몬을 청하라.

욥바. 이곳은 요나가 하나님으로부터 도망치기 위해 다시스로 가는 배를 탄 바로 그 곳이었다(욘 1:3). 천사 자신이 고넬료에게 복음을 가르칠 수도 있었다. 그러나 그는 고넬료를 베드로에게 보낸다. 이와 같이 하나님은 자신이 세운 도구를 영화롭게 하시기를 기뻐하신다.

6. 그는 무두장이 시몬의 집에 유숙하니 그 집은 해변에 있다 하더라.

이러한 세부적인 지시사항들은 나중에 그것이 사실임이 드러났을 때 고넬료로 하여금 베드로가 전파하는 것을 믿도록 만드는데 큰 도움이 될 것이었다.

7. 마침 말하던 천사가 떠나매 고넬료가 집안 하인 둘과 부하 가운데 경건한 사람 하나를 불러.

집안 하인 둘. 여기의 두 하인은 틀림없이 고넬료로부터 하나님을 경외하는 법도를 배운 사람들이었을 것이다(2절). 결국 그들은 충성스럽게 임무를 수행했으며, 그것은 고넬료에게 큰 축복이 되었다. 부하 가운데 경건한 사람 하나. 여기의 부하 역시 고넬료와 마찬가지로 하나님을 경외하는 사람이었다. 두 사람은 로마 군인이었음에도 불구하고 기꺼이 하나님께 순종하고자 하였으며, 예수 그리스도를 알게 되기 위해서는 어떤 모험도 기꺼이 감당하고자 했다.

8. 이 일을 다 이르고 욥바로 보내니라.

이와 같이 신적 섭리는 고넬료의 측면에서 그로 하여금 복음을 받아들일 수 있도록 모든 준비를 마쳤다. 동일한 섭리는 동시에 베드로의 측면에서 그로 하여금 고넬료에게 와서 복음을 전파할 수 있도록 준비한다. 이를 위해서는 다음 절을 보라.

9. 이튿날 그들이 길을 가다가 그 성에 가까이 갔을 그 때에 베드로가 기도하려고 지붕에 올라가니 그 시각은 제 육 시더라.

유대인들의 집의 지붕은 대부분 평평했다. 따라서 그들은 사람이 떨어지지 않도록 난간을 만들어야 했다(신 22:8). 베드로가 기도하려고 지붕에 올라가니. 아마도 그곳에서 베드로는 ── 오직 그를 통해서만 우리 자신과 우리의 기도가 하나님께 상달될 수 있는 ── 그리스도의 모형이었던 성전을 향해 기도했을 것이다. 이스라엘 백성들은 열왕기상 8:30의 기도를 생각하며 예루살렘 도성과 성전을 향해 기도하곤 했다. "주의 종과 주의 백성 이스라엘이 이 곳을 향하여 기도할 때에 주는 그 간구함을 들으시되 주께서 계신 곳 하늘에서 들으시고 들으시사 사하여 주옵소서." 다니엘 역시도 목숨의 위험을 감내하면서까지 그곳을 향해 기도했다(단 6:10). 예루살렘 도성과 성전이 파괴되었음에도 불구하고. 제 육 시. 낮 12시 정오. 이때는 세 번의 기도 시간 가운데 하나였다(행 3:1을 보라). 유대인들은 제 육 시 기도 시간이 이삭으로부터 유래되었다고 말한다. 그 시간은 그들이 저녁 제사를 준비하기 시작하는 시간이었다. 여기의 베드로는 항상 근신하며 기도했으며, 자신의 영혼을 하나님께 쏟는 기회를 항상 간절한 마음으로 굳게 붙잡았다(벧전 4:7).

10. 그가 시장하여 먹고자 하매 사람들이 준비할 때에 황홀한 중에.

그가 시장하여. 지금 그는 일반적으로 시장한 것보다 더 시장함으로 말미암아 환상을 보기에 적합한 상태였을 것이다. 황홀한 중에. 하나님이 사람에게 스스로를 나타내는 가장 탁월한 방법은 황홀경이다(사람들은 통상적으로 하나님이 사람에게 스스로를 나타내는 방법을 일곱 가지로 나눈다). 그러나 이러한 황홀경은 다양하게 묘사된다. 사람이 황홀경 가운데 있을 때, 그의 영혼은 이를테면 몸을 떠나 세상의 물질적인 것들을 지각하는 상태로부터 신비한 것들을 지각할 수 있는 상태로 옮겨지게 된다. 이러한 황홀경의 예를 우리는 고린도후서 12:2과 계시록 1:10 등에서 발견할 수 있다.

11. 하늘이 열리며 한 그릇이 내려오는 것을 보니 큰 보자기 같고 네 귀를 매어 땅에 드리웠더라.

하늘이 열리며. 여기에서 하늘이 열린 것은 스데반의 경우처럼 육체의 눈에 보이게 나타났을 수 있다. 그러나 앞 절에서 이야기한 대로 황홀경 가운데 마음의 눈에 나타났다고 보는 것이 좀 더 가능성이 높아 보인다. 열리며. 이것은 첫째 아담으로 말미암아 사람의 자녀들에게 닫힌 하늘이 이제 둘째 아담이신 그리스도로 말미암아 모든 신자들에게 열린 것을 암시적으로 보여 준다. 그릇. 이것은 가정에서 통상적으로 사용되는 가재도구로부터 취하여진 단어이다. 보자기. 식탁보. 네 귀를 매어. 보자기 같은 것은 그 안에 담겨 있는 동물들이 떨어지지 않도록 네 귀가 매어 있었다(12절). 이와 같이 그것이 하늘로부터 내려온 것은 고넬료와 다른 이방인들을 교회 안으로 받아들이는 섭리가 하늘로부터 말미암은 것임을 보여 준다.

12. 그 안에는 땅에 있는 각종 네 발 가진 짐승과 기는 것과 공중에 나는 것들이 있더라.

여기에는 율법에 의해 먹지 못하도록 금지된 부정한 동물들과 먹도록 허락된 정결한 동물들이 있었다.

13. 또 소리가 있으되 베드로야 일어나 잡아 먹어라 하거늘.

여기의 명령은 정결한 동물뿐만 아니라 부정한 동물까지 예외 없이 모두 먹으라는 것이었다. 이러한 명령이 의미하는 바는 이제 그가 유대인과 이방인을 차별하지 않고 모두와 더불어 교제하며 그들 모두에게 생명의 말씀을 전파할 수 있다는 것이었다.

14. 베드로가 이르되 주여 그럴 수 없나이다 속되고 깨끗하지 아니한 것을 내가 결코 먹지 아니하였나이다 한대.

속된(common) 것과 깨끗하지 않은(unclean) 것은 같은 것을 의미하는 것일 수 있다. 그렇게 본다면 후자는 전자를 설명하는 것이 될 것이다. 요컨대 여기에서 "속되다"고 표현된 동물들은 율법에 의해 먹지 말도록 금지된 "깨끗하지 않은" 동물들인 것이다. 반면 어떤 사람들은 둘을 서로 다른 것으로 인식한다. 그들은 "속된"(common) 것을 유대인들에게는 금지되었지만 그러나 주변의 다른 나라들에서는 일반적으로(commonly) 식용(食用)되는 모든 종류의 동물들로 이해한다. 반면 "깨끗하지 않은" 것은 사고에 의해 그와 같이 됨으로 말미암아 식용으로 사용하는 것이 금지된 동물들로 이해한다.

15. 또 두 번째 소리가 있으되 하나님께서 깨끗하게 하신 것을 네가 속되다 하지 말라 하더라.

하나님께서 깨끗하게 하신 것을 네 판단으로 속된, 다시 말해서 더럽혀진 것으로 만들지 말라. 유대인들은 부정한 동물은 이방인들을 가리키는 것으로, 그리고 정결한 동물은 자신들을 가리키는 것으로 생각했다. 그들은 "속된"(common) 것을 거룩한 것과 대립시켰다. 실제로 그들에게 있어 거룩한 사람은 "특별한"(singular — "common"과 반대되는 의미에서) 사람이었다. 고넬료를 깨끗하게 만든 것은 하나님이셨다. 그는 과거에 우상을 숭배하는 자였으나, 이제는 참 하나님을 섬기는 자가 되었다. 그는 어둠으로부터 빛으로 옮겨졌다.

16. 이런 일이 세 번 있은 후 그 그릇이 곧 하늘로 올려져 가니라.

이와 같이 하여 베드로의 마음 가운데 이방인의 회심과 그들이 교회 안으로 받아들여지는 것의 위대한 신비가 좀 더 확고하게 자리 잡게 되었다.

17. 베드로가 본 바 환상이 무슨 뜻인지 속으로 의아해 하더니 마침 고넬료가 보낸 사람들이 시몬의 집을 찾아 문 밖에 서서.

속으로 의아해 하더니. 베드로는 깊은 생각에 빠졌다. 왜냐하면 일종의 황홀경 가운데서 본 환상이 그에게 너무나 강렬한 영향을 끼쳤기 때문이었다.

고넬료가 보낸 사람들. 그가 보낸 두 명의 하인과 한 명의 병사.

18. 불러 묻되 베드로라 하는 시몬이 여기 유숙하느냐 하거늘.

그들은 마침내 무두장이 시몬의 집을 찾아 이곳에 정말로 베드로가 머물고 있는지 물었다.

19. 베드로가 그 환상에 대하여 생각할 때에 성령께서 그에게 말씀하시되 두 사람이 너를 찾으니.

그 환상에 대하여 생각할 때에. 자신이 보고 들은 것에 대해 깊이 묵상할 때에. 성령께서 그에게 말씀하시되. 성령께서 그에게 가르치시고 알려주시되. 이와 같이 어떤 사람이 하나님의 말씀으로부터 들은 것을 깊이 묵상할 때, 하나님은 결코 그를 충분한 가르침 없이 그냥 내버려 두지 않으실 것이다.

20. 일어나 내려가 의심하지 말고 함께 가라 내가 그들을 보내었느니라 하시니.

의심하지 말고. 혹시 너를 잡으러 온 유대인들이 아닐까 하여 우물쭈물하지 말고.

일어나 함께 가라. 즉시로 그들과 함께 떠나라.

21. 베드로가 내려가 그 사람들을 보고 이르되 내가 곧 너희가 찾는 사람인데 너희가 무슨 일로 왔느냐.

베드로는 이 모든 일이 어디로 향하게 될지 완전하게 알지 못하는 상태에서 일의 전말을 좀 더 정확하게 알고자 한다.

22. 그들이 대답하되 백부장 고넬료는 의인이요 하나님을 경외하는 사람이라 유대 온 족속이 칭찬하더니 그가 거룩한 천사의 지시를 받아 당신을 그 집으로 청하여 말을 들으려 하느니라 한대.

그들은 단도직입적으로 자신들의 메시지를 전함으로써 혹시 베드로가 외적으로 볼 때 이방인인 고넬료에 대해 가지고 있을지 모를 모든 부정적인 편견을 제거하려고 했다. 그들은 고넬료와 관련하여 베드로에게 다음과 같이 말했다. (1) 그는 의인이다. 이것은 요셉을 묘사할 때 사용된 단어와 같은 단어이다(마 1:19). (2) 그는 이방의 거짓 신들을 섬기는 사람이 아니라, 유대인들과 마찬가지로 참 하나님을 경외하는 사람이다. (3) 그는 경건함과 선함으로 사람들로부터 칭찬 받는 사람이다. 그러므로 사도로서 그에게 가는 것은 결코 수치스러운 일이 아니다.

23. 베드로가 불러 들여 유숙하게 하니라 이튿날 일어나 그들과 함께 갈새 욥바에서 온 어떤 형제들도 함께 가니라.

베드로는 그들의 말을 흔쾌히 받아들였다. 하나님의 뜻이 명백할 때, 그의 백성들은 조금도 흔들리지 않는다. **이튿날 일어나 그들과 함께 갈새.** 베드로는 하늘의 환상에 순종하기를 지체하지 않았다. 아브라함이 하나님의 명령을 받고 다음 날 아침 일찍 길을 떠났던 것처럼, 여기의 베드로 역시도 지체하지 않고 즉시로 순종했다(창 22:3). **욥바에서 온 어떤 형제들도 함께 가니라.** 사도행전 11:12에 나타나는 것처럼, 여기의 형제들은 여섯 명이었다. 그들이 이 여행에 함께 동참한 것은 다음과 같은 이유들 때문이었을 것이다. (1) 베드로에 대한 존경심으로부터. (2) 베드로가 이야기한 특별한 환상에 감동되어. 그러나 그것은 특별히 (3) 하나님의 섭리에 따른 것이었다. 그들은 베드로와 동행함으로써 이방인들에게 임할 하나님의 은혜를 목격하고 증언할 수 있게 될 것이었다.

24. 이튿날 가이사랴에 들어가니 고넬료가 그의 친척과 가까운 친구들을 모아 기다리더니.

가이사랴는 욥바로부터 대략 72km 정도 떨어져 있었다. 그러므로 욥바를 출발한 다음 날 그들은 쉽게 가이사랴에 도착할 수 있었다. **그의 친척들.** 그의 친족들. **가까운 친구들.** 그가 특별히 사랑하며 가까이 했던 사람들. 고넬료는 그들에게 생명의 말씀을 들을 기회를 주는 것이 그들에 대한 자신의 사랑을 가장 잘 표현하는 것이라고 생각했다. 어쩌면 그들이 여기에서 고넬료의 가까운 친구들이라고 언급된 것은 그들이 그와 함께 이방의 모든 우상 숭배를 버리고 살아 계신 참 하나님을 섬기는 자들이 되었기 때문이었는지도 모른다.

25. 마침 베드로가 들어올 때에 고넬료가 맞아 발 앞에 엎드리어 절하니.

베드로가 들어올 때에 고넬료가 맞아. 베드로가 고넬료의 집에 들어오자, 고넬료는 급히 그를 맞이했다. **발 앞에 엎드리어 절하니(worshipped).** 고넬료는 최고로 겸비한 자세로 베드로의 발 앞에 엎드려 절했다. 그러나 그는 베드로를 하나님으로 생각할 수 없었다. 그러므로 그가 베드로에게 신적 경배를 드린 것은 결코 아니었다. 그는 이미 이방인들의 우상 숭배를 버린 사람이었다. 다만 아마도 그는 여기에서 베드로를 천사 정도로 생각하고 그에 따른 경배를 하고자 했던 것으로 보인다.

26. 베드로가 일으켜 이르되 일어서라 나도 사람이라 하고.

베드로는 고넬료가 자신에게 행하는 태도를 지나친 것으로 생각했다. 그리하여 그를 나무라면서 자신 역시도 그와 마찬가지로 사람일 뿐이라고 말한다. 사람은 경배할 자이지 결코 경배를 받을 자가 아니다. 베드로는 자신에게 과도한 존귀가 돌려지는 것을 그대로 묵과할 수 없었다.

27. 더불어 말하며 들어가 여러 사람이 모인 것을 보고.

더불어 말하며 들어가. 그들은 서로 이야기하며 집 안으로 들어갔다. 그들이 그렇게 빨리 한마음으로 화합하게 된 것은 하나님의 선하심으로 말미암은 것이었다. 그들은 하나님이 모든 일을 인도하고 계셨음을 인정하지 않을 수 없었다.

28. 이르되 유대인으로서 이방인과 교제하며 가까이 하는 것이 위법인 줄은 너희도 알거니와 하나님께서 내게 지시하사 아무도 속되다 하거나 깨끗하지 않다 하지 말라 하시기로.

하나님 자신이 자기 백성들과 다른 민족들, 유대인들과 이방인들 사이를 나누는 장벽을 세우셨다. 그러므로 유대인들은 하나님 자신의 명령에 따라 이방인들과 친밀한 교제를 가져서는 안 되었다. 특별히 그들은 이방인들과 더불어 혼인해서는 안 되었다. 나아가 그러한 장벽을 더욱 두텁게 만든 것은 유대인 자신들이었다. 그들은 이방인들과 더불어 음식을 함께 먹는다든지 혹은 그들의 집에 들어가는 것을 위법으로 규정했다. 그러므로 이 일 역시도 나중에 베드로가 비난의 대상이 되는 빌미가 되었다(행 11:3). 깨끗하지 않다. 혹은 부정하다. 이제는 아무도 외적인 부정함에 의해 ── 예컨대 할례를 받지 않았다든지 혹은 황소의 피로 뿌림을 받지 않았다는 이유로 ── 부정해지지 않는다(히 9:13). 다만 죄가 인류 전체를 더럽게 했다. 그들은 모두 본성적으로 도덕적으로 부정하다.

29. 부름을 사양하지 아니하고 왔노라 묻노니 무슨 일로 나를 불렀느냐.

사양하지 아니하고. 혹은 지체하지 아니하고. 묻노니 무슨 일로 나를 불렀느냐. 부분적으로 환상과 그에 대한 해석으로 말미암아 또 부분적으로 고넬료가 보낸 사자들을 통해, 베드로는 자신이 이곳에 온 목적을 대략적으로 알고 있었다. 그럼에도 불구하고 여기와 같은 베드로의 질문은 꼭 필요한 질문이었다. 그것은 고넬료로 하여금 그의 친척과 친구들에게 그가 베드로를 부른 목적을 다시금 분명하게 알릴 기회를 줄 것이었다.

30. 고넬료가 이르되 내가 나흘 전 이맘때까지 내 집에서 제 구 시 기도를 하는데 갑자기 한 사람이 빛난 옷을 입고 내 앞에 서서.

나흘 전 이맘때까지 기도를 하는데. "Four days ago I was fasting until this hour" 즉 나흘 전 이맘때까지 금식을 하는데. 이것은 고넬료가 자신이 얼마나 오랫동안 금식했는지를 자랑하기 위해 한 말이 아니었다. 다만 그는 베드로에게 자신이 나흘 전 금식하는 동안 환상을 보았음을 말하고자 했을 뿐이다. 제 구 시. 오후 3시. 이 시간은 저녁 제사를 드리는 시간이었다. 사도행전 3:1을 보라. 한 사람. 사람의 모양을 하고 있었지만 실제로는 천사였다(3절). 빛난 옷을 입고. 천사들이 빛나는 혹은 흰 옷을 입고 나타난 이유를 위해서는 사도행전 3:1을 보라.

31. 말하되 고넬료야 하나님이 네 기도를 들으시고 네 구제를 기억하셨으니.

구제. 4절을 보라.

32. 사람을 욥바에 보내어 베드로라 하는 시몬을 청하라 그가 바닷가 무두장이 시몬의 집에 유숙하느니라 하시기로.

이러한 말을 위해서는 5-6절을 보라. 이와 같은 말로 고넬료는 서로 알지 못하는 사이임에도 불구하고 자신이 베드로를 청한 이유를 설명하면서 동시에 베드로로 하여금 그가 말하고자 하는 메시지를 거리낌 없이 말하도록 격려한다.

33. 내가 곧 당신에게 사람을 보내었는데 오셨으니 잘하였나이다 이제 우리는 주께서 당신에게 명하신 모든 것을 듣고자 하여 다 하나님 앞에 있나이다.

내가 곧 당신에게 사람을 보내었는데. 굶주린 사람은 양식을 얻기 위해 지체하지 않는다. 그와 같이 고넬료는 영혼의 양식을 얻을 수 있는 곳을 알자마자 즉시로 사람을 보냈다. 오셨으니 잘하였나이다. 이것은 베드로가 온 것을 합당한 일로 인정함과 함께 그에 대해 감사를 나타내는 표현이다. 하나님 앞에 있나이다. 마치 하나님이 우리를 내려다보고 계심을 아는 것처럼 또 그가 우리에게 요구하시는 것은 무엇이든 행할 준비가 되어 있는 것처럼, 우리는 당신의 말에 귀를 기울일 것이나이다. 바로 이것이 하나님의 말씀을 효과적으로 듣는 태도이다. 하나님 앞에 있지 않는 것처럼 혹은 하나님이 자신을 주목하지 않는 것처럼 행동하는 사람은 말씀을 듣든 무슨 일을 행하든 그것으로부터 아무 유익도 얻지 못한다.

34. 베드로가 입을 열어 말하되 내가 참으로 하나님은 사람의 외모를 보지 아니하시고.

입을 열어. 마태복음 5:2의 경우처럼, 이것은 중요한 것을 말할 때 종종 사용되는 표현이다. 하나님은 사람의 외모를 보지 아니하시고. 하나님은 어떤 사람이 유대인이라고 해서 그를 받으시지 않는다. 또 어떤 사람이 이방인이라고 해서 그를 멸시하시지도 않는다. 바울 역시도 자신이 받은 교육으로 말미암아 오랫동안 유대인들의 오류에 빠져 있었다. 그러나 하나님은 심지어 유대인들에게조차 자신은 "사람을 외모로 보지 않음"을 분명하게 선언하셨다(신 10:17). 이러한 개념은 신약에서 다시금 분명하게 확증된다(롬 2:11; 벧전 1:17). 이와 같이 우리의 외적 조건은 ― 우리가 부한 자든 가난한 자든 혹은 높은 자든 낮은 자든 ― 한쪽 측면에서 우리를 하나님에게로 이끌지도 못하고 다른 쪽 측면에서 우리를 하나님에게 나아가지 못하도록 방해하지도 못한다.

35. 각 나라 중 하나님을 경외하며 의를 행하는 사람은 다 받으시는 줄 깨달았도다.

하나님을 경외하며 의를 행하는. 여기의 두 표현은 각각 율법의 두 돌판을 준수하는 것을 함축한다. 하나님을 경외하는 것은 경건 즉 참된 하나님을 참되게 예배하는 것을 의미하며, 의를 행하는 것은 이웃에 대한 우리의 모든 의무를 포괄한다. 이러한 사람이 여기의 고넬료처럼 선하며 거룩한 사람이다.

36. 만유의 주 되신 예수 그리스도로 말미암아 화평의 복음을 전하사 이스라엘 자손들에게 보내신 말씀.

만유의 주 되신 예수 그리스도. 예수 그리스도는 단순히 유대인이나 혹은 어떤 한 백성의 주가 아니다. 그는 유대인뿐만 아니라 이방인들의 주요, 모든 민족들의 주다(마 28:19; 롬 3:29). 말씀. 하나님은 전에 선지자들을 통해 이스라엘에게 하나님과 ― 단순히 유대인뿐만 아니라 이방인까지 포함하여 ― 사람 사이의 화해의 말씀을 보내셨다. 하나님은 "가까운 데 있는 자들"(유대인들)과 마찬가지로 "먼 데 있는 자들"(이방인들)에게 평강을 반포하셨다(사 57:19). 구원이 단순히 유대인들에게만 제한되지 않는다는 사실을 그들은 멜기세덱과 욥과 나아만 등의 예를 통해 알 수 있었다(시 72:7-8; 사 49:6). 왜냐하면 그들은 모두 유대인이 아니었기 때문이다. 그러나 그러한 진리는 이제 더 분명해졌다. 하나님은 자신과 모든 나라들 사이의 이러한 평강을 차별 없이 선포하셨다. (1) 하나님은 그리스도로 말미암아 그리고 그의 인격 안에서 그것을 선포하셨다(마 8:11). 또 그리스도는 자신의 죽음으로 말미암아 모든 사람을 자신에게로 이끌 것이라고 말씀하셨다(요 12:32). (2) 이러한 평강은 오직 그리스도로 말미암아 혹은 그리스도를 통해 소유되는 것으로 천사들에 의해 선포되었다(눅 2:14). (3) 뿐만 아니라 그것은 모든 사도들과 복음 사역자들에 의해 선포되었다. 이방인들과 관련하여 사도 바울은 "이제는 전에 멀리 있던 너희가 그리스도 예수 안에서 그리스도의 피로 가까워졌느니라"라고 말한다(엡 2:13). 천하에 그리스도의 이름 외에 구원받을 만한 다른 이름이 없다는 것은 모든 사도들이 계속적으로 전파한 진리였다(행 4:12). 이제 헬라인과 유대인 사이에 아무런 차별도 없다. 다만 그리스도가 만유시요 만유 안에 계실 따름이다. "거기에는 헬라인이나 유대인이나 할례파나 무할례파나 야만인이나 스구디아인이나 종이나 자유인이 차별이 있을 수 없나니 오직 그리스도는 만유시요 만유 안에 계시니라"(골 3:11). 이와 같이 이러한 진리에 있어 구약과 신약, 그리고 선지자들과 사도들은 완전하게 조화된다.

37. 곧 요한이 그 세례를 반포한 후에 갈릴리에서 시작하여 온 유대에 두루 전파된 그것을 너희도 알거니와.

그들 모두는 풍문으로 복음의 메시지를 들었다. 왜냐하면 이미 그것이 널리 전파되어 있었기 때문이었다. 모든 사람들은 그리스도와 그의 사도들이 전파한 것을 알 수 있었다. 물론 그들이 가르친 세부적인 진리들에 대해서는 모를 수 있었다 하더라도 말이다. 요한이 그 세례를 반포한 후에. 요한은 약속된 엘리야로서 우리 주님의 선구자였다(말 4:5).

38. 하나님이 나사렛 예수에게 성령과 능력을 기름 붓듯 하셨으매 그가 두루 다니시며 선한 일을 행하시고 마귀에게 눌린 모든 사람을 고치셨으니 이는 하나님이 함께 하셨음이라.

하나님이 기름 붓듯 하셨으매. 그들의 왕들과 선지자들과 제사장들이 기름 부음을 받았다. 이와 같이 예수는 이 모든 직분들로 아버지에 의해 기름 부음을 받으셨다. 그리하여 그는 "기름 부음을 받은 자"를 의미하는 그리스도로 불렸다. 나사렛 예수. 베드로는 나사렛 예수란 이름을 부끄러워하지 않는다. 비록 거기에 경멸의 의미가 담겨 있었다 하더라도 말이다. 그는 그리스도의 십자가를 자랑했다. 성령과 능력으로. 그리스도는 하나님의 전능한 영과 그 능력으로 옷 입혀졌다. 두루 다니시며 선한 일을 행하시고. 우리 구주께서 행하신 모든 기적은 긍휼로 말미암아 이루어진 사역이었다. 그것은 사람들의 유익과 은택을 위한 것이었다. 그는 자신을 믿지 않는 자들을 멸하기 위해 기적을 행할 수 있었다. 실제로 그의 사도들은 사마리아인들을 멸하기 위해 하늘로부터 불을 내릴 수 있도록 허락해 달라고 요청하기까지 했다(눅 9:54). 그러나 그는 허락하지 않았다. 마귀에게 눌린 모든 사람을 고치셨으니. 우리 구주께서 마귀에게 눌린 자들을 고치신 것은 그가 마귀의 일을 멸하고 또 그를 사람들의 영혼으로부터 쫓아내기 위해 오셨음을 보이기 위함이었다. 만일 마귀에게 눌린 것이 그들을 그리스도께로 이끄는 방편이 되었다면, 결과적으로 그것은 복된 재앙이었다. 이는 하나님이 함께 하셨음이라. 하나님은 다음과 같은 방식으로 우리 구주와 함께 하셨다. (1) 기적을 행하는 그의 권능과 능력 안에서. (2) 그에 대한 특별한 사랑과 그의 기도를 들으심 안에서(마 3:17; 요 11:42). (3) 신성의 충만 안에서(골 2:9).

39. 우리는 유대인의 땅과 예루살렘에서 그가 행하신 모든 일에 증인이라 그를 그들이 나무에 달아 죽였으나.

우리는 증인이라. 그리스도께서 사도들을 택하신 것은 그들로 하여금 (1) 자신과 함께 다니며 (2) 자신이 행한 모든 일의 목격자가 되게 하기 위함이었다. 그를 그들이 죽였으나. 유대인들이 우리 구주를 죽인 것은 그들이 버림당한 것이 지극히 마땅함을 보여 준다. 그리스도를 배척한 그들은 이방인들이 부름 받는 것에 대해 불평할 수 없었다. 그러나 여기에서 우리는 우리를 죄와 지옥으로부터 구원하기 위해 우리 구주께서 얼마나 값비싼 대가를 치러야만 했는지를 주목할 필요가 있다. 그는 아브라함의 복이 우리에게 임하도록 하기 위해 우리를 위해 저주가 되셨다(갈 3:13-14; 신 21:23).

40. 하나님이 사흘 만에 다시 살리사 나타내시되.

그리스도의 십자가가 여기의 이방인들에게 거치는 것이 되지 않게 하기 위해, 베드로는 그의 죽음에 대한 언급에 이어 곧바로 부활에 대해 이야기한다. 그의 부활은 의심의 여지가 없는 일이었다. 그것은 완전하게 증명될 수 있는 방식으로 분명하게 나타났다. 부활 후 많은 사람들이 그를 보았으며, 그의 목소리를 들었으며, 그를 만졌다. 사도 요한이 "태초부터 있는 생명의 말씀에 관하여는 우리가 들은 바요 눈으로 본 바요 자세히 보고 우리의 손으로 만진 바라"라고 말한 것처럼 말이다(요일 1:1). 그리고 그는 부활로써 사망에 대한 자신의 승리를 나타냈다.

41. 모든 백성에게 하신 것이 아니요 오직 미리 택하신 증인 곧 죽은 자 가운데서 부활하신 후 그를 모시고 음식을 먹은 우리에게 하신 것이라.

모든 백성에게 하신 것이 아니요. 그리스도는 부활 후 악한 유대인들에게 더 이상 나타나지 않으셨다. 이제 그의 원수들은 그를 보는 것이 허락되지 않았다. 마찬가지로 그는 자신을 세상에 나타내지 않으셨다(요 14:22). **오직 증인들에게 하신 것이라.** 여기의 증인들은 사도들을 가리킨다. 그들은 하나님 자신에 의해 직접적으로 — 그리고 그 빈 자리는 하나님의 인도하심인 제비에 의해 — 선택된 자들이었다(행 1:24, 26). 여기의 은유는 당시 사람들을 어떤 직분에 선택할 때 사용했던 통상적인 방식으로부터 취한 것이다. **그를 모시고 음식을 먹은.** "Eat and drink with him" 즉 그와 함께 먹고 마신. 우리는 부활 후 우리 구주께서 마셨다는 이야기를 듣지 못한다. 그러나 그가 음식을 먹었다는 이야기나 그가 그들과 함께 음식을 준비했다는 등의 이야기 속에 그것, 즉 그가 마셨음이 충분하게 암시된다(눅 24:30, 42, 43; 요 21:12). 뿐만 아니라 성경에서 먹는 것은 종종 식사 과정 전체를 가리키는 것으로서 제시되기도 한다(마 15:2; 눅 7:36).

42. 우리에게 명하사 백성에게 전도하되 하나님이 살아 있는 자와 죽은 자의 재판장으로 정하신 자가 곧 이 사람인 것을 증언하게 하셨고.

우리 구주께서는 승천하기 전에 사도들에게 이와 같은 명령을 내리셨으며(마 28:19; 막 16:15; 눅 24:47), 또 그들이 그와 같은 명령을 수행할 것을 예언하셨다(행 1:8). **살아 있는 자.** 우리 주님이 심판을 위해 오실 때 살아 있는 자들(살전 4:15). **하나님이 재판장으로 정하신.** 성경은 여러 곳에서 하나님이 그리스도를 세상을 심판할 자로 세우셨음을 증언한다(요 5:26-27; 딤후 4:1; 벧전 4:5). 여기에서 베드로가 이와 같은 말을 하는 것은 그리스도의 부활과 이 세상에서의 그의 나라의 영광이 사람들의 완악함과 소경됨에 의해 가려져 있기 때문이었다. 하나님의 말씀을 듣는 모든 사람들은 그리스도가 자신을 심판할 것이라는 사실을 항상 기억해야 한다.

43. 그에 대하여 모든 선지자도 증언하되 그를 믿는 사람들이 다 그의 이름을 힘입어 죄 사함을 받는다 하였느니라.

우리 구주께서 사도들에게 말씀하신 것을 베드로는 여기에서 고넬료와 그의 무리들에게 전파한다. 여기의 메시지 즉 "그리스도를 믿는 사람들이 다 그의 이름을 힘입어 죄 사함을 받는" 진리는 모세에 의해 기록된 첫 약속, 즉 "여자의 후손이 뱀의 머리를 상하게 할" 것이라는 약속 안에 암시적으로 함축되어 있었다(창 3:15). 또 그것은 모든 세대를 통해 각 세대에 합당한 분량만큼 계속해서 계시되고 펼쳐졌다. 희생제사와 관련한 모든 의식법(儀式法) 역시도 바로 그것을 증언한다. 왜냐하면 그것에 의해 피 흘림이 없으면 죄 사함도 없다는 진리가 분명하게 나타났기 때문이다(히 9:22). 황소와 염소의 피가 죄를 제거할 수 없다는 것은 자연의 빛에 의해서도 분명하게 나타난다(히 10:4). 그의 이름을 힘입어. 우리는 우리 죄를 위해 죽으시고 우리를 의롭다하시기 위해 다시 살아나신 자로 인해 — 혹은 그의 공로 덕분에 — 죄 사함을 받는다(롬 4:25; 히 9:13-14).

44. 베드로가 이 말을 할 때에 성령이 말씀 듣는 모든 사람에게 내려오시니.

이와 같이 하여 하나님은 베드로가 말한 것을 확증하면서 동시에 베드로에게 여기의 이방인들의 회심이 참된 것임을 보여 주셨다. 성령이 말씀 듣는 모든 사람에게 내려오시니. 오순절 날 사도들에게 나타났던 불의 혀와 같은 것들이 여기에서 또다시 보이는 형상으로 나타났다(행 2:3). 이렇게 하여 그들의 마음 가운데 성령의 강력한 내적 능력이 나타났다. 베드로의 짤막한 설교는 얼마나 강력한 효과를 나타냈는가! 그때와 마찬가지로 오늘날에도 우리는 여호와의 손이 결코 짧지 않음을 발견한다.

45. 베드로와 함께 온 할례 받은 신자들이 이방인들에게도 성령 부어 주심으로 말미암아 놀라니.

할례 받은 신자들. 그들 자신이 할례를 받았을 뿐만 아니라 할례 받은 부모로부터 태어남으로 말미암아 할례자라고 불리는 사람들(갈 2:15). 이들은 이방인들의 부르심과 관련한 많은 예언들을 이해하지 못한 채 그리스도(메시야)는 오직 유대인들에게만 약속되었을 뿐이라고 생각했다. 그리하여 그들은 여기에서 이방인들에게 성령이 임하는 것을 보고 크게 놀라지 않을 수 없었다. 부어 주심. 이것은 성령이 그들에게 주어진 풍성한 분량을 표현한다.

46. 이는 방언을 말하며 하나님 높임을 들음이러라.

방언(tongues)을 말하며. 오순절 때처럼 여러 가지 언어들 혹은 낯선 언어들로 말하며(행 2:6).

47. 이에 베드로가 이르되 이 사람들이 우리와 같이 성령을 받았으니 누가 능히 물로 세례 베풂을 금하리요 하고.

여기의 반문(反問) 투의 표현은 그것이 의문의 여지가 없는 일임을 강조하기 위한 것이다. 베드로는 어느 누구도 이들이 세례 받는 것을 금할 수 없다고 단호히 말한다. 베드로는 이를테면 이렇게 논증하고 있는 것이다. "약속을 받은 그들은 당연히 약속의 증표를 가질 권리를 갖는다. 그들은 이미 내적인 증표를 가지고 있다. 그러므로 누구도 그들이 외적인 증표를 갖는 것을 반대해서는 안 된다."

48. 명하여 예수 그리스도의 이름으로 세례를 베풀라 하니라 그들이 베드로에게 며칠 더 머물기를 청하니라.

예수 그리스도의 이름으로. 즉 우리 구주의 이름으로. 이것은 그들이 우리 구주께서 명하신 바에 따라 세례를 받았음을 함축한다(마 28:19).

그들이 베드로에게 며칠 더 머물기를 청하니라. 여기에서 "그들"은 고넬료와 그가 초청한 그의 친척들과 친구들을 가리킨다. 그들의 간청에 베드로와 그와 함께 온 다른 사람들은 그곳에 머물면서 그들을 가르치며, 위로하며, 견고하게 세워 주었다. 이와 같이 하여 베드로는 할례 받지 않은 자들과의 친밀한 교제를 금하는 유대인들의 관습에 자신이 예속되지 않음을 분명하게 나타냈다.

제11장

개요

1. 베드로가 이방인들과 교제했다는 이유로 비난을 당함. 이에 베드로가 변론을 하자, 교회가 수긍하며 하나님께 영광을 돌림(1-18).
2. 복음이 베니게와 구브로와 안디옥까지 퍼짐(19-21).
3. 바나바가 안디옥으로 보냄을 받음. 그가 바울을 다소로부터 안디옥으로 데려옴. 두 사람이 안디옥에서 많은 사람들을 가르치고, 거기에서 제자들이 처음으로 그리스도인이라 불림(22-26).
4. 아가보가 흉년을 예언함. 안디옥의 제자들이 바나바와 바울을 통해 유대의 형제들에게 부조를 보냄(27-30).

1. 유대에 있는 사도들과 형제들이 이방인들도 하나님의 말씀을 받았다 함을 들었더니.

형제들. 한 하나님을 아버지로 삼고 한 교회를 어머니로 삼은, 그리고 같은 성령으로 말미암아 태어나고 같은 하나님의 말씀의 젖을 먹는 나머지 신자들. 이방인들도 하나님의 말씀을 받았다. 이것은 육체를 따라 아브라함의 자손이 된 그들에게 가장 믿을 수 없는 일이었다. 믿음으로 말미암아 아브라함의 자손이 되는 — 그리고 그의 모든 약속을 유산으로 상속받는 — 신비는 그들에게 매우 낯선 것이었다. 그들은 이방인들을 바울 사도가 에베소서 2:12에서 묘사한 것처럼 "소망도 없고 하나님도 없는" 가장 절망적인 사람들로 간주했다. 그러므로 그들에게 있어 그와 같은 생각이 바뀌는 것은 정말로 어려운 일이었다.

2. 베드로가 예루살렘에 올라갔을 때에 할례자들이 비난하여.

할례자들. 이들은 그리스도에 대한 믿음을 어느 정도 공유하기는 하지만 그러나 이방인들을 교회 안으로 받아들이는 것에 대해서는 반대하는 유대인들이었다. 이들은 나중에 베드로의 말을 듣고 수긍하게 될 때까지 이방인들과 교제하는 것에 대해 큰 반감을 가지고 있었다.

3. 이르되 네가 무할례자의 집에 들어가 함께 먹었다 하니.

그들은 베드로가 장로의 유전을 거슬러 이방인들과 더불어 친밀한 교제를 나눈 것에 대해 강한 반론을 제기했다. 사도행전 10:28을 보라. 그들은 그것을 매우 악독한 일로 간주했다.

4. 베드로가 그들에게 이 일을 차례로 설명하여.

여기의 위대한 사도는 스스로를 그들 가운데 가장 작은 자처럼 낮추면서 자신이 행한 일과 그렇게 한 이유를 설명한다.

5. 이르되 내가 욥바 시에서 기도할 때에 황홀한 중에 환상을 보니 큰 보자기 같은 그릇이 네 귀에 매어 하늘로부터 내리어 내 앞에까지 드리워지거늘.

이것을 위해서는 앞 장에 이야기 전체를 읽어 보라. 내가 환상을 보니. 그가 본 환상은 그에게 큰 깨달음과 함께 그가 어떻게 행동해야 할지를 가르쳐 주었다.

6. 이것을 주목하여 보니 땅에 네 발 가진 것과 들짐승과 기는 것과 공중에 나는 것들이 보이더라.

주목하여 보니. 큰 관심을 가지고 마음을 집중하여 보니. 이와 같이 하나님은 그 환상이 그에게 강렬한 인상을 끼치도록 역사(役事)하셨다.

7. 또 들으니 소리 있어 내게 이르되 베드로야 일어나 잡아 먹으라 하거늘.

그는 이제 그것들을 아무 차별 없이 식용(食用)으로 사용할 수 있었다.

8. 내가 이르되 주님 그럴 수 없나이다 속되거나 깨끗하지 아니한 것은 결코 내 입에 들어간 일이 없나이다 하니.

여기에서 베드로는 자신이 의식적(儀式的)으로 의로운 삶을 살았음을 고백한다. 그렇다고 해서 그가 그로 인해 스스로를 의롭다고 생각한 것은 결코 아니었다. 결코 내 입에 들어간 일이 없나이다. 악에 대하여 그는 그 모양까지도 삼갔다.

9. 또 하늘로부터 두 번째 소리 있어 내게 이르되 하나님이 깨끗하게 하신 것을 네가 속되다고 하지 말라 하더라.

베드로에게 같은 말이 두 번 반복된 것은 그와 다른 사람들에게 그 일이 의심의 여지가 없는 일임을 좀 더 확실하게 하기 위함이었다. 왜냐하면 그것은 그들에게 매우 이상한 일이었기 때문이었다. 어쩌면 이런 이유로 누가도 이것을 두 번 기록했는지 모른다.

10. 이런 일이 세 번 있은 후에 모든 것이 다시 하늘로 끌려 올라가더라.

이런 일이 세 번 있은 후에. 이것 역시 같은 이유 때문이었다. 이렇게 함으로써 하나님은 그토록 오랫동안 감추어져 왔던 "이방인들을 부르는 신비"를 좀 더 분명하게 나타낼 수 있으셨다. 모든 것이 다시 하늘로 끌려 올라가더라. 그 모든 것은 하늘로부터 내려왔다가 다시 하늘로 끌려 올라갔는데, 그것은 이방인들을 그곳으로 데려가는 것을 상징적으로 보여 준다.

11. 마침 세 사람이 내가 유숙한 집 앞에 서 있으니 가이사랴에서 내게로 보낸 사람이라.

이와 같이 세 사람은 생명의 도에 관한 가르침을 얻기 위해 먼 길을 마다하지 않고 왔다.

12. 성령이 내게 명하사 아무 의심 말고 함께 가라 하시매 이 여섯 형제도 나와 함께 가서 그 사람의 집에 들어가니.

이 여섯 형제도 나와 함께 가서. 이들도 같은 사실을 증언하게 될 것이었다. 많은 사람들의 입으로부터 나온 증언은 그만큼 더 강한 힘을 갖는다. 그 사람의 집에 들어가니. "그 사람"은 고넬료를 가리킨다. 베드로는 지금 그의 집에 들어가 그와 더불어 교제를 나눈 것으로 인해 촉발된 논쟁 가운데 스스로를 변론하고 있었다.

13. 그가 우리에게 말하기를 천사가 내 집에 서서 말하되 네가 사람을 욥바에 보내어 베드로라 하는 시몬을 청하라.

천사. 그는 사람의 모양을 하고 있었으며, 그렇기 때문에 앞 장에서는 사람으로 지칭되었다(10:30).

14. 그가 너와 네 온 집이 구원 받을 말씀을 네게 이르리라 함을 보았다 하거늘.

하나님은 천사를 통해 만일 고넬료가 환상에 순종하여 베드로를 청하기 위해 사람을 보낸다면 베드로가 와서 그와 그의 친척들과 친구들의 구원을 위해 반드시 알아야만 하는 것들을 말해 줄 것이라고 약속하셨다. 그는 전에 노아의 일곱 가지 계명을 지키는 "문의 개종자"였다. 그러나 이제 그리스도께서 오셔서 세상에 전파되셨다. 이제 그를 통하는 것 외에 구원에 이르는 다른 길은 없다.

15. 내가 말을 시작할 때에 성령이 그들에게 임하시기를 처음 우리에게 하신 것과 같이 하는지라.

내가 말을 시작할 때에. 베드로가 말하는 동안. 성령이 그들에게 임하시기를. 성령은 오순절 날 사도들에게 임하셨던 것처럼 불의 혀와 같은 보이는 모습으로 그리고 특별히 방언의 은사(gift of tongues)와 함께 고넬료와 그의 무리에게 임했다(2:4). 그리하여 고넬료와 그의 무리는 다른 사람들에게 구원의 길을 가르쳐 주기 위해 그들이 가장 잘 이해할 수 있는 언어로 말할 수 있는 능력으로 옷 입혀졌다.

16. 내가 주의 말씀에 요한은 물로 세례를 베풀었으나 너희는 성령으로 세례를 받으리라 하신 것이 생각났노라.

주의 말씀. 그리스도의 말씀. 그러나 여기의 말씀은 복음서에서 세례 요한 자신에 의해 말하여진 것으로 나타난다(마 3:11; 막 1:3). 그러나 둘 사이에 실제로 아무런 차이도 없다. 그 이유는 다음과 같다. 첫째로 만일 그리스도의 어떤 제자가 그리스도의 이름으로 무엇인가를 말했다면, 그것은 실제로 그리스도 자신이 말씀하신 것과 마찬가지이기 때문이다. 그러나 무엇보다도 둘째로 그것이 실제로 세례 요한에 의해 말하여졌다 하더라도, 우리 주님 역시도 똑같이 그것을 말씀하셨기 때문이다. "요한은 물로 세례를 베풀었으나 너희는 몇 날이 못되어 성령으로 세례를 받으리라"(행 1:5). 근본적인 차이는 외적인 세례와 성령의 내적 세례 사이의 차이이다. 전자는 사람에 의해 시행되는 세례이며, 후자는 마치 불처럼 우리로부터 죄의 찌꺼기를 강력하게 분리시키는 세례이다. 성령으로. 성령의 특별한 은사들과 함께.

17. 그런즉 하나님이 우리가 주 예수 그리스도를 믿을 때에 주신 것과 같은 선물을 그들에게도 주셨으니 내가 누구이기에 하나님을 능히 막겠느냐 하더라.

베드로의 변론은 설득력이 매우 컸다. 은혜를 가진 자가 그러한 은혜의 증표를 갖는 것은 너무나 당연한 일이었다. 여기의 이방인들은 이미 내적인 세례를 가지고 있었다. 그런 그들에게 외적인 세례는 어떤 이유로도 거부될 수 없었다. 이미 내적인 세례를 받은 자들에게 외적인 세례를 거부하는 것은 결국 "하나님을 막는" 것이었다.

18. 그들이 이 말을 듣고 잠잠하여 하나님께 영광을 돌려 이르되 그러면 하나님께서 이방인에게도 생명 얻는 회개를 주셨도다 하니라.

그들이 잠잠하여. 그들은 이방인들과 교제하며 그들에게 세례를 베푼 일과 관련한 베드로의 변론에 완전하게 설득되었다. 결국 그가 행한 모든 일은 하나님으로부터 말미암은 일이었다. 그들은 그 일 가운데 하나님이 계셨음을 인정하지 않을 수 없었다. 하나님께서 이방인에게도 생명 얻는 회개를 주셨도다. 회개는 믿음을 비롯한 다른 은혜들과 마찬가지로 하나님의 선물이다(딤후 2:25). 하나님이 각성시켜 주시지 않는 한, 아무리 큰 죄도 사람의 마음에 진정한 슬픔을 가져다주지 못한다. 그것이 "생명 얻는 회개"로 불리는 것은 그것이 생명을 얻는 일에 선행(先行)하기 때문이다.

19. 그 때에 스데반의 일로 일어난 환난으로 말미암아 흩어진 자들이 베니게와 구브로와 안디옥까지 이르러 유대인에게만 말씀을 전하는데.

교회가 순교를 통해 자라는 것은 복음이 시작될 때부터 사실이었다. 스데반의 죽음과 함께 시작된 박해는 복음이 사방으로 흩어지는 큰 계기가 되었다. 이와 같이 모든 것이 합력하여 선을 이룬다. **베니게.** 두로 인근의 지역. **구브로.** 지중해에 있는 섬. **안디옥.** 수리아의 큰 도시. 여기의 말씀은 사도행전 8:4에 간략하게 언급된 것을 구체적으로 설명하면서 제자들이 어느 지역으로 흩어져 복음의 말씀을 전파했는지를 보여 준다. "그 흩어진 사람들이 두루 다니며 복음의 말씀을 전할새." 그들은 오직 유대인들에게만 복음을 전파했다. 그것은 이방인들의 부르심에 대해 아직까지 알지 못했기 때문이었다. 하나님은 그들에게 점진적으로 빛을 비추고 계셨다.

20. 그 중에 구브로와 구레네 몇 사람이 안디옥에 이르러 헬라인에게도 말하여 주 예수를 전파하니.

구브로와 구레네 몇 사람. 이들은 구브로와 구레네에서 태어났지만 그러나 예루살렘에서 거주하고 있었던 사람들이었다. 그러는 가운데 그들은 예루살렘에서 일어난 박해를 피해 안디옥으로 왔다. 이렇게 하여 안디옥은 이방인 그리스도인들의 예루살렘이 되었다. **헬라인에게도 말하여.** 흩어진 자들은 안디옥에서 사도행전 6:1에서 언급된 헬라파 사람들 즉 유대 지역 밖에서 태어난 히브리인들뿐만 아니라 이방인들 가운데에도 복음을 전파했다(알렉산더 시대 이래로 이방인들은 일반적으로 헬라인으로 통칭되었다; 그것은 그가 모든 나라들을 정복하여 헬라어를 공용하도록 만들었기 때문이었다). 이들은 우상 숭배를 버리고 참 하나님을 섬기는 자들로서 '세보메노이' 즉 "경건한 사람들"이라고 불렸다(우리는 사도행전 10:2에서 고넬료와 관련하여 그러한 표현을 발견한다). 이와 같이 하나님은 이방인들을 자신과 자신의 아들 예수 그리스도를 아는 지식으로 점진적으로 이끌고 계셨다. **주 예수를 전파하니.** 구원을 위해 절대적으로 필요한 것은 주 예수를 아는 것이다. 그리하여 바울은 주 예수 외에는 아무것도 알지 않기로 작정했다(고전 2:2).

21. 주의 손이 그들과 함께 하시매 수많은 사람들이 믿고 주께 돌아오더라.

주의 손. 이러한 표현은 하나님의 능력과 도우심과 일하심을 가리킨다. 손은 사람들이 일할 때 사용하는 지체 혹은 도구이다. 하나님의 손 혹은 일하심은 첫째로 그들이 행한 기적들 안에서, 그리고 둘째로 그러한 기적들로 말미암아 사람들이 회심한 것 안에서 분명하게 나타났다. 왜냐하면 기적만으로는 사람의 마음이 부드러워지지 않기 때문이다. 바로의 경우를 생각해 보라. 그의 마음은 수많은 기적들에도 불구하고 더욱 완고해졌다. **수많은 사람들이 믿고 주께 돌아오더라.** 믿음과 회심은 하나님의 손에 의해 만들어진다. 그러므로 그것은 그의 역사(役事)이다. 그러나 마음과 삶의 변화가 수반되지 않는 믿음은 헛된 믿음이다. 하나님이 하나 되게 하신 것을 사람이 나누어서는 안 된다.

22. 예루살렘 교회가 이 사람들의 소문을 듣고 바나바를 안디옥까지 보내니.

교회가 듣고. "Came unto the ears of the church" 즉 교회의 귀에 임하고. 이러한 용어법은 많은 사람들이 그리스도께 돌아왔다는 소식을 교회가 큰 기쁨으로 흔쾌히 들었음을 강조하기 위한 것으로 보인다. 바나바. 사도행전 4:36을 보라. 그는 하나님에 대한 사랑과 그리스도에 대한 참된 믿음의 증표로 자신의 모든 소유를 팔아 사도들의 발 앞에 두었다.

23. 그가 이르러 하나님의 은혜를 보고 기뻐하여 모든 사람에게 굳건한 마음으로 주와 함께 머물러 있으라 권하니.

하나님의 은혜. 그들의 회심 가운데 나타난 하나님의 은혜. 하나님의 은혜는 그들의 신앙 고백에 의해 분명하게 나타나고, 그들의 경건한 삶과 교제로 화답되었다. 이와 같이 하나님의 은혜의 결과로 교회에 구원받는 자들이 계속해서 더하여졌다. 기뻐하여. 하늘의 기쁨으로 기뻐하여(눅 15:7). 굳건한 마음으로. 견고하며 확고한 결심으로. 어떤 일이 생기든 그들은 그리스도의 진리에 대한 신앙 고백을 굳게 지켜야만 했다. 이것은 또한 "전심으로"와 같은 의미이다. 주와 함께 머물러 있으라. 하나님의 진리와 연합하라, 혹은 하나님의 진리를 붙좇으라.

24. 바나바는 착한 사람이요 성령과 믿음이 충만한 사람이라 이에 큰 무리가 주께 더하여지더라.

바나바는 여기에서 유대인들이 의로운 사람이라고 부르는 수준을 훨씬 뛰어 넘는 것으로 묘사된다. 유대인들이 의로운 사람이라고 부르는 사람은 이를테면 이웃에게 네 것은 네 것이요 내 것은 내 것이라고 말하면서 그들에게 악을 행하지 않는 사람을 가리킨다. 그러나 바나바는 착한(good) 사람으로서 자신의 모든 소유를 팔아 가난한 자들에게 줌으로써 자신의 것을 가난한 이웃들의 것으로 바꾸었다(행 4:37). 큰 무리가 주께 더하여지더라. 그의 말씀 전파와 함께 행해지는 그의 선행은 많은 사람들을 회심시키는 큰 도구가 되었다.

25. 바나바가 사울을 찾으러 다소에 가서.

사울. 혹은 바울. 사울과 바나바는 서로 친구 사이였다. 사울이 예루살렘에 왔을 때, 그를 사도들에게 데려간 사람은 바로 여기의 바나바였다(행 9:27). 또 여기에서 우리는 바나바가 그를 찾으러 다소로 가는 것을 보게 된다. 이렇게 하여 그들은 서로 동역하는 가운데 피차 권면하며 세워 줄 수 있게 되었다.

26. 만나매 안디옥에 데리고 와서 둘이 교회에 일 년간 모여 있어 큰 무리를 가르쳤고 제자들이 안디옥에서 비로소 그리스도인이라 일컬음을 받게 되었더라.

둘이 교회에 일 년간 모여 있어. 하나님의 일을 위해 두 사람은 자주 모였다. 바로 이것이 안디옥에서 복음이 흥왕하게 된 큰 이유였다. 제자들이 안디옥에서 비로소 그리스도인이라 일컬음을 받게 되었더라. 세상이 계속되는 동안 안디옥의 이름은 사라지지 않을 것이다. 왜냐하면 여기에서 처음으로 그리스도의 깃발이 공개적으로 나부끼기 시작했기 때문이다. 그리스도인이라는 이름은 그들 자신이 스스로 부여한 이름도 아니었고, 기독교를 대적하는 원수들에 의해 부여된 이름도 아니었다. 도리어 기독교를 대적하는 원수들은 그들을 경멸의 의미를 담아 나사렛인들(Nazarenes) 혹은 갈릴리인들(Galileans)이라고 불렀다. 그러나 하나님은 그리스도의 제자들이 그리스도인으로 일컬어지도록 인도하셨다. 그것은 우리가 누구로부터 배우며 가르침을 받는지를 분명하게 나타냄과 함께(마치 그리스인들 사이에서 예컨대 플라톤인들[Platonists] 혹은 피타고라스인들[Pythagoreans] 등과 같이 학생들이 선생의 이름과 연결되어 불렸던 것처럼), 우리에게 우리의 기름 부음을 일깨워 주기 위함이었다(왜냐하면 그리스도인들은 기름 부음 받은 자들이기 때문에, 요일 2:27).

27. 그 때에 선지자들이 예루살렘에서 안디옥에 이르니.

여기에 "선지자들"이라고 일컬어지는 사람들은 미래에 있을 일을 미리 예언하는 능력을 부여받은 사람들이었다. 그것은 그와 같은 특별한 상황에서 하나님이 몇몇 사람들에게 주신 은사였다(엡 4:11). 그러한 은사로써 그들은 여기의 경우처럼 교회의 유익을 위해 미래에 일어날 일들을 미리 예언했다.

28. 그 중에 아가보라 하는 한 사람이 일어나 성령으로 말하되 천하에 큰 흉년이 들리라 하더니 글라우디오 때에 그렇게 되니라.

성령으로. 성령으로부터의 확고함으로. 아가보가 흉년을 예언한 것은 점성술이나 혹은 다른 방법들로 말미암은 것이 아니라 성령의 은사로 말미암은 것이었다. 미래의 일을 예언하는 것은 오직 하나님만의 특권이다(사 41:22, 23). 글라우디오 때에 그렇게 되니라. 여기의 흉년은 수에토니우스와 다른 이교도 저술가들에 의해서도 언급되었다. 그러나 그들 사이에 약간의 시차(時差)가 있는데, 그것은 아마도 글라우디오 때에 여러 차례 흉년이 있었기 때문이거나 아니면 하나의 흉년이 몇 해 동안 계속되었기 때문일 것이다. 어쨌든 여기에서 하나님은 과거 요셉을 통해 그렇게 하셨던 것처럼 비슷한 예언을 통해 자신의 교회를 미리 준비시키셨다. 하나님은 교회를 보존하기 위해 자신의 전지(全知)하심을 사용하신다.

29. 제자들이 각각 그 힘대로 유대에 사는 형제들에게 부조를 보내기로 작정하고.

각각 그 힘대로. 제자들은 각자의 분량대로 형제들에게 기꺼이 도움을 베풀고자 했다. 우리 역시도 우리가 가진 것으로 혹은 우리가 할 수 있는 것으로 형제들에게 도움을 베풀어야 한다(눅 11:41). 유대에 사는 형제들. 유대의 형제들은 유대인들의 박해와 적의(敵意)로 말미암아 매우 궁핍한 상태에 있었다. 이와 관련하여 바울은 마게도냐와 아가야 신자들이 예루살렘의 형제들을 위해 기쁘게 연보를 했노라며 그들을 칭찬했다. "이제 내가 성도를 섬기는 일로 예루살렘에 가노니 이는 마게도냐와 아가야 사람들이 예루살렘 성도 중 가난한 자들을 위하여 기쁘게 얼마를 연보하였음이라"(롬 15:25, 26).

30. 이를 실행하여 바나바와 사울의 손으로 장로들에게 보내니라.

장로들에게. 사도들에게, 혹은 (만일 그들이 예루살렘으로부터 떠났다면) 교회들의 지도자들에게. 당시 흉년은 유대 지역 전역에 걸쳐 일어났다. 그러므로 예루살렘 교회 외에 다른 교회들도 여기의 부조(扶助)를 받는 일에 참여했을 가능성이 매우 높다.

제12장

개요

1. 헤롯이 그리스도인들을 박해하는 가운데 야고보를 죽이고 베드로를 옥에 가둠. 교회의 기도로 베드로가 천사에 의해 구원을 받음(1-19).
2. 헤롯이 오직 하나님께만 합당한 영광을 스스로 취하다가 천사로부터 침을 받고 비참하게 죽음(20-23).
3. 그가 죽은 후 하나님의 말씀이 흥왕하여짐(24).
4. 바나바와 사울이 안디옥으로 돌아옴(25).

1. 그 때에 헤롯 왕이 손을 들어 교회 중에서 몇 사람을 해하려 하여.

성경에서 우리는 여러 명의 헤롯을 발견한다. 그들은 모두 대 헤롯(Herod the Great)의 가문에 속한 사람들이었다. 그는 베들레헴에서 두 살 이하의 어린아이들을 살육한 사람으로서 헤콜로니타(Hecolonita)라고 불린다. 또 한 사람의 헤롯은 세례 요한의 목을 베고 우리 구주를 조롱한 안디바(Antipas)라 불리는 헤롯이다. 한편 여기의 헤롯은 아그립바(Agrippa)라고 불리는 자로서, 아리스도불로의 아들 혹은 조카면서 동시에 우리가 사도행전 25:26에서 읽는 아그립바의 아버지이다. 여기의 헤롯은 특별히 교회의 몇몇 지도자들을 죽이기도 하고, 추방시키기도 하고, 태형을 가하기도 했다.

2. 요한의 형제 야고보를 칼로 죽이니.

야고보는 특별히 예루살렘 교회를 보살폈던 사도였다. 그는 우레(혹은 보아너게)의 아들들 가운데 한 사람으로서, 가장 유명한 사도들 가운데 한 사람이었다. 그는 매우 진지하며 열정적으로 복음을 전파했으며, 그랬기 때문에 헤롯으로부터 더욱 미움을 받았다. 그리하여 우리 구주께서 그에게 "네가 내 잔을 마실" 것이라고 말씀하신 것이 여기에서 이루어졌다(마 20:23). 성경에 또 다른 야고보가 나타나는데, 그는 야고보서를 기록한 사람으로서 작은 야고보(James the Less)라고 일컬어지는 사람이다.

3. 유대인들이 이 일을 기뻐하는 것을 보고 베드로도 잡으려 할새 때는 무교절 기간이라.

대 헤롯의 모든 자손들은 그의 모범을 따라 ── 옳은 일이든 그른 일이든 상관없이 ── 첫째로는 로마의 황제를 기쁘게 하려고 했고, 다음으로는 유대인들을 만족시키고자 했다. 무교절 기간. 혹은 유월절 기간. 이 절기는 8일 동안 계속되었다. 하나님은 베드로를 보호하기 위해 헤롯의 외식(外飾)을 사용하셨다(왜냐하면 그가 무교절 절기를 지킨 것은 경건으로 말미암은 것이 아니었기 때문이다). 헤롯은 베드로의 죽음으로 인해 군중들 사이에서 폭동이 일어날 것을 두려워했다. 그래서 그는 베드로를 죽이는 일을 뒤로 미루었다. 그러나 유대인들의 악독함은 극에 달했다. 사랑과 평강의 하나님을 예배하는 무교절 절기였음에도 불구하고, 그들은 그리스도와 그의 사도들에 대한 적의(敵意)로 광분했다.

4. 잡으매 옥에 가두어 군인 넷씩인 네 패에게 맡겨 지키고 유월절 후에 백성 앞에 끌어 내고자 하더라.

군인 넷씩인 네 패에게. 베드로를 지키기 위해 16명의 병사들이 동원되었다. 유대인들은 하룻밤을 넷으로 나누었으며, 로마인들은 경계 근무를 위해 한 번에 네 명의 병사를 세웠다. 네 명 가운데 두 명은 죄수와 함께 있고, 나머지 두 명은 문을 지키며 서 있었다. 특별히 베드로와 함께 있었던 두 병사는 그를 좀 더 안전하게 지키기 위해 쇠사슬로 그와 자신들을 함께 결박했다. 특별히 여기에서 그렇게 한 것은 그가 행한 기적들과 그가 전에 천사에 의해 옥으로부터 구원된 것을 듣고 더욱 경계를 강화하기 위한 것이었을 것이다(행 5:19). 유월절. 어린 양이 죽임을 당한 바로 그 날. 유대인들은 그 날의 기쁨을 가리지 않기 위에 그 날에는 어떤 사람도 죽이지 않았다. 백성 앞에 끌어내고자 하더라. 헤롯은 백성들로 하여금 원하는 대로 행하도록 하기 위해 유월절 후에 베드로를 그들 앞에 끌어내고자 했다.

5. 이에 베드로는 옥에 갇혔고 교회는 그를 위하여 간절히 하나님께 기도하더라.

이에 베드로는 옥에 갇혔고. 헤롯은 베드로를 백성들에게 희생제물로 내어줄 때까지 옥에 가두었다. 교회는 기도하더라. 가련한 그리스도인들이 가진 유일한 도움 혹은 소망은 기도였다. 어떤 병사도 기도가 하늘로 올라가는 것을 가로막을 수 없었다. 간절히. "Without ceasing" 즉 그침이 없이. 그들은 잠시도 쉬지 않고 계속해서 오랫동안 기도했다. 또 그들은 영혼의 모든 힘을 기울여 간절하며 뜨겁게 기도했다. 그들은 베드로와 함께 자신들도 갇힌 것처럼 갇힌 자를 위해 기도했다(히 13:3).

6. 헤롯이 잡아 내려고 하는 그 전날 밤에 베드로가 두 군인 틈에서 두 쇠사슬에 매여 누워 자는데 파수꾼들이 문 밖에서 옥을 지키더니.

잡아 내려고 하는. 죽이려고 하는. 그 전날 밤. 그 밤은 하나님이 이스라엘을 애굽으로부터 건져낸 것을 기념하는 바로 그 밤이었다. 둘(즉 이스라엘과 베드로) 모두 극한적인 상황에 도달했을 때, 하나님이 구원의 놀라운 일을 행하셨다. 베드로가 누워 자는데. 무죄한 자는 이런 상황에서도 편안히 잠을 자며, 선한 양심을 가진 자는 하나님의 섭리를 묵묵히 따른다. 하나님은 선한 양심을 가진 자의 친구이다. 하나님이 우리를 위하시면 누가 우리를 대적하리요! 두 쇠사슬에 매여. 4절을 보라. 아마도 한 쇠사슬은 베드로의 오른손과 한 병사의 왼손에 매여 있었을 것이고, 또 한 쇠사슬은 베드로의 왼손과 다른 병사의 오른손에 매여 있었을 것이다. 그들은 죄수를 좀 더 안전하게 지키기 위해 종종 이런 방법을 사용했다. 이와 같이 박해자들은 베드로를 반드시 죽이기 위해 모든 방법을 다 동원했다. 그러나 어떤 방법도 하나님이 구원하실 자를 효과적으로 지킬 수 없었다.

7. 홀연히 주의 사자가 나타나매 옥중에 광채가 빛나며 또 베드로의 옆구리를 쳐 깨워 이르되 급히 일어나라 하니 쇠사슬이 그 손에서 벗어지더라.

주의 사자. "The angel of the Lord" 즉 주의 천사. 그의 역할은 "구원받을 상속자들을 위하여 섬기는" 것이다(히 1:14). 나타나매. 그는 누가복음 2:9처럼 예기치 못하게 갑자기 나타났다. 주의 영광이 그들을 두루 비추매. "A light shined in the prison" 즉 빛이 옥에 비추매. 여기에 이 빛이 천사의 찬란한 몸으로부터 나온 것인지 아니면 다른 어떤 원인으로부터 나온 것인지 여부는 언급되지 않는다. 그러므로 우리에게 있어 그것을 아는 것은 꼭 필요한 일이 아니다. 그러나 그 빛은 오직 베드로에게만 비추었으며, 그를 지키는 병사들은 여전히 어둠 가운데 있었다. 마치 불기둥이 오직 이스라엘 백성들에게만 비추었던 것처럼 말이다. 베드로의 옆구리를 쳐 깨워. 하나님은 깊이 잠든 베드로의 옆구리를 쳐 깨우셨다. 이와 같이 하나님은 당신의 섭리로 말미암아 당신의 모든 백성들을 보존하며 지키신다. 쇠사슬이 그 손에서 벗어지더라. 어떤 쇠사슬도 하나님이 자유케 하고자 하는 자를 결박할 수 없다. 하나님이 개입하실 때, 모든 것은 그 힘을 잃는다.

8. 천사가 이르되 띠를 띠고 신을 신으라 하거늘 베드로가 그대로 하니 천사가 또 이르되 겉옷을 입고 따라오라 한대.

띠를 띠고. 당시 유대인들은 긴 옷을 입었으므로 띠를 띤 연후에야 비로소 어떤 일을 할 수 있었다. 이와 같이 예레미야도 하나님의 일을 위해 보냄을 받을 때 띠를 띠라고 명령을 받았다(렘 13:1). 신을 신으라. 그들은 가죽을 끈으로 묶어서 신으로 삼았다. 겉옷. 제일 바깥에 입는 옷. 오늘날 우리의 외투나 망토에 해당된다. 이와 같이 하나님은 기적을 통해 자기 백성들을 구원하실 때조차 그들을 필요한 것들로 준비시키신다.

9. 베드로가 나와서 따라갈새 천사가 하는 것이 생시인 줄 알지 못하고 환상을 보는가 하니라.

베드로에게 지금 일어나고 있는 일은 너무도 갑작스럽고 불가사의한 일이었다. 그 일은 그를 어리둥절하게 만들었으며, 그에게 너무나 믿을 수 없는 일로 보였다. 그것은 그가 하나님의 능력을 의심했기 때문이 아니었다. 다만 자신이 지금 그리스도의 이름으로 고난 받고 있다고 여겼기 때문에 그러한 구원을 전혀 기대하지 않았기 때문이었다. 그리하여 그 일이 일어났을 때, 그는 마치 꿈꾸는 것 같았다. 마치 시편 126:1의 경우처럼 말이다. "여호와께서 시온의 포로를 돌려 보내실 때에 우리는 꿈꾸는 것 같았도다." 이와 같이 하나님은 자기 백성들을 극한의 상태에서 건져 내심으로써 그의 구원을 더욱 놀라운 것으로 만든다.

10. 이에 첫째와 둘째 파수를 지나 시내로 통한 쇠문에 이르니 문이 저절로 열리는지라 나와서 한 거리를 지나매 천사가 곧 떠나더라.

파수. 경계를 위한 초소. 시내로 통한 쇠문. 감옥으로부터 성 안으로 통하는 제일 바깥 문. 감옥 자체가 성 밖에 있었던 것은 아니었다. 문이 저절로 열리는지라. 하나님은 적절한 때와 적절한 장소에서 일련의 기적들을 행하셨다. 그는 그 모든 일을 한꺼번에 행하실 수 있으셨다. 그는 베드로가 첫째 파수와 둘째 파수를 지날 때 미리 쇠문을 열어 두실 수 있으셨다. 그러나 하나님이 그때그때 행하시는 일을 목격하는 것이 베드로에게 있어 훨씬 더 유익할 것이었다.

11. 이에 베드로가 정신이 들어 이르되 내가 이제야 참으로 주께서 그의 천사를 보내어 나를 헤롯의 손과 유대 백성의 모든 기대에서 벗어나게 하신 줄 알겠노라 하여.

베드로가 정신이 들어. 베드로는 어리둥절한 상태로부터 마침내 제정신으로 돌아왔다. 자신이 보고 들은 것을 스스로 되새겨 볼 수 있게 되었을 때, 그는 자신의 구원이 실제적이며 완전한 구원임을 알게 되었다. 벗어나게 하신. 야고보에게 그랬던 것처럼 그를 죽이려고 결심했던 헤롯으로부터(2절), 그리고 헤롯의 결심을 알고 그대로 이루어지기를 간절히 바랐던 백성들의 기대로부터.

12. 깨닫고 마가라 하는 요한의 어머니 마리아의 집에 가니 여러 사람이 거기에

모여 기도하고 있더라.

옥으로부터 나온 베드로는 거리를 걸으면서 자신이 빠져 있었던 큰 위험과 그러한 상태로부터 건져 주신 하나님의 선하심에 대해 생각했다. 우리는 어디에서든 하나님의 은혜를 생각하며 묵상할 수 있다. 마가. 어떤 사람들은 여기의 마가가 마가복음을 기록한 바로 그 마가라고 생각한다. 요한의 어머니. 여기의 여인은 그 아들의 이름을 따라 "요한의 어머니"로 일컬어진다. 여기에서 우리는 아들로 인해 후세에 알려지고 기억되게 된 실례(實例)를 발견한다. 이와 같은 지혜로운 아들은 어머니를 기쁘게 한다. "지혜로운 아들은 아비를 기쁘게 하거니와 미련한 아들은 어미의 근심이니라"(잠 10:1). 여러 사람이 거기에 모여. 이러한 박해의 시대에 그리스도인들은 소규모로 은밀하게 모였다. 아마도 여기의 모임은 공식적인 모임이 아니라 사적인 모임이었던 것으로 보인다. 왜냐하면 거기에 17절에 나타나는 것처럼 야고보와 다른 형제들은 없었기 때문이었다.

13. 베드로가 대문을 두드린대 로데라 하는 여자 아이가 영접하러 나왔다가.

대문. 이것은 집의 현관으로 향하는 제일 바깥쪽 문이었다. 여자 아이가 영접하러 나왔다가. 그들은 갑자기 군병들이 들이닥치는 것을 두려워하여 경계를 위해 한 사람을 세워 두었다. 여기의 신자들은 큰 두려움에도 불구하고 하나님을 예배하며 자신들의 지도자의 안전을 위해 기도하기 위해 모든 위험을 무릅쓰고 기꺼이 모였다.

14. 베드로의 음성인 줄 알고 기뻐하여 문을 미처 열지 못하고 달려 들어가 말하되 베드로가 대문 밖에 섰더라 하니.

기뻐하여 문을 미처 열지 못하고. 그녀는 너무나 기쁜 나머지 어떻게 해야 할지를 알지 못한 채 안으로 달려 들어갔다. 이와 같이 갑작스러운 격렬한 감정, 예컨대 큰 기쁨이라든지 혹은 큰 슬픔 같은 감정은 종종 사람들로 하여금 이상한 행동을 하도록 만든다.

15. 그들이 말하되 네가 미쳤다 하나 여자 아이는 힘써 말하되 참말이라 하니 그들이 말하되 그러면 그의 천사라 하더라.

네가 미쳤다. 그들은 그녀가 두려움으로 인해 제정신이 아닌 것으로 생각했다. 그러면 그의 천사라. 어떤 사람들은 여기의 "그의 천사"(his angel)란 표현을 베드로가 보낸 사자(messenger)를 의미하는 것으로 이해한다. 물론 '앙겔로스'는 천사(angel)와 사자(messenger) 모두를 의미할 수 있다. 그러나 14절에서 우리는 로데가 그것이 베드로의 음성임을 알고 기뻐했다는 말씀을 읽는다. 베드로 자신의 음성과 베드로가 보낸 사자의 음성은 결코 같을 수 없었다. 아마도 여기의 사람들은 베드로의 형상을 취한 어떤 천사를 의미한 것으로 보인다. 유대인들은 하나님이 어떤 사람들을 — 특별히 선한 사람들을 — 보호하기 위해 그들에게 수호천사를 붙여 주셨다는 생각을 가지고 있었다. 우리는 그리스도의 말씀 가운데에도 그와 같은 개념이 나타나는 것을 발견한다. "삼가 이 작은 자 중의 하나도 업신여기지 말라 너희에게 말하노니 그들의 천사들이 하늘에서 하늘에 계신 내 아버지의 얼굴을 항상 뵈옵느니라"(마 18:10). 그렇게 본다면 여기의 천사는 베드로를 보호하는 책임을 맡은 천사를 의미하는 것일 것이다. 한편 야곱이 창세기 48:16에서 언급한 천사는 단순히 피조된 천사가 아니라 새 언약의 사자일 가능성이 매우 높지만, 어쨌든 수호천사의 개념은 — 확실하거나 필연적인 것은 아니라 하더라도 — 오늘날까지 개연성이 있는 것으로 받아들여진다.

16. 베드로가 문 두드리기를 그치지 아니하니 그들이 문을 열어 베드로를 보고 놀라는지라.

베드로가 문 두드리기를 그치지 아니하니. 베드로가 속히 안으로 들어가고자 한 것은 다음과 같은 이유들로부터였을 것이다. (1) 다시 잡힐 것에 대한 두려움으로부터. (2) 형제들을 보고자 하는 간절한 마음으로부터. (3) 자신에게 임한 하나님의 긍휼을 속히 알리고자 하는 간절한 열망으로부터.

17. 베드로가 그들에게 손짓하여 조용하게 하고 주께서 자기를 이끌어 옥에서 나오게 하던 일을 말하고 또 야고보와 형제들에게 이 말을 전하라 하고 떠나 다른 곳으로 가니라.

손짓하여. 베드로는 간단한 손짓으로 그들을 조용하게 함과 동시에 자신에게 집중시키고자 했다. 주께서 자기를 이끌어. 실제로 자신을 이끌어 낸 것은 천사였음에도 불구하고, 베드로는 하나님께 영광을 돌린다. 왜냐하면 하나님이 천사를 도구로 사용하셔서 그를 옥으로부터 이끌어 내셨기 때문이었다. 야고보. 여기의 야고보는 알패오의 아들 야고보였다(마 10:3, 막 3:18). 요한의 형제 야고보가 죽은 후, 이 사람이 그를 이어 예루살렘 교회를 보살폈다(2절). 다른 곳으로 가니라. 베드로는 병사들이 다시 자신을 잡으러 올 것을 알았기 때문에 한 장소에 계속해서 머물러 있을 수 없었다. 왜냐하면 그렇게 했다가는 자신도 망할 뿐 아니라 자신을 숨겨준 형제들까지도 위험에 빠뜨릴 것이었기 때문이었다. 지금 베드로는 예전의 다윗처럼 "산에서 메추라기를 사냥하는 것 같이" 쫓김을 당하고 있었다(삼상 26:20).

18. 날이 새매 군인들은 베드로가 어떻게 되었는지 알지 못하여 적지 않게 소동하니.

베드로와 더불어 쇠사슬로 결박되어 있었던 병사들은 잠에서 깨어나자마자 죄수가 사라진 것을 알게 되었다. 한쪽의 쇠사슬은 여전히 자신들의 손목에 매여 있었지만, 다른 쪽은 풀려 있었다. 그들이 얼마나 놀라 소동했을지 우리는 충분히 상상할 수 있다.

19. 헤롯이 그를 찾아도 보지 못하매 파수꾼들을 심문하고 죽이라 명하니라 헤롯이 유대를 떠나 가이사랴로 내려가서 머무니라.

헤롯이 파수꾼들을 심문하고. 베드로가 도망친 것으로 인해 그를 지키던 병사들은 법적인 처벌을 피할 수 없었다. 죽이라 명하니라. 그들은 처형장으로 끌려가 처형을 당하는 판결을 받았다. 박해의 도구들은 종종 하나님에 의해 보응을 당하기도 하지만, 때로는 박해자들 자신들에 의해 보응을 당하기도 한다.

20. 헤롯이 두로와 시돈 사람들을 대단히 노여워하니 그들의 지방이 왕국에서 나는 양식을 먹는 까닭에 한마음으로 그에게 나아와 왕의 침소 맡은 신하 블라스도를 설득하여 화목하기를 청한지라.

두로와 시돈. 두로와 시돈은 베니게의 해변에 있는 두 도시였다. 두 도시는 — 특별히 전자는 — 교역으로 유명했으며 매우 부유했다. 그들은 지금 어떤 이유로 헤롯과 상당한 불화 가운데 있었다. 왕의 침소 맡은 신하. 혹은 왕의 침실을 담당하는 시종장. 화목하기를 청한지라. 혹은 용서를 구한지라. 그들의 지방이 왕국에서 나는 양식을 먹는 까닭에. 해변의 두 도시는 스스로를 부양할 수 있는 충분한 땅을 가지고 있지 못했다. 그리하여 예전부터 그들은 다른 지역으로부터 — 특별히 유다로부터 — 양식을 조달해야만 했다. 이와 같이 솔로몬은 두로 왕 히람에게 그의 집을 위해 20,000 고르의 밀과 20 고르의 기름을 주었다(왕상 5:11). 그 이후에도 우리는 그들이 유다와 이스라엘과 더불어 계속해서 교역했음을 본다(겔 27:17).

21. 헤롯이 날을 택하여 왕복을 입고 단상에 앉아 백성에게 연설하니.

날을 택하여. 요세푸스에 따르면, 이 날은 헤롯이 글라우디오 황제를 기념하기 위해 제정한 제전(祭典)의 둘째 날이었다. 왕복. 요세푸스는 그 옷이 은으로 정교하게 짠 옷이었으며, 거기에 햇빛이 찬란하게 반사되었다고 말한다. 단상에 앉아. "sat upon his throne" 즉 자신의 보좌에 앉아. 이곳은 다른 곳보다 높게 설치된 자리였다. 그리하여 그의 모습이 사람들에게 잘 보이고, 그의 목소리가 사람들에게 잘 들려질 수 있었다.

22. 백성들이 크게 부르되 이것은 신의 소리요 사람의 소리가 아니라 하거늘.

여기의 불경건한 아첨꾼들은 결국 자신들이 찬양하는 자를 망하게 하고 말았다. 하나님은 자신과 같이 높여지는 자를 결코 그대로 내버려 두시지 않는다.

23. 헤롯이 영광을 하나님께로 돌리지 아니하므로 주의 사자가 곧 치니 벌레에게 먹혀 죽으니라.

한 천사는 베드로를 구원하며, 또 한 천사는 헤롯을 친다. 이와 같이 모든 하늘의 군대는 당신의 교회를 구원하며 원수들을 멸망시키는 하나님의 뜻을 성취한다. 헤롯이 영광을 하나님께로 돌리지 아니하므로. 베드로는 고넬료가 자신에게 과도한 존귀를 돌릴 때 그것을 받아들이지 않았다(행 10:26). 이것은 천사도 마찬가지였다(계 19:10; 22:9). 반면 헤롯은 백성들이 자신에게 돌리는 과도한 존귀와 신성모독을 제지하지 않았다. 그는 자신에게 말을 잘 하는 능력을 주신 하나님께 영광을 돌리는 대신 스스로의 영광에 도취되었다. 벌레에게 먹혀 죽으니라. 매우 특이한 형태로 그의 내장 혹은 육체에 벌레들이 번식했다. 기생충에 의해 먹혀 죽었다고 기록된 대 헤롯(Herod the Great)의 경우처럼 말이다. 아무리 작고 보잘것없는 피조물이라도 능히 하나님의 심판을 행하는 도구가 될 수 있다.

24. 하나님의 말씀은 흥왕하여 더하더라.

흥왕하여. "grew" 즉 자라. 여기에서 하나님의 말씀은 우리 주님의 비유에서와 마찬가지로 씨와 비교된다(마 13:19). 더하더라. 마치 씨가 뿌려지듯이 뿌려진 말씀을 통해 신자들의 숫자가 크게 더하여졌다. 이와 같이 교회를 허물어뜨리고자 하는 박해자들로 인해 도리어 교회는 더 굳건하게 세워진다.

25. 바나바와 사울이 부조하는 일을 마치고 마가라 하는 요한을 데리고 예루살렘에서 돌아오니라.

예루살렘에서. 그들은 자신들을 보낸 안디옥으로 다시 돌아왔다(11:26, 30). 그들이 예루살렘으로 보냄을 받았던 것은 안디옥 교회의 부조를 유대 교회에 전달하기 위해서였다. 요한. 12절에 언급된 마가 요한.

제13장

개요

1. 금식과 기도로 바나바와 사울이 따로 세워짐. 그들이 성령의 부르심에 따라 복음 전파의 일로 보냄을 받음(1-5).
2. 바보에서 마술사 엘루마가 복음을 대적하다가 앞을 보지 못하게 됨. 그것을 보고 총독 서기오 바울이 믿음으로 돌이킴(6-12).
3. 바울 일행이 비시디아 안디옥에 옴. 바울이 의롭다 함을 받기 위해 그리스도를 믿어야 할 필요성을 전파함(13-41).
4. 이방인들이 또다시 말씀을 듣기를 사모함. 많은 사람들이 회심함(42-43).
5. 유대인들이 시기가 가득하여 바울이 말한 것을 반박하며 비방함. 사도들이 이제 이방인들에게로 향할 것을 선언함. 많은 이방인들이 기뻐하며 믿음(44-49).
6. 유대인들이 바울과 바나바를 박해하고 쫓아냄. 그리하여 그들이 이고니온으로 감(50-52).

1. 안디옥 교회에 선지자들과 교사들이 있으니 곧 바나바와 니게르라 하는 시므온과 구레네 사람 루기오와 분봉 왕 헤롯의 젖동생 마나엔과 및 사울이라.

안디옥 교회. 안디옥 교회는 하나님이 세우시고 만드신 참된 교회였다. 반면 예컨대 할례주의자들의 교회(혹은 회중)와 같은 다른 교회들은 참된 신자들의 교회가 아니었다. 선지자들과 교사들. 이러한 두 직분은 한 사람 안에서 나타날 수 있었다. 예언의 은사를 가지고 미래의 일을 미리 말하면서 동시에 사람들을 가르치는 교사가 될 수 있었다. 동시에 그러한 은사들은 종종 서로 다른 사람들에게 속하기도 했다. 한 사람은 이런 은사에 탁월하고, 다른 사람은 저런 은사에 탁월한 방식으로 말이다. 니게르라 하는 시므온. 여기의 시므온은 "니게르"라는 이름에 의해 시몬 베드로 및 가나안 사람 시몬과 구별된다. 여기의 니게르라는 이름은 로마인들에 의해 그에게 주어진 것이다. 구레네 사람. 구레네에서 태어난 사람 혹은 구레네인들의 회당에서 자란 사람. 구레네에 대해서는 사도행전 6:9을 보라. 루기오(Lucius). 이것은 누가(Luke)에 라틴어 형식의 어미(語尾)가 덧붙여진 이름으로 생각되어져 왔다. 이 사람이 누가복음과 본서를 기록한 바로 그 누가일는지 모른다. 또 우리는 이 이름을 로마서 16:21에서 만난다. "나의 동역자 디모데와 나의 친척 누기오(Lucius)와 야손과 소시바더가 너희에게 문안하느니라."

마나엔. 이 사람이 헤롯의 젖동생이었든 아니면 헤롯과 함께 같은 가정교사로부터 교육을 받은 사람이었든, 어쨌든 그들은 함께 교육을 받았다. 헤롯. 여기의 헤롯은 우리 구주를 경멸하고 세례 요한을 죽인 헤롯 안디바였다. 여기의 마나엔은, 마치 예전에 모세가 바로의 궁중에서 그랬던 것처럼, 헤롯의 궁중에서 자신의 고결함을 지켰다. 또 모세와 마찬가지로, 그는 "하나님의 백성과 함께 고난 받기를 잠시 죄악의 낙을 누리는 것보다 더 좋아했다"(히 11:25). 이와 같이 아합의 궁중에도 오바댜가 있었으며, 네로의 친족 가운데에도 신자들이 있었다(왕상 18:3; 빌 4:22).

2. 주를 섬겨 금식할 때에 성령이 이르시되 내가 불러 시키는 일을 위하여 바나바와 사울을 따로 세우라 하시니.

섬겨(ministered). 이 단어는, 거룩한 일이든 세속적인 일이든, 어떤 공적인 직무를 수행하는 것을 함축한다. 그렇지만 앞 절에 선지자들과 교사들이 언급된 것에 미루어, 여기의 단어는 그러한 직분들과 결합되어 제시된 것으로 보인다. 다시 말해서, 그 단어는 우리에게 그들이 사람들에게 말씀을 전파하며 그들을 가르쳤음을 알려준다. 성령이 이르시되. 여기의 선지자들 안에 있었던 특별한 내적 감동에 의해. 그들은 그러한 메시지가 성령으로부터 말미암은 것임을 보증하는 충분한 확증을 가지고 있었다. 바나바와 사울을 따로 세우라. 마치 율법 하에서 장자(長子)와 그 이후의 레위인들처럼, 바나바와 사울은 이방인들의 부르심을 위해 특별한 방식으로 따로 구별되었다(출 13:12; 민 3:12).

3. 이에 금식하며 기도하고 두 사람에게 안수하여 보내니라.

금식하며 기도하고. 금식하며 기도하는 것은 특별한 사역을 시작함에 있어서 매우 훌륭한 준비였다. 이렇게 함으로써 그들은 모든 성공이 오직 하나님으로부터 오는 것임을 인정했다. 우리의 복된 구주께서도 40일 동안 금식하고 난 연후에야 비로소 공생애를 시작하셨다(마 4:2; 막 4:17). 안수하여. 바나바와 사울은 이미 사도로 부르심을 받았다. 여기에서 그들에게 안수한 것은 다음과 같은 사실들을 의미한다. (1) 그들이 특별한 임무를 위해 구별됨. (2) 그들이 받은 하늘의 부르심에 대한 교회의 재가(裁可). (3) 하나님의 축복으로 그들의 사역이 성공하기를 기원하는 교회의 기도.

4. 두 사람이 성령의 보내심을 받아 실루기아에 내려가 거기서 배 타고 구브로에 가서.

실루기아. 길리기아의 해변 도시. 셀레우코스(Seleucus)가 건설한 도시로서, 안디옥과 가까우면서 구브로와 마주 보고 있는 곳이었다. 이곳은 몇 가지 측면에서 중요한 도시였지만, 그러나 성경에서는 바울과 바나바가 구브로로 가는 도중에 경유한 곳으로서 여기에 한 번 언급될 뿐이다.

5. 살라미에 이르러 하나님의 말씀을 유대인의 여러 회당에서 전할새 요한을 수행원으로 두었더라.

살라미. 구브로의 주된 도시. 섬의 동편에 위치하여 수리아와 마주 보고 있는 도시로서, 오늘날 파마구스타(Famagusta)라고 불리는 곳이다. 하나님의 말씀을 유대인의 여러 회당에서 전할새. 이것은 그들이 하나님의 말씀을 전파함에 있어 회당만큼 적당한 장소를 찾지 못했기 때문이었을 것이다(회당은 큰 건물로서 많은 사람들이 모이는 곳이었다). 뿐만 아니라 그것은 그들이 이방인들에게로 보냄을 받았음에도 불구하고 그 일은 사도행전 전체와 특별히 마지막 결론에 나타나는 것처럼 유대인들이 복음을 배척한 연후에야 비로소 본격적으로 펼쳐질 것이었기 때문이었다. "그런즉 하나님의 이 구원이 이방인에게로 보내어진 줄 알라 그들은 그것을 들으리라 하더라"(행 28:28). 요한을 수행원으로 두었더라. 사도행전 12:25처럼.

6. 온 섬 가운데로 지나서 바보에 이르러 바예수라 하는 유대인 거짓 선지자인 마술사를 만나니.

바보에 이르러. 바보(Paphos)는 구브로의 서쪽 끝에 있는 도시였다. 이와 같이 그들은 동쪽 끝의 살라미로부터 서쪽 끝의 바보까지 섬 전체를 관통했다. 특별히 바보는 비너스 여신을 섬기는 곳으로 유명했다. 마술사. 당시 유대인들 가운데 마술사들이 많이 있었다. 그들은 거짓 기적으로 우리 구주의 진짜 기적을 대수롭지 않은 것으로 만들고자 했다. 마치 애굽의 마술사들과 술객들이 그들의 마술로 잠시 동안이나마 하나님이 모세를 통해 행하신 기사(奇事)를 대수롭지 않은 것처럼 보이게 만들었던 것처럼 말이다(출 7:11).

7. 그가 총독 서기오 바울과 함께 있으니 서기오 바울은 지혜 있는 사람이라 바나바와 사울을 불러 하나님의 말씀을 듣고자 하더라.

총독. 그가 로마의 지방 총독이었든 아니면 지역 영주였든, 그것은 사실상 마찬가지이다. 왜냐하면 그가 실제로 그 섬을 통치했기 때문이다. 하나님의 말씀을 듣고자 하더라. 이러한 바람은 하나님에 의해 불러일으켜진 특별한 것이었다. 그것은 이를테면 그의 회심과 구원이라는 목적지로 가는 중간 경유지와 같은 것이었다. 이러한 간절한 바람을 가진 사람은 결국 회심과 구원에 이를 것이다. "구하라 그러면 너희에게 주실 것이요"(눅 11:9).

8. 이 마술사 엘루마는 (이 이름을 번역하면 마술사라) 그들을 대적하여 총독으로 믿지 못하게 힘쓰니.

엘루마. 이것은 바예수라 불렸던 그의 또 다른 이름이었다. 바예수(Bar-jesus)란 이름은 당시 흔한 형태의 이름이었다. 마치 시몬이 바요나(Bar-jona)라고 불렸던 것처럼 말이다. 여기의 엘루마는 마술사 혹은 마법사를 의미하는 보통명사로서 취하여질 수 있다.

9. 바울이라고 하는 사울이 성령이 충만하여 그를 주목하고.

누가가 지금까지 바울이라는 이름을 사용하지 않았다. 오로지 사울이라는 이름만을 사용했을 뿐이었다. 그러나 이제부터 그는 거꾸로 사울이라는 이름을 사용하지 않고 오로지 바울이라는 이름만을 사용한다. 사울이라는 이름이 그가 지금까지 교제해왔던 유대인들에게 좀 더 친숙한 이름이었다면, 바울이라는 이름은 그가 이제부터 본격적으로 접촉하게 될 이방인들에게 좀 더 친숙한 이름이었다. 혈통적으로 유대인이며 히브리인 중의 히브리인이었을 때, 그는 사울로 불렸다. 반면 로마의 시민권을 가진 자로서, 그는 바울로 불렸다. 로마의 유력 가문 가운데 그러한 이름을 가진 몇몇 가문이 있었다. 성령이 충만하여. 하나님의 영광을 위한 열정과 이어지는 기적을 행하는 믿음과 능력으로 충만하여.

10. 이르되 모든 거짓과 악행이 가득한 자요 마귀의 자식이요 모든 의의 원수여 주의 바른 길을 굽게 하기를 그치지 아니하겠느냐.

악행. '라디우르기아'는 악을 행함에 있어서의 민첩함을 의미한다. 이와 같이 마술사는 어떤 종류의 악으로든 쉽게 이끌려진다. 마귀의 자식. 왜냐하면 그가 파괴자의 일을 행하기 때문에. 그는 어떻게 하든 총독과 그의 가족들이 구원받지 못하도록 방해하려고 했다. 주의 바른 길을 굽게 하기를. 하나님의 곧은 길을 굽게 만들려고 하기를, 혹은 하나님의 평탄한 길을 울퉁불퉁하게 만들려고 하기를. 그는 사람들로 하여금 하나님의 길로 나오지 못하도록 가로막고자 그 앞에 장애물을 놓았다.

11. 보라 이제 주의 손이 네 위에 있으니 네가 맹인이 되어 얼마 동안 해를 보지 못하리라 하니 즉시 안개와 어둠이 그를 덮어 인도할 사람을 두루 구하는지라.

주의 손. 긍휼을 위한 것이든 심판을 위한 것이든, 하나님의 강력한 행동. 여기에서는 하나님이 그의 원수들을 치는 신적 권능을 가리킨다. 하나님은 심판을 행하는 가운데에도 자신의 긍휼을 기억하셨다. 왜냐하면 그를 단지 "얼마 동안"만 맹인이 되도록 만드셨기 때문이다. 그것은 그에 대한 형벌이라기보다 차라리 그의 잘못을 고치는 치료제가 될 수 있었다.

12. 이에 총독이 그렇게 된 것을 보고 믿으며 주의 가르치심을 놀랍게 여기니라.

바울이 전파한 복음에는 어떤 자(尺)로도 잴 수 없는 깊음이 있었다. 그리고 거기에는 기적을 행하며 삶과 마음을 변화시키는 능력이 수반되었다. 그리하여 신중하며 사려 깊은 총독은 그 모든 것을 보며 놀라지 않을 수 없었다.

13. 바울과 및 동행하는 사람들이 바보에서 배 타고 밤빌리아에 있는 버가에 이르니 요한은 그들에게서 떠나 예루살렘으로 돌아가고.

밤빌리아에 있는 버가. 이러한 표현이 사용된 것은 그러한 이름(즉 버가)으로 불리는 다른 도시가 있었기 때문이 아니었다. 다만 그것은 밤빌리아라는 지역 이름이 사람들에게 훨씬 더 잘 알려져 있었기 때문이었다. 밤빌리아는 소아시아 지역에 있었으며, 길리기아와 인접해 있었다. 요한은 그들에게서 떠나 예루살렘으로 돌아가고. 요한이 떠난 것은 사도행전 15:38에 나타나는 것처럼 매우 비난받을 만한 일이었다(여기의 요한을 위하여는 행 12:25과 13:5을 보라). "바울은 밤빌리아에서 자기들을 떠나 함께 일하러 가지 아니한 자를 데리고 가는 것이 옳지 않다 하여." 어떤 사람들은 그가 예루살렘으로 돌아온 것은 앞으로 예상되는 고난과 어려움을 피하기 위한 것이었다고 생각한다. 그런가 하면 또 어떤 사람들은 그가 그렇게 한 것은 예루살렘에 살고 있던 그의 어머니에 대한 그리움 때문이었을 것으로 추측한다. 또 어쩌면 그는 이방인들에 대한 큰 혐오감으로 인해 그들 가운데 가기를 싫어했을는지도 모른다. 어쨌든 "선 줄로 생각하는 자는 넘어질까 조심해야" 한다(고전 10:12).

14. 그들은 버가에서 더 나아가 비시디아 안디옥에 이르러 안식일에 회당에 들어가 앉으니라.

비시디아 안디옥. 이와 같은 표현이 사용된 것은 여기의 안디옥이 사도행전 13:1에 기록된 다른 안디옥과 구별되기 때문이다. 여기의 안디옥은 밤빌리아에 인접한 비시디아의 한 도시였던 반면, 사도행전 13:1의 안디옥은 수리아의 큰 도시였다. 안식일에 회당에 들어가. 이것은 유대인들과 함께 그들의 예배에 동참하기 위해서였거나(이것은 아직까지 불법한 일이 아니었다), 혹은 그들에게 복음을 전파하기 위한 기회를 얻기 위함이었을 것이다.

15. 율법과 선지자의 글을 읽은 후에 회당장들이 사람을 보내어 물어 이르되 형

제들아 만일 백성을 권할 말이 있거든 말하라 하니.

율법과 선지자의 글을 읽은 후에. 유대인들은 회당에서 율법을 읽는 것은 모세의 명령에 따른 것으로, 그리고 선지자의 글을 읽는 것은 에스라의 명령에 따른 것으로 생각한다. 우리는 그들이 회당에서 선지자의 글을 읽은 것을 27절에서도 발견한다. 회당장들. 이들은 회당에서 하나님에게 대한 예배를 주관하는 자들이었다. 그들은 그 일을 정해진 순서와 규례에 따라 시행했다. 형제들아. 이것은 유대인들이 서로를 부르는 통상적인 호칭이었다. 이런 호칭으로써 그들은 자신들이 같은 하나님을 섬기는 사실을 고백하며 서로에게 합당한 존경을 표했다. 만일 백성을 권할 말이 있거든 말하라. 성경을 읽은 후, 설교 혹은 훈계가 따랐다. 사도들은 기회만 있으면 복음을 전하고자 했으며, 회당장들은 그들에 대한 어느 정도의 사전 지식을 가지고 있었던 것으로 추측된다.

16. 바울이 일어나 손짓하며 말하되 이스라엘 사람들과 및 하나님을 경외하는 사람들아 들으라.

손짓하며. 12:17의 경우처럼, 이것은 그들을 조용히 시키면서 동시에 그들의 주의를 집중시키려는 행동이었다. 하나님을 경외하는 사람들. 혈통상의 유대인이 아닌 이방인 개종자들. 모든 나라로부터 이방의 우상 숭배를 버리고 참된 하나님을 섬기는 자리로 돌아온 사람들. 바로 이들이 17:4에 언급된 '세보메노이' 였다. 이들은 주의 이름을 경외하는 가운데 회당에 참례하여 기꺼이 주의 말씀을 듣고자 했다.

17. 이 이스라엘 백성의 하나님이 우리 조상들을 택하시고 애굽 땅에서 나그네 된 그 백성을 높여 큰 권능으로 인도하여 내사.

이 이스라엘 백성의 하나님. 하나님은 특별한 의미에서 이스라엘의 하나님이셨다. 우리 조상들을 택하시고. 하나님이 열방 가운데 그들을 택하신 것은 열방으로 하여금 그들을 통해 하나님을 알고, 섬기며, 예배하도록 하기 위함이었다. 그 백성을 높여. 하나님은 요셉의 때에 그들을 높이셨다. 그를 통해 행하신 큰 구원을 기억하는 동안 그리고 그를 알지 못하는 다른 왕이 일어날 때까지 말이다. 큰 권능으로. "An high arm" 즉 높은 팔로. 이스라엘 백성을 애굽으로부터 구원하기 위해 하나님이 행하신 많은 기적들로. 이러한 말로써 바울은 그들에게 그들이 조상 때부터 자랑해 온 모든 것이 전적으로 하나님의 은혜와 축복으로부터 말미암은 것임을 일깨워 주고자 했다.

18. 광야에서 약 사십 년간 그들의 소행을 참으시고.

이러한 말씀은 시편 95:10과 히브리서 3:8-9에도 기록되어 있다. 우리는 모든 세대를 통해 하나님이 그토록 오래 참으신 것과 그의 백성들이 그토록 패역할 수 있었던 것을 기억해야 한다. 어떤 사람들은 '에트로포호레센' (ἐτροποφόρησεν)이라고 읽는 대신 '에트로호호레센' (ἐτροφοφόρησεν)이라고 읽는다. 여기에는 오직 한 글자의 차이만 있을 뿐이다. 그렇다면 이것은 하나님이 그 모든 기간 동안 그 백성을 위해 준비하시고 그들을 품에 안아 ── 마치 유모가 아이를 품에 안듯이 혹은 독수리가 그 새끼를 날개로 안듯이 ── 옮기신 것을 말하는 것이 될 것이다(민 11:12; 신 1:31; 31:11-12). 그러나 하나님은 그들의 조상들을 참지 아니하시고 그들을 광야에서 멸하셨다(고전 10:5). 첫째로, 하나님은 처음 세대에 대하여 오래 참으셨다. 둘째로, 다음 세대는 그러한 경고를 취하지 않고 조상들의 발자취를 그대로 따랐다. 그럼에도 불구하고 하나님은 그들을 향한 풍성한 긍휼 가운데 그들을 한순간에 멸하시지 않으셨다.

19. 가나안 땅 일곱 족속을 멸하사 그 땅을 기업으로 주시기까지 약 사백오십 년간이라.

가나안 땅 일곱 족속. 가나안 족속, 헷 족속, 히위 족속, 브리스 족속, 기르가스 족속, 아모리 족속, 그리고 여부스 족속(수 3:10). 그 땅을 기업으로 주시기까지. 기업(lot)은 전적으로 하나님의 작정에 따라 나누어졌다. "제비(lot)는 사람이 뽑으나 모든 일을 작정하기는 여호와께 있느니라"(잠 16:33). 하나님이 그 땅을 당신이 기뻐하시는 대로 그들에게 분배해 주신 것은 지극히 온당한 일이었다. 약 사백오십 년간이라. 이러한 연도 계산은 종종 큰 논쟁의 대상이 되어 왔다. 가장 가능성이 높은 것은 17절에 의지하여 그때 즉 하나님이 그들의 조상들을 선택한 때로부터 시작하여 19절처럼 그 땅을 기업으로 나누어줄 때까지를 계산하는 것이다. 그렇게 계산하면 이삭의 탄생으로부터 그 땅을 기업으로 분배할 때까지 447년이 된다. 이러한 방법은 본문의 약 450년간이라는 말씀과 대략적으로 부합한다. 그러나 문제는 17-19절에 이어 곧바로 20절에서 하나님이 그들에게 사사를 주셨다는 언급이 덧붙여지는 사실이다. 이와 관련하여 여기의 450년을 계산하는 또 하나의 방법이 제시된다. 그것은 이스라엘 백성들이 출애굽한 때로부터 시작하여 여부스 족속을 예루살렘으로부터 쫓아낸 때까지를 계산하는 것이다. 그러나 여기의 바울의 말은 사사들이 얼마나 오랫동안 다스렸는지를 보이려는 것이 아니라, 단순히 그들이 다스렸을 때가 언제였는지를 보이려는 것뿐이다.

20. 그 후에 선지자 사무엘 때까지 사사를 주셨더니.

여기의 사사들은 하나님에 의해 그의 백성들을 구원하며 다스리도록 위임 받은 사람들이었다. 그들의 위임은 그들에 의해 행해지는 특별한 일들과 (하나님으로부터 주어진) 그들의 능력에 의해 증명되었다.

21. 그 후에 그들이 왕을 구하거늘 하나님이 베냐민 지파 사람 기스의 아들 사울을 사십 년간 주셨다가.

당시 그들이 왕을 구한 것은 하나님께 대하여 큰 죄였다. 왜냐하면 그들이 왕을 갖고자 한 것은 결과적으로 하나님을 배척하는 것이었기 때문이었다. 그때 하나님에게는 선지자(사무엘)가 있었으며, 하나님은 그를 통해 그들을 다스리고 계셨다(삼상 8:7; 10:19). 출애굽 이래 그들은 신정(神政, theocracy) 아래 있었다. 하나님은 그들에게 율법을 주셨으며 또 그때그때 필요에 따라 통치자들을 세워 주셨다. 만일 그들의 조건이 다른 나라들의 조건과 동일한 것이었다면, 그들이 왕을 구한 것은 잘못된 일이 아니었을 것이다. 한편 여기의 "사십 년간"은 앞 절과 결합되어 괄호로 묶여지는 형식으로 읽혀져야 한다. 그렇게 하면 전체 구절은 선지자 사무엘이 그의 선지자 직분을 얼마나 오랫동안 행사했는지를 보여 주는 것이 된다. 그 기간은 여기에 언급된 것처럼 40년이었다. 그는 예전의 모세처럼 40년 동안 하나님의 백성들 앞에서 출입하며 그들을 돌보았다. 바울의 이러한 연도 계산은 70인경과도 잘 부합된다. 그러나 지금 바울은 이 문제를 가지고 논쟁을 벌이고자 하지 않는다. 왜냐하면 지금 그에게는 그들에게 이야기할 훨씬 더 중요한 문제들이 있었기 때문이었다.

22. 폐하시고 다윗을 왕으로 세우시고 증언하여 이르시되 내가 이새의 아들 다윗을 만나니 내 마음에 맞는 사람이라 내 뜻을 다 이루리라 하시더니.

폐하시고. 하나님은 죽음에 의해 사울을 취하셨다. 그것은 그로 말미암아 다윗을 왕의 보좌에 앉게 하기 위함이었다. 내 마음에 맞는. 나에게 순종함으로 말미암아 나의 호의를 입은, 혹은 내가 사랑하는. 하나님은 그를 "내 종"이라고 부르면서, 그에 대하여 "내가 내 종 다윗을 찾아내어 나의 거룩한 기름을 그에게 부었도다"라고 말씀하셨다(시 89:20). 그가 내 뜻을 다 이루리라. 하나님의 백성을 다스림에 있어, 그가 하나님의 모든 뜻을 이룰 것이라. 하나님은 그에 대해 "그가 그들을 자기 마음의 완전함으로 기르고 그의 손의 능숙함으로 그들을 지도하였도다"라고 증언하셨다(시 78:72). 하나님의 마음에 맞는 그는 하나님의 모든 뜻을 이루며, 편향된 것은 아무것도 행하지 아니한다. 만일 그에게 있어 어떤 일을 행하거나 혹은 어떤 일을 감당하는 것이 하나님의 뜻이라면, 그는 기꺼이 그 일을 행하며 감당할 것이다. 왜냐하면 그는 매일같이 주의 뜻이 이루어지기를 기도하기 때문이다.

23. 하나님이 약속하신 대로 이 사람의 후손에서 이스라엘을 위하여 구주를 세우셨으니 곧 예수라.

그리스도는 다윗의 자손이었으며, 종종 그와 같은 호칭으로 불렸다(마 1:1; 눅 18:38-39). 그것은 "이새의 줄기에서 한 싹이 나며 그 뿌리에서 한 가지가 나서 결실할 것이요"라는 이사야 11:1의 예언과 관련된 것으로서, 사도행전 2:30과 로마서 1:3 등에서 반복적으로 언급된다. **이스라엘을 위하여 구주를 세우셨으니.** 이와 같이 우리 구주는 유대인들 가운데 나시고 사셨다. 하나님이 이스라엘을 위해 구주를 세우신 것은 46절에도 나타나는 것처럼 구원이 먼저 그들에게 제시되어야만 했기 때문이다. **예수.** 이 이름을 위해서는 마태복음 1:21을 보라. "아들을 낳으리니 이름을 예수라 하라 이는 그가 자기 백성을 그들의 죄에서 구원할 자이심이라 하니라."

24. 그가 오시기에 앞서 요한이 먼저 회개의 세례를 이스라엘 모든 백성에게 전파하니라.

세례 요한은 다른 선지자들과는 달리 그리스도의 오심을 오랜 후에 일어날 일로서 말하지 않았다. 도리어 그는 그 일을 지금 그와 그들 앞에 나타난 현재적인 일로서 말했다. "보라 세상 죄를 지고 가는 하나님의 어린 양이로다"(요 1:29, 36). **회개의 세례.** 이와 같이 그의 세례는 회개의 세례로 일컬어진다(마 3:2, 8; 막 1:4; 눅 3:3). 회개는 그리스도 안에서 영생에 이르는 하나님의 긍휼을 받는 조건이다.

25. 요한이 그 달려갈 길을 마칠 때에 말하되 너희가 나를 누구로 생각하느냐 나는 그리스도가 아니라 내 뒤에 오시는 이가 있으니 나는 그 발의 신발끈을 풀기도 감당하지 못하리라 하였으니.

그의 달려갈 길. 그의 생애와 사역의 달려갈 길. 그는 마치 경주하는 자처럼 자신의 달려갈 길을 달렸다. **나는 그리스도가 아니라.** 당시 유대인들은 메시야(그리스도)를 대망(待望)하고 있었다. 그리하여 그들은 세례 요한이 나타났을 때 그가 혹시 메시야인가 하여 "당신이 메시야요?"라고 물었다. **내 뒤에 오시는 이.** 그리스도는 요한보다 (육체를 따라) 조금 늦게 태어났으며, 그의 사역 역시 요한의 사역보다 조금 늦게 시작되었다. 이런 측면에서 세례 요한은 그리스도를 "내 뒤에 오시는 이"라고 말할 수 있었다. **나는 그 발의 신발끈을 풀기도 감당하지 못하리라.** 이것은 종이나 혹은 제자들이 주인에 대하여 갖는 가장 비천한 위치를 함축하는 속담 형식의 표현이다

(마 3:11; 요 1:20, 27).

26. 형제들아 아브라함의 후손과 너희 중 하나님을 경외하는 사람들아 이 구원의 말씀을 우리에게 보내셨거늘.

형제들아. 바울은 유대인들의 통상적인 방식대로 그들을 부른다. 그는 유대인들에게는 유대인처럼 되었다. 너희 중 하나님을 경외하는 사람들아. 어떤 사람들은 이러한 표현이 비시디아 안디옥의 이방인 개종자들을 가리키는 것이라고 생각한다. 그러나 그렇다기보다 그것은 여기의 유대인들과 관련한 바울의 희망, 즉 그들이 하나님을 경외하는 사람들이기를 바라는 희망을 은연중 암시하는 것으로 보인다. 이 구원의 말씀. 말씀이 육신이 되신 그리스도, 혹은 구원의 기쁜 소식인 복음(요 1:14). 바울은 지금 자신이 말하고 있는 것이 바로 그들의 구원과 직결되는 것임을 그들에게 일깨워 주고 있는 것처럼 보인다. 그러한 구원("이 구원")보다 더 큰 것은 전에도 나타난 적이 없었고 앞으로도 나타나지 않을 것이다. 그것은 우리 모두와 — 우리가 그것을 받아들이든 배척하든 — 관련된다.

27. 예루살렘에 사는 자들과 그들 관리들이 예수와 및 안식일마다 외우는 바 선지자들의 말을 알지 못하므로 예수를 정죄하여 선지자들의 말을 응하게 하였도다.

예루살렘에 사는 자들. 보통사람들. 그들의 관리들. 공회원들. 양자(兩者) 모두 구주를 죽이는 일에 합력했다. 그러나 그와 같은 큰 패역의 무게를 경감시키기 위해, 바울은 그 모든 일이 무지(無知) 가운데 행해진 일이었다고 덧붙인다. 그들은 말씀이신 그리스도를 알지 못했을 뿐만 아니라, 그리스도에 관한 (복음의) 말씀도 알지 못했다. 선지자들의 말을 응하게 하였도다. 사도행전 4:28; 누가복음 24:24-25을 보라.

28. 죽일 죄를 하나도 찾지 못하였으나 빌라도에게 죽여 달라 하였으니.

죽일 죄를 하나도 찾지 못하였으나. 그는 흠 없는 어린 양이었음에도 불구하고 유대인들은 그를 비방하며 대적했다. 빌라도에게 죽여 달라 하였으니. 마태복음 27:22을 보라. "빌라도가 이르되 그러면 그리스도라 하는 예수를 내가 어떻게 하랴 그들이 다 이르되 십자가에 못 박혀야 하겠나이다." 유대인들은 그를 정죄하면서 어떻게 하든 죽이려고 했다. 그러나 당시 그들을 지배하고 있었던 로마인들은 사람을 죽이거나 살리는 권세를 전적으로 자신들에게만 두었다. 그리하여 유대인들은 빌라도에게 자신들의 판결을 확증해 달라고 강력하게 요구했다.

29. 성경에 그를 가리켜 기록한 말씀을 다 응하게 한 것이라 후에 나무에서 내려

다가 무덤에 두었으나.

그를 가리켜 기록한 말씀. 예컨대 그에게 신 포도주를 준 것이라든지 혹은 창으로 그의 옆구리를 찌른 일 같은 것들(시 69:21; 요 19:28-30). 나무에서 내려다가. 사도행전 5:30을 보라. 무덤에 두었으나. 그를 무덤에 둔 것은 아리마대 요셉과 니고데모였다(마 27:60; 요 19:39).

30. 하나님이 죽은 자 가운데서 그를 살리신지라.

우리 구주의 죽음에 대한 그들의 양심의 가책을 경감시키며 십자가의 거치는 것을 제거하기 위해, 바울은 그의 수치스러운 죽음에 이어 곧바로 그의 영광스러운 부활을 언급한다. 바울은 또한 로마서 1:4에서 "그가 죽은 자 가운데서 부활하여 능력으로 하나님의 아들로 선포" 되었다고 말한다.

31. 갈릴리로부터 예루살렘에 함께 올라간 사람들에게 여러 날 보이셨으니 그들이 이제 백성 앞에서 그의 증인이라.

여러 날 보이셨으니. 그는 부활로부터 승천까지 40일 동안 그들에게 자신을 나타내셨다(행 1:3). 그리스도는 사도들에게 뿐만 아니라 자신과 함께 예루살렘에 올라간 여자들에게도 자신을 나타내셨다(마 28:1). 그리고 500여 형제들에게 일시에 나타내기도 하셨다(고전 15:6). 이와 같이 하나님은 우리에게 그리스도의 부활을 풍부하게 확증하셨다.

32. 우리도 조상들에게 주신 약속을 너희에게 전파하노니.

조상들에게 주신 약속. 이러한 약속은 그들의 조상들에게 반복적으로 주어지고, 새롭게 재확인되고, 다양한 구원 사건들을 통해 — 특별히 애굽과 바벨론으로부터의 구원을 통해 — 상징되고 예표되었다.

33. 곧 하나님이 예수를 일으키사 우리 자녀들에게 이 약속을 이루게 하셨다 함이라 시편 둘째 편에 기록한 바와 같이 너는 내 아들이라 오늘 너를 낳았다 하셨고.

예수를 일으키사. "Raised up Jesus again" 즉 예수를 다시 일으키사. 어떤 사람들은 이러한 표현을 우리 구주의 성육신과 관련시키는 반면 또 어떤 사람들은 그의 부활과 관련시킨다. 우리의 흠정역(K.J.V.) 번역자들은 동사와 함께 결합되어 나타나는 전치사(up)를 강조하면서 동시에 "다시"(again)를 덧붙임으로써 이것을 그의 부활과 관련시킨다. 이것은 문맥적으로 근거가 있는 이해이다. 왜냐하면 바울이 바로 앞(30절)에서 그리스도의 부활에 대해 이야기하고 있었기 때문이다. 너는 내 아들이라. 여기에 인용된 말씀은 언뜻 볼 때 그리스도의 부활과 무관한 것처럼 보인다.

그러나 좀 더 깊이 생각해 보면, 우리는 그것이 여기의 바울의 논증과 잘 부합하는 것을 알게 된다. 시편 2:7의 "너는 내 아들이라"는 말씀은 "내가 너를 왕으로 세웠도다"는 말씀에 이어지는 것이면서 동시에 그 뒤에 "내가 너에게 이방 나라를 네 유업으로 주리니"라는 말씀이 따르는데, 이것은 우리 구주 자신이 분명하게 말씀하신 것처럼 부활 후에 특별한 방식으로 성취된 것이었다(마 28:18-19). **오늘 너를 낳았다.** 이것은 그리스도가 부활로 말미암아 하나님의 아들이 되기 시작했다는 의미가 아니다. 다만 부활로 말미암아 그가 하나님의 아들로 분명하게 나타났다는 의미이다. "성결의 영으로는 죽은 자들 가운데서 부활하사 능력으로 하나님의 아들로 선포되셨으니 곧 우리 주 예수 그리스도시니라"(롬 1:4). 부활 이전에, 다시 말해서 그가 고난 받는 상태에 있는 동안에는 그것이 아직까지 분명하게 나타나지 않았다. 한편 예전의 어떤 학자들은 이러한 말씀을 하나님의 아들의 영원한 발생(eternal generation)을 가리키는 것으로 이해했다.

34. 또 하나님께서 죽은 자 가운데서 그를 일으키사 다시 썩음을 당하지 않게 하실 것을 가르쳐 이르시되 내가 다윗의 거룩하고 미쁜 은사를 너희에게 주리라 하셨으며.

바울이 앞 절에서 의도한 것은 그리스도의 부활의 증거가 아니었다. 다만 하나님이 얼마나 신실하게 당신의 약속을 이루셨는지를 나타내고자 한 것뿐이었다. 계속해서 여기의 바울의 목적은 그리스도의 부활을 증명하면서 그것이 그와 관련한 예언들과 완전하게 합치됨을 나타내는 것이다. **내가 다윗의 거룩하고 미쁜 은사를 너희에게 주리라.** "I will give you the sure mercies of David" 즉 내가 다윗의 확실한 은혜들을 너에게 주리라. 이러한 말씀은 이사야 55:3에서 발견된다. 거기와 여기에서 언급된 "다윗의 확실한 은혜들"은 다윗에게 약속된 은혜들이다. 그리고 이러한 다윗에게 약속된 은혜들은 다윗의 자손(즉 우리 구주 예수 그리스도)으로 말미암아 하나님이 영원한 나라를 세우실 것이라는 약속 안에서 정점(頂點)에 이른다. 만일 그리스도가 다시 살아나 죽음을 이기는 승리를 얻지 못한다면, 그 나라는 결코 세워질 수 없었다. 모든 세대에 하나님이 그리스도와 관련하여 주신 모든 약속들은 확실하며, 신실하며, 거룩하며, 정당하다.

35. 또 다른 시편에 일렀으되 주의 거룩한 자로 썩음을 당하지 않게 하시리라 하셨느니라.

이것은 시편 16:10-11로부터 인용된 것이다. 사도행전 2:27을 보라.

36. 다윗은 당시에 하나님의 뜻을 따라 섬기다가 잠들어 그 조상들과 함께 묻혀 썩음을 당하였으되.

어떤 사람들은 여기의 말씀을 다음과 같이 읽는다. "다윗은 그의 세대를 섬긴 후 하나님의 뜻에 따라 잠들었으되." 여기에는 하나님이 모든 사람의 때를 정하셨으며 삶과 죽음이 그로부터 말미암는다는 진리가 담겨 있다. 그러나 이것은 다윗의 칭찬할 만한 부분을 거의 드러내지 못한다. 왜냐하면 모든 사람이 결국 하나님의 뜻에 따라 죽기 때문이다. 하나님의 뜻에 따라 죽지 않는 사람이 도대체 누가 있단 말인가? 그러나 그가 하나님의 뜻에 따라 이스라엘에 선을 행하고 하나님의 말씀의 규례와 법도를 따라 살고 통치한 것은 그의 영광이었다. 그럼에도 불구하고 그는 잠들었으며 마침내 죽음을 보았다. **그의 조상들과 함께 묻혀.** 그의 조상들 가운데 묻혀. 썩음을 당하였으되. "saw corruption" 즉 썩음을 보았으되. 다윗의 몸은 그의 조상들의 몸과 마찬가지로 썩었다. 이러한 말씀은 앞에 인용한 예언 즉 "주의 거룩한 자로 썩음을 당하지 않게 하시리라"는 시편의 예언이 다윗 자신을 가리키는 것이 아니라 그가 상징하고 예표한 자를 가리키는 것이었음을 분명하게 보여 준다.

37. 하나님께서 살리신 이는 썩음을 당하지 아니하였나니.

하나님께서 살리신. 죽은 자 가운데 삼일 만에 다시 살리신. 썩음을 당하지 아니하였나니. 그는 사망의 권세 아래 있지 않았으며 그것에 매여 있을 수 없었다.

38. 그러므로 형제들아 너희가 알 것은 이 사람을 힘입어 죄 사함을 너희에게 전하는 이것이며.

형제들아. 유대인들이 서로에 대하여 통상적으로 사용하는 호칭. 이 사람. 그리스도의 부활에 대해 이야기하는 가운데 바울은 그를 "사람"이라고 부른다. 부활은 필연적으로 그의 인성(人性)과 연결되어야만 한다. **죄 사함.** 사도행전 10:43을 보라. "그에 대하여 모든 선지자도 증언하되 그를 믿는 사람들이 다 그의 이름을 힘입어 죄 사함을 받는다 하였느니라." 죄 사함의 주제는 바울이 매우 강조하여 가르친 주제들 가운데 하나이다. 그는 죄 사함에 대해 가르칠 때마다 항상 그것을 그리스도와 연결시켰다. 그것은 오직 그리스도를 통해서만 이루어질 수 있었다. 그리고 우리를 죄로부터 건져낼 수 있는 자는 결코 죽음에 의해 삼켜질 수 없었다.

39**. 또 모세의 율법으로 너희가 의롭다 하심을 얻지 못하던 모든 일에도 이 사람을 힘입어 믿는 자마다 의롭다 하심을 얻는 이것이라.**

의롭다 하심. 이것은 법정적인 단어로서 정죄의 반대어이다. 그리스도를 믿는 모든 사람은 그의 공로와 중보로 말미암아 죄 사함을 받고 정죄에 이르지 아니할 것이다. 여기의 말씀은 죄 사함이 어디로부터 오는지를 보여 주는 앞 절의 가르침과 완전하게 조화된다. 본 절을 앞 절과 연결시켜 이해할 때, 우리는 율법이 우리에게 의롭다 하심뿐만 아니라 죄 사함도 가져다주지 못하는 것을 분명하게 알 수 있다. 율법은 죄가 무엇인지와 죄에 합당한 저주가 무엇인지를 선언할 뿐, 그것으로부터 어떻게 구원받는지는 알려주지 않는다. 그것은 더러움을 보여줄 뿐, 그것을 어떻게 씻을 수 있는지는 보여 주지 않는다. 그것은 쓰라린 상처를 보여줄 뿐, 그것을 어떻게 치료할 수 있는지는 보여 주지 않는다. 반면 바울은 우리에게 "하나님으로부터 나와 우리에게 지혜와 의로움과 거룩함과 구원함이 되신 주 (예수) 안에서 자랑하라"고 명령한다(고전 1:30, 31). **모세의 율법으로 너희가 의롭다 하심을 얻지 못하던 모든 일에도.** 죄 가운데에는 의식법(儀式法) 체계 안에서 그것을 제거하기 위한 희생제물이 규정되어 있지 않은 죄들도 있었다. 또 희생제물이 규정되어 있는 죄의 경우에도, 황소와 염소의 피가 그러한 죄를 제거하는 것은 가능하지 않았다(히 10:4). 다만 그것은 우리로 하여금 복음의 은혜 즉 "예수 그리스도의 몸을 단번에 드리심으로 말미암아 우리가 거룩함을 얻는" 은혜를 바라보도록 인도하는 것이었다(히 10:10).

40. 그런즉 너희는 선지자들을 통하여 말씀하신 것이 너희에게 미칠까 삼가라.

하박국 1:5을 보라. "여호와께서 이르시되 너희는 여러 나라를 보고 또 보고 놀라고 또 놀랄지어다 너희의 생전에 내가 한 가지 일을 행할 것이라 누가 너희에게 말할지라도 너희가 믿지 아니하리라." 바울은 여기의 유대인들에게 하박국 선지자가 그들의 조상들에게 경고한 것이 그대로 이루어지지 않도록 조심하라고 말한다. 왜냐하면 죄는 항상 하나님에게 가증한 것이기 때문이다. 하나님은 죄에 의해 자신의 영광이 탈취당하는 것을 결코 좌시하지 않으신다.

41. 일렀으되 보라 멸시하는 사람들아 너희는 놀라고 멸망하라 내가 너희 때를 당하여 한 일을 행할 것이니 사람이 너희에게 일러줄지라도 도무지 믿지 못할 일이라 하였느니라 하니라.

이것은 앞의 하박국 구절을 70인경의 독법(讀法)에 따라 인용한 것이다. 바울이 70인경의 독법을 사용한 것은 말씀을 변개(變改)시키고자 했기 때문이 아니었다. 그것은 다만 흩어진 유대인들이 70인경을 사용했기 때문이었다. 특별히 그 의미에 있어 70인경과 히브리 원문 사이에는 아무런 차이도 없다. 여기의 바울의 인용문은 또한 이사야 28:14, 16로부터 취한 것일 수도 있다. 멸시하는 사람들아. 하박국 선지자는 그 시대의 이스라엘 백성들에게 그들이 그토록 경멸하는 이방인들에게 가서 배우라고 말했다. 그들에게는 그들의 참된 선생인 하나님이 계셨으나, 그들은 그의 말씀을 멸시했다. 놀라고. 수치와 두려움으로 안색이 변하고. 멸망하라. 너희 조상들이 그들의 원수들에 의해 멸망을 당한 것처럼, 너희는 너희의 원수인 로마인들에 의해 멸망을 당할 것이라. 너희 때를 당하여 한 일. 여기의 일은 그때 갈대아 사람들에 의해 그들에게 임한 하나님의 보응의 일이었다. 바울은 이러한 말씀을 인용하면서 로마인들에 의해 그들에게 (만일 그들이 회개하지 않는다면) 그와 같은 일이 임할 것을 경고한다. 사람이 너희에게 일러줄지라도 도무지 믿지 못할 일이라. 그들에게 임할 멸망은 너무나 크고 두려운 것이었다. 따라서 그것은 지금 그들에게 ― 설령 어떤 사람이 그들에게 일러준다 하더라도 ― 도무지 믿을 수 없는 일이었다.

42. 그들이 나갈새 사람들이 청하되 다음 안식일에도 이 말씀을 하라 하더라.

그들이 나갈새. 어떤 사람들은 유대인들이 회당으로부터 나간 것으로 이해하는 반면 또 어떤 사람들은 사도들 즉 바울과 바나바가 유대인의 회당으로부터 나간 것으로 이해한다. 흠정역에는 "when the Jews were gone out of the synagogue" 즉 "유대인들이 회당으로부터 나갈새"라고 되어 있다. 사람들. 이방인 개종자들, 혹은 앞에서 이야기한 경건한 사람들. 이들은 이방의 우상 숭배를 버리고, 유대인들로부터 참된 하나님을 아는 지식으로 이끌려진 사람들이었다. 흠정역에는 "the Gentiles" 즉 "이방인들"이라고 되어 있다. 다음 안식일. 이것은 7일 후의 안식일을 의미할 수도 있고, 이후의 안식일들 가운데 어떤 한 안식일을 의미할 수도 있다. 사도들은 기회만 있으면 그것을 활용하여 복음을 전하고자 했다. 그들은 때를 얻든지 못 얻든지 복음을 전하고자 했다. 우리는 사도들이 7일 후의 다음 안식일에 그들과 다시 만난 것을 발견한다(44절). 그렇게 볼 때 우리는 그들이 7일 후 다음 안식일에 다시 사도들을 만나 말씀을 듣기를 바란 것으로 이해할 수 있다.

43. 회당의 모임이 끝난 후에 유대인과 유대교에 입교한 경건한 사람들이 많이 바울과 바나바를 따르니 두 사도가 더불어 말하고 항상 하나님의 은혜 가운데 있으라 권하니라.

회당의 모임이 끝난 후에. "The congregation was broken up" 즉 회당의 모임이 깨어진 후에. 회당의 모임이 깨어진 것은 사도들의 메시지를 듣고 분개한 유대인들의 훼방으로 말미암은 것이었다. 경건한 사람들. 이방인 개종자들이 이와 같은 이름으로 일컬어진 것은 그들이 이방의 우상 숭배로부터 참 하나님을 고백하는 자리로 나아왔기 때문이었다. 사도행전 2:10을 보라. 항상 하나님의 은혜 가운데 있으라. 그들이 항상 머물러 있어야만 하는 하나님의 은혜는 다음과 같은 것들을 의미한다. (1) 하나님을 섬기기로 굳게 결심한 그들의 현재 상태. 그들은 어떤 반대와 유혹에도 불구하고 하나님의 은혜로 말미암아 그러한 상태 가운데 머물러 있어야만 했다. (2) 바울이 그들에게 전파한 은혜로 말미암아 의롭다 하심을 받는 진리(39절). (3) 전체적인 복음과 그 안에 포함되어 있는 하나님의 진리라 불리는 교훈(히 12:15). "이것이 하나님의 참된 은혜임을 증언하노니 너희는 이 은혜에 굳게 서라"(벧전 5:12).

44. 그 다음 안식일에는 온 시민이 거의 다 하나님의 말씀을 듣고자 하여 모이니.

비시디아 안디옥의 많은 시민들이 거기에 모였다. 하나님의 말씀을 듣고자 하여. 사모하는 마음으로 말씀을 듣고자 한 사람들도 있었지만, 그러나 호기심이나 혹은 트집을 잡기 위해 말씀을 듣고자 한 사람들도 있었다. 이와 같이 거기에 다양한 종류의 회중들이 모였다.

45. 유대인들이 그 무리를 보고 시기가 가득하여 바울이 말한 것을 반박하고 비방하거늘.

유대인들은 이방인들이 자신들과 동등하게 취급되는 것을 참을 수 없었다. 그들은 이방인들이 높여지는 만큼 자신들은 낮아지는 것으로 느꼈다. 시기. 악독한 시기심은 그들로 하여금 사도들이 전파하는 구원의 진리를 혐오하도록 만들었다. 반박하고 비방하거늘. 그들은 복음의 교훈을 반박하고 그것을 전파하는 것을 비방했다.

46. 바울과 바나바가 담대히 말하여 이르되 하나님의 말씀을 마땅히 먼저 너희에게 전할 것이로되 너희가 그것을 버리고 영생을 얻기에 합당하지 않은 자로 자처하기로 우리가 이방인에게로 향하노라.

담대히. "Waxed bold" 즉 더욱 담대하게. 사도들의 열심은 그들의 반박과 비방에도 불구하고 더 뜨거워졌다. 마치 약간의 물이 대장간의 풀무를 더 뜨겁게 만드는 것처럼 말이다. 하나님의 말씀을 마땅히 먼저 너희에게 전할 것이로되. 하나님의 말씀이 마땅히 먼저 유대인들에게 전파되어야만 했던 것은 다음과 같은 이유들 때문이었다. (1) 그리스도가 그들에게 약속되었기 때문에. (2) 그리스도께서 그와 같이 명령하셨기 때문에(마 10:5-6; 눅 24:47; 행 1:8). (3) 그리스도 자신이 그렇게 하셨기 때문에. 예수 그리스도는 자신이 "이스라엘 집의 잃어버린 양 외에는 다른 데로 보내심을 받지 아니하였다"고 말씀하셨다(마 15:24). 영생을 얻기에 합당하지 않은 자로 자처하기로. 반박과 비방으로 말미암아 그들은 자신들이 영생을 얻기에 합당하지 않은 자임을 분명하게 나타냈다. 그것은 마치 재판장이 재판석에서 그와 같이 판결한 것과 같았다.

47. 주께서 이같이 우리에게 명하시되 내가 너를 이방의 빛으로 삼아 너로 땅 끝까지 구원하게 하리라 하셨느니라 하니.

이것은 이사야 49:6을 인용한 것이다. 이러한 예언은 반드시 성취되어야만 했다. 그리하여 사도들은 그러한 예언으로부터 이방인들에게 그리스도를 전파해야만 하는 당위성을 추론했다. "그런즉 그들이 믿지 아니하는 이를 어찌 부르리요 듣지도 못한 이를 어찌 믿으리요 전파하는 자가 없이 어찌 들으리요"(롬 10:14). 내가 너를 이방의 빛으로 삼아. 그리스도 없는 모든 지식은 무지(無知)이며, 그리스도 없는 모든 빛은 어둠이다.

48. 이방인들이 듣고 기뻐하여 하나님의 말씀을 찬송하며 영생을 주시기로 작정된 자는 다 믿더라.

이방인들이 듣고 기뻐하여. 그리스도를 알지 못하는 사람에게 참된 안식과 평강은 없다. 바울은 믿음으로 의롭다 하심을 받은 우리가 마땅히 "우리 주 예수 그리스도로 말미암아 하나님과 화평을 누릴" 것을 말하면서 "하나님의 나라는 성령 안에서 의와 평강과 희락"이라고 가르친다(롬 5:1). 하나님의 말씀을 찬송하며. 그들은 복음 안에 나타난 하나님의 선하심을 찬미했다. 영생을 주시기로 작정된 자는 다 믿더라. 목적지와 거기에 이르는 수단을 정하신 하나님은 그들에게 말씀을 들을 기회를 주신다. 그리고 영생을 주시기로 작정하신 자들 안에서 은혜 가운데 믿음을 일으키신다. 마음을 정결하게 하는 믿음 없이는 영생의 소망도 없다.

49. 주의 말씀이 그 지방에 두루 퍼지니라.

주의 말씀. 오직 그리스도 안에서 발견되는 구원과 이방인들이 그러한 구원에 동참하도록 받아들여지는 것과 관련한 말씀. 그 지방에 두루 퍼지니라. 마치 여자가 가루 서 말 속에 갖다 넣어 전부 부풀게 한 누룩처럼(마 13:33).

50. 이에 유대인들이 경건한 귀부인들과 그 시내 유력자들을 선동하여 바울과 바나바를 박해하게 하여 그 지역에서 쫓아내니.

경건한 자들. '세보메노이'(σεβόμενοι). 자기 나라와 조상들의 우상 숭배를 버리고 천지를 창조하신 참 하나님을 섬기는 자들. 귀부인들. 사람들로부터 존경을 받는 존귀한 여인들. 그 시내 유력자들. 다섯 명의 유력자들이 있는 도시도 있고, 열 명의 유력자들이 있는 도시도 있고, 스무 명의 유력자들이 있는 도시도 있다. 박해자들은 어떻게 하든 이들을 선동하여 바울과 바나바를 쫓아내려고 했다.

51. 두 사람이 그들을 향하여 발의 티끌을 떨어 버리고 이고니온으로 가거늘.

이것은 우리 구주의 명령에 따른 행동이었다(마 10:14; 막 6:11; 눅 9:5). 주님이 그와 같이 말씀하신 것은 우리에게 복음과 그것이 제시하는 구원을 경멸하며 배척한 자들에게 임할 형벌이 얼마나 두려운 것인지 분명하게 일깨워 준다. 히브리 속담에 "이방 지역의 티끌이 사람을 더럽게 한다"는 속담이 있다. 따라서 발의 티끌을 떨어 버리는 행동을 통해 그들은 복음과 복음 사역자들을 영접하지 않는 지역의 주민들이 하나님에 의해 가장 비천한 죄인으로서 티끌과 같이 취급될 것임을 표현했다. 이고니온. 사도행전 14:1을 보라.

52. 제자들은 기쁨과 성령이 충만하니라.

여기의 제자들은 바울과 바나바를 가리키는 것일 수도 있고, 또 이곳에서 복음을 믿은 사람들을 가리키는 것일 수도 있다. 어쨌든 그들은 기쁨으로 충만했는데, 그것은 (1) 그들의 죄가 사함을 받았기 때문이었다. (2) 그들에게 영생의 약속이 주어졌기 때문이었다. (3) 그들이 가진 성령의 선물 때문이었다.

제14장

개요

1. 바울과 바나바가 이고니온에서 믿지 않는 유대인들로부터 박해를 받음(1-7).
2. 바울과 바나바가 루스드라에서 앉은뱅이를 고침. 그들은 자신들에게 돌려지는 신적 존귀를 큰 혐오감과 함께 거절함(8-18).
3. 유대인들이 무리를 충동하여 바울을 돌로 침. 그러나 바울이 바나바와 함께 무사히 더베로 피신함(19-20).
4. 바울과 바나바가 여러 지역을 다니며 교회들 가운데 믿음과 인내를 격려한 후 안디옥으로 돌아와 자신들의 사역을 보고함(21-28) .

1. 이에 이고니온에서 두 사도가 함께 유대인의 회당에 들어가 말하니 유대와 헬라의 허다한 무리가 믿더라.

이고니온. 루가오니아의 한 도시. 두 사도가 함께 들어가. 원수들이 완고한 마음으로 계속해서 박해를 가함에도 불구하고, 바울과 바나바는 자신들의 의무를 변함없이 이행했다. 말하니. 그들이 말할 때, 성령과 권능의 나타남으로 그들의 말이 사실임이 증명되었다. 헬라의 허다한 무리. 사도행전 13:43을 보라.

2. 그러나 순종하지 아니하는 유대인들이 이방인들의 마음을 선동하여 형제들에게 악감을 품게 하거늘.

순종하지 아니하는 유대인들. 혹은 믿지 아니하는 유대인들. 그들은 복음의 진리를 믿지 않고, 복음의 교훈에 순종하지 않았다. 이방인들의 마음을 선동하여. 이방인들을 재촉하며, 설득하며, 압박하여. 그때까지 이방인들은, 비록 아직까지 그리스도와 그의 말씀을 알지 못했다 하더라도, 사도들에 대해 별다른 악감을 가지고 있지 않았다. 형제들. 사도들과 그들에 의해 회심한 다른 사람들. 그들은 그리스도 안에서 한 하나님을 섬김으로써 형제로서 서로 사랑하는 마음을 갖게 되었다.

3. 두 사도가 오래 있어 주를 힘입어 담대히 말하니 주께서 그들의 손으로 표적과 기사를 행하게 하여 주사 자기 은혜의 말씀을 증언하시니.

두 사도가 오래 있어. 그들이 오래 있었던 것은 새로운 회심자들로 하여금 그리스도를 따르는 길 가운데 만난 모든 반대에도 불구하고 든든히 서도록 하기 위함이었다. 두 사도는 그리스도를 위해 그들의 고난에 기꺼이 동참하고자 했다. 주를 힘입어. "In the Lord" 즉 주 안에서. (1) 주님이 그들을 보내신 그의 일 안에서. (2) 주님이 그들에게 입혀 주신 그의 능력 안에서. **담대히 말하니.** 큰 용기와 겸손한 확신으로. 그들은 자신들이 믿는 자가 누구인지를 분명하게 알았다. **그들의 손으로 표적과 기사를 행하게 하여 주사.** 하나님은 표적과 기사를 통해 사도들이 전파한 메시지가 자신으로부터 나온 것임을 확증하셨다. **그의 은혜의 말씀.** (1) 하나님의 은혜가 나타난 복음. (2) 하나님의 은혜가 제시된 복음. (3) 하나님의 은혜가 전달된 복음. (4) 어떤 사람들에게는 허락되고 어떤 사람들에게는 감추어진 은혜의 복음.

4. 그 시내의 무리가 나뉘어 유대인을 따르는 자도 있고 두 사도를 따르는 자도 있는지라.

나뉘어. 이것은 우리 구주께서 말씀하실 때도 마찬가지였다(요 7:43). **두 사도.** 바울과 바나바. 그들은 사도로 불렸다(고전 9:5, 6).

5. 이방인과 유대인과 그 관리들이 두 사도를 모욕하며 돌로 치려고 달려드니.

관리들. 그 시내의 유력자들(13:50). **두 사도를 모욕하며.** 이와 같이 왕의 아들의 혼인잔치에 부름 받은 자들은 왕의 종들을 모욕하며 함부로 대했다(마 22:6). **돌로 치려고.** 그들은 두 사도를 마치 살려둘 가치가 없는 자들처럼 다루면서 그들의 목숨을 빼앗으려고 했다. 그들은 우리 구주에 대해서도 그렇게 하면서, 그에게 침을 뱉고 마침내 십자가에 못 박았다.

6. 그들이 알고 도망하여 루가오니아의 두 성 루스드라와 더베와 그 근방으로 가서.

도망하여. 그들이 도망한 것은 단순히 자신들의 목숨을 부지하기 위해서가 아니라 다른 곳에서 하나님의 영광을 나타내기 위한 시간을 얻고자 함이었다. 주님은 그들에게 그와 같이 하라고 명령하셨다. "이 동네에서 너희를 박해하거든 저 동네로 피하라"(마 10:23). **루가오니아.** 소아시아의 타우루스 산맥 인근 지역. **루스드라와 더베.** 이고니온과 마찬가지로 루가오니아 지역에 있는 두 도시.

7. 거기서 복음을 전하니라.

이렇게 하여 바울이 빌립보서 1:12에서 말한 것이 사실임이 증명되었다. "형제들아 내가 당한 일이 도리어 복음 전파에 진전이 된 줄을 너희가 알기를 원하노라"(빌 1:12). 이와 같이 사도들과 전도자들이 흩어짐으로 말미암아 복음이 더 넓게 퍼지게 되었다. 만일 박해로 말미암아 복음 사역자들이 흩어지지 않았다면, 많은 사람들이 그리스도에 대해 듣지 못했을 것이었다. 이와 같이 하나님은 악을 선으로 바꾸신다. 만일 해가 어떤 지역으로부터 떠난다면, 그것은 다른 지역을 비출 것이다.

8. 루스드라에 발을 쓰지 못하는 한 사람이 앉아 있는데 나면서 걷지 못하게 되어 걸어 본 적이 없는 자라.

이와 같이 나면서부터 불구가 된 사람들은 일반적인 의술로는 결코 고쳐질 수 없다. 그것은 오직 하나님의 직접적인 역사(役事)에 의해서만 고쳐질 수 있다. 걸어 본 적이 없는 자라. 이것이 강조된 것은 그에게 일어난 기적이 오직 하나님의 역사(役事)였음을 좀 더 분명히 하기 위함이었다(행 3:2).

9. 바울이 말하는 것을 듣거늘 바울이 주목하여 구원 받을 만한 믿음이 그에게 있는 것을 보고.

그것을 바울은 선지자적 영감에 의해 알 수 있었다. 그는 이와 같은 상황에서 영을 분별하는 특별한 은사가 받은 것으로 보인다. 뿐만 아니라 말씀을 주목하는 그의 태도와 눈빛과 몸짓과 얼굴 표정이 그것을 나타냈을 것이다.

10. 큰 소리로 이르되 네 발로 바로 일어서라 하니 그 사람이 일어나 걷는지라.

이것은 사도행전 3:6-8의 경우처럼 그의 불구가 완전하게 치유되었음을 나타내기 위함이었다. 하나님이 기적으로 말미암아 일으키는 모든 치유는 완전하다.

11. 무리가 바울이 한 일을 보고 루가오니아 방언으로 소리 질러 이르되 신들이 사람의 형상으로 우리 가운데 내려오셨다 하여.

루가오니아 방언. 이것은 헬라어의 한 지방 사투리로서 소아시아 지역에서 널리 사용되었다. 신들이 사람의 형상으로 우리 가운데 내려오셨다. 이교도들은 (특별히 그들의 詩人들은) 종종 이런 종류의 현현을 믿었다. 어쩌면 옛적에 천사들이 족장들과 다른 사람들에게 나타난 것이 전승을 통해 그들에게까지 전달된 것이었는지 모른다.

12. 바나바는 제우스라 하고 바울은 그 중에 말하는 자이므로 헤르메스라 하더라.

제우스. 이교도들은 제우스를 그들의 주된 신으로 받아들였다. 헤르메스. 헤르메스는 신들의 메신저였다. 그리하여 그는 날개를 가진 존재로서 묘사된다. 뿐만 아니라 그는 또한 신들의 해석자였다.

13. 시외 제우스 신당의 제사장이 소와 화환들을 가지고 대문 앞에 와서 무리와 함께 제사하고자 하니.

시외. 그들은 제우스를 자신들의 도시의 수호신으로 여겼는데, 그의 신당은 시외

(市外) 지역에 있었다. 화환들. 이것은 통상적으로 그들이 희생제물로 쓰려고 계획한 소의 머리에 씌워진 면류관의 형태였다. 그들은 이러한 표시로 그 소가 제우스에게 바쳐진 것임을 나타냈다. 이교도들은 참람하게도 제우스를 만왕의 왕으로 일컬으면서, 그를 머리에 면류관을 쓴 채 보좌에 앉아 있는 형상으로 묘사했다. 대문 앞에. 사도들이 머물고 있었던 집의 문 앞에.

14. 두 사도 바나바와 바울이 듣고 옷을 찢고 무리 가운데 뛰어 들어가서 소리 질러.

옷을 찢고. 이것은 가장 강렬한 혐오감과 그러한 혐오감으로부터 말미암은 슬픔을 표현하는 행동이었다. 무리 가운데 뛰어 들어가서 소리 질러. 두 사도는 그들의 우상 숭배를 강력하게 저지함으로써 오직 하나님의 영광만을 위한 자신들의 강렬한 열망을 분명하게 나타냈다.

15. 이르되 여러분이여 어찌하여 이러한 일을 하느냐 우리도 여러분과 같은 성정을 가진 사람이라 여러분에게 복음을 전하는 것은 이런 헛된 일을 버리고 천지와 바다와 그 가운데 만물을 지으시고 살아 계신 하나님께로 돌아오게 함이라.

여러분이여. "Sirs" 즉 선생들이여. 이러한 호칭은 비슷한 부류의 사람들을 부르는 통상적인 호칭이다. 우리도 여러분과 같은 성정을 가진 사람이라. 우리도 너희와 마찬가지로 먹을 것과 입을 것이 필요하고, 병에도 쉽게 걸리고, 때가 되면 죽는 사람들이라. 헛된 일. 우상은 종종 헛된 것으로 불린다(왕상 16:13, 26; 렘 14:22). 왜냐하면 우상은 항상 사람들의 소망을 좌절시키며 실망시키기 때문이다. 우상은 헛된 사람들에 의해 만들어진다. 우상에게는 선한 것이 없으며, 사람들에게 아무것도 주지 못한다. 천지와 바다와 그 가운데 만물을 지으시고. 참된 하나님은 또한 이러한 사실로 말미암아 거짓 신들과 구별된다(렘 10:11, 12). 바로 이것이 우리가 모든 우상 숭배를 배격해야 하는 이유이다. 하나님을 예배하는 것은 우리를 만드신 자에 대해 우리가 마땅히 드려야만 하는 의무다(시 100:3, 4). 살아 계신 하나님. 참된 하나님은 종종 살아 계신 하나님으로 불린다(신 5:26; 수 3:10). 이것은 죽은 거짓 신들과 대칭되는 개념이다. 거짓 신들은 사람들의 두려움이나 흠모함 따위로 말미암아 신격화된 존재일 뿐이다. 하나님은 스스로 살아 계시며, 모든 피조물에게 생명을 주신다.

16. 하나님이 지나간 세대에는 모든 민족으로 자기들의 길들을 가게 방임하셨으나.

여기의 이교도 우상 숭배자들은 복음과 참된 하나님을 예배하는 것에 대해 두 가지 이의를 제기할 수 있었다. 하나는 그들의 거짓 예배의 오랜 전통이며, 다른 하나는 그것의 보편성이다. 바울은 이러한 두 가지 이의를 예상하면서, 여기에서 그에 대해 대답한다. 그는 그토록 많은 사람들이 그토록 오랜 세월 동안 우상을 섬긴 이유가 그들에 대한 하나님의 정당한 심판 때문이었다고 말한다. 우리는 여기의 개념이 성경의 다른 구절들에서도 나타나는 것을 발견한다. "그러므로 내가 그의 마음을 완악한 대로 버려 두어 그의 임의대로 행하게 하였도다"(시 81:12). "그러므로 하나님께서 그들을 마음의 정욕대로 더러움에 내버려 두사 … 또한 그들이 마음에 하나님 두기를 싫어하매 하나님께서 그들을 그 상실한 마음대로 내버려 두사"(롬 1:24, 28). 자기들의 길들. 하나님의 명령에 따른 길이 아니라 우리 자신이 선택한 길은 잘못된 길이다.

17. 그러나 자기를 증언하지 아니하신 것이 아니니 곧 여러분에게 하늘로부터 비를 내리시며 결실기를 주시는 선한 일을 하사 음식과 기쁨으로 여러분의 마음에 만족하게 하셨느니라 하고.

이러한 말은 "그러면 왜 하나님이 허물하시느뇨?"라는 또 다른 이의를 제기하는 것을 막기 위한 것이었다. 바울은 그들에게, 설령 하나님이 유대인들에게 그렇게 하셨던 것처럼 그들과 그들의 조상들에게 돌판에 기록된 율법을 주시지는 않으셨다 하더라도, 마음에 기록된 율법이 있음을 말한다. 그러나 그들은 하나님의 풍성한 긍휼에도 불구하고 그러한 율법에 순종하지 않았다. 하나님의 창조와 섭리의 역사(役事)는 오직 하나님 한 분에게만 경배가 드려져야만 한다는 사실을 증언한다. 모든 창조 세계와 섭리는 그의 권능과 지혜와 선하심을 증언하면서, 우리에게 그를 사랑하며 순종하라고 말한다. 모든 창조 세계는 하나님이 그 모든 것을 만드셨음을 증언한다.

18. 이렇게 말하여 겨우 무리를 말려 자기들에게 제사를 못하게 하니라.

사람들로 하여금 오랫동안 익숙하게 반복해온 죄를 버리도록 설득하는 것은 얼마나 어려운 일인가! 또 오랫동안 관습화된 종교적인 오류를 바로잡는 것은 얼마나 어려운 일인가!

19. 유대인들이 안디옥과 이고니온에서 와서 무리를 충동하니 그들이 돌로 바울을 쳐서 죽은 줄로 알고 시외로 끌어 내치니라.

유대인들. 앞 장 50절에 언급된 유대인들. 무리를 충동하니. 사람들의 변덕은 정말로 믿을 수 없을 만큼 심하다. 우리 구주께서 예루살렘에 입성하실 때 호산나를 외쳤던 군중들을 생각해 보라. 그랬던 그들이 불과 며칠 후 "그를 십자가에 못 박으라, 그를 십자가에 못 박으라"고 외치지 않았던가! 세상의 영광처럼 헛된 것은 아무것도 없다. 돌로 바울을 쳐서. 여기에 나타난 사탄의 적의(敵意)를 보라. 바울의 영혼을 멸망시킬 수 없자, 그는 그의 육체라도 죽이기 위해 자신이 할 수 있는 모든 일을 했다.

20. 제자들이 둘러섰을 때에 바울이 일어나 그 성에 들어갔다가 이튿날 바나바와 함께 더베로 가서.

제자들이 둘러섰을 때에. 제자들이 바울을 둘러선 것은 그가 죽었다고 생각하면서 그를 장사지내기 위함이었거나 아니면 군중들의 광분으로부터 그를 보호하기 위함이었을 것이다. 바울에 대한 그들의 적의가 최고조에 이른 것은 그가 그들에게 생명의 길을 전파했기 때문이었다. 바울이 일어나. 하나님의 권능으로 말미암아 바울은 갑자기 모든 힘을 회복했다. 더베. 루가오니아에 인접한 도시. 어떤 사람들은 루가오니아 안에 있는 한 도시였다고 말하기도 한다.

21. 복음을 그 성에서 전하여 많은 사람을 제자로 삼고 루스드라와 이고니온과 안디옥으로 돌아가서.

많은 사람을 제자로 삼고. 바울은 많은 사람들을 가르치고 그들에게 세례를 베풂으로써 그들을 제자를 삼았다(마 28:19). 할례를 통해 모세의 제자가 된 것처럼, 사람들은 세례를 통해 그리스도의 제자가 된다.

22. 제자들의 마음을 굳게 하여 이 믿음에 머물러 있으라 권하고 또 우리가 하나님의 나라에 들어가려면 많은 환난을 겪어야 할 것이라 하고.

말씀의 씨를 뿌리는 것만으로는 충분하지 않다. 또한 물이 뿌려져야만 한다. 열매를 맺기 위해서는 계속적인 수고와 노력이 더해져야 했다. 그리하여 사도들은 자신들이 전에 복음을 전파했던 지역을 다시 방문한다. 사도들이 당한 박해는 그들에게 거치는 것이 될 수 있었다. 그리하여 사도들은 그들에게 십자가의 교훈을 가르친다. 사도들은 그리스도와 그의 진리를 고백하는 자들이 이 세상에서 감당해야 할 고난을 숨기지 않는다. 하나님은 실제로 그의 백성들을 지금까지 그렇게 다루어 오셨다. 이스라엘 백성들이 광야에서 지상의 가나안으로 나아가는 동안 겪은 수많은 고난들을 생각해 보라. 그러한 고난들은 하나님의 백성들이 이 세상에서 하늘의 가나안 혹은 하늘의 예루살렘으로 나아가는 동안 만나게 될 무수한 난관들을 상징한다.

23. 각 교회에서 장로들을 택하여 금식 기도 하며 그들이 믿는 주께 그들을 위탁하고.

택하여. 이 단어는 본래 통치자를 뽑기 위해 투표할 때 사용된 단어로서, 문자적으로 손을 뻗는 것을 의미했다. 그러다가 나중에 어떤 사람을 특별한 직분에 세우거나 임명할 때 통상적으로 사용되었다. 그러한 일은 사도들이 손을 뻗거나 혹은 안수함으로써 행해질 수 있었다. 왜냐하면 그런 방식으로 종종 성령이 주어졌기 때문이었다(8:17, 18). 장로들. 교회를 가르치며 다스리는 자들. 그들을 위탁하고. 마치 고난 받는 자들이 자신들의 영혼을 하나님께 위탁하는 것처럼, 그들은 제자들을 하나님께 위탁했다(벧전 4:19). 주께. 최고로 선하시며 신실하신 그리스도께. 그는 그들을 은혜와 선하심 가운데 지키시고 자라게 하실 것이다. 그들은 스스로를 그의 섭리에 전적으로 위탁했다.

24. 비시디아 가운데로 지나서 밤빌리아에 이르러.

이와 같이 그들은 자신들이 왔던 길로 다시 되돌아갔다(행 13:13, 14).

25. 말씀을 버가에서 전하고 앗달리아로 내려가서.

말씀. 복음의 말씀 혹은 그리스도의 말씀. 복음 사역자들이 전파한 메시지의 총체가 그리스도였으며, 또한 그가 곧 말씀이셨다. 버가. 사도행전 13:13을 보라. 버가는 밤빌리아 해변의 한 도시 혹은 지역이었다. 그러나 각 지역 혹은 도시의 경계는 로마인들에 의해 수시로 바뀌었으며, 그럼으로써 어떤 지역은 커지기도 하고 어떤 지역은 작아지기도 했다.

26. 거기서 배 타고 안디옥에 이르니 이 곳은 두 사도가 이룬 그 일을 위하여 전에 하나님의 은혜에 부탁하던 곳이라.

안디옥. 사도행전 13:1-3에 나타나는 것처럼, 이곳은 수리아의 안디옥이었다. 그들은 많은 성과를 거두고 안디옥으로 돌아왔으며, 이로써 그들이 하나님을 헛되이 찾지 않았음이 증명되었다. 우리는 여기에서 어떤 일을 행함에 있어 하나님께 신실하게 기도하는 것보다 더 나은 준비는 아무것도 없다는 사실을 발견한다. 무슨 일을 하든 우리는 그 일을 하나님의 처분 아래 맡겨야 한다.

27. 그들이 이르러 교회를 모아 하나님이 함께 행하신 모든 일과 이방인들에게 믿음의 문을 여신 것을 보고하고.

하나님이 함께 행하신 모든 일과. 하나님이 그들과 함께 하셨으며, 그들은 하나님과 함께 수고했다(고전 3:9; 고후 6:1). 하나님은 그들을 많은 영혼을 회심시키는 도구로 사용하심으로써 그들을 존귀하게 하셨다.

이방인들에게 믿음의 문을 여신 것을. 하나님은 이방인들에게 복음을 알고 믿을 수 있는 기회를 주셨다. 전에는 양털만 젖고 주변의 모든 땅이 말랐었는데, 지금은 모든 땅이 젖고 양털만 말랐다(삿 6:37-40). 이러한 표적에 의해 이방인들에게 믿음의 문이 열리는 비밀이 예표적으로 나타났는데, 그와 관련하여 우리 주님은 다음과 같이 말씀하셨다. "천지의 주재이신 아버지여 이것을 지혜롭고 슬기 있는 자들에게는 숨기시고 어린 아이들에게는 나타내심을 감사하나이다 옳소이다 이렇게 된 것이 아버지의 뜻이니이다"(마 11:25, 26).

28. 제자들과 함께 오래 있으니라.

사도행전 14:22처럼, 그들을 견고하게 세우기 위해. 우리 구주께서 무리로부터 잠시 물러나 한적한 곳으로 가셨던 것처럼, 안디옥에서 사도들은 박해와 다툼의 열기로부터 떠나 잠시 쉬면서 재충전하고자 했다.

제15장

개요

1. 안디옥에서 이방인에게 할례를 행하는 문제와 관련하여 큰 불화가 일어남. 그로 말미암아 바울과 바나바가 사도들과 장로들에게 문의하기 위해 예루살렘으로 보냄을 받음(1-4).
2. 예루살렘 공회에서 이 문제를 놓고 토론을 벌임(5-6).
3. 베드로가 자신의 의견을 개진함(7-11).
4. 바울과 바나바가 자신들이 이방인들 가운데 행한 기적들을 보고함(12).
5. 야고보가 몇 가지만 금지 사항과 함께 이방인들에게 유리한 쪽으로 결정함(13-21).
6. 이러한 결정을 적은 서신이 교회들에게 보내짐. 교회들이 그것을 기쁨으로 받음(22-35).
7. 바울이 바나바에게 전에 자신들이 세운 교회들을 다시 방문하자고 제안함. 그러나 의견이 서로 합치되지 않으므로 두 사람이 서로 갈라짐(36-41).

1. 어떤 사람들이 유대로부터 내려와서 형제들을 가르치되 너희가 모세의 법대로 할례를 받지 아니하면 능히 구원을 받지 못하리라 하니.

어떤 사람들. 이들은 스스로 신자로 자처했지만 그러나 거짓 형제들이었다. 어떤 사람들은 그들 가운데 케린투스(Cerinthus)가 있었다고 생각한다. 형제들. 그리스도를 믿는 믿음으로 회심한 이방인들, 혹은 참된 믿음을 고백하지만 할례는 받지 않은 문의 개종자들(proselytes of the gate). 할례는 단지 아브라함의 자손들에게만 명령된 것이었다. 뿐만 아니라 심지어 아브라함 자신조차 할례를 받기 전에 의롭다 하심을 받았다. 그럼에도 불구하고 여기의 바리새적 선생들은 이들을 구원의 소망으로부터 배제시켰다(창 17:10-13; 롬 4:10). 모세의 법대로. 모세의 율법에 따라. 물론 모세 이전에도 할례는 하나님에 의해 명령되고 또 여러 사람들에 의해 시행되었다. 그러나 하나님이 이스라엘 백성들과 더불어 공식적으로 할례의 규례를 세우신 것은 모세를 통해서였다(요 7:22).

2. 바울 및 바나바와 그들 사이에 적지 아니한 다툼과 변론이 일어난지라 형제들이 이 문제에 대하여 바울과 바나바와 및 그 중의 몇 사람을 예루살렘에 있는 사도와 장로들에게 보내기로 작정하니라.

바울. 유대인에게는 유대인처럼 되고 이방인에게는 이방인처럼 되고자 했던 온유한 바울이었지만, 그러나 그는 기독교회 안으로 할례를 끌어들이려고 하는 자들과는 추호도 타협하려고 하지 않았다. 그 이유는 다음과 같다. (1) 율법은 결코 사람을 구원으로 이끄는 요소가 될 수 없기 때문에. 그리스도 안에 있는 하나님의 값없는 은혜 — 오직 이것이 전부일 뿐이었다. (2) 우리가 그리스도의 죽으심으로 말미암아 모든 의식법(儀式法)으로부터 자유하게 되었기 때문에. (3) 복음이 널리 전파되는 것이 막히지 않도록 하기 위해. 만일 할례가 받아들여진다면, 결국 다른 모든 의식(儀式)들도 같은 이유로 그렇게 될 것이었다. 할례를 받은 사람은 바로 그 사실로 말미암아 다른 모든 규례들도 지켜야만 하게 될 것이었다. "내가 할례를 받는 각 사람에게 다시 증언하노니 그는 율법 전체를 행할 의무를 가진 자라 율법 안에서 의롭다 함을 얻으려 하는 너희는 그리스도에게서 끊어지고 은혜에서 떨어진 자로다"(갈 5:3, 4). **형제들.** 이러한 논쟁이 촉발된 안디옥 교회의 형제들. **사도들.** 그때 예루살렘에 있었을 것으로 생각되는 야고보와 베드로와 요한. 나머지 사도들은 다른 지역에서 그리스도를 전파하고 있었던 것으로 보인다.

3. 그들이 교회의 전송을 받고 베니게와 사마리아로 다니며 이방인들이 주께 돌아온 일을 말하여 형제들을 다 크게 기쁘게 하더라.

교회의 전송을 받고. 안디옥의 형제들은 바울과 바나바에 대한 사랑과 존경으로부터 그들을 멀리까지 배웅했다. 마치 그들과 더불어 자신들도 함께 동행하는 것을 나타내려는 것처럼 말이다. 그들과 안디옥 교회 사이에는 아무런 불화도 없었다. 이방인들이 주께 돌아온 일. 즉 이방인들의 회심. 그것은 진실로 거짓으로부터 진리로, 더러움으로부터 거룩함으로, 어둠으로부터 빛으로, 사탄의 권세로부터 영원히 살아 계시는 하나님에게로 돌이키는 것이었다(행 26:18). 형제들을 다 크게 기쁘게 하더라. 선한 사람들을 기쁘게 함에 있어 많은 영혼을 하나님께 데려감으로써 그리스도의 나라를 확장시키는 것보다 더 큰 것은 아무것도 없다.

4. 예루살렘에 이르러 교회와 사도와 장로들에게 영접을 받고 하나님이 자기들과 함께 계셔 행하신 모든 일을 말하매.

교회와 사도와 장로들에게 영접을 받고. 바울과 바나바는 주님의 포도원에서 행한 큰 수고로 인해 큰 환대를 받았다. 하나님이 자기들과 함께 계셔 행하신 모든 일. 사도행전 14:27을 보라.

5. 바리새파 중에 어떤 믿는 사람들이 일어나 말하되 이방인에게 할례를 행하고

모세의 율법을 지키라 명하는 것이 마땅하다 하니라.

만일 우리가 여기의 구절을 이 책의 저자인 누가가 말한 것으로 취한다면, 그것은 예루살렘 교회에 할례의 필요성을 강변하는 몇몇 사람들이 있었음을 말하는 것이 될 것이다. 반면 그것을 바울이 말한 것으로 취한다면, 그것은 그가 안디옥 교회에서 일어난 일과 관련하여 예루살렘 교회에 말한 그의 이야기의 일부가 될 것이다. 바리새파. 바리새파는 유대인들 가운데 한 종파였다. 그들의 이름은 "분리"를 의미하는 '파라쉬' 로부터 유래했는데, 오늘날의 영어로 "분리주의자들"(separatists)이라고 표현될 수 있다. 그들은 스스로를 거룩하다고 생각하면서 자신들을 다른 사람들로부터 분리시켰다(눅 18:11).

6. 사도와 장로들이 이 일을 의논하러 모여.

사도와 장로들. 바울과 바나바가 할례의 문제와 관련하여 안디옥 교회로부터 보냄을 받은 것은 바로 이들과 더불어 의논하기 위함이었다(2절). 그들은 바울과 바나바로부터 모든 이야기를 들었으며, 이제 그 문제에 관해 의논하기 위해 모였다.

7. 많은 변론이 있은 후에 베드로가 일어나 말하되 형제들아 너희도 알거니와 하나님이 이방인들로 내 입에서 복음의 말씀을 들어 믿게 하시려고 오래 전부터 너희 가운데서 나를 택하시고.

많은 변론. 그들은 양쪽 입장의 의견을 듣고 그에 대해 숙고하며 많은 변론을 벌였다. 거기에 모인 사람들 가운데 일부는 처음에는 할례를 유지하는 입장을 지지했던 것으로 보인다. 서로 다른 의견을 가진 사람들이 충돌할 때, 거기에 불꽃이 튀는 법이다. 오래 전부터. 모든 민족에게 복음을 전파하라는 지상 명령을 받은 때로부터(마 28:19), 혹은 좀 더 특별하게 고넬료가 회심한 때로부터(행 10:22; 11:12). 베드로가 하나님의 명령에 따라 이방인들에게 복음을 전파한 것은 여기로부터 대략 14-15년 전의 일이었던 것으로 보인다.

8. 또 마음을 아시는 하나님이 우리에게와 같이 그들에게도 성령을 주어 증언하시고.

마음을 아시는 하나님. 하나님은 마음을 아시는 하나님이시다. 하나님은 당신을 기쁘시게 하며 구원의 진리를 알기를 진심으로 바랐던 이방인들의 마음을 아셨다. 다윗 역시도 "마음을 아시는 하나님"의 개념을 분명하게 가지고 있었으며(대상 29:17), 그것을 아들 솔로몬에게도 가르쳤다(대상 28:9). 이러한 개념을 분명하게 인식할 때, 비로소 우리는 하나님을 온전하며 자원하는 마음으로 섬길 수 있게 된다.

그들에게도 성령을 주어. 하나님은 이방인들에게도 성령의 일반적인 은사와 특별한 은사를 주심으로써 그들을 위해 증언하셨다 — 특별히 그들이 그리스도에게 속함을 증언하셨다. 이와 같이 예수의 증언은 곧 예언의 영이며(계 19:10), 성령은 우리 구주의 약속에 따라 그를 증언한다(요 15:26).

9. 믿음으로 그들의 마음을 깨끗이 하사 그들이나 우리나 차별하지 아니하셨느니라.

이제 하나님은 유대인과 이방인 사이의 막힌 담을 허시고 그들 모두에게 자신의 은혜를 나누어주셨다(엡 2:14). 이것은 휘장이 위로부터 아래로 찢어진 것으로 상징되었으며(마 27:51), 이로써 전에는 밖에 있던 자들이 그러한 상징 아래 감추어진 위대한 진리들을 보고 향유할 수 있게 되었다. 그들의 마음을 깨끗이 하사. 하나님은 그들의 마음을 그들이 빠져 있었던 우상 숭배와 다른 모든 더러운 것들로부터 깨끗하게 하셨다. 바로 이것이 마음의 내적 할례이며, 누구든지 이와 같이 깨끗하게 된 자들은 더 이상 부정한 자로서 간주되어서는 안 된다. 믿음으로. 우리가 의롭다 하심과 새롭게 하심을 받음에 있어, 그것을 유효하게 하는 주체는 하나님이며 믿음은 그 도구이다.

10. 그런데 지금 너희가 어찌하여 하나님을 시험하여 우리 조상과 우리도 능히 메지 못하던 멍에를 제자들의 목에 두려느냐.

너희가 어찌하여 하나님을 시험하느냐. 너희가 어찌하여 하나님이 은혜 가운데 이방인들을 받으신 것을 의심하느냐? 그들은 또한 하나님이 이방인들을 부르신 것을 못마땅하게 생각함으로써 하나님을 시험했다. 그들은 하나님의 뜻에 순복하기보다, 도리어 하나님의 뜻을 자신들의 뜻에 맞추려고 했다. 어떤 종류의 죄든 죄를 범하는 것은 곧 하나님을 시험하는 것이다. 즉 그것은 하나님의 인내와 능력과 의로우심을 시험하는 것이다. 멍에. 의식법(儀式法)들은 종종 이와 같은 이름으로 불린다(갈 5:1). 그것이 실제로 멍에인 것은 다음과 같은 이유들 때문이다. (1) 그것들의 다양함. (2) 그것들의 어려움. (3) 그것들의 무거움. (4) 그것들의 무력함. 그것들은 단지 장차 올 좋은 것들의 그림자일 뿐이다(골 2:17).

11. 그러나 우리는 그들이 우리와 동일하게 주 예수의 은혜로 구원 받는 줄을 믿노라 하니라.

그들. 여기의 "그들"은 지금 베드로의 말을 듣고 있는 사람들의 조상인 유대인들을 가리킨다. 그들 역시도 장차 오실 메시야의 은혜를 통해 구원을 받았다. 지금 베드로는 여기의 유대인들에게 그들과 그들의 조상들이 율법이 아니라 오직 은혜로 말미암아 의롭다 함을 받았음을 역설한다. 주 예수의 은혜. 구원의 모든 은혜는 곧 주 예수의 은혜이다. 그것은 오직 주 예수로 말미암아 얻어지는 은혜이며, 아버지께서 주 예수를 통해 주시는 은혜이다.

12. 온 무리가 가만히 있어 바나바와 바울이 하나님께서 자기들로 말미암아 이방인 중에서 행하신 표적과 기사에 관하여 말하는 것을 듣더니.

온 무리가 가만히 있어. 사도들과 장로들은 바나바와 바울이 말하는 것을 유심히 듣고 잠잠히 있는 것으로 그들이 말한 것에 암묵적으로 동의함을 나타냈다. 표적과 기사. 각종 표적들뿐만 아니라 그와 함께 나타난 이방인들의 회심은 진실로 기사(奇事) 즉 놀라운 일이 아닐 수 없었다. 사람의 영혼이 구원을 받는 것은 진실로 기적의 역사(役事)이다.

13. 말을 마치매 야고보가 대답하여 이르되 형제들아 내 말을 들으라.

말을 마치매. 바나바와 바울이 모든 이야기를 끝마치매. 야고보. 이 사람은 알패오의 아들로서 "의인"이라는 별명을 가지고 있었으며 우리 주님의 친척이었다. 지금 이 사람이 공회를 주관하고 있었다. 대답하여. 즉 말하기 시작하여.

14. 하나님이 처음으로 이방인 중에서 자기 이름을 위할 백성을 취하시려고 그들을 돌보신 것을 시므온이 말하였으니.

시므온. 이것은 시몬과 같은 이름으로서 베드로를 가리킨다. 그 자신 히브리인이었던 누가는 그 이름을 헬라인들이 축약해서 부르는 방식이 아니라 유대인들이 부르는 대로 기록했다. 백성. 욥과 그의 세 친구들처럼, 어느 시대에든 이방인들 가운데 하나님을 경외하는 사람들이 있었다. 그러나 그들이 하나의 "백성"(people)을 이루지는 못했다. 왜냐하면 그런 이름으로 불릴 정도의 숫자를 이루지 못했기 때문이었다. 자기 이름을 위할. 하나님은 세상으로부터 자기 이름을 위할 백성을 취하신다. "자기 이름을 위할"은 다음과 같은 것들을 의미한다. (1) 자기 자신을 위할. 잠언 18:10처럼, 여호와의 이름은 바로 여호와 자신을 가리킨다. "여호와의 이름은 견고한 망대라 의인은 그리로 달려가서 안전함을 얻느니라." (2) 자기 이름으로 불릴 뿐만 아니라 또한 자기 이름을 부를. (3) 자기 영광과 존귀를 위할 그리고 그의 이름을 존귀케 할.

15. 선지자들의 말씀이 이와 일치하도다 기록된 바.

선지자들. 여기에서 야고보는 한 선지자의 예언만을 인용함에도 불구하고 "선지자들"이라고 복수로 말한다. 이것은 흔히 사용되는 통상적인 어법으로서, 선지자들 사이에서의 완전한 일치를 보여 준다. 그들은 모두 한 영으로 말했으며, 한 사람이 말한 것은 모든 사람들이 말한 것과 마찬가지였다.

16. 이 후에 내가 돌아와서 다윗의 무너진 장막을 다시 지으며 또 그 허물어진 것을 다시 지어 일으키리니.

이 후에. 메시야의 날에. 내가 돌아와서. 이것은 두 가지로 취하여질 수 있다. 능동적으로 취할 때, 그것은 하나님이 예전에 떠났던 이방인들에게로 다시 돌아오시는 것을 가리킨다. 반면 수동적으로 취할 때, 그것은 이방인들이 예전에 버렸던 하나님에게로 다시 돌아오는 것을 가리킨다. 다윗. 다윗은 그 나라가 무궁한 그리스도의 모형이었다. 여기에서도 알 수 있듯이, 하나님은 항상 약속하신 것 이상(以上)을 이루신다. 왜냐하면 결국 하나님은 단순히 그리스도 안에서 다윗의 장막을 회복시키신 것이 아니라, 그것을 영적인 차원에서 훨씬 더 큰 영광과 광채로 세우셨기 때문이다. 설령 야고보가 여기에서 아모스의 예언을 정확하게 인용하지는 않았다 하더라도, 그 의미와 맥락은 정확하게 일치한다. 장막. 집. 성경에서 집은 종종 장막으로 표현되는데, 그것은 예전에 그들이 장막에서 살았기 때문이다.

17. 이는 그 남은 사람들과 내 이름으로 일컬음을 받는 모든 이방인들로 주를 찾게 하려 함이라 하셨으니.

남은 사람들. 이것은 아모스에서 "에돔의 남은 자"로 표현되었다(암 9:12). 야곱 혹은 이스라엘이 교회를 예표했던 것처럼, (이삭의 다른 아들인) 에돔 혹은 에서는 버림받은 자들을 예표했다(롬 9:13). 계속해서 아모스는 좀 더 충분한 설명을 위해 "만국"을 덧붙이는데, 그와 같이 야고보는 여기에서 "내 이름으로 일컬음을 받는 모든 이방인들"을 덧붙인다. 그들은 이방인임에도 불구하고 하나님의 이름으로 일컬음을 받는 그의 백성이 될 것이며, 그들이 믿는 그리스도로 인해 그리스도인으로 일컬음을 받는다.

18. 즉 예로부터 이것을 알게 하시는 주의 말씀이라 함과 같으니라.

야고보가 이 말을 덧붙이는 것은 그들에게 이방인들이 부르심을 받는 것이 거치는 것이 되지 않도록 하기 위함이었다. 뿐만 아니라 그것은 또한 그들의 의식법(儀式法)을 폐하는 것이 아니었다. 왜냐하면 그것은 전혀 새로운 것이 아니라 하나님이 오래 전에 결정하신 것이었기 때문이다. 그러므로 마땅히 그들은 하나님이 결정하신 것 안에서 만족하며 안식해야만 했다.

19. 그러므로 내 의견에는 이방인 중에서 하나님께로 돌아오는 자들을 괴롭게 하지 말고.

여기에서 야고보는 자신의 의견을 개진하면서, 베드로가 이방인들과 더불어 교제하며 그들에게 세례를 베푼 것을 인정하며 확증한다. 베드로는 이방인들에게 꼭 필요하지 않은 것을 강요하면서 그들을 괴롭게 하지 않았다. 만일 베드로가 그들에게 할례를 강요했다면, 그것은 그들의 회심을 가로막는 장애물이 되었을 것이었다. 그리고 교회는 그림자를 붙잡는 대가로 실체를 잃어버리는 꼴이 되었을 것이다.

20. 다만 우상의 더러운 것과 음행과 목매어 죽인 것과 피를 멀리하라고 편지하는 것이 옳으니.

우상의 더러운 것. 우상에게 바쳐진 음식을 먹는 것(29절). 이것은 당시 교회의 상황에서 금지되었다. 또 어느 때든 그것은 다른 사람들을 실족시킬 때에는 마땅히 금지되어야 한다. 설령 나중에 다른 상황 가운데서는 허락될 수 있다고 하더라도 말이다. "불신자 중 누가 너희를 청할 때에 너희가 가고자 하거든 너희 앞에 차려 놓은 것은 무엇이든지 양심을 위하여 묻지 말고 먹으라"(고전 10:27). 음행. 음행이 여기의 금지 항목 가운데 포함된 것은 그것이 이방인들 가운데 널리 퍼져 있었기 때문이었다. 어떤 사람들은 이러한 두 죄에 의해 율법의 두 돌판에 기록된 모든 죄가 금지되었다고 생각한다. 목매어 죽인 것. 피를 흘려 내지 않은 동물. 이러한 동물의 고기는 하나님의 율법에 의해 먹지 못하도록 규정되었다(창 9:4). 피. 그들은 특별히 피를 먹지 말고 멀리 해야만 했다(레 3:17; 신 12:23). 피를 금한 것은 그들에게 복수를 금지하면서 온유함을 가르치는 것일 수 있었다. 피를 먹는 나라가 가장 야만적이며 잔인한 것은 분명한 사실이다. 어쩌면 이러한 것들은 그들이 아담의 교훈 혹은 노아의 교훈이라고 부르는 교훈에 포함되어 있는 것으로서 모든 "문의 개종자들"(proselytes of the gate)이 지키도록 규정된 것이었을 수 있다. 그렇다면 야고보는 지금까지 이방인 개종자들이 지켜오던 것을 그리스도인이 된 연후에도 계속해서 지키도록 한 것이 될 것이다. 이 모든 의식(儀式)들은 그리스도와 함께 종결되었지만, 그러나 그러한 것들이 완전히 사라지기까지는 시간이 필요했다. 어떤 사람들은 예루살렘 공회가 좀 더 크고 중요한 주제들에 대해 다루지 않은 것을 의아하게 생각할 것이다. 예컨대 아들을 통해 아버지를 섬기는 것이라든지, 자기 자신을 부인하는 것이라든지, 자기 십자가를 지는 것 같은 것들 말이다. 그러나 우리는 당시 그들이 직면한 문제는 그와 같은 것들이 아니었음을 기억해야 한다. 그러한 것들은 당시 하나님을 경외하는 자들 사이에서 중요한 문제로 제기되지 않았다.

21. 이는 예로부터 각 성에서 모세를 전하는 자가 있어 안식일마다 회당에서 그 글을 읽음이라 하더라.

야고보가 옛 의식(儀式)들을 즉시로 폐하지 않은 것은 유대인들이 오랫동안 그러한 것들을 굳게 견지하고 있었기 때문이었다. 그는 그들과 이방인 회심자들 사이에 일치를 이루고자 했다. 그리하여 그는 이방인 회심자들로 하여금 그리스도 안에서 그들이 가진 모든 자유를 사용하지 않음으로써 약간의 불편을 감내하도록 했다.

22. 이에 사도와 장로와 온 교회가 그 중에서 사람들을 택하여 바울과 바나바와 함께 안디옥으로 보내기를 결정하니 곧 형제 중에 인도자인 바사바라 하는 유다와 실라더라.

사도와 장로와 온 교회가. 이와 같이 모든 사람이 한 영에 의해 한 사람처럼 한마음으로 동의했다. 그리하여 바울과 바나바는 더 신뢰받는 사역자가 될 수 있었다. 사람들의 의혹을 해소하고 선입견을 바꾸는 것은 결코 쉬운 일이 아니다. 형제 중에 인도자들. 거룩한 삶 혹은 풍부한 지식 혹은 교회에서의 직분에 의해 지도자의 위치에 서있는 사람들. 바사바라 하는 유다. 사도행전 1:23에 언급된 요셉의 형제. 실라. 혹은 실루아노라고도 불림.

23. 그 편에 편지를 부쳐 이르되 사도와 장로 된 형제들은 안디옥과 수리아와 길리기아에 있는 이방인 형제들에게 문안하노라.

사도와 장로 된 형제들. "The apostles and elders and brethren" 즉 사도들과 장로들과 형제들. 이와 같이 편지는 그들 모두의 이름으로 씌어졌으며, 그럼으로써 더 큰 힘을 가질 뿐만 아니라 이방인 형제들에게 더 잘 받아들여질 수 있었다. 이와 같이 여러 가닥들로 엮인 강한 삼겹줄은 거짓 선생들에 의해 결코 끊어지지 않는다. 이방인 형제들. 이교(異教)로부터 그리스도에게로 회심한 자들. 그들은 할례와 관련하여 예루살렘 공회가 어떻게 결정하느냐에 매우 큰 관심을 가지고 있었다. 왜냐하면 할례 없이는 구원도 없다는 어떤 사람들의 가르침에 의해 그들은 큰 혼란 가운데 빠져 있었기 때문이었다.

24. 들은즉 우리 가운데서 어떤 사람들이 우리의 지시도 없이 나가서 말로 너희를 괴롭게 하고 마음을 혼란하게 한다 하기로.

우리 가운데서 어떤 사람들이 나가서. 여기의 "어떤 사람들"은 1절에 나타난 "유대로부터 내려온" 거짓 사도들이다. 그것은 자신이 왕 노릇 하기 위해 교회를 분열시키려고 하는 사탄의 책략이었다. 그는 교회를 나누고는 그 가운데 최소한 한 부분은 자신이 차지하려고 했다. 사도행전 20:30처럼, 우리 가운데 어떤 사람들이 어그러진 말을 하면서 교회를 분열시키는 것보다 더 슬픈 일은 아무것도 없다. "또한 여러분 중에서도 제자들을 끌어 자기를 따르게 하려고 어그러진 말을 하는 사람들이 일어날 줄을 내가 아노라." 만일 어떤 사람이 마치 기독교 신앙을 고백하는 것처럼 보이지만 그러나 계속해서 유대교를 붙잡으면서 할례를 견지한다면, 그는 결코 구원받을 수 없다. 유대로부터 내려온 거짓 사도들은 안디옥의 이방인 회심자들에게 "너희 하나님이 어디 있느냐? 너희는 마땅히 할례를 받고 율법을 지켜야만 하노라"라고 말했다. 그들이 할례를 받는 것과 율법을 지키는 것을 하나로 결합시킨 것은 지극히 온당한 일이었다. 왜냐하면 할례를 받음으로써 이방인 회심자들은 모세의 율법 전체를 지킬 의무를 갖게 되기 때문이다. 마찬가지로 할례를 폐한다면, 의식법 전체가 폐하여지게 되는 것이다. 진리와 일치가 세워지면, 거짓과 불일치는 허물어진다.

25. 사람을 택하여 우리 주 예수 그리스도의 이름을 위하여 생명을 아끼지 아니하는 자인 우리가 사랑하는 바나바와 바울과 함께 너희에게 보내기를 만장일치로 결정하였노라.

만장일치로. 한마음으로. 그들 모두는 오직 하나의 영혼을 가진 것처럼 한 마음으로 결정했다. 사도행전 2:1과 5:12처럼, 그들은 한 영 곧 진리의 영을 가지고 있었다. 그들이 만장일치로 결정한 것은 그들이 보낸 편지에 큰 힘을 가져다주었다.

26. (없음)

27. 그리하여 유다와 실라를 보내니 그들도 이 일을 말로 전하리라.

그들이 너희에게 이 편지 안에 담겨 있는 사실을 알려줄 것이요, 그리하여 너희는 그것이 위조된 것이 아님을 더욱 확신할 수 있게 될 것이라. 유다와 실라에 대하여는 22절을 보라.

28. 성령과 우리는 이 요긴한 것들 외에는 아무 짐도 너희에게 지우지 아니하는 것이 옳은 줄 알았노니.

성령과 우리는. 즉 성령의 도우심에 의해 우리는. 사도들은 하나님의 영의 인도하심이 없이는 아무것도 말하거나, 쓰거나, 행하기를 바라지 않음을 증언한다. 그들은 먼저 성령을 언급한다. 그리하여 안디옥의 형제들은 자신들에게 전달된 편지 속에 있는 내용이 단순히 인간의 생각으로부터 말미암은 것이 아니라 하나님의 권위를 갖는 것임을 확신할 수 있었다. 그리고 계속해서 그들은 "우리는"이라고 말한다. 그들은 사역자들이며 하나님의 청지기들이었다. 그들은 안디옥 형제들의 무거운 짐을 풀어줌으로써 스스로를 신실한 자들로 나타냈다. 짐. 멍에(10절). 요긴한 것들. "Necessary things" 즉 필요한 것들. 여기에 언급된 것들, 예컨대 피를 금하는 것 같은 것들은 구원에 절대적으로 필요한 것들도 아니고, 그 자체의 본질 안에서 필수적인 것들도 아니다. 비록 그러한 것들이 모든 시대에 항상 필요한 것은 아니라 하더라도, 그러나 그때 그곳에서 그것들은 교회의 평강을 위해 그리고 회심한 유대인들에게 거치는 것이 되지 않기 위해 그리고 그들과 이방인 사이에 형제 사랑을 이루기 위해 꼭 필요했다.

29. 우상의 제물과 피와 목매어 죽인 것과 음행을 멀리할지니라 이에 스스로 삼가면 잘되리라 평안함을 원하노라 하였더라.

여기에 열거된 것들을 위해서는 20절을 보라. 우상의 제물. 그들이 우상에게 바쳐졌던 제물을 집으로 가져와 먹는 것은 일상적인 일이었다. 통상적으로 그들은 소나 양 같은 짐승들을 먼저 우상에게 바치고 난 후에 먹었다. 뿐만 아니라 그들에게 있어 먼저 우상에게 드려지지 않은 짐승을 먹는 것은 불경건한 일로 간주되기까지 했다. 피. 이런 이유로 그들은 스스로 죽은 동물을 먹을 수 없었다(신 14:21). 왜냐하면 그 안에 피가 흘려지지 않은 채 그대로 남아 있었기 때문이었다. 음행. 이것이 특별히 언급된 것은 그것이 이방인들 사이에서 일반적으로 행해졌기 때문이었다. 그들은 음행의 죄를 범하면서도 별다른 죄의식을 갖지 않았다. 바울 역시도 이러한 죄를 강한 어조로 금했다. "하나님의 뜻은 이것이니 너희의 거룩함이라 곧 음란을 버리고"(살전 4:3). 평안함을 원하노라. 편지를 마무리할 때 사용된 일반적인 인사말. 이러한 인사말로 그들은 상대방의 건강과 안녕을 기원했다. 이와 같이 읽는 대신, 일부 고대 사본들은 '페로메노이 엔 프뉴마티 하기오'(φερόμενοι ἐν πνεύματι Ἁγίῳ) 즉 "성령 안에서 행하라"라고 읽는다. 이러한 독법(讀法)은 이 편지를 보낸 사도들의 마음과 잘 어울린다. 성령의 도우심이 필요함을 발견한 사도들은 무엇보다도 그들이 성령 안에서 행할 것을 간절히 바랐다.

30. 그들이 작별하고 안디옥에 내려가 무리를 모은 후에 편지를 전하니.

그들. 바울과 바나바와 유다와 실라. 뒤의 두 사람은 앞의 두 사람과 함께 보냄을 받은 사람들이었다. 무리. 바울과 바나바를 예루살렘으로 보냈던 안디옥의 형제들(행 15:1, 2). 그들은 먼저 무리를 모은 후 편지를 전했다. 이렇게 하여 예루살렘 공회의 결정은 좀 더 쉽게 많은 사람들에게 알려질 수 있었다.

31. 읽고 그 위로한 말을 기뻐하더라.

이방인 신자들에게 있어 할례와 의식법(儀式法)으로부터 면제된 것은 큰 기쁨이었다. 또 모든 논쟁이 종결되고 유대인과 이방인 사이에 일치가 확립된 것은 유대인 신자들에게도 큰 기쁨이었다. 그러나 무엇보다도 그들 모두 은혜의 복음, 즉 율법을 행함으로가 아니라 그리스도를 믿음으로 말미암아 의롭다 함을 받는 진리를 깨달으며 기뻐할 수 있었다(롬 5:1). 위로. 이 단어는 또한 훈계를 의미한다. 이와 같이 기쁨은 우리가 마땅히 행할 의무의 기초 위에 세워진다. 하나님이 우리에게 요구하는 모든 것은 악을 멀리하고 선을 행하는 것이다(사 1:16-17; 벧전 3:11).

32. 유다와 실라도 선지자라 여러 말로 형제를 권면하여 굳게 하고.

선지자. 그들이 이와 같은 이름으로 불리는 것은 미래에 일어날 일을 예언하는 은사로부터가 아니라, 모세와 선지자들의 글을 설명하며 그것이 그리스도에게서 어떻게 이루어졌는지를 가르치는 교회의 교사와 학자로서이다(엡 4:11). 굳게 하고. 사도행전 14:22; 18:23을 보라.

33. 얼마 있다가 평안히 가라는 전송을 형제들에게 받고 자기를 보내던 사람들에게로 돌아가되.

얼마 있다가. 어느 정도 시간 동안 있다가. 어떤 사람들은 이 기간을 1년 정도로 추측한다. 평안히 가라는 전송을 받고. 그들은 안디옥 형제들의 따뜻한 기도와 함께 그곳을 떠났다. 여기에서 "평안"은 마태복음 10:13처럼 안디옥의 형제들이 그들에 대해 바랐던 모든 종류의 선한 것들을 의미한다. "그 집이 이에 합당하면 너희 빈 평안이 거기 임할 것이요 만일 합당하지 아니하면 그 평안이 너희에게 돌아올 것이니라." 자기를 보내던 사람들에게로. 그들을 보냈던 예루살렘의 사도들에게로.

34. (없음)

35. 바울과 바나바는 안디옥에서 유하며 수다한 다른 사람들과 함께 주의 말씀을 가르치며 전파하니라.

오직 유다만 예루살렘의 사도들에게 그들의 편지가 안디옥의 형제들에게 잘 전달되었으며 그들이 기꺼이 사도들의 권면을 받아들였음을 보고하기 위해 예루살렘으로 돌아갔다. 이와 같이 유다가 떠났음에도 불구하고 안디옥 교회에는 여전히 충성된 목자들이 많이 남아 있었다. 하나님이 말씀을 주실 때, 그 말씀을 전파하는 자들은 큰 무리를 이룬다. "주께서 말씀을 주시니 소식을 공포하는 여자들은 큰 무리라"(시 68:11).

36. 며칠 후에 바울이 바나바더러 말하되 우리가 주의 말씀을 전한 각 성으로 다시 가서 형제들이 어떠한가 방문하자 하고.

사도들은 좋은 씨앗을 뿌린 것으로 만족할 수 없었다. 그들은 악한 자가 와서 그 씨앗을 헤치고 그곳에 가라지를 뿌리지 못하도록 하기 위해 그것을 보살펴야만 했다(마 13:19). 하나님의 포도원에서 일하는 일꾼들과 농부들의 일은 결코 끝나지 않는다. 형제들이 어떠한가 방문하자. 그들의 영혼이 건강한 상태인지 그리고 그들이 여전히 순전한 믿음과 정결한 삶 가운데 계속 남아 있는지 보기 위해 방문하자.

37. 바나바는 마가라 하는 요한도 데리고 가고자 하나.

여기의 마가 요한은 골로새서 4:10에 나타나는 것처럼 바나바의 조카(누이의 아들)였다.

38. 바울은 밤빌리아에서 자기들을 떠나 함께 일하러 가지 아니한 자를 데리고 가는 것이 옳지 않다 하여.

일. 성령이 그들을 불러 시킨 일(행 13:2). 그것은 이방인들을 생명과 구원으로 초청하고 그들을 예수 그리스도의 우리 안으로 모아들이는 일이었다. 여기의 바울의 반대는 지극히 온당한 일이었다. 왜냐하면 요한이 바나바의 친척이라는 사실보다 그의 예전의 과오가 훨씬 더 중요하게 다루어져야 했기 때문이었다.

39. 서로 심히 다투어 피차 갈라서니 바나바는 마가를 데리고 배 타고 구브로로 가고.

피차 갈라서니. 마치 아브라함이 롯과 나누어진 것처럼(창 13:9). 그럼에도 불구하고 우리는 그들이 여전히 평안의 매는 띠로 성령이 하나 되게 하신 것을 굳게 지키는 가운데 서로 사랑하며 서로를 위해 기도해 주었을 것이라고 판단할 수 있다. 왜냐하면 그들 모두 선한 사람들이었기 때문이다. 그러나 그들은 자신들이 루스드라에서 말했던 것을 여기에서 스스로 입증했다. "우리도 여러분과 같은 성정을 가진 사람이라"(행 14:15). 그러나 하나님은 이러한 분열까지도 사용하여 당신의 영광을 나타내며 예수 그리스도의 나라를 확장시키는 도구로 삼으셨다. 왜냐하면 그로 인해 여러 지역에 복음이 전파될 수 있었기 때문이다. 그리고 마가 요한에 대한 이러한 책망은 그로 하여금 훗날 복음을 위해 더 열심히 수고하도록 만드는 채찍이 된 것으로 여겨진다. 왜냐하면 우리는 훗날 바울이 여기의 마가 요한에 대해 다음과 같이 이야기하는 것을 발견하기 때문이다. "아리스다고와 '바나바의 생질 마가'

와 유스도라 하는 예수도 너희에게 문안하느니라 그들은 할례파이나 이들만은 하나님의 나라를 위하여 함께 역사하는 자들이니 이런 사람들이 나의 위로가 되었느니라"(골 4:10, 11).

구브로. 지중해에 있는 섬.

40. 바울은 실라를 택한 후에 형제들에게 주의 은혜에 부탁함을 받고 떠나.

사도행전 14:26처럼, 어떤 일을 시작함에 있어 하나님의 백성들에게 가장 필요한 것은 주의 은혜이다. 주의 은혜는 그의 은혜로운 인도하심과 도우심으로 펼쳐진다.

41. 수리아와 길리기아로 다니며 교회들을 견고하게 하니라.

수리아와 길리기아. 거기에 스데반의 죽음으로 말미암아 흩어진 몇몇 형제들이 있었다(11:19). 예루살렘의 사도들이 보낸 편지는 안디옥의 형제들뿐 아니라 이들을 위해서도 씌어진 것이었다(15:23). 교회들을 견고하게 하니라. 그들을 그들이 듣고 믿은 그리스도의 복음의 정신 위에 굳게 세우니라. 바울은 그들에게 믿음을 굳게 견지할 것과 불신자들이 제기하는 반대에 능히 대답할 수 있도록 준비할 것을 격려했다.

제16장

개요

1. 바울이 디모데에게 할례를 행함. 그리고 그와 함께 여러 지역을 다니며 복음을 전파함(1-8).
2. 바울이 환상을 통해 마게도냐로 갈 것을 지시 받음(9-13).
3. 바울이 루디아를 회심시킴(14-15).
4. 바울이 한 여종으로부터 점치는 귀신을 쫓아냄(16-18).
5. 바울과 실라가 매를 맞고 옥에 갇힘(19-24).
6. 한밤중에 지진에 의해 옥문이 열림. 스스로 자살하려고 하다가 바울에 의해 제지를 당한 간수가 회심함(25-34).
7. 상관들이 바울과 실라를 풀어줌(35-40).

1. 바울이 더베와 루스드라에도 이르매 거기 디모데라 하는 제자가 있으니 그 어머니는 믿는 유대 여자요 아버지는 헬라인이라.

더베와 루스드라. 이러한 도시들을 위해서는 사도행전 14:6을 보라. 디모데. 여기의 디모데를 바울은 그가 어렸을 때부터 알았다(딤후 1:5). 그는 바울과 함께 여러 지역을 여행했으며(딤후 3:10-11), 바울에 의해 동역자로 일컬어졌다(롬 16:21). 그 어머니는 믿는 유대 여자요. 디모데의 어머니의 이름은 유니게였다(딤후 1:5). 그녀는 유대인으로서 그리스도를 믿은 사람들 가운데 한 사람이었으며, 그녀에게는 로이스라 불리는 경건한 어머니가 있었다. 아버지는 헬라인이라. 유대인 남자에게 있어 이방인 여자와 결혼하는 것은 불법이었다. 반면 어떤 사람들은 에스더가 아하수에로와 결혼한 것처럼 유대인 여자는 이방인 남자와 결혼할 수 있었다고 생각한다. 디모데의 아버지는 할례를 받지 않은 이방인 개종자였던 것으로 생각된다.

2. 디모데는 루스드라와 이고니온에 있는 형제들에게 칭찬 받는 자니.

바울은 디모데를 잘 알고 있었음에도 불구하고 그의 거룩한 삶과 성경에 대한 지식에 관한 다른 사람들의 증언이 없이는 그를 자신의 동역자로 세우지 않고자 했다. 실제로 디모데는 성경에 대한 지식에 있어 탁월한 사람이었다(딤후 3:15).

3. 바울이 그를 데리고 떠나고자 할새 그 지역에 있는 유대인으로 말미암아 그를 데려다가 할례를 행하니 이는 그 사람들이 그의 아버지는 헬라인인 줄 다 앎이러

라.

유대인으로 말미암아 그를 데려다가 할례를 행하니. 유대인들은 아직까지 할례의 율법이 폐하여진 것을 받아들일 수 없었다. 유대인에게는 유대인처럼 되고자 했던 바울은 기꺼이 디모데에게 할례를 행함으로써 그가 유대인 회심자들에게 거치는 것이 되지 않도록 했다(고전 9:12). 반면 바울은 디도에게는 할례를 행하지 않았는데, 그것은 이방인들을 실족시키지 않기 위해서였다(갈 2:3). 바울이 이와 같이 서로 다르게 행동한 것은 동일한 목적, 즉 어찌하든지 교회에 덕을 세우고 많은 영혼을 구원하고자 함 때문이었다. 디모데는 그 어머니가 유대인이었음에도 불구하고 할례를 받지 않았다. 왜냐하면 탈무드에 따를 때 어머니는 아버지의 의견에 반하여 자기 아들을 할례 받도록 할 수 없었기 때문이었다.

4. 여러 성으로 다녀 갈 때에 예루살렘에 있는 사도와 장로들이 작정한 규례를 그들에게 주어 지키게 하니.

사도와 장로들이 작정한. 그들 모두가 한마음으로 동의(同意)하여 결정한. 규례. 사도행전 15:20, 29에 언급된 예루살렘 공회의 결정.

5. 이에 여러 교회가 믿음이 더 굳건해지고 수가 날마다 늘어가니라.

이와 같이 바울이 교회들을 방문한 것으로 인해 두 가지 유익이 따랐다. 첫째로 이미 회심한 자들의 믿음이 더욱 강화되었으며, 둘째로 그들의 수가 계속해서 더해져 갔다.

6. 성령이 아시아에서 말씀을 전하지 못하게 하시거늘 그들이 브루기아와 갈라디아 땅으로 다녀가.

브루기아와 갈라디아는 소아시아의 일부였다. 성령께서는 어떤 특별한 계시를 통해 — 정확하게 어떤 방식의 계시인지 우리는 알지 못한다 — 그때 아시아에서 말씀을 전하지 못하도록 막으셨다(물론 우리는 나중에 바울이 그곳에서 2년 동안 복음을 전파한 것을 발견한다, 행 19:10). 이와 같이 집 주인인 하나님은 촛대를 한 방으로부터 다른 방으로 옮기신다. 그는 복음의 빛을 보내시기도 하고, 도로 취하시기도 한다. 우리의 택하심뿐만 아니라 우리의 부르심도 값없이 이루어지는 것이다. 우리는 우리 주님과 함께 "옳소이다 이렇게 된 것이 아버지의 뜻이니이다"라고 말할 수 있다(마 11:26).

7. 무시아 앞에 이르러 비두니아로 가고자 애쓰되 예수의 영이 허락하지 아니하시는지라.

무시아. 드로아 인근의 작은 지역. 비두니아. 드로아 인근의 또 다른 지역으로서, 흑해에 인접한 트라키아와 마주 보고 있는 지역이다. 예수의 영이 허락하지 아니하시는지라. 이와 같이 그들의 모든 복음 전파는 하나님의 의해 인도되었다. 그들은 오직 하나님의 뜻에 따라 가기도 하고 멈추기도 해야 했다.

8. 무시아를 지나 드로아로 내려갔는데.

유명한 도시인 트로이의 유적지이거나 혹은 안티고니아 시(市)가 세워진 인근 지역.

9. 밤에 환상이 바울에게 보이니 마게도냐 사람 하나가 서서 그에게 청하여 이르되 마게도냐로 건너와서 우리를 도우라 하거늘.

마게도냐. 에게 해까지 이르는 그리스 지역. 사람. 그 지역 사람의 모양과 형상을 한 천사. 우리를 도우라. 복음의 빛으로 우리의 영혼을 비추어 달라. 하나님은 멸망 아래 있는 자들을 돕기 위해 복음 사역자들을 보내신다. 구원은 복음과 함께 임한다.

10. 바울이 그 환상을 보았을 때 우리가 곧 마게도냐로 떠나기를 힘쓰니 이는 하나님이 저 사람들에게 복음을 전하라고 우리를 부르신 줄로 인정함이러라.

곧. 하나님의 뜻이 나타나자마자 그들은 지체하지 않고 즉시로 떠났다. 우리가 떠나기를 힘쓰니. 이때 떠난 사람들 가운데 한 사람이 바로 이 책을 기록한 누가였으며, 그 외에 바울과 실라와 디모데가 있었다. 그리하여 누가는 "우리"라고 복수형으로 기록한다.

11. 우리가 드로아에서 배로 떠나 사모드라게로 직행하여 이튿날 네압볼리로 가고.

사모드라게(Samothracia). 이 섬이 이와 같은 이름으로 불리는 것은 그곳의 거주민들 가운데 일부는 드라게(Thrace)로부터 오고 또 다른 일부는 사모스(Samos)로부터 왔기 때문이었다. 네압볼리. 이곳은 드라게와 마게도냐의 경계에 있었던 도시였다.

12. 거기서 빌립보에 이르니 이는 마게도냐 지방의 첫 성이요 또 로마의 식민지라 이 성에서 수일을 유하다가.

빌립보. 이 도시의 이름은 알렉산더 대왕의 아버지 빌립의 이름을 따서 붙여졌다. 알렉산더는 파괴된 한 도시를 재건하여 그곳에다가 자기 아버지의 이름을 붙였다. 빌립보는 마게도냐 지역의 주된 도시였으며, 사모드라게로부터 마게도냐로 갈 때

경유하게 되는 첫 번째 도시였다. 식민지. 이곳에 많은 로마인들이 이주하여 거주하고 있었으며, 그들은 로마 시민의 자유를 가지고 있었다. 나중에 바울은 이곳에 편지를 보냈는데, 그것이 바로 빌립보서이다.

13. 안식일에 우리가 기도할 곳이 있을까 하여 문 밖 강가에 나가 거기 앉아서 모인 여자들에게 말하는데.

회당을 세울 만큼의 충분한 인원이 되지 못하거나 혹은 회당을 세우는 것이 허락되지 않는 지역에 사는 유대인들은 사람들의 소음과 안목을 피하기 위해 강가라든지 혹은 해변 등의 좀 더 은밀한 장소에서 모였다. 그런 장소는 '프로슈카이'(προσευχαι)로 불렸는데, 그것은 그들이 그곳에서 통상적으로 기도를 했기 때문이었다. 지금 바울 일행이 생명의 말씀을 전파하기 위해 간 곳은 바로 그러한 곳들 가운데 한 곳이었다.

14. 두아디라 시에 있는 자색 옷감 장사로서 하나님을 섬기는 루디아라 하는 한 여자가 말을 듣고 있을 때 주께서 그 마음을 열어 바울의 말을 따르게 하신지라.

루디아. 이러한 이름은 그와 같은 이름으로 불리는 지역으로부터 따온 것이었다. 그녀는 인근의 두아디라에서 태어났으며, 지금 가족들과 함께 빌립보에서 살고 있었다. 하나님을 섬기는. 그녀는 이방인 개종자로서 이교의 우상 숭배를 버리고 참된 하나님을 고백하는 사람들 가운데 한 사람이었다. 그러나 아직까지 우리 구주의 복음에 대해서는 잘 알지 못하고 있었다. 마음. 성경적인 의미에서, 마음은 지성(understanding)과 의지(will) 모두를 가리킨다. "사람이 마음으로 믿어 의에 이르고"(롬 10:10). 그녀의 지성에 빛이 비추었으며, 그녀의 마음이 변화되었다. 이제 그녀는 전에 미워했던 것을 사랑하고, 전에 사랑했던 것을 미워하게 되었다. 주께서 그 마음을 열어. 요한복음 6:44에서 우리 주님 자신이 말씀하신 것처럼, 이것은 그의 역사(役事)였다. "나를 보내신 아버지께서 이끌지 아니하시면 아무도 내게 올 수 없으니." 동시에 요한계시록 3:20처럼, 우리는 스스로 자신의 마음을 열어야 한다. "볼지어다 내가 문 밖에 서서 두드리노니 누구든지 내 음성을 듣고 문을 열면 내가 그에게로 들어가 그와 더불어 먹고 그는 나와 더불어 먹으리라." 특별히 우리의 무능함과 무력함의 측면으로부터 우리는 하나님의 값없는 은혜를 구하면서 그에게 그의 기쁘신 뜻을 따라 우리 안에서 역사(役事)하실 것을 간구해야 한다. 우리 안에서 정한 마음을 창조하는 것은 우리의 본성의 능력을 넘어서는 일이다. 그러므로 우리는 그 일을 위해 주께 간구할 필요가 있다. "하나님이여 내 속에 정한 마음을 창조하시고 내 안에 정직한 영을 새롭게 하소서"(시 51:10). 따르게 하신지라. 믿음은 들음에서 온다(롬 10:17). 그러나 반드시 "주의(注意)를 기울인" 들음이어야만 한다.

15. 그와 그 집이 다 세례를 받고 우리에게 청하여 이르되 만일 나를 주 믿는 자로 알거든 내 집에 들어와 유하라 하고 강권하여 머물게 하니라.

그 집. 루디아는 그리스도를 믿는 믿음으로 말미암아 세례를 받을 권리를 갖게 되었다. 그와 함께 그녀의 돌봄 아래 있는 그녀의 모든 가족들 역시도 세례가 허락되었다. 왜냐하면 그녀가 그들을 그리스도를 아는 지식으로 이끌 수 있었기 때문이었다. 아브라함의 경우를 생각해 보자. 아브라함의 집의 모든 종들과 그 집에서 태어난 자들과 그가 돈 주고 산 자들이 그와 함께 할례를 받았다(창 17:12, 13). 모든 부분에서 복음은 신자의 특권을 축소시키지 않고 확장시킨다. 만일 율법 하에서 자녀들과 종들이 그 부모 혹은 주인과 함께 하나님의 언약 안으로 받아들여질 수 있었다면, 하물며 복음 하에서 우리의 가족들이 배제되지 않는 것은 ― 그들이 고의적으로 스스로를 배제시키지 않는 한 ― 너무나 당연한 일이다. 강권하여. 엠마오로 가던 두 제자가 우리 주님에게 대하여 그렇게 했던 것처럼(눅 24:29). 그것은 간절한 애원과 사랑의 강요였다.

16. 우리가 기도하는 곳에 가다가 점치는 귀신 들린 여종 하나를 만나니 점으로 그 주인들에게 큰 이익을 주는 자라.

기도하는 곳에 가다가. 그들의 공적인 기도 장소를 향해 가다가. 점치는 귀신. 혹은 파이돈(Python)의 영. 파이돈은 델포이(Delphi)를 지키는 뱀 신인데, 그리스인들은 아폴로가 뱀으로 나타나 사람들에게 점치는 능력을 준다고 생각했다. 구약에서도 우리는 사울을 미혹한 신접한 여인을 발견한다(삼상 28:7).

17. 그가 바울과 우리를 따라와 소리 질러 이르되 이 사람들은 지극히 높은 하나님의 종으로서 구원의 길을 너희에게 전하는 자라 하며.

이것은 마귀가 하나님에 의해 이러한 사실을 고백하도록 강요된 것일 수 있고 혹은 하나님의 허락에 의해 자발적으로 그렇게 한 것일 수도 있다. 만일 후자의 경우라면, 그 이유는 다음과 같은 두 가지일 것이다. 첫째로, 여기에서 하나님의 종들을 칭송하며 사실을 말함으로써 다른 일들에 있어 사람들로 하여금 자신을 믿도록 이끌기 위해. 둘째로, 그들로 하여금 우쭐하여 교만의 죄에 떨어지도록 만들기 위해. 악한 영 혹은 악한 사람에게 있어 가장 나쁜 것은 자신이 마치 선한 영 혹은 선한 사람인 것처럼 가장하는 것이다.

18. 이같이 여러 날을 하는지라 바울이 심히 괴로워하여 돌이켜 그 귀신에게 이르되 예수 그리스도의 이름으로 내가 네게 명하노니 그에게서 나오라 하니 귀신이 즉시 나오니라.

바울이 심히 괴로워한 것은 그 귀신에게 사로잡혀 괴로움을 당하는 여종 때문이었든지, 아니면 그 귀신에게 희롱을 당하고 있는 자신들 때문이었을 것이다. 우리 주님과 마찬가지로, 바울 역시도 마귀의 증언을 거부했다(막 1:25). 왜냐하면 그는 거짓의 아비로서 그의 말은 단 한 마디도 신뢰할 만한 것이 없기 때문이다(요 8:44). 마귀가 사실을 말할 때에도, 그 안에는 항상 거짓의 의도가 담겨 있게 마련이다. 예수 그리스도의 이름으로. 예수 그리스도의 권세와 능력으로.

19. 여종의 주인들은 자기 수익의 소망이 끊어진 것을 보고 바울과 실라를 붙잡아 장터로 관리들에게 끌어 갔다가.

여종의 주인들. 그녀는 주인의 소유 아래 있는 종(혹은 노예)이었다. 그녀는 점치는 일로 매우 유용했기 때문에 여러 사람이 공동으로 그녀를 소유했던 것으로 보인다. 수익. 주인들은 그녀를 통해 큰 수익을 올렸다. 왜냐하면 많은 사람들이 그녀에게 와서 — 발람에게 그랬던 것처럼 — 돈을 내고 점을 쳤기 때문이었다(민 22:7). 관리들. 마태복음 16:20에 대한 나의 주석을 보라.

20. 상관들 앞에 데리고 가서 말하되 이 사람들이 유대인인데 우리 성을 심히 요란하게 하여.

상관들(magistrates). 앞 절에 언급된 관리들은 그 도시의 지도자들을 가리키는 반면, 여기에 언급된 상관들은 그곳의 군대의 사령관들을 가리키는 것으로 보인다. 여기의 단어는 그들이 칼의 권세 아래 있는 자들로서 로마인들로 말미암아 다스리는 자들이었음을 보여 준다. 여종의 주인들은 — 우리 구주에 대하여 그렇게 했던 것처럼 — 바울 일행을 관리들로부터 상관들에게로 끌고 갔다. 이 사람들이 유대인인데. 그들이 이 말을 하는 것은 당시 유대인들이 모든 사람들에게 특별히 그들의 독특한 종교적 태도로 인해 가장 밉살스러운 존재였기 때문이었다.

21. 로마 사람인 우리가 받지도 못하고 행하지도 못할 풍속을 전한다 하거늘.

12절에 나타나는 것처럼, 빌립보에는 로마인들의 식민지가 있었다. 그들은 로마법에 의해 통치를 받았으며, 원로원과 황제의 동의 없이는 종교를 바꿀 수 없었다. 지금 그들은 바로 이것을 이야기하고 있다.

22. 무리가 일제히 일어나 고발하니 상관들이 옷을 찢어 벗기고 매로 치라 하여.

무리. 모든 사람의 의견이 일치되었다고 해서 그것이 어떤 행동을 정당화시키는 것은 아니다. 옷을 찢어. 바울과 실라의 옷. 이것은 그들을 더욱 수치스럽게 만들고자 함이었든지 아니면 그들을 채찍으로 치기 위함이었을 것이다. 반면 어떤 사람들은 바울과 실라에 대한 극도의 분개로 상관들이 자신들의 옷을 찢은 것으로 이해한다. 마치 대제사장이 그랬던 것처럼 말이다(마 14:63).

23. 많이 친 후에 옥에 가두고 간수에게 명하여 든든히 지키라 하니.

많이 친 후에. 바울과 실라는 부분적으로 형리(刑吏)에 의해 맞고, 또 부분적으로 격노한 군중들에 의해 맞았다. 간수. 이 사람의 이름은 스데바나였다. 이러한 사실을 우리는 여기의 이야기를 고린도전서 1:16과 비교함으로써 알 수 있다. 이 사람을 우리는 고린도전서 16:15, 17에서도 발견한다.

24. 그가 이러한 명령을 받아 그들을 깊은 옥에 가두고 그 발을 차꼬에 든든히 채웠더니.

요셉도 이와 같이 다루어졌다(창 39:20; 시 105:18). 또 예레미야도 그랬고, 세례 요한도 그랬다.

25. 한밤중에 바울과 실라가 기도하고 하나님을 찬송하매 죄수들이 듣더라.

기도가 하나님께 받아들여질 수 없고 아무런 효력도 갖지 못하는 시간과 장소는 없다. 도리어 선한 사람이 고난의 한가운데서 드리는 기도는 하나님의 귀에 더욱 강력하게 전달된다. 하나님을 찬송하매. 그들은 그리스도를 위해 고난당하는 것을 합당하게 여겼다. 그리고 하나님을 사랑하는 자들에게는 모든 것이 합력하여 선을 이룬다(롬 8:28). 그들은 예수 그리스도를 통해 주신 모든 것으로 인해 하나님께 감사했다. 또 바울은 다른 곳에서 "범사에 우리 주 예수 그리스도의 이름으로 항상 아버지 하나님께 감사하며"라고 말한다(엡 5:20).

26. 이에 갑자기 큰 지진이 나서 옥터가 움직이고 문이 곧 다 열리며 모든 사람의 매인 것이 다 벗어진지라.

갑자기. 때가 되자 그들의 기도는 즉각적으로 응답되었다. 하나님은 당신을 부르는 자들에게 가까이 계신다(시 34:17; 145:18). 큰 지진이 나서. 마태복음 28:2처럼, 지진은 종종 어떤 놀라운 일의 전조(前兆)로서 임한다. 물론 하나님은 지진 없이도 자기 종들을 구원하실 수 있으셨다. 그러나 하나님은 그들의 구원이 그들 자신의 계략에 따라 이루어진 일이 아니라 당신이 하신 일임을 좀 더 분명하게 나타내기 위해 그와 같은 방식으로 당신의 능력을 나타내셨다.

모든 사람의 매인 것이 다 벗어진지라. 지진에 의해, 혹은 천사의 어떤 은밀한 능력에 의해, 혹은 하나님 자신에 의해. 이렇게 하여 사도들과 다른 사람들은 자신들의 몸이 하나님에 의해 자유롭게 된 것은 자신들을 통해 많은 사람들의 영혼이 자유를 얻도록 하기 위함임을 알 수 있었다.

27. 간수가 자다가 깨어 옥문들이 열린 것을 보고 죄수들이 도망한 줄 생각하고 칼을 빼어 자결하려 하거늘.

자다가 깨어. 지진으로 인해 간수는 갑자기 깨어 일어났다. 그곳에 지진이 일어난 것은 매우 특이한 일이었다. 자결하려 하거늘. 더 잔인한 형벌로 죽음을 당하는 것을 두려워하여. 죄수가 도망친 경우, 간수는 그 죄수가 당할 것으로 예상되는 형벌을 받아야만 했다. 자살은 로마인들과 헬라인들 사이에서 매우 흔한 일이었다. 그러나 그들의 철학자들은 어떻게 말했든지 간에, 자살은 하나님의 뜻을 거스르는 것으로서 큰 죄이다. 어떤 일이 예상되든, 우리는 굳은 결심으로 그 일에 직면해야 한다.

28. 바울이 크게 소리 질러 이르되 네 몸을 상하지 말라 우리가 다 여기 있노라 하니.

다른 죄수들은 지진에 놀라 넋이 빠져 있었다. 그들은 옥문이 열리고 자신들을 결박한 쇠사슬이 풀어진 것을 깨닫지 못하고 있었다. 반면 사도들의 경우, 그들을 위해 놀라운 구원을 행하신 하나님이 아마도 그들에게 이 일의 목적을 알려 주셨을 것이다. 그것은 이러한 방법으로 간수와 그의 가족들을 회심시키고 그럼으로써 그들이 전파하는 복음을 존귀하게 하는 것이었다.

29. 간수가 등불을 달라고 하며 뛰어 들어가 무서워 떨며 바울과 실라 앞에 엎드리고.

간수가 등불을 달라고 하며. 당시 옥에는 통상적으로 등불이 없었다. 무서워 떨며. 이와 같이 하나님은 한순간에 모든 상황을 뒤바꾸어 놓으실 수 있다. 간수는 불과 몇 시간 전에 자신의 손으로 차꼬를 채운 발 앞에 엎드렸다. 바울과 실라 앞에 엎드리고. 이것은 그들 앞에 경의를 표하는 행동으로서 동방 나라들 가운데 통상적인 일이었다. 바울과 실라는 그것을 거절하지 않았다. 왜냐하면 그것은 단지 정중한 경의의 표현일 뿐이었기 때문이다. 그것은 단지 간수의 겸비함과 깨어진 마음을 나타내는 것일 뿐이었다. 반면 고넬료가 베드로에게 엎드려 절하려고 할 때 베드로는 그것을 단호히 거절했는데, 그것은 그것이 단순한 경의의 표현 훨씬 이상이었기 때문이었다(행 10:25, 26).

30. 그들을 데리고 나가 이르되 선생들이여 내가 어떻게 하여야 구원을 받으리이까 하거늘.

그들을 데리고 나가. 간수는 그들을 감옥 안에 있는 자신의 거처로 혹은 좀 더 자유롭고 개방된 장소로 데려갔다. 선생들이여(Sirs). 로마인들과 헬라인들이 경의를 표하면서 상대방을 부를 때 흔히 사용한 호칭.

내가 어떻게 하여야 구원을 받으리이까. 미래의 상태와 관련하여 그는 다음과 같은 것들에 의해 어느 정도 알 수 있었다. (1) 본성의 빛에 의해. (2) 전통에 의해. (3) 철학자들의 가르침에 의해. (4) 유대인 및 이방인 개종자들과의 빈번한 접촉에 의해. 이 세상에서 두려움과 위험 가운데 빠져 있는 사람들은 종종 다른 세상을 바라보는 쪽으로 이끌려지게 된다. 그러나 이것은 오직 하나님이 그들의 두려움과 위험을 거룩하게 하시기를 기뻐하실 때의 이야기이다. 그렇지 않을 때, 그들의 두려움과 위험은 도리어 그들의 마음을 더 완고하게 만든다. 모세 시대의 애굽 사람들을 생각해 보라. 계속해서 이어지는 재앙들은 단지 그들의 마음을 한층 더 완고하게 만들었을 뿐이었다(출 7:3).

31. 이르되 주 예수를 믿으라 그리하면 너와 네 집이 구원을 받으리라 하고.

주 예수를 믿으라. 바로 이것이 복음의 요체이다. 믿음에 의해 깨달아진 그리스도는 우리에게 지혜와 의로움과 거룩함과 구원함이 되신다(고전 1:30). 그러나 그러한 믿음은 반드시 사랑으로 역사(役事)하는 믿음이어야만 한다. 그러한 믿음은 마음을 정결하게 하며, 세상을 이기며, 마귀의 불화살을 끈다(요일 5:4; 엡 6:16). 그러한 믿음은 마땅히 "가장 거룩한 믿음"으로 불릴 자격이 있다(유 1:20). 너와 네 집이 구원을 받으리라. 주 예수를 믿음으로써 너는 네가 그토록 바라던 생명을 얻게 될 것이다. 그리고 너 자신만이 아니라 네 가족들까지도 구원을 받게 될 것이다. 언약의 울타리 안에는 자기 자신뿐만 아니라 자신의 자녀들까지도 포함된다.

32. 주의 말씀을 그 사람과 그 집에 있는 모든 사람에게 전하더라.

바울과 실라는 앞 절에서 간략하게 선포한 것을 좀 더 상세하게 설명해 주었다. 그들은 그리스도의 본성과 직분에 대해, 그리고 특별히 그가 우리 죄를 위해 고난을 당하신 것과 우리를 의롭다 하시기 위해 다시 살아나신 것에 대해 설명해 주었을 것이다. 그 집에 있는 모든 사람에게. 여기에는 동료 죄수들까지도 포함되었을 것이다. 사도들과 함께 옥에 있었던 동료 죄수들을 생각해 보라. 그들에게 사도들과 함께 한 옥살이는 참으로 복된 옥살이였다. 왜냐하면 그것을 통해 하나님 안에서 참된 자유자가 되었기 때문이다.

33. 그 밤 그 시각에 간수가 그들을 데려다가 그 맞은 자리를 씻어 주고 자기와 그 온 가족이 다 세례를 받은 후.

그 밤 그 시각에. 간수는 조금도 지체하지 않고 자신의 믿음과 참된 회심의 증거를 나타냈다. 그 맞은 자리를 씻어 주고. 이렇게 함으로써 간수는 그들의 고통을 덜어주고 그들의 상처를 치료해 주고자 했다. 자기와 그 온 가족이. 15절과 32절을 보라. 세례를 받은 후. 예수를 믿는 믿음 위에서 지체 없이 세례가 시행된 경우를 우리는 사도행전 8:38; 10:47; 16:15 등에서 발견한다.

34. 그들을 데리고 자기 집에 올라가서 음식을 차려 주고 그와 온 집안이 하나님을 믿으므로 크게 기뻐하니라.

자기 집에. 그의 집은 감옥에서 가까웠거나 아니면 감옥의 별채였을 것이다. 바울과 실라는 지하 감옥으로부터 그의 집으로 올라갔다. 음식을 차려 주고. 바울과 실라는 오랜 시간 동안 음식을 먹지 못했다. 한밤중에 그들에게 음식을 차려준 것은 큰 긍휼이었다. 크게 기뻐하니라. 바울과 실라는 간수의 믿음의 증거를 보면서 성령 안에서 크게 기뻐했다. 그와 그의 가족이 믿고 세례를 받음으로 하나님의 은혜의 언약 안으로 받아들여진 것은 큰 수확이었다.

35. 날이 새매 상관들이 부하를 보내어 이 사람들을 놓으라 하니.

부하들(serjeants). 상관들의 사자(使者)들 혹은 하급자들. 이들은 채찍이나 몽둥이 따위를 들고 상관을 따라다녔는데, 바로 그러한 사실로부터 그와 같은 이름이 붙여졌다. 이 사람들을 놓으라. 어쩌면 이것은 지진으로 인한 두려움 때문이었는지 모른다. 그들은 바울과 실라가 행한 선한 행동과 관련하여 단순히 군중들의 격노를 무마하기 위해 부당하게 형벌을 가한 것으로 인해 양심의 가책을 느꼈을 수 있다. 또 그들은 로마법대로 행동하지 않은 것에 대해서도, 다시 말해서 합법적인 재판 절차를 거치지 않고 그들을 때린 것에 대해서도 꺼림칙한 마음을 가졌을 것이다. 설령 그들이 로마 시민의 특권을 가지고 있었음을 아직까지 알지 못하고 있었다 하더라도 말이다.

36. 간수가 그 말대로 바울에게 말하되 상관들이 사람을 보내어 너희를 놓으라 하였으니 이제는 나가서 평안히 가라 하거늘.

간수는 그들을 풀어줄 수 있게 된 것에 대해 크게 기뻐하면서 그들에게 상관들의 말을 전했다. 간수는 그들에게 어떤 대가도 요구하지 않고 즉시로 나가 복음을 전파하며 그들의 사역을 행하도록 했다.

37. 바울이 이르되 로마 사람인 우리를 죄도 정하지 아니하고 공중 앞에서 때리고 옥에 가두었다가 이제는 가만히 내보내고자 하느냐 아니라 그들이 친히 와서 우리를 데리고 나가야 하리라 한 대.

바울이 이르되. 자유의 메시지와 함께 감옥으로 보냄을 받는 부하들에게. 로마 사람인 우리를. 로마 시민의 특권을 가진 우리를. 로마법은 로마인들의 동의 없이 로마 시민을 결박하거나 매로 치는 것을 금지했다.

죄도 정하지 아니하고. 그들은 정당한 재판을 받지 못했을 뿐만 아니라 스스로를 위해 변명할 기회조차 갖지 못했다. 공중 앞에서. "openly" 즉 공개적으로. 그들이 바울과 실라를 공개적으로 때린 것은 매우 부당한 처사였다.

때리고. 상관들은 그들을 매로 치라고 명령했다(22절). 그것은 그들 자신이 때린 것과 마찬가지였다. 따라서 그들은 마땅히 그에 대해 합당한 책임을 져야 했다. 그들이 친히 와서 우리를 데리고 나가야 하리라. 바울이 이렇게 요구한 것은 그 자신을 위한 것이라기보다 복음을 위한 것이었다. 왜냐하면 그렇게 함으로써 복음을 전하는 자들이 악한 자들로서 그에 합당한 형벌을 받았다는 거짓 풍문이 퍼지지 않게 될 것이었기 때문이었다. 그들은 비둘기처럼 순결할 뿐만 아니라 또한 뱀처럼 지혜로워야 했다.

38. 부하들이 이 말을 상관들에게 보고하니 그들이 로마 사람이라 하는 말을 듣고 두려워하여.

왜냐하면 로마법은 로마 시민을 함부로 다루는 것을 엄히 금했기 때문이었다. 이와 같이 하나님은 그들에게 두려움을 가져다주심으로써 자기 종들의 권위를 높여주셨다.

39. 와서 권하여 데리고 나가 그 성에서 떠나기를 청하니.

상관들은 그들에게 두 가지를 바랐다. (1) 그들에게 행한 자신들의 잘못된 처사가 용서되기를 바랐다. 그들은 자신들의 잘못된 처사가 문제가 될 것을 두려워했다. (2) 또 다른 잘못된 처사를 피할 수 있도록 그들이 그 도시를 떠나주기를 바랐다. 여기의 표현은 상관들이 바울과 실라에게 간청했을 뿐만 아니라 그들을 위로했음을 암시한다. 그들은 말과 행동으로 자신들이 그들에게 행한 잘못된 처사를 바로잡고자 했다. 그리고 그들은 사도들이 그들 자신의 안전을 위해 그 도시를 떠나주기를 바랐다. 왜냐하면 군중들이 또다시 그들을 향해 격노하며 소요를 일으킬 수 있었기 때문이었다.

40. 두 사람이 옥에서 나와 루디아의 집에 들어가서 형제들을 만나 보고 위로하고 가니라.

루디아의 집에 들어가서. 루디아에 대하여는 14절을 참조하라. 그들은 위험을 피하기 위해 자신들의 의무를 소홀히 하지 않았다. 바울과 실라는 형제들에게 그들이 감당한 그리고 앞으로도 감당해야 할 고난과 관련하여 그들을 위로했다. 또 그들로 하여금 고난을 위해 준비하는 가운데 그 안에서 하나님께 순복하며 그것을 올바로 감당하도록 훈계했다.

제17장

개요

1. 바울이 데살로니가 회당에서 복음을 전파함. 어떤 사람들은 믿고 어떤 사람들은 배척함(1-4).
2. 믿지 않는 유대인들이 소요를 일으킴(5-9).
3. 바울과 실라가 베뢰아로 감. 베뢰아의 유대인들이 성경을 깊이 연구하는 것으로 칭찬을 받음(10-12)
4. 데살로니가의 유대인들이 따라와 바울을 베뢰아로부터 쫓아냄(13-15).
5. 아덴에서 바울이 아레오바고 법정 앞에 끌려옴(16-21).
6. 바울이 아덴 사람들에게 살아 계신 하나님을 전파함. 하나님이 모든 사람들을 회개하도록 부르신 것과 그리스도의 부활과 그의 다시 오심을 전파함(22-31).
7. 어떤 사람들은 조롱하고, 어떤 사람들은 믿음(32-34).

1. 그들이 암비볼리와 아볼로니아로 다녀가 데살로니가에 이르니 거기 유대인의 회당이 있는지라.

암비볼리. 빌립보에 인접한 도시. 그 도시가 그와 같은 이름으로 불리게 된 것은 그 도시의 양쪽에 바다가 있었기 때문이었다. 아볼로니아. 데살로니가에 인접한 도시. 데살로니가. 이곳은 마게도냐의 주된 도시들 가운데 하나였다. 바울은 데살로니가 교회에 두 개의 편지를 보냈다. 데살로니가는 알렉산더 대왕의 아버지 필립이 테살리(Thessali)에 대하여 얻은 자신의 승리를 기념하여 세운 도시였다.

거기 유대인의 회당이 있는지라. 압비볼리와 아볼로니아에는 회당이 없었으므로 그곳에 사는 유대인들은 종종 데살로니가의 회당에 와서 예배를 드렸던 것으로 보인다. 세 도시는 모두 마게도냐에 있었다. 우리는 앞 장에서 빌립보의 상관들로부터 바울과 실라가 그 도시로부터 떠나달라는 청을 받은 것을 살펴보았다(16:39). 그것은 광포한 군중들을 만족시켜 주기 위한 것이었다. 어쨌든 그들이 빌립보를 떠난 것은 구원의 말씀이 여기의 세 도시에 전파되는 계기가 되었다.

2. 바울이 자기의 관례대로 그들에게로 들어가서 세 안식일에 성경을 가지고 강론하며.

자기의 관례대로. 바울은 자신을 부르신 자에게 충성된 일꾼이었다. 그는 모든 기회를 활용하여 주의 일을 수행했다. **성경을 가지고.** 유대인들은 율법과 선지자들의 글을 신적 권위를 갖는 것으로서 인정했다. 우리는 하나님과 구원에 관한 모든 지식을 오직 성경으로부터만 끌어내야 한다. 만일 어떤 사람의 말이 성경과 맞지 않는다면, 그것은 그 안에 빛이 없기 때문이다. "마땅히 율법과 증거의 말씀을 따를지니 그들이 말하는 바가 이 말씀에 맞지 아니하면 그들이 정녕 아침 빛을 보지 못하고"(사 8:20). 여기에서 바울이 구체적으로 어떤 성경을 강론했는지는 제시되지 않는다. 그러나 틀림없이 우리 구주께서 부활 후 같은 목적으로 사용하신 성경과 동일한 성경이었을 것이다. "이에 모세와 모든 선지자의 글로 시작하여 모든 성경에 쓴 바 자기에 관한 것을 자세히 설명하시니라"(눅 24:27). 사도행전 13:46에도 나타나는 것처럼, 바울은 관례적으로 먼저 유대인들에게 복음을 전파했다.

3. 뜻을 풀어 그리스도가 해를 받고 죽은 자 가운데서 다시 살아나야 할 것을 증언하고 이르되 내가 너희에게 전하는 이 예수가 곧 그리스도라 하니.

뜻을 풀어. "opening" 즉 열어. 바울은 자신이 인용한 성경을 열었다. 하나님의 말씀을 열면 빛이 비친다. "주의 말씀을 열면 빛이 비치어 우둔한 사람들을 깨닫게 하나이다"(시 119:130). **그리스도가 해를 받아야 할 것을 증언하고.** 바울이 전파한 구주에 관한 진리는 지성(知性)의 눈에 너무나 분명한 것이었다. 마치 육체의 눈 앞에 펼쳐진 광경이 분명하게 나타나는 것처럼 말이다. 그리스도에 관한 선지자들의 글을 그것이 실제로 이루어진 것과 비교해 보라(시 22:6; 사 53:1-12; 마 16:21; 눅 24:26, 46). **내가 너희에게 전하는 이 예수가 곧 그리스도라.** 바울이 전한 예수는 유일한 참 메시야였으며, 메시야와 관련하여 기록된 모든 것이 그 안에서 성취되었다.

4. 그 중의 어떤 사람 곧 경건한 헬라인의 큰 무리와 적지 않은 귀부인도 권함을 받고 바울과 실라를 따르나.

경건한 헬라인. 헬라인으로서 유대교로 개종한 자들. 그들은 이교의 우상 숭배를 버리고 유대인과 연합한 자들이었다. 그들은 회당에 참석하여 율법과 선지자의 글을 읽고 그에 대한 설명을 들었다. 그들은 유일하신 하나님만을 섬겼으며, 아무에게도 해를 끼치지 않았다. 그들을 우리는 본서에서 자주 만나게 된다(행 13:42-43; 17:17 등). **적지 않은 귀부인.** 그들 가운데 상당수의 사람들이 믿었다. 그런가 하면 유대인들이 그들을 선동하여 바울과 바나바를 쫓아내게 했다는 언급도 나타난다(행 13:50). **바울과 실라를 따르나(consorted with Paul and Silas).** 그들은 바울과 실라로부터 큰 영향을 받고 기꺼이 그들과 함께 하고자 했다. 여기에 사용된 단어

"consort"는 남편과 아내 사이의 관계와 같은 가장 친밀하며 가까운 교제와 연합의 개념을 함축한다.

5. 그러나 유대인들은 시기하여 저자의 어떤 불량한 사람들을 데리고 떼를 지어 성을 소동하게 하여 야손의 집에 침입하여 그들을 백성에게 끌어내려고 찾았으나.

시기하여. 혹은 열심(熱心)으로 충동되어. 열심은 마치 불과 같다. 불은 난로 안에 있을 때 유용하며 필요한 것이 된다. 그러나 난로를 떠나 사방으로 번질 때, 그것은 가장 위험하며 파괴적인 것이 된다. **불량한 사람들**. 예컨대 시장이나 어떤 공공의 장소에서 아무 일도 하지 않은 채 할 일 없이 서성거리는 사람들. **야손**. 어떤 사람들은 이것이 헬라파 유대인들이 여호수아 혹은 예수를 위해 사용한 헬라식 이름이었다고 생각한다. 여기의 야손은 유대로부터 수리아로 왔다가 마침내 마게도냐로 온 흩어진 유대인 가운데 한 사람이었다. 이 사람은 바울과 실라가 머문 집의 주인으로서, 그의 이름은 하나님의 말씀이 전파되는 한 영원히 잊히지 않을 것이다. 또 우리는 로마서 16:21에서 이 사람을 다시 보게 된다. **백성에게 끌어내려고**. 백성에게 끌어내어 죽이려고. 여기의 유대인들의 박해에 대한 갈증을 만족시켜 줄 수 있었던 것은 오직 사도들의 피밖에 없었다. 그들은 정당한 이유 없이 사도들의 피를 흘리고자 했다.

6. 발견하지 못하매 야손과 몇 형제들을 끌고 읍장들 앞에 가서 소리 질러 이르되 천하를 어지럽게 하던 이 사람들이 여기도 이르매.

여기에 "읍장들"(rulers)로 번역된 통치자들은 대부분 변화를 싫어한다. 그것을 잘 알고 있었던 유대인들은 바울 일행에게 새로운 죄목을 부과하며 참소했다. 이와 같이 초창기 시대에 이미 그리스도인들에게 "세상을 어지럽게 하는 자들"이라는 혐오스러운 이름이 덧붙여졌다. 교회의 원수들은 하나님의 종들에게 짐승의 가죽을 뒤집어씌움으로써 모든 사람들로 하여금 그들을 마음껏 물어뜯을 수 있도록 했다.

7. 야손이 그들을 맞아 들였도다 이 사람들이 다 가이사의 명을 거역하여 말하되 다른 임금 곧 예수라 하는 이가 있다 하더이다 하니.

야손이 그들을 맞아 들였도다. 그가 그들을 은밀하면서도 고의적으로 맞아 들였도다. **가이사의 명을 거역하여**. 로마인들은 어떤 사람도 자신들의 찬동 없이 왕으로 불리는 것을 허락하지 않았다. **다른 임금**. 세상의 주인으로 일컬어졌던 가이사 외에 다른 왕. 유대인들은 우리 구주를 참소할 때에도 바로 이 부분을 건드렸다. 그때나 여기의 경우에나 이것은 가장 악의적인 참소였다. 뿐만 아니라 그것은 그들 자신의 양심에도 반하는 참소였다. 왜냐하면 그들 자신들도 자신들의 왕으로서 메시야를 대망하며 기다렸기 때문이었다. 그러나 그들은 자신들의 메시야를, 그의 나라가 이 세상에 속한 것이 아니라 영적인 나라라는 이유로, 거부하며 배척했다(요 18:36, 37).

8. 무리와 읍장들이 이 말을 듣고 소동하여.

무리와 읍장들은 로마제국에 반하는 일이 행해졌다는 말을 듣고 그것이 무슨 의미인지도 알지 못한 채 소동했다. 특별히 읍장들(rulers)은 백성들이 소요를 일으킬 것을 두려워하며 소동했다.

9. 야손과 그 나머지 사람들에게 보석금을 받고 놓아 주니라.

보석금을 받고(had taken security). 마가복음 15:15처럼, 여기의 단어는 그들이 만족했음을 암시한다. "빌라도가 무리에게 만족을 주고자 하여 바라바는 놓아 주고 예수는 채찍질하고 십자가에 못 박히게 넘겨 주니라." 읍장들은 사도들의 대답을 듣고 만족했든지 혹은 그들이 낸 보석금으로 인해 만족한 것으로 보인다.

10. 밤에 형제들이 곧 바울과 실라를 베뢰아로 보내니 그들이 이르러 유대인의 회당에 들어가니라.

베뢰아. 마게도냐의 한 도시. 이곳은 펠라(Pella)와 데살로니가로부터 멀지 않은 곳에 있었다. 유대인의 회당에 들어가니라. 관례대로 그들은 먼저 이스라엘 집의 잃어버린 양들에게로 갔다. 로마서 9:2-3에 나타나는 것처럼, 바울에게는 그들에 대한 억제할 수 없는 사랑이 있었다. 그가 가는 곳마다, 유대인들은 어찌하든지 그를 죽이고자 했다. 그럼에도 불구하고 그는 그들을 구원으로 이끎으로써 그들에게 복수하고자 했다.

11. 베뢰아에 있는 사람들은 데살로니가에 있는 사람들보다 더 너그러워서 간절한 마음으로 말씀을 받고 이것이 그러한가 하여 날마다 성경을 상고하므로.

베뢰아의 유대인들은 그 성품에 있어 데살로니가의 유대인들을 훨씬 능가했다. 그들은 편견에 사로잡히지도 않았고 완악하지도 않았다. 그들은 참을성 있게 바울의 말을 들었다. 또 그들은 바울이 말한 것을 진지하게 되새기면서, 그것을 성경과 비교했다. 그리하여 하나님은 그들에게 준비된 마음을 선물로 주셨다. 그러므로 은혜의 기름이 그들 안으로 흘러들어가 그들을 가득 채운 것은 조금도 이상한 일이 아니었다.

이것이 그러한가 하여 날마다 성경을 상고하므로. 진리는 시험을 두려워하지 않는다. 오직 거짓만이 시험을 두려워하여 스스로를 감출 뿐이다. 오직 성경만이 우리에게 정확무오(正確無誤)한 유일의 규칙이다. 왜냐하면 그것은 하나님으로부터 온 것이기 때문이다(딤후 3:16),

12. 그 중에 믿는 사람이 많고 또 헬라의 귀부인과 남자가 적지 아니하나.

이와 같이 하나님은 가진 자들에게 더 주시며 그들을 사용하신다. 그러므로 우리는 "모든 더러운 것과 넘치는 악을 내버리고 우리 영혼을 능히 구원할 바 마음에 심어진 말씀을 온유함으로 받아야" 한다(약 1:21). 주의 손은 결코 짧지 않으며, 그의 말씀은 활력이 있어 좌우에 날선 어떤 검보다도 예리하여 혼과 영과 및 관절과 골수를 찔러 쪼갠다(히 4:12).

13. 데살로니가에 있는 유대인들은 바울이 하나님의 말씀을 베뢰아에서도 전하는 줄을 알고 거기도 가서 무리를 움직여 소동하게 하거늘.

바람에 이리저리 요동치는 물결을 생각해 보라. 바람에 이리저리 흔들리는 갈대를 생각해 보라. 변덕스러운 군중들이 마치 이와 같다.

14. 형제들이 곧 바울을 내보내어 바다까지 가게 하되 실라와 디모데는 아직 거기 머물더라.

바다까지 가게 하되. 바울을 추격하는 사람들로 하여금 그 일을 포기하도록 하기 위해. 이렇게 하여 바울은 걸어서 아덴까지 가게 되었다. 실라와 디모데는 아직 거기 머물더라. 바울과 비교할 때 실라와 디모데에게 박해자들의 격노는 그다지 격렬하지 않았다. 왜냐하면 실라와 디모데는 그들에게 훨씬 덜 알려지고, 덜 유해한 존재로 여겨졌기 때문이었다. 또 어쩌면 실라와 디모데가 마게도냐에 좀 더 오래 머물 수 있었던 것은 거기에 그들의 친척들이 있었기 때문이었는지도 모른다.

15. 바울을 인도하는 사람들이 그를 데리고 아덴까지 이르러 그에게서 실라와 디모데를 자기에게로 속히 오게 하라는 명령을 받고 떠나니라.

바울을 인도하는 사람들. 바울을 보호하는 책임을 맡고 그와 동행하는 사람들. 아덴. 그리스 중의 그리스, 혹은 그리스의 눈(eye). 그리스가 세상의 눈으로 여겨졌던 것처럼, 아덴은 그리스의 눈으로 여겨졌다. 그러나 모든 철학과 학문에도 불구하고, 아덴은 구원에 이르는 지식을 얻지 못했다. 바울이 와서 그것을 전파할 때까지 말이다. 사탄의 적의(敵意)는 도리어 복음이 퍼져나가는 일에 도구가 된다.

16. 바울이 아덴에서 그들을 기다리다가 그 성에 우상이 가득한 것을 보고 마음

에 격분하여.

바울이 마음에 격분하여. 바울의 마음은 다음과 같은 다양한 감정들로 날카로워지고 격동되었다. (1) 슬픔으로. 왜냐하면 아덴은 매우 학문이 높은 도시였음에도 불구하고 미몽(迷夢) 가운데 맹인이 된 비참한 도시였기 때문이었다. (2) 열심(熱心)으로. 그들에게 참된 하나님을 가르쳐 주고자 하는 거룩한 열망으로. (3) 그곳에 가득한 우상 숭배와 죄에 대한 분노와 분개로. 우상이 가득한. 당시 아덴에는 나머지 그리스 전체에 있는 우상들보다 더 많은 우상들이 있었다. 거기에서는 사람을 찾는 것보다 신(즉 우상)을 찾는 것이 더 쉬울 정도였다. 신을 새기거나 조각한 형상들이 그곳에 사는 주민들보다 더 많았다.

17. 회당에서는 유대인과 경건한 사람들과 또 장터에서는 날마다 만나는 사람들과 변론하니.

회당에서는 유대인과 변론하니. 사도행전 17:2에서처럼, 바울은 먼저 유대인들에게 복음을 전파했다. 그리고 그렇게 하는 과정에서 그는 여기에서 "경건한 사람들"이라고 표현된 이방인 개종자들에게 복음을 전파하는 기회를 가졌다. 사도행전 13:43을 보라. 장터에서는. 이곳에는 항상 많은 사람들이 모여 있었으며, 바울은 가장 많은 물고기가 있는 곳에다가 복음의 그물을 던졌다. 그는 때를 얻든지 못 얻든지 말씀을 전파했다(딤후 4:2).

18. 어떤 에피쿠로스와 스토아 철학자들도 바울과 쟁론할새 어떤 사람은 이르되 이 말쟁이가 무슨 말을 하고자 하느냐 하고 어떤 사람은 이르되 이방 신들을 전하는 사람인가보다 하니 이는 바울이 예수와 부활을 전하기 때문이러라.

여기의 두 철학 학파는 복음과 가장 반대편에 서 있었다. (1) 에피쿠로스 철학자들(Epicureans. 그들이 이와 같은 이름으로 불린 것은 그들이 에피쿠로스의 제자들이었기 때문이었다)은 세상이 하나님(神)에 의해 만들어졌고 또 통치되는 것을 부인했다. 또 그들은 사후(死後)에 사람들에게 어떤 상급이나 혹은 형벌이 있다는 개념도 부인했다. 그들은 그들의 감각(感覺)에 좋은 것 외에는 어떤 것도 좋은 것으로 인정하지 않았다. (2) 스토아 철학자들(Stoics. 그들은 그들이 처음 만난 장소로부터 이와 같은 이름을 얻었다)은 그들의 지혜자들이 그들의 신들보다 열등함을 부인했다. 도리어 그들은 어떤 측면에서 그들의 지혜자들이 그들의 신들보다 더 앞선다고 생각했다. 이런 사람들이 "이 말쟁이가 무슨 말을 하고자 하느냐?"라고 말하면서 복음을 반대한 것은 조금도 이상한 일이 아니었다. 그들은 바울을 떨어진 곡식 낟알이나 주워 먹고 사는 하찮은 사람으로 여겼다. 이방 신들을 전하는 사람. 그들은 그들이 가진 공적인 권위로 말미암아 아덴 사람들 가운데 자신들이 원하는 대로 많은 신들을 끌어들일 수 있었다. 그러나 그들은 그들의 생각과 맞지 않는 어떤 신도 받아들이려고 하지 않았다. 이것은 또한 과거에 소크라테스가 받은 참소의 이유이기도 했다. 이는 바울이 예수와 부활을 전하기 때문이러라. 이와 같이 그들은 무지 가운데 혹은 악의적으로 바울의 말을 왜곡시켰다. 그들은, 아마도 바울이 부활이라는 단어를 자주 사용하면서 부활을 강조하는 것을 듣고는, 그가 부활을 신(神)으로 만들었다고 비방했다.

19. 그를 붙들어 아레오바고로 가며 말하기를 네가 말하는 이 새로운 가르침이 무엇인지 우리가 알 수 있겠느냐.

아덴 시는 다섯 구역으로 나누어져 있었으며, 그 가운데 하나는 아레오바고로 불렸다. 그곳의 한 언덕 위에 전쟁의 신 마르스의 신전이 있었으며, 그 옆에 그들의 가장 중요한 법정이 있었다. 그들은 거기에서 모든 종교적인 문제들을 심리하며 재판했다. 그들이 디아고라스와 프로타고라스와 소크라테스를 정죄한 곳도 바로 그곳이었다. 그들은 그곳으로 바울을 데려갔는데, 그것은 그를 정죄하기보다 그가 가르친 것에 대해 묻기 위해서였다.

20. 네가 어떤 이상한 것을 우리 귀에 들려 주니 그 무슨 뜻인지 알고자 하노라 하니.

그들이 복음에 대해 가졌던 가장 큰 반감은 그것이 새롭고 이상한 것이라는 것이었다. 그러나 복음은 전혀 새로운 것이 아니었다. 왜냐하면 그것은 오랜 세월 구약 안에 감추어져 있었기 때문이었다(마치 씨 안에 풍성한 열매가 감추어져 있었던 것처럼). 그들의 많은 미신(迷信)들은 하나님에 대한 예배를 어리석은 방식으로 모방하며 흉내 낸 것에 불과했다.

21. 모든 아덴 사람과 거기서 나그네 된 외국인들이 가장 새로운 것을 말하고 듣는 것 이외에는 달리 시간을 쓰지 않음이더라.

거기서 나그네 된 외국인들. 아덴에는 이런 부류의 사람들이 상당수 있었다. 왜냐하면 그곳은 대학과 학문으로 유명한 항구 도시였기 때문이었다. 이런 외국인들은 테오프라스투스(Theopharstus)나 데모스테네스(Demosthenes)와 같은 사람들로부터 새로운 학문과 철학을 쉽게 접할 수 있었다.

22. 바울이 아레오바고 가운데 서서 말하되 아덴 사람들아 너희를 보니 범사에

종교심이 많도다.

범사에 종교심이 많도다. "too superstitious" 즉 너무나 미신적이로다. 때로 이 단어는 "종교적"이라는 좋은 의미로서 사용된다. 그러나 대부분의 경우 그것은 "미신"과 관련된 나쁜 의미로 취하여진다. 이런 의미에서 테오프라스투스는 참으로 경건한 사람은 신(神)의 친구지만, 그러나 미신적인 사람은 신의 아첨꾼이라고 말한다. 여기에서 그 단어는 일종의 중간적인 의미로서 사용되었다.

23. 내가 두루 다니며 너희가 위하는 것들을 보다가 알지 못하는 신에게라고 새긴 단도 보았으니 그런즉 너희가 알지 못하고 위하는 그것을 내가 너희에게 알게 하리라.

알지 못하는 신에게. 역병(疫病)이 도는 가운데 아덴 시민들이 그리스의 모든 신들에게 기도하느라 분주했던 때가 있었다. 그때 에파미논다스(Epaminondas)가 그 역병을 종식시키는 능력을 가진 신의 제단을 세울 것을 건의했다. 그들은 그 신에 대해 알지 못했지만, 그러나 자신들의 예배 가운데 그 신이 빠뜨려지지 않기를 바랐다. 그리하여 그들은 "알지 못하는 신"의 이름 아래 제단을 세웠다고 한다. 어떤 사람들은 아덴에 좀 더 일반적으로 "아시아와 유럽과 아프리카의 알지 못하는 신들에게"라고 새겨진 제단이 있었다고 말한다. 여기에서 바울이 단수(單數)로 말하고 있음에도 불구하고 당시에 그러한 제단은 상당히 많았을 것으로 생각된다. 왜냐하면 모든 종류의 신들을 받아들이고자 했던 아덴 사람들은 자신들의 좀 더 확실한 안전을 위해 모든 신들을 위한 제단을 갖고자 했기 때문이었다. 여기에서 바울은 그들이 예배한 "알지 못하는 신"이 다름 아닌 참된 하나님이었다고 말한다. 그 이유는 다음과 같다. (1) 디오니시우스(Dionysius)가 "알지 못하는 신이 육체 안에서 고통을 당하노라"라고 부르짖은 것처럼, 그리스도가 참 신이라는 개념을 그들이 가지고 있었기 때문에. (2) 플라톤과 피타고라스와 같은 그들의 가장 뛰어난 철학자들조차 이스라엘의 하나님에 대해 알지 못했기 때문에. 참 하나님은 보이지도 않고 깨달을 수도 없기 때문에.

24. 우주와 그 가운데 있는 만물을 지으신 하나님께서는 천지의 주재시니 손으로 지은 전에 계시지 아니하시고.

우주와 그 가운데 있는 만물을 지으신 하나님. 이러한 말은 세상이 창조된 것이 아니라고 주장한 에피쿠로스 철학자들에게 향하여진 것으로 보인다. 손으로 지은 전에 계시지 아니하시고. 마치 하나님이 손으로 지은 전에 갇혀 계실 수 있다는 듯이.

그럼에도 불구하고 하나님은 어떤 측면에서 그의 성전에 계시면서, 다른 곳보다 그 곳에서 자신을 더 분명하게 나타내셨다. 그러나 그것은 하늘의 하나님의 보좌의 상징이었다.

25. 또 무엇이 부족한 것처럼 사람의 손으로 섬김을 받으시는 것이 아니니 이는 만민에게 생명과 호흡과 만물을 친히 주시는 이심이라.

또 무엇이 부족한 것처럼. 하나님이 어떤 사람들로부터 예배와 섬김을 받으시는 것은 그것이 부족하기 때문이 아니다. 또 그들에 의해 그에게 무엇인가가 드려질 수 있는 것도 아니다. 다만 하나님이 그들로부터 예배와 섬김을 받으시는 것은 그것이 그들의 의무이며 그들에게 유익이 되기 때문이다(시 50:10, 11).

생명과 호흡. 생기(창 2:7). 이런 측면에서 하나님은 "모든 육체의 생명의 하나님"이라고 일컬어진다(민 16:22). 하나님은 모든 피조물 ── 그 중에서도 특별히 사람 ── 안에 있는 생명과 호흡의 원인(cause)이다. 벨사살은 그의 호흡이 하나님의 손 안에 있음에도 불구하고 하나님께 영광을 돌리지 않은 것으로 인해 큰 책망을 받았다. "도리어 자신을 하늘의 주재보다 높이며 그의 성전 그릇을 왕 앞으로 가져다가 왕과 귀족들과 왕후들과 후궁들이 다 그것으로 술을 마시고 왕이 또 보지도 듣지도 알지도 못하는 금, 은, 구리, 쇠와 나무, 돌로 만든 신상들을 찬양하고 도리어 왕의 호흡을 주장하시고 왕의 모든 길을 작정하시는 하나님께는 영광을 돌리지 아니한지라"(단 5:23).

26. 인류의 모든 족속을 한 혈통으로 만드사 온 땅에 살게 하시고 그들의 연대를 정하시며 거주의 경계를 한정하셨으니.

한 혈통으로 만드사. 하나님이 인류의 모든 족속을 한 혈통으로 만드신 것은 다음과 같은 이유들 때문이다. (1) 서로에 대해 자비와 긍휼을 베풀도록 하기 위해. 모든 족속은 서로 가깝게 연결되어 있다. (2) 사람들의 생김새와 언어와 성격과 기질 등의 다양함 가운데 하나님을 더 잘 찬미하며 예배하도록 하기 위해. 그 모든 다양함에도 불구하고 그들 모두는 한 줄기로부터 말미암는다. 연대를 정하시며. 바울은 아덴 철학자들에 맞서 아무것도 우연에 의해 혹은 수많은 원자(原子)들의 어리석은 결합에 의해 오지 않음을 역설한다. 그는, 비록 사람들이 알지 못할지라도 혹은 깊이 생각하지 않을지라도, 모든 것 안에 하나님이 계심을 분명하게 말한다(욥 7:1; 14:5, 14). 모세 역시도 이러한 진리를 가르쳤다. 그는 이스라엘 백성들에게 하나님이 그들의 "생명"이며 그들의 "삶의 길"이라고 말하면서, 그를 사랑하며 그의 말씀에 청종하라고 말했다(신 30:20).

27. 이는 사람으로 혹 하나님을 더듬어 찾아 발견하게 하려 하심이로되 그는 우리 각 사람에게서 멀리 계시지 아니하도다.

사람으로 하나님을 발견하게 하려 하심이로되. 바울은 여기의 철학자들에게 그들의 철학의 참된 용도를 일깨워 준다. 그것은 자연에 대한 그들의 지식을 증진시킴으로써 그들 안에서 자연의 하나님을 우러러 숭앙(崇仰)하는 마음을 불러일으키는 것이었다. 왜냐하면 만물은 하나님으로부터 말미암았을 뿐만 아니라 또한 그를 위해 존재하기 때문이다(롬 11:36). 혹 하나님을 더듬어 찾아. 하나님 자신은 형체를 가지고 있지 않지만, 그러나 그가 만든 것들은 볼 수 있고 만질 수 있다. 그러므로 사람은 피조물을 통해 하나님을 발견할 수 있으며 또한 마땅히 그래야만 한다. 왜냐하면 그것 안에 그의 지혜와 능력과 선하심이 나타나 있기 때문이다(롬 1:20). 그는 우리 각 사람에게서 멀리 계시지 아니하도다. 하나님은 만물을 충만하게 하신다. 그는 지혜와 선하심과 신실하심 가운데 우리 가까이 계시며, 그러한 것들로서 만물을 주관하시며 섭리하신다. 심지어 우리 머리로부터 머리카락 하나 떨어지는 것까지 말이다.

28. 우리가 그를 힘입어 살며 기동하며 존재하느니라 너희 시인 중 어떤 사람들의 말과 같이 우리가 그의 소생이라 하니.

우리가 그를 힘입어 살며 기동하며 존재하느니라. 그는 우리를 만드시고 보존하시는 하나님이시다. 그는, 마치 우리가 그의 손바닥 안에 있는 것처럼, 우리를 지키시며 우리의 길을 두르신다. 우리의 콧구멍으로부터 나간 숨은 다시 그곳으로 돌아오지 않는다. 만일 하나님이 그것을 다시 그곳으로 이끌지 않는다면 말이다. 너희 시인 중 어떤 사람들의 말과 같이. 그리스 시인 아라투스(Aratus). 바울이 이와 같이 말한 것은 그들의 시인들로부터 어떤 권위를 끌어내고자 한 것이 아니라 그들을 한층 더 부끄럽게 만들고자 한 것이었다. 이런 식의 인용을 우리는 성경에서 간혹 발견한다(고전 15:33; 딛 1:12).

29. 이와 같이 하나님의 소생이 되었은즉 하나님을 금이나 은이나 돌에다 사람의 기술과 고안으로 새긴 것들과 같이 여길 것이 아니니라.

이와 같이 하나님의 소생이 되었은즉. 바울은 앞에서 자신이 인용한 것을 따라 시적인 표현으로 이와 같이 말한다. 우리는 진실로 하나님의 자녀이며, 우리의 영혼 안에 하나님의 형상이 담겨 있다. 나아가 양자(養子)의 영을 가진 사람들은 하나님의 거룩하심에 참여하며, 그의 선하심을 본받으며, 그를 계속해서 닮아 간다. 그리고 부활의 때 즉 "하나님의 상속자요 그리스도와 함께 한 상속자로서 나타날 때" 그들은 모두 앞에 그의 자녀들로 온전히 나타날 것이다(롬 8:17). 하나님을 금이나 은과 같이 여길 것이 아니니라. 하나님은, 사람이 육체와 영혼으로 구성된 것처럼, 금과 은으로 구성되지 않는다. 하물며 하나님은 그러한 것들로부터 만들어질 수 없다. 하나님의 형상이 담겨 있는 우리 영혼이 새기거나 그리는 것에 의해 표현될 수 없다면, 하물며 하나님 자신이야 얼마나 더 그렇겠는가! 모든 형상(image)에는 두 가지가 있는데, 그것은 질료(matter)와 모양(shape)이다. 어떤 형상의 질료는 사람보다 훨씬 더 열등하다. 왜냐하면 그것은 (금이든 은이든) 결국 땅 속에 있는 것으로서, 사람이 그것을 밟고 있기 때문이다. 사람이 그것을 캐내어 취할 때까지 말이다. 한편 어떤 형상의 모양을 생각해 보자. 그것은 사람이 자기가 기뻐하는 대로 그것에 그러한 모양을 부여한 것이다. 그렇게 볼 때 사람이 그것을 만든 일종의 창조주이다. 그것은 그의 작품이다. 작품은 그것을 만든 장인보다 열등한 법이다. 그러므로 사람의 손으로 만든 작품은 어떤 이유로든 경배의 대상이 될 수 없다. 사람의 기술과 고안으로, 사람의 뜻과 기뻐함을 따라, 형상은 자신이 어떤 모습으로 만들어지도록 스스로 결정할 수 없다.

30. 알지 못하던 시대에는 하나님이 간과하셨거니와 이제는 어디든지 사람에게 다 명하사 회개하라 하셨으니.

알지 못하던 시대에는 하나님이 간과하셨거니와. 사람들로 하여금 그들의 조상들처럼 계속해서 불신앙 가운데 살 수 있다고 생각하지 못하도록 하기 위해, 과거에 하나님은 마치 그들이 그의 섭리와 돌보심을 받을 자격이 없다고 여기신 것처럼 그들을 간과하셨다. 만일 어떤 사람이 하나님의 간섭 없이 계속해서 죄 가운데 행하도록 내버려진다면, 그것은 하나님이 그를 간과하신 슬픈 표적이다.

이제는 어디든지 사람에게 다 명하사 회개하라 하셨으니. 복음은 우리가 원하는 대로 행하는 것과 정반대이다. 도리어 우리는 스스로를 돌아보며 회개하며 거룩해져야 한다(롬 13:11; 딛 2:11-12; 벧전 1:14-15). 모든 곳에 있는 모든 사람은 단 한 사람의 예외도 없이 이러한 회개의 명령 아래 있다. 그러므로 회개하지 않는 자는 진실로 저주를 받게 될 것이다.

31. 이는 정하신 사람으로 하여금 천하를 공의로 심판할 날을 작정하시고 이에 그를 죽은 자 가운데서 다시 살리신 것으로 모든 사람에게 믿을 만한 증거를 주셨

음이니라 하니라.

정하신 사람으로 하여금. 여기에 "사람"으로 언급된 자는 우리의 복된 구주이다. 바울은 항상 그의 죽음과 부활을 선포했다. 사람으로서 그는 우리를 위해 죽음으로 낮아지셨다가 부활로 지극히 높여지셨다(빌 2:9-11). 천하를 심판할 날을 작정하시고. 하나님이 세상을 심판하실 것이라는 사실은 심지어 그의 원수들까지도 두려움으로 인정하지 않을 수 없는 사실이다. 비록 하나님이 그 때를 감추셨다 하더라도, 그러나 그 때는 이미 정해졌다(시 96:13; 고후 5:10). 그러므로 우리는 매일같이 그 때를 위해 준비해야 한다. 공의로. 세상을 심판할 자가 마땅히 공의로 행할 것이 아닌가? 이에 그를 죽은 자 가운데서 다시 살리신 것으로 모든 사람에게 믿을 만한 증거를 주셨음이니라. 하나님은 그리스도를 죽은 자 가운데서 다시 살리심으로 모든 사람에게 부인할 수 없는 증거를 주셨다. 만일 우리가 만물을 이 세상에 있는 그대로만 본다면, 오는 세상이나 특별히 그들이 심판하고 정죄하고 죽인 예수 그리스도가 심판주가 되심을 믿는 것은 매우 어려운 일이 될 것이다. 그러므로 하나님은 그를 죽은 자 가운데서 다시 살리심으로 말미암아 그를 영화롭게 하셨으며, 우리로 하여금 그를 믿을 수밖에 없도록 하셨다(롬 1:4).

32. 그들이 죽은 자의 부활을 듣고 어떤 사람은 조롱도 하고 어떤 사람은 이 일에 대하여 네 말을 다시 듣겠다 하니.

어떤 사람은 조롱도 하고. 아마도 에피쿠로스 철학자들. 지금 바울은 이들에 맞서 죽은 자의 부활과 장차 임할 심판에 대해 말하고 있었다. 어떤 사람은 이 일에 대하여 네 말을 다시 듣겠다 하니. 아마도 스토아 철학자들. 이들은 부활을 불가능한 것으로 생각하지 않았을 뿐만 아니라 오는 세상에서의 상급과 형벌까지도 인정했다. 그러나 이 모든 것과 상관없이 하나님의 은혜는 강력하며 값없는 은혜이다. 하나님의 은혜는 모든 것을 자기 아래 굴복시킬 수 있다. 우리는 말씀의 씨가 떨어지는 다양한 밭이 있음을 안다(마 13:1).

33. 이에 바울이 그들 가운데서 떠나매.

바울은 자신이 말한 것을 하나님의 축복과 그들의 숙고(熟考)에 남겨 두고 떠났다.

34. 몇 사람이 그를 가까이하여 믿으니 그 중에는 아레오바고 관리 디오누시오와 다마리라 하는 여자와 또 다른 사람들도 있었더라.

그를 가까이하여. 이것은 일반적인 교제 이상(以上)을 의미한다. 그들은 마치 풀로 붙인 것처럼 바울에게 붙어 있었으며, 그에 대한 그들의 사랑은 지극히 컸다. 그들의 눈은 그로 말미암아 열렸다. 아니, 그들은 그의 사역으로 말미암아 죽은 자 가운데서 다시 살아났다. **아레오바고 관리 디오누시오.** 19절에 언급된 아레오바고 공회의 공회원 가운데 한 사람. 이 사람의 회심은 많은 사람들에게 큰 영향을 미쳤다. **다마리.** 이 여자는 12절에 언급된 여자들처럼 매우 높은 신분의 여자였던 것으로 생각된다. 어쩌면 그녀의 이름이 여기에 기록된 것은 그녀가 어떤 은혜나 혹은 선함에 있어 특별히 탁월했기 때문이었는지도 모른다.

제18장

개요

1. 바울이 생업을 위해 일하면서 고린도에서 그리스도를 전파함. 먼저는 유대인들에게 전파함. 그러나 그들이 복음을 대적함으로 말미암아 이방인들에게 전파함. 이방인들 가운데서는 큰 성공을 거둠(1-8).
2. 바울이 환상 가운데 주님으로부터 격려를 받고 그곳에서 상당 기간 동안 거함(9-11).
3. 유대인들이 총독 갈리오 앞에 바울을 고소함. 그러나 갈리오는 이 일에 개입하기를 바라지 않음(12-17).
4. 바울이 여러 도시들을 다니며 제자들을 굳건하게 함(18-23).
5. 아볼로가 아굴라와 브리스길라로부터 기독교의 가르침을 좀 더 충분하게 배움. 아볼로가 에베소에서 복음을 전파하고, 나중에 아가야에서 매우 효과적으로 복음을 전파함(24-28).

1. 그 후에 바울이 아덴을 떠나 고린도에 이르러.

고린도. 아가야의 큰 도시. 펠로폰네소스와 아가야를 연결하는 해협에 위치한 부유한 항구 도시. 이곳은 로마의 식민지로서 특별히 학문적으로 번성한 도시였다. 바울은 이곳에 복음을 전파하고 교회를 세웠으며, 그 교회에 자신의 두 개의 편지를 보냈다(고린도전후서).

2. 아굴라라 하는 본도에서 난 유대인 한 사람을 만나니 글라우디오가 모든 유대인을 명하여 로마에서 떠나라 한 고로 그가 그 아내 브리스길라와 함께 이달리야로부터 새로 온지라 바울이 그들에게 가매.

본도. 갑바도기아와 흑해 사이의 지역(행 2:9). 아마도 아굴라의 조상들은 유대로부터 이곳으로 이주했을 것이다. 글라우디오. 로마 황제. 수에토니우스(Suetonius)에 따르면, 이 사람은 그의 통치 초기에 유대인들에게 자유롭게 종교 활동을 할 수 있는 자유를 주었다가 그로부터 8년 후 그들로부터 그러한 특권을 다시 빼앗았다. 이 사람이 유대인들에게 로마로부터 떠날 것을 명령한 데에는 그리스도인들 역시도 포함되어 있었다. 왜냐하면 로마인들은 유대인들과 그리스도인들 사이를 별달리 구별하지 않았기 때문이었다. 그것은 그들 모두 한 하나님을 섬기면서 함께 로마인들의 종교를 우상 숭배로 반대했기 때문이었다.

3. 생업이 같으므로 함께 살며 일을 하니 그 생업은 천막을 만드는 것이더라.

생업. 유대인들은 대부분의 경우 특별한 기술 한 가지를 배워 가지고 있었다. 기술을 가르치는 것은 자녀에 대한 아버지의 의무 가운데 하나였다. 한 랍비는 자녀에게 기술을 가르치지 않는 것은 도둑질을 가르치는 것만큼이나 나쁜 일이라고 말했다. 일을 하니. 바울이 손수 일을 한 것은 자신을 부양해 줄 교회가 아직 없었기 때문이었다기보다 다음과 같은 이유들 때문이었다. (1) 그들에게 짐을 지우지 않기 위해. 고린도전서 1:26에 나타나는 것처럼, 고린도의 신자들은 대부분 가난하고 비천한 사람들이었던 것으로 보인다. (2) 그가 구한 것은 그들의 재물이 아니라 그들 자신이었음을 나타내기 위해. 그는 오직 그들의 영혼만을 얻고자 했다. 그러나 그는 자신의 권리를 분명하게 단언했다. "이와 같이 주께서도 복음 전하는 자들이 복음으로 말미암아 살리라 명하셨느니라"(고전 9:14). 천막을 만드는 일. 천막은 주로 병사들에 의해 사용되었다. 뿐만 아니라 더운 지역에서는 일반인들 사이에서도 자주 사용되었다. 천막은 바람과 추위를 막기 위해 통상적으로 동물의 가죽을 이어 만들었다.

4. 안식일마다 바울이 회당에서 강론하고 유대인과 헬라인을 권면하니라.

회당에서 강론하고. 그는 성경으로부터 자신의 논점을 제시하고 그들의 반론에 대답했다. 유대인을 권면하니라. "persuaded the Jews" 즉 "유대인들을 설득하니라." 바울은 설득력 있는 논증과 변론을 사용하여 유대인들을 굴복시키고자 했다. 헬라인. 바울은 이산(離散) 후 헬라어 성경을 사용하는 헬라파 유대인들뿐만 아니라 혈통적으로 이방인인 헬라인들을 권면했다.

5. 실라와 디모데가 마게도냐로부터 내려오매 바울이 하나님의 말씀에 붙잡혀 유대인들에게 예수는 그리스도라 밝히 증언하니.

마게도냐로부터 내려오매. 그들은 바울의 명령에 따라 마게도냐로부터 고린도로 내려왔다(행 17:14, 15). 하나님의 말씀에 붙잡혀. "Pressed in the spirit" 즉 성령에 억제되어. 고린도후서 2:4의 경우처럼 하나님의 영이 그에게 강력한 영향을 끼침으로 말미암아 그의 마음이 심한 번민과 고통을 느꼈다. 그는 유대인들의 완악함으로 인해 큰 슬픔과 괴로움을 느꼈다. 왜냐하면 그들이 구원받기를 바라는 마음이 너무나 컸기 때문이었다. 예수는 그리스도라 밝히 증언하니. 예수가 그리스도인 것은 (1) 그가 다른 모든 그리스도들 혹은 기름 부음 받은 자들을 능가하는 그 그리스도 혹은 그 기름 부음 받은 자이기 때문이다. (2) 그가 선지자들에 의해 약속된 그 그리스도이기 때문이다.

6. 그들이 대적하여 비방하거늘 바울이 옷을 털면서 이르되 너희 피가 너희 머리로 돌아갈 것이요 나는 깨끗하니라 이 후에는 이방인에게로 가리라 하고.

비방하거늘. "Blasphemed" 즉 모독하거늘. 그들은 바울을 모독했을 뿐만 아니라 그렇게 하는 과정에서 특별히 그리스도를 모독했다. 바울을 가장 슬프게 한 것은 이와 같이 그리스도가 모독을 당하는 것이었다. 옷을 털면서. 바울은 자신의 겉옷으로부터 먼지를 털어냄으로써 그 같은 모독이 행하여진 장소의 먼지가 단 하나도 자기에게 붙어 있지 않게 했다. 사도행전 13:51을 보라. 너희 피가 너희 머리로 돌아갈 것이요. 너희의 죽음과 저주에 대해 너희 자신에게 죄책이 있을 것이요(삼하 1:16; 마 27:25). 나는 깨끗하니라. 너희의 피로부터 혹은 너희의 영혼이 잃어지는 것으로부터 나는 자유로우니라. 왜냐하면 나는 이미 너희에게 생명의 길을 제시하면서 분명하게 경고했기 때문이라. 그는 사람들에게 나팔을 불며 경고했다. "그들이 나팔 소리를 듣고도 정신차리지 아니하므로 그 임하는 칼에 제거함을 당하면 그 피가 자기의 머리로 돌아갈 것이라"(겔 33:4).

7. 거기서 옮겨 하나님을 경외하는 디도 유스도라 하는 사람의 집에 들어가니 그 집은 회당 옆이라.

디도 유스도. 어떤 사본은 디도라고 읽으며, 또 어떤 사본은 유스도라고 읽는다. 또 어떤 사본(한글개역개정판)은 디도 유스도라고 읽음으로써 유스도를 성(性)으로 만드는데, 이것은 사도행전 1:23과 골로새서 4:11의 경우처럼 로마인들의 방식을 따른 것이다. 하나님을 경외하는. 이교의 다신숭배(多神崇拜)를 버리고 참 하나님을 경외하는.

8. 또 회당장 그리스보가 온 집안과 더불어 주를 믿으며 수많은 고린도 사람도 듣고 믿어 세례를 받더라.

회당장. 회당에는 회당장이 있었는데, 우리는 성경에서 이들에 대한 언급을 종종 발견한다(마 9:18; 막 5:22). 그들의 직무는 회당의 제반 사무를 주관하는 것이었다. 모든 일은 미리 정해진 규칙에 의해 수행되었다. 수많은 고린도 사람도 듣고 믿어. 이들 가운데 가이오와 소스데네와 에베네도가 있었다(고전 1:1; 롬 16:5).

9. 밤에 주께서 환상 가운데 바울에게 말씀하시되 두려워하지 말며 침묵하지 말고 말하라.

밤에 환상 가운데. 사도행전 16:9의 경우처럼, 이것은 천사를 통해 이루어진 일이었을 수도 있다. 두려워하지 말며 침묵하지 말고 말하라. 여기에서 반복어법이 사용된 것은 그 결과나 너무나 중대한 것이었기 때문이었다. (1) 그것은 고린도인들에게 중대한 결과를 끼칠 것이었다. 왜냐하면 이와 같은 방법으로 그들이 구원을 받게 될 것이었기 때문이었다. (2) 그것은 바울 자신에게 중대한 결과를 끼칠 것이었다. 왜냐하면 사도행전 20:26-27처럼 이와 같이 자신의 의무를 다함으로써 바울은 모든 사람들의 피에 대해 깨끗하게 될 것이었기 때문이었다. "그러므로 오늘 여러분에게 증언하거니와 모든 사람의 피에 대하여 내가 깨끗하니 이는 내가 꺼리지 않고 하나님의 뜻을 다 여러분에게 전하였음이라." 하나님의 원수들의 격렬함은 도리어 하나님의 영광을 위한 그의 종들의 열정의 불을 더 뜨겁게 만들 것이었다. 사탄의 종들이 하나님의 종들보다 더 나을 수 있겠는가? 사탄의 종들이 자신들의 주인을 위하는 마음이 하나님의 종들이 그들의 주인을 위하는 마음보다 더 클 수 있겠는가?(사 62:1; 렘 1:17, 18).

10. 내가 너와 함께 있으매 어떤 사람도 너를 대적하여 해롭게 할 자가 없을 것이니 이는 이 성중에 내 백성이 많음이라 하시더라.

그리스도는 환상 가운데 바울로 하여금 고린도에서 계속 복음을 전파하도록 설득하기 위해 두 가지 논증을 사용하신다. (1) 자신이 그와 함께 할 것이기 때문에. 주님은 자신의 모든 신실한 사역자들과 예레미야에게 약속하신 것처럼 바울을 지키시고, 구원하시고, 그에게 필요한 것을 공급하실 것이었다(마 28:20; 렘 1:19). 이러한 약속은 바울과 다른 하나님의 종들에게 그대로 이루어졌다. 비록 많은 고난과 심지어 죽음까지 당했다 하더라도, 그러나 아무도 그들을 해할 수 없었다(롬 8:36-39). (2) 바울이 계속해서 고린도에 머물러야만 하는 또 하나의 이유는 하나님이 그의 사역으로 말미암아 부르실 자들이 그곳에 많이 있었기 때문이었다. 이와 같이 하나님은 자기 백성이 아니었던 자들을 자기 백성으로 부르신다(호 1:10; 2:23).

11. 일 년 육 개월을 머물며 그들 가운데서 하나님의 말씀을 가르치니라.

바울은 마치 고린도가 자신의 고정 사역지인 것처럼 그곳에서 1년 6개월을 머물렀다. 이것은 그가 계속적이며 지속적으로 사역자의 일을 수행했음을 함축한다.

12. 갈리오가 아가야 총독 되었을 때에 유대인이 일제히 일어나 바울을 대적하여 법정으로 데리고 가서.

여기의 갈리오는 네로의 가정교사였던 그 유명한 세네카의 형제였다. 뿐만 아니라 그는 매우 훌륭한 성품을 가진 사람으로서 칭송이 자자한 사람이었다. 그는 모든 악을 미워하고 특별히 아첨을 싫어하는 사람으로서 모든 사람들에게 사랑을 받는 사람이었다. 아가야 총독. 갈리오는 집정관의 권력을 가지고 아가야와 그리스 전역을 통치하는 총독이었다. 일제히. 악인들은 악을 행할 때 일치합력한다. 왜냐하면 사탄은 자기 나라가 나누어지면 서지 못하는 것을 잘 알기 때문이다.

13. 말하되 이 사람이 율법을 어기면서 하나님을 경외하라고 사람들을 권한다 하거늘.

율법을 어기면서. "Contrary to the law" 즉 법을 어기면서. 여기의 "법"은 로마법을 가리키는 것일 수 있다. 로마인들은 폭동과 혼란을 피하기 위해 허락 없이 새로운 종교를 세우는 것을 금지했다. 유대인들은 바울을 처벌할 수 있는 어떤 권세도 가지고 있지 못했다. 그리하여 그들은 총독에게 바울을 처벌할 것을 강력하게 촉구했다. 또 여기의 "법"은 모세의 율법을 의미하는 것일 수도 있다. 그들은 바울이 모세의 율법을 어겼다며 그를 고소했다.

14. 바울이 입을 열고자 할 때에 갈리오가 유대인들에게 이르되 너희 유대인들아 만일 이것이 무슨 부정한 일이나 불량한 행동이었으면 내가 너희 말을 들어 주는 것이 옳거니와.

입을 열고자 할 때에. 스스로를 방어하며 변명하기 위해 말하려고 할 때에. 부정한 일. 재판장이 통상적으로 처결하는 예컨대 살인이나 도둑질이나 상해(傷害) 등과 같은 일들. 내가 너희 말을 들어 주는 것이 옳거니와. 내가 기꺼이 너희 말을 듣고 이해하는 수고를 감당할 것이라. 왜냐하면 송사에 있어 원고들로 하여금 말하도록 허락하는 것이 나의 의무이기 때문이라.

15. 만일 문제가 언어와 명칭과 너희 법에 관한 것이면 너희가 스스로 처리하라 나는 이러한 일에 재판장 되기를 원하지 아니하노라 하고.

언어의 문제. 종교적인 논쟁과 관련하여 말하여진 언어의 문제. 명칭의 문제. 예수가 그리스도 혹은 메시야로서 일컬어진다든지 혹은 그의 제자들이 그리스도인으로서 일컬어지는 명칭의 문제. 너희 법의 문제. 할례를 받지 않으면 아무도 구원받지 못한다는 따위의 그들의 율법의 문제. 나는 이러한 일에 재판장 되기를 원하지 아니하노라. 갈리오는 자신에게 속하지 않는 혹은 자신이 충분하게 이해하지 못하는 일들을 자신이 처결하는 것은 적절하지 않음을 기꺼이 인정했다.

16. 그들을 법정에서 쫓아내니.

갈리오는 유대인들의 고소를 기각하면서 그들을 나가도록 명령했다. 그는, 만일 필요하다면, 그들을 강제로 내쫓을 준비가 되어 있었다.

17. 모든 사람이 회당장 소스데네를 잡아 법정 앞에서 때리되 갈리오가 이 일을 상관하지 아니하니라.

모든 사람이. "All the Greeks" 즉 모든 헬라인들이. 이들은 회심한 헬라인 개종자들을 가리키는 것이 아니라, 믿지 않는 이방인 헬라인들을 가리키는 것이다. 이들은 바울이든 유대인들이든 상관하지 않았다. 오직 그들을 쫓아낸 갈리오만을 따랐을 뿐이었다. 소스데네. 어떤 사람들은 이 사람이 8절의 그리스보와 같은 인물이었다고 생각한다. 반면 다른 사람들은 이 사람이 그리스보에 이어 회당장직을 계승한 사람이었다고 생각한다. 그런가 하면 또 어떤 사람들은 그가 다른 회당의 회당장이었다고 생각한다(왜냐하면 큰 도시에는 여러 개의 회당이 있을 수 있었기 때문에). 또 어떤 사람들은 한 회당에 여러 명의 회당장들이 있었을 것이라고 생각하기도 한다. 갈리오가 이 일을 상관하지 아니하니라. 그가 상관하지 않았던 것은 유대인들과 그들의 종교적인 논쟁을 경멸했기 때문이었든지 아니면 그들의 일에 끼어들고 싶지 않았기 때문이었을 것이다.

18. 바울은 더 여러 날 머물다가 형제들과 작별하고 배 타고 수리아로 떠나갈새 브리스길라와 아굴라도 함께 하더라 바울이 일찍이 서원이 있었으므로 겐그레아에서 머리를 깎았더라.

더 여러 날. 이것은 11절에 언급된 1년 6개월을 가리키는 것일 수도 있고, 그 기간 이외의 또 다른 기간을 가리키는 것일 수도 있다. 형제들과 작별하고. 바울은 항상 형제들과 작별할 것을 예상하며 모든 일을 행했다. 거룩한 사람들은 항상 다른 사람들과 작별을 예상하며 살아가는 법이다. 브리스길라와 아굴라. 여기에 아내의 이름이 남편의 이름보다 먼저 언급되는 사실은 여러 가지 추측을 불러일으킨다. 또 바울 서신에서 그들의 이름이 나란히 언급되는 것은 모두 세 번인데, 그 가운데 아내의 이름이 먼저 나오는 경우가 두 번이다(롬 16:3; 고전 16:19; 딤후 4:19). 이러한 사실은 우리에게 그리스도 예수 안에서 남자와 여자가 하나임을 일깨워 준다(갈 3:28). 겐그레아. 고린도에 속한 항구 초입에 위치한 성읍(롬 16:1). 바울이 일찍이 서원이 있었으므로 머리를 깎았더라. 이것은 율법에 따른 것이었다(민 6:18). 그는 유대인에게는 유대인처럼 되었다.

19. 에베소에 와서 그들을 거기 머물게 하고 자기는 회당에 들어가서 유대인들과

변론하니.

에베소. 소아시아의 큰 도시. 훗날 이곳에 세워질 교회에 바울도 편지를 보냈고(에베소서), 나중에 사도 요한도 또 다른 편지를 보냈다(계 2:1). 그들을 거기 머물게 하고. 바울은 아굴라와 브리스길라를 에베소에 머물게 하면서 그들로 하여금 에베소의 신자들을 굳건하게 하도록 했다. 자기는 회당에 들어가서 유대인들과 변론하니. 자기 민족으로부터의 모든 박해와 냉대에도 불구하고, 바울은 그들에 대한 특별한 사랑으로 그들에게 계속적으로 복음을 전파하고 또 전파했다.

20. 여러 사람이 더 오래 있기를 청하되 허락하지 아니하고.

여러 사람이 청하되. "They desired" 곧 그들(아굴라와 브리스길라)이 청하되. 허락하지 아니하고. 바울은 사람의 모든 생각을 주관하는 하나님의 섭리로 말미암아 허락하지 않았다. 그에게는 다른 곳에서 하나님의 영광을 위해 해야 할 더 큰 일들이 있었다.

21. 작별하여 이르되 만일 하나님의 뜻이면 너희에게 돌아오리라 하고 배를 타고 에베소를 떠나.

만일 하나님의 뜻이면. 그는 사도로서 예언의 영을 가지고 있었으며 그러므로 자신이 돌아올지 아니면 돌아오지 못할지 알 수 있었다. 그럼에도 불구하고 그는 "만일 하나님의 뜻이면"이라고 조건적으로 말한다. 야고보서 4:15처럼, 이것은 우리가 우리의 모든 약속이나 결심 따위를 말할 때 크게 주의해야 함을 가르친다. 왜냐하면 우리는 내일 무슨 일이 일어날지 알지 못하기 때문이다. 우리는 우리의 모든 일 가운데 하나님의 섭리를 인정해야 한다.

22. 가이사랴에 상륙하여 올라가 교회의 안부를 물은 후에 안디옥으로 내려가서.

가이사랴. 이곳은 수리아에 있는 가이사랴가 아니라 팔레스타인에 있는 가이사랴로서, 가이사랴 스트라토니스(Caesarea Stratonis)라고 불리는 곳이다. 이곳은 예루살렘으로 가는 가장 안전한 일이었다. 반면 욥바를 경유하여 가는 길은 좀 더 가깝기는 하지만 그러나 더 위험한 길이었다.

교회의 안부를 물은 후에. 이것은 지금 여행 중인 가이사랴 교회를 가리키는 것일 수도 있고, 그의 여행의 목적지인 예루살렘 교회를 가리키는 것일 수도 있다. 그들은 신자들의 숫자가 많음으로 인해 특별히 교회라고 일컬어질 수 있었다. 안디옥. 수리아의 안디옥.

23. 얼마 있다가 떠나 갈라디아와 브루기아 땅을 차례로 다니며 모든 제자를 굳

건하게 하니라.

얼마 있다가. 바울의 일은 그의 계속적인 돌봄과 수고와 고통을 요구했다. 브루기아. 사도행전 16:6을 보라. 모든 제자를 굳건하게 하니라. 씨를 뿌린 것으로 모든 것이 끝난 것은 아니다. 그 위에다가 때에 맞추어 물을 주어야만 한다.

24. 알렉산드리아에서 난 아볼로라 하는 유대인이 에베소에 이르니 이 사람은 언변이 좋고 성경에 능통한 자라.

알렉산드리아에서 난. 그의 부모는 알렉산드리아에서 살았다. 아볼로. 이 사람은 로마서 16:10에 언급된 아벨레와 동일 인물이었던 것으로 추측된다. 언변이 좋고. 아볼로는 이성적(理性的)이며, 신중하며, 학식이 많은 사람이었다. 물론 하나님의 나라는 말의 아름다운 것에 있지 않다(고전 2:1, 4). 그럼에도 불구하고 그러한 애굽의 보화는 성막을 장식하는데 사용될 수 있다. 성경에 능통한 자. 그는 성경을 인용하며 설명하는데 능통한 사람이었다.

25. 그가 일찍이 주의 도를 배워 열심으로 예수에 관한 것을 자세히 말하며 가르치나 요한의 세례만 알 따름이라.

주의 도. 예수 그리스도는 자신의 교훈과 모범으로 우리에게 복된 길을 가르치셨다. 배워. 가르침을 받아. 열심으로. 하나님의 영광과 사람들의 구원을 증진시키는 일에 큰 열심을 품고(롬 12:11). 요한의 세례만 알 따름이라. 요한은 물로 세례를 베풀었을 뿐 성령으로 세례를 베풀 수는 없었다(마 3:11). 그러므로 요한의 세례만 아는 사람들은 그리스도께서 승천하시고 성령이 부어진 후 따랐던 성령의 특별한 선물들을 갖지 못했다(행 2:4). 그러나 요한은 회개와 함께 하나님의 어린 양을 가리키면서 그리스도에 대한 믿음을 전파했다. 그리고 그는 자신의 제자들을 이러한 가르침 안으로 세례를 베풀었다. 그가 가르친 세례와 믿음은 나중에 사도들이 전파한 세례와 믿음과 같은 것이었다. 다만 지금 사도들은 요한의 시대에 계시된 것보다 훨씬 더 많은 것을 훨씬 더 풍성하게 알고 있었다.

26. 그가 회당에서 담대히 말하기 시작하거늘 브리스길라와 아굴라가 듣고 데려다가 하나님의 도를 더 정확하게 풀어 이르더라.

만일 우리가 여기의 말씀을 브리스길라가 아볼로를 가르친 것으로 이해한다면(우리는 충분히 그렇게 이해할 수 있다), 의심의 여지 없이 그것은 단순한 사적인 가르침이었다. 그것은 온유함과 겸손함으로 행해진 것으로서 영혼을 회심시키는데 매우 효과적이었을 것이다(벧전 3:1, 2). 이와 같이 디모데 역시도 하나님과 관련한 것들에 대한 지식을 그의 어머니와 할머니로부터 배웠다(딤후 1:5). 그러나 다른 방식으로 여자들이 가르치는 것은 합당하지 않다(딤전 2:11, 12).

27. 아볼로가 아가야로 건너가고자 함으로 형제들이 그를 격려하며 제자들에게 편지를 써 영접하라 하였더니 그가 가매 은혜로 말미암아 믿은 자들에게 많은 유익을 주니.

아가야로 건너가고자. 아가야에 있는 고린도로 건너가고자. 형제들이 편지를 써. 에베소에 있는 형제들이 편지를 써. 은혜로 말미암아 믿은 자들에게 많은 유익을 주니. 아볼로는 그들에게 하나님의 은사인 그의 좋은 언변과 열정으로 많은 유익을 주었다. 그러나 특별히 그들이 믿은 것은 은혜로 말미암은 것이었다. 왜냐하면 믿음은 하나님의 선물이기 때문이다(엡 2:8). 하나님이 사람들에게 은혜를 주시는 것은 그들을 믿게 하기 위함이다(빌 1:29).

28. 이는 성경으로써 예수는 그리스도라고 증언하여 공중 앞에서 힘있게 유대인의 말을 이김이러라.

성경으로써 예수는 그리스도라고 증언하여. 사도행전 17:3을 보라. 어떤 사람들은 그리스도가 주어가 되고 예수가 술어가 되어야 한다고 생각한다. 그렇게 하면 그 의미는 그리스도가 우리의 예수 즉 우리의 구원이라는 것이 될 것이다. 하나님으로부터 보냄을 받은 메시야는 세상의 구주시다. 힘있게. 모든 반대를 극복하며.

제19장

개요

1. 바울에 의해 열두 명의 요한의 제자들에게 성령이 주어짐(1-7).
2. 바울이 에베소에서 말씀을 전파함. 처음에는 회당에서 전파하고, 나중에는 2년 동안 두란노 서원에서 가르침. 하나님이 특별한 이적들로 말씀을 확증하심(8-12).
3. 스게와의 일곱 아들이 악귀를 쫓아내려고 하다가 도리어 상함을 입고 벗은 몸으로 도망침. 하나님의 복음이 높임을 받고, 많은 마술책들이 불살라짐(13-20).
4. 바울이 예루살렘에 가기로 작정함. 데메드리오와 은장색들이 바울을 대적하여 소동을 일으킴(21-41).

1. 아볼로가 고린도에 있을 때에 바울이 윗지방으로 다녀 에베소에 와서 어떤 제자들을 만나.

윗지방. "The upper coasts" 즉 위쪽(북쪽) 해변. 그곳에 본도, 비두니아, 브루기아, 갈라디아 등이 있었다(행 18:23).

2. 이르되 너희가 믿을 때에 성령을 받았느냐 이르되 아니라 우리는 성령이 계심도 듣지 못하였노라.

너희가 성령을 받았느냐?. 너희가 사도행전 2:6과 요한복음 7:39에 나타나는 것과 같은 예컨대 예언이라든지 혹은 방언을 말하는 것이라는지 혹은 병 고치는 은사 등과 같은 성령의 특별한 은사들을 받았느냐? 요한으로부터 세례와 가르침을 받은 그들은 성령의 실체와 인격에 대해 무지할 수 없었다. 왜냐하면 요한 자신이 성령께서 우리 구주 위에 임하시는 것을 직접 보았을 뿐만 아니라(마 3:16; 막 1:10; 눅 3:22) 또한 자신으로부터 세례를 받는 모든 사람들에게 하나님의 어린 양이 성령과 불로 세례를 베푸실 것이라고 분명하게 말했기 때문이다(요 1:32, 33).

우리는 성령이 계심도 듣지 못하였노라. 이러한 대답은 위에 언급한 은사들과 관련한 질문과 연결하여 이해되어야만 한다. 뒤에 나타나는 것처럼 그러한 은사들은 복음을 전파하기 위해 보냄을 받은 사도들의 안수에 의해 주어졌다. 그것은 교회가 세워짐에 있어 꼭 필요한 일이었다. 사람들에게 주어진 초자연적인 은사들은 그들에게 전파된 교훈이 하늘로부터 말미암은 것임을 분명하게 확증해 주었다. 뿐만 아니라 사도행전 10:44, 47처럼 그것은 또한 사도들에게 그들의 사역의 성공과 사람들의 회심을 확증해 주었다. 여기의 "우리는 성령의 계심도 듣지 못하였노라"라는 그들의 말은 사무엘상 3:7의 "사무엘이 아직 여호와를 알지 못하고"라는 말씀과 비슷한 말로 이해되어야 한다. 사무엘상 3:7 말씀의 의미는 사무엘이 아직까지 하나님이 어떤 사람에게 말씀하시고자 하셨음을 알지 못하고 있었다는 것이다. 실제로 사무엘은 아직 어린 나이였음에도 불구하고 하나님을 알고 하나님을 섬겼다.

3. 바울이 이르되 그러면 너희가 무슨 세례를 받았느냐 대답하되 요한의 세례니라.

그러면 너희가 무슨 세례를 받았느냐. 너희는 무슨 진리를 고백했느냐? 너희는 세례를 받을 때에 어떤 신앙을 인쳤느냐?

요한의 세례. 요한이 가르친 교훈, 그리고 그가 고백하며 전파했던 신앙. 이와 같은 의미로 유대인들은 모세의 세례를 받은 것으로 일컬어진다. "모세에게 속하여 다 구름과 바다에서 세례를 받고"(고전 10:2). 이와 같이 그들은 모세가 가르친 교훈을 믿고 그에 의해 전달된 율법을 지켰다. 사도행전 18:25에 나타나는 것처럼, 실제로 세례 요한은 그리스도를 전파했다. 그러나 그리스도에 관한 많은 것들, 예컨대 그의 죽음과 부활 같은 것들을 요한은 전파할 수 없었다. 왜냐하면 그는 우리 주님이 죽으시기 전에 목 베임을 받아 죽었기 때문이었다. 그리고 우리 주님이 부활하시고 승천하신 이후에야 비로소 성령이 그와 같은 특별한 방식으로 사람들에게 부어졌기 때문이었다. 여기의 에베소의 제자들 즉 예전에 유대에서 요한으로부터 세례를 받고 다시 집으로 돌아온 사람들이 그와 같은 성령의 특별한 부어짐에 대해 듣지 못하고 알지 못했던 것은 충분히 그럴 수 있는 일이었다.

4. 바울이 이르되 요한이 회개의 세례를 베풀며 백성에게 말하되 내 뒤에 오시는 이를 믿으라 하였으니 이는 곧 예수라 하거늘.

회개의 세례. 세례 요한은 사람들에게 회개할 것을 촉구했다. 그렇게 볼 때 요한의 세례와 그리스도의 세례가 하나의 동일한 세례임이 명백하게 나타난다. 요한은 자신으로부터 세례를 받은 사람들을 회개와 함께 그리스도를 믿는 믿음으로 이끌었다. 더욱이 마가복음 1:4에 나타나는 것처럼, 요한의 세례는 그것을 받는 자들에게 그들의 죄가 사하여지는 것의 증표였다. 그러므로 요한의 세례와 나중의 사도들의 세례는 결국 동일한 사실을 나타내는 것이었다. 그것들은 모두 동일한 목적을 가진 것이었으며, 그러므로 결국 같은 것이었다. 만일 요한의 세례와 사도들의 세례가 같은 것이 아니었다면, 그리스도와 그의 지체들(교회)은 같은 세례를 받지 않은 셈이 될 것이다. 그러나 동시에 우리는 둘 사이의 차이를 놓쳐서는 안 된다. 요한의 세례는 곧 임하실 그리스도 즉 그리스도의 공생애를 바라보는 것이었다(그리스도의 공생애는 요한의 죽음 이후에 비로소 충분하게 펼쳐졌다). 그리고 특별히 그리스도의 죽음과 부활과 승천 등의 큰 사건들은 요한의 때 이후에 임할 것이었다.

5. 그들이 듣고 주 예수의 이름으로 세례를 받으니.

여기의 제자들은 예전에 요한이 한 말과 관련한 앞 절의 언급을 듣고 기꺼이 세례를 받았다. 우리는 사도행전 2:37에서 이들이 세례를 받은 정황과 비슷한 정황을 발견한다. 베드로의 말을 듣고 마음이 찔렸을 때, 그들은 즉시로 회개하고 세례를 받았다. 계속해서 여기의 열두 명의 제자들은 바울의 안수에 의해 성령의 특별한 은사들을 받았다(6, 7절). 이미 요한의 세례를 받은 여기의 제자들이 도대체 무슨 목적으로 또다시 바울로부터 세례를 받아야만 했는가? 그들이 또다시 세례를 받음으로 특별한 은혜가 나타난 것은 분명한 사실이다. 그러나 만일 사람들이 새로운 은혜 혹은 지식을 위해 새롭게 세례를 받아야만 한다면, 매일같이 은혜와 지식 가운데 자라가야 할 그들은 도대체 얼마나 많은 세례들을 받아야만 한단 말인가! 사도들 자신들은 오직 요한의 세례만 받았을 뿐이었다. 왜냐하면 요한 외에 아무도 그들에게 세례를 베풀지 않았기 때문이다. 세례는 우리의 거듭남과 새로운 탄생을 나타내는 외적인 규례일 뿐이다. 우리는 육체로 한 번 태어날 뿐이다. 그와 마찬가지로 우리는 또한 영으로도 한 번 태어난다. 그리스도인들이 두 번 세례 받을 필요가 없는 것은 유대인들이 두 번 할례 받을 필요가 없는 것과 마찬가지이다.

6. 바울이 그들에게 안수하매 성령이 그들에게 임하시므로 방언도 하고 예언도 하니.

그들에게 안수하매. 이렇게 하여 그들에게 복음을 전파할 수 있도록 권세가 부여되었다. 성령이 그들에게 임하시므로. 방언과 예언 등의 특별한 은사를 통해 그들은 다른 사람들에게 복음을 전파하기에 적합하게 되었다. 예언도 하니. 그들이 예언을 했다는 것은 그 특유의 의미대로 그들이 장래의 일을 미리 말할 수 있게 되었다는 의미이든지, 아니면 좀 더 넓은 의미로 하나님을 찬미하며 높이는 가운데 복음의 감추어진 비밀을 선포하며 성경 특별히 그리스도와 관련한 예언을 설명할 수 있게 된 것을 의미한다(고전 14:1).

7. 모두 열두 사람쯤 되니라.

사도들의 숫자와 같은 숫자. 우리는 성경에서 열둘이라는 복된 숫자가 자주 언급되는 것을 발견한다.

8. 바울이 회당에 들어가 석 달 동안 담대히 하나님 나라에 관하여 강론하며 권면하되.

회당. 에베소에 있는 유대인들의 회당. 큰 도시에는 대부분 유대인들의 회당이 있었다. 그곳에서 그들은 기도하며, 성경을 읽으며, 율법을 배웠다. 뿐만 아니라 그곳은 또한 신학을 가르치는 학교이기도 했다. 그곳에서 그들은 좀 더 어려운 주제를 놓고 토론을 벌이곤 했으며, 바로 이런 이유로 사도들은 종종 그곳을 찾아갔다. 하나님 나라. 혹은 복음. 복음이 하나님의 나라로 일컬어지는 것은 그 나라가 복음으로 말미암아 이 땅에서 우리 가운데 세워지고 또 우리가 복음으로 말미암아 그 나라를 위해 적합해지기 때문이다. 또 복음이 그와 같은 이름으로 불리는 것은 유대인들은 정치적인 메시야 나라를 꿈꾼 반면 그리스도인들은 그의 나라가 영적인 나라임을 고백하기 때문이다.

9. 어떤 사람들은 마음이 굳어 순종하지 않고 무리 앞에서 이 도를 비방하거늘 바울이 그들을 떠나 제자들을 따로 세우고 두란노 서원에서 날마다 강론하니라.

어떤 사람들은 마음이 굳어. 태양은 어떤 것은 부드럽게 만들지만, 또 어떤 것은 굳게 만든다. 태양은 수많은 들꽃들로부터 아름다운 향기가 풍겨나게 하기도 하지만, 쓰레기더미로부터 악취가 나게 하기도 한다. 마찬가지로 그리스도는 많은 사람들을 일어서게 하기도 하지만, 많은 사람들을 넘어지게 하기도 한다. 이 도. "that way" 즉 그 길. 복음의 진리가 이와 같은 이름으로 불리는 것은 다른 모든 길들 위에 뛰어난 그것의 탁월함 때문이다. 히브리인들은 어떤 목적지에 이르는 경로 혹은 수단을 "길"(way)로 이해했다. 이와 같이 우리는 평강의 길, 구원의 길, 주의 길 등과 같은 표현들을 발견한다. 바울이 그들을 떠나. 바울은 유대인들의 회당에 더 이상 가지 않았다. 그것은 거기에서 오직 복음에 대한 반대와 구주에 대한 비방만을 만났기 때문이었다. 두란노. 어떤 사람들은 이 단어를 "사람들을 가르치기 위해 특정한 학교를 운영하는 사람"을 가리키는 보통명사로 취한다. 그러나 그렇다기보다 유대인들 가운데 있었던 어떤 사적인 선생의 개인적인 이름이었을 가능성이 높다. 왜냐하면 유대인들 가운데에는 공적인 학교들뿐만 아니라 사적인 학교들도 있었기 때문이었다.

10. 두 해 동안 이같이 하니 아시아에 사는 자는 유대인이나 헬라인이나 다 주의 말씀을 듣더라.

아시아. 소아시아. 당시 에베소를 포함한 인근 지역이 특별하게 아시아로 불렸다. 이교도들은 아데미에게 예배하기 위해 이곳으로 왔고, 유대인들은 상업 등 여러 가지 일로 이곳으로 왔다. 주의 말씀. 주 예수에 관한 말씀인 복음. 혹은 그가 전파하라고 명하신 말씀.

11. 하나님이 바울의 손으로 놀라운 능력을 행하게 하시니.

바울의 손으로. 사도행전 5:12처럼, 그의 사역으로 말미암아. 놀라운 능력. "Special miracles" 즉 특별한 기적들. 일반적이며 일상적으로 일어나지 않는 일들, 혹은 우연히 일어날 수 있는 일이 아닌 일들.

12. 심지어 사람들이 바울의 몸에서 손수건이나 앞치마를 가져다가 병든 사람에게 얹으면 그 병이 떠나고 악귀도 나가더라.

손수건이나 앞치마. 이러한 표현을 어떤 사람들은 서로 다른 두 개의 물건을 가리키는 것으로 생각하는 반면, 또 어떤 사람들은 하나의 물건 즉 그들의 옷의 한 가지 동일한 부분을 가리키는 것으로 생각한다. 여기의 두 단어는 라틴어이다. 전자(前者)는 그것의 땀을 닦는 용도로 그와 같이 불렸으며, 후자(後者)는 통상적으로 묶는 방식으로 입는 것으로부터 그와 같이 불렸다. 병이 떠나고. 하나님이 그와 같은 이상한 방법으로 기적을 행하신 것은 (1) 그로 말미암아 (바울이 전파한) 그리스도의 능력이 더욱 분명하게 드러나도록 하기 위함이었다. (2) 그와 같이 보잘것없는 것들이 그리스도와 복음을 위해 큰 가치를 가질 수 있음을 보이기 위함이었다. 이러한 놀라운 일은, 우리 구주께서 약속하시고 예언하신 것처럼(요 14:12), 베드로에 의해서도 또한 행해졌다(행 5:15).

13. 이에 돌아다니며 마술하는 어떤 유대인들이 시험삼아 악귀 들린 자들에게 주 예수의 이름을 불러 말하되 내가 바울이 전파하는 예수를 의지하여 너희에게 명하노라 하더라.

돌아다니는 어떤 유대인들. 오늘날의 곡예단원들처럼 이곳저곳을 방랑하면서 장사도 하면서 살아가는 사람들. 마술하는. "Exocists" 즉 악귀를 쫓아내는 자들. 그들이 이와 같은 이름으로 불린 것은 그들이 하나님의 이름으로 악한 영들을 쫓아내고자 했기 때문이었다. 요세푸스는 우리에게 특이한 이야기를 해준다(「유대 고대사」, lib. 8). 그는 악한 영을 쫓아내는 그들의 방법이 체바옷(Zebaoth)과 아도나이(Adonai)와 함께 아브라함과 이삭과 야곱의 하나님의 이름을 사용하는 것으로서, 솔로몬으로부터 유래했다고 생각한다. 어떤 사람들은, 물론 그들이 발음한 단어와 음절에 아무런 능력이 없는 것은 분명한 사실이라 하더라도, 그러나 기꺼이 그러한 이름으로 알려지기를 원하셨던 참 하나님이 그러한 시대에 때로 그와 같은 방식으로 마귀들을 쫓아내는 그의 능력을 나타내셨다고 생각한다(마 12:27). 그러나 우리는 하나님의 말씀 가운데 이러한 행동을 정당화하는 어떤 구절도 발견하지 못한다. 그러므로 그것은 가장 혐오스러운 불경건 가운데 하나였다. 주 예수의 이름. 그들은 위에 언급한 이름들 대신 혹은 그러한 이름들과 함께 주 예수의 이름을 사용했다.

14. 유대의 한 제사장 스게와의 일곱 아들도 이 일을 행하더니.

제사장. "chief of the priests" 즉 제사장들의 우두머리. 스게와는 제사장들을 나눈 24반차의 우두머리들 가운데 한 사람이었든지(대상 24:4), 아니면 대제사장이었다가 물러난 사람이었든지, 아니면 대제사장의 가문에 속한 사람으로서 장차 대제사장직을 계승하기를 바라보았던 사람이었던 것으로 보인다.

15. 악귀가 대답하여 이르되 내가 예수도 알고 바울도 알거니와 너희는 누구냐 하며.

나는 예수가 나를 향해 떠나라고 명령할 권세가 있음을 인정하노라. 또 나는 그의 사역자로서 바울이 나에게 그와 같이 명령할 권세를 있음을 아노라. 그러나 너는 지금 도대체 무슨 권세를 가지고 나에게 그와 같이 명령하는가? 마귀는 거짓말쟁이요 거짓의 아비이다. 그러나 어느 누구도 자신의 불이익을 위해 거짓말을 하지 않는다. 오직 자신의 유익을 위해 그렇게 한다. 그러므로 우리는 여기에서 악귀가 한 말이 사실임을 믿을 수 있다. 왜냐하면 어쨌든 그가 하나님의 권세 아래 있다는 것은 그에게 수치스러운 일이기 때문이다.

16. 악귀 들린 사람이 그들에게 뛰어올라 눌러 이기니 그들이 상하여 벗은 몸으로 그 집에서 도망하는지라.

그들에게 뛰어올라 눌러 이기니. 이것은 하나님의 허락하심 아래 악한 영의 능력으로 말미암은 것이었다(마 8:28; 막 5:4; 눅 8:29). 사탄은 여전히 자신의 본래적인 능력을 보유하고 있다. 설령 선(善)을 향한 도덕적인 혹은 영적인 능력은 완전히 상실했다 하더라도 말이다. 그러나 그의 능력은 단지 하나님이 정해 놓은 울타리 안에 있을 뿐이다. 그는 사슬에 결박되어 있으므로 그 울타리를 벗어날 수 없다.

17. 에베소에 사는 유대인과 헬라인들이 다 이 일을 알고 두려워하며 주 예수의 이름을 높이고.

다 두려워하며. 그들은 그리스도의 이름을 함부로 사용하며 모독하는 것이 어떤 결과를 가져오는지를 보며 두려워했다. 주 예수의 이름을 높이고. 그들은 악한 영이 대적할 수 없는 그의 권세와, 하나님이 확증하신 그의 진리와, 하나님이 옹호하신 그의 사역자들을 높였다.

18. 믿은 사람들이 많이 와서 자복하여 행한 일을 알리며.

믿은 사람들. 오직 하나님만이 사탄을 이기는 권세를 가지셨음을 믿은 그리고 자신들의 죄와 사탄에 의해 포로가 된 자신들의 위험한 상태를 깨달은 사람들. 자복하여 행한 일을 알리며. 그들은 자신들이 행한 악한 행동들을 사람들 앞에 공개적으로 고백했다. 그들은 더 이상 사탄의 간계 아래 있으려고 하지 않았다. 도리어 자신들의 아픈 곳과 부끄러운 곳을 그대로 노출시켰다. 그러자 복음의 향유가 그러한 곳에 더욱 효과적으로 부어질 수 있었다. "입으로 시인하여 구원에 이르느니라"(롬 10:10).

19. 또 마술을 행하던 많은 사람이 그 책을 모아 가지고 와서 모든 사람 앞에서 불사르니 그 책 값을 계산한즉 은 오만이나 되더라.

이와 같이 그들의 믿음은 행함으로 증명되었다. 행함이 없는 믿음은 죽은 믿음이다(약 2:24, 26). 마술을 행하던. "which used curious arts" 즉 기이한 기술들을 사용한, 혹은 무익하고 헛된 기술들을 사용한. 예컨대 점성술을 사용하는 것이라든지 혹은 출생연월일을 계산하는 것 같은 것들 말이다. 이런 것들은 당시 에베소인들 가운데 매우 흔한 것이었다. 이런 것들이 여기에서 "기이한 기술들"이라고 불리는 것은 그러한 것들이 당시 에베소인들 가운데 그와 같이 불렸기 때문이었다. 뿐만 아니라 그러한 것들은 우리가 알 필요가 없는 기이한 것들에 관한 기술들이기 때문이다. 그러한 것들은 실제로 악마적인 기술들 혹은 마귀적인 속임수들이다. 그 책을 모아 가지고 와서 모든 사람 앞에서 불사르니. 그들이 그러한 책들을 팔아 사도들 앞에 가져오지 않은 것은 그것이 음행의 값으로 간주되었기 때문이었다. 그것은 가증한 것으로서 하나님께 드려질 수 없는 것이었다(신 23:18). 은 오만. "Fifty thousand pieces of silver" 즉 은 오만 조각. 이것의 정확한 값은 확실하지 않다. 왜냐하면 여기의 "조각"(pieces)이 무엇인지에 대해 의견이 일치하지 않기 때문이다. 어떤 사람들은 그것이 로마나 혹은 그리스의 동전이었다고 생각한다. 그런가 하면 다른 사람들은 그것을 유대인들의 돈인 세겔로 이해한다. 이렇게 본다면 그 값은 훨씬 더 커지게 된다. 만일 우리가 여기의 은 한 조각을 은 8분의 1 온스로 환산한다면(마 8:28), 여기의 은 오만 조각은 6,250온스가 될 것이다(그리고 그것을 킬로그램으로 환산하면 대략 은 180kg 정도 될 것이다). 그들은 자신들이 행한 악에 대해 극도로 분개하며 비통해했다. 그들은 자신들을 다시금 예전의 악으로 돌아가게 만들 수 있는 것들을 더 이상 가지고 있지 않으려고 했다. 설령 그것이 오른 눈이라 하더라도, 그들은 기꺼이 그것을 뽑을 것이었다.

20. 이와 같이 주의 말씀이 힘이 있어 흥왕하여 세력을 얻으니라.

말씀의 씨앗은 마침내 풍성한 열매와 함께 크게 증가되었다. 사람들로 하여금 그들이 익숙하게 젖어 있었던 습관적인 악행과 결별하도록 만든 것은 하나님의 말씀의 분명한 능력이었다(사 55:11).

21. 이 일이 있은 후에 바울이 마게도냐와 아가야를 거쳐 예루살렘에 가기로 작정하여 이르되 내가 거기 갔다가 후에 로마도 보아야 하리라 하고.

바울이 작정하여. 다니엘 1:8처럼, 바울이 마음으로 계획하고 결심하여. 그러나 그의 이러한 결심 속에 성령의 특별한 감화와 인도하심이 있었다. 그것을 우리는 나중에 그가 여기에 언급된 지역들에 어떻게 도착하게 되었는지를 통해 알 수 있다. 바울이 이러한 지역들을 여행한 것은 더 큰 추수를 바랐기 때문이었다. 이러한 지역들에서 그는 복음의 씨앗을 더 풍성하게 뿌릴 수 있었다.

22. 자기를 돕는 사람 중에서 디모데와 에라스도 두 사람을 마게도냐로 보내고 자기는 아시아에 얼마 동안 더 있으니라.

자기를 돕는. 바울이 자기를 돕는 자들을 둔 것은 자신의 위용을 과시하기 위해서가 아니라 그렇게 하는 것이 꼭 필요했기 때문이었다. 그는 교회의 모든 일을 다 감당할 수 없었다. 바울이 그들을 보낸 것은 자신의 머물 곳을 미리 준비하도록 하기 위함이 아니라 예루살렘의 가난한 형제들을 위한 연보를 준비하도록 하기 위함이었다(고후 9:3, 4). 에라스도. 성경에 이러한 이름을 가진 사람이 두 사람 나타난다. 한 사람은 로마서 16:23에 나타나고, 또 한 사람은 디모데후서 4:20에 나타난다. 후자가 여기의 에라스도이다. 아시아에. 아시아에 있는 — 그리고 지금 바울이 있는 — 에베소에.

23. 그 때쯤 되어 이 도로 말미암아 적지 않은 소동이 있었으니.

그 때쯤 되어. 만사가 평온한 것처럼 보였던 때에. 이와 같이 이 땅에서의 그리스도의 종들의 평온은 불확실하다. 이 도(that way). 사도행전 18:25처럼, 복음의 진리.

24. 즉 데메드리오라 하는 어떤 은장색이 은으로 아데미의 신상 모형을 만들어 직공들에게 적지 않은 벌이를 하게 하더니.

여기의 "신상 모형"(shrines)은 다음의 둘 가운데 하나였을 것이다. (1) 아데미 신전의 모형. 조각이나 혹은 다른 방법으로 그 유명한 건축물을 표현한 모형. 아데미 신전은 나중에 에로스트라투스(Erostratus)에 의해 불탔다. (2) 그들의 우상인 아데미 여신의 형상을 표현한 기념물(35절). 여기에서 그것이 신당(shrines) 혹은 신전(temples)으로 불리는 것은 그것이 아데미의 신당 혹은 신전과 비슷했기 때문이었다. 여기의 이교도들은 자신들의 순례여행을 증명하기 위해서 뿐만 아니라 아데미 우상에 대한 자신들의 믿음을 더욱 증진시키기 위해 그러한 신상 모형(shrines)을 자신들의 집과 친구들에게로 가지고 갔다.

25. 그가 그 직공들과 그러한 영업하는 자들을 모아 이르되 여러분도 알거니와 우리의 풍족한 생활이 이 생업에 있는데.

생계를 유지하는 것은 큰 유혹이다. 그러한 유혹과 함께 경건의 작은 구실이 수많은 미신과 거짓 예배를 만들어낸다.

26. 이 바울이 에베소뿐 아니라 거의 전 아시아를 통하여 수많은 사람을 권유하여 말하되 사람의 손으로 만든 것들은 신이 아니라 하니 이는 그대들도 보고 들은 것이라.

실제로 데메드리오는 바울이 가르친 것을 그대로 말한다. 그러나 그는 바울이 그렇게 가르친 이유에 대해서는 말하지 않는다. 사려 깊은 사람들에게 있어 만물을 만드신 한 분의 하나님이 계실 뿐이라는 것보다 더 확실한 것은 아무것도 없다(시 115:3-4; 렘 10:10).

27. 우리의 이 영업이 천하여질 위험이 있을 뿐 아니라 큰 여신 아데미의 신전도 무시 당하게 되고 온 아시아와 천하가 위하는 그의 위엄도 떨어질까 하노라 하더라.

우리의 이 영업이 천하여질 위험이 있을 뿐 아니라. 우리가 생업을 잃게 될 뿐만 아니라 그런 일을 하는 것이 우리에게 부끄러운 일이 될 것이라. 큰 여신 아데미의 신전도 무시 당하게 되고. 우리의 생업을 잃게 될 뿐만 아니라 또한 우리의 종교까지도 무시를 당하게 될 것이라. 온 아시아. 아데미 신전은 알렉산더가 태어난 바로 그 날 불태워졌다가 온 아시아가 힘을 모아 220년에 걸쳐 재건한 것으로 전해진다. 천하가 위하는. 로마인들은 그들이 정복한 지역의 여러 신들 가운데 예배의 대상으로서 오직 소수의 신들만을 허용했다. 아데미는 그러한 소수의 신들 가운데 하나로서, 특별히 최고 단계의 열두 신들 가운데 하나였다.

28. 그들이 이 말을 듣고 분노가 가득하여 외쳐 이르되 크다 에베소 사람의 아데미여 하니.

그들의 이익과 연결된 데메드리오의 논증은 그들의 마음을 크게 흔들어 놓았다. 특별히 데메드리오는 아데미 숭배의 오랜 역사(歷史)와 보편성으로부터 자신들의 종교의 정당성을 옹호하고자 했다. 크다 에베소 사람의 아데미여. 그들은 바울이 가르친 것에 대한 자신들의 증오심을 보이기 위해 이와 같이 외쳤다. 그들은 바울이 예배할 가치가 없다고 가르친 아데미의 영광이 영원하기를 바랐다.

29. 온 시내가 요란하여 바울과 같이 다니는 마게도냐 사람 가이오와 아리스다고를 붙들어 일제히 연극장으로 달려 들어가는지라.

요란하여. "Filled with confusion" 즉 혼란으로 가득하여, 혹은 소란과 법석으로 가득하여. 모든 종류의 사람들이 그러한 소란에 동참했다. 가이오. 더베에서 태어났지만, 그러나 지금 데살로니가에 살고 있는 사람(행 20:4). 아리스다고. 이 사람에 대해 우리는 사도행전 27:2과 골로새서 4:10에서 읽는다. 연극장. 대중적인 용도를 위해 지은 장소 혹은 건물. 여기에서 (1) 그들의 운동경기나 혹은 연극 같은 것을 볼 수 있었다. (2) 그들의 연설이나 혹은 웅변 같은 것을 들을 수 있었다. (3) 그들은 또한 악을 행한 자들을 처벌했다. 이곳은 이와 같은 목적들에 사용될 수 있을 만큼 충분한 공간을 가지고 있었다. 지금 그들은 사건의 전말을 듣기 위해 그리고 여기의 그리스도인들을 신성모독의 죄로 정죄하고 처벌하기 위해 이곳에 모였다.

30. 바울이 백성 가운데로 들어가고자 하나 제자들이 말리고.

바울이 백성 가운데로 들어가고자 하나. 바울은 소란을 진정시키기 위해 혹은 최악의 경우 그리스도를 위해 죽기 위해 그곳으로 들어가고자 했다. 제자들이 말리고. 제자들은 간절한 애원으로 바울을 말렸다. 그들에게 그의 목숨은 자신들의 목숨보다 더 귀하고 소중했다. 왜냐하면 그로부터 구원에 이르는 믿음을 받았기 때문이었다.

31. 또 아시아 관리 중에 바울의 친구된 어떤 이들이 그에게 통지하여 연극장에 들어가지 말라 권하더라.

아시아 관리 중에 어떤 이들. 그들의 우상을 영화롭게 하기 위한 각종 연극과 공연을 감독하는 자들. 이들은 통상적으로 그들의 제사장들이었다. 이들은 네 지역을 관할하는 자들이었는데, 각각의 지역으로부터 그들은 아시아 관리, 비두니아 관리, 수리아 관리, 갑바도기아 관리의 이름을 가지고 있었다. 이들이 누구든지 간에, 우리는 여기에 나타난 하나님의 섭리에 감탄하지 않을 수 없다. 왜냐하면 하나님은 자신의 가장 큰 원수들로부터 자기 종들을 구원하는 자들을 일으킬 수 있으시기 때문이다.

32. 사람들이 외쳐 어떤 이는 이런 말을, 어떤 이는 저런 말을 하니 모인 무리가 분란하여 태반이나 어찌하여 모였는지 알지 못하더라.

우리는 여기에서 군중들이 모여 야단법석을 떠는 것에 대한 뛰어난 묘사를 발견한다.

33. 유대인들이 무리 가운데서 알렉산더를 권하여 앞으로 밀어내니 알렉산더가 손짓하며 백성에게 변명하려 하나.

유대인들이 무리 가운데서 알렉산더를 권하여 앞으로 밀어내니. 알렉산더는 군중들의 눈에 잘 띄는 위치에 있지 않았으므로 좀 더 편리한 위치로 갈 필요가 있었다. 그리고 거기에서 그는 유대인들을 위해 변명할 수 있었다. 왜냐하면 유대인들 역시도 그리스도인들과 마찬가지로 에베소인들의 우상 숭배를 반대한 것으로 인해 그들에게 똑같이 밉살스러운 존재였기 때문이었다. 여기의 알렉산더는 우리가 디모데전서 1:20과 디모데후서 4:14에서 읽는 알렉산더와 동일한 인물이었던 것으로 보인다. 그런가 하면 또 어떤 사람들은 여기의 알렉산더가 같은 이름을 가진 다른 사람이었다고 생각하기도 한다. 손짓하며. 사도행전 12:17처럼, 조용히 하도록 시키기 위해.

34. 그들은 그가 유대인인 줄 알고 다 한 소리로 외쳐 이르되 크다 에베소 사람의 아데미여 하기를 두 시간이나 하더니.

유대인. 알렉산더는 유대인이었으므로 그들의 우상 숭배에 대해 적이었다. 그러므로 그들은 충분히 그를 바울의 친구로 생각할 수 있었다. 다 한 소리로. 만장일치라고 해서 악한 것이 선한 것이 되지는 않는다.

35. 서기장이 무리를 진정시키고 이르되 에베소 사람들아 에베소 시가 큰 아데미와 제우스에게서 내려온 우상의 신전지기가 된 줄을 누가 알지 못하겠느냐.

서기장. 사람들의 모든 모임을 관리 통제하며 그들의 행동을 기록하는 책임을 맡은 관리. 에베소 시가 큰 아데미의 신전지기가 된 줄을 누가 알지 못하겠느냐. 각각의 나라와 도시들은 그들이 섬겼던 그들 특유의 신들을 가지고 있었다. 그리고 그들은 그러한 신들을 자신들의 수호신으로 삼았다. 이와 같이 아데미는 에베소 시의 수호신이었다. 여기의 단어는 신전을 정결하게 유지하기 위해 돌보는 신전관리인을 의미한다. 여기의 에베소인들은 자신들이 아데미에게 속하는 것을 큰 영광으로 여겼다. 제우스에게서 내려온 우상. "The image which fell down from Jupiter" 즉 제우스로부터 떨어진 형상. 아데미의 형상을 만든 사람은 카네티아스(Canetias)였다. 그럼에도 불구하고 간교한 제사장들은 어리숙한 백성들에게 그것이 하늘로부터 떨어졌다고 설득했다. 그렇게 함으로써 그들은 그것을 한층 더 영광스럽게 만들 수 있었으며, 그것은 그들 자신들에게 이익이 되었다.

36. 이 일이 그렇지 않다 할 수 없으니 너희가 가만히 있어서 무엇이든지 경솔히 아니하여야 하리라.

서기장은 사람들의 격한 감정과 그로 말미암은 소요를 진정시키기 위해 매우 간교하게 행동했다. 그는 그들에게 바울이나 다른 그리스도인들이나 유대인들이 그들의 여신과 종교에 대해 특별히 불화를 일으킨 것이 없다고 말한다. 왜냐하면 실제로 그들이 손으로 만든 형상들에 대해 반대하기는 했지만 그러나 에베소인들이 섬기는 형상은 손으로 만든 것이 아니라 하늘로부터 떨어진 것이기 때문이라는 것이다. 우리는 여기의 서기장이 이교도였으며 그의 목적은 단지 사람들을 진정시키는 것일 뿐이었다는 사실을 기억할 필요가 있다.

37. 신전의 물건을 도둑질하지도 아니하였고 우리 여신을 비방하지도 아니한 이 사람들을 너희가 붙잡아 왔으니.

신전의 물건을 도둑질하지도 아니하였고. 왜냐하면 그들이 신전에 들어간 적도 없기 때문에. 우리 여신을 비방하지도 아니한. 바울은 그들 가운데 가감없이 진리를 전파했다. 그러나 그는 그들의 우상 숭배로 인해 그들을 책망하지 않았다. 마치 "마귀와 다투어 변론할 때에 감히 비방하는 판결을 내리지 않았던" 천사장 미가엘처럼 말이다(유 1:9).

38. 만일 데메드리오와 그와 함께 있는 직공들이 누구에게 고발할 것이 있으면 재판 날도 있고 총독들도 있으니 피차 고소할 것이요.

재판 날도 있고. 모든 논쟁들과 문제들을 결말짓기에 가장 적합한 것은 바로 재판이다. 왜냐하면 사람들은 각자 자기 입장에 치우쳐 있기 때문이다. 대부분의 경우 사람들은 자신이 옳은 입장에 서 있다고 생각한다. 총독들. 로마의 황제나 혹은 집정관 아래서 자신이 통치하는 지역의 모든 문제를 심리하고 결정할 수 있는 권한을 가진 자들. 피차 고소할 것이요. 그렇게 하여 양쪽의 입장을 충분히 설명할 것이요.

39. 만일 그 외에 무엇을 원하면 정식으로 민회에서 결정할지라.

그 외에 도시를 운영하는 문제라든지 혹은 종교적인 문제와 관련한 일들은 이와 같이 혼란한 방식으로 다루어져서는 안 될 것이라. 그러한 일들은 로마인들이 통상적으로 매달 세 차례 소집하는 민회에서 다루어져야 할 것이라.

40. 오늘 아무 까닭도 없는 이 일에 우리가 소요 사건으로 책망 받을 위험이 있고 우리는 이 불법 집회에 관하여 보고할 자료가 없다 하고.

서기장은 지혜롭게 그들에게 위험을 일깨워 준다. 로마의 통치 아래서 소요를 선동하는 것은 자신들의 자유를 잃는 것 외에 아무것도 아니었으며, 사형에 처하여질 수 있는 중대한 범죄였다.

41. 이에 그 모임을 흩어지게 하니라.

사람들은 서기장의 말에 설득을 당해 각자의 집으로 돌아갔다. 이와 같이 하나님은 이런저런 방법으로 — 때로는 친구들로 말미암아 때로는 원수들로 말미암아 — 자신의 교회와 백성들을 멸망으로부터 지키신다. 이와 같이 하나님의 손은 결코 짧지 않다.

제20장

개요

1. 바울이 마게도냐로 갔다가 여러 지역을 지나 드로아에 감(1-6).
2. 드로아에서 말씀을 가르치는 동안 유두고가 창문에서 떨어져 죽음. 바울이 다시 그를 살림(7-12).
3. 바울이 여행을 계속함(13-16).
4. 밀레도에서 바울이 에베소 교회의 장로들을 청함. 그들에게 감동적인 고별사를 남김. 그리고 그들을 하나님의 은혜에 맡기면서 그들에게 사명을 잘 감당할 것을 훈계함(17-35).
5. 바울이 그들과 더불어 기도하고 작별함(36-38).

1. 소요가 그치매 바울은 제자들을 불러 권한 후에 작별하고 떠나 마게도냐로 가니라.

떠나 마게도냐로 가니라. 바울이 데메드리오의 격노로부터 떠나 마게도냐로 간 것은 자기 자신의 안전을 위한 것이라기보다 교회의 유익을 위한 것이었다. 다시 말해서, 그렇게 한 것은 자신으로 인해 교회가 계속해서 박해를 당하지 않도록 하기 위함이었다. 그리고 그는 다른 곳으로 옮겨 그곳에서 계속해서 교회를 세우며 확장시켜 나갈 것이었다.

2. 그 지방으로 다녀가며 여러 말로 제자들에게 권하고 헬라에 이르러.

여러 말로 권하고. 에베소에서의 큰 소동 이후, 바울은 제자들이 그리스도의 십자가로부터 실족하지 않도록 그들에게 많은 위로와 권면을 해줄 필요가 있었다. 의를 위하여 박해를 받는 자들에게 약속된 특별한 축복이 있을 것이었다(마 5:10; 벧전 3:14). 헬라에 이르러. 여기의 헬라는 아덴이 위치해 있었던 아티카 지역을 가리킨다. 마게도냐 역시도 넓은 의미에서 헬라 안에 있었다.

3. 거기 석 달 동안 있다가 배 타고 수리아로 가고자 할 그 때에 유대인들이 자기를 해하려고 공모하므로 마게도냐를 거쳐 돌아가기로 작정하니.

유대인들이 자기를 해하려고 공모하므로. 어떤 사람들은 유대인들이 그를 해하려고 공모한 것이 그로부터 그가 예루살렘의 성도들을 위해 가져가고 있었던 연보를 탈취하고자 한 것이었을 수 있다고 생각한다. 그러나 그렇게 보기보다 그의 목숨을 노린 것이었다고 보는 것이 훨씬 더 타당해 보인다. 그들은 복음에 대한 그의 열심과 부지런함으로 인해 그를 극도로 미워하고 있었다. 마게도냐를 거쳐. 그가 고린도로 왔던 길과 동일한 길로. 돌아가기로 작정하니. 자신에 대한 그들의 악독한 음모를 피하기 위해. 그는 위험 속으로 달려 들어감으로써 하나님을 시험하고자 하지 않았다.

4. 아시아까지 함께 가는 자는 베뢰아 사람 부로의 아들 소바더와 데살로니가 사람 아리스다고와 세군도와 더베 사람 가이오와 및 디모데와 아시아 사람 두기고와 드로비모라.

아시아까지 함께 가는. 여기에 바울을 위해 수고한 형제들의 이름이 기록되어 있다. 성경이 남아 있는 한, 이들의 이름은 영원히 기억될 것이다. 베뢰아. 마게도냐의 한 도시(행 17:10). 소바더. 이 사람은 소시바더로도 불렸다(롬 16:21). 어떤 사본들은 그가 부로의 아들이었다고 덧붙이는데(한글개역개정판에는 이와 같이 되어 있음), 부로(Pyrrhus)라는 헬라 이름은 루보(Rufus)라는 라틴 이름과 같은 이름이다. 아리스다고. 이 사람에 대해서는 사도행전 19:29을 참조하라. 아시아 사람. 아시아의 한 도시인 에베소 사람. 두기고. 이 사람에 대하여는 에베소서 6:21; 골로새서 4:7; 디모데후서 4:12을 보라. 드로비모. 이 사람에 대하여 우리는 사도행전 21:29, 디모데후서 4:20에서 읽는다. 여기에 그 이름이 기록된 사람들은 사도들이었거나 혹은 교회의 사자들이었던 것으로 보인다(고후 8:23). 여기의 이름들 가운데 이 책의 저자인 누가의 이름도 포함되어야 하지만, 그러나 그는 스스로 자신의 이름을 언급하기를 사양한다. 그러나 그의 대한 칭찬은 복음 안에서 영원할 것이다(고후 8:18, 19).

5. 그들은 먼저 가서 드로아에서 우리를 기다리더라.

드로아. 이것은 트로이 시(市)를 가리키는 것이든지 아니면 그 인근 지역을 가리키는 것일 것이다. 우리를. 이러한 표현을 통해 우리는 누가가 바울과 함께 한 자들 가운데 한 사람이었음을 알 수 있다. 비록 그가 어디에도 자신의 이름을 명기(明記)하지 않았다 하더라도 말이다.

6. 우리는 무교절 후에 빌립보에서 배로 떠나 닷새 만에 드로아에 있는 그들에게 가서 이레를 머무니라.

빌립보에서. 이곳에서 그들은 배를 타고 처음에는 강을 따라 내려가다가 마침내 바다로 나아갔다. 무교절 후에. 바울은 한편으로 이방인 회심자들에게 의식법(儀式法)의 무거운 짐을 지우고자 하지 않았다. 그러면서도 다른 한편으로 그는 유대인들을 격분시키지 않기 위해 얼마 동안 그들의 의식(儀式)을 따랐다. 구약의 의식들은 실제로 끝났지만, 그럼에도 불구하고 아직까지 남아 있었다. 그리하여 바울은 무교절 기간 동안 잠시 여행을 중단하면서 그동안 사람들에게 그러한 의식들의 참된 의미와 쓰임새에 대해 가르쳤다.

7. 그 주간의 첫날에 우리가 떡을 떼려 하여 모였더니 바울이 이튿날 떠나고자 하여 그들에게 강론할새 말을 밤중까지 계속하매.

그 주간의 첫날에. 이 날은 우리 주님이 만드신 날이었다. 이 날은 그리스도가 부활하신 날로써, 그의 부활로부터 주의 날(the Lord's day)로 불렸다(계 1:10). 이 날 제자들이 모였으며, 그리스도는 그들과 함께 계심으로써 그들을 영화롭게 하셨다(요 20:19, 26). 그리스도께서 승천하신 이후, 이 날은 그리스도인들이 모이는 날로 정해졌다(고전 16:2). 이러한 사실은 필연적으로 토요일 혹은 유대 안식일이 폐하여졌음을 의미한다. 왜냐하면 "엿새 동안은 힘써 네 모든 일을 행할 것이나"가 안식일 계명의 일부였기 때문에 그들은 하나님의 율법을 거스르지 않으면서 한 주의 마지막 날과 첫 날을 동시에 쉴 수 없었기 때문이었다. 떡을 떼려 하여. 그들이 애찬이라고 불렀던 공동의 식사를 하고자 하여. 그들은 애찬을 통해 사랑과 일치를 나타냈다. 그리고 애찬은 주의 만찬을 기념함과 함께 끝났으며, 주의 만찬은 대부분의 경우 애찬의 장소에서 기념되었다. 이후 애찬은 남용됨으로 말미암아 사라졌지만, 그러나 주의 만찬은 주님이 오실 때까지 계속되어야 한다(고전 11:26). 말을 밤중까지 계속하매. 오늘날 밤중까지 계속되는 설교는 참으로 길고 지루한 설교로 여겨진다. 그러나 우리는 같은 영을 가져야만 한다. 그렇지 않으면 우리는 보편 교회의 지체가 아니다.

8. 우리가 모인 윗다락에 등불을 많이 켰는데.

윗다락에(in the upper chamber). 혹은 다락방에. 사도행전 1:13처럼, 그들은 통상적으로 이곳에서 모였던 것으로 추측된다. 등불을 많이 켰는데. 그들이 밤에 모인 것은 그들이 직면한 박해 때문이었다. 그러나 그들은 부정한 일을 행한다는 오해를 받지 않기 위해 이와 같은 방법으로 스스로를 노출시켰다. 그들 사이에서 행해진 모든 일은 공개적으로 행해진 일이었다.

9. 유두고라 하는 청년이 창에 걸터 앉아 있다가 깊이 졸더니 바울이 강론하기를 더 오래 하매 졸음을 이기지 못하여 삼 층에서 떨어지거늘 일으켜보니 죽었는지라.

강론하기를(preaching). 설교하며 논증하기를. 여기에 사용된 단어로 볼 때, 이것은 계속적인 강연이 아니었던 것으로 보인다. 삼 층에서 떨어지거늘. 어떤 사람들은 이 일이 (하나님의 허락하심에 의해) 사탄으로 말미암아 야기된 일이라고 생각한다. 그렇게 함으로써 사탄은 바울을 혼란에 빠뜨림으로써 그의 설교를 중단시키고자 했다는 것이다. 어쨌든 뒤이은 기적에 의해 하나님은 상황을 정반대로 바꾸셨다.

10. 바울이 내려가서 그 위에 엎드려 그 몸을 안고 말하되 떠들지 말라 생명이 그에게 있다 하고.

그 위에 엎드려. 엘리야가 사렙다 과부의 아들을 다시 살릴 때처럼(왕상 17:21), 그리고 엘리사가 수넴 여인의 아들을 다시 살릴 때처럼(왕하 4:34). 생명이 그에게 있다. 물론 유두고는 실제로 죽었다가 바울에 기도에 의해 다시 살아난 것이었다. 다만 바울이 이와 같이 말한 것은 그의 생명이 곧 회복될 것을 분명하게 알았기 때문이었다.

11. 올라가 떡을 떼어 먹고 오랫동안 곧 날이 새기까지 이야기하고 떠나니라.

떡을 떼어. 이것은 7절처럼 성만찬을 가리키는 것이든지 아니면 간단한 간식이나 혹은 아침 식사를 가리키는 것일 것이다. 오랫동안 곧 날이 새기까지 이야기하고. 우리는 여기에서 초창기 그리스도인들의 인내심과 열심을 보게 된다. 이것은 오늘날과 같은 게으름과 무관심의 세대에 얼마나 큰 경종을 울리는가!

떠나니라. 13절에 나타나는 것처럼, 바울은 걸어서 다음 목적지로 간 반면 다른 동역자들은 배를 타고 갔다.

12. 사람들이 살아난 청년을 데리고 가서 적지 않게 위로를 받았더라.

그들은 유두고가 다시 살아난 것뿐만 아니라 이로 말미암아 복음이 증명되고 많은 사람들의 믿음이 굳건하게 된 것으로 인해 기뻐했다.

13. 우리는 앞서 배를 타고 앗소에서 바울을 태우려고 그리로 가니 이는 바울이 걸어서 가고자 하여 그렇게 정하여 준 것이라.

앗소. 무시아의 한 도시. 이곳은 또한 아볼로니아로도 불렸다. 이곳은 드로아로부터 육로로든 수로로든 멀지 않았다. 걸어서 가고자 하여. 바울이 걸어서 가고자 했던 것은 지나가는 마을과 성읍들에 복음의 씨를 뿌릴 수 있는 더 좋은 기회를 갖고자 함이었다. 그는 영혼을 얻고자 하는 열망이 너무나 강렬했으므로 모든 여정을 그러한 열망에 맞추어 계획했다. 또 어쩌면 바울이 혼자 걸어서 가기를 바란 것은 하나님과의 좀 더 자유롭고 풍성한 교제를 갖기 위함이었는지도 모른다. 그는 혼자 걸어가면서 하나님과의 깊은 교제를 갖기를 바랐을 것이다.

14. 바울이 앗소에서 우리를 만나니 우리가 배에 태우고 미둘레네로 가서.

미둘레네. 에게 해에 있는 한 섬 혹은 그 섬 안에 있는 한 도시. 어떤 사람들은 그 섬이 레스보(Lesbos)라고 불렸으며, 그 안에 미둘레네가 있었다고 생각한다.

15. 거기서 떠나 이튿날 기오 앞에 오고 그 이튿날 사모에 들르고 또 그 다음 날 밀레도에 이르니라.

기오. 에게 해에 있는 레스보(Lesbos)와 사모(Samos) 사이에 있는 한 유명한 섬. 사모. 이오니아의 사모. 당시 이러한 이름을 가진 몇 개의 섬이 있었다. 밀레도. 이오니아의 해변 도시.

16. 바울이 아시아에서 지체하지 않기 위하여 에베소를 지나 배 타고 가기로 작정하였으니 이는 될 수 있는 대로 오순절 안에 예루살렘에 이르려고 급히 감이러라.

에베소. 에베소는 밀레도로부터 멀지 않은 곳에 있었다. 그러나 그는 자신의 여행에 방해가 되지 않도록 하기 위해 그곳을 그냥 지나쳤다. 될 수 있는 대로. 혹은 사도행전 18:21처럼, 만일 하나님의 뜻이면. 왜냐하면 그의 노력은 결코 부족하지 않을 것이었기 때문이다. 오순절 안에 예루살렘에 이르려고. 물론 그가 오순절을 지키기 위해 그렇게 한 것은 아니었다. 왜냐하면 오순절은 이미 성취되었으므로 폐하여졌기 때문이었다(행 2:1-47). 그가 오순절 안에 예루살렘에 이르고자 한 것은 그 기간 동안 그곳에 많은 사람들이 운집함으로 말미암아 그리스도와 그의 진리를 전파할 매우 좋은 기회를 갖게 될 것이었기 때문이었다.

17. 바울이 밀레도에서 사람을 에베소로 보내어 교회 장로들을 청하니.

장로들. 에베소 교회의 목회자들과 통치자들. 이것은 단순히 노인들에 대한 공경으로 사용한 호칭이 아니라, 그들의 위치를 나타내는 표현이었다. 어쩌면 이들은 사도행전 19:7에 언급된 열두 명이었는지도 모른다.

18. 오매 그들에게 말하되 아시아에 들어온 첫날부터 지금까지 내가 항상 여러분 가운데서 어떻게 행하였는지를 여러분도 아는 바니.

아시아. 에베소가 위치한 소아시아 지역. 내가 항상 여러분 가운데서 어떻게 행하였는지를 여러분도 아는 바니. 지금 바울은 양 떼를 남겨두고 떠나야만 했지만, 그럼에도 불구하고 그의 양심은 그를 전혀 참소하지 않는다. 그가 이렇게 말한 것은 자신이 그들 가운데 있으면서 행했던 제반 일들을 자랑하기 위함이 아니었다. 다만 그들과 다른 사람들 앞에 자신의 모범을 본받도록 제시하면서, 그들을 그러한 사실의 증인으로 부르기 위함이었다.

19. 곧 모든 겸손과 눈물이며 유대인의 간계로 말미암아 당한 시험을 참고 주를 섬긴 것과.

눈물. 그는 무지한 사람들과 소경된 사람들과 완고한 사람들과 패역한 사람들을 불쌍히 여기며 눈물을 흘렸다. 그는 이 세상 신(神)이 가진 거대한 통치영역과 우리 주 예수 그리스도에게 남겨진 작은 통치영역을 보며 슬퍼했다. 시험(temptation). 그리스도와 복음으로 인해 그에게 떨어진 고난과 고통들. 야고보서 1:2과 베드로전서 1:6에 언급된 시험이 바로 이런 종류의 시험이다. 주를 섬긴 것과. 사도의 직분 안에서 혹은 공적인 사역 안에서. 이 일에 있어 그는 어느 누구보다도 자랑할 만했다. 그러나 그 모든 일에 그는 스스로를 겸손으로 옷 입혔다. 그리고 이러한 옷이야말로 예수 그리스도의 사역자들에게 최고로 어울리는 옷이다. 그것은 가장 비천하면서 동시에 가장 고귀한 옷이다.

20. 유익한 것은 무엇이든지 공중 앞에서나 각 집에서나 거리낌이 없이 여러분에게 전하여 가르치고.

유익한 것은 무엇이든지 여러분에게 전하여. 바울은 영생을 위해 유용한 것은 아무것도 감추지 않았다. 그는 모든 수고와 위험을 피하지 않고 그것을 그들에게 전했다. 공중 앞에서 가르치고. 많은 사람들이 모이는 회당이나 학교에서 가르치고. 각 집에서 가르치고. 사도행전 2:46처럼, 개인적으로 가르치고. 이와 같이 바울은 많은 사람들 앞에서 공개적으로 가르쳤을 뿐만 아니라 각 사람의 상황이 요구하는 대로 은밀하며 특별하게 가르쳤다. 그는 어떤 사람들에게는 훈계하며, 또 어떤 사람들에게는 책망하면서 가르쳤다. 진실로 선한 목자는 각각의 양들의 상태를 이해하고 그들 각자에게 적합하며 필요한 것을 공급해 주고자 애쓸 것이다. 야곱은 창세기 31:39에서 자신이 외삼촌 라반의 양들에게 아무런 손실도 끼치지 않았노라고 말한다. 하물며 하나님이 보실 때 사람들의 영혼은 얼마나 더 귀하고 소중한가!

21. 유대인과 헬라인들에게 하나님께 대한 회개와 우리 주 예수 그리스도께 대한 믿음을 증언한 것이라.

이와 같이 바울은 모든 종류의 사람들에게 증언했다. 그것은 하나님에게 유대인과 헬라인 사아에 아무런 차이도 없기 때문이었다. 하나님은 모든 사람들에게 회개의 선물을 주시고 또 모든 사람들로부터 회개를 받으실 준비가 되어 있으시다(행

11:18). 또 사람들을 구원에 이르게 하는 참된 믿음은 주 예수 그리스도에 대한 믿음이다. 하나님은 우리에게 구원을 받을 만한 다른 이름을 주신 적이 없으시다. 복음은 여기의 두 가지, 즉 하나님에 대한 회개와 주 예수 그리스도에 대한 믿음에 의존하며, 우리의 구원은 그것에 달려 있다.

22. 보라 이제 나는 성령에 매여 예루살렘으로 가는데 거기서 무슨 일을 당할는지 알지 못하노라.

성령에 매여. 신적 충동에 강력하게 감화되어. 혹은 성령의 강력한 힘에 인도되고 이끌려진 것처럼. 혹은 모든 일에 나의 인도자시며 태양이시며 방패이신 나의 하나님께 순종하도록 강요되어. 나는 스스로 행하기보다 그에 의해 행하여지기를 바라노라. 바울이 이와 같이 말하는 것은 예루살렘으로 가는 것이 자신의 의지(意志)에 반하여 강제적으로 이끌려진 것이라든지, 혹은 아무도 그로부터 그 일을 단념시키지 못하도록 하기 위한 것이라든지, 혹은 그가 사도행전 21:11-12에 언급된 선지자들의 예언을 무시하는 것을 의미하지 않는다. 결코 그렇지 않다. 도리어 그는 예루살렘에서 결박을 당하는 것을 마치 그렇게 될 것을 확신하는 것처럼 말할 수 있었다. 그러나 그는 그리스도를 위해 결박을 당하며 고난을 당하는 것을, 아니 심지어 그를 위해 죽는 것을 만족스럽게 여길 수 있었다. 그는 가난한 심령으로 세상을 십자가에 못 박았다. 그는 하나님이 기뻐하시는 것이라면 무엇이든 기꺼이 하고자 했다. 그의 심령은 이미 그리스도께 결박되어 있었으며, 그렇기 때문에 그는 그리스도의 이름을 위해 기꺼이 결박을 당하고자 했다. 거기서 무슨 일을 당할는지 알지 못하노라. 거기에서 어떤 사건이 펼쳐질지 그리고 자신이 어느 정도로 결박될지 또 얼마 동안 결박될지, 그는 그 모든 것을 하나님의 선하시며 기쁘신 뜻에 맡겼다.

23. 오직 성령이 각 성에서 내게 증언하여 결박과 환난이 나를 기다린다 하시나.

(1) 그 모든 예언들은 성령으로 말미암아 이루어진 것이었다(21:4, 11). (2) 그는 가는 곳마다 크든 작든 고난을 겪었다. 그것은 그에 대한 유대인들의 적대감이 너무나 컸기 때문이었다.

24. 내가 달려갈 길과 주 예수께 받은 사명 곧 하나님의 은혜의 복음을 증언하는 일을 마치려 함에는 나의 생명조차 조금도 귀한 것으로 여기지 아니하노라.

내가 달려갈 길. 그리스도인으로서의 그의 일반적인 길과 사역자로서의 그의 특별한 길. 이와 같은 길 모두를 그는 자기 앞에 놓인 상을 바라보며 마치 경주를 하듯이 달려갔다(딤후 4:7). 이것은 모든 그리스도인들이 일반적인 부르심과 특별히 사역자로서의 부르심에 있어 감당해야만 하는 계속적인 수고를 함축한다(고전 9:24). 사명. 그의 사도의 직분(행 1:25; 6:4). 하나님의 은혜의 복음. 복음이 이와 같은 이름으로 불리는 것은 그것이 어떤 민족이나 혹은 백성들에게 오직 하나님의 은혜로 말미암아 주어지기 때문이다. 그 복음은 회개하고 믿는 죄인들에게 그리스도 예수 안에 있는 하나님의 은혜를 선포한다. 나의 생명조차 조금도 귀한 것으로 여기지 아니하노라. 나는 결박당하는 것을 두려워하는 것으로부터 너무나 멀리 떨어져 있노라. 심지어 나는 죽음 자체조차 두려워하지 않노라.

25. 보라 내가 여러분 중에 왕래하며 하나님의 나라를 전파하였으나 이제는 여러분이 다 내 얼굴을 다시 보지 못할 줄 아노라.

로마서 15:24처럼, 이러한 말은 그의 굳은 결심과 계획을 표현하는 것이었다. 하나님의 나라. 복음. 하나님의 나라는 사람들의 마음과 생각 속에 세워진다.

26. 그러므로 오늘 여러분에게 증언하거니와 모든 사람의 피에 대하여 내가 깨끗하니.

여러분에게 증언하거니와. 여러분에게 확언하며 단언하거니와. 모든 사람의 피에 대하여 내가 깨끗하니. 그들의 영혼이 멸망을 당하는 것에 대한 책임으로부터 내가 자유로우니. 그들 가운데 어느 누구도 나의 잘못으로 인해 멸망을 당하지 않았노라. 나는 그들에게 생명의 길을 신실하게 보여 주었으며, 그들을 그 가운데 행하도록 진심으로 설득하였노라. 하나님이 에스겔에게 말씀하셨던 것처럼, 나는 악인들에게 경고하였으므로 내 생명을 보존할 것이라. "네가 악인을 깨우치되 그가 그의 악한 마음과 악한 행위에서 돌이키지 아니하면 그는 그의 죄악 중에서 죽으려니와 너는 네 생명을 보존하리라"(겔 3:19).

27. 이는 내가 꺼리지 않고 하나님의 뜻을 다 여러분에게 전하였음이라.

여기의 "하나님의 뜻"은 그리스도를 믿는 모든 사람을 구원하시는 하나님의 뜻이며, 사람을 거룩한 삶으로 이끄는 기독교의 모든 진리이며, 영원을 위해 하나님이 요구하시는 모든 것이다. 이 모든 것을 바울은 꺼리지 않고 다 그들에게 전했다. 한편 바리새인들이 배척한 것이 바로 이것이었다. "바리새인과 율법교사들은 그의 세례를 받지 아니함으로 그들 자신을 위한 '하나님의 뜻'을 저버리니라"(눅 7:30). 이와 같이 악인들과 불경건한 사람들은 하나님의 뜻을 배척한다. 그들은 하나님의 뜻을 받아들이며 그의 명령에 순종하기를 거절한다.

28. 여러분은 자기를 위하여 또는 온 양 떼를 위하여 삼가라 성령이 그들 가운데

여러분을 감독자로 삼고 하나님이 자기 피로 사신 교회를 보살피게 하셨느니라.

자기를 위하여 삼가라. 여러분 자신의 구원에 주의를 기울여라. 왜냐하면 자신의 구원에 주의를 기울이지 않는 사람은 다른 사람들의 구원에 대해서도 주의를 기울이지 않을 것이기 때문이다. 성령이 여러분을 감독자로 삼고. (1) 성령께서 그들을 택하시고 지명하심으로 말미암아. 이것은 성령의 특별한 감화와 직접적인 권능으로 말미암는다(행 1:24; 13:2). 혹은 (2) 그들이 성령으로 충만한 그리고 사람들을 감독자의 직분으로 택할 수 있는 권능을 가진 사도들에 의해 세워졌기 때문에(행 14:23). 뿐만 아니라 (3) 하나님의 뜻에 따라 감독자의 직분으로 구별된 사람은 누구든지 성령에 의해 감독자로 세워진 것이다. 감독자. 17절에서 "장로"로 불렸던 사람들과 같은 사람들. 그들은 자신들에게 맡겨진 교회를 돌보며 다스리는 사람들이었다. 하나님이 자기 피로 사신 교회. 여기에서 우리 구주가 "하나님"으로 불리는 것은 말씀이 곧 하나님이셨기 때문이다(요 1:1). 자기 피. 그리스도의 피. 여기에서 그리스도의 피는 하나님의 피로 일컬어진다. 그리스도는 한 인격 안에 두 개의 본성을 가지고 계신다. 만일 그리스도가 사람이 아니었다면, 그는 사람들을 위해 흘릴 아무런 피도 가질 수 없으셨다. 또 만일 그가 하나님이 아니었다면, 그가 흘린 피는 구속을 위한 충분한 가치를 가질 수 없었다. 아, 하나님의 지혜와 지식의 부요함이여! 도대체 누가 그토록 놀라운 속량을 깨달을 수 있단 말인가! 도대체 누가 우리를 속량하신 그리스도의 사랑의 넓이와 길이와 깊이와 높이를 측량할 수 있단 말인가?(롬 11:33; 엡 3:18-19). 사신. 예수 그리스도는 피 흘려 죽으심으로 말미암아 자기 교회를 구속하시고, 그들을 모으시며 다스리시며 보호하시며 보존하시는 권세를 얻으셨다(사 53:10; 빌 2:8-10). 보살피게. 목자가 양들에 대해 그렇게 하는 것처럼(렘 23:4; 요 21:16-17). 여기에서 바울은 계속해서 목자와 양의 은유를 사용한다.

29. 내가 떠난 후에 사나운 이리가 여러분에게 들어와서 그 양 떼를 아끼지 아니하며.

내가 떠난 후에. 이 도시로부터 혹은 이생으로부터 떠난 후에. 사나운 이리. 거짓 선생들과 박해자들은 이와 같이 불린다. 전자는 영혼을 파괴하고, 후자는 육체를 파괴한다. 우리는 여기에서도 목자와 양의 은유가 계속 이어지는 것을 발견한다. 우리 주님 자신도 자신의 제자들을 양 떼로 그리고 그들의 원수들을 이리로 부르셨다(마 7:15).

30. 또한 여러분 중에서도 제자들을 끌어 자기를 따르게 하려고 어그러진 말을

하는 사람들이 일어날 줄을 내가 아노라.

여러분 중에서도 사람들이 일어날 줄을. 심지어 바울이 아직 살아 있는 동안 그리고 단지 그 도시로부터 떠나 있는 동안에조차 그런 사람들이 일어날 것이었다. 그런 사람들 가운데 한 사람으로 우리는 일곱 집사 가운데 한 사람이었던 니골라를 꼽을 수 있다(그로부터 니골라당이 나온 것으로 생각된다, 계 2:6). 또 그들 가운데 후메내오와 알렉산더와 부겔로와 허모게네 등이 있었다(딤전 1:20; 딤후 1:15). 제자들을 끌어. 마치 지체를 몸으로부터 강제로 뽑아내려고 하는 것처럼. 이러한 표현은 여기의 이단자들의 잔인성과 폭력성과 함께 자신의 지체들을 지키고자 하는 교회의 간절함을 잘 보여 준다. 자기를 따르게 하려고. 이와 같이 거짓 선생들은 제자들을 주님이 아니라 자신들에게로 이끈다. 어그러진 말을 하는. 성경을 왜곡시키는. 그들은 성경을 가지고 그들의 거짓 교리들을 만들었으며, 그러한 목적으로 성경과 더불어 씨름했다.

31. 그러므로 여러분이 일깨어 내가 삼 년이나 밤낮 쉬지 않고 눈물로 각 사람을 훈계하던 것을 기억하라.

일깨어. 스스로를 경계하며 다른 사람들에게 경계하도록 경고하여. 삼 년. 바울이 처음 에베소에 온 때로부터 거의 삼 년이 지나갔다(행 19:8-10; 20:3). 눈물로. 거짓 없는 간절한 기도로. 그리스도께서 예루살렘을 바라보며 눈물을 흘리셨던 것처럼, 바울도 믿지 않는 유대인들에 대해 그렇게 했다(눅 19:41). 그들이 그리스도를 배척함으로 말미암아 구원받지 못하는 것을 생각할 때, 바울은 눈물을 흘리지 않을 수 없었다. 바울이 얼마나 영혼을 사랑하며 긍휼히 여겼는지 보라.

32. 지금 내가 여러분을 주와 및 그 은혜의 말씀에 부탁하노니 그 말씀이 여러분을 능히 든든히 세우사 거룩하게 하심을 입은 모든 자 가운데 기업이 있게 하시리라.

내가 여러분을 주께 부탁하노니. 그토록 많은 올무와 위험을 피하는 것은 너무나 어려운 일이었기 때문에, 바울은 그들을 위해 하나님께 기도한다. 왜냐하면 하나님은 당신의 권능으로 그들이 믿음으로 말미암아 구원에 이르기까지 능히 지키실 수 있기 때문이다(벧전 1:5). 그러므로 하나님이 아닌 다른 보잘것없는 보호자를 바라보며 의지(依支)하는 것은 헛된 일이다. 그 은혜의 말씀. 복음. 복음은 우리를 반석으로 이끈다. 만일 우리가 폭풍 가운데 흔들리지 않고자 한다면, 우리는 그 반석 위에 세워져야만 한다. 여러분을 능히 든든히 세우사. 믿는 자들의 수가 증가되고 그들의 은혜가 더해지게 하사. 여기에서 하나님뿐만 아니라 그의 말씀 역시도 우리를 세우는 자로서 나타난다. 마찬가지로 복음도 하나님이 정하신 수단으로서 우리를 세운다. 그러므로 그는 모든 은혜의 하나님으로 불린다(벧전 5:10). 거룩하게 하심을 입은. 왜냐하면 거룩함이 없이는 아무도 주를 보지 못할 것이기 때문에(히 12:14). 기업. 천국이 기업으로 불리는 것은 우리가 오직 아들이 됨으로 말미암아 그것을 소유하기 때문이다. 또 그것이 오직 자녀들에게만 주어지는 것은 그것이 견고하며 영원한 소유이기 때문이다(롬 8:17). 그것은 일 년이나 혹은 일정 기간 동안의 소유가 아니라 영원한 소유이다.

33. 내가 아무의 은이나 금이나 의복을 탐하지 아니하였고.

하늘의 기업에 대해 말한 후, 바울은 그들에게 자신이 이 땅의 보수(報酬)는 포기한 채 오로지 하늘의 상급만을 간절히 사모함을 역설한다. 이 부분에서 바울은 모세와 사무엘을 닮았다(민 16:15; 삼상 12:3-5).

34. 여러분이 아는 바와 같이 이 손으로 나와 내 동행들이 쓰는 것을 충당하여.

바울은 자신의 생계를 위해 스스로의 손으로 힘써 일했다(행 18:3; 고전 4:12; 딤전 2:9). 그는 데살로니가후서 3:8에서 그것이 아무에게도 폐를 끼치지 않기 위함이었다고 그 이유를 설명한다.

35. 범사에 여러분에게 모본을 보여 준 바와 같이 수고하여 약한 사람들을 돕고 또 주 예수께서 친히 말씀하신 바 주는 것이 받는 것보다 복이 있다 하심을 기억하여야 할지니라.

범사에 여러분에게 모본을 보여 준 바와 같이. 27절처럼. 수고하여. 통상적인 고통 이상(以上)으로 수고하여. 돕고. 그들이 넘어지지 않도록, 혹은 넘어졌을지라도 다시 일어날 수 있도록. 여기의 표현은 넘어지는 자를 붙잡기 위해 손을 뻗는 것을 함축한다. 약한 사람들. 지식이나 혹은 믿음이나 혹은 다른 은혜들에 있어 약한 사람들. 주 예수께서 친히 말씀하신 바. 바울은 우리 구주께서 말씀하신 것을 직접 들은 사람들과의 교제를 통해 이와 같은 종류의 말씀들을 알고 있었을 것이다. 우리는 그가 행하시고 말씀하신 모든 것이 다 기록된 것은 아니라는 사실을 기억할 필요가 있다(요 20:30). 주는 것이 받는 것보다 복이 있다. 우리는 이와 같이 선함과 자비로움을 나타냄으로써 하나님을 닮으며 또 본받는다. 이와 비슷한 말씀을 우리는 성경 곳곳에서 발견한다(눅 6:38; 16:9).

36. 이 말을 한 후 무릎을 꿇고 그 모든 사람들과 함께 기도하니.

무릎을 꿇고. 기도와 잘 어울리는 큰 겸비의 자세. 특별히 큰 고난과 고통의 때에 종종 사람들은 이와 같은 자세로 기도했다. 비록 육체의 동작 자체가 어떤 유익을 가져다주는 것은 아니라 하더라도, 그러나 우리는 때로 무릎을 꿇는다든지 혹은 손을 드는 등의 자세를 취하며 기도할 수 있고 또 그렇게 해야 한다. 그 이유로써 우리는 다음과 같은 것들을 제시할 수 있다. (1) 우리의 몸을 그것을 만드신 하나님을 섬기는 일에 드리는 것은 지극히 합당한 일이기 때문에. (2) 이러한 자세로써 우리가 사람들 앞에서 하나님을 섬기며 시인하는 것을 부끄러워하지 않음을 나타낼 수 있기 때문에. (3) 이러한 외적인 자세가 때로 우리 자신과 다른 사람들의 헌신의 마음을 불러일으키기 때문에.

37. 다 크게 울며 바울의 목을 안고 입을 맞추고.

친구들과 더불어 작별할 때처럼. 창세기 45:14-15을 보라.

38. 다시 그 얼굴을 보지 못하리라 한 말로 말미암아 더욱 근심하고 배에까지 그를 전송하니라.

신실한 사역자를 잃는 것은 정말로 큰 손실이었다. 왜냐하면 많은 사람들이 그의 사역을 통해 너무나 큰 유익을 얻었기 때문이었다. 따라서 그들은 그의 떠남에 대해 크게 슬퍼할 수밖에 없었다. 뿐만 아니라 은혜와 사랑으로 가득 찬 여기의 마지막 고별사는 듣는 이들의 마음을 더욱 애절하게 만들 수밖에 없었다. **배에까지 그를 전송하니라.** 그들은 할 수 있는 한 오랜 시간 그와 함께 있으며, 가능한 한 멀리까지 그를 따라가고자 했다. 이와 같은 방식으로 그들은 그에 대한 자신들의 뜨거운 사랑을 표현하고자 했다.

제21장

개요

1. 바울이 예루살렘으로 올라가는 도중에 전도자 빌립의 집에 들어가 머묾. 그에게 예언을 하는 네 딸이 있음(1-9).
2. 아가보가 예루살렘에서 바울에게 일어날 일을 예언함. 그러나 바울은 그곳에 가기를 단념하지 않음(10-16).
3. 바울이 예루살렘에 올라감. 바울이 장로들의 말에 따라 기꺼이 성전에서 결례를 행함(17-26).
4. 예루살렘에서 바울이 아시아로부터 온 유대인들에 의해 목숨을 잃을 위험에 처함. 그러나 천부장에 의해 구출되어 결박된 상태로 영내로 끌려감(27-36).
5. 그가 천부장에게 발언권을 요청하고 또 허락을 받음(37-40).

1. 우리가 그들을 작별하고 배를 타고 바로 고스로 가서 이튿날 로도에 이르러 거기서부터 바다라로 가서.

우리가 그들을 작별하고. 우리가 가장 사랑하는 친구들인 그들과 더불어 큰 아쉬움 가운데 헤어지고. 고스. 지중해에 있는 한 섬. 그레데(Crete)에서 가까운 곳에 있다. 히포크라테스(Hippocrates)와 아펠레스(Apelles)가 이곳에서 태어났다고 전해진다. 로도. 지중해에 있는 또 다른 섬. 당시 세계 7대 불가사의 가운데 하나였던 아폴로 신의 거대한 청동 형상으로 유명한 곳이었다. 바다라. 리키아(Lycia)의 해변 도시.

2. 베니게로 건너가는 배를 만나서 타고 가다가.

베니게. 수리아의 한 나라. 해변 지역에 위치해 있으면서 팔레스타인과 접경해 있었다. 이곳의 주된 도시는 두로였다.

3. 구브로를 바라보고 이를 왼편에 두고 수리아로 항해하여 두로에서 상륙하니 거기서 배의 짐을 풀려 함이러라.

구브로. 지중해에 있는 또 다른 섬. 배의 짐. 에베소에서 선적한 물품과 상품.

4. 제자들을 찾아 거기서 이레를 머물더니 그 제자들이 성령의 감동으로 바울더러 예루살렘에 들어가지 말라 하더라.

이레. 그들은 비교적 긴 시간을 그곳에서 머물렀다. 그리하여 그들은 주의 날에 함께 주님을 예배하며 섬길 수 있었다. 성령의 감동으로. 그들이 장차 바울이 예루살렘에서 당하게 될 고난에 대해 예고한 예언의 영으로 말미암아. 그러한 고난은 나중에 바울에게 그대로 임했다. 바울은 지금 하나님의 명령에 따라 예루살렘으로 가고 있었다. 그러나 그러한 사실을 알지 못했던 그들은 단순한 동정심과 안타깝게 여기는 마음으로 그로 하여금 그곳으로 가는 것을 단념하도록 만들고자 했다. 여기에서 그들이 "성령의 감동으로" 그렇게 했다고 언급되는 것은 그들이 성령으로부터 그의 모든 고난에 대해 미리 알게 되었기 때문이었다. 바울에 대한 하나님의 특별한 명령을 알지 못했던 그들은 단지 부분적인 지식만 가지고 그를 예루살렘으로 올라가지 말도록 설득하고자 했다. 그러나 마침내 그들은 그의 고난과 관련한 자신들의 예언이 이루어져야만 한다는 사실을 알게 되었고, 그리하여 더 이상 그를 설득할 수 없게 되었다.

5. 이 여러 날을 지낸 후 우리가 떠나갈새 그들이 다 그 처자와 함께 성문 밖까지 전송하거늘 우리가 바닷가에서 무릎을 꿇어 기도하고.

그들이 다 성문 밖까지 전송하거늘. 그들이 이와 같이 한 것은 바울에 대한 자신들의 큰 존경심을 나타내기 위함이었다. 그들은 할 수만 있다면 그와 헤어지지 않기를 간절히 바랐다. 그들을 시험하는 것이 그의 육체에 있었음에도 불구하고, 그들은 그를 하나님의 천사와 같이 또는 그리스도 예수와 같이 영접했다. "너희를 시험하는 것이 내 육체에 있으되 이것을 너희가 업신여기지도 아니하며 버리지도 아니하고 오직 나를 하나님의 천사와 같이 또는 그리스도 예수와 같이 영접하였도다"(갈 4:14). 바닷가에서 무릎을 꿇어 기도하고. 특별한 상황에 처할 때마다 유대인들은 종종 이와 같은 자세로 기도하곤 했다. 그러한 상황에서 그들은 모든 장소를 기도의 장소로 만들었다. 사도행전 20:36을 보라.

6. 서로 작별한 후 우리는 배에 오르고 그들은 집으로 돌아가니라.

서로 작별한 후. 사도행전 20:1처럼. 그들은 서로를 포옹하며 작별했다.

7. 두로를 떠나 항해를 다 마치고 돌레마이에 이르러 형제들에게 안부를 묻고 그들과 함께 하루를 있다가.

돌레마이에 이르러. 베니게의 한 도시. 이곳에 돌레마이(Ptolemais)라는 이름이 붙여진 것은 애굽의 프톨레마이오스(Ptolemies) 왕가의 한 왕으로부터 말미암은 것이었다. 이곳은 사사기 1:31에 언급된 악고(Accho)와 같은 곳이었던 것으로 생각된다. 우리는 수리아 역본에 이러한 옛 이름이 남아 있는 것을 발견한다.

8. 이튿날 떠나 가이사랴에 이르러 일곱 집사 중 하나인 전도자 빌립의 집에 들어가서 머무르니라.

가이사랴. 가이사랴 스트라토니스(Caesarea Stratonis)라고 불리는 곳. 이곳은 레바논 산 기슭에 위치해 있었던 가이사랴 빌립보와 구별된다. 또 이곳은 갑바도기아에 있는 같은 이름의 또 다른 도시와도 구별된다. 이 모든 도시들에게 이와 같은 이름을 붙인 것은 가이사를 영화롭게 함으로써 그로부터 환심을 얻기 위함이었다. 여기의 가이사랴는 팔레스타인에 있었으며, 사도행전 10:1과 18:22에 언급된다. 전도자(evangelist). 그 직분과 책임이 복음을 전파하는 것이었던 사람. 바울은 디모데에게 전도자의 일을 할 것을 권면했다. "그러나 너는 모든 일에 신중하여 고난을 받으며 전도자의 일을 하며 네 직무를 다하라"(딤후 4:5). 이러한 직분은 사도의 직분과 목사와 교사의 직분 사이에 놓인다. "그가 어떤 사람은 사도로, 어떤 사람은 선지자로, 어떤 사람은 복음 전하는 자(evangelist)로, 어떤 사람은 목사와 교사로 삼으셨으니"(엡 4:11). 목사와 교사의 직분을 가진 자들과는 달리, 전도자의 직분을 가진 자들은 특정한 장소와 사람들에게 제한되지 않았다. 일곱 집사 중 하나. 사도행전 6:5을 보라. 빌립은 집사의 직분을 잘 감당함으로써 아름다운 지위를 얻은 사람이었다. "집사의 직분을 잘한 자들은 아름다운 지위와 그리스도 예수 안에 있는 믿음에 큰 담력을 얻느니라"(딤전 3:13).

9. 그에게 딸 넷이 있으니 처녀로 예언하는 자라.

처녀. 아버지의 뜻에 따라 혹은 자기 자신의 결정에 의해(고전 7:37). 그들이 계속해서 처녀로 있었는지 여부는 언급되지 않는다. 예언하는. 이것은 하나님의 말씀이나 혹은 성경의 예언들을 설명하는 것을 가리키는 것이 아니다. 왜냐하면 여자가 공적으로 가르치는 것은 허락되지 않았기 때문이다(고전 14:34; 딤전 2:12). 도리어 이것은 장차 일어날 일을 미리 예고하는 것을 가리킨다. 이러한 은사에 있어 하나님은 남자와 여자를 구별하지 않으셨다. 특별히 그것은 요엘에 의해 예언되었으며(욜 2:28), 오순절 날 부분적으로 성취되었다(행 2:17). 이러한 사실 즉 오순절의 부분적인 성취로써 하나님은 복음의 시대를 위해 유보해 놓았던 자신의 넘치는 긍휼과 성령의 풍성함을 나타내셨다.

10. 여러 날 머물러 있더니 아가보라 하는 한 선지자가 유대로부터 내려와.

사도행전 11:28에 이 사람에 대한 언급이 나타난다. "그 중에 아가보라 하는 한 사람이 일어나 성령으로 말하되 천하에 큰 흉년이 들리라 하더니 글라우디오 때에 그렇게 되니라." 그들은 이 사람의 예언에 대해 모를 수 없었다. 왜냐하면 그들은 바로 그 문제(즉 흉년의 문제) 때문에 예루살렘의 가난한 형제들을 위해 연보를 모았기 때문이었다.

11. 우리에게 와서 바울의 띠를 가져다가 자기 수족을 잡아매고 말하기를 성령이 말씀하시되 예루살렘에서 유대인들이 이같이 이 띠 임자를 결박하여 이방인의 손에 넘겨 주리라 하거늘.

바울의 띠를 가져다가 자기 수족을 잡아매고. 선지자들에게 있어 자신의 예언을 외적인 상징과 표증으로 나타내며 확증하는 것은 통상적인 일이었다(사 20:2; 렘 13:1; 겔 12:5). 그런 가운데에도 여기의 행동은 예레미야 27:2의 행동과 상당히 비슷하다. 거기에서 예레미야 선지자는 모든 나라들이 느부갓네살에게 예속될 것을 나타내기 위해 줄과 멍에를 만들어 목에 걸라고 명령받는다.

성령이 말씀하시되. 여기의 바울뿐만 아니라 모든 하나님의 종들과 자녀들의 고난 가운데 그의 섭리와 계획으로부터 벗어나는 것은 아무것도 없다. 어떤 고난도 하나님의 계획과 미리 아심과 무관하게 우연히 오지 않는다(엡 1:11). 이방인. 처음에는 예루살렘에 있는 로마의 권력자들, 그리고 나중에는 로마에 있는 권력자들.

12. 우리가 그 말을 듣고 그 곳 사람들과 더불어 바울에게 예루살렘으로 올라가지 말라 권하니.

그 곳 사람들. 바울에 대해 동정심과 안타까운 마음을 가지고 있었던 가이사랴의 신자들. 본장 4절에 대한 저자의 주석을 보라. 바울에게 권하니. 다음 절에 나타나는 것처럼, 그들은 울면서 예루살렘으로 올라가지 말 것을 간절히 권했다.

13. 바울이 대답하되 여러분이 어찌하여 울어 내 마음을 상하게 하느냐 나는 주 예수의 이름을 위하여 결박 당할 뿐 아니라 예루살렘에서 죽을 것도 각오하였노라 하니.

어찌하여 울어 내 마음을 상하게 하느냐. 이것은 얼마나 이상한 다툼인가! 바울과 그들 사이의 사랑은 우리에게 다윗과 요나단 사이의 사랑을 일깨워 준다(삼상 20:41, 42). 여기의 불굴의 영웅은 자신의 고통과 고난에 대해서는 조금도 개의치 않으면서 도리어 다른 사람들의 슬픔과 동정심으로 인해 슬퍼한다. 그리고 그것이 그의 짐의 무게를 갑절로 만든다. 주 예수의 이름을 위하여. 주 예수의 진리와 영광을 위하여. 죽을 것도 각오하였노라. 우리를 위한 그리스도의 사랑은 죽음보다 강했다(아 8:6). 그러므로 그에 대한 우리의 사랑도 그와 같아야 한다. 만일 그렇지 않다면,

그에 대한 우리의 사랑과 우리에 대한 그의 사랑은 동일 본질의 것이 아닐 것이다.

14. 그가 권함을 받지 아니하므로 우리가 주의 뜻대로 이루어지이다 하고 그쳤노라.

우리가 그쳤노라. 그들은 마지막까지 최선을 다해 권하고는 마침내 그쳤다. 우리가 주의 뜻대로 이루어지이다 하고. 그들은 모든 일을 하나님께 맡겼다. 이와 같이 우리는 매일같이 하나님의 뜻이 이루어질 것을 기도해야 한다(마 6:10; 눅 11:2). 우리 주님도 우리에게, 말씀으로 뿐만 아니라 자기 자신의 모범으로, 그렇게 가르치셨다(마 26:42; 눅 22:42). 만일 우리가 그리스도의 마음을 품는다면, 하나님의 뜻이 이루어질 때 우리의 뜻도 함께 이루어질 것이다(빌 2:5). 그렇지 않다면 우리는 그리스도의 사람이 아니다. "만일 너희 속에 하나님의 영이 거하시면 너희가 육신에 있지 아니하고 영에 있나니 누구든지 그리스도의 영이 없으면 그리스도의 사람이 아니라"(롬 8:9).

15. 이 여러 날 후에 여장을 꾸려 예루살렘으로 올라갈새.

그들은, 마치 다시 돌아올 기약 없이 다른 장소로 이주하는 사람들처럼, 여장을 꾸렸다. 이와 같이 그들은 그리스도를 위해 모든 것을 잃어버리는 것조차 기꺼이 감수할 마음의 준비가 되어 있었다.

16. 가이사랴의 몇 제자가 함께 가며 한 오랜 제자 구브로 사람 나손을 데리고 가니 이는 우리가 그의 집에 머물려 함이라.

가이사랴의 제자들이 나손을 데리고 간 것은 바울 일행으로 하여금 예루살렘에서 그의 집에 머물도록 하기 위함이었다. 나손은 바울과 바나바가 구브로에 있었을 때 회심한 사람들 가운데 한 사람이었다(행 13:4). 그때 예루살렘에서 머물 곳을 구하는 것은 결코 쉬운 일이 아니었다(왜냐하면 모든 남자들은 일 년에 세 번 예루살렘에 가서 절기를 지켜야 했기 때문이다). 그러므로 나손에 의해 머물 곳을 제공받는 것은 결코 작은 친절이 아니었다.

17. 예루살렘에 이르니 형제들이 우리를 기꺼이 영접하거늘.

여기와 7절의 "형제들"이라는 표현은 그들이 어느 정도의 조직과 지도자들을 갖춘 교회를 구성한 것을 나타내는 것으로 보인다. 반면 예컨대 4절과 같은 "제자들"이라는 표현은 소수의 신자들이 흩어져 있음으로 해서 그와 같은 교회를 구성할 수 없었던 것을 나타내는 것으로 여겨진다. 그러나 숫자의 많고 적음과 상관없이 그들은 영적 가족의 특권과 축복을 누렸다.

18. 그 이튿날 바울이 우리와 함께 야고보에게로 들어가니 장로들도 다 있더라.

야고보. 사도들 가운데 한 사람. 어떤 이들은 이 사람이 우리 구주의 친족으로서 이때 예루살렘의 감독이었다고 생각한다. 장로들. 사도행전 15:6, 23처럼, 이와 같은 이름으로 불린 것은 그들의 나이 때문이 아니라 교회에서의 존귀한 위치 때문이었다.

19. 바울이 문안하고 하나님이 자기의 사역으로 말미암아 이방 가운데서 하신 일을 낱낱이 말하니.

그들은 하나님이 행하신 놀라운 일들을 알아야만 했다. 바울이 그것을 말한 것은 스스로를 자랑하기 위함이 아니었다. 다만 하나님이 행하신 놀라운 일들로 말미암아 그의 영광을 드러내며 교회를 유익하게 하고자 함이었다. 바울은 자신이 "사도 중에 가장 작은 자로서 사도라 칭함 받기를 감당하지 못할 자"임을 기꺼이 인정했다(고전 15:9). 그의 모든 권세는 섬김을 위한 것이었으며, 그는 단지 하나님의 손에 들려 그분에 의해 사용되는 도구일 뿐이었다(행 20:24).

20. 그들이 듣고 하나님께 영광을 돌리고 바울더러 이르되 형제여 그대도 보는 바에 유대인 중에 믿는 자 수만 명이 있으니 다 율법에 열성을 가진 자라.

하나님께 영광을 돌리고. 그들은 이방인들의 회심이 하나님으로 말미암아 이루어진 놀라운 일임을 인정했다. 심은 바울과 물을 준 아볼로는 아무것도 아니었다(고전 3:6, 7). 유대인 중에 믿는 자 수만 명이 있으니. 여기의 "수만 명"이라는 표현은 매우 많은 숫자를 가리키는 표현이다. 그들은 처음에 매우 미약하게 시작했지만, 그러나 전도의 미련한 것에 의해 매우 큰 숫자로 불어났다. 모든 것은 지난 25년 사이에 일어났다. 겨자씨 한 알은 이제 큰 나무로 자라났다. 여기에 언급된 자들은 마음이 완고하며 편견을 가진 유대인들이었다. 그러나 이제 그들 가운데 믿는 자들이 너무나 놀랍게 많아졌다. 다 율법에 열성을 가진 자라. 여기의 "율법"은 예컨대 부정한 음식에 관한 규례와 같은 각종 의식법(儀式法)들을 가리킨다. 이러한 것들과 관련하여 사도들이 예루살렘 공회에서 결정한 것은 주로 이교(異教)로부터 그리스도에 대한 믿음으로 회심한 자들을 고려한 것이었다(행 15:29). 그러나 아드리아누스 황제에 의해 흩어지기 이전에 회심한 유대인들은 자신들이 율법으로부터 자유함을 완전히 이해하지 못했다. 몇몇 교회 저술가들의 글에 나타나는 것처럼, 그들은 여전히 율법의 무거운 짐 아래 있었다.

21. 네가 이방에 있는 모든 유대인을 가르치되 모세를 배반하고 아들들에게 할례

를 행하지 말고 또 관습을 지키지 말라 한다 함을 그들이 들었도다.

모세를 배반하고. 모세에 의해 주어진 의식법(儀式法)을 배반하고. 관습을 지키지 말라. 조상들의 관습 혹은 모세의 율법의 관습을 따라 살지 말라.

22. 그러면 어찌할꼬 그들이 필연 그대가 온 것을 들으리니.

그러면 어찌할꼬. 그러면 우리가 어떻게 해야 할 것인가? 그들이 필연 그대가 온 것을 들으리니. 그들이 그대가 온 것을 듣고 그에 대해 묻기 위해 모일 것이라. 그러면 자칫 교회가 분열될 우려가 있었다.

23. 우리가 말하는 이대로 하라 서원한 네 사람이 우리에게 있으니.

서원은 자신이 받은 어떤 구원(예컨대 질병이라든지 혹은 폭풍이라든지 혹은 어떤 절박한 위험으로부터)으로 인해 감사를 표하기 위해서나 혹은 어떤 상황 가운데 하나님을 더 잘 섬길 수 있도록 하기 위해 행해졌다. 그러면 그들은 나실인에게 금지되었던 모든 것들, 예컨대 포도주와 독주를 마시는 것이라든지 혹은 머리를 자르는 것 등으로부터 스스로를 지켜야만 했다. 그들은 이러한 서원을 영속적으로가 아니라 일정 기간 동안 이행했다. 서원과 관련한 율법을 위해서는 민수기 6:2-5을 보라.

24. 그들을 데리고 함께 결례를 행하고 그들을 위하여 비용을 내어 머리를 깎게 하라 그러면 모든 사람이 그대에 대하여 들은 것이 사실이 아니고 그대도 율법을 지켜 행하는 줄로 알 것이라.

결례를 행하고. "Purify thyself" 즉 스스로를 정결하게 하고. 그들은 바울에게 나실인에게 요구된 모든 의식을 행할 것을 조언했다. 바울은 그것을 지킴으로써 스스로를 의식적(儀式的)으로 정결하게 했다. 그들을 위하여 비용을 내어. 여기의 비용은 결례를 위해 드리는 세 가지 제물을 가리키는 것으로서 산비둘기 혹은 집비둘기 두 마리와 숫양과 고운 가루로 만든 무교병이었다(민 6:10-12, 15). 바울은 앞 절에 언급된 네 사람의 비용까지 모두 담당해야 했다(왜냐하면 그들은 지금 모두 가난한 상태에 있었기 때문이었다). 그럼으로써 바울은 그들 가운데 지도자의 위치에 있는 사람으로서 그러므로 율법에 더욱 열심인 사람으로서 나타나게 될 것이었으며, 그러면 그에 대한 유대인들의 거치는 것은 충분히 제거될 수 있을 것이었다. 이러한 의식(儀式)들은 이제 완성되어 폐하여졌지만, 그러나 아직까지 완전하게 사라지지 않았다. 머리를 깎게 하라. 이것은 서원이 끝나는 시점에 행해졌다. 그들이 깎은 머리카락은 그들이 드린 희생제물 아래서 불태워졌는데, 이것은 그들이 드린 모든 것이 우리를 위한 희생제물이신 예수 그리스도를 통해 하나님께 드려졌음을 나타낸다(고전 5:7; 히 10:12). 그대도 율법을 지켜 행하는 줄로 알 것이라. 그들이 그대에 대해 들은 소문과 달리 그대도 모세의 율법에 따라 사는 줄로 알 것이라.

25. 주를 믿는 이방인에게는 우리가 우상의 제물과 피와 목매어 죽인 것과 음행을 피할 것을 결의하고 편지하였느니라 하니.

이러한 의식(儀式)들은 꼭 필요한 것이 아니었다. 그것들은 이방인들 가운데 그리스도를 믿은 사람들에게는 요구되지 않고 단지 그리스도께 돌이킨 유대인들에게 그들의 마음의 완악함으로 인해 일시적으로 요구된 것이었다.

우상의 제물과 피와 목매어 죽인 것과 음행. 이에 대하여는 사도행전 15:29에 대한 저자의 주석을 보라.

26. 바울이 이 사람들을 데리고 이튿날 그들과 함께 결례를 행하고 성전에 들어가서 각 사람을 위하여 제사 드릴 때까지의 결례 기간이 만기된 것을 신고하니라.

바울은 장로들의 조언에 동의하면서 기꺼이 그에 따랐다. 그리고 이튿날 바울은 네 사람과 함께 결례를 행하고 제사장에게 가서 그들의 결례 기간이 만기된 것을 신고했다. 각 사람을 위하여 제사 드릴 때까지. 바울은 그들에게 요구된 모든 의식이 행해질 때까지 성전에 머물렀다.

27. 그 이레가 거의 차매 아시아로부터 온 유대인들이 성전에서 바울을 보고 모든 무리를 충동하여 그를 붙들고.

그 이레. 이것은 다음 가운데 어느 하나일 것이다. (1) 그가 예루살렘에 온 이후 이레. (2) 그가 서원한 이레. 그가 서원한 기간은 한 주간이었던 것으로 보인다. (3) 오순절 절기 기간의 이레. 아시아로부터 온 유대인들. 이들은 바울이 어디에 있든 그와 더불어 결코 화해할 수 없는 사람들이었다(행 14:19, 17:5). 여기의 유대인들은 에베소와 다른 지역에 사는 사람들로서, 지금 오순절 절기를 지키기 위해 예루살렘에 왔다. 그를 붙들고. 불법적이며 강제적으로 그를 붙잡고.

28. 외치되 이스라엘 사람들아 도우라 이 사람은 각처에서 우리 백성과 율법과 이 곳을 비방하여 모든 사람을 가르치는 그 자인데 또 헬라인을 데리고 성전에 들어가서 이 거룩한 곳을 더럽혔다 하니.

이스라엘 사람들아. 이러한 호칭으로 그들은 사람들에게 자신들이 하나님의 특별한 백성이며 자신들 외에 어느 누구도 자신들과 함께 하나님을 예배하는 일에 받아들여져서는 안 됨을 일깨워 준다. 그들은 여러 가지 항목으로 바울을 참소하지만,

그러나 그 모든 것들은 다 그릇된 것들이었다. 왜냐하면 그는 누구보다도 이스라엘 백성을 사랑하는 자로서 오로지 율법의 참된 의미와 용도에 대해서만 가르쳤기 때문이었다. 그들은 우리 구주와 스데반에 대해서도 이와 같이 했다(마 26:61; 행 6:13). 성전에 들어가서. 즉 유대인들의 뜰에 들어가서. 그들에게 이것은 불법적인 일이었다. 만일 어떤 로마인이 그곳에 들어왔다면, 그들은 그를 죽일 수 있었다. 그들은 기둥에다가 "이방인과 나그네는 이곳에 들어올 수 없음"이라고 새겨놓았다.

29. 이는 그들이 전에 에베소 사람 드로비모가 바울과 함께 시내에 있음을 보고 바울이 그를 성전에 데리고 들어간 줄로 생각함이러라.

이는 그들이 생각함이러라. 드로비모를 알 수밖에 없었던 아시아의 유대인들은 무지 가운데 혹은 악의적으로 바울이 그를 데리고 성전에 들어갔다고 참소했다. 이것은 단지 그들의 추측일 뿐이었으며, 그들의 격노의 결과였다.

30. 온 성이 소동하여 백성이 달려와 모여 바울을 잡아 성전 밖으로 끌고 나가니 문들이 곧 닫히더라.

온 성이 소동하여. 그때 예루살렘은 사방으로부터 순례여행을 온 사람들로 북적거렸다. 종교와 관련하여 격동된 열기보다 더 뜨거운 열기는 아무것도 없다. "오직 위로부터 난 지혜는 첫째 성결하고 다음에 화평하고"(약 3:17). 바울을 잡아 성전 밖으로 끌고 나가니. 그들이 바울을 성전 밖으로 끌고 나간 것은 소동으로 말미암아 이방인들이 그곳에 들어와 자신들을 진압하지 못하도록 하면서 동시에 성전 밖에서 그를 죽임으로써 그의 피로 성소를 더럽히지 않기 위함이었다. 이와 같이 그들은 성전을 더럽히지 않고자 함으로써 하루살이는 걸러냈지만, 그러나 무죄한 자의 피를 흘리고자 함으로써 낙타는 삼켰다.

문들이 곧 닫히더라. 문지기들로 말미암아 혹은 성전의 병사들로 말미암아.

31. 그들이 그를 죽이려 할 때에 온 예루살렘이 요란하다는 소문이 군대의 천부장에게 들리매.

천부장. 그곳에 주둔한 병사들의 최고 사령관 혹은 천 명의 병사들을 지휘하는 자. 삼대 절기 동안 예루살렘에는 통상적으로 상당한 숫자의 병사들이 있었다. 유대인들은 이방인들의 멍에 혹은 통치를 순순히 받아들이는 사람들이 아니었다. 뿐만 아니라 그때는 사방으로부터 온 많은 사람들로 예루살렘이 북적거리고 있었다. 그리하여 로마인들은 신경을 곤두세울 수밖에 없었다. 이와 같이 우리 구주께서 십자가에 못 박혔던 유월절 때에도 이들 병사들이 그 일에 사용되었다(요 18:12).

32. 그가 급히 군인들과 백부장들을 거느리고 달려 내려가니 그들이 천부장과 군인들을 보고 바울 치기를 그치는지라.

바울을 보존하기 위한 하나님의 놀라운 섭리를 보라. 바울이 그들의 손에 죽임을 당하는 것을 막기 위해 천부장이 가까이 있었다. 특별히 여기에서 바울은 기독교의 원수인 한 로마인에 의해 보호되고 보존된다. 바울 치기를 그치는지라. 공적인 질서와 평안을 깨뜨린 죄목으로 병사들에 의해 체포될까 두려워하여. 그들은 하나님을 두려워하는 대신 사람을 두려워했다.

33. 이에 천부장이 가까이 가서 바울을 잡아 두 쇠사슬로 결박하라 명하고 그가 누구이며 그가 무슨 일을 하였느냐 물으니.

두 쇠사슬로 결박하라 명하고. 이것은 예전의 베드로처럼 결박되었던 것이든지(행 12:6에 대한 저자의 주석을 참조하라), 아니면 하나는 그의 손을 그리고 또 하나는 그의 발을 결박한 것이었을 것이다(이 경우라면 이것은 11절의 아가보의 예언이 정확하게 성취된 것이었다). 이와 같이 하나님의 종들이 하나님으로부터 말한 것은 단 한 마디도 땅에 떨어지지 않는다.

34. 무리 가운데서 어떤 이는 이런 말로, 어떤 이는 저런 말로 소리 치거늘 천부장이 소동으로 말미암아 진상을 알 수 없어 그를 영내로 데려가라 명하니라.

어떤 이는 이런 말로, 어떤 이는 저런 말로 소리 치거늘. 이것은 대중적인 소요에서 매우 흔한 일이다. 그들은 악을 행하는데 있어서는 일치하지만 그러나 그 이유에 대해서는 그렇지 않다. 영내. 안토니아(Antonia) 요새. 이와 같은 이름으로 불린 것은 그것이 마르쿠스 안토니우스(Mark Antony)를 기념하여 성전 북쪽에 세워졌기 때문이었다.

35. 바울이 층대에 이를 때에 무리의 폭행으로 말미암아 군사들에게 들려가니.

바울이 영내에 올라갈 때 군사들에게 들려간 것은 많은 사람들로 인한 극도의 혼잡 가운데 격노한 군중들로부터 그를 안전하게 보호하기 위함이었을 것이다.

36. 이는 백성의 무리가 그를 없이하자고 외치며 따라 감이러라.

격노한 무리는 "그를 죽여라"(kill him)라고 외치며 그를 따라 갔다. 그들은 우리 구주에 대해서도 똑같은 말을 사용했다(눅 23:1; 요 19:15).

37. 바울을 데리고 영내로 들어가려 할 그 때에 바울이 천부장에게 이르되 내가 당신에게 말할 수 있느냐 이르되 네가 헬라 말을 아느냐.

내가 당신에게 말할 수 있느냐. "May I speak unto thee?" 발언권을 얻고자 한다든지 혹은 주의(注意)를 기울여줄 것을 요청할 때 일반적으로 사용되는 표현. 네가 헬라 말을 아느냐. 헬라 제국 이래 그들의 언어는 아시아와 애굽에서 매우 일반적인 언어가 되었다. 그리고 그것은 대부분의 로마인들에게 매우 익숙한 언어였다.

38. 그러면 네가 이전에 소요를 일으켜 자객 사천 명을 거느리고 광야로 가던 애굽인이 아니냐.

자객 사천 명을 거느리고 광야로 가던 애굽인. 어떤 이들은 이 사람이 티베리우스 황제 때의 유명한 반란군 지도자였다고 생각한다. 또 어떤 이들은 이 사람이 클라우디우스 황제 13년부터 네로의 통치 때까지 계속된 반란을 주도한 인물이었다고 생각한다. 특별히 후자의 사람은 여기에 언급된 사천 명으로부터 시작하여 나중에 최고 삼만 명의 추종자를 이끌며 스스로를 선지자로서 자임했던 인물이었다(요세푸스, 「유대 고대사」). 자객. 이들은 단도 따위를 품에 품고 다니면서 암살 등의 행위를 하는 사람들이었다.

39. 바울이 이르되 나는 유대인이라 소읍이 아닌 길리기아 다소 시의 시민이니 청컨대 백성에게 말하기를 허락하라 하니.

소읍이 아닌. 즉 보잘것없는 도시가 아닌. 어떤 사람들은 바울이 태어난 다소가 페르세우스에 의해 세워진 도시였다고 생각한다. 어쨌든 그곳은 길리기아의 큰 도시 혹은 주된 도시였다. 뿐만 아니라 그곳은, 사도행전 22:28에 나타나는 것처럼, 로마의 자유 도시로서의 특권을 가진 도시였다. 청컨대. 바울은 백성들에게 말할 수 있도록 허락을 구한다. 그렇게 함으로써 그는 자신이 대중들을 선동한다든지 혹은 폭동이나 소요를 일으키고자 하는 것이 아님을 나타내고자 했다. 이와 같이 바울은 그 유명한 변명을 하기에 앞서 아그립바로부터도 허락을 받았다. "아그립바가 바울에게 이르되 너를 위하여 말하기를 네게 허락하노라 하니 이에 바울이 손을 들어 변명하되"(행 26:1).

40. 천부장이 허락하거늘 바울이 층대 위에 서서 백성에게 손짓하여 매우 조용히 한 후에 히브리 말로 말하니라.

바울이 층대 위에 서서. 그는 지금 앞에서 언급한 안토니아 요새로 끌려가고 있는 중이었다. 백성에게 손짓하여. 이와 같이 그는 백성들에게 자신의 말을 경청해 줄 것을 요청했다(행 12:17; 13:16). 히브리 말로 말하니라. 히브리 말(Hebrew tongue, 혹은 히브리 방언)은 그들 모두에게 가장 친숙하며 가장 잘 이해될 수 있는 말이었다. 그러나 그것은 예전의 순수한 히브리어(pure Hebrew)가 아니었다. 그것 즉 예전의 순수한 히브리어는 바벨론 포로 이후 변질되고 오염되었다. 도리어 그들이 거기에서 배웠던 수리아 방언(Syriac tongue)이 히브리어로 일컬어졌다. 그것은 처음에 히브리어로부터 유래되었고, 당시 히브리인들 사이에서 널리 사용되었다.

제22장

개요

1. 바울이 유대인들에게 자신의 회심과 사도로 부르심을 받은 것에 대해 이야기함(1-21).
2. 바울이 이방인에 대해 언급하는 순간 백성들이 그에 대해 격노하며 소리를 지름. 이에 천부장이 바울을 채찍질하고 심문할 것을 명령함(22-24).
3. 바울이 로마 시민으로서의 특권을 주장함(25-29).
4. 천부장이 바울을 유대 공회 앞에 데려감(30).

1. 부형들아 내가 지금 여러분 앞에서 변명하는 말을 들으라.

악인이며 잔인한 박해자였음에도 불구하고, 바울은 그들을 "아버지들과 형제들"이라는 매우 존귀한 호칭으로 부른다. 사도행전 7:2에 대한 저자의 주석을 참조하라.

2. 그들이 그가 히브리 말로 말함을 듣고 더욱 조용한지라 이어 이르되.

히브리 말. "Hebrew tongue." 보통 히브리어(the ordinary Hebrew). 이것은 수리아 말과 혼합되었음에도 불구하고 포로 이후 히브리인들에 의해 통상적인 히브리어로 받아들여지고 또 사용되었다. 사도행전 21:40을 참조하라. 더욱 조용한지라. 이방나라들과 그들의 언어에 큰 편견을 가지고 있었던 유대인들에게 있어 바울이 자신들의 모국어로 말하는 것을 듣는 것은 기분 좋은 일이었다.

3. 나는 유대인으로 길리기아 다소에서 났고 이 성에서 자라 가말리엘의 문하에서 우리 조상들의 율법의 엄한 교훈을 받았고 오늘 너희 모든 사람처럼 하나님께 대하여 열심이 있는 자라.

가말리엘. 여기의 가말리엘은 사도행전 5장에 나타나는 가말리엘과 동일한 인물이다(34절). 문하에서. "at the feet" 즉 발 아래서. 바울은 당시 랍비나 혹은 어떤 선생의 제자들이 통상적으로 취하던 자세를 언급한다. 당시 랍비나 선생은 높은 자리에 앉아 학생들을 가르쳤으며, 학생들은 그의 발 아래 땅바닥에 앉아 배웠다. 그리고 지식이 자라감에 따라, 학생들은 랍비에게 더 가까운 자리로 승급(昇級)되었다(신 33:3). 이와 같이 아브라함도 하나님의 발 앞에 나아오도록 부름을 받았으며(사

41:2), 마리아도 우리 주님의 발 앞에 앉았다(눅 10:39). 우리 조상들의. 그들은 하나님이 모세를 통해 그들의 조상들에게 주신 율법뿐만 아니라 또한 그들의 조상들의 유전을 엄격하게 지켰다. 율법의 엄한 교훈. "The perfect manner of the law" 즉 율법의 완전한 예법. 여기의 "율법의 완전한 예법"은 바리새주의를 가리킨다. 바울은 회심하기 전에 자신이 "율법으로는 바리새인"이었다고 분명하게 말한다(빌 3:5). 바울이 바리새주의를 "완전한 예법"이라고 부른 것은 그것이 유대교에서 가장 엄격한 종파였기 때문이었다. "내가 우리 종교의 가장 엄한 파를 따라 바리새인의 생활을 하였다고 할 것이라"(행 26:5). 그들은 이른바 "율법의 울타리"를 만들면서 그것을 매우 꼼꼼하며 엄격하게 준수했다. 하나님께 대하여 열심이 있는. 혹은 어떤 사본들이 읽는 것처럼, 율법에 대하여 열심이 있는. 둘은 같은 의미이다. 율법에 대한 그의 열심은, 비록 지식을 따른 것은 아니었다 하더라도, 진지한 것이었다. 그것은 사심으로부터가 아니라 하나님에 대한 사랑으로부터 말미암은 것이었다(롬 10:2). 그것은 진실로 그가 알고 믿은 바에 따른 것이었지만, 그러나 참된 지식을 따른 것이 아니었다.

4. 내가 이 도를 박해하여 사람을 죽이기까지 하고 남녀를 결박하여 옥에 넘겼노니.

이 도(this way). 기독교의 기본적인 교리와 가르침. 사람을 죽이기까지 하고. 그는 그리스도의 제자들의 목숨을 노리는 가장 열렬한 박해자 가운데 한 사람이었다. "사울이 주의 제자들에 대하여 여전히 위협과 살기가 등등하여"(행 9:1).

5. 이에 대제사장과 모든 장로들이 내 증인이라 또 내가 그들에게서 다메섹 형제들에게 가는 공문을 받아 가지고 거기 있는 자들도 결박하여 예루살렘으로 끌어다가 형벌 받게 하려고 가더니.

대제사장과 모든 장로들. 산헤드린의 공회원들. 공문. 위임 혹은 명령을 기록한 편지. 형제들. 여기에서 다메섹의 유대인들이 "형제들"로 불리는 것은 그들 역시도 그와 마찬가지로 야곱의 열두 아들의 자손이기 때문이었다. 그가 완악한 백성들에게 정중한 호칭을 사용함으로써 그들의 머리 위에 숯불을 쌓는 것은 그로 말미암아 그들을 녹이기 위함이었다(롬 12:20).

6. 가는 중 다메섹에 가까이 갔을 때에 오정쯤 되어 홀연히 하늘로부터 큰 빛이 나를 둘러 비치매.

여기의 이야기를 사도행전 9:3 이하와 비교해 보라. 우리는 둘 사이에서 어느 정도의 표현의 차이를 보게 된다.

7. 내가 땅에 엎드러져 들으니 소리 있어 이르되 사울아 사울아 네가 왜 나를 박해하느냐 하시거늘.

사울아 사울아. 마치 상대방의 이름을 간절하게 반복해 부르는 어떤 사람처럼, 여기에서 주님은 사울의 이름을 반복해서 부른다. 이와 같이 주의 사자도 아브라함의 이름을 반복해서 불렀다(창 22:11).

8. 내가 대답하되 주님 누구시니이까 하니 이르시되 나는 네가 박해하는 나사렛 예수라 하시더라.

나는 나사렛 예수라. 여기에서 우리 주님이 경멸의 의미가 담긴 이름을 그대로 사용하는 것은 그들로 하여금 이 땅에서 그러한 이름을 들을 때 부끄러워하지 않도록 하기 위함이었다. 나머지에 대하여는 사도행전 9:5에 대한 저자의 주석을 참조하라.

9. 나와 함께 있는 사람들이 빛은 보면서도 나에게 말씀하시는 이의 소리는 듣지 못하더라.

이에 대하여 사도행전 9:7에 대한 저자의 주석을 참조하라. 이러한 말이 덧붙여진 것은 앞에서 바울과 함께 여행한 사람들은 그 소리를 듣지 못했다고 언급되었기 때문일 것이다. 그들이 그 소리를 듣지 못했다고 말하여지는 것은 그들이 그것을 이해하지도 못하고 그것에 순종하지도 않았기 때문이다. 왜냐하면 이 사건을 통해 회심한 사람은 바울 외에 아무도 없었기 때문이다. 히브리어는 많은 경우에 듣는 것과 순종하는 것을 같은 의미로 사용한다. 여기에서 말하고 있는 바울과 그것을 기록하는 누가 모두 그 의미를 정확하게 이해하고 있었다.

10. 내가 이르되 주님 무엇을 하리이까 주께서 이르시되 일어나 다메섹으로 들어가라 네가 해야 할 모든 것을 거기서 누가 이르리라 하시거늘.

사도행전 9:6에 대한 저자의 주석을 참조하라. 아나니아가 그리스도로부터 바울에게 말한 것은 그리스도 자신이 그에게 말씀하신 것과 마찬가지였다. 우리 구주는 "주여 내가 무엇을 하리이까?"라는 바울의 질문에 아나니아로 말미암아 대답해 주셨다.

11. 나는 그 빛의 광채로 말미암아 볼 수 없게 되었으므로 나와 함께 있는 사람들의 손에 끌려 다메섹에 들어갔노라.

나는 그 빛의 광채로 말미암아 볼 수 없게 되었으므로. 이와 같이 하늘로부터 비췬 빛이 그의 시력을 압도했다. 이렇게 볼 때 스데반으로 하여금 이토록 영광스러운 그리스도를 볼 수 있도록 만든 것은 참으로 놀라운 하나님의 역사(役事)였다. 또 부활 때에 우리가 가장 큰 영광 가운데 계신 그리스도를 볼 수 있게 되는 것은 하나님의 놀라운 능력에 따른 것일 것이다. 특별히 여기에서 바울에 대한 하나님의 가혹하심과 선하심을 주목해 보라. 하나님은 그의 육체를 쳐서 아무것도 보지 못하게 하실 정도로 그에게 가혹하셨다. 그러나 동시에 하나님은 그에게 빛을 비추시고, 그를 회심시키시고, 그의 영혼을 구원하실 정도로 그에게 선하셨다.

12. 율법에 따라 경건한 사람으로 거기 사는 모든 유대인들에게 칭찬을 듣는 아나니아라 하는 이가.

율법에 따라. 이것이 특별히 덧붙여진 것은 아나니아를 이방인 회심자들로부터 구별하기 위함이었다. 바울은 유대인들에게 자신이 이방인 회심자로부터가 아니라 모든 부분에서 그들과 같은 자들 가운데 한 사람으로부터 복음을 받았음을 분명하게 밝힌다.

13. 내게 와 곁에 서서 말하되 형제 사울아 다시 보라 하거늘 즉시 그를 쳐다보았노라.

서서. 이와 같은 자세로 아나니아는 좀 더 용이하게 바울에게 안수할 수 있었다(행 9:17). 당시 안수 즉 손을 얹는 것은 어떤 사람에게 기적적인 치유를 기원할 때 통상적으로 사용하는 방식이었다. 즉시. 사도행전 9:18처럼. 즉각적인 치유는 그 능력이 어디로부터 왔는지를 분명하게 보여 준다. 하나님 외에는 어느 누구도 이와 같은 방식으로 구원하며 건져내지 못한다.

14. 그가 또 이르되 우리 조상들의 하나님이 너를 택하여 너로 하여금 자기 뜻을 알게 하시며 그 의인을 보게 하시고 그 입에서 나오는 음성을 듣게 하셨으니.

우리 조상들의 하나님. 하나님을 이와 같은 이름으로 부르는 것보다 그들을 더 기쁘게 할 수 있는 것은 아무것도 없었다. 요한복음 8:41에 나타나는 것처럼, 그들은 무엇보다도 바로 이것 즉 하나님을 그들과 그들의 조상들의 아버지로 갖는 것을 최고로 자랑했다. "우리가 음란한 데서 나지 아니하였고 아버지는 한 분뿐이시니 곧 하나님이시로다." 여기에서 바울은 자신이 유대교로부터 등진 것이 결코 아니라는 사실과(왜냐하면 그가 전파한 복음은 율법의 실체와 완성 외에 아무것도 아니었기 때문에), 자신이 섬기는 하나님은 아브라함의 하나님 외에 다른 어떤 하나님도 아니라는 사실을 분명하게 나타내고자 했다.

너를 택하여. 하나님이 놀라운 섭리 가운데 너를 지금 이 자리로 이끄셨느니라.

그 의인을 보게 하시고. 그리스도는 흠 없고 점 없는 거룩한 자이다. 또 그는 하나님의 의로운 종이다(사 53:11). 그러나 바울이 여기에서 특별히 이 말을 한 것은 그들로 하여금 그를 십자가에 달아 죽인 그들의 죄를 깨닫게 하기 위함이었던 것으로 보인다. 그는 할 수 있는 대로 그들에게 부드럽게 말하고자 하면서, 동시에 그들의 멸망에 대해 단호하게 말하는데 조금도 머뭇거리지 않았다. 마치 환자를 부드럽게 다루면서 동시에 환부를 정확하게 도려내는 능숙한 외과 의사처럼 말이다. 바울은 다메섹 도상에서 그리스도를 육체의 눈으로 보았을 뿐만 아니라 또한 마음의 눈으로 보았다. 그의 영혼에 빛이 비취었으며, 그는 마침내 그리스도를 믿게 되었다. 어떤 사본들은 '톤 디카이온' 이라고 읽는 대신 '토 디카이온' 이라고 읽는다. 그렇다면 아나니아는 자신이 하나님 앞에 올바르고 의로운 것을 보여 주기 위해 그에게 보냄을 받았다고 말한 것이 된다. 바울이 율법에 대한 열심으로 말미암아 맹인이 되어 볼 수 없었던 바로 그것 말이다.

15. 네가 그를 위하여 모든 사람 앞에서 네가 보고 들은 것에 증인이 되리라.

네가 보고 들은 것. 물론 바울에게 맡겨진 사명이 단지 그가 회심할 때의 기사(奇事)를 전파하는 것에 국한된 것은 아니었다. 왜냐하면 그에게 복음이 맡겨졌기 때문이었다. 그는 자신의 질그릇 안에 복음의 보화를 가지고 있었다. 그러나 여기의 기사(奇事)가 특별하게 언급되는 것은 그것이 그와 다른 사람들에게 그가 전파한 진리를 분명하게 확증하는 것이었기 때문이었다. 그리하여 그는 자신의 사역의 여정 속에서 이 사건을 자주 언급한다. 여기에서도 그랬고, 아그립바 왕 앞에서도 그랬다(행 26:16; 고전 9:1; 15:8). 증인. 사도들은 좀 더 특별한 방식으로 그리스도의 증인이다(눅 24:48; 요 1:7; 행 1:8). 하나님은 일차적으로 그들 자신이 아니라 다른 사람들을 위해 그들에게 특별한 은사들을 주신다. 마치 나무가 자신을 위해 열매를 맺는 것이 아닌 것처럼 말이다.

16. 이제는 왜 주저하느냐 일어나 주의 이름을 불러 세례를 받고 너의 죄를 씻으라 하더라.

주의 이름을 불러 세례를 받고. 그는 세례를 통해 그리스도께 바쳐질 것이었다.

너의 죄를 씻으라. 씻음을 통해 더러운 것들이 사라지는 것처럼(사 1:18), 세례에 수반되는 죄 사함을 통해서도 마찬가지이다(마 3:11; 벧전 3:21-22). 참된 믿음이 있는 곳에(세례로써 그것을 고백함과 함께), 구원이 약속된다(막 16:16). 요한일서 1:7

처럼, 우리의 죄를 씻는 것은 물이 아니라 그리스도의 피다. 물은 단지 그리스도의 피를 나타내는 표적일 뿐이다. 그러나 성례는 공허하며 헛된 표적이 아니다. 하나님은 자신의 성례에 위로부터의 권능이 따르게 하시며, 자신의 큰 목적을 위해 그것을 유효하게 하신다.

17. 후에 내가 예루살렘으로 돌아와서 성전에서 기도할 때에 황홀한 중에.

아마도 이것은 회심하고 나서 3년 후의 일이었을 것이다(갈 1:18). 그리고 이것은 그가 언급하는 "환상과 계시들" 가운데 하나였을 것이다(고후 12:1).

황홀한 중에. 사도행전 10:10처럼, 큰 환희와 황홀경 가운데.

18. 보매 주께서 내게 말씀하시되 속히 예루살렘에서 나가라 그들은 네가 내게 대하여 증언하는 말을 듣지 아니하리라 하시거늘.

속히 예루살렘에서 나가라 그들은 네가 내게 대하여 증언하는 말을 듣지 아니하리라. 그리스도는 마치 이렇게 말씀하고 계시는 듯하다. "고침을 받고 생명을 얻도록 정해진 자들은 이미 고침을 받았도다. 그러나 나머지 완고한 자들에게는 완전한 멸망 외에는 아무것도 남아 있지 않도다."

19. 내가 말하기를 주님 내가 주를 믿는 사람들을 가두고 또 각 회당에서 때리고.

이와 같이 바울은 예루살렘을 떠나는 것과 관련한 하나님의 뜻에 이의를 제기한다. 여기에서 우리는 가장 선한 사람 안에서조차 하나님의 지혜와 사람의 지혜가 서로 충돌하는 것을 보게 된다. 바울이 생각하는 것은 이것이었다. 즉 자신은 이방인들 가운데 있는 것보다 유대인들 가운데 있을 때 더 많은 선을 행할 수 있을 것 같다는 것이다. 왜냐하면 유대인들이 자신이 율법을 지키는 일에 얼마나 열심인지 잘 알기 때문이라는 것이다. 그러므로 이러한 부분에서 그의 마음이 변화된 것은 정말로 기적 같은 일이었다. 뿐만 아니라 이러한 말을 통해 바울은 유대인들에 대한 자신의 간절한 사랑을 나타낸다. 왜냐하면 만일 그 자신의 선택 여하에 놓여 있었다면 그는 두말할 것도 없이 그들 가운데 남아 있을 것이었기 때문이었다. 그는 단지 하나님의 명령에 따라 이방인들에게로 가는 것일 뿐이었다.

20. 또 주의 증인 스데반이 피를 흘릴 때에 내가 곁에 서서 찬성하고 그 죽이는 사람들의 옷을 지킨 줄 그들도 아나이다.

내가 곁에 서서 찬성하고. 사도행전 8:1을 보라. 그 죽이는 사람들의. "Of them that slew him" 즉 그를 죽인 사람들의. 다시 말해서 스데반을 대적한 증인들의(행 7:58). 왜냐하면 증인들은 어떤 피고(被告)에 대하여 그를 대적하는 증언을 함으로써 그를 죽일 뿐만 아니라 또한 실제로 그에게 먼저 돌을 던짐으로써 그를 죽이기 때문이다. 그를 죽인. 혹은 그를 살해한.

21. 나더러 또 이르시되 떠나가라 내가 너를 멀리 이방인에게로 보내리라 하셨느니라.

하나님은 다시금 자신의 명령을 반복하신다. 그리고 그렇게 하심으로써 바울이 제기한 이의(異意)에 대답하신다. 어떤 일이 일어나든 또 이방인들이 듣든 듣지 않든, 그는 그들에게 가야만 한다. 하나님의 뜻이 명백할 때, 우리는 그 일을 행해야만 한다. 내가 너를 멀리 보내리라. 이러한 말씀은 결국 그대로 이루어졌다. 하나님은 그를 매우 먼 곳까지 보내셨다(행 9:15; 롬 15:19; 갈 1:17; 2:8).

22. 이 말하는 것까지 그들이 듣다가 소리 질러 이르되 이러한 자는 세상에서 없애 버리자 살려 둘 자가 아니라 하여.

이 말하는 것까지 듣다가. 그들은 바울의 다른 말들에 대하여는 특별한 반론을 제기함이 없이 묵묵히 듣고 있었다. 그것이 진실 여부는 일단 차치하고 말이다. 그러나 하나님의 은혜가 자신들 외에 다른 이방인들에게로 향한다는 말을 들을 때, 그들은 그것을 참을 수 없었다. 그들은 자신들에게로 향한 하나님의 은혜를 거부하며 배척했음에도 불구하고 그것이 이방인들에게로 향하는 것은 참을 수 없었다. 이러한 자는 세상에서 없애 버리자. 즉 그를 죽이자. 그들은 그를 잔인하게 살해하자고 서로를 부추겼다.

23. 떠들며 옷을 벗어 던지고 티끌을 공중에 날리니.

옷을 벗어 던지고. 사도행전 7:58처럼, 그들은 윗옷을 벗어 던짐으로써 좀 더 용이하게 그에게 돌을 던질 수 있었다. 또 옷을 벗어 던지거나 혹은 찢는 것은 바울의 신성모독에 대한 그들의 극도의 분개와 혐오의 표적이었을 수 있다. 티끌을 공중에 날리니. 격노와 광분으로부터. 지금 그곳에는 그를 향해 던질 돌이 없었다. 따라서 그들은 티끌을 공중에 날림으로써 그가 하늘에 대해 범죄하고 그곳에 거하시는 하나님을 진노하게 했음을 나타냈다.

24. 천부장이 바울을 영내로 데려가라 명하고 그들이 무슨 일로 그에 대하여 떠드는지 알고자 하여 채찍질하며 심문하라 한대.

천부장. 이 사람에 대하여는 사도행전 21:31을 보라. 영내. 혹은 안토니아 요새. 사도행전 21:34을 보라. 채찍질하며. 혹은 고문하며. 그들은 우리 주님의 복된 몸에 대하여도 이와 같이 했다(마 27:26). 천부장은 모든 사람들이 격노하며 대적하는 자는 필시 유명한 악인임에 틀림없다고 생각했다. 천부장은 이러한 혼란 가운데 그를 대적하며 참소하는 자들로부터 사건의 정확한 진상을 알 수 없었다. 따라서 그는 바울 자신으로부터 직접 자백을 끌어내고자 했다.

25. 가죽 줄로 바울을 매니 바울이 곁에 서 있는 백부장더러 이르되 너희가 로마 시민 된 자를 죄도 정하지 아니하고 채찍질할 수 있느냐 하니.

가죽 줄로 바울을 매니. 채찍질을 당하는 사람은 70cm 정도 되는 낮은 기둥에 묶였다. 그리하여 그는 아래쪽으로 몸을 웅크릴 수밖에 없었다. 여기의 가죽은 그들이 바울을 기둥에 묶을 때 사용한 가죽 끈이었다. 그런 상태로 그들은 그를 채찍질하고자 했다. 너희가 로마 시민 된 자를 죄도 정하지 아니하고 채찍질할 수 있느냐. 공식적으로 유죄 판결을 받지 않은 로마 시민에게 채찍질을 하는 것은 불법이었다. 사도행전 16:37에 대한 저자의 주석을 참조하라. 문명화된 나라에서는 이와 같은 행동은 결코 용인되지 않는다.

26. 백부장이 듣고 가서 천부장에게 전하여 이르되 어찌하려 하느냐 이는 로마 시민이라 하니.

한 명의 연대장 아래 몇 명의 대대장이 있는 것처럼, 한 명의 천부장 아래 몇 명의 백부장이 있었다. 여기의 백부장은 바울을 심문하는 책임을 맡은 백부장이었을 것이다. 백부장이 바울의 항변을 곧바로 천부장에게 보고한 이유는 로마 시민의 특권에 대해 도전한 것이 결코 작지 않은 불법이었기 때문이었을 것이다. 만일 어떤 사람이 로마 시민의 특권을 부인한다면, 그는 사실상 로마에 대해 반역을 행하는 것이나 마찬가지였다.

27. 천부장이 와서 바울에게 말하되 네가 로마 시민이냐 내게 말하라 이르되 그러하다.

사람이 자신의 합법적인 특권을 정당하게 사용하는 것은 지극히 합리적인 일이다. 우리 구주께서도 그렇게 하도록 가르치셨다. 만일 그것이 비둘기의 순결함을 파괴하지 않는다면 말이다. "보라 내가 너희를 보냄이 양을 이리 가운데로 보냄과 같도다 그러므로 너희는 뱀 같이 지혜롭고 비둘기 같이 순결하라"(마 10:16).

28. 천부장이 대답하되 나는 돈을 많이 들여 이 시민권을 얻었노라 바울이 이르되 나는 나면서부터라 하니.

한 역사가는 클라우디우스 황제가 특별한 공로를 세움으로써 로마 시민권을 받은 외국인 외에 다른 외국인들에게 로마 시민권을 팔았다고 말한다. 여기의 천부장의 경우처럼, 처음에는 그 값이 매우 비쌌다. 그러나 시간이 지나면서 점점 더 싸지다가 나중에는 아주 헐값이 되었다. 나는 나면서부터라. 바울은 유대인이기는 했지만 그러나 다소에서 태어났다. 아우구스투스는 다소의 시민들에게 로마 시민권을 주었다. 왜냐하면 자신이 브루투스 및 카시우스와 더불어 싸울 때 그들이 자신을 도왔기 때문이었다. 혹은 어떤 이들은 아우구스투스가 율리우스 카이사르(Julius Caesar)에 대한 호의로 다소에 로마 시민권을 주었다고 생각하기도 한다. 그리하여 다소의 시민들은 이러한 호의를 기념하기 위해 자신들의 도시를 율리오폴리스(Juliopolis) 혹은 율리우스의 도시(the city of Julius)라고 불렀다.

29. 심문하려던 사람들이 곧 그에게서 물러가고 천부장도 그가 로마 시민인 줄 알고 또 그 결박한 것 때문에 두려워하니라.

곧 그에게서 물러가고. 이와 같이 바울을 결박하고 채찍질하려던 그들은 곧 그로부터 물러갔다. 천부장도 두려워하니라. 로마 시민의 특권을 깨뜨린 것은 로마에 대한 반역이나 마찬가지였다. 그것은 로마 시민의 존귀를 거스르는 범죄였으며, 결국 그들의 황제를 거스르는 범죄였다.

30. 이튿날 천부장은 유대인들이 무슨 일로 그를 고발하는지 진상을 알고자 하여 그 결박을 풀고 명하여 제사장들과 온 공회를 모으고 바울을 데리고 내려가서 그들 앞에 세우니라.

그 결박을 풀고. 천부장이 바울의 결박을 푼 것은 더 이상 로마 시민을 결박하는 범죄를 계속하지 않고자 함이었다. 이렇게 하여 바울은 좀 더 자유롭게 스스로를 위해 변명할 수 있게 되었다. 제사장들. "The chief priests" 즉 우두머리 제사장들. 이들은 제사장들을 나눈 24반차의 우두머리들이었거나 혹은 산헤드린에서 높은 지위를 가진 제사장들이었을 것이다.

제23장

개요

1. 바울이 자신의 무죄를 주장하자 대제사장이 그의 입을 치라고 명령함. 이에 바울이 대제사장을 책망함(1-5).
2. 바울이 스스로를 바리새인이라고 말함. 그러면서 자신이 부활의 소망으로 인해 심문을 받는다고 말함으로써 공회에 분열을 야기함(6-9).
3. 바울이 영내로 다시 돌아옴. 그곳에서 주님이 환상 가운데 그를 격려함(10-11).
4. 바울을 죽이려는 음모가 천부장에게 알려짐(12-22).
5. 천부장이 바울을 많은 호위병들의 보호 아래 가이사랴의 총독 벨릭스에게 보냄(23-35).

1. 바울이 공회를 주목하여 이르되 여러분 형제들아 오늘까지 나는 범사에 양심을 따라 하나님을 섬겼노라 하거늘.

여러분 형제들아. "Men and brethren." 바울은 그들을 "형제들"이라고 부름으로써 자신 역시도 그들과 마찬가지로 이스라엘의 열두 족장의 자손임을 인정했다. 그는 가능한 대로 그들의 호의를 구하고자 했다. 범사에 양심을 따라. 물론 그는 스스로를 아무런 죄와 허물도 없는 자로서 생각하지 않았다. 도리어 그는 자신이 죄의 법에 종 노릇 하고 있음을 인식하며 탄식했다(롬 7:23, 24). 여기의 말은 다만 자신에게 어떤 특별한 불경건(예컨대 그들이 고소하는 신성모독의 죄와 같은)이 있음을 알지 못한다는 것이었다. 특별히 그리스도인들을 박해하는 일에 있어서도 그랬다. 그 일을 그는 어떤 사람을 기쁘게 하기 위해서나 혹은 나쁜 마음으로 행하지 않았다. 다만 그렇게 하는 것으로 하나님을 섬기는 것으로 생각했다(딤전 1:13).

2. 대제사장 아나니아가 바울 곁에 서 있는 사람들에게 그 입을 치라 명하니.

바울 곁에 서 있는 사람들. 아마도 유대 관원들이었을 것이다. 그 입을 치라. 이와 같이 거짓 선지자 시드기야도 미가야를 쳤으며, 바스훌도 예레미야를 쳤다(왕상 22:24; 렘 20:2). 또 우리 주님은 이러한 고통과 모욕을 피하지 않으셨다(요 18:22). 특별히 여기에서 대제사장이 바울의 입을 치라고 명령한 것은 그가 자신의 무죄함을 주장했기 때문이었다. 바울의 그와 같은 주장은 산헤드린 공회의 입장에서 볼 때 악독하며 터무니없는 것이었다. 그러나 그것은 바울에게 있어 자기 자신과 복음의 영광을 옹호하기 위한 정당한 변명이었다.

3. 바울이 이르되 회칠한 담이여 하나님이 너를 치시리로다 네가 나를 율법대로 심판한다고 앉아서 율법을 어기고 나를 치라 하느냐 하니.

회칠한 담. 악인들을 ── 특별히 하나님의 영광을 빙자하지만 실제로는 오직 자기 자신의 유익과 영광만을 구하는 위선자들을 ── 묘사하는 탁월한 비유. 이와 같이 우리 구주도 서기관들과 바리새인들을 회칠한 무덤으로 비유하셨다(마 23:27). 회칠한 무덤과 담을 생각해 보라. 겉으로 보기에는 깨끗하고 아름다워 보이지만, 그러나 그 안에는 썩은 것과 쓸모없는 쓰레기 외에는 아무것도 없다. 물론 여기의 바울의 말은 대제사장에 대한 악의적인 저주와 욕설로 간주되어서는 안 된다. 그것은 복음의 정신과 어울리지 않는다. 도리어 그것은 하나의 예언으로 간주되어야 한다. 바울은 성령의 다른 은사들과 함께 예언의 은사를 가지고 있었다. 이러한 예언에 따라 여기의 대제사장은 얼마 후 죽었든지 아니면 대제사장직을 잃은 것으로 보인다. 디모데후서 4:14에 언급된 구리 장색 알렉산더에 대한 바울의 저주도 이와 같이 이해되어야 한다. 또 시편이라든지 혹은 다른 곳에 나타나는 많은 저주들 역시도 이와 같이 이해되어야 한다. 예컨대 시편 106:6-8을 생각해 보자. "악인이 그를 다스리게 하시며 사탄이 그의 오른쪽에 서게 하소서 그가 심판을 받을 때에 죄인이 되어 나오게 하시며 그의 기도가 죄로 변하게 하시며 그의 연수를 짧게 하시며 그의 직분을 타인이 빼앗게 하시며." 이것은 하나의 예언이었을 뿐 상대방이 저주받기를 바라거나 기원하는 마음으로 말한 것이 결코 아니었다. 그러므로 우리는 이와 같은 예언을 함부로 흉내 내서는 안 된다. 우리가 잘 아는 대로 이러한 예언은 유다 안에서 그대로 성취되었다. 율법을 어기고. 피고(被告)의 말을 충분히 듣기 전에 처벌하는 것은 모든 법의 정신에 어긋나는 것이다. 신적 율법에도 그렇고, 인간의 법에도 그렇다. 특별히 유대인들은 피고에게 어떤 형벌이나 판결을 내리기 전에 먼저 피고의 말을 듣고 충분하게 심문해야 했다(신 17:4).

4. 곁에 선 사람들이 말하되 하나님의 대제사장을 네가 욕하느냐.

여기의 편파적인 아첨꾼들은 대제사장이 바울에게 가한 불법적인 위해(危害)는 생각하지 않고 그에 대한 바울의 항변만을 문제 삼는다.

5. 바울이 이르되 형제들아 나는 그가 대제사장인 줄 알지 못하였노라 기록하였으되 너의 백성의 관리를 비방하지 말라 하였느니라 하더라.

형제들아 나는 그가 대제사장인 줄 알지 못하였노라. 여기에서 바울은 매우 풍자적으로 말한다. 이것이 풍자적인 말인 것은 다음과 같은 이유들 때문이었다. (1) 대제사장이 자신의 직분과 위치를 거슬러 그에게 위해를 가했기 때문에. (2) 그가 하늘에 계신 그리스도 외에 이 땅에서 다른 어떤 대제사장도 알지 못했기 때문에(히 8:1). (3) 대제사장이 너무나 자주 바뀌었기 때문에(어떤 때는 한 해에 대제사장이 세 번 바뀌기도 했다). 그렇기 때문에 이때 바울은 누가 대제사장인지 충분히 모를 수 있었다. 너의 백성의 관리를 비방하지 말라. 여기에서 바울이 인용한 구절은 출애굽기 22:28이다.

6. 바울이 그 중 일부는 사두개인이요 다른 일부는 바리새인인 줄 알고 공회에서 외쳐 이르되 여러분 형제들아 나는 바리새인이요 또 바리새인의 아들이라 죽은 자의 소망 곧 부활로 말미암아 내가 심문을 받노라.

나는 바리새인이요. 여기에서 바울은 스스로를 지키기 위해 비둘기처럼 순결하게 행동함과 동시에 뱀의 지혜를 사용한다. 바리새인의 아들. 그의 조상들 가운데 몇몇 사람들이 바리새파에 속한 사람들이었든지 아니면 그의 부모가 바리새인이었을 것이다. 죽은 자의 소망 곧 부활로 말미암아. 혹은 부활의 소망으로 말미암아. 바울은 다른 부분들에 있어서는 바리새인들과 의견이 달랐지만, 그러나 부활에 있어서는 다르지 않았다. 부활은 그가 계속적으로 전파한 주제였다. 그리고 복음은 우리에게 부활에 대한 최고의 증거와 확증을 준다. 바울은 항상 예수와 부활을 전파했다(행 17:18). 만일 부활이 없다면, 그가 전파한 것도 헛되고 그의 믿음도 헛될 것이다(고전 15:13, 14).

7. 그 말을 한즉 바리새인과 사두개인 사이에 다툼이 생겨 무리가 나누어지니.

보통사람들과 구경꾼들뿐만 아니라 공회원들과 재판관들까지. 이와 같은 방법으로 하나님은 그들을 분열시키심으로써 바울을 죽이려고 한 그들의 계획을 헝클어뜨리셨다.

8. 이는 사두개인은 부활도 없고 천사도 없고 영도 없다 하고 바리새인은 다 있다 함이라.

사두개인은 부활도 없고. 우리 구주는 그들의 이러한 사상과 더불어 논쟁을 벌이셨다(마 22:23). 천사도 없고. 그들이 모세 오경을 인정함에도 불구하고 천사의 존재를 부인한 것은 참으로 이상한 일로 보인다. 왜냐하면 거기에 천사들에 대한 언급이 자주 나타나기 때문이다. 아마도 그들은 그러한 구절들을 풍유적으로 이해한 것으로 보인다. 예컨대 인간의 선한 본성이라든지 혹은 하나님이 사람들에게 당신의 뜻을 나타내기 위해 일으킨 환영(幻影) 같은 것으로 말이다. 영도 없다. 그들은 또한 육체의 기질 또는 성격과 구별되는 것으로서 영혼의 존재를 부인했다. 그리하여 그들은 영혼이 육체와 함께 소멸된다고 믿었다. 그들은 참람하게도 심지어 하나님 자신조차 육체적이며 유형적인 존재로서 생각했다. 바리새인은 다 있다 함이라. 여기에서 사두개인들이 부인한 세 가지는 충분히 "둘"(both) 즉 부활과 영의 존재로서 말하여질 수 있다. 사람들이 완고한 마음으로 초자연적인 빛을 부인할 때, 하나님은 그들로부터 자연적인 빛까지도 거두신다. 그리고 그럴 때, 그들은 애굽 사람들처럼 흑암 가운데 떨어진다(출 10:21).

9. 크게 떠들새 바리새인 편에서 몇 서기관이 일어나 다투어 이르되 우리가 이 사람을 보니 악한 것이 없도다 혹 영이나 혹 천사가 그에게 말하였으면 어찌 하겠느냐 하여.

서기관. 서기관은 어떤 직책이나 혹은 자리를 나타내는 이름이다. 서기관들은 율법에 정통한 사람들이었다. 혹 영이나 혹 천사가. 어떤 학자들은 후자를 전자를 설명하는 말로서 취한다. 그렇게 본다면 영은 단순히 천사를 의미하는 것이 될 것이다. 이러한 사자(使者)들을 통해 하나님은 종종 자기 자녀들에게 자신의 메시지를 보내시곤 하셨다. 반면 다른 학자들은 "영"을 선지자적 계시 즉 예언의 영으로 이해한다.

10. 큰 분쟁이 생기니 천부장은 바울이 그들에게 찢겨질까 하여 군인을 명하여 내려가 무리 가운데서 빼앗아 가지고 영내로 들어가라 하니라.

큰 분쟁. 사람들 사이에서 종교적인 불화보다 더 예민하고 날카로운 것은 아무것도 없다. 왜냐하면 그들의 머리로부터 나온 생각과 이론이 그들의 몸으로부터 나온 자식보다 더 사랑스럽기 때문이다. 군인을 명하여 내려가. 군인들이 서 있었던 자리는 공회원들이 모여 있는 곳보다 높은 곳에 있었던 것으로 보인다.

11. 그 날 밤에 주께서 바울 곁에 서서 이르시되 담대하라 네가 예루살렘에서 나의 일을 증언한 것 같이 로마에서도 증언하여야 하리라 하시니라.

주께서 바울 곁에 서서. 이것은 그의 내적인 마음의 계시에 의한 것이었거나 아니면 환상에 의한 것이었을 것이다. 그러나 계시에 의한 것이든 환상에 의한 것이든, 결국 같은 것이다. 둘 모두 바울에게 결코 낯선 것이 아니었다(고후 12:1). 담대하라. 이것은 우리 구주께서 약속하시고 예고하신 것이었다. "세상에서는 너희가 환난을 당하나 담대하라 내가 세상을 이기었노라"(요 16:33).

12. 날이 새매 유대인들이 당을 지어 맹세하되 바울을 죽이기 전에는 먹지도 아니하고 마시지도 아니하겠다 하고.

만일 그들이 먹고 마시기 전에 바울을 죽이지 못한다면, 그들은 스스로 아나테마(anathema) 즉 저주가 될 것을 맹세했다. 여리고와 그곳의 주민들이 완전한 파멸과 멸망에 던져진 것처럼 말이다. 이와 같이 그들은, 만일 이러한 악한 계획을 실행하지 못한다면, 기꺼이 스스로를 언약을 깨뜨린 자로서 저주 아래 던지고자 했다.

13. 이같이 동맹한 자가 사십여 명이더라.

40명 이상의 사람들이 바울을 죽이기로 결의했다. 이와 같이 교회의 원수들은 결연하며, 하나로 뭉친다. 예전에 다윗이 그랬던 것처럼, 지금 바울도 "내 원수들이 종일 나를 비방하며 내게 대항하여 미칠 듯이 날뛰는 자들이 나를 가리켜 맹세하나이다"라고 토로할 수 있었다(시 102:8).

14. 대제사장들과 장로들에게 가서 말하되 우리가 바울을 죽이기 전에는 아무 것도 먹지 않기로 굳게 맹세하였으니.

대제사장들과 장로들에게. 이들은 그 직분과 위치가 그와 같은 악독한 살인을 어떻게든 만류해야만 했던 자들이었다. 왜냐하면 제사장의 입술은 마땅히 참된 지식을 지켜야만 하기 때문이다. "제사장의 입술은 지식을 지켜야 하겠고 사람들은 그의 입에서 율법을 구하게 되어야 할 것이니 제사장은 만군의 여호와의 사자가 됨이거늘"(말 2:7). 그러므로 그들 역시도 바울의 피에 대해 — 만일 그의 피가 흘려진다면 — 죄책이 있을 수밖에 없었다. 왜냐하면 그들 역시도 악한 계획에 동조함으로써 공범이 되었기 때문이다. 그들은 이미 많은 피를 마셨다. 우리 구주의 피도 마셨고, 스데반의 피도 마셨다. 그러므로 그들이 더 많은 피에 목마른 것은 조금도 이상한 일이 아니었다. 그들은 마치 피에 굶주린 들짐승과 같았다. 한 번 피 맛을 보았을 때, 그들은 결코 그것으로 만족할 수 없었다. 이때는 정말로 대제사장들이 암살자들과 결탁할 정도로 캄캄한 영적 어둠의 시대였다.

15. 이제 너희는 그의 사실을 더 자세히 물어보려는 척하면서 공회와 함께 천부장에게 청하여 바울을 너희에게로 데리고 내려오게 하라 우리는 그가 가까이 오기 전에 죽이기로 준비하였노라 하더니.

이제 너희는 그의 사실을 더 자세히 물어보려는 척하면서. 바울을 죽이려는 음모는 발각될 가능성이 거의 없을 정도로 매우 은밀하며 치밀하게 진행되었다. 죄수를 — 특별히 여기의 경우처럼 종교적인 문제와 관련한 죄수를 — 다시 심문할 수 있도록 보내 달라고 요청하는 것은 매우 통상적인 일이었다. 공회와 함께 천부장에게 청하여. 이러한 악독한 음모를 위해 대제사장들은 공회와 함께 천부장에게 청해야만 했다. 왜냐하면 그들에게는 그에게 명령할 수 있는 권세가 없었기 때문이었다. 그가 가까이 오기 전에. 바울이 구금되어 있는 영내와 공회가 모이는 곳 사이의 거리는 꽤 되었다. 따라서 음모자들은 그를 죽일 수 있는 좋은 기회를 가질 수 있을 것이었다.

16. 바울의 생질이 그들이 매복하여 있다 함을 듣고 와서 영내에 들어가 바울에게 알린지라.

바울의 생질. 이 사람은 아마도 바울의 일행 가운데 한 사람이었던 것으로 보인다. 특별히 여기에서 바울을 죽이고자 음모를 꾸몄던 자들을 생각해 보라. 그들은 자신들의 음모가 새어나갈 것이라고는 추호도 생각하지 못했을 것이다. 그러나 "공중의 새가 그 소리를 전하고 날짐승이 그 일을 전파할" 것이었다(전 10:20). "하늘에 계신 이가 웃으심이여 주께서 그들을 비웃으시리로다"(시 2:4).

17. 바울이 한 백부장을 청하여 이르되 이 청년을 천부장에게로 인도하라 그에게 무슨 할 말이 있다 하니.

천 명의 병사들을 지휘하는 천부장 아래 열 명의 백부장들이 있었다. 그들 가운데 한 사람에게 바울은 자신의 생질을 천부장에게로 인도해 줄 것을 요청했다. 만일 천부장이 유대인들의 음모를 알게 된다면, 그는 바울의 안전을 지켜줄 수 있을 것이었다.

18. 천부장에게로 데리고 가서 이르되 죄수 바울이 나를 불러 이 청년이 당신께 할 말이 있다 하여 데리고 가기를 청하더이다 하매.

백부장은 바울의 생질을 데리고 천부장에게로 갔다. 이렇게 하여 천부장은 그 청년 자신의 입으로부터 바울을 죽이려는 음모의 전말을 들을 수 있게 되었다. 죄수. 혹은 사슬에 결박된 자. 죄수의 안전을 위해 사슬로 결박하는 것은 통상적인 일이었다. 하나님은 지금 사슬에 매여 있는 바울을 기억하고 계셨다.

19. 천부장이 그의 손을 잡고 물러가서 조용히 묻되 내게 할 말이 무엇이냐.

천부장이 그의 손을 잡고. 천부장은 호의의 표시로서 그의 손을 잡았다. 여기에서 천부장은 아랫사람에 대하여 따뜻한 인정과 긍휼을 베푸는 사람으로서 나타난다. 여기에서 천부장이 온유한 태도를 취한 데에는 몇 가지 이유가 있을 수 있다. 어쩌면 그는 선천적으로 온유한 성품을 가진 사람이었는지 모른다. 또 그것은 어쩌면 그가 로마인인 바울을 결박한 실수를 보상하기 위한 것이었는지도 모른다. 또 어떤 이들은 그가 마치 벨릭스 총독처럼 바울로부터 돈을 받기를 바랐기 때문이었을 것이라고 생각하기도 한다(행 24:26). 그러나 이 모든 것은 단지 추측일 뿐이다. 이러한 것들이 사실이든 사실이 아니든, 분명한 것은 이 일 가운데 하나님이 역사(役事)하고 계셨다는 사실이다. 하나님은 모든 사람들의 마음을 붙잡고 계시면서 당신의 뜻대로 바꾸실 수 있으시다. "왕의 마음이 여호와의 손에 있음이 마치 봇물과 같아서 그가 임의로 인도하시느니라"(잠 21:1).

20. 대답하되 유대인들이 공모하기를 그들이 바울에 대하여 더 자세한 것을 묻기 위함이라 하고 내일 그를 데리고 공회로 내려오기를 당신께 청하자 하였으니.

유대인들이. 공회와 40여명의 공모자들이(12, 13절).

21. 당신은 그들의 청함을 따르지 마옵소서 그들 중에서 바울을 죽이기 전에는 먹지도 않고 마시지도 않기로 맹세한 자 사십여 명이 그를 죽이려고 숨어서 지금 다 준비하고 당신의 허락만 기다리나이다 하니.

당신은 그들의 청함을 따르지 마옵소서. 청년은 자신의 외삼촌(바울)의 목숨이 위험에 처할 것을 염려하여 천부장에게 유대인들의 청함을 따르지 말 것을 간청한다. 뿐만 아니라 그는 이 일을 막기 위해 최선을 다함으로써 자신의 영혼을 구원한다. 지금 다 준비하고 당신의 허락만 기다리나이다. 이제 모든 준비는 다 끝났다. 바울을 죽이기 위해 남은 것은 이제 천부장의 허락 외에 아무것도 없었다. 그들은 천부장의 허락을 굳게 확신하고 있었다. 죄수를 다시 심문할 수 있도록 보내 달라는 요청은 조금도 이상할 것이 없었으며, 그러한 요청을 허락하는 것은 지극히 자연스러운 일이었다. 그러나 사람이 아무리 치밀하게 계획해도 하나님이 막으시면 허사이다. "너희는 함께 계획하라 그러나 끝내 이루지 못하리라 말을 해 보아라 끝내 시행되지 못하리라 이는 하나님이 우리와 함께 계심이니라"(사 8:10).

22. 이에 천부장이 청년을 보내며 경계하되 이 일을 내게 알렸다고 아무에게도 이르지 말라 하고.

이와 같은 말로 천부장은 청년과 바울 모두에 대한 자신의 염려를 나타낸다. 만일 이 일이 드러난다면, 틀림없이 그들은 어떤 방법으로든 청년의 목숨을 노릴 것이었다. 뿐만 아니라 바울에 대해서도 마찬가지일 것이었다. 비록 이 일에 있어서는 실패했다 하더라도, 틀림없이 그들은 바울을 죽일 또 다른 계획을 세울 것이었다.

23. 백부장 둘을 불러 이르되 밤 제 삼 시에 가이사랴까지 갈 보병 이백 명과 기병 칠십 명과 창병 이백 명을 준비하라 하고.

보병 이백 명. 200명은 두 명의 백부장의 휘하에 있는 병사들의 숫자였다. 기병 칠십 명. 기병은 통상적으로 보병을 방어하기 위해 더해졌다. 창병. 이와 같은 이름으로 불리는 것은 이들이 그 오른손에 창을 들었기 때문이었다. 어떤 사람들은 이들이 죄수를 지키는 일을 맡았던 사람들이었다고 생각하는 반면 또 어떤 사람들은 이들이 타국인으로 구성된 경무장(輕武裝)한 병사들이었다고 생각한다. 밤 제 삼 시에. 이것은 부분적으로 그와 같은 더운 나라에서 낮에 이동하는 것이 상당히 번거로운 일이었기 때문이기도 하고 또 부분적으로 바울을 좀 더 안전하게 호송하기 위함이기도 했다.

24. 또 바울을 태워 총독 벨릭스에게로 무사히 보내기 위하여 짐승을 준비하라 명하며.

하나님이 당신의 섭리 가운데 바울을 얼마나 철저하게 보호하시는지 보라! 이 모든 것 가운데 하나님의 영광을 위한 것은 아무것도 없었다. 그러나 하나님은 모든 것을 당신의 뜻대로 효과적으로 사용할 수 있으시다. 마치 그것들이 그의 뜻대로 쓰이고자 준비되어 있었던 것처럼 말이다.

25. 또 이 아래와 같이 편지하니 일렀으되.

이후의 내용이 편지 그 자체인지 아니면 그것을 요약한 것인지는 확실하지 않다.

26. 글라우디오 루시아는 총독 벨릭스 각하께 문안하나이다.

각하. 신분이 매우 높은 사람들에게 붙여지는 호칭. 이러한 호칭은 누가복음과 본서의 수신자인 데오빌로에게도 붙여졌다(눅 1:3; 행 1:1). 벨릭스. 여기의 벨릭스는 팔라스(Pallas)의 형제였다. 팔라스는 나르키수스(Narcissus, 클라우디우스 황제가 총애했던 신하 가운데 또 한 사람)와 함께 로마 제국의 제반 국정을 주관했던 사람으로서 역사가들에 의해 재앙의 시대를 주도한 원흉으로서 낙인찍힌 인물이다. 여기의 벨릭스와 그의 형제 팔라스는 노예로 태어났다가 클라우디우스 황제에 의해 해방되어 높은 직위에까지 오른 인물이었다.

27. 이 사람이 유대인들에게 잡혀 죽게 된 것을 내가 로마 사람인 줄 들어 알고 군대를 거느리고 가서 구원하여다가.

천부장은 바울의 사건을 담담하게 묘사하는 가운데 자신이 로마인인 그를 결박한 것은 은근히 감추면서 그를 보호한 것을 크게 과장한다. 아마도 그는 자신이 행한 잘못을 보상하기 위해 바울에 대해 가능한 한 좋게 표현하고 있는 것으로 보인다.

28. 유대인들이 무슨 일로 그를 고발하는지 알고자 하여 그들의 공회로 데리고 내려갔더니.

천부장은 이 문제에 대해 공회가 가장 잘 알 것이라고 생각했다. 그리고 공회는 로마인들로부터 자신들의 문제를 처결할 수 있는 어느 정도의 권력을 부여받았다.

29. 고발하는 것이 그들의 율법 문제에 관한 것뿐이요 한 가지도 죽이거나 결박할 사유가 없음을 발견하였나이다.

로마법에 따를 때, 바울과 관련하여 제기된 문제는 죽이거나 결박할 만한 사유가 되지 못했다. 여기에서 천부장이 우리 구주의 죽음과 부활 그리고 전체적인 복음과 관련한 문제를 대수롭지 않게 여기는 것은 조금도 이상한 일이 아니다. 지금 그는 단지 한 사람의 이교도로서 편지를 쓰고 있었을 뿐이었다. 어쨌든 하나님은 천부장을 사용하셔서 바울에게 유리하도록 전체적인 사건을 이끄셨다. 원수들의 격노로부터 그의 목숨이 보존되도록 말이다.

30. 그러나 이 사람을 해하려는 간계가 있다고 누가 내게 알려 주기로 곧 당신께로 보내며 또 고발하는 사람들도 당신 앞에서 그에 대하여 말하라 하였나이다 하였더라.

이 사람을 해하려는 간계가 있다고 누가 내게 알려 주기로. 이와 같은 말로써 천부장은 총독에게 유대인들의 반항적인 기질과 언제든 로마 정부에 대항하여 폭동을 일으킬 준비가 되어 있는 사실을 일깨워 준다. 그리고 동시에 자신이 이 한 사람의 죄수에 대해 그토록 많은 신경을 쓴 이유와 많은 병력을 동원하여 가이사랴로 호송한 이유를 설명한다.

31. 보병이 명을 받은 대로 밤에 바울을 데리고 안디바드리에 이르러.

이것은 그들이 밤에 안디바드리(Antipatris)에 도착했다는 뜻이 아니라, 그들이 밤에 여행을 시작했다는 뜻이다(23절). 그들은 유대인들의 눈에 띄지 않도록 밤에 가능한 많은 거리를 이동했다. 여기의 안디바드리는 헤롯 대왕(Herod Great)에 의해 건설되었는데, 그가 자기 아버지 안티파터(Antipater)를 기념하여 이와 같이 이름 붙였다. 그곳은 예루살렘으로부터 대략 80km 정도 떨어진 곳으로서, 욥바와 가이사랴 사이의 지중해 해변에 위치해 있었다.

32. 이튿날 기병으로 바울을 호송하게 하고 영내로 돌아가니라.

200명의 보병은 예루살렘의 안토니아 요새로 돌아갔다. 왜냐하면 안디바드리와 같이 예루살렘으로부터 멀리 떨어진 곳에서는 더 이상 바울이 음모자들에 의해 죽임을 당할 우려가 없었기 때문이었다.

33. 그들이 가이사랴에 들어가서 편지를 총독에게 드리고 바울을 그 앞에 세우니.

가이사랴. 이곳은 가이사랴 스트라토니스라고 불림으로써 다른 가이사랴들로부터 구별되었다. 바울을 그 앞에 세우니. 여기까지 바울을 안전하게 호송하는 것이 그들의 임무였다. 이제 그들은 받은 명령에 따라 바울을 총독에게 넘겨 주었다.

34. 총독이 읽고 바울더러 어느 영지 사람이냐 물어 길리기아 사람인 줄 알고.

바울더러 어느 영지 사람이냐 물어. 팔레스타인과 인근 지역은 당시 몇 곳의 영지 혹은 총독의 관할지역으로 나누어져 있었다. 그리고 총독들은 서로의 경계를 넘어서는 일을 매우 싫어했다. 길리기아. 소아시아에 속한 한 지역. 이곳에 바울이 태어난 다소가 있었으며, 이로 말미암아 그는 길리기아 영지에 속한 자로 간주되게 되었다.

35. 이르되 너를 고발하는 사람들이 오거든 네 말을 들으리라 하고 헤롯 궁에 그를 지키라 명하니라.

너를 고발하는 사람들이 오거든. 재판할 때 양쪽의 말을 다 들어야만 하는 것은 이교도들조차 알고 있는 상식이다. 양쪽 말을 충분히 듣지 않고 내리는 판결은 결코 공정한 판결이 될 수 없다. 그리고 그런 재판장은 불공정한 재판장이다. 네 말을 들으리라. 여기에 사용된 전치사 '디아'(διὰ)가 의미하는 것처럼, 내가 너로부터 전체 사건에 대해 철저하게 들으리라. 이와 같이 모든 재판관들은 전체 사건을 철저하게 듣고 공정하게 판결해야 한다(신 1:16). 헤롯 궁. 이곳은 헤롯 대왕이 세운 궁으로서, 총독들이 거주하는 곳이었다. 헤롯은 아우구스투스에게 아첨하기 위해 이 도시를 요새화하고 난 후 그곳을 가이사랴라고 이름 붙였다.

제24장

개요

1. 더둘로가 유대인들의 이름으로 벨릭스 앞에 바울을 고발함(1-9).
2. 바울이 자신의 목숨과 기독교 진리를 옹호하기 위해 답변함(10-21).
3. 벨릭스가 판결을 연기함(22-23).
4. 바울이 총독과 그의 아내 앞에서 자유롭게 말씀을 전함. 벨릭스가 두려워함(24-25).
5. 벨릭스가 뇌물을 받고 바울을 풀어주기를 바람. 바울이 계속 구류된 상태에서 벨릭스가 총독의 직책을 떠남(26-27).

1. 닷새 후에 대제사장 아나니아가 어떤 장로들과 한 변호사 더둘로와 함께 내려와서 총독 앞에서 바울을 고발하니라.

닷새 후. 바울이 가이사랴로 온 때로부터 닷새 후. 박해자들의 악의와 격노는 너무나 컸다. 그들은 어떻게 하든 바울을 죽이고자 열심(熱心)을 품고 노력했다. 우리는 선을 행하는데 열심을 품어야 한다. 그렇지 않으면 그들의 열심이 우리를 정죄할 것이다. 한 변호사. 바울에 대하여 고발장을 작성한 법률가. 이러한 변호사들은 그리스의 데모스테네스나 로마의 키케로처럼 당시 최고의 웅변가들이었다. 여기의 더둘로 역시 상당한 재능을 가진 웅변가였던 것으로 보인다. 유대인들은 바울을 고발하기 위해 그를 고용했다.

2. 바울을 부르매 더둘로가 고발하여 이르되.

바울을 부르매. 바울이 법정에 소환되어 병사들의 보호 아래 나타나매.

3. 벨릭스 각하여 우리가 당신을 힘입어 태평을 누리고 또 이 민족이 당신의 선견으로 말미암아 여러 가지로 개선된 것을 우리가 어느 모양으로나 어느 곳에서나 크게 감사하나이다.

우리가 크게 감사하나이다. 우리가 크게 감복하며 감탄하나이다. 일반 백성들이 통치자들에 의해 많은 은택을 입는 것은 분명한 사실이다. 그들은 백성들을 위해 무거운 짐을 담당하며, 그들을 위해 끊임없이 수고하며 염려하며 경계한다. 나쁜 정부가 무정부(無政府)보다 낫다. 그러므로 (아첨하는 마음으로부터 말하고 있는 것으로 생각되는) 더둘로뿐만 아니라 바울 자신도 벨릭스에게 큰 경의를 표하며 말한다(10절).

4. 당신을 더 괴롭게 아니하려 하여 우리가 대강 여짜옵나니 관용하여 들으시기를 원하나이다.

당신을 더 괴롭게 아니하려 하여. 당신으로 하여금 다른 일을 하지 못하도록 방해하지 아니하려 하여. 간략하게 말하겠노라고 약속하는 것은 — 특별히 바쁜 사람들에게 말할 때 — 웅변가들이 흔히 사용하는 주된 웅변술 가운데 하나이다.

5. 우리가 보니 이 사람은 전염병 같은 자라 천하에 흩어진 유대인을 다 소요하게 하는 자요 나사렛 이단의 우두머리라.

전염병 같은 자. 페스트 혹은 역병(疫病). 더둘로는 피고 바울을 페스트 같은 자라고 말한다. 그의 위험성을 나타내는데 이보다 더 적합한 표현은 결코 없을 것이었다. 그는 바울을 "소요하게 하는 자" 즉 선동죄로 고발함으로써 그를 더욱 위험하며 가증스러운 자로 만들었다. 나사렛 이단. "The sect of the Nazarenes" 즉 나사렛인들의 종파. 혹은 그리스도인들의 종파. 그들은 유대 밖에서는 그리스도인들로 불린 반면 유대 안에서는 나사렛인들로 불렸다. 유대인들은 우리 구주와 그의 제자들을 이와 같은 이름(Nazarenes)으로 불렀다. 그리고 거기에는 "하잘것없는 자들"이라는 경멸의 의미가 담겨 있었다. 나다나엘의 질문에 나타나는 것처럼, 나사렛에서 태어난 사람들은 바로 그 이유 때문에 하잘것없는 자들로 취급되었다. "나사렛에서 무슨 선한 것이 날 수 있느냐?"(요 1:46). 그러나 실상 그 이름은 하나님 자신이 우리 구주에게 부여하신 이름으로서 가장 영광스러운 이름이다. "나사렛이란 동네에 가서 사니 이는 선지자로 하신 말씀에 나사렛 사람(Nazarene)이라 칭하리라 하심을 이루려 함이러라"(마 2:23).

6. 그가 또 성전을 더럽게 하려 하므로 우리가 잡았사오니.

성전을 더럽게 하려 하므로. 할례 받지 않은 사람들을 성전 안으로 데리고 들어감으로 말미암아. 그러나 더둘로는 이와 관련하여 구체적으로 바울이 어떻게 성전을 더럽혔는지에 대해서는 언급하지 않는다. 그것은 벨릭스 자신이 할례 받지 않은 사람이었기 때문이다. 벨릭스에게 있어 자신이 유대인들에 의해 성전을 더럽히는 사람들 가운데 한 사람으로 여겨진다는 사실은 매우 불쾌한 일이 아닐 수 없을 것이었다.

7. (없음)

8. 당신이 친히 그를 심문하시면 우리가 고발하는 이 모든 일을 아실 수 있나이다

하니.

당신이 친히 그를 심문하시면. 여기의 대명사는 단수로서 유대인 증인들이 아니라 바울을 가리킨다. 여기에서 더둘로가 벨릭스에게 말하는 것은 이것이다. 즉 바울을 심문하기만 하면, 그가 틀림없이 자신들이 고발하는 죄목들을 자백할 것이라는 것이다. 다시 말해서 자신들이 고발하는 죄목들은 피고 자신에 의해서조차 부인될 수 없는 것이라는 것이다.

9. 유대인들도 이에 참가하여 이 말이 옳다 주장하니라.

대제사장과 그와 함께 온 나머지 공회원들은 더둘로의 변론에 적극 동조했다. 그리고 한 걸음 더 나아가 그들은 그가 말한 모든 것이 사실임을 증언하는 증인으로 기꺼이 스스로를 제시했다.

10. 총독이 바울에게 머리로 표시하여 말하라 하니 그가 대답하되 당신이 여러 해 전부터 이 민족의 재판장 된 것을 내가 알고 내 사건에 대하여 기꺼이 변명하나이다.

머리로 표시하여. 혹은 손짓으로 표시하여. 바울은 더둘로처럼 가식적으로 입에 발린 소리를 하지는 않음에도 불구하고 그러나 매우 공손한 태도로 이야기한다. 만일 바울이 더둘로가 말한 대로 군중을 선동한 사람이었다면, 틀림없이 벨릭스는 이미 그러한 사실에 대해 충분히 알고 있었을 것이었다.

11. 당신이 아실 수 있는 바와 같이 내가 예루살렘에 예배하러 올라간 지 열이틀밖에 안 되었고,

당신이 아실 수 있는 바와 같이. 당신이 직접 들어 알든지 혹은 증인들의 증언을 통해 알 수 있는 바와 같이. 내가 예루살렘에 올라간 지 열이틀밖에 안 되었고. 바울이 예루살렘에 올라온 지 고작 열이틀밖에 되지 않았다. 그리고 그 가운데 7일을 그는 스스로를 정결케 하는 시간으로 보냈다. 그리고 나머지 5일은 구금 상태로 보냈다. 이러한 사실을 생각할 때, 그가 예루살렘에서 사람들을 선동하여 폭동을 일으키려고 했다는 것이 얼마나 있음직하지 않은 일인지 충분히 입증될 수 있었다. 예배하러. 그가 예루살렘에 온 것은 사람들을 선동해 폭동을 일으키기 위함이 아니라 오직 하나님께 예배를 드리기 위함이었다.

12. 그들은 내가 성전에서 누구와 변론하는 것이나 회당 또는 시중에서 무리를 소동하게 하는 것을 보지 못하였으니.

변론하는. 혹은 대중들에게 강연하는. 물론 희생제사를 드리고 난 후 율법이나 선지서의 어떤 구절의 의미에 대해 강연을 한다든지 혹은 사람들과 변론하는 것은 불법이 아니었다. 우리 구주께서도 성전에서 선생들과 더불어 묻기도 하고 대답하기도 하셨다(눅 2:46). 그럼에도 불구하고 바울은 여기에서 자신이 무리를 선동하는 불법적인 일은 차치하고 그와 같은 합법적인 일조차 하지 않았노라고 말한다.

13. 이제 나를 고발하는 모든 일에 대하여 그들이 능히 당신 앞에 내세울 것이 없나이다.

그들은 두 가지 죄목으로 바울을 고발했다. (1) 그가 무리를 선동했다는 죄목. (2) 그가 성전을 더럽혔다는 죄목. 그러나 그들은 그 가운데 어떤 것도 입증할 수 없었다.

14. 그러나 이것을 당신께 고백하리이다 나는 그들이 이단이라 하는 도를 따라 조상의 하나님을 섬기고 율법과 선지자들의 글에 기록된 것을 다 믿으며.

그러나 이것을 당신께 고백하리이다. 바울은 여기에서 선한 고백 혹은 선한 증언을 한다. 진실로 그는 "본디오 빌라도 앞에서 선한 증언을 하신" 그리스도의 신실한 제자이다(딤전 6:13). 이단(heresy). 이 단어는 중립적인 의미를 갖는 단어이다. 사도행전 26:5처럼, 때로 좋은 의미로 사용되기도 한다. 그리스인들은 종종 이 단어를 그들의 철학자들에 대해 말할 때 사용했다. 물론 유대인들이 기독교의 가르침을 이와 같은 단어로 부를 때, 그들은 거기에 매우 부정적인 의미를 담아 그렇게 불렀다. 그러나 바울은 그들이 부정적인 의미를 담아 부르는 기독교의 가르침을 인정하며 고백하는 것을 조금도 부끄러워하지 않았다. 그리고 계속해서 그는 자신이 그의 조상들의 하나님 외에 다른 어떤 하나님도 섬기지 않음을 분명하게 단언한다. 그는 (유대인들이 그토록 자랑하는) 아브라함과 이삭과 야곱이 섬긴 하나님을 섬겼다. 그리고 그의 신앙은 율법과 선지서 안에서 가르쳐진 신앙 외에 다른 어떤 것도 아니었다.

15. 그들이 기다리는 바 하나님께 향한 소망을 나도 가졌으니 곧 의인과 악인의 부활이 있으리라 함이니이다.

그들이 기다리는 바. 그들 가운데 가장 현명한 부류의 사람들인 바리새인들이 기다리는 바. 그러나 바리새인들은 이 문제로 사두개인들로부터 박해를 당하지 않았다. 부활. 여기에서 바울은 죽은 자의 부활이 자신이 전파한 메시지의 주된 주제임을 다시금 인정한다. 그것은 그의 모든 사상과 교훈의 핵심이었다. 고린도전서 15:13처럼, 진실로 그것은 바울이 전파한 믿음과 거룩한 삶의 기초였다. 의인과 악인의 부활이 있으리라. 의인과 악인 즉 모든 종류의 사람들이 마지막 날 다시 일어날 것이다. 우리는 마태복음 25:22-23과 요한복음 5:28-29 등에서 그에 대한 확증을 발견한다. 그것은 또한 유대인들에게도 분명하게 예고된 것이다(단 12:2).

16. 이것으로 말미암아 나도 하나님과 사람에 대하여 항상 양심에 거리낌이 없기를 힘쓰나이다.

이것으로 말미암아. 혹은 이 일에 있어. 혹은 이러한 이유로 다시 말해서 내가 부활을 믿기 때문에. 나도 힘쓰나이다. 나도 그 일에 전적으로 몰두하나이다. 혹은 바로 그것이 나에게 필요한 한 가지 일이나이다(눅 10:42). 하나님과 사람에 대하여 항상 양심에 거리낌이 없기를. 어떤 일에 있어서도 하나님과 사람에 대하여 거리낌이 없기를. 혹은 하나님과 사람의 심판대 앞에서 허물이 없기를. 내세에 대한 믿음 때문에 현세에서 거룩한 삶을 살기를 더욱 힘쓰는 자들은 참으로 복되다.

17. 여러 해 만에 내가 내 민족을 구제할 것과 제물을 가지고 와서.

여러 해 만에. 아마도 이것은 갈라디아서 2:1에 언급된 14년이었을 것이다. "십사 년 후에 내가 바나바와 함께 디도를 데리고 다시 예루살렘에 올라갔나니." 이와 같이 바울에게 예루살렘은 상시적으로 거주하며 활동하는 본거지가 아니었다. 이러한 사실은 그가 그곳에서 폭동을 일으키기 위해 사람들을 선동했다는 그들의 고발을 더욱 터무니없는 무고(誣告)로 만든다. 내가 내 민족을 구제할 것과. 이와 같이 그가 그의 민족에게 위해(危害)를 끼치려고 했다는 그들의 주장은 사실과 너무나 거리가 먼 것이었다. 도리어 그가 예루살렘에 온 것은 그의 민족을 구제하기 위함이었다. 제물을 가지고 와서. 바울은 겸비한 마음으로 유대인들로부터 호의를 구하기 위해 율법에 따라 제물을 가지고 왔다(행 21:26). 예루살렘과 성전이 서 있는 동안, 그러한 제물은 잠정적으로 허용되었다. 그러나 예루살렘과 성전이 파괴됨과 함께 하나님은 그 모든 것을 완전히 종결시키셨다.

18. 드리는 중에 내가 결례를 행하였고 모임도 없고 소동도 없이 성전에 있는 것을 그들이 보았나이다 그러나 아시아로부터 온 어떤 유대인들이 있었으니.

드리는 중에. 앞에 언급한 구제할 것을 드리는 중에. 다시 말해서 지금 나를 고발하고 있는 내 형제들의 유익을 위해 애쓰고 있는 동안. 내가 결례를 행하였고. 율법이 나실인과 관련하여 요구한 모든 것을 내가 행하였고. 혹은 서원을 한 사람들이 의식적(儀式的)인 정결을 위해 해야만 하는 모든 것을 내가 행하였고. 모임도 없고 소동도 없이. 모임은 그들 스스로 모인 것이었고, 소동은 — 만일 그런 것이 있었다면 — 그들 스스로 일으킨 것이었다. 그리스도인들이 이와 같은 터무니없는 말로 참소를 당하는 것은 전혀 새로운 일이 아니다.

19. 그들이 만일 나를 반대할 사건이 있으면 마땅히 당신 앞에 와서 고발하였을 것이요.

그들이 마땅히 당신 앞에 와서 고발하였을 것이요. 이 모든 소동을 일으킨 아시아의 유대인들은 바울이 드로비모와 함께 예루살렘 거리에 있는 것을 보고 그가 드로비모를 데리고 성전에 들어갔을 것이라고 악의적으로 추측했다. 그러므로 바로 그들이 이곳에 와서 모든 것을 증언할 수 있는 유일한 증인들이었다. 그러나 실제로 그들은 아무것도 증언할 수 없었다. 만일 그들이 자신들로 말미암아 야기된 이 모든 소동에 대해 진지하게 생각한다면, 그들은 이 모든 일에 대해 양심의 가책을 느끼게 될 것이었다(행 21:28). 다른 유대인들은 단지 들은 풍문을 가지고 증언할 수 있을 뿐이었는데, 그것은 충분한 증거가 될 수 없었다.

20. 그렇지 않으면 이 사람들이 내가 공회 앞에 섰을 때에 무슨 옳지 않은 것을 보았는가 말하라 하소서.

바울은 거기에 참석한 유대인들에게 자신이 공회 앞에 섰을 때 보고 들은 것을 말해보라고 도전한다. 그때 그들 가운데 많은 사람들이 "우리가 이 사람을 보니 악한 것이 없도다"라고 말하며 그의 무죄함을 기꺼이 인정했다(행 23:9).

21. 오직 내가 그들 가운데 서서 외치기를 내가 죽은 자의 부활에 대하여 오늘 너희 앞에 심문을 받는다고 한 이 한 소리만 있을 따름이니이다 하니.

바울은 이를테면 이렇게 말하고 있는 것이다. "나에게 어떤 잘못이 있는지 말해보라. 만일 나에게 잘못이 있다면, 그것은 단지 죽은 자의 부활을 주장한 것뿐이라. 그것에 대해서는 기꺼이 인정하노라. 그것에 대해서는 또 다른 증거가 필요치 않노라." 물론 이것은 부활을 주장한 것이 잘못이라는 뜻이 아니다. 그는 다만 풍자적으로 말하고 있을 뿐이다.

22. 벨릭스가 이 도에 관한 것을 더 자세히 아는 고로 연기하여 이르되 천부장 루시아가 내려오거든 너희 일을 처결하리라 하고.

여기의 "이 도"(that way)를 사람들은 다음과 같이 다양하게 이해한다. (1) 바울을 반대하며 비방하는 제사장들의 습관 혹은 태도. (2) 기독교와 구별되는 모세의 종교. 벨릭스는 (1)과 (2) 모두에 대해 알았을 것이며, 그와 관련하여 바울이 무죄하다고 결론짓는다. (3) 사도행전 9:2과 22:4에 나타나는 것처럼, 기독교 자체. 벨릭스는 바울의 변명과 전체적인 사건에 대한 루시아의 설명 외에도 여러 가지 다른 경로를 통해 기독교에 대해 잘 알고 있었을 것이다. 어떤 이들은 그가 천부장 루시아를 통해 "이 도"에 대해 더 완전하게 알게 될 때까지 판결을 연기한 것으로 읽는다. 왜냐하면 바울이 다음과 같은 두 가지 문제로 고발을 당했기 때문이었다. (1) 그의 잘못된 종교적 입장. (2) 그가 백성들을 선동했다는 것. 전자와 관련하여, 벨릭스는 이 문제에 대해 좀 더 많은 정보를 갖게 될 때까지 판결을 연기하고자 했다. 그리고 후자와 관련하여, 그는 루시아의 증언 혹은 증거를 듣고자 했다. 왜냐하면 루시아는 그들 사이에 어느 쪽 편도 아닌 중립적인 위치에 있었기 때문이었다.

23. 백부장에게 명하여 바울을 지키되 자유를 주고 그의 친구들이 그를 돌보아 주는 것을 금하지 말라 하니라.

자유를 주고. 천부장은 백부장에게 바울을 지하 감옥 같은 깊은 곳에 가두지 말고 그에게 어느 정도의 자유를 주도록 명했다. 그러면서도 사도행전 26:29과 28:20에 나타나는 것처럼 사슬에 결박된 것은 그대로였다. 친구들. 친척들이나 제자들. 왜냐하면 가이사랴에는 교회가 있었기 때문이었다(행 10:48; 21:8). 하나님은 필요할 때 이러한 외적인 도구들로 — 즉 친척들이나 친구들로 — 우리의 위로를 더하실 수 있으시다. 그리고 여기의 경우처럼 그렇게 하심에 있어 자신과 우리들의 원수들을 사용할 수 있으시다.

24. 수일 후에 벨릭스가 그 아내 유대 여자 드루실라와 함께 와서 바울을 불러 그리스도 예수 믿는 도를 듣거늘.

드루실라. 이 여자는 헤롯 대왕의 딸이면서 동시에 사도행전 26장에 나오는 아그립바의 누이였다. 그녀는 가장 육신적인 여자였다. 그녀는 자기 남편 아지즈(Aziz)가 살아 있음에도 불구하고 그를 버리고 여기의 벨릭스와 결혼했다. 그러나 바울은 그런 여자에게조차 그리스도 예수 믿는 도 즉 복음을 전파했다. 왜냐하면 하나님이 어떤 사람들을 부르실지 알지 못했기 때문이었다.

25. 바울이 의와 절제와 장차 오는 심판을 강론하니 벨릭스가 두려워하여 대답하되 지금은 가라 내가 틈이 있으면 너를 부르리라 하고.

의와 절제. 이러한 두 가지 덕(德)은 기독교가 필수불가결하게 요구하는 것들이다. 이러한 것들이 결여된 예배는 참된 예배가 되지 못하며, 그런 사람은 거룩한 사람이라고 일컬어질 자격을 갖지 못한다. 그러나 바울이 여기에서 특별히 이러한 덕들을 강론한 것은 벨릭스가 바로 이런 부분들에서 가장 결함이 컸기 때문이었다. 그는 환부(患部)가 있는 곳에다가 고약을 붙이고자 했다. 설령 그것이 환자에게 큰 고통을 가져다준다고 하더라도 그리고 그러한 수고에도 불구하고 감사는 고사하고 불이익만 당하게 될 수 있다고 하더라도 말이다. 충성된 전도자로서 바울은 이런 방법으로 사람을 변화시키고 세상을 고치고자 했다. **절제.** 벨릭스와 그의 아내는 특별히 이 부분에서 결함이 컸다. 왜냐하면 역사가들의 기록에 따를 때 우리는 그들이 간통과 매우 가까이 있었음을 알게 되기 때문이다. 여기에서 바울이 이 부분을 지적한 것은 바로 그런 까닭이었다. 예전에 세례 요한이 헤롯에게 그렇게 했던 것처럼 말이다. 그러나 세례 요한과는 달리 바울은 그렇게 했음에도 불구하고 특별한 문제에 봉착하지는 않았다. 어쩌면 그것은 그 뒤에 곧바로 "장차 오는 심판"에 대해 이야기했기 때문인지도 모른다. **장차 오는 심판.** 장차 심판이 임할 것이라는 것은 필연적인 사실이다. 악인은 향락 가운데서도 어쩔 수 없이 이것을 생각하며 두려움을 가질 수밖에 없다. 이러한 두려움과 내적인 죄책은 "모든 지각에 뛰어난 하나님의 평강"과 반대되는 것이다(빌 4:7). **지금은 가라.** 그러한 강론은 벨릭스의 양심을 찌르는 것으로서 그에게 달갑지 않은 것이었다. 그리하여 그는 더 이상 듣기를 싫어하면서 다음으로 미루었다. 이와 같이 사람들은 자신들이 마땅히 행해야 할 의무와 장차 오는 심판에 대해 듣기를 싫어하며 그것을 자꾸 뒤로 미룬다. 마침내 심판대 앞에 설 때까지 말이다.

26. 동시에 또 바울에게서 돈을 받을까 바라는 고로 더 자주 불러 같이 이야기하더라.

역사가들은 벨릭스가 매우 탐욕적인 사람이었다고 말하는데, 여기의 구절은 그것이 결코 거짓이 아니었음을 잘 보여 준다. 앞에서 벨릭스에게 더둘로는 바울을 "나사렛 이단의 우두머리"라고 고발했다(5절). 이런 말을 듣고 벨릭스는 그의 부하들이 자신들의 우두머리의 목숨을 구하기 위해 많은 돈을 가지고 올 것이라고 추측한 것으로 보인다. 그는 본시 노예로 태어난 사람이었을 뿐만 아니라 매우 저열한 정신을 가진 사람이었다. 돈을 위해서라면 그는 하나님의 율법과 로마법까지도 기꺼이 어길 수 있었다.

27. 이태가 지난 후 보르기오 베스도가 벨릭스의 소임을 이어받으니 벨릭스가 유대인의 마음을 얻고자 하여 바울을 구류하여 두니라.

이태가 지난 후. 어떤 사람들은 여기의 "이태"를 바울이 구류된 때로부터 이태로 이해하는가 하면 또 어떤 사람들은 벨릭스가 유대 총독으로 부임한 때로부터 이태로 이해한다. 바울이 10절에서 말한 것은 이 지역과 관련한 것은 아닌 것으로 여겨진다. 설령 그가 인근 지역을 수 년 전에 통치했다고 하더라도 말이다. 유대인들은 잔혹한 통치와 악랄한 치부(致富)로 말미암아 그를 황제에게 고발했다. 그러나 그의 악행은 그의 형제 팔라스에 비하면 아무것도 아니었다. 팔라스는 훨씬 더 지독한 악행을 계속하다가 결국 목숨을 잃고 말았다. 벨릭스는 그렇게까지는 되지 않았지만, 그러나 형벌을 완전히 피하지는 못했다. 그는 결국 그의 후임자인 베스도에 의해 결박되어 네로 황제에게 소환되었다. 인간의 부귀영화는 영원하지 못한 법이다.

제25장

개요

1. 유대인들이 베스도에게 바울을 처음에 예루살렘에서 그리고 나중에 가이사랴에서 고소함(1-7).
2. 바울이 가이사에게 상소하고, 그러한 상소가 받아들여짐(8-12).
3. 아그립바 왕이 베스도를 방문함. 아그립바가 바울의 말을 듣기를 원함(13-22).
4. 바울이 아그립바 앞에 세워짐. 베스도가 바울에게서 사형에 처해질 만한 아무런 죄도 발견하지 못했노라고 선언함(23-27).

1. 베스도가 부임한 지 삼 일 후에 가이사랴에서 예루살렘으로 올라가니.

가이사랴. 가이사랴는 그곳의 지정학적 중요성으로 인해 로마 총독이 주재(駐在)하는 장소였다(행 23:23).

2. 대제사장들과 유대인 중 높은 사람들이 바울을 고소할새.

바울을 고소할새. 이와 같이 그들은 계속적으로 바울을 고소하며 박해했다. 진리를 거스르는 원수들은 그것을 고백하는 자들에게 이와 같이 계속해서 격노하며 적의를 품는다.

3. 베스도의 호의로 바울을 예루살렘으로 옮기기를 청하니 이는 길에 매복하였다가 그를 죽이고자 함이더라.

베스도의 호의로 바울을 예루살렘으로 옮기기를 청하니. 외적으로 볼 때, 바울을 다시 심문할 수 있도록 예루살렘으로 보내 달라는 그들의 요구는 부당한 것이 아니었다. 왜냐하면 그의 범죄는 그들의 관할지역 안에서 행해진 것이었기 때문이었다. 그러나 그들은 자신들의 요구를 좀 더 쉽게 관철시키기 위해 베스도에게 정중하게 청했다. 이는 길에 매복하였다가 그를 죽이고자 함이더라. 사람을 죽이기 위해 암살자를 고용하는 것은 자연법에도 어긋나는 일일 뿐만 아니라 당시 로마법에도 어긋나는 일이었다. 보통사람들이 이렇게 하는 것도 잘못된 일이거늘, 하물며 제사장들과 지도자들이 이렇게 하는 것은 더욱 잘못된 일이었다.

4. 베스도가 대답하여 바울이 가이사랴에 구류된 것과 자기도 멀지 않아 떠나갈 것을 말하고.

틀림없이 베스도는 벨릭스로부터 바울에 대한 유대인들의 적의(敵意)에 대해 들었을 것이다. 왜냐하면 유대인들에 의해 황제에게 고발을 당한 벨릭스는 그들에 대해 매우 못마땅한 마음을 가지고 기회가 있을 때마다 그들을 비난했을 것으로 추측되기 때문이다. 그가 총독으로 재직하던 모든 기간 동안 그들의 가장 큰 잘못은 바울을 참소하며 죽이려고 한 것이었다. 왜냐하면 그것은 로마 시민의 특권을 가진 자를 거짓 모함으로 죽이려고 한 것으로서, 결국 로마에 대한 일종의 반역과 같은 것이었기 때문이었다. 자기도 멀지 않아 떠나갈 것을. 어디에 있든 총독이 있는 곳이 곧 법정이었다. 그는 곧 가이사랴로 돌아갈 것이었으므로 그곳이 법정이 될 것이었다.

5. 또 이르되 너희 중 유력한 자들은 나와 함께 내려가서 그 사람에게 만일 옳지 아니한 일이 있거든 고발하라 하니라.

너희 중 유력한 자들. 앞장의 더둘로처럼 너희를 대표하여 바울을 고발하기에 합당한 자들(행 24:1). 나와 함께 내려가서. 왜냐하면 예루살렘은 산지(山地)에 있었기 때문에. 예루살렘의 많은 건물들이 언덕이나 산에 세워졌다. 옳지 아니한 일. 이 단어는 문자적으로 어리석은 일을 의미하지만, 그러나 때로 옳지 않은 일 혹은 악한 일을 의미하는 것으로도 취하여진다. 성경적으로 볼 때, 모든 죄는 어리석음이며 은혜는 지혜이다.

6. 베스도가 그들 가운데서 팔 일 혹은 십 일을 지낸 후 가이사랴로 내려가서 이튿날 재판 자리에 앉고 바울을 데려오라 명하니.

팔 일 혹은 십 일. 이 구절과 관련해서는 여러 가지 독법(讀法)이 있지만, 그러나 여기와 같이 읽는 것이 가장 일반적이다. 이것은 정확한 날짜를 제시할 필요가 없는 상황에서 짧은 기간을 나타내는 일반적인 표현이다. 하나님은 믿음과 거룩한 삶과 관련한 성경의 진리들을 제시할 때에는 이와 같은 막연한 표현으로 제시하지 않는다. 그러나 우리가 단지 부분적으로 알 뿐인 이 세상에서 정확하게 알 필요가 없는 것들에 대해서는 그냥 이와 같이 내버려 두신다(고전 13:9).

7. 그가 나오매 예루살렘에서 내려온 유대인들이 둘러서서 여러 가지 중대한 사건으로 고발하되 능히 증거를 대지 못한지라.

그가 나오매. 재판장이 자리에 앉고 죄수가 그 앞에 인도되매. 예루살렘에서 내려온 유대인들. 바울에 대한 극도의 격노와 함께 예루살렘으로부터 내려온 유대인 고발자들.

둘러서서. 그를 둘러서서, 혹은 재판석을 둘러서서. 여러 가지 중대한 사건으로. 다음 절의 바울의 답변 가운데 나타나는 고발 내용들로. 그러나 그들은 그것을 입증할 수 없었다. 만일 그들이 그 정도의 증거로 그것을 입증할 수 있었다면, 세상에 무죄한 자는 아무도 없을 것이다.

8. 바울이 변명하여 이르되 유대인의 율법이나 성전이나 가이사에게나 내가 도무지 죄를 범하지 아니하였노라 하니.

바울은 자신에게 씌워진 세 가지 죄목에 대해 답변한다. (1) 그는 율법에 대해 죄를 범하지 않았다. 그는 지금까지 항상 율법을 잘 지켜온 사람이었다. (2) 그는 성전에 대해 죄를 범하지 않았다. 그는 진실한 마음으로 그리고 종교적인 목적으로 성전에 들어갔다. (3) 그는 가이사에 대해 죄를 범하지 않았다. 그는 가이사에 대해 반역을 선동하지도 않았고, 그의 통치를 대적하는 말이나 행동을 하지 않았다.

9. 베스도가 유대인의 마음을 얻고자 하여 바울더러 묻되 네가 예루살렘에 올라가서 이 사건에 대하여 내 앞에서 심문을 받으려느냐.

유대인의 마음을 얻고자 하여. 그의 전임자인 벨릭스처럼 대중들의 갈채와 호감을 얻고자 하여(행 24:27). 그러나 벨릭스는 결국 그에 대한 유대인들의 반감으로 말미암아 고발과 면직을 당했다. 바울더러 묻되. 혹은 사도행전 3:12처럼 바울에게 말하되. 네가 예루살렘에 올라가서 이 사건에 대하여 심문을 받으려느냐. 베스도의 마음은 명백히 유대인들의 마음을 기쁘게 하려는 쪽으로 기울어졌다. 그리하여 그는 바울에게 ── 비록 명령하지는 않았다 하더라도 ── 이와 같이 물었다. 로마 시민의 특권을 가진 바울은 자신의 의지(意志)에 반하여 유대인 재판관들에게 또다시 심문을 받도록 강요될 수 없었다.

10. 바울이 이르되 내가 가이사의 재판 자리 앞에 섰으니 마땅히 거기서 심문을 받을 것이라 당신도 잘 아시는 바와 같이 내가 유대인들에게 불의를 행한 일이 없나이다.

바울이 유대인 재판관들의 진의(眞意)를 의심하는 것은 지극히 정당했다. 자신이 예루살렘으로 가는 길이 얼마나 위험한 길인지 그는 너무나 잘 알고 있었다. 내가 가이사의 재판 자리 앞에 섰으니 마땅히 거기서 심문을 받을 것이라. 지금 바울은 베스도가 그 대리자인 가이사의 재판석 앞에 서 있었다. 바울은 한 사람의 로마 시민으로서 마땅히 가이사로부터 심문을 받아야만 했다. 당신도 잘 아시는 바와 같이. 베스도는 벨릭스를 통해 바울이 유대인들에게 불의를 행한 일이 없음을 잘 알고 있었을 것이다.

11. 만일 내가 불의를 행하여 무슨 죽을 죄를 지었으면 죽기를 사양하지 아니할 것이나 만일 이 사람들이 나를 고발하는 것이 다 사실이 아니면 아무도 나를 그들에게 내줄 수 없나이다 내가 가이사께 상소하노라 한대.

만일 내가 불의를 행하여 무슨 죽을 죄를 지었으면. 만일 내가 유대인들에게 악을 행하여 마땅히 죽음을 당할 만한 잘못을 — 예컨대 율법에 의해 사형에 처해질 만한 죄를 — 저질렀다면. 아무도 나를 그들에게 내줄 수 없나이다. 공식적으로 판결이 선고되기에 앞서 (로마인들이 엄격하게 지키는) 법에 따라. 내가 가이사께 상소하노라. 로마 시민의 특권을 가진 사람들은 합법적으로 가이사에게 상소할 수 있었다. 그들은 자신의 의지(意志)에 반하여 로마 이외의 지역에서 심문을 받도록 강요될 수 없었다. 여기에서 바울이 가이사에게 상소한 것은 (1) 가이사를 자신과 다른 그리스도인들에게 좀 더 호의적으로 만들기 위함이었다. (2) 그렇게 하는 것이 자신과 교회를 위해 좀 더 안전한 일로 여겨졌기 때문이었다. (3) 그리스도께서 그에게 "네가 로마에서도 증언하여야 하리라"라고 말씀하셨기 때문이었다(행 23:11).

12. 베스도가 배석자들과 상의하고 이르되 네가 가이사에게 상소하였으니 가이사에게 갈 것이라 하니라.

배석자들과 상의하고. 여기의 배석자들은 유대 산헤드린의 공회원들이었을 수 있다. 베스도는 산헤드린의 공회원들에게 로마의 법과 관습을 알려주며 바울의 상소를 받아들일 수밖에 없는 이유를 설명해 주었을 수 있다. 혹은 여기의 배석자들은 베스도 자신의 보조 재판관들이었을 수도 있다. 로마의 통치자들은 대부분의 경우 자신을 보조하는 사람들의 조언 없이는 아무 일도 하지 않았다.

네가 가이사에게 상소하였으니. 혹은 의문 부호를 넣어서 "네가 가이사에게 상소하였느냐?" 베스도는 바울의 상소로 크게 반겼다. 그것은 한쪽의 잘못된 판결과 다른 쪽의 불만을 동시에 피하면서 그 골치 아픈 문제를 벗어버릴 수 있게 되었기 때문이었다.

13. 수일 후에 아그립바 왕과 버니게가 베스도에게 문안하러 가이사랴에 와서.

아그립바. 여기의 아그립바를 요세푸스는 작은 아그립바라고 부른다. 요세푸스는 그가 사도행전 12:23에서 그의 죽음에 대한 언급이 나타나는 헤롯 아그립바 혹은 아그립바 대왕(Agrippa the Great)의 아들이었다고 말한다. 그러나 여기의 아그립바는 앞에서 언급된 드루실라와 여기의 버니게의 형제였다. 그렇다면 여기의 아그립바는 버니게와 더불어 근친상간 가운데 살고 있었던 것이다.

14. 여러 날을 있더니 베스도가 바울의 일로 왕에게 고하여 이르되 벨릭스가 한 사람을 구류하여 두었는데.

베스도가 바울의 일로 왕에게 고하여. 베스도는 바울과 관련한 일을 통상적인 잡담 가운데 이야기했든지 아니면 아그립바의 조언을 구하기 위해 이야기했을 것이다. 그러나 이 일로 인해 유대인들의 악함이 알려지고 바울의 안전이 마련되었을 뿐만 아니라 또한 복음이 로마에 전파되도록 하는 하나님의 계획이 진척되게 되었다.

15. 내가 예루살렘에 있을 때에 유대인의 대제사장들과 장로들이 그를 고소하여 정죄하기를 청하기에.

즉 그들이 그가 범한 죄에 따라 그에게 사형을 선고할 것을 청하기에. 이와 같이 유대인들은 까닭 없이 바울을 죽이려고 했다. 그들은 우리 구주에 대해서도 그렇게 했다. 재판장이 우리 구주에게서 아무 죄도 발견할 수 없었음을 선언했음에도 불구하고, 그들은 결국 그를 정죄하고 말았다(눅 23:4). 여기의 베스도의 말 속에서 우리는 그들의 그와 같은 불의한 행태가 또다시 나타나는 것을 발견한다.

16. 내가 대답하되 무릇 피고가 원고들 앞에서 고소 사건에 대하여 변명할 기회가 있기 전에 내주는 것은 로마 사람의 법이 아니라 하였노라.

어떤 사람을 충분하게 입증된 증거 없이 정죄하는 것은 로마인들의 법에 어긋나는 것일 뿐만 아니라 또한 유대인들의 법에도 어긋나는 것이다(신 17:4). 아니, 그것은 자연법에도 어긋나고 모든 나라의 법에도 어긋나는 것이다. 그러나 바울의 대적들은 적의(敵意)로 말미암아 완전히 눈이 멀어 버렸다. 그들은 자연법이 금할 뿐만 아니라 이교도들조차도 부끄러워하는 일을 버젓이 행했다.

17. 그러므로 그들이 나와 함께 여기 오매 내가 지체하지 아니하고 이튿날 재판자리에 앉아 명하여 그 사람을 데려왔으나.

베스도는 가능하면 유대인들을 만족시켜 주려고 했다. 만일 바울의 무죄함이 드러나지 않았다면, 그는 틀림없이 그를 유대인들의 격노에 넘겨 주었을 것이다. 왜냐하면 그렇게 함으로써 그들을 크게 만족시켜 줄 수 있었기 때문이었다.

18. 원고들이 서서 내가 짐작하던 것 같은 악행의 혐의는 하나도 제시하지 아니하고.

바울이 어떻게 유대인들에 의해 벨릭스 앞에 고발을 당했는지, 그리고 그에게 어떤 혐의가 씌워졌는지를 잘 아는 베스도는 결코 그에게 사형에 해당할 만한 죄가 있다고 생각할 수 없었다.

19. 오직 자기들의 종교와 또는 예수라 하는 이가 죽은 것을 살아 있다고 바울이 주장하는 그 일에 관한 문제로 고발하는 것뿐이라.

종교. "Superstition" 즉 미신. 여기의 이교도 총독은 불경스럽게도 ― 둘 다 유대인인 혹은 최소한 유대인들 가운데 자란 ― 아그립바와 베니게 앞에서 하나님 자신이 친히 세우신 종교와 예배를 미신이라고 부른다. 죽은 것을 살아 있다고. 죽은 자 가운데 다시 살아났다고. 베스도는 유대인들과 함께 예수가 실제로 죽었음을 알고 있었다.

20. 내가 이 일에 대하여 어떻게 심리할는지 몰라서 바울에게 묻되 예루살렘에 올라가서 이 일에 심문을 받으려느냐 한즉.

베스도는 마치 자신이 이와 같은 종류의 사건을 어떻게 처결해야 하는지, 또 이 사건의 재판장이 자신이 되어야 하는지 아니면 유대 산헤드린이 되어야 하는지 알지 못했던 것처럼 꾸민다. 그러나 이것은 단지 그렇게 꾸민 것에 불과했다. 그가 바울을 무죄 석방하지 않은 진짜 이유를 우리는 9절에서 읽는다. "베스도가 유대인의 마음을 얻고자 하여." 즉 그가 유대인들의 환심을 사고자 한 것이 진짜 이유였다. 그는 바울에게 "네가 예루살렘에 올라가겠느냐?"라고 물었다. 그러나 그는 이미 마음속으로 바울이 원하든 원치 않든 그를 예루살렘으로 보내고자 하는 생각을 가지고 있었다. 만일 바울이 가이사에게 상소하지 않았다면, 그는 틀림없이 바울을 예루살렘으로 보냈을 것이었다.

21. 바울은 황제의 판결을 받도록 자기를 지켜 주기를 호소하므로 내가 그를 가이사에게 보내기까지 지켜 두라 명하였노라 하니.

황제(Augustus). 바울이 상소한 황제는 아우구스투스라 불렸던 네로였다. 아우구스투스라는 칭호가 처음 부여된 사람은 율리우스 카이사르(Julius Caesar)의 후계자인 옥타비아누스였다. 그러나 그에게 부여된 존귀로부터 혹은 그러한 칭호의 의미로부터, 그것은 이후 모든 황제들에게 부여된 일반적인 칭호가 되었다. 마치 오늘날의 독일 황제가 셈페르 아우구스투스(Semper Augustus)라고 불리는 것처럼 말이다. 가이사(Caesar). 옥타비아누스 이후 모든 황제들에게 아우구스투스라는 칭호가 붙여진 것처럼, 첫 번째 황제인 율리우스로부터 그들에게 또한 가이사라는 칭호가 붙여졌다. 첫 번째 황제의 고유한 이름이었던 가이사는 그를 기념하는 의미로 그의 모든 후계자들의 공통적인 칭호가 되었다.

22. 아그립바가 베스도에게 이르되 나도 이 사람의 말을 듣고자 하노라 베스도가 이르되 내일 들으시리이다 하더라.

아그립바는 유대교에 대해 잘 알고 있었다. 설령 유대인이 아니었다 하더라도, 그는 우리 구주와 그의 가르침과 그의 죽음과 부활에 대해 듣지 못했을 수 없었다. 이러한 사실은 "나도 이 사람의 말을 듣고자 하노라"라는 그의 바람을 단순한 호기심으로부터 말미암은 것으로 만든다. 헤롯이 세례 요한의 말을 듣기를 바라고 또 우리 구주를 보기를 바랐던 것처럼 말이다(막 6:20; 눅 23:8).

23. 이튿날 아그립바와 버니게가 크게 위엄을 갖추고 와서 천부장들과 시중의 높은 사람들과 함께 접견 장소에 들어오고 베스도의 명으로 바울을 데려오니.

크게 위엄을 갖추고. 그들은 큰 위엄과 근사한 복장을 갖춘 재 여러 명의 수행원들과 함께 접견 장소에 들어왔다. 그러나 세상의 모든 영광은 고작해야 겉으로 꾸민 것에 불과하다. 그것은 금방 사라진다. 바울을 데려오니. 여기에 크게 대비(對比)되는 두 부류의 사람이 있다. 한편에 화려하게 꾸민 채 많은 사람들의 수행을 받는 고관대작들이 있으며, 다른 편에 사슬에 결박된 죄수 바울이 있다(행 23:18). 그러나 바울은 정말로 위대한 이유 때문에 그들의 상태보다 자신의 상태를 더 좋아한다. 그는 그들과 함께 그들의 화려함과 일락에 참여하기를 바라지 않고, 도리어 그리스도와 함께 그의 수치와 고난에 참여하기를 바랐다(빌 3:10).

24. 베스도가 말하되 아그립바 왕과 여기 같이 있는 여러분이여 당신들이 보는 이 사람은 유대의 모든 무리가 크게 외치되 살려 두지 못할 사람이라고 하여 예루살렘에서와 여기서도 내게 청원하였으나.

여기의 바울을 생각해 보라. 그는 지금 마치 한 마리의 들짐승처럼 많은 사람들의 구경거리가 된 채 그들 앞에 서 있었다. "내가 생각하건대 하나님이 사도인 우리를 죽이기로 작정된 자 같이 끄트머리에 두셨으매 우리는 세계 곧 천사와 사람에게 구경거리가 되었노라"(고전 4:9). 많은 사람들이 그를 바라보며 수군거리는 상황에서 그는 충분히 당황하며 주눅이 들 수 있었다. 그러나 이 순간 그는 "볼지어다 내가 세상 끝날까지 너희와 항상 함께 있으리라"는 주님의 위대한 약속의 은택과 능력을 발견했다(마 28:20).

25. 내가 살피건대 죽일 죄를 범한 일이 없더이다 그러나 그가 황제에게 상소한 고로 보내기로 결정하였나이다.

유대인들의 중상과 비방은 바울을 더욱 유명하게 만들었다. 이와 같이 그의 많은 대적들은 그토록 오랫동안 그를 죽이고자 혈안이 되었지만 결국 좌절되고 말았다. 반면 바울과 그가 전파한 진리는 천부장 루시아와 총독 벨릭스와 여기의 베스도와 나중에 아그립바의 증언에 의해 옹호되었다(행 23:29; 24:25; 26:32). 이와 같이 진리는 결국 승리하는 법이다.

26. 그에 대하여 황제께 확실한 사실을 아뢸 것이 없으므로 심문한 후 상소할 자료가 있을까 하여 당신들 앞 특히 아그립바 왕 당신 앞에 그를 내세웠나이다.

황제께. "My lord" 즉 나의 주께. 이것은 현재의 황제인 네로를 가리키는 호칭이었으며, 베스도는 그를 대리하여 이 지역을 통치하는 총독이었다. 전임 황제들 가운데 몇몇 황제들은 이러한 호칭이 너무나 과도하며 전횡적인 냄새를 풍긴다 하여 거부했지만, 그러나 네로는 기꺼이 그러한 호칭을 받아들였다. 특히 아그립바 왕 당신 앞에. 아그립바는 유대 율법에 익숙한 사람이었다. 물론 바울의 소송 사건을 재판하는 것은 그의 일이 아니었지만, 그러나 그는 베스도에게 유대 율법에 대해 알려줄 수 있었다.

27. 그 죄목도 밝히지 아니하고 죄수를 보내는 것이 무리한 일인 줄 아나이다 하였더라.

그토록 요란한 소동에도 불구하고, (기꺼이 바울을 정죄함으로써 유대인들을 만족시켜 주고자 했던) 베스도는 그 모든 소동이 도대체 무엇 때문에 일어났는지 알지 못한다. 베스도는 바울을 대적하는 유대인들을 의식하여 그를 무죄 방면하지 않았는데, 이런 부분에서 그는 비난받아 마땅하다.

제26장

개요

1. 바울이 아그립바 앞에서 자신의 인생과, 자신의 놀라운 회심과, 자신이 사도로 부르심을 받은 것과, 자신이 전파한 것이 율법과 선지자의 가르침과 일치한다는 것 등을 이야기함(1-23).
2. 베스도가 바울을 미쳤다고 말함. 이에 바울이 자신이 미친 것이 아니라고 대답함. 바울이 아그립바와 모든 사람들에게 자신과 같이 그리스도인이 되기를 바란다고 말함(24-29).
3. 모든 무리가 바울의 무죄를 인정함(30-32).

1. 아그립바가 바울에게 이르되 너를 위하여 말하기를 네게 허락하노라 하니 이에 바울이 손을 들어 변명하되.

바울이 손을 든 것은 (1) 자신이 말하는 동안 사람들을 조용히 시키기 위함이었든지, 아니면 (2) 자신의 무죄를 나타내기 위함이었든지, 아니면 (3) 다른 웅변가들이 이야기를 시작할 때 손을 움직인 것과 같은 것이었을 것이다. 어쨌든 바울은 하나님의 놀라운 섭리 가운데 복음을 전파할 뿐만 아니라 그와 함께 자신의 사건과 자신의 믿는 바를 사람들에게 분명하게 알릴 수 있는 기회를 갖게 되었다.

2. 아그립바 왕이여 유대인이 고발하는 모든 일을 오늘 당신 앞에서 변명하게 된 것을 다행히 여기나이다.

당신 앞에서. 물론 여기에서 아그립바가 재판장의 위치에 있었던 것은 아니었다. 그럼에도 불구하고 그의 의견과 판단은 베스도에게 큰 영향을 끼칠 수밖에 없었다.

다행히 여기나이다. 바울은 아그립바 앞에서 말할 수 있게 된 것을 큰 다행으로 생각했다. 아그립바는 율법과 선지자에 대해 잘 알고 있었는데, 그로 말미암아 바울은 자신의 사건이 결말지어지기를 바랐다.

3. 특히 당신이 유대인의 모든 풍속과 문제를 아심이니이다 그러므로 내 말을 너그러이 들으시기를 바라나이다.

이것은 입에 발린 말이 아니라, 사실을 그대로 인정하는 것이었다. 왜냐하면 유대인들 가운데 태어나고 자란 아그립바는 다음과 같은 것들에 대해 완전히 무지할 수 없었기 때문이었다. (1) 메시야에 대해. (2) 부활에 대해. (3) 성령을 주심에 대해.

내 말을 너그러이 들으시기를 바라나이다. 그것은 종교와 관련한 것으로서 특별히 사람의 생명과 자유와 관련한 문제였다. 그러므로 아그립바는 바울의 말을 참을성 있게 들어야만 했다.

4. 내가 처음부터 내 민족과 더불어 예루살렘에서 젊었을 때 생활한 상황을 유대인이 다 아는 바라.

바울은 이를테면 그의 동족인 유대인들에게 자신이 그들과 같은 종교를 가지고 있는 동안 자신에게 무슨 특별한 결함이 있었느냐고 반문한다. 이와 같은 말로써 바울은 자신의 거룩한 종교를 다른 종교들의 시궁창으로부터 옹호하면서 자신을 그들에게 가증한 존재로 만든 것은 자신이 행한 어떤 악한 행동이 아니라 자신의 종교였음을 암시한다.

5. 일찍부터 나를 알았으니 그들이 증언하려 하면 내가 우리 종교의 가장 엄한 파를 따라 바리새인의 생활을 하였다고 할 것이라.

여기에서 바울은 바리새파를 호의적으로 말한다. 만일 우리가 바리새파를 사두개파나 에세네파와 같은 다른 종파들과 비교한다면, 우리 역시도 상대적으로 그렇게 평가할 수 있을 것이다. 또 그는 앞에서 그것을 "우리 조상들의 율법의 엄한 교훈"이라고 불렀다(행 22:3). 다른 종파들과 비교할 때, 실제로 그것은 더 엄격하며 철저했다. 그러므로 우리는 여러 가지 측면에서 다른 종파들에 비해 그것이 진리에 더 가까이 다가갔다고 평가할 수 있다.

6. 이제도 여기 서서 심문 받는 것은 하나님이 우리 조상에게 약속하신 것을 바라는 까닭이니.

서서. 죄수는 선 자세로 심문을 받았다. 약속하신 것을 바라는 까닭이니. "for the hope of the promise" 즉 약속의 소망 때문이니. 바울은 기독교 복음의 기초인 부활 이야기를 끌어들인다(고전 15:14; 행 23:6; 24:15). 그것이 지금 "약속의 소망"으로 일컬어지는 것은 하나님의 약속이 그들에게 그와 같은 소망 즉 부활의 소망을 불러일으켰기 때문이었다. 아브라함과 이삭과 야곱의 하나님은 그들에게 이 세상에서 다른 사람들보다 훨씬 적은 것을 주셨다. 그들은 약속의 땅을 온전히 소유하지 못했다. 고작 매장지만을 가졌을 뿐이었다. 이러한 사실로부터 그들은 현재의 삶 외에 또 다른 삶이 있음을 추론하며 기대할 수 있었다. 지금 바울도 "약속의 소망 때문에" 심문을 받고 있었다. 그는 이 소망을 그리스도께서 값을 치르고 사신 구원으로 받아들였다. 그리고 그것은 그의 조상들에게도 약속된 것이었다. 요점은 이것이다. 즉 바울은 우리 믿음의 두 가지 주된 항목 즉 몸의 부활과 영원한 생명 때문에 심문을 받았다는 것이다.

7. 이 약속은 우리 열두 지파가 밤낮으로 간절히 하나님을 받들어 섬김으로 얻기를 바라는 바인데 아그립바 왕이여 이 소망으로 말미암아 내가 유대인들에게 고소를 당하는 것이니이다.

열두 지파. 여기에서 바울은 여전히 그들을 열두 지파로 간주한다. 비록 열 지파가 포로로 끌려갔다가 아직까지 돌아오지 않았다고 하더라도 말이다. 그러나 (1) 앗수르 왕에 의해 여전히 그 땅에 많은 사람들이 남아 있었다. 비록 그들이 잠시 동안 유대인들이 아니라 사마리아인들과 연합했다 하더라도, 우리 구주께서 오시기 한두 세기 전에 그들은 ― 최소한 그들 가운데 상당수의 사람들은 ― 유대 종교와 예배로 돌아왔다. (2) 비록 열 지파가 온전히 돌아오지 못했다 하더라도, 그러나 그들 가운데 많은 사람들은 여전히 그들의 종교와 나라에 대한 사랑을 가지고 있었다. (3) 여로보암 시대의 첫 타락 때 하나님이 그 마음을 움직이심으로 말미암아 여로보암이 통치하는 이스라엘을 떠나 남 왕국 유다로 내려온 사람들이 많이 있었다. 그러므로 야고보는 자신의 편지를 열두 지파에게 보내는 것으로 말할 수 있었다. "하나님과 주 예수 그리스도의 종 야고보는 흩어져 있는 열두 지파에게 문안하노라"(약 1:1). 그것은 이산(離散)의 때에 모든 지파로부터 흩어진 사람들이 있었기 때문이었다. **밤낮으로 간절히 하나님을 받들어 섬김으로.** 그들은 하나님이 약속하시고 복음이 계시한 구원을 얻고자 간절한 마음으로 열망하며 애를 썼다.

8. 당신들은 하나님이 죽은 사람을 살리심을 어찌하여 못 믿을 것으로 여기나이까.

이것은 바울이 아그립바뿐만 아니라 베스도를 비롯한 많은 이교도들과 사두개인들에게 ― 만일 그들이 그 자리에 있었다면 ― 말한 것으로 보인다. 아그립바는 선지자들을 믿었으며(27절), 그들로부터 이러한 약속을 배워 알고 있었다(7절). 그러나 하나님은 모든 사람으로 하여금 부활의 진리를 믿을 수 있도록 그것을 증언하는 것들을 주셨다. 창조의 역사(役事)가 그것을 증언한다. 왜냐하면 생명이 없는 것에게 생명을 줄 수 있는 자는 필시 생명을 다시 회복시킬 수 있기 때문이다. 또 섭리의 역사가 그것을 증언한다. 봄이 되면 죽은 것처럼 보였던 나무들과 식물들이 부활한다. 우리가 매일 먹는 빵을 생각해 보라. 그것은 "죽지 않으면 살아나지 못하는" 곡식들로 만들어진 것이다(고전 15:36).

9. 나도 나사렛 예수의 이름을 대적하여 많은 일을 행하여야 될 줄 스스로 생각하고.

나사렛 예수. 그들은 우리 구주를 이와 같이 불렀다. 사도행전 22:8을 보라.

10. 예루살렘에서 이런 일을 행하여 대제사장들에게서 권한을 받아 가지고 많은 성도를 옥에 가두며 또 죽일 때에 내가 찬성 투표를 하였고.

성도. 예수 그리스도와 관련한 진리를 믿고 고백하는 자들은 성도(saints)라 불린다(롬 1:7). 그들은 그리스도를 모든 의를 이룬 자로서 거룩의 위대한 모범으로 취하며, 그로부터 거룩의 영을 받으며, 그 안에서 거룩하여져 간다(고전 1:2). 그리고 그의 영이 없으면 그의 사람이 아니다(롬 8:9). 내가 찬성 투표를 하였고(I gave my voice against them). 바울은 공회원도 아니었으며, 어떤 사람을 재판하는 직책도 가지고 있지 않았다. 뿐만 아니라 당시 유대인들은 사람을 살리고 죽이는 권세를 가지고 있지 못했다(당시 그러한 권세는 오직 로마인들에게만 속했다). 그리고 스데반은 합법적으로 죽은 것이 아니라 대중적인 폭동과 폭력에 의해 죽었다. 그럼에도 불구하고 여기에서 바울이 이와 같이 말할 수 있었던 것은 나중에 그 결과를 로마의 통치자 혹은 그를 대리하는 다른 사람에게 전달하고 그로부터 승인을 받았기 때문이었다. 그가 유대인들의 정죄를 찬동하고 기뻐한 것은 이러한 사실을 충분히 증명하고도 남는다.

11. 또 모든 회당에서 여러 번 형벌하여 강제로 모독하는 말을 하게 하고 그들에 대하여 심히 격분하여 외국 성에까지 가서 박해하였고.

바울은 그들로 하여금 "강제로 모독하는(blaspheme) 말을 하게 했다"고 고백한다. 여기의 "강제로"는 아마도 다음과 같은 것들 가운데 하나를 의미할 것이다. (1) 그들을 폭력적으로 고문하며 괴롭게 함으로 말미암아. (2) 그 자신의 모범으로 말미암아. 왜냐하면 그 자신이 비방자(blasphemer)였기 때문에(딤전 1:13). 또 여기의 모독(혹은 비방, blasphemy)은 다음과 같은 것들 가운데 하나를 의미할 것이다. (1) 그리스도가 메시야임을 부인하는 것. (2) 그리스도를 저주하고 욕하면서 그가 정죄를 당한 것이 지극히 합당한 일이라고 인정하는 것. 외국 성에까지 가서 박해하였고. 바울은 성도들을 예루살렘과 유대 밖으로 쫓아냈다. 그는 그것을 하나님을 섬기는 예라고 생각하면서 그들을 참 하나님을 섬기는 자리로부터 쫓아냈다. 사실상 그는 그들에게, 다윗의 대적들이 다윗에게 그랬던 것처럼, "너는 가서 다른 신들을 섬기라"고 말했다(삼상 26:19).

12. 그 일로 대제사장들의 권한과 위임을 받고 다메섹으로 갔나이다.

먼 지역의 유대인들에게 그의 신분을 보증하며 그를 자신들의 대행자로 위임하는 위임장과 함께.

13. 왕이여 정오가 되어 길에서 보니 하늘로부터 해보다 더 밝은 빛이 나와 내 동행들을 둘러 비추는지라.

정오. 그 일은 정오에 일어남으로 말미암아 꿈이나 혹은 망상으로 의심될 수 없었다. 해보다 더 밝은 빛. 변화산에서 우리 주님의 얼굴은, 아직까지 육체의 몸을 입고 계셨음에도 불구하고, 해처럼 빛났다(마 27:2). 그렇다면 지금 하늘로부터 영광스러운 몸으로 나타나실 때는 얼마나 더 그렇겠는가! 만일 의인이 해처럼 빛날 것이라면, 그들의 왕과 구주는 얼마나 더 그럴 것인가!(단 12:3; 마 13:43). 이 이야기에 관하여는 사도행전 9:3과 22:6을 보라.

14. 우리가 다 땅에 엎드러지매 내가 소리를 들으니 히브리 말로 이르되 사울아 사울아 네가 어찌하여 나를 박해하느냐 가시채를 뒷발질하기가 네게 고생이니라.

히브리 말로. 바울은 앞에서 예루살렘의 유대인들에게 말할 때는 히브리 말로 말했지만, 그러나 여기의 아그립바 앞에서는 히브리 말로 이야기하지 않은 것으로 보인다(행 21:40). 가시채를 뒷발질하기가 네게 고생이니라. 어떤 사람들이 생각하는 것처럼, 이것은 헬라인들로부터 빌려온 격언이다. 이러한 격언은 자기 자신을 파괴하며 망가뜨리려고 애쓰는 사람을 묘사한다. 모든 박해자들이 이와 같다. 왜냐하면 하나님과 그의 진리와 그의 종들을 대적하고 잘 되는 사람은 아무도 없기 때문이다. "그는 마음이 지혜로우시고 힘이 강하시니 그를 거슬러 스스로 완악하게 행하고도 형통할 자가 누구이랴"(욥 9:4). 가시채를 발로 차는 자는 마침내 스스로 그 가시채에 찔릴 것이다.

15. 내가 대답하되 주님 누구시니이까 주께서 이르시되 나는 네가 박해하는 예수라.

사도행전 9:5을 보라.

16. 일어나 너의 발로 서라 내가 네게 나타난 것은 곧 네가 나를 본 일과 장차 내가 네게 나타날 일에 너로 종과 증인을 삼으려 함이니.

너의 발로 서라. 다니엘도 천사로부터 이와 똑같은 명령을 받았는데, 이와 같은 말로써 천사는 다니엘의 두려움과 놀람을 경감시켜 주고자 했다(단 10:11). 장차 내가 네게 나타날 일. 이와 같이 바울은 많은 환상과 계시를 보게 될 것이었다(행 23:11;

28:9; 고후 12:2). 그에게 그리스도를 위한 고난이 넘친 것 같이 그로부터의 위로도 넘칠 것이었다. "그리스도의 고난이 우리에게 넘친 것 같이 우리가 받는 위로도 그리스도로 말미암아 넘치는도다"(고후 1:5).

17. 이스라엘과 이방인들에게서 내가 너를 구원하여 그들에게 보내어.

이스라엘과. 어떤 사본들이 읽는 것처럼, 이러한 유대인들과. 이방인들에게서 내가 너를 구원하여. 이러한 표현은 하나님이 바울과 그의 모든 신실한 종들을 모든 악과 원수들로부터 구원할 것을 의미하는 것으로 이해되어야 한다. 그러면 그것은 어떻게 이루어질 것이며 또 어디에서 이루어질 것인가? 바울은 유대인들로부터 가혹한 박해를 받았으며, 마지막에 이방인들에 의해 참혹한 죽음을 당했다. 그러나 그러한 것들조차 그에게 긍휼과 참된 구원이 될 것이었다. 그것은 결코 실패가 아니었다. 어떤 사슬과 철문도 그를 붙잡아둘 수 없었다. 그가 자신의 달려갈 길을 마치고 자신에게 맡겨진 모든 일을 행했음에도 불구하고 그의 상급으로부터 멀리 떨어진 채 여전히 이 땅에 남아 있어야만 했다면, 도리어 그것이 긍휼과 구원이 아닐 것이었다.

18. 그 눈을 뜨게 하여 어둠에서 빛으로, 사탄의 권세에서 하나님께로 돌아오게 하고 죄 사함과 나를 믿어 거룩하게 된 무리 가운데서 기업을 얻게 하리라 하더이다.

그 눈을 뜨게 하여. 하나님과 그에 대한 그들의 의무를 알게 하기 위해 그들의 마음의 눈을 뜨게 하여. 우리 구주는 바울에게 그가 사람들의 눈을 뜨게 할 것이라고 확증하셨는데, 실제로 그 자신이 이와 똑같은 경험을 했다. 왜냐하면 그 자신이 아무것도 보지 못하게 되었다가 아나니아를 통해 그 눈을 떠 다시 보게 되었기 때문이다. 물론 사람들의 눈을 뜨게 하는 것은 오직 하나님 자신의 일일 뿐이다. 그럼에도 불구하고 하나님은 그 일을 존귀하게 하기 위해 그것을 자신의 도구인 사역자들에게 돌리기를 기뻐하신다. 그러므로 그들은 하나님의 동역자로 일컬어진다(고후 6:1). 어둠에서 빛으로. 이것은 영화로워진 구주의 몸으로부터 나오는 영광스러운 빛에 의해 나타났다. 이와 같이 우리 구주는 바울을 어둠으로부터 빛으로 돌아오게 하셨다. 사탄의 권세. 이와 같이 모든 죄는 곧 사탄의 권세이다. 왜냐하면 그것으로 말미암아 사탄이 불순종의 자녀들 가운데 왕 노릇 하기 때문이다(엡 2:2). 죄 사함. 이와 같이 복음을 받아들이는 사람들에게 있어 그들의 예전의 죄는 결코 그들의 구원을 가로막지 못한다. 나를 믿어. "By faith that is in me" 즉 나를 믿는 믿음으로 말미암아. 이것은 우리가 거룩하게 된 것과 관련하여 언급된 것일 수도 있고, 우리가 기업을 받는 것과 관련하여 언급된 것일 수 있다. 왜냐하면 둘 모두 믿음으로 말미암기 때문이다. 믿음이 없이는 우리는 다른 사람들보다 더 낫지도 않고, 더 낫게 행할 수도 없고, 더 나은 것을 기업으로 받지도 못할 것이다.

19. 아그립바 왕이여 그러므로 하늘에서 보이신 것을 내가 거스르지 아니하고.

바울은 이를테면 이렇게 호소한다. "그러므로 나는 하나님을 믿고 이사야처럼 그의 부르심에 순복하였나이다(사 1:5). 이것이 무슨 잘못이나이까? 그러나 이것이 유대인들이 나를 고발하는 것의 전부나이다."

20. 먼저 다메섹과 예루살렘에 있는 사람과 유대 온 땅과 이방인에게까지 회개하고 하나님께로 돌아와서 회개에 합당한 일을 하라 전하므로.

먼저 다메섹에 있는 사람과. 다메섹은 그가 회심한 장소로부터 가장 가까운 곳에 있는 도시였다. 이와 같이 그는 그리스도를 전파할 수 있는 첫 번째 기회를 다메섹에서 취했다. 그리고 그의 마음에 가득한 것이 그의 입을 통해 나왔다. 하나님께로 돌아와서. 죄가 하나님으로부터 돌이키는 것인 것처럼, 회개는 그에게로 다시 돌아오는 것이다. 회개에 합당한 일을 하라. 진심으로 죄를 뉘우치며 참회하는 일과 같은. 우리의 믿음을 행함으로 나타내야 하는 것처럼, 우리는 또한 우리의 회개를 그에 합당한 행함으로 나타내야 한다(약 2:18). 만일 우리가 죄를 미워하며 죄로 인해 슬퍼한다고 말하면서 여전히 그 가운데 거한다면, 그것은 우리 자신을 속이며 (우리 안에 거하시는) 하나님을 조롱하는 것이다.

21. 유대인들이 성전에서 나를 잡아 죽이고자 하였으나.

사도행전 21:31에 나타나는 것처럼, 직접적인 폭력과 간접적인 방법으로. 그들은 우리 구주에 대해서도 그렇게 했다(행 5:30).

22. 하나님의 도우심을 받아 내가 오늘까지 서서 높고 낮은 사람 앞에서 증언하는 것은 선지자들과 모세가 반드시 되리라고 말한 것밖에 없으니.

내가 오늘까지 서서. "I continue unto this day" 즉 내가 오늘까지 계속해서. 바울은 원수들의 모든 반대와 훼방에도 불구하고 자신이 증언하는 모든 메시지가 하나님으로부터 말미암은 것임을 분명하게 확신하면서 그것으로부터 자신의 정당성을 끌어냈다. 그가 행한 모든 것은 단지 오늘까지 자신의 목숨을 지켜주신 하나님에 대한 감사로 말미암은 것일 뿐이었다. 높고 낮은 사람 앞에서 증언하는. 그는 고관과 일반 백성을 막론하고 모든 부류의 사람들에게 증언했다. 복음의 진리와 하나님의 일들은 아그립바와 같은 사람뿐만 아니라 가장 비천한 사람들에게도 똑같이 관련된다. 하나님은 아무 사람도 차별하지 않으시며, 우리는 모두 그리스도 예수 안에서 하나이다. "너희는 유대인이나 헬라인이나 종이나 자유인이나 남자나 여자나 다 그리스도 예수 안에서 하나이니라"(갈 3:28). **선지자들과 모세.** 모세 자신도 역시 선지자였다. 그러나 그가 여기에서 따로 언급되는 것은 그가 (하나님이 대면하여 말씀하실 정도로) 다른 선지자들보다 더 뛰어났기 때문일 뿐만 아니라 또한 그가 유대인들에게 율법을 주었기 때문이었다.

23. 곧 그리스도가 고난을 받으실 것과 죽은 자 가운데서 먼저 다시 살아나사 이스라엘과 이방인들에게 빛을 전하시리라 함이니이다 하니라.

그리스도의 고난은 모세에 의해서도 (예컨대 희생제사와 관련한 다양한 말씀들 가운데) 가르쳐졌을 뿐만 아니라, 또한 이사야에 의해 (특별히 그의 책 53장에서) 한층 더 선명하게 가르쳐졌다. 특별히 1-12절을 읽어 보라. 이것이 그리스도의 고난을 가리키는 것이라는 것은 트리폰(Tryphon)조차 순교자 유스티누스(Justin Martyr)와 더불어 논쟁하는 가운데 기꺼이 인정한 사실이었다. 비록 대다수의 유대인들은 그때나 지금이나 완악한 마음으로 그것을 부인한다 하더라도 말이다. 육신적인 유대인들은 영적인 나라에 대해 듣기를 좋아하지 않는다. **죽은 자 가운데서 먼저(first) 다시 살아나사.** 그리스도는 불멸의 생명으로 회복된 첫 번째(first) 사람이었다. 물론 죽었다가 다시 살아난 사람들도 있었지만, 그러나 그들은 또다시 죽었다. 뿐만 아니라 그리스도는 그의 존귀와 탁월함에 있어서도 첫 번째(first) 사람이었다. 그는 그를 믿는 모든 사람들의 생명의 머리와 근원으로서 다시 살아나셨다. **이스라엘과 이방인들에게.** 사도행전 26:17처럼, 유대인들과 이방인들에게. **빛을 전하시리라.** "Show light" 즉 빛을 나타내시리라. 하나님의 모든 말씀이 빛이지만, 그러나 특별히 구원의 길을 제시하는 복음이 빛이다.

24. 바울이 이같이 변명하매 베스도가 크게 소리 내어 이르되 바울아 네가 미쳤도다 네 많은 학문이 너를 미치게 한다 하니.

네가 미쳤도다. 바로 이것이 바울에 대한 베스도의 생각이었다. 또한 바로 이것이 참으로 경건한 자들에 대한 세속적이며 육신적인 사람들의 생각이다. 예후가 자신에게 온 선지자를 "미친 자"로 생각했던 것처럼, 그리고 우리 주님의 친족들이 우리 주님을 미쳤다고 생각했던 것처럼 말이다(왕하 9:11; 막 3:21). 이것은 항상 사실이다. 왜냐하면 선한 자들과 악한 자들은 대부분의 것들에 대해 완전히 다른 인식을 갖기 때문이다. 이 사람이 선하다고 부르는 것을 저 사람은 악한 것으로 간주한다. 또 이 사람에게 지혜인 것을 저 사람은 미친 것으로 생각한다. 네 많은 학문이 너를 미치게 한다. 공부를 많이 하는 것은 종종 사람의 마음을 더 우울하게 만들기도 한다. 오랜 시간 책상에 앉아 생각을 많이 하면서 사는 사람들은 많은 경우 이러한 문제에 노출된다. 바울은 히브리어와 수리아어와 헬라어와 라틴어에 능통한 사람이었던 것으로 여겨진다. 그는 많은 시인들의 말을 능숙하게 인용할 수 있었으며, 뛰어난 웅변가였다. 그가 자신과 자신이 전파한 진리를 변명할 때 잘 나타나는 것처럼 말이다. 그러나 거기에는 이 모든 것 이상의 어떤 것이 있었다. 아마도 베스도는 바울의 말로부터 보통 이상의 특별한 무엇인가를 느꼈던 것으로 보인다. 그는 그 영(Spirit)이 무엇인지 알지 못한 채 그것이 그의 학문 때문이거나 혹은 그가 미쳤기 때문이라고 생각한 것으로 보인다.

25. 바울이 이르되 베스도 각하여 내가 미친 것이 아니요 참되고 온전한 말을 하나이다.

바울은 모든 온유함으로 총독의 날카로운 비난에 개의치 않고 가장 정중한 언어로 그에게 대답한다. 마치 그의 주님이 그렇게 하셨던 것처럼 말이다. "욕을 당하시되 맞대어 욕하지 아니하시고 고난을 당하시되 위협하지 아니하시고"(벧전 2:23). 온전한. "미친"과 정반대인. 바울은 겸손하게 베스도가 자신에게 가하는 비난을 부인한다.

26. 왕께서는 이 일을 아시기로 내가 왕께 담대히 말하노니 이 일에 하나라도 아시지 못함이 없는 줄 믿나이다 이 일은 한쪽 구석에서 행한 것이 아니니이다.

유대에서 교육을 받고 자란 아그립바는 우리 구주의 생애와, 가르침과, 죽음과, 부활과, 그와 그의 제자들에 의해 행해진 기적들에 대해 듣지 못했을 수 없었다. 왜냐하면 그는 "드러내 놓고 세상에 말하였을 뿐 은밀하게는 아무 것도 말하지 아니하셨기" 때문이었다(요 18:20).

27. 아그립바 왕이여 선지자를 믿으시나이까 믿으시는 줄 아나이다.

이것은 아그립바의 마음을 사로잡고자 하는 매우 수사학적인 표현이다. 이러한 말은 아그립바에게 상당한 영향을 끼칠 수밖에 없었다. 바울은 스스로 질문하고 스스로 대답한다. 요컨대 그가 말하고자 하는 것은 "만일 당신이 선지자들을 믿는다면 어째서 그들이 예언한 그리스도는 믿지 않느냐?"는 것이었다.

28. 아그립바가 바울에게 이르되 네가 적은 말로 나를 권하여 그리스도인이 되게

하려 하는도다.

이러한 말은 풍자적 혹은 냉소적으로 말하여진 것으로 생각된다. 아그립바는 이를테면 다음과 같이 말한 것처럼 보인다. "너는 나를 이토록 짧은 시간에 그리스도를 믿고 고백하도록 만들고자 하는도다." 어떤 사람들은 아그립바 같은 사람이 그와 같이 여러 사람들이 모여 있는 장소에서 그렇게 솔직하게 말했을 것 같지 않다고 생각한다. 그러나 그렇게 보는 것이 크게 무리한 일은 아닌 것으로 여겨진다. 그 순간 아그립바가 마음으로 느낀 충격의 힘을 도대체 누가 알 것이란 말인가! 이어지는 바울의 대답은 여기의 아그립바의 말이 그와 같은 의미로 말하여졌을 가능성을 더욱 높여주는 것처럼 보인다.

29. 바울이 이르되 말이 적으나 많으나 당신뿐만 아니라 오늘 내 말을 듣는 모든 사람도 다 이렇게 결박된 것 외에는 나와 같이 되기를 하나님께 원하나이다 하니라.

바울은 복음을 듣고 마음이 흔들리는 것만으로는 큰 의미가 없음을 잘 알고 있었다. 그리하여 바울은 그들이 완전한 믿음으로 나아오기를 간절히 바란다. 그들은 라오디게아 사람들처럼 차지도 않고 뜨겁지도 않아서는 안 되었으며, 이스라엘 백성들처럼 하나님과 바알 사이에서 우물쭈물해서도 안 되었다(계 3:16; 왕상 18:21). 이렇게 결박된 것 외에는. 어떤 사람들은 여기의 "결박"을 지금 바울을 둘러싸고 있는 병사들을 의미하는 것으로 생각한다. 그러나 지금 바울은 사도행전 24:27처럼 문자 그대로 사슬로 결박되어 있었음이 분명하다. 이런 상황에서 그는 자신의 말을 듣고 있는 모든 사람들이 지금 자신이 당하고 있는 모든 악(惡) 외에 자신 안에 있는 모든 선한 것들을 자신과 함께 공유하기를 간절히 바란다.

30. 왕과 총독과 버니게와 그 함께 앉은 사람들이 다 일어나서.

아그립바와 버니게와 베스도와 모든 배석자들은 가장 학식 많은 사도로부터 가장 탁월한 설교를 들었음에도 불구하고 마치 자신의 반점을 변하게 할 수 없는 표범처럼 결국 아무런 열매도 맺지 못한 채 그냥 자리에서 일어나 버리고 말았다(렘 12:23).

31. 물러가 서로 말하되 이 사람은 사형이나 결박을 당할 만한 행위가 없다 하더라.

물러가. 자신들의 집으로 혹은 그곳에서 가까운 어떤 방으로. 그들은 바울의 무죄를 인정한다. 왜냐하면 기독교를 믿으면 사형에 처한다는 네로의 잔인한 칙령은 아직까지 내려지지 않은 상태였기 때문이다.

32. 이에 아그립바가 베스도에게 이르되 이 사람이 만일 가이사에게 상소하지 아니하였더라면 석방될 수 있을 뻔하였다 하니라.

여기의 사람들은 바울의 무죄를 확인함으로써 결과적으로 유대인들을 정죄했다. 왜냐하면 결과적으로 그들은 까닭 없이 바울을 고발한 것이었기 때문이었다. 그리하여 비열한 유대인들은 아무 소득도 얻지 못했을 뿐만 아니라 최고의 권세자들로부터 까닭 없이 참소하는 자들이라는 불명예스러운 낙인이 찍힌 채 예루살렘으로 돌아올 수밖에 없었다. 모든 박해자들은 결국 이와 같이 되고 만다. 그러나 여기의 권세자들 역시도 크게 다를 것이 없었다. 왜냐하면 그들은 바울의 무죄를 인정했음에도 불구하고 유대인들을 두려워하여 그를 풀어 주려고 하지 않았기 때문이었다. 그들은 그가 가이사에게 상소했다는 핑계를 댔지만, 그러나 그렇다고 해서 그들이 그를 무죄 방면할 수 없었던 것은 결코 아니었다. 만일 그들이 그렇게 하고자 했다면, 바울은 얼마든지 상소를 철회하고 자유롭게 풀려날 수 있었다. 그러나 그들은 합법을 가장하여 그렇게 하지 않았다.

제27장

개요

1. 바울이 배를 타고 이달리야로 가기로 결정됨(1-8).
2. 바울이 항해의 위험을 예고하지만 그러나 받아들여지지 않음(9-11).
3. 바울의 경고를 무시하고 항해에 나선 배가 폭풍 가운데 표류하게 됨(12-20).
4. 바울이 배는 파선을 당할지라도 아무도 목숨을 잃지 않을 것이라는 확증의 말로 동료 여행자들을 위로함. 모든 일은 바울이 예언한 그대로 됨(21-44) .

1. 우리가 배를 타고 이달리야에 가기로 작정되매 바울과 다른 죄수 몇 사람을 아구스도대의 백부장 율리오란 사람에게 맡기니.

작정되매. 베스도와 아그립바와 다른 배석자들에 의해.

아구스도대의 백부장. 마치 고넬료가 이달리아대의 백부장이었던 것처럼. 사도행전 10:1을 보라. 이 부대가 아구스도대(Augustus' band)라고 불린 것은 그 부대의 주된 임무 가운데 하나가 아구스도를 호위하는 것이었기 때문이었다. 율리오(Julius). 이 사람은 율리우스(Julius) 가문의 노예였다가 해방되어 자유인이 됨으로 말미암아 그 가문으로부터 자신의 이름을 취한 것으로 생각된다.

2. 아시아 해변 각처로 가려 하는 아드라뭇데노 배에 우리가 올라 항해할새 마게도냐의 데살로니가 사람 아리스다고도 함께 하니라.

아시아 해변 각처로 가려 하는. 그 배는 아드라뭇데노에 속한 배로서, 아시아의 해안 도시들을 다니며 교역을 할 계획이었다. 아드라뭇데노. 이곳은 소아시아 지역에 있는 무시아의 한 도시였다. 이곳은 미둘레네와 거의 마주보고 있었다. 데살로니가. 이 도시에 대하여는 앞에서 설명한 바 있다(행 17:1을 참조하라). 아리스다고. 이 사람은 바울과 함께 (그리고 누가복음과 이 책의 저자인 누가와 함께) 선교 여행에 동행했던 사람으로서, 당시 사람들 사이에서 어느 정도 알려진 사람이었던 것으로 보인다. 그는 에베소에서의 소요 사태 때 붙잡혔던 사람들 가운데 한 사람이었다(행 19:29). 그는 바울과 함께 여행하며 그의 모든 고난에 동참했으며, 로마에서도 그와 함께 갇혔다(골 4:10).

3. 이튿날 시돈에 대니 율리오가 바울을 친절히 대하여 친구들에게 가서 대접 받

기를 허락하더니.

시돈. 팔레스타인과 접경한 뵈니게의 한 도시. 이 도시는 마태복음 11:21; 사도행전 12:20 등에서 언급된다. 율리오가 바울을 친절히 대하여. 벨릭스가 바울을 지키는 백부장에게 명령했던 것처럼(행 24:23). 친구들에게 가서 대접 받기를 허락하더니. 물론 로마인들의 관례대로 바울을 지키는 병사가 함께 있을 것이었지만, 어쨌든 친구들을 만나 그들로부터 여행 중에 필요한 물품을 공급받을 수 있도록 해 준 것은 큰 호의였다. 이 순간 바울은 "내가 너와 함께 있겠다"고 하신 사도행전 18:10의 하나님의 말씀이 정말로 사실임을 경험했다. 어디를 가든 하나님이 자신과 함께 계신 것을 생각할 때, 그는 얼마나 든든했을 것인가! 이것은 또한 우리에게도 마찬가지이다. 우리 역시도 우리를 "떠나지도 아니하고 버리지도 않을" 것이라고 말씀하신 하나님을 신뢰하며 의지할 수 있다(히 13:5, 6).

4. 또 거기서 우리가 떠나가다가 맞바람을 피하여 구브로 해안을 의지하고 항해하여.

떠나가다가. 혹은 출발하다가. 구브로. 지중해에 있는 유명한 섬. 이 섬에 대해서는 사도행전 11:19과 13:4을 참조하라. 시돈으로부터 무라(Myra)까지의 가장 가까운 길은 구브로를 오른쪽으로 두고 항해하는 것이었다. 그러나 바람 때문에 그들은 그 섬을 왼쪽으로 두고 항해할 수밖에 없었다.

5. 길리기아와 밤빌리아 바다를 건너 루기아의 무라 시에 이르러.

길리기아와 밤빌리아 바다. 길리기아와 밤빌리아 지역과 인접한 지중해 해역. 길리기아. 이에 대하여는 사도행전 6:9과 15:23, 41을 보라. 밤빌리아. 이에 대하여는 사도행전 2:10과 13:13을 보라. 루기아. 소아시아의 밤빌리아 지역과 인접한 또 다른 지역.

6. 거기서 백부장이 이달리야로 가려 하는 알렉산드리아 배를 만나 우리를 오르게 하니.

알렉산드리아. 애굽에 있는 유명한 항구 도시. 예레미야 46:25에서 우리는 이 도시와 관련한 언급을 듣게 된다. 여기의 알렉산드리아 배는 알렉산드리아 시에 속한 배로서, 지금 페르시아와 인도의 상품과 식량을 싣고 이달리야로 갈 계획이었다.

7. 배가 더디 가 여러 날 만에 간신히 니도 맞은편에 이르러 풍세가 더 허락하지 아니하므로 살모네 앞을 지나 그레데 해안을 바람막이로 항해하여.

배가 더디 가 여러 날 만에. 이것은 맞바람이 불었기 때문이었든지 아니면 그들의 배가 짐을 너무 많이 실었기 때문이었을 것이다. 니도. 그레데와 마주 보고 있는 도시 혹은 곶(串). 그레데(Crete). 오늘날 칸디아(Candia)라고 불리는 지중해의 유명한 섬. 살모네. 칸디아의 해변 도시. 혹은 그곳 동쪽의 곶(串)이 이와 같은 이름으로 불렸다.

8. 간신히 그 연안을 지나 미항이라는 곳에 이르니 라새아 시에서 가깝더라.

미항. "The fair havens" 즉 아름다운 항구. 혹은 아름다운 해변으로도 불렸다. 이곳은 배들이 정박하기에 가장 안전하고 좋은 곳으로 간주되었다. 이러한 이름을 가진 항구가 오늘날까지 칸디아 섬에 남아 있다. 라새아(Lasea). 좀 더 내륙에 위치한 도시로서 라소스(Lasos)라고도 불렸다. 그러나 어떤 사람들은 이 도시에 대해 분명하게 알기 어렵다고 생각한다. 왜냐하면 어떤 고대 문서에도 이 도시에 대한 언급이 나타나지 않기 때문이다.

9. 여러 날이 걸려 금식하는 절기가 이미 지났으므로 항해하기가 위태한지라 바울이 그들을 권하여.

여기의 금식(the fast)은 그 단어가 통상적으로 의미하는 대로 먹을 것이 없어서 굶주리는 것이 아니라 종교적인 금식을 가리킨다. 그리고 그 앞에 붙은 정관사(the)는 그것이 사람들에게 잘 알려진 특별한 금식이었음을 보여 주는 듯하다. 우리는 유대인들 가운데 몇 가지 금식이 있었음을 읽는다. 넷째 달의 금식과 다섯째 달의 금식과 일곱째 달의 금식과 열째 달의 금식이 그것이다(슥 8:19). 그러나 일곱째 달의 금식이 다른 모든 금식들을 훨씬 능가했다. 그 날은 제사장이 백성들의 죄를 위해 속죄의 희생제사를 드리는 날이었다. 그러므로 그 날 사람들은 자신들의 영혼을 괴롭게 해야만 했다(레 16:29; 23:27). 이와 같이 우리의 죄를 위해 희생제물로 드려진 자를 바라볼 때, 우리는 애곡해야 한다(슥 12:10). 이러한 금식은 일곱째 달 혹은 티스리 월 10일에 지켜졌다(티스리 월은 오늘날의 9월의 일부와 10월의 일부로 구성된다). 여기에서 "금식"이라고 표현된 이 날은 오늘날의 10월 초에 해당된다. 이때부터 3월까지 그들은 통상적으로 바다에 나가지 않았다. 왜냐하면 당시의 배들은 이 기간 동안의 폭풍을 감당할 수 없었기 때문이었다.

10. 말하되 여러분이여 내가 보니 이번 항해가 하물과 배만 아니라 우리 생명에도 타격과 많은 손해를 끼치리라 하되.

바울이 이렇게 말한 것은 그때의 통상적인 자연 현상을 고려함으로 말미암은 것이라기보다 예언의 영으로 말미암은 것이었다. 하나님은 바울에게 예언의 영을 주심으로써 그로 하여금 이 지루한 항해를 이끌도록 하고자 하셨다. 그의 말이 사실로 드러날 때, 그들은 그에 대해 큰 경외심을 갖지 않을 수 없었다. 그러면 그는 그와 함께 있는 많은 사람들에게 구원의 도구가 될 수 있을 것이었다.

우리 생명에도. 만일 하나님이 배 안에 있는 모든 사람들의 생명을 바울에게 주시고 그로 말미암아 그들을 구원하지 않으셨다면, 그들은 하물과 배뿐 아니라 자신들의 생명까지도 잃었을 것이었다.

11. 백부장이 선장과 선주의 말을 바울의 말보다 더 믿더라.

백부장은 이 일에 전문가로 여겨지는 사람들의 말을 믿었다. 바울이 어떤 사람인지 알지 못하는 백부장에게 있어 그것은 충분히 정당화될 수 있는 일이었다.

12. 그 항구가 겨울을 지내기에 불편하므로 거기서 떠나 아무쪼록 뵈닉스에 가서 겨울을 지내자 하는 자가 더 많으니 뵈닉스는 그레데 항구라 한쪽은 서남을, 한쪽은 서북을 향하였더라.

뵈닉스. 이곳은 칸디아의 항구 도시였다. 한쪽은 서남을, 한쪽은 서북을 향하였더라. 그 섬의 서쪽 지역은 마치 반달처럼 생겼다. 그래서 그곳의 일부는 서남쪽을 향했고, 또 다른 일부는 서북쪽을 향했다.

13. 남풍이 순하게 불매 그들이 뜻을 이룬 줄 알고 닻을 감아 그레데 해변을 끼고 항해하더니.

통상적으로 남풍은 가장 순하게 분다. 그리하여 그들은 칸디아 해변을 따라 순탄하게 항해했다.

14. 얼마 안 되어 섬 가운데로부터 유라굴로라는 광풍이 크게 일어나니.

그리하여 그들은 큰 위험 가운데 빠지게 되었다. 유라굴로. 어떤 사람들은 이것을 회오리바람으로 생각한다. 그러나 그 단어는 오직 동쪽 혹은 북동쪽으로부터 불어오는 광포한 폭풍을 의미한다. 그것은 그레데로부터 이달리야로 가는 사람들에게는 강력한 맞바람이었다.

15. 배가 밀려 바람을 맞추어 갈 수 없어 가는 대로 두고 쫓겨가다가.

배가 밀려. 배는 바람에 밀리는 가운데 더 이상 선원들의 통제 아래 있지 않게 되었다. 바람을 맞추어 갈 수 없어. 배는 역풍으로 인해 자신의 항로를 유지할 수 없었으며, 그리하여 뱃머리는 항로와 무관하게 방향을 잃고 이리저리 흔들렸다.

16. 가우다라는 작은 섬 아래로 지나 간신히 거루를 잡아.

가우다(Gaudos). 이곳은 그레데 인근에 있는 한 섬으로서 클라우다(Clouda) 혹은 클라우도스(Cloudos)라고도 불렸다. 오늘날은 고조(Gozo)라고 불린다. 간신히 거루를 잡아. 광풍 속에서 그들은 거루(작은 보트)가 배에 부딪혀 산산조각이 나지 않도록 하기 위해 그것을 잡아 배 위로 끌어올렸다.

17. 끌어 올리고 줄을 가지고 선체를 둘러 감고 스르디스에 걸릴까 두려워하여 연장을 내리고 그냥 쫓겨가더니.

그들은 광풍 가운데 배를 지키기 위해 사용할 수 있는 모든 방법과 인력을 총동원했다. 줄을 가지고 선체를 둘러 감고. 그들은 광풍에 의해 배가 파선되는 것을 막기 위해 줄을 가지고 선체를 단단히 동여맸다. 스르디스. 유사(流砂) 혹은 모래 언덕. 아프리카에 스르디스(Syrtes)라고 불리는 특별히 두 개의 유명한 유사가 있었다. 수면(水面) 아래 있는 이러한 모래 언덕들은 마치 배들을 끌어당겨 빨아들이는 것처럼 보였다. 왜냐하면 배들은 너무나 빨리 그러한 모래 언덕들에게 삼켜져 버렸기 때문이었다. 연장을 내리고. 그들은 돛과 돛대 등을 갑판 위로 내렸다.

18. 우리가 풍랑으로 심히 애쓰다가 이튿날 사공들이 짐을 바다에 풀어 버리고.

선원들은 배를 가볍게 만들기 위해 각종 물품과 하물 등을 바다에 던졌다. 그렇게 함으로써 그들은 배가 암초와 부딪히거나 혹은 유사(流砂)에 삼켜지는 것을 가능한 한 피하고자 했다.

19. 사흘째 되는 날에 배의 기구를 그들의 손으로 내버리니라.

선원들은 배를 꾸미며 장식하는 모든 가구들을 바다에 던졌다. 남은 것은 배를 구성하는 목재뿐이었다. 이와 같이 사람들은 근심과 염려로 가득한 이생의 생명을 위해서조차 모든 것을 기꺼이 내버린다(욥 14:1, 2).

20. 여러 날 동안 해도 별도 보이지 아니하고 큰 풍랑이 그대로 있으매 구원의 여망마저 없어졌더라.

여러 날 동안 해도 별도 보이지 아니하고. 이것은 그들이 처했던 끔찍한 상황을 잘 보여 준다. 태양이라도 보이면 어느 정도 새 힘을 가질 텐데, 그들에게는 그것조차도 허락되지 않았다. 태양이 가져다주는 새 힘 — 이것은 우리 주님이 "의의 태양"이라 일컬어지는 한 가지 이유이다(말 4:2). 구원의 여망마저 없어졌더라. 이성(理性)의 눈에 혹은 이차적인 원인들만 바라볼 때 혹은 자연 현상만 바라볼 때, 그들에게 어떤 희망도 남아 있지 않았다.

21. 여러 사람이 오래 먹지 못하였으매 바울이 가운데 서서 말하되 여러분이여 내 말을 듣고 그레데에서 떠나지 아니하여 이 타격과 손상을 면하였더라면 좋을 뻔

하였느니라.

오래 먹지 못하였으매. 그들이 음식을 먹지 못한 것은 먹을 것이 없었기 때문이 아니었다. 왜냐하면 38절에 나타나는 것처럼 그들에게는 충분한 양식이 있었기 때문이었다. 또 그것은 광풍으로 인해 배가 요동쳤기 때문도 아니었다. 왜냐하면 뱃사람들은 배멀미로 인해 오랫동안 고통을 겪지 않기 때문이다. 다만 그것은 (1) 자신들의 목숨을 보존하기 위해 계속적으로 움직이며 일했기 때문이거나, 혹은 (2) 죽음에 대한 공포 때문이었을 것이다. 아마도 죽음에 대한 두려움이 그들의 생각을 완전히 사로잡음으로 말미암아 그들은 그 외에 다른 어떤 것도 생각할 수 없게 되었던 것으로 보인다. 그렇기 때문에 기도할 줄 모르는 사람은 바다로 가라는 말이 있다. 왜냐하면 거기에서 기도하는 법을 배우게 될 것이기 때문이다. "그들이 고난 받을 때에 나를 간절히 구하리라"(호 5:15).

내 말을 들었더라면 좋을 뻔하였느니라. 바울이 예고했던 일이 지금 그대로 이루어졌다(10절). 그들은 바울의 말을 믿었어야 했다. 그러나 그렇게 하지 않음으로 인해 지금 그 대가를 치르고 있었다. 이 타격과 손상을 면하였더라면. 타격과 손상과 불행과 재앙은 모두 하나님께 대한 불순종의 결과이다.

22. 내가 너희를 권하노니 이제는 안심하라 너희 중 아무도 생명에는 아무런 손상이 없겠고 오직 배뿐이리라.

그들이 바울의 지시대로 행동하는 것을 조건으로. 31절을 보라. 하나님의 약속에는 암묵적인 조건이 달려 있다. 사무엘상 2:30에서 하나님의 사람이 엘리에게 말한 것처럼 말이다. "내가 전에 네 집과 네 조상의 집이 내 앞에 영원히 행하리라 하였으나 이제 나 여호와가 말하노니 결단코 그렇게 하지 아니하리라 나를 존중히 여기는 자를 내가 존중히 여기고 나를 멸시하는 자를 내가 경멸하리라"(삼상 2:30). 여기에서 바울은 매우 구체적으로 예언했는데, 그것은 그 일이 그대로 이루어질 때 그로 말미암아 자신이 전파한 복음이 사실임이 더욱 분명하게 드러나고 그로 인해 자신이 섬기는 하나님께 더 큰 영광이 돌려지게 하기 위함이었다.

23. 내가 속한 바 곧 내가 섬기는 하나님의 사자가 어제 밤에 내 곁에 서서 말하되.

바울은 그들에게 참 하나님과 그의 아들의 복음을 높이기 위해 이와 같이 시작한다. 자신이 예언한 것이 그대로 이루어질 것을 확실하게 알고 있었던 바울은 자신이 하나님을 섬기는 자임을 분명하게 말한다. 그렇게 한 것은 그 모든 영광이 자신에게가 아니라 하나님에게 돌려지게 하고자 함이었다.

24. 바울아 두려워하지 말라 네가 가이사 앞에 서야 하겠고 또 하나님께서 너와 함께 항해하는 자를 다 네게 주셨다 하였으니.

두려워하지 말라. 하나님이 자신의 사자들을 통해 그의 백성들에게 주시는 메시지는 두려워하지 말라는 것이다. 이러한 메시지는 다니엘에게도 전달되었고(단 10:12, 19), 부활의 날 우리 주님의 무덤에 왔던 여자들에게도 전달되었다(마 28:5). 네가 가이사 앞에 서야 하겠고. 이것은 법정적인 용어이다. 바울은 가이사에게 심문과 재판을 받아야만 했다. 하나님께서 너와 함께 항해하는 자를 다 네게 주셨다 하였으니. 하나님은 은혜 가운데 바울과 함께 여행하는 모든 사람들을 바울의 손에 맡기셨다. 이것은 바울이 그들을 위해 기도하며 그들의 목숨을 살려 주실 것을 하나님께 간구했음을 암시한다. 마치 에스더가 아하수에로 왕에게 자기 민족을 자기에게 달라고 간청했던 것처럼 말이다. "왕이여 내가 만일 왕의 목전에서 은혜를 입었으며 왕이 좋게 여기시면 내 소청대로 내 생명을 내게 주시고 내 요구대로 내 민족을 내게 주소서"(에 7:3). 여기에서 우리는 폭풍 가운데 바울과 요나가 행동한 것 사이에 큰 차이가 있는 것을 주목할 수 있다. 물론 요나도 폭풍 가운데 바울처럼 자신이 하나님을 경외하는 자임을 말했다. "나는 히브리 사람이요 바다와 육지를 지으신 하늘의 하나님 여호와를 경외하는 자로라"(욘 1:9). 그러나 요나의 경우는 단순한 신앙 고백에 불과했다. 반면 바울은 실제로 하나님을 섬기며 그를 위해 일하는 가운데 있었다. 뿐만 아니라 폭풍 가운데 그들의 마음 상태 사이에도 큰 차이가 있었다. 하나님을 참으로 경외하며 섬기는 자의 마음속에는 큰 평강과 내적인 만족이 임한다. 그러나 이런 것이 없는 자는 불가불 외인(外人)일 것이다. 왜냐하면 악인에게는 평강이 없기 때문이다(사 48:22).

25. 그러므로 여러분이여 안심하라 나는 내게 말씀하신 그대로 되리라고 하나님을 믿노라.

하나님의 이름을 알고 그의 능력과 신실하심을 경험한 바울은 그에 대한 자신의 믿음과 신뢰를 고백하면서 그들에게 하나님의 말씀은 믿을 만한 충분한 가치가 있음을 확증한다. 한 사람의 거룩한 인물이 끼칠 수 있는 유익은 얼마나 큰가! 거룩한 바울은 여기의 수백 명의 사람들의 영혼과 육신에 너무나 큰 유익을 끼쳤다.

26. 그런즉 우리가 반드시 한 섬에 걸리리라 하더라.

이것은 바울이 그들에게 한 말이 사실일 것을 증명해 주는 표적이 될 것이었다.

이 일이 그대로 이루어질 때, 그들은 바울의 나머지 말도 그대로 이루어질 것을 믿을 수 있게 될 것이었다. 그리고 그가 군인들에 의해 죽임을 당하는 것으로부터 구원받은 것도 바로 이것 때문이었을 것이다(42절). 이와 같이 하나님은 폭풍 속에서도 자기 백성들을 보호하시며, 그들의 생명을 마지막까지 안전하게 지키신다. 그러나 그들은 먼저 이 세상에서 그들이 가진 모든 것이 파선(破船)되는 것을 겪어야만 한다. 바울 자신이 가르친 것처럼, 우리가 하나님의 나라에 들어가려면 많은 환난을 겪어야만 한다(행 14:22). 이것보다 더 확실한 사실은 아무것도 없다.

27. 열나흘째 되는 날 밤에 우리가 아드리아 바다에서 이리 저리 쫓겨가다가 자정쯤 되어 사공들이 어느 육지에 가까워지는 줄을 짐작하고.

아드리아. 이것은 이달리아와 달마디아를 나누는 아드리아 만(灣) 혹은 베니스 만을 가리키는 것이 아니다. 비록 이것 역시 같은 이름으로 불린다 하더라도 말이다. 다만 여기의 이름은 종종 그레데 혹은 칸디아로부터 멜리다로 가기 위해서는 반드시 거쳐야만 하는 시칠리아와 이오니아 인근의 지중해 해역까지 확장된다.

28. 물을 재어 보니 스무 길이 되고 조금 가다가 다시 재니 열다섯 길이라.

스무 길이 되고. 여기의 "길"은 양팔을 완전히 펼쳤을 때 한쪽 손의 가운뎃 손가락 끝으로부터 다른 쪽 손의 가운데 손가락 끝까지의 길이를 가리킨다. 이것은 통상적으로 6피트 즉 183cm정도로 계산된다. 열다섯 길이라. 그들은 점점 더 얕은 해역으로 가고 있었다. 이러한 사실로써 그들은 자신들이 육지로 다가가고 있음을 합리적으로 결론내릴 수 있었다.

29. 암초에 걸릴까 하여 고물로 닻 넷을 내리고 날이 새기를 고대하니라.

암초에 걸릴까 하여. 이 해역에는 — 특별히 섬 부근에 — 암초들이 매우 많다. 닻 넷을 내리고. 그들이 네 개의 닻을 내려야만 했던 사실은 그때의 폭풍이 얼마나 큰 것이었는지를 잘 보여 준다. 날이 새기를 고대하니라. 날이 새면 그들은 자신들이 어디에 있는지 좀 더 잘 분별할 수 있게 될 것이었다.

30. 사공들이 도망하고자 하여 이물에서 닻을 내리는 체하고 거룻배를 바다에 내려 놓거늘.

거룻배를 바다에 내려 놓거늘. 앞에서 그들은 이와 같은 상황에 대비하여 거룻배를 배 위로 끌어 올렸었다(17절). 사공들은 거룻배를 다시 바다에 내려놓음으로써 배는 파선되도록 남겨둔 채 자신들만 그것을 타고 안전하게 피신하고자 했다. 이물에서 닻을 내리는 체하고. 사공들의 진짜 목적은 배를 버리고 거룻배로 옮겨 타는 것이었다.

31. 바울이 백부장과 군인들에게 이르되 이 사람들이 배에 있지 아니하면 너희가 구원을 얻지 못하리라 하니.

그들 모두가 구원을 받게 될 것이라는 약속에도 불구하고, 그들은 사용할 수 있는 모든 수단들을 사용해야만 했다. 물론 약속의 진실성과 유효성이 사람이 사용하는 수단들에 달려 있는 것은 아니다. 도리어 수단들이 약속으로 말미암아 유효해진다. 약속을 빙자하여 수단을 사용하기를 게을리 하는 것은 하나님을 시험하는 것이다. 그렇게 하는 것은 결코 하나님을 올바르게 믿는 것이 아니다. 이 사람들. 사공들 즉 선원들. 이와 같은 상황에서 이들은 꼭 필요했다.

32. 이에 군인들이 거룻줄을 끊어 떼어 버리니라.

바울의 말에 동의한 백부장과 병사들은 사공들로 하여금 배를 버리고 탈출하려는 모든 생각을 버리도록 하기 위해 거룻줄을 끊어 버렸다. 그들은 바울이 그의 하나님의 이름으로 그들에게 약속한 것에 자신들의 모든 것을 걸었다.

33. 날이 새어 가매 바울이 여러 사람에게 음식 먹기를 권하여 이르되 너희가 기다리고 기다리며 먹지 못하고 주린 지가 오늘까지 열나흘인즉.

날이 새어 가매. 사공들의 탈출 계획은 좌절되었다. 죽음에 대한 그들의 두려움을 누그러뜨리는 것은 매우 어려운 일이었다. 사람들이 눈앞에 닥친 죽음과 그 이후의 심판을 의식(意識)할 때, 그것은 그들의 행동에 엄청난 영향을 미친다. 열나흘. 그들이 이 기간 동안 음식을 전혀 먹지 못한 것은 아니었다. 다만 이 기간 동안 그들은 정규적인 식사를 하지 못했다. 그들은 아주 조금밖에 먹지 못했다. 그들은 극도의 두려움 가운데 식욕도 잃고 입맛도 잃었다.

34. 음식 먹기를 권하노니 이것이 너희의 구원을 위하는 것이요 너희 중 머리카락 하나도 잃을 자가 없으리라 하고.

이것이 너희의 구원을 위하는 것이요. "This is for your health" 즉 이것은 너희의 건강을 위하는 것이요. 음식을 먹음으로써 그들은 배로부터 탈출하여 섬에 당도할 때까지의 모든 고통과 수고를 감당할 수 있는 힘을 얻게 될 것이었다. 이와 같이 그들은 자신들의 구원을 위해 모든 수단을 사용해야만 했다. 너희 중 머리카락 하나도 잃을 자가 없으리라. 목숨은 고사하고 육체에 있어서의 최소한의 손상조차 입지 않을 것을 의미하는 유대인들의 관용어(왕상 1:52). 이와 같이 하나님은 우리의 머리카락 숫자까지 세시며, 그의 섭리는 그 모든 것들에게까지 미친다(마 10:30; 눅 21:18).

35. 떡을 가져다가 모든 사람 앞에서 하나님께 축사하고 떼어 먹기를 시작하매.

바울은 지금까지 지켜 주신 것으로 인해 하나님께 감사를 드린다. 미래의 구원을 소망함에 있어 지금까지 베풀어 주신 구원에 대해 감사하는 것보다 우리를 더 강력하게 격려하는 것은 아무것도 없다. 뿐만 아니라 바울은 또한 필요한 음식을 주신 것으로 인해서도 하나님께 감사를 드렸다. 이것은 우리 주님도 마찬가지였다(마 14:19; 15:36; 막 8:6, 19). 우리는 우리가 향유하는 모든 것에 대해 하나님께 감사해야 한다. 그럴 때 그것들은 거룩하여지며, 또한 우리를 거룩하게 만든다. 그러나 그렇게 하지 않을 때, 그것들은 우리를 부정하게 만든다. 왜냐하면 그럴 때 우리는 그것들을 강탈하는 것이기 때문이다. 그러므로 우리는 모든 것을 믿음과 감사로 취해야 한다. 만일 하나님이 당신의 축복을 거두신다면, 어떤 것도 우리에게 도움이 되지 않는다. 이와 같이 사무엘 시대의 유대인들은 그가 와서 축복할 때까지 음식을 먹으려고 하지 않았다(삼상 9:13). 우리 주님도 물고기 두 마리와 떡 다섯 개를 나누어주기에 앞서 먼저 감사를 드림으로써 우리에게 영원한 모범을 보이셨다(요 6:11).

36. 그들도 다 안심하고 받아 먹으니.

그들은 하나님의 이름으로 약속한 바울의 말을 믿었으며, 그로 말미암아 모두 목숨을 보존하게 되었다. 그들은 바울의 말을 믿고 안심했다. 여기에 나타난 바울의 모습을 보라. 그는 한 사람의 무력한 죄수일 뿐이었다. 그럼에도 불구하고 그는 여기에서 모든 사람이 믿고 의지하는 존재로 나타난다. 순풍 가운데 항해하는 동안, 그들은 하나님뿐 아니라 죄수 신분의 그의 보잘것없는 사도도 거들떠보지 않았다. 그러나 폭풍이 몰아치자 그들은 그의 가르침을 따르며 그를 의지하기를 기뻐했다. 하나님의 별들은 밤에 빛나며, 사람들은 고난 가운데 비로소 그것들을 바라본다.

37. 배에 있는 우리의 수는 전부 이백칠십육 명이더라.

배 안에는 이렇게 많은 사람들이 타고 있었다. 영혼이 가장 고귀한 부분이며, 몸은 영혼의 조건을 따른다. 만일 영혼이 거룩하면, 몸은 영화로울 것이다. 그러나 그 반대는 그렇지 않다. 몸이 어떠하다고 하여, 영혼도 그러한 것은 결코 아니다. 누가복음 16장에 나오는 부자를 생각해 보라. 그의 몸은 좋은 것을 먹고 화려한 옷을 입었지만, 그러나 그의 영혼은 너무나 비참한 고통을 당했다(눅 16:19, 24).

38. 배부르게 먹고 밀을 바다에 버려 배를 가볍게 하였더니.

밀을 바다에 버려. 그들은 자신들의 생존을 위한 양식까지 바다에 버렸다. 이렇게 하여 그들은 세 번째로 배를 가볍게 만들었다. 그들이 가진 모든 것은 그들에게 도움이 되기보다 도리어 그들을 죽게 만드는 것이었다. 어쩌면 여기의 이교도들은 바울을 신뢰하면서 자신들의 목숨을 그가 한 말에 온전히 던진 것이었는지도 모른다. 다시 말해서 그들은 생존에 필요한 모든 양식을 버리고 기꺼이 그가 한 말을 붙잡으면서 기꺼이 그것에 의지하고자 한 것이었는지도 모른다.

39. 날이 새매 어느 땅인지 알지 못하나 경사진 해안으로 된 항만이 눈에 띄거늘 배를 거기에 들여다 댈 수 있는가 의논한 후.

어느 땅인지 알지 못하나. 그들은 너무나 오랜 시간 동안 폭풍에 시달렸으므로 자신들이 지금 어디에 있는지 그리고 자신들의 배가 제대로 나아갈 수 있을지 확신할 수 없었다. 뿐만 아니라 그때는 변변한 항해 지도 같은 것도 제대로 없었다. 경사진 해안. "A certain creek" 즉 어떤 샛강. 다시 말해서 그들은 어떤 샛강이 바다와 합류되는 지점에 도달한 것이었다. 그들은 그 지점을 자신들이 해변에 도달할 수 있는 가장 적합한 지점으로 판단했다. 이와 같이 그들은 안전을 위해 자신들이 사용할 수 있는 모든 수단을 사용했다.

40. 닻을 끊어 바다에 버리는 동시에 키를 풀어 늦추고 돛을 달고 바람에 맞추어 해안을 향하여 들어가다가.

키를 풀어. 그들은 키의 줄들을 풂으로써 배를 가능한 한 자신들이 원하는 방향으로 나아가도록 만들고자 했다. 키의 줄들은 배가 표류하는 동안 묶여 있었다. 돛을 달고. 그들은 광풍이 몰아치면서 배가 표류하게 되자 돛을 내렸었다(17절). 이제 그들은 해변에 좀 더 가까이 다가가기 위해 바람을 어느 정도 이용할 수 있게 되었고, 그리하여 다시 돛을 달았다. 농부를 가르치셨던 것처럼(사 28:26), 하나님은 또한 선원과 모든 사람들에게 가르치신다.

41. 두 물이 합하여 흐르는 곳을 만나 배를 걸매 이물은 부딪쳐 움직일 수 없이 붙고 고물은 큰 물결에 깨어져 가니.

두 물이 합하여 흐르는 곳. "A place where two seas met" 즉 두 바다가 만나는 곳. 마침내 그들의 배는 양쪽에 바다가 있는 모래톱 혹은 지협(地峽)에 걸렸다. 그들은 지금 극도의 위기상황 가운데 처해 있었다. 하나님은 그들에게 구원을 베푸시기에 앞서 그들이 큰 곤경 가운데 떨어지는 것을 허락하셨다. 그것은 그로 말미암아 그에게 더 큰 영광이 돌려지게 함이었다.

42. 군인들은 죄수가 헤엄쳐서 도망할까 하여 그들을 죽이는 것이 좋다 하였으나.

그들은 너무나 배은망덕한 사람들이었다. 그들은 자신들의 목숨을 구해준 바울을 죽이고자 했다. 그리스도의 사역자들은 이 땅에서 상급을 기대해서는 안 된다. 설령 사람들이 그들에게 갚을 수도 없고 갚지도 않는다 하더라도, 그들은 "의인들의 부활 시에 갚음을 받을" 것이다(눅 14:14).

43. 백부장이 바울을 구원하려 하여 그들의 뜻을 막고 헤엄칠 줄 아는 사람들을 명하여 물에 뛰어내려 먼저 육지에 나가게 하고.

백부장이 바울을 구원하려 하여. 백부장이 바울을 구원하려고 한 것은 그가 로마 시민의 특권을 가진 사람이었으므로 그를 함부로 죽일 수 없었기 때문이었을 것이다. 뿐만 아니라 그것은 또한, 마치 깨끗함을 받은 사마리아인이 그랬던 것처럼, 그에 대해 감사하는 마음 때문이었을 것이다. 헤엄칠 줄 아는 사람들을 명하여 물에 뛰어내려 먼저 육지에 나가게 하고. 이들이 먼저 육지에 도착하면, 그들은 또한 다른 사람들을 도와줄 수 있을 것이었다.

44. 그 남은 사람들은 널조각 혹은 배 물건에 의지하여 나가게 하니 마침내 사람들이 다 상륙하여 구조되니라.

그 남은 사람들은 널조각 혹은 배 물건에 의지하여 나가게 하니. 그들을 구원하는 것은 오직 하나님이셨다. 그럼에도 불구하고 그들은 여전히 자신들이 사용할 수 있는 갖가지 수단들을 사용해야만 했다. 이 이야기 속에서 우리는 다음과 같은 시편 기자의 말이 사실임을 보게 된다. "그들은 그들의 모든 음식물을 싫어하게 되어 사망의 문에 이르렀도다 이에 그들이 그들의 고통 때문에 여호와께 부르짖으매 그가 그들의 고통에서 그들을 구원하시되 그가 그의 말씀을 보내어 그들을 고치시고 위험한 지경에서 건지시는도다"(시 107:18-20). 계속해서 시편 기자는 이렇게 말한다. "여호와의 인자하심과 인생에게 행하신 기적으로 말미암아 그를 찬송할지로다"(31절). 이 이야기를 읽는 독자들 역시도 하나님을 찬송함이 마땅하지 않은가! 이와 같은 방법으로 구원할 수 있는 자가 하나님 외에 누구란 말인가!(단 3:29). 이러한 하나님은 영원히 우리 하나님이시다. "이 하나님은 영원히 우리 하나님이시니 그가 우리를 죽을 때까지 인도하시리로다"(시 48:14).

제28장

개요

1. 바울 일행이 파선 후 멜리데 섬의 원주민들에게 따뜻한 환대를 받음(1-2).
2. 독사가 바울의 손을 물었음에도 불구하고 그가 아무런 해도 입지 않음. 그것을 보고 사람들이 그를 신이라고 생각함(3-6).
3. 바울이 보블리오의 부친을 비롯한 많은 병자들을 고쳐 줌(7-10).
4. 바울 일행이 그곳을 떠나 마침내 로마에 도착함. 거기에서 바울이 자신을 지키는 한 군인과 함께 따로 있게 허락을 받음(11-16).
5. 바울이 유대인들을 불러 자신이 그곳에 오게 된 경위를 설명함(17-22).
6. 바울이 아무런 방해 없이 2년 동안 계속해서 복음을 전파함(28-31).

1. 우리가 구조된 후에 안즉 그 섬은 멜리데라 하더라.

그 섬. 이것은 전에 바울 자신이 예언한 것이었다(행 27:36). 선원들은 그 섬에 대해 전혀 알지 못했을 뿐만 아니라(행 27:39), 배를 자신들이 원하는 대로 통제할 수 없었다(행 27:15). 그럼에도 불구하고 하나님은 그들의 배를 그 섬으로 인도하심으로써 바울이 말한 것이 하나도 땅에 떨어지지 않게 하셨다. 멜리데. 오늘날 몰타(Malta)라고 불리는 시칠리아와 아프리카 사이의 작은 섬. 일루리곤 인근 해역에 이러한 이름으로 불리는 또 하나의 작은 섬이 있는데, 어떤 사람들은 이때의 폭풍이 아드리아 바다에서 있었다는 이유로 바울 일행이 파선한 장소를 이곳으로 잘못 이해한다. 그러나 스트라보(Strabo)가 증언하는 것처럼, 베네치아 만뿐 아니라 시칠리아 인근의 바다와 그 해안도 그와 같이 불렀다. 사도행전 27:27을 보라.

2. 비가 오고 날이 차매 원주민들이 우리에게 특별한 동정을 하여 불을 피워 우리를 다 영접하더라.

원주민들. "The barbarous people" 즉 야만인들. 헬라인들과 로마인들은 자신들의 문화를 받아들이지 않고 자신들의 언어를 사용하지 않는 다른 모든 민족들을 이와 같이 불렀다(고전 14:11). 오늘날에도 사람들은 이 섬과 마주한 아프리카 연안을 "바르바리"(Barbary)라고 부른다. 불을 피워 우리를 다 영접하더라. 여기의 이교도들의 인간적인 모습을 보라. 그들의 모습은 오늘날 그리스도인이라는 이름으로 불리면서도 파선한 배로부터 흘러나온 물품들을 노략질하기를 좋아하는 일부 사람들의 비인간적인 모습과 얼마나 다른가!

3. 바울이 나무 한 묶음을 거두어 불에 넣으니 뜨거움으로 말미암아 독사가 나와 그 손을 물고 있는지라.

독사(viper). 독성이 매우 강한 뱀. 어떤 사람들은 이 뱀에 물리는 것뿐만 아니라 심지어 그것의 숨결에 노출되는 것조차 치명적이라고 말한다. 그 손을 물고 있는지라. "Fastened on his hand" 즉 그의 손에 매달려 있는지라. 이것은 독사에 물렸을 때 사용하는 통상적인 표현이다. 바울은 독사에 물렸음에도 불구하고 아무 해도 입지 않았는데, 하나님은 이러한 기적을 통해 그들로 하여금 바울에게 정중하게 대할 뿐만 아니라 그가 전파하는 복음을 쉽게 받아들일 수 있도록 준비시키셨다. 요컨대 이러한 놀라운 기적은 그의 권위가 하나님 자신으로부터 나온 것임을 분명하게 보여 주었다. 그것은 이를테면 그의 사역을 하나님이 인치시는 것이었다.

4. 원주민들이 이 짐승이 그 손에 매달려 있음을 보고 서로 말하되 진실로 이 사람은 살인한 자로다 바다에서는 구조를 받았으나 공의가 그를 살지 못하게 함이로다 하더니.

이 사람은 살인한 자로다. 사람들은 종종 자연적인 현상 속에서 신적 보응의 손길을 보곤 한다. 특별히 사람들은 복수의 여신들 가운데 한 여신을 티시포네(Tisiphone)라고 불렀는데, 그녀는 살인자를 징벌하며 보응하는 여신이었다. 그러나 여기의 멜리데 원주민들의 생각은 다음과 같은 이유들 때문에 그릇된 것이었다. (1) 악인이 형벌을 당하는 것을 전적으로 이생에 한정시켰기 때문에. (2) 이 사건의 결과를 예상하지 못했기 때문에. 그들은 이 일이 나중에 어떻게 결말지어질지 알기 전에 먼저 판단했다. (3) 어떤 사람이 선한 사람인지 혹은 악한 사람인지 여부를 그가 형통하는지 아니면 시련을 당하는지 여부로 판단했기 때문에.

5. 바울이 그 짐승을 불에 떨어 버리매 조금도 상함이 없더라.

사자 굴 속에 들어갔던 다니엘의 경우처럼, 자연의 주인이신 하나님은 당신이 원하실 때 자연의 가장 자연스러운 성질들까지도 능히 억제하신다. 가장 자연스러운 것이라 하더라도 하나님의 허락 없이는 자신의 힘과 성질을 나타내지 못한다. 이와 같이 우리 주님이 마가복음 16:18과 누가복음 10:19에서 하신 약속들이 문자적으로 성취되었다.

6. 그들은 그가 붓든지 혹은 갑자기 쓰러져 죽을 줄로 기다렸다가 오래 기다려도 그에게 아무 이상이 없음을 보고 돌이켜 생각하여 말하되 그를 신이라 하더라.

붓든지. 이 단어는 열이 나고 그 열에 의해 상처가 부풀어 오르는 것을 표현할 때 사용하는 단어이다. 열이 나면서 붓거나 물집이 생기는 것은 독사에 물렸을 때 나타나는 통상적인 증상이다. 갑자기 쓰러져 죽을 줄로 기다렸다가. 더운 지역에 서식하는 독사들은 일반적으로 독성이 훨씬 더 강하다. 물린지 며칠 만에 죽는 경우도 있는가 하면, 클레오파트라의 경우처럼 그 자리에서 즉시 쓰러져 죽는 경우도 있다. 고대에 독사로 하여금 그 가슴을 물게 함으로써 죄수를 사형시키는 경우도 있었다고 한다. 말하되 그를 신이라 하더라. 이 얼마나 이상한 양극단인가! 이와 같이 사람들의 마음은 너무나 변덕스럽다.

7. 이 섬에서 가장 높은 사람 보블리오라 하는 이가 그 근처에 토지가 있는지라 그가 우리를 영접하여 사흘이나 친절히 머물게 하더니.

여기의 보블리오는 이 섬에 있는 로마인들을 다스리는 사람이었던 것으로 생각된다. 어쨌든 그는 매우 중요한 사람이었을 뿐만 아니라, 배에 있었던 많은 사람들을 자신의 집에 영접하여 머물게 할 수 있을 정도로 상당한 재력을 가진 사람이었다.

8. 보블리오의 부친이 열병과 이질에 걸려 누워 있거늘 바울이 들어가서 기도하고 그에게 안수하여 낫게 하매.

이질. 매우 위험하며 고통스러운 병. 창자가 끊어질 듯한 고통과 높은 열이 이 병의 주된 증상이다. 기도하고. 바울 자신은 아무것도 할 수 없었다. 그리하여 그는 하나님께 보블리오의 부친의 병이 낫기를 위해 기도했다. 오직 하나님만이 죽이기도 하시고 살리기도 하신다(삼상 2:6). 안수하여. 손을 얹는 것은 기적적인 치유를 구할 때 통상적으로 사용되는 방식이었다(마 9:18; 막 6:5). 그리고 그것은 통상적으로 기도와 결합되었다(마 19:13). 이와 같이 보블리오는 바울과 그의 일행에게 베푼 선행에 대해 훌륭한 보상을 받았다. 가난한 자들과 고통 가운데 있는 자들을 구제하는 것은 오는 세상에서 뿐만 아니라 이 세상에서도 종종 이와 같이 보상을 받는다. 뿐만 아니라 하나님은 이러한 기적을 통해 바울의 사역과 그가 전파하는 복음을 존귀케 하셨다. 하나님이 함께 하시지 않는 자라면 결코 이와 같은 일을 행할 수 없을 것이었다.

9. 이러므로 섬 가운데 다른 병든 사람들이 와서 고침을 받고.

바울의 안수에 의해 보블리오의 부친이 갑작스럽고 완전하게 치유를 받았다는 소식은 원근 각처에 금방 퍼질 수밖에 없었다. 일반적으로 사람들은 육체의 건강에 대해 관심이 많은 법이다. 그러므로 사람들의 병은 종종 그들로 하여금 그리스도 안에서 하나님을 만나게 만드는 복된 기회가 된다. 이것은 여기에서도 마찬가지였다. 많은 병자들이 바울에게 와서 고침을 받음과 함께 그가 전파하는 하나님을 만나게 되었다.

10. 후한 예로 우리를 대접하고 떠날 때에 우리 쓸 것을 배에 실었더라.

고침을 받은 사람들은 바울과 그의 무리에게 매우 후하게 보답했다. 이것은 그들이 그에 대해 가졌던 마음으로부터의 존경심의 결과였을 뿐만 아니라 또한 그들의 믿음의 열매이기도 했다.

11. 석 달 후에 우리가 그 섬에서 겨울을 난 알렉산드리아 배를 타고 떠나니 그 배의 머리 장식은 디오스구로라.

바울이 멜리데에서 보낸 석 달은 결코 무익한 기간이 아니었다. 그 기간 동안 그는 그곳에서 주의 포도원의 충성된 일꾼처럼 보냈다. 그곳에서 그는 진리 가운데 견고했던 것으로 유명한 교회를 세웠다. 그 섬에서 겨울을 난. 사도행전 27:12에 나타나는 것처럼, 어떤 항구에 자신들의 배를 정박시키고 겨울을 나는 것은 당시의 통상적인 관례였다. 오늘날에도 돛을 달고 바람의 힘으로 항해하는 배들은 겨울철에는 거의 바다로 나가지 않는다. 디오스구로. 혹은 카스토르(Castor)와 폴룩스(Pollux). 이들은 제우스의 쌍둥이 아들로서 폭풍을 다스리는 힘을 가진 것으로 믿어졌던 신들이었다. 여기의 알렉산드리아 배의 이교도 소유주들은 그들을 자신들의 배의 수호신으로 삼았다.

12. 수라구사에 대고 사흘을 있다가.

수라구사(Syracuse). 아르키메데스로 유명한 시칠리아의 주된 도시. 사흘을 있다가. 아마도 자신들이 선적하고 있었던 상품의 일부를 판매하기 위해 그렇게 했을 것이다. 왜냐하면 그 배는 교역을 위해 항해하고 있었기 때문이다.

13. 거기서 둘러가서 레기온에 이르러 하루를 지낸 후 남풍이 일어나므로 이튿날 보디올에 이르러.

레기온(Rhegium). 나폴리 왕국의 한 도시. 이 도시는 시칠리아의 메시나와 마주 보고 있다. 보디올(Puteoli). 나폴리에서 멀지 않은 해안지역.

14. 거기서 형제들을 만나 그들의 청함을 받아 이레를 함께 머무니라 그래서 우리는 이와 같이 로마로 가니라.

거기서 형제들을 만나. 어떤 사람들은 여기의 형제들을 그리스도인들을 가리키는 것으로 이해한다. 왜냐하면 그들은 서로를 그와 같이 불렀기 때문이다. 반면 다른 사람들은 당시 로마 인근에 기독교 신앙을 고백하는 사람들이 있었다고 보기 어렵다고 여기면서 여기의 형제들이라는 표현으로 바울이 유대인들을 의미했다고 생각한다. 왜냐하면 그는 통상적으로 유대인들을 그와 같이 불렀을 뿐만 아니라(그 자신도 아브라함의 자손이었기 때문에), 로마에서 발견한 유대인들도 그렇게 불렀기 때문이다(17절). 뿐만 아니라 당시 유대인들 역시도 그리스도인들을 아직까지는 "어디서든지 반대를 받는" 자신들의 한 종파로 생각했다(22절).

로마. 당시 로마는 이달리야의 주된 도시로서 세계의 여왕이었다. 그리고 이곳의 교회에 바울은 자신의 편지를 보냈다(로마서).

15. 그 곳 형제들이 우리 소식을 듣고 압비오 광장과 트레이스 타베르네까지 맞으러 오니 바울이 그들을 보고 하나님께 감사하고 담대한 마음을 얻으니라.

압비오 광장. 로마로부터 80km 정도 떨어진 장소. 이곳이 압비오 광장(Appii forum)이라고 불린 것은 로마로부터 이곳까지 도로를 건설한 아피우스 클라우디우스(Appius Claudius)의 이름을 땄기 때문이었다. 이 도로가 바로 아피아 대로(the Appian Way)이다. 그리고 압비오 광장에 그의 동상이 세워져 있었는데, 바로 이런 이유로 그곳이 "Appii forum"이라고 불리게 된 것이었다. 왜냐하면 로마인들은 동상이 세워져 있는 장소를 "fora"라고 불렀기 때문이었다. 트레이스 타베르네. 이곳은 로마로부터 50km 정도 떨어진 곳으로서 물건을 사고팔기 위해 많은 사람들이 모이는 작은 성읍이었다. 이와 같이 바울을 만나 그에게 경의를 표하기 위해 어떤 사람들은 큰 길로 또 어떤 사람들은 작은 길로 왔다. 여기의 형제들은 오순절 날 예루살렘에 왔다가 그 날 일어난 이적들을 보고 회심했던 사람들이었던 것으로 생각된다. 왜냐하면 거기에 "로마로부터 온 나그네들"도 있었다고 분명하게 기록되어 있기 때문이다(행 2:10). 담대한 마음을 얻으니라. 이와 같은 하나님은 많은 사람들로 하여금 바울의 결박에 대해 부끄럽게 생각하지 않도록 이끄셨다.

16. 우리가 로마에 들어가니 바울에게는 자기를 지키는 한 군인과 함께 따로 있게 허락하더라.

하나님은 이와 같은 방식으로 바울에게 어느 정도 자유롭게 다니며 복음을 전파할 수 있는 기회를 주셨다. 20절에 나타나는 것처럼, 비록 쇠사슬에 매인 상태였다 하더라도 말이다. 그러므로 그는 자신은 매였을지라도 복음은 매이지 않았다고 말할 수 있었다(딤후 2:9). 예전에 요셉에게 그렇게 하셨던 것처럼, 지금 하나님은 바울과 함께 하시며 그에게 은총을 베푸셨다(창 39:21).

17. 사흘 후에 바울이 유대인 중 높은 사람들을 청하여 그들이 모인 후에 이르되 여러분 형제들아 내가 이스라엘 백성이나 우리 조상의 관습을 배척한 일이 없는데 예루살렘에서 로마인의 손에 죄수로 내준 바 되었으니.

바울이 유대인 중 높은 사람들을 청하여. 이렇게 한 것은 그가 이스라엘 백성들에 대해 가진 특별한 애정 때문만이 아니라 또한 이스라엘 집의 잃어버린 양에게로 가라는 주님의 명령 때문이었다(마 10:5, 6). 복음의 전체적인 정신은 선으로 악을 갚는 것이다. 우리 구주께서도 그렇게 하셨다. 그러므로 그의 사역자들도 그와 같이 해야만 한다. 그렇지 않으면 그들은 아무런 선(善)도 이루지 못할 것이다. 왜냐하면 세상은 그들을 미워할 것이기 때문이다(요일 3:13).

18. 로마인은 나를 심문하여 죽일 죄목이 없으므로 석방하려 하였으나.

나를 심문하여. 베스도가 아그립바 왕 앞에서 그랬던 것처럼(행 25:26). 그들은 둘 다 불신자였음에도 불구하고 바울이 사형은 고사하고 결박당할 아무런 죄도 짓지 않았음을 기꺼이 인정했다. 이와 비슷하게 빌라도도 우리 구주의 무죄를 인정했다(눅 23:4, 14).

19. 유대인들이 반대하기로 내가 마지 못하여 가이사에게 상소함이요 내 민족을 고발하려는 것이 아니니라.

유대인들이 반대하기로. 유대인들은 벨릭스와 베스도 앞에서 모든 방법을 동원하여 바울을 반대했다. 만일 모든 것이 베스도의 의지(意志)에만 맡겨져 있었다면, 틀림없이 그는 유대인들의 호의를 얻기 위해 그들에게 바울을 넘겨 주었을 것이었다. 내 민족을 고발하려는 것이 아니니라. 바울은 유대인들을 고발하기를 원하지 않았다. 도리어 그렇게 하기를 꺼렸다. 그가 가이사에게 상소한 것은 그들을 고발하기 위한 것이 아니라 스스로를 옹호하기 위한 것이었다.

20. 이러므로 너희를 보고 함께 이야기하려고 청하였으니 이스라엘의 소망으로 말미암아 내가 이 쇠사슬에 매인 바 되었노라.

이스라엘의 소망으로 말미암아. 사도행전 23:6과 24:21을 보라. 이러한 소망은 (1) 앞에서 언급된 것처럼 부활의 소망이거나, 아니면 (2) 메시야의 소망이었을 것이다. 그리스도는 이스라엘의 소망이었다. 그들은 오랜 세대 동안 그리스도를 소망해 왔으며, 바울이 전파한 것은 바로 그 그리스도였다. 내가 이 쇠사슬에 매인 바 되었노라. 원하는 대로 밖에 나갈 수 있는 자유가 허락되었음에도 불구하고, 그의 오른손은 그를 지키는 군인의 왼손과 쇠사슬로 결박되어 있었다.

21. 그들이 이르되 우리가 유대에서 네게 대한 편지도 받은 일이 없고 또 형제 중 누가 와서 네게 대하여 좋지 못한 것을 전하든지 이야기한 일도 없느니라.

바울을 박해한 대제사장과 다른 유대인들은 결국 그들의 뜻을 이루지 못했다. 그 모든 일을 그들은 마치 그들의 종교를 위한 것처럼 꾸몄지만, 실상은 그들 자신을 위한 것이었다. 그들이 지키고자 한 주된 것은 실제로 그들 자신의 기득권이었다.

22. 이에 우리가 너의 사상이 어떠한가 듣고자 하니 이 파에 대하여는 어디서든지 반대를 받는 줄 알기 때문이라 하더라.

이 파. 이 종파(sect). 그들은 기독교를 이와 같이 불렀다(행 24:5, 14). 어디서든지 반대를 받는. 기독교는 모든 종류의 사람들과 모든 장소에서 반대를 받았다. 이와 같이 그리스도는 "비방을 받는 표적이 되기 위하여" 세움을 받았다(눅 2:34).

23. 그들이 날짜를 정하고 그가 유숙하는 집에 많이 오니 바울이 아침부터 저녁까지 강론하여 하나님의 나라를 증언하고 모세의 율법과 선지자의 말을 가지고 예수에 대하여 권하더라.

그가 유숙하는 집. 그가 세든 집(16, 30절). 아침부터 저녁까지. 이와 같이 바울은 "다른 모든 사도들보다 더 많이" 수고했다(고전 15:10). 하나님의 나라를 증언하고. 바울은 성경을 설명하면서 예수가 메시야인 것과 하나님이 약속하시고 모세와 선지자들이 예언한 메시야 왕국이 이제 도래한 것을 증명했다. 예수에 대하여 권하더라. 바울은 그들 각자를 설득할 수 있는 여러 가지 논증과 증거들을 사용하여 그들을 권했다.

24. 그 말을 믿는 사람도 있고 믿지 아니하는 사람도 있어.

이와 같이 씨 뿌리는 자의 비유에 나타나는 것처럼 말씀이 떨어지는 다양한 밭이 있다(마 13:19). 이와 같이 바울은 "믿음은 모든 사람의 것이 아니라는" 사실과 "듣는 자가 믿음과 결부시키지 않는다면 그 말씀이 그들에게 유익이 되지 못한다는" 사실을 경험으로 발견했다(살후 3:2; 히 4:2).

25. 서로 맞지 아니하여 흩어질 때에 바울이 한 말로 이르되 성령이 선지자 이사야를 통하여 너희 조상들에게 말씀하신 것이 옳도다.

서로 맞지 아니하여. 이와 같이 그리스도는 "땅에 불을 던지러" 오셨다(눅 12:49). 그는 하나님과 사람 사이뿐만 아니라 사람과 사람 사이에 불을 던지러 오셨다. 만일 복음의 교훈이 지켜진다면, 사랑과 온유함과 선함이 사람들의 마음과 삶으로부터 모든 증오와 교만과 분쟁을 쫓아낼 것이다. 바울이 한 말로 이르되. 바울이 이사야 선지자의 예언 한 구절을 인용한 것은 그들이 하나님의 심판의 말씀을 듣고 (가능하다면) 그 마음에 찔림이 있게 하기 위함이었다.

26. 일렀으되 이 백성에게 가서 말하기를 너희가 듣기는 들어도 도무지 깨닫지 못하며 보기는 보아도 도무지 알지 못하는도다.

그들의 조상들이 자신들의 죄로 말미암아 임할 재앙과 관련한 많은 예언들과 장차 임할 메시야와 관련한 많은 예언들을 들었음에도 불구하고 믿지 않았던 것처럼, 여기의 유대인들 역시도 조상들의 죄를 이어받아 그들의 형벌을 그대로 상속받게 될 것이었다. 이와 같이 우리는 예전 세대에 말하여지고 이루어진 것이 지금 세대에도 똑같이 이루어지는 것을 보게 된다.

27. 이 백성들의 마음이 우둔하여져서 그 귀로는 둔하게 듣고 그 눈은 감았으니 이는 눈으로 보고 귀로 듣고 마음으로 깨달아 돌아오면 내가 고쳐 줄까 함이라 하였으니.

하나님이 그 백성을 버리시고 그들로부터 은총의 손길을 거두시는 것은 지극히 합당하고 정당한 일이었다. 왜냐하면 그들이 죄 가운데 하나님에게 "우리를 떠나소서 우리가 주의 도리 알기를 바라지 아니하나이다"라고 말했기 때문이었다(욥 21:14). 그 눈은 감았으니. 그들은 메시야와 관련하여 바울이 전파한 진리들을 볼 수밖에 없었음에도 불구하고 보기를 싫어하는 자들처럼 자신들의 눈을 감아 버렸다. 스스로를 속이며 편견에 가득 찬 마음이 그들로 하여금 그 모든 것을 깨닫지 못하도록 가로막았다. 내가 고쳐줄까. "I should heal them" 즉 내가 고칠 것이라. 여기에서 죄를 용서하는 것이 고치는 것으로 표현된 것은 죄로 말미암아 영혼이 상처를 입었기 때문이다.

28. 그런즉 하나님의 이 구원이 이방인에게로 보내어진 줄 알라 그들은 그것을 들으리라 하더라.

여기에서 복음이 "하나님의 구원"으로 일컬어지는 것은 다음과 같은 이유들 때문이다. (1) 복음은 결국 하나님의 구원을 발견하는 것이기 때문에. (2) 복음은 그의 아들을 보내심으로 말미암아 구원을 준비하는 것이기 때문에. (3) 복음의 효력이 오직 하나님으로부터 말미암기 때문에. 이방인에게로 보내어진 줄 알라. 우리 주님의 지상명령에 나타나는 것처럼(마 28:19; 눅 24:47). 사도행전 곳곳에 나타나는 것처럼, 바울은 이러한 사실 즉 복음이 이방인들에게로 보내어진 것의 결과를 경험으로 발견했다. 거기에서 우리는 대부분의 유대인들이 복음을 조롱하며 반대하는 반면 많은 이방인들은 그것에 기꺼이 순종하는 것을 보게 된다.

29. (없음)

30. 바울이 온 이태를 자기 셋집에 머물면서 자기에게 오는 사람을 다 영접하고.

민족과 신분과 계층을 초월하여, 바울은 모든 사람들에게 구원의 복음을 전파했다. 이 부분에서 그는 하나님과 우리 구주의 모범을 따랐다. 왜냐하면 우리 구주 역시도 자기에게 나아오는 자들을 아무도 거절하지 않았기 때문이었다. 만일 바울이 복음을 전파하기를 단념했다면, 그는 유대인들로부터의 모든 반대와 박해를 능히 피할 수 있었을 것이었다. 그러나 그것은 그가 부득불 해야만 하는 일이었다. 왜냐하면 복음을 전하지 않는다면 그에게 화가 있을 것이었기 때문이었다(고전 9:16).

31. 하나님의 나라를 전파하며 주 예수 그리스도에 관한 모든 것을 담대하게 거침없이 가르치더라.

하나님의 나라. 여기에서 복음이 이와 같은 이름으로 일컬어지는 것을 주목하라. 바울은 특별히 세상 끝에 임할 하나님의 나라를 전파했다. 이것은 특별히 부활과 관련하여 그가 자주 다룬 주제였다.

주 예수 그리스도에 관한 모든 것. 그리스도가 가르친 교훈들과 그가 행한 기적들과 그의 죽음과 부활. 거침없이. 아무로부터도 방해도 받지 않고. 요동치는 바다의 경계를 세우신 하나님은 유대인들의 악의를 제한하시고 막으셨다. 또 사자들로부터 다니엘을 구원하신 하나님은 네로로부터 바울을 구원하셨으며 또 그렇게 하실 것이었다. 만일 그의 죽음이 하나님에게 더 큰 영광이 되지 않고 또 그 자신에게도 그것이 사는 것보다 더 큰 유익이 되지 않는다면 말이다. 마침내 그의 목숨은 그가 디모데후서 4:6에서 예견했던 것처럼 그가 전파한 진리를 확증하기 위해 제물로 드려졌다. "전제와 같이 내가 벌써 부어지고 나의 떠날 시각이 가까웠도다." 이 책은 "사도들의 행적들"(the Acts of the Apostles)이라는 이름뿐만 아니라 "사도들의 奇事들"(the wonders of the Apostles)이라는 이름으로도 불릴 수 있다. 물론 이 책을 기록한 누가와 모든 사도들은 "사도들의 행적들"이라는 현재의 이름으로 기꺼이 만족할 것이지만, 그러나 그 안에는 많은 기사(奇事)들이 포함되어 있다. 그러한 기사들은 사도들에 의해(by) 행해졌을 뿐만 아니라 또한 사도들을 위해(for), 다시 말해서 그들을 구원하며 지키며 격려하기 위해 행해졌다. 그리하여 그들을 침묵하게 함으로써 그들에 의해 전파된 복음의 진보를 가로막고자 하는 모든 시도는 헛된 것이 되고 말았다. 그것은 마치 사람들이 태양이 비추는 것을 막고 바람이 부는 것을 막으려고 애쓰는 것이나 마찬가지였다. 이와 같이 아무도 막을 수 없는 일을 행하시는 자에게 모든 존귀와 영광과 주권과 능력이 영원무궁토록 있을지로다. 아멘.

MATTHEW POOLE'S COMMENTARY

로마서

서론

본 서신의 저자가 "바울"로 불린 것에 대해 어떤 사람들은 그의 키가 작았기 때문이라고 생각한다. 또 어떤 사람들은 그가 총독 서기오 바울을 회심시킨 것에 근거해서 스스로에게 그와 같은 이름을 부여했을 것이라고 추측하기도 한다. 이에 대하여는 사도행전 12장과 히에로니무스 주석(빌레몬서)을 보라. 반면 다른 사람들은 그의 이름이 바뀐 것이 아니라고 생각한다. 당시 로마 시민권을 가지고 있었던 다른 모든 유대인들과 마찬가지로 그 역시도 두 개의 이름을 가지고 있었을 뿐이라는 것이다. 요컨대 그는 사울이라는 유대식 이름과 바울이라는 로마식 이름을 가지고 있었다는 것이다. (이와 같이 요한도 마가라는 또 하나의 이름을 가지고 있었다, 행 12:12, 25). 그는 이방인의 사도로서 주로 이방인들 가운데 활동했다. 이런 이유로 마침내 그는 바울이라는 로마식 이름으로 주로 불리게 되었다.

로마서가 놓인 위치에 대해 생각해 보도록 하자. 바울의 서신들이 신약에 위치한 순서대로 기록된 것이 아니라는 것은 모든 사람들이 동의하는 명백한 사실이다. 데살로니가전후서와 고린도전후서와 그의 다른 몇몇 서신들이 로마서에 앞서 기록되었다. 그럼에도 불구하고 로마서가 서신들 가운데 제일 앞에 놓인 이유는 이 편지의 수신자인 로마인들의 존귀 때문이었거나(당시 로마가 제국의 수도였기 때문에), 아니면 그 분량이 가장 컸기 때문이었거나(로마서가 모든 서신들 가운데 가장 긴 서신이었기 때문에), 아니면 그 내용의 탁월함과 충만함 때문이었을 것이다. 로마서는 어떤 사람들이 "신성(神性)의 정수(精髓)"라고 불렀을 정도로 그 내용이 탁월하며 충만하다. 크리소스토모스(Chrysostom)는 로마서를 특별히 소중하게 여기면서 매주 두 번씩 읽었다. 또 멜란히톤(Melancthon)은 로마서를 "교회들의 신앙 고백서"(the confession of the churches)라고 불렀다. 그는 로마서 강좌를 10회 이상 개설한 것으로 알려져 있다. 또 퍼킨스(Perkins)는 성경을 읽을 때 신약의 열쇠로서 요한복음과 로마서로부터 시작하라고 충고했다.

로마서의 전체적인 주제는 갈라디아서와 매우 유사한 것으로 보인다. 본 서신의 (서문과 맺음말을 제외한) 몸통은 교리적인 부분과 실천적인 부분으로 나뉜다. 교리적인 부분 속에서 바울은 죄인이 하나님 앞에 의롭다 하심을 받는 근본적인 교리를 다룬다. 어떤 사람이 말한 것처럼, 본 서신은 그러한 교리가 다루어지는 참으로 적당한 자리이다. 여기에서 우리는 우리가 하나님 앞에서 의롭다 하심을 받는 방법을 배운다. 우리는 율법의 행위로 말미암지 아니하고 믿음으로 말미암아 의롭다 하심을 받는다. 이것은 우리 안에 내재한 어떤 의로 말미암는 것이 아니라, 우리에게 전가된 의로 말미암는다. 나아가 이러한 교리는 처음 네 장(1-4장)에서 여러 가지 반박할 수 없는 논증들로 증명된다.

그리고 그것은 이어지는 일곱 장(5-11장)에서 더 부연되고 확장된다. 먼저 믿음으로 말미암아 의롭다 함을 받는 것의 영광스러운 결과와 특권인 하나님과의 화평이 다루어진다. 그것은 어떤 환난도 가로막거나 방해할 수 없는 화평이다(5:1-10). 그러고 나서 둘째 아담이신 예수 그리스도를 통해 화해한 자로서 하나님과 더불어 즐거워하는 것이 나온다(5:11-21). 그러고 나서 거룩함의 두 측면인 죄에 대하여 죽는 것과 새 생명으로 다시 살아나는 것이 다루어진다(6:1-23). 다음으로 첫 남편인 율법으로부터의 자유가 나온다(7:1-25). 그리고 이어지는 8장에서 우리는 그것과 밀접하게 연결된 다양한 특권들, 즉 더 이상 정죄가 없는 것과, 양자(養子)로 받아들여지는 것과, 성령의 내주하심과, 모든 것이 합력하여 선을 이루는 것과, 하나님의 확실한 사랑과, 모든 원수들에 대한 승리를 보게 된다. 계속해서 의롭다 하심의 교리는 그것의 원초적인 근원 즉 하나님의 예정 혹은 영원한 계획의 교리로 확장된다. 바울이 이러한 교리를 제시한 것은 앞의 의롭다 하심의 교리와 관련한 유대인들의 반대에 대답하기 위함이었다. 유대인들은 의롭다 하심을 받는 교리를 받아들이지 않았다. 그리하여 바울은 의롭다 하심을 받는 것이 이스라엘 나라 전체에 속한 것이 아니라 그들 가운데 택함 받은 자들에게 속한 것을 보인다. 나머지 사람들은 이방인의 충만한 수가 들어올 때까지 하나님에 의해 배척되었다. 그때가 되어서야 비로소 유대인들은 보편적으로 믿고 돌아올 것이다. 이러한 가르침을 우리는 9:1—11:36에서 보게 된다.

이러한 교리들은 그리스도인들이 그리스도의 교회와 관련하여, 다른 성도들과의 교제 속에서, 하나님의 부르심과 사역의 자리에서 어떻게 행하며 살아야 하는가 하는 문제로 확장된다(12:1-21). 또 그것들은 사회와 관련하여, 하나님이 세상 가운데 세우신 정부와 관련하여 어떻게 행하여 살아야 하는가 하는 문제로 확장된다(13:1-14). 그리스도인들은 하나님이 세상 가운데 세우신 권세에 온전히 순복해야 한다.

또 그것들은 형제들 및 이웃들과 관련하여 어떻게 행하여 살아야 하는가 하는 문제로 확장된다(14:1-15:33). 그리스도인들은 형제들과 이웃들에게 한편으로 비판을 피하고 다른 한편으로 해를 끼치지 않으면서 기독교적 사랑을 실천해야 한다.

제1장

개요

1. 바울이 로마인들에게 자신의 부르심에 대해 이야기함(1-7).
2. 바울이 그들에게 로마에 가서 그들을 보기를 바라는 마음을 고백함(8-15).
3. 바울이 복음은 믿음으로 말미암아 모든 사람을 의롭다 하기 위한 것임을 설명함(16-17).
4. 바울이 이방인들의 부패와 타락을 상세히 묘사함(18-32).

1. 예수 그리스도의 종 바울은 사도로 부르심을 받아 하나님의 복음을 위하여 택정함을 입었으니.

예수 그리스도의 종. 이것은 세상의 군왕이라는 호칭보다 더 높고 존귀한 호칭이다. 몇몇 위대한 황제들은 스스로를 그리스도의 신하로 자칭했다. 여기에서 바울이 스스로를 그리스도의 종으로 부르는 것은 한편으로 모든 참된 그리스도인들에게 공통적인 그의 신분과 관련한 것일 수도 있고, 다른 한편으로 사도로서의 그의 특별한 직분과 관련한 것일 수도 있다. 예전에 특별한 직분을 가진 사람들은 하나님의 종으로 불렸다. 여호수아 1:1; 느헤미야 1:6; 시편 132:10을 보라. 또 그것은 그의 특별한 회심과 관련한 것일 수도 있다. 다메섹 도상에서의 갑작스러운 회심으로 인해, 그는 스스로를 그리스도께 예속된 존재로 여기면서 자신의 모든 것을 그의 사역에 바쳤다.

사도로 부르심을 받아. 그리스도 자신의 직접적인 부르심에 의해 사도의 직분에 임명되어. 갈라디아서 1:1; 디도서 1:3을 보라. 우리는 사도행전 9:15에서 그의 부르심과 관련한 이야기를 발견한다. 여기의 표현 속에 두 가지가 내포된다. (1) 그가 스스로 사도의 존귀를 취한 것이 아니라, 다만 하나님의 부르심을 받고 그러한 직분에 임명된 것이라는 것. (2) 그러한 사도직의 존귀는 그의 어떤 공로가 아니라 오직 은혜로 말미암아 주어진 값없는 선물이라는 것. 예전에 이스라엘에 "사울도 선지자 중에 있느냐?"라는 속담이 있었다. 이제 우리는 큰 놀람으로 "사울도 사도 중에 있느냐?"라고 말할 수 있다. 전에 그는 성도들에 대하여 심히 광분하며 박해하던 사람이었다(행 26:10, 11). 그랬던 그가 사도가 될 줄은 그 자신조차 상상하지 못했을 것이다.

하나님의 복음을 위하여. 즉 하나님의 복음을 선포하며 전파하기 위하여. 복음은 때로 여기의 경우처럼 '하나님의 복음' 으로 일컬어지며, 또 때로 로마서 1:16의 경우처럼 '그리스도의 복음' 으로 일컬어진다. 그것이 하나님의 복음으로 일컬어지는 것은 하나님이 그것의 창시자이기 때문이다. 그것은 사람이 창안한 것이 아니다. 또 그것이 그리스도의 복음으로 일컬어지는 것은 그리스도가 그것의 주제이기 때문이다.

택정함을 입었으니. "Separated" 즉 분리되었으니. 예전의 예레미야처럼(렘 1:5), 그는 하나님의 계획 가운데 그의 어머니의 태로부터 분리되었을 수 있다(갈 1:15). 또 그것은 사도행전 13:2과 관련된 것일 수도 있다. "주를 섬겨 금식할 때에 성령이 이르시되 내가 불러 시키는 일을 위하여 바나바와 사울을 '따로 세우라' 하시니." 우리는 두 곳에 같은 헬라어 단어가 사용된 것을 주목할 수 있다. 또 그것은 그가 그리스도 자신으로부터 받은 직접적인 사명과 관련된 것일 수도 있다(행 9:15; 26:16-18). 어떤 사람들은 여기에서 바울이 "분리"를 의미하는 바리새인이라는 단어를 생각하고 있었을 것이라고 추측한다. 바리새인이었을 때, 그는 하나님의 율법을 위해 분리되었다. 그리고 지금 그리스도인으로서 그는 하나님의 복음을 위해 분리되었다.

2. 이 복음은 하나님이 선지자들을 통하여 그의 아들에 관하여 성경에 미리 약속하신 것이라.

선지자들을 통하여. 여기의 "선지자들"을 우리는 실제로 그와 같은 호칭으로 불리는 사람들뿐만 아니라 또한 하나님이 스스로를 낮추사 친밀한 방식으로 자신의 비밀을 계시하신 모든 사람들을 가리키는 것으로서 이해할 수 있다. 창세기 20:7; 시 105:15을 보라.

성경에. 즉 구약에. 예수 그리스도는 구약의 예언들과 약속들과 직접적으로 관련된다(창 3:15; 49:8, 10; 신 18:18; 시 16:10; 22:1-31; 40:1-17; 110:1; 사 7:14; 9:9; 53:1-12; 63:1-3; 단 9:24-26; 미 5:2; 슥 9:9; 말 3:1 등을 보라). 이러한 말로써 바울은 선지자와 사도 사이 그리고 구약의 교훈과 신약의 교훈 사이에 완전한 조화와 일치가 있음을 암시한다. 누가복음 24:44; 요한복음 12:16; 사도행전 10:43을 보라. 오늘날의 번역자들은 옛 번역자들과는 달리 이 구절을 괄호 안에 포함시킨다.

미리. 이것이 덧붙여진 것은 복음이 결코 새로운 것이 아님을 나타내기 위함이다.

어느 누구도 복음을 반대하면서 그것을 일컬어 새로운 교훈이라고 말해서는 안 된다. 왜냐하면 그것은 "주께서 예로부터 거룩한 선지자들로 말미암아" 약속하시고 예고하신 것이기 때문이다(눅 1:70).

약속하신 것이라. 이것이 의미하는 것은 복음의 역사(歷史)가 선지자들에 의해 약속되었다는 것이 아니다. 다만 그것이 의미하는 것은 (복음의 역사와 계시의 직접적인 주제인) 예수 그리스도가 그의 모든 은택들과 함께 선지자들에 의해 약속되었다는 것이다.

3. 그의 아들에 관하여 말하면 육신으로는 다윗의 혈통에서 나셨고.

그의 아들에 관하여 말하면. 이러한 구절은 바로 앞에 언급된 (전체적인 내용이 하나님의 아들 메시야에 대한 것인) 성경과 연결되는 것이거나, 아니면 역시 앞에 언급된 복음과 연결되는 것일 것이다. 후자의 경우라면 그 의미는 사도 바울이 하나님의 복음을 위하여 택정함을 입었는데, 그 복음은 오직 혹은 주로 그 아들에 관한 것이라는 것이 될 것이다. 이것은 복음의 탁월함을 나타낸다. 왜냐하면 복음은 이방의 신들이라든지 혹은 알렉산더나 카이사르나 스키피오 같은 영웅들의 세속적인 이야기가 아니라 하나님의 아들 자신을 다루는 것이기 때문이다.

육신으로는 … 나셨고. "which was made … according to the flesh" 즉 육체를 따라 혹은 그의 인성을 따라 … 만들어지셨고. 그는 신적 본질과 관련해서는 만들어지지 않고 나셨지만(begotten), 그러나 인성과 관련해서는 나지 않고 만들어지셨다(made). 여기에서 바울이 "하나님의 아들이 만들어지셨다"라고 말할 때, 논란의 여지 없이 그것은 그가 성육신 이전에 존재하셨으며 사람의 아들이 되기 전에 하나님의 아들이셨음을 분명하게 함축한다. 이것은 다음과 같은 두 가지 진리를 분명하게 증명한다. (1) 예수 그리스도의 인격 안에 두 가지 본질 즉 신적 본질과 인적 본질이 있다는 진리. (2) 두 본질 사이에 상호 소통과 교제가 있다는 진리. 여기에서 우리는 하나님의 아들이 다윗의 씨가 되었다는 언급을 발견한다(한글개역개정판에는 "그의 아들에 관하여 말하면 … 다윗의 혈통에서 나셨고"라고 되어 있음). 반면 다른 곳에서 우리는 사람의 아들(인자)이 하늘로부터 내려오셨다는 언급을 보게 된다. 요한복음 3:13을 보라. 또 요한복음 3:62; 사도행전 20:28; 고린도전서 2:8을 보라.

다윗의 혈통에서. "Of the seed of David" 즉 다윗의 씨로부터. 다시 말해서 다윗의 자손인 동정녀 마리아로부터. 이것은 명백히 메시야가 다윗의 허리로부터 나올 것이라는 약속과 관련된다(행 2:30). 이것을 이사야 11:1; 예레미야 23:5; 에스겔 34:24

과 비교하라. 유대인들은 이러한 약속을 잘 알고 있었다. 그리하여 그들은 메시야에 대해 말할 때 그를 다윗의 자손(the son of David)이라고 불렀다. 마태복음 21:9; 22:42; 마가복음 10:47-48; 요한복음 7:42을 보라. 마태와 누가가 동정녀 마리아와 그녀의 남편인 요셉이 다윗의 혈통을 따라 나온 자들임을 밝히기 위해 그토록 긴 족보를 기록한 이유가 바로 여기에 있다.

4. 성결의 영으로는 죽은 자들 가운데서 부활하사 능력으로 하나님의 아들로 선포되셨으니 곧 우리 주 예수 그리스도시니라.

여기에서 우리는 앞에서 다윗의 씨로 만들어졌다고 언급된 것과는 달리 "능력으로 하나님의 아들로 선포되셨다"는 언급을 보게 된다. 이것은 선포된 말씀과 연결되는 것일 수 있다. 그렇다면 그 의미는 그가 능력으로 혹은 기적으로 하나님의 아들로 선포되셨다는 것이 될 것이다. 왜냐하면 여기의 헬라어는 신약에서 통상적으로 기적을 의미하기 때문이다. 또 그것은 하나님의 아들과 연결되는 것일 수도 있다. 그렇다면 그 의미는 그가 아버지와 동등한 능력과 존귀를 가진 강력하며 전능한 아들로 선포되셨다는 것이 될 것이다.

성결의 영(the spirit of holiness). 어떤 사람들은 이러한 표현을 삼위일체 가운데 세 번째 위격을 가리키는 것으로 이해한다. 반면 다른 사람들은 좀 더 올바르게 그리스도의 신성 혹은 신적 본질을 가리키는 것으로서 이해한다. 그의 신성 혹은 신적 본질은 어떤 곳에서는 영으로 불리며(딤전 3:16; 벧전 3:18), 또 어떤 곳에서는 영원한 영으로 불리며(히 9:14), 여기에서는 성결의 영으로 불린다. 그것이 여기에서 성결의 영으로 불리는 것은 아마도 그것의 효과 때문일 것이다. 왜냐하면 그것으로 말미암아 그가 그의 육체적인 몸과 특별히 그의 신비한 몸인 교회를 성결하게 하기 때문이다. 이것이 명백한 것은 영과 육 사이의 대칭관계 때문이다. 앞 절의 "육신으로는"이 그의 인성을 가리키는 것처럼, 여기의 "영으로는"은 그의 신성을 가리킨다. 디모데전서 3:16과 베드로전서 3:18에 나타나는 비슷한 대칭관계를 보라.

죽은 자들 가운데서 부활하사. 이러한 표현을 어떤 사람들은 "죽은 자들을 부활시키심을 통해"라고 읽는다. 그렇다면 이것은 나사로를 비롯한 몇몇 사람들을 다시 살리신 것을 의미하는 것이 될 것이다. 어떤 사람들은 그리스도께서 부활하셨을 때 그와 함께 다시 살아난 사람들을 가리키는 것으로 이해하기도 한다. 마태복음 27:52-53을 보라. 그러나 여기의 표현은 명백히 그리스도 자신의 부활을 가리키는 것이다. 그는 죽은 자들 가운데서 다시 살아나셔서 능력으로 스스로를 하나님의 아들로 선포하셨다. 요한복음 2:19-21; 5:26; 10:18; 고전 15:4을 보라. 물론 성경에 아버지가 아들을 죽은 자들 가운데 다시 살리셨다고 언급되어 있는 것은 분명한 사실이다. 그러나 이것은 그가 자신의 능력으로 스스로를 다시 일으켰다는 것과 결코 상충되지 않는다. 왜냐하면 아버지와 아들은 하나이며, 동일 본질인 삼위의 사역은 결코 나누어지지 않기 때문이다.

5. 그로 말미암아 우리가 은혜와 사도의 직분을 받아 그의 이름을 위하여 모든 이방인 중에서 믿어 순종하게 하나니.

그로 말미암아. 중보자로서 그로 말미암아, 혹은 은혜와 사도직의 창시자와 수여자로서 그로 말미암아.

은혜와 사도의 직분. 어떤 사람들은 이러한 표현을 서로 다른 별개의 두 은사로 생각한다. 그래서 하나(은혜)는 일반적인 은사로, 그리고 다른 하나(사도의 직분)는 특별한 은사로 이해한다. 반면 다른 사람들은 여기의 표현을 사도직의 은혜로 이해한다. 바울이 이와 같이 부르는 것은 그의 사도직이 그에게 그의 공로가 아니라 오직 하나님의 값없는 은혜와 호의로 말미암아 주어졌기 때문이다. 자신의 사도직을 은혜라는 이름으로 부르는 것은 바울의 통상적인 습관이었다. 로마서 15:15; 갈라디아서 2:9; 에베소서 3:2, 8을 보라.

믿어 순종하게 하나니(for obedience to the faith). 로마서 16:26에 같은 표현이 나타난다. "선지자들의 글로 말미암아 모든 민족이 '믿어 순종하게 하시려고' 알게 하신 바." 여기의 "믿음"을 어떤 사람들은 믿음의 복음 혹은 교훈으로 이해한다. 그 단어에는 분명 이러한 의미가 담겨 있다(행 6:7; 유 1:3). 그렇다면 여기의 의미는 은혜의 하나님이 그에게 사도의 직분을 주심으로써 그가 복음의 교훈을 믿고 그 안에서 순종하며 행하도록 이방인들을 이끌 수 있게 되었다는 것이 될 것이다. 반면 다른 사람들은 그것을 믿음의 은혜로 이해한다. 그렇다면 그 의미는 그가 사도의 직분을 받음으로 말미암아 이방인들로 하여금 복음을 믿고 순종하도록 이끌 수 있게 되었다는 것이 될 것이다. 믿음은 순종과 결합된다. 왜냐하면 믿음으로 말미암아 우리가 하나님의 명령에 순종하기 때문이다. 그리고 한 걸음 더 나아가 믿음 자체가 복음의 큰 명령으로서 순종 안에 존재한다.

이방인 중에서. "Among all nations" 즉 모든 열방 가운데. 일반적인 사명을 따라(마 28:19), 그리고 여기의 사도 자신에게 특별하게 맡겨진 사명을 따라(행 9:15; 갈 2:7-8; 딤전 2:7; 딤후 1:11).

그의 이름을 위하여. 어떤 사람들이 이해하는 것처럼, 이것은 열방이 그의 이름을 믿을 수 있게 되었음을 의미한다. 반면 다른 사람들은 이러한 표현이 (그리스도의 영광과 존귀를 나타내는 것인) 바울의 사도직과 복음 전파의 목적을 선포하기 위해 덧붙여진 것으로 이해한다. 디모데전서 1:12을 보라.

6. 너희도 그들 중에서 예수 그리스도의 것으로 부르심을 받은 자니라.

너희도 그들 중에서. 바울은 이방인들을 위하여 사도의 직분을 받았는데, 여기의 로마인들 역시도 그러한 이방인들 가운데 일부였다. 그가 이 말을 덧붙이는 것은 지금 그들에게 편지를 쓰는 이유를 밝히기 위함이었다. 그는 자신에게 맡겨진 사명 때문에 지금 그들에게 편지를 쓰고 있었다. 뿐만 아니라 그가 이 말을 덧붙이는 것은 또한 그들을 겸손하게 하기 위함이었다. 그들은 세상에서 가장 강력한 지배력을 행사하는 로마인이기는 하지만, 그럼에도 불구하고 고작해야 이방인이며 우상 숭배자일 뿐이었다.

예수 그리스도의 것으로 부르심을 받은. 그들은 본래 이교도 우상 숭배자에 불과했지만, 그러나 지금은 예수 그리스도로부터 부르심을 받은 그리스도인이 되었다. 그들은 외적으로는 그의 말씀으로 말미암아 부르심을 받았으며, 내적으로는 그의 영으로 말미암아 부르심을 받았다. 효과적인 부르심에 의해 그들은 그를 따르는 그의 제자들이 되었다.

7. 로마에서 하나님의 사랑하심을 받고 성도로 부르심을 받은 모든 자에게 하나님 우리 아버지와 주 예수 그리스도로부터 은혜와 평강이 있기를 원하노라.

로마에 있는 모든 자에게. 바울은 황제와 원로원 의원들을 포함하여 그곳에 거주하는 모든 사람들에게가 아니라, 이어지는 구절에 나타나는 것처럼 그곳에 있는 교회와 모든 그리스도인들에게 이 편지를 보냈다. 또 그는 혈통상의 로마인만이 아니라 유대인이든 이방인이든 종이든 자유자든 모든 신실한 자들에게 — 왜냐하면 이들 모두가 그리스도 안에서 하나이기 때문에 — 편지를 썼다. 이 편지가 로마인들에게 보내는 것이기 때문에 라틴어로 기록되었을 것이라고 생각한다면, 그것은 오산이다. 당시 로마인들은 헬라어에 매우 익숙했다. 유베날리스(Juvenal, 2세기 로마의 풍자 시인)는 로마를 헬라 도시라고 불렀는데, 그것은 대다수의 시민들이 헬라어를 잘 이해했기 때문이었다.

성도로 부르심을 받은. 혹은 성도라 일컬음을 받은. 그들 가운데 위선자들이 있을 수 있었음에도 불구하고 바울은 여기에서 그들을 성도라는 이름으로 부른다. 그전까지 오직 옛 이스라엘 백성들만 거룩한 나라 혹은 거룩한 백성으로 간주되었다. 그리고 이방인들은 속되며 부정한 자들로 간주되었다. 그러나 이제 그러한 차별은 철폐되었다. 예수 그리스도를 믿는 믿음과 효과적인 부르심은 유대인들과 마찬가지로 이방인들을 거룩하게 만든다. "성도"(聖徒)라는 이름은 완전한 거룩을 의미하지 않는다. 다만 하나님에게 성별(聖別)되어 드려진 자들을 의미할 뿐이다. 비록 많은 결함과 불완전함을 가지고 있다 하더라도, 그들은 그 마음과 삶이 거룩한 자들이다.

하나님 우리 아버지와 주 예수 그리스도로부터. 여기에 성령에 대한 언급이 나타나지 않는 이유는 무엇일까? 그것은 이미 그가 그의 선물들 안에서 암시되었기 때문이다. 은혜와 평강은 성령의 열매이며 또한 선물이다. 다른 인사말에서는 성령이 언급된다. 예컨대 고린도후서 13:14을 보라.

은혜와 평강이 있기를 원하노라. 여기의 두 단어 안에 모든 종류의 영적 축복과 일시적인 축복이 포함된다. 이것은 바울이 편지를 쓰는 가운데 통상적으로 사용하는 인사말이었다(고전 1:3; 고후 1:2; 갈 1:3; 엡 1:2; 빌 1:2; 골 1:2; 살후 1:2; 딤전 1:2; 딛 1:4; 몬 1:3을 보라). 또 우리는 다른 서신들에서도 이와 같은 인사말을 발견한다(벧전 1:2; 벧후 1:2; 요이 1:3; 계 1:4을 보라).

8. 먼저 내가 예수 그리스도로 말미암아 너희 모든 사람에 관하여 내 하나님께 감사함은 너희 믿음이 온 세상에 전파됨이로다.

먼저(first). 여기에서 이것은 단지 순서를 나타내는 단어가 아니다. 왜냐하면 뒤에 "다음으로"(secondly)가 따르지 않기 때문이다. 다만 그것은 여기에서 서신이 시작되는 것을 보여 준다. 지금까지의 이야기는 단지 서언과 인사말에 불과했기 때문이다. 이와 비슷한 경우로서 디모데전서 2:1을 보라.

온 세상에. 이것은 수사학적인 표현으로서 "세상 곳곳에"를 의미한다. 비슷한 경우로서 요한복음 12:19을 보라. 또 여기의 "온 세상"은 당시 알려진 세상의 상당 부분을 통치하고 있었던 로마 제국으로 이해될 수 있다. 비슷한 경우로서 누가복음 2:1을 보라. 당시 로마에는 세상 모든 곳으로부터 온 많은 사람들이 있었다. 따라서 그들의 믿음과 관련한 소문은 원근각처에 널리 퍼질 수 있었다. 로마인들의 믿음은 그들의 모든 승리보다도 그들을 더 유명하게 만들었다. 아, 그러나 나중에 로마는 얼마나 타락했나! 우리는 이사야 1:11-12을 로마에 적용시킬 수 있다. "너희의 무수한 제물이 내게 무엇이 유익하뇨 나는 숫양의 번제와 살진 짐승의 기름에 배불렀고

나는 수송아지나 어린 양이나 숫염소의 피를 기뻐하지 아니하노라 너희가 내 앞에 보이러 오니 이것을 누가 너희에게 요구하였느냐 내 마당만 밟을 뿐이니라"(사 1:11-12). 로마 가톨릭 교도들은 여기의 본문이 바로 로마가 모든 교회들의 어머니임을 증명하는 증거라고 주장한다. 그러나 그것은 터무니없는 주장이다. 데살로니가 교회 역시도 이와 똑같은 칭찬을 받았다(살전 1:8).

9. 내가 그의 아들의 복음 안에서 내 심령으로 섬기는 하나님이 나의 증인이 되시거니와 항상 내 기도에 쉬지 않고 너희를 말하며.

내 심령으로 섬기는. 진심으로 혹은 전심으로 섬기는. 에베소서 6:6; 디모데후서 1:3을 보라.

하나님이 나의 증인이 되시거니와. 이러한 표현 속에는 맹세의 힘이 담겨 있다. 비슷한 경우로서 고린도후서 1:18; 11:31; 갈라디아서 1:20을 보라. 그들에 대한 바울의 사랑과 염려는 오직 하나님만이 아신다. 그리하여 바울은 그 모든 것이 사실임을 하나님의 이름으로 호소한다. 특별한 상황에서, 맹세는 구약에서 뿐만 아니라 신약에서도 허용된다.

쉬지 않고. 즉 기도할 때마다. 이것은 그들에 대한 그의 간절한 사랑의 큰 증거였다.

10. 어떻게 하든지 이제 하나님의 뜻 안에서 너희에게로 나아갈 좋은 길 얻기를 구하노라.

하나님의 뜻 안에서. 이것을 덧붙인 것은 복음을 전파함에 있어 그는 항상 하나님의 인도하심을 따랐기 때문이었다. 사도행전 16:7-10을 보라.

너희에게로 나아갈 좋은 길 얻기를 구하노라. 이것은 바울이 오랫동안 간구했던 한 가지 중요한 기도제목이었다. 그가 오랫동안 열망하며 계획했던 것은 마침내 그대로 이루어졌으며, 그는 실제로 그들을 얼굴과 얼굴로 만날 수 있게 되었다. 로마의 성도들을 보고자 한 바울의 열망은 바울이 가이사에게 상소한 한 가지 이유였을 수 있다(행 25:10, 11).

11. 내가 너희 보기를 간절히 원하는 것은 어떤 신령한 은사를 너희에게 나누어 주어 너희를 견고하게 하려 함이니.

여기에서 바울은 자신이 그들을 보기를 간절히 바라는 이유를 밝힌다. 그것은 그 자신의 유익이 아니라 그들의 유익을 위한 것이었다.

어떤 신령한 은사를. 이것은 고린도전서 12:7-11에 상세하게 언급된 성령의 다양한 은사들을 가리킨다.

너희를 견고하게 하려 함이니. 바울이 말하고자 한 것은 이를테면 이런 것이었다. "나는 매일같이 너희에게 새로운 가르침을 베풀고자 하지 않노라. 다만 너희가 이미 듣고 받은 것 안에 너희를 견고하게 세우려고 하노라." 견고하게 세우는 은혜는 모든 그리스도인들에게 필요한 은혜이다. 로마서 16:25; 데살로니가전서 3:8, 13; 데살로니가후서 2:15-17을 보라.

12. 이는 곧 내가 너희 가운데서 너희와 나의 믿음으로 말미암아 피차 안위함을 얻으려 함이라.

바울이 이 말을 덧붙인 것은 앞에서 한 말을 보충하기 위함이었다. 그는 그들에게 자신이 그들을 안위할 뿐만 아니라 자신 역시도 그들로부터 안위받기를 바란다고 말한다. 가장 보잘것없는 지체들이 심지어 사도들에게조차 안위와 위로와 도움을 베풀 수 있다. 사도 요한은 한 여자와 그녀의 자녀들로부터 위로를 받고 그로 말미암아 새 힘을 얻기를 바랐다(요이 1:12). 성도의 교제의 은택은 얼마나 큰가!

너희와 나의 믿음으로 말미암아. 즉 너희와 내가 가진 예수 그리스도를 믿는 믿음으로 말미암아. 다른 곳에서 그는 이것을 "공통의 믿음"(common faith)이라고 부른다. 모든 참된 위로는 믿음으로부터 솟아오른다.

13. 형제들아 내가 여러 번 너희에게 가고자 한 것을 너희가 모르기를 원하지 아니하노니 이는 너희 중에서도 다른 이방인 중에서와 같이 열매를 맺게 하려 함이로되 지금까지 길이 막혔도다.

바울은 다음과 같은 반문을 예상한다. "만일 그가 우리를 보고자 그토록 간절하게 열망하고 있다면, 도대체 무엇 때문에 오지 않는단 말인가?" 이에 대해 그는 그것이 그의 의지(意志)나 혹은 사랑의 결핍 때문이 아니라고 대답한다. 왜냐하면 그는 수차에 걸쳐 그렇게 하고자 계획하고 시도했기 때문이다.

열매를 맺게 하려 함이로되. 즉 무할례자의 사도로서의 나의 사역과 부르심의 열매를 맺게 하려 함이로되. 바울은 자신이 그들 가운데 전파한 복음이 다른 이방인 교회들에서와 마찬가지로 성공을 거두어 그들 가운데 열매가 맺기를 바랐다. 골로새서 1:6을 보라.

지금까지 길이 막혔도다. 데살로니가전서 2:18처럼 사탄에 의해서거나, 혹은 사도행전 16:6-7과 로마서 15:22처럼 그를 다른 곳으로 인도하는 성령에 의해. 또 어쩌면 그것은 그 자신의 약함 때문이거나 혹은 다른 사람들의 필요와 간청 때문이었을 수도 있다(행 10:48; 16:15; 28:14).

14. 헬라인이나 야만인이나 지혜 있는 자나 어리석은 자에게 다 내가 빚진 자라.

내가 빚진 자라. 나의 부르심 때문에 그리고 하나님께서 그러한 목적으로 나에게 달란트를 맡기셨기 때문에. 그러므로 너희가 나에게 빚진 것이 아니라, 내가 너희에게 빚진 것이라. 왜냐하면 그 일은 내가 마땅히 감당해야 할 나의 의무이기 때문이라.

헬라인이나 야만인이나. 즉 모든 민족에게. 그는 모든 민족을 헬라인과 야만인으로 나눈다. 여기에서 유대인을 언급하지 않는 것은 그가 이방인들의 사도였기 때문이다.

지혜 있는 자나 어리석은 자에게. 그는 헬라인과 야만인을 또다시 이와 같이 나눈다. 왜냐하면 그들 가운데 어떤 사람들은 지혜롭고 또 어떤 사람들은 어리석기 때문이다. 복음은 모든 종류의 사람들에게 적용된다.

15. 그러므로 나는 할 수 있는 대로 로마에 있는 너희에게도 복음 전하기를 원하노라.

지금까지 나는 안디옥와 아덴과 에베소와 고린도에서 복음을 전파했노라. 나는 가장 화려한 도시인 로마에서도 (만일 하나님이 허락하신다면) 복음을 전파할 준비가 되어 있노라. 그러므로 지금까지 내가 너희에게 가지 않은 이유는 내 자신 안에 있는 것이 아니노라. 그것은 나의 의지(意志)의 결핍 때문이 아니니라.

16. 내가 복음을 부끄러워하지 아니하노니 이 복음은 모든 믿는 자에게 구원을 주시는 하나님의 능력이 됨이라 먼저는 유대인에게요 그리고 헬라인에게로다.

설령 로마가 제국의 수도라 하더라도 또 로마인들이 유식하며 지혜로운 사람들이라 하더라도 또 복음이 지극히 단순하여 이 세상의 지혜로운 자들에게 미련한 것이라 하더라도, 그럼에도 불구하고 나는 그리스도의 복음을 고백하며 전파하는 것을 부끄러워하지 아니하노라. 그러므로 나는, 어떤 것을 부끄러워하는 사람이 그것으로부터 움츠리며 뒤로 물러나는 것처럼, 복음으로부터 그렇게 하지 아니하노라. 나는 조금도 그렇게 할 필요를 느끼지 않노라. 왜냐하면 그것은, 비록 육신적인 사람들에게는 지극히 보잘것없는 것처럼 보인다 하더라도, 구원에 이르는 하나님의 능력이기 때문이니라. "십자가의 도가 멸망하는 자들에게는 미련한 것이요 구원을 받는 우리에게는 하나님의 능력이라"(고전 1:18). 복음은 구원을 이루기 위해 하나님이 친히 세우신 강력한 수단이니라. 복음에는 사람들을 회심과 구원으로 이끄는 탁월한 효력과 능력이 있느니라. 이사야 53:1; 고린도전서 4:15; 고린도후서 4:7; 10:4-5; 히 4:12; 야고보서 1:21을 보라.

모든 믿는 자에게. 복음은 모든 사람들에게 제시되지만, 그러나 그것은 오직 믿는 자들에게서만 구원의 열매를 맺는다. 마치 약이 오직 그것을 받아 복용하는 자들에게만 효과가 있는 것처럼 말이다.

먼저는 유대인에게요 그리고 헬라인에게로다. 복음은 먼저 유대인들에게 전파되고, 다음에 ― 바울이 여기에서 헬라인이라고 부르는 ― 이방인들에게 전파되었다. 누가복음 24:47; 사도행전 1:8을 보라. 바울도 이러한 순서를 그대로 따랐다(행 13:46).

17. 복음에는 하나님의 의가 나타나서 믿음으로 믿음에 이르게 하나니 기록된 바 오직 의인은 믿음으로 말미암아 살리라 함과 같으니라.

하나님의 의. 여기에서 하나님의 의가 무엇을 의미하느냐 하는 것이 로마서 전체에 빛을 비추어줄 것이다. 어떤 사람들은 그것을 복음에 계시된 구원과 영생의 교리 전체로서 이해한다. 그리고 그들은 그것을 로마서 3:3의 '하나님의 믿음'과 로마서 3:7의 '하나님의 진리'와 같은 것으로 이해한다. 다른 사람들은 여기의 "하나님의 의"를 사람이 의롭다 함을 받는 의로 이해한다. 그것이 하나님의 의로 불리는 것은 우리 자신의 의와 구별하기 위함이다(롬 10:3). 또 그것이 하나님의 의로 불리는 것은 그것이 사람이면서 동시에 하나님인 자에 의해 이루어져 우리에게 전가(轉嫁)되었기 때문이다. 그러므로 그는 우리를 위해 의가 되셨으며, 우리는 그 안에서 하나님의 의가 되었다고 말하여진다. 전가로 말미암아, 우리는 그의 의를 가지게 되었고 그는 우리의 죄를 가지게 되셨다. 또 그것은 종종 "믿음의 의"라고 불리는데, 그것은 믿음에 의해 그것이 인식되고 적용되기 때문이다. 뿐만 아니라 그것은 또한 "의의 법"이라고도 불린다(롬 9:31).

나타나서. 하나님의 율법 속에서 우리는 죄인을 의롭게 만드는 길을 발견하지 못한다. 뿐만 아니라 그 길은 이성(理性)이나 철학에 의해서도 가르쳐질 수 없다. 오직 복음만이 그 길을 계시하며 나타낸다. 바로 이것이 바울이 복음을 자랑하는 이유이다.

믿음으로 믿음에(from faith to faith). 바울은 이와 같이 우아한 반복어법을 즐겨 사용한 것으로 보인다. 로마서 6:19, 고린도후서 2:16; 3:18을 보라. 이러한 표현은 다양하게 해석된다. 구약의 믿음으로부터 신약의 믿음으로(from the faith of the Old

Testament to the faith of the New). 그러므로 어떤 사람도 다른 방법으로 의롭다 함을 받지 못했고 앞으로도 그럴 것이다. 혹은 작은 믿음으로부터 큰 믿음으로(from a lesser faith to a greater). 이것은 두 가지 믿음을 가리키는 것이 아니다. 다만 하나의 동일한 믿음이 완전을 향해 자라는 것을 가리킨다. 바울은 "믿음으로부터 행함으로"라든지 혹은 "행함으로부터 믿음으로"라고 말하지 않는다. 오직 "믿음으로부터 믿음으로"라고 말할 뿐이다. 복음에는 하나님의 의가 나타나서 "믿음으로부터 믿음으로" 이르게 한다. 의롭다 함을 받는 것의 시작도, 과정도, 완성도 모두 믿음으로 말미암는다.

오직 의인은 믿음으로 말미암아 살리라. 어떤 사람들은 "믿음으로"를 여기의 명제의 주어인 "의인은"과 연결시킨다. 그렇게 함으로써 그들은 이것을 "믿음으로 말미암아 의인이 된 자는 살리라"(the just by faith shall live)라고 읽는다. 이렇게 읽을 때, 앞의 명제는 좀 더 명확해진다. 잘 알려진 것처럼, 이것은 하박국의 한 구절을 인용한 것이다. 그런데 하박국의 구절을 가지고 여기의 결론을 증명하는 것에는 다소 난제가 있다. 왜냐하면 하박국은 일시적인 보존에 대해 말하고 있었기 때문이었다. 그러면 그러한 일시적인 보존이 영원한 생명과 어떻게 관계된단 말인가? 이에 대한 대답은 다음과 같다. 바벨론 포로는 죄와 사탄의 권세 아래 묶인 우리의 영적 멍에를 상징한다. 그리고 그러한 멍에로부터 벗어나는 것은 그리스도로 말미암아 우리가 지옥으로부터 벗어나는 것을 예표적으로 보여 준다. 이사야 40:2-4을 마태복음 3:3과 비교하라. 특별한 상황에 적용된 일반적인 명제는 그로 말미암아 오직 그러한 상황에만 제한되지 않는다. 그것은 여전히 그 본래의 일반성을 계속해서 가진다. 마태복음 19:6을 보라. 결국 하나의 동일한 믿음이 하나님의 모든 약속들과 연결되는 것이다. 믿음으로 말미암아 우리가 일시적인 위험 속에서 죽지 않고 사는 것처럼, 같은 믿음으로 말미암아 우리는 또한 영원한 멸망으로부터 자유로워진다.

18. 하나님의 진노가 불의로 진리를 막는 사람들의 모든 경건하지 않음과 불의에 대하여 하늘로부터 나타나나니.

계속해서 바울은 자신이 앞 절에서 제시한 근본적인 명제를 증명하는 데로 나아간다. 본 절 첫머리에 나타나는 원인을 나타내는 전치사 "for"가 그것을 잘 보여 준다. 사람은 하나님의 의로 말미암아 의롭다 하심을 받아야만 한다. 왜냐하면 그들 자신에게는 아무런 의도 없기 때문이다. 그들 자신은 전적으로 불의할 뿐이다. 이러한 사실을 바울은 이방인과 유대인 모두를 통해 증명한다. 그는 먼저 이방인으로부터 시작한다. 그는 본 절로부터 다음 장 17절까지 이방인들을 통해 그것을 증명한다. 그리고 계속해서 그 다음 절로부터 3장 끝(2:18—3:31)까지 유대인들을 통해 그것을 증명한다.

하나님의 진노가 나타나나니. 하나님의 말씀 가운데 혹은 그보다도 하나님이 하늘로부터 내리는 심판 가운데 이것이 나타난다. 심판과 재앙은 우연히 오는 것도 아니고, 이차적인 원인들로부터 오는 것도 아니다.

모든 경건하지 않음과 불의에 대하여. 즉 모든 경건하지 않은 사람들과 불의한 사람들에 대하여. 여기에서 바울이 이와 같은 방식으로 말하는 것은 하나님이 징벌을 내리실 때 사람들의 죄에 초점을 맞추시기 때문이다. 하나님은 사람들 자체를 징벌하시기보다 사람들의 죄를 징벌하신다. 여기의 '경건하지 않음' 을 우리는 첫째 돌판을 범하는 죄를 가리키는 것으로 이해할 수 있다(21-23절). 반면 '불의' 는 둘째 돌판을 범하는 것과 연결된다(26-32절).

불의로 진리를 막는. 여기의 "진리"를 우리는 타락 이후 사람들 안에 남아 있는 모든 빛으로 이해할 수 있다. 모든 사람 안에 하나님과 관련한 어떤 공통적인 관념들이 있다. 그리고 우리의 본성이 가르치는 사람들에 대한 사랑이나 공평 같은 어떤 공통적인 원리들이 있다. 그러나 이방인들은 하나님과 이웃에 대한 이러한 자연적인 관념들을 따르지도 않고 순종하지도 않았다. 도리어 악한 마음으로 그러한 것들을 억제하고 억압했다. 좀 더 마음 편하게 죄를 짓기 위해 그들은 자신들이 인정한 진리를 옥에 가두었다. 이러한 은유는 무죄한 자들을 억압하며 옥에 가두는 폭군으로부터 취한 것이다. 이와 같이 이방인들은 불의로써 자신들이 본성적으로 가진 진리를 억압하며 감금시켰다.

19. 이는 하나님을 알 만한 것이 그들 속에 보임이라 하나님께서 이를 그들에게 보이셨느니라.

하나님을 알 만한 것. 즉 본성(nature)의 빛에 의해 하나님에 대해 알 수 있는 것. 바울은 이방인들이 핑계를 대기 위해 제기할 수 있는 항변을 예상하고 그것을 미리 막는다. 그것은 자신들이 성경을 가지고 있지 않은데 어떻게 진리를 알 수 있었겠느냐는 것이다. 이러한 항변에 그는 그들이 진리를 전혀 알 수 없었던 것은 아니라고 대답한다. 왜냐하면 그들 안에 하나님을 알 만한 것이 있었고 하나님이 그것을 그들에게 보이셨기 때문이라는 것이다.

그들 속에 보임이라. 혹은 그들 속에 나타났음이라. 즉 그들의 마음과 생각 속에.

로마서 2:15을 보라. 이러한 사실은 이러한 주제와 관련하여 그들의 많은 현자들과 철학자들이 남긴 글들에 의해 분명하게 증명된다.

하나님께서 이를 그들에게 보이셨느니라. 즉 앞 절과 같이 그들의 양심 안에 있는 본성의 빛에 의해, 혹은 다음 절에 나타나는 것처럼 피조물들을 깊이 연구하며 통찰하는 것을 통해.

20. 창세로부터 그의 보이지 아니하는 것들 곧 그의 영원하신 능력과 신성이 그가 만드신 만물에 분명히 보여 알려졌나니 그러므로 그들이 핑계하지 못할지니라.

이방인들은 또다시 자신들의 본성 안에 새겨진 하나님에 대한 관념들이 너무나 흐리기 때문에 어쩔 수 없었노라고 항변하며 핑계를 댈 수 있었다. 이에 대해 바울은 그러한 것들(즉 하나님에 대한 관념들)이 또한 자연의 책에 확실하게 새겨져 있다고 다시금 확증한다. 그러한 것들이 그들 앞에 큰 글자로 새겨져 있어서 그들이 달려가면서도 충분히 읽을 수 있다는 것이다.

그의 보이지 아니하는 것들. "하나님의 보이지 아니하는 것들"이라는 표현으로 바울은 그의 존재와 속성 그리고 특별히 그의 영원하심과 전능을 의미한다. 그리고 우리는 여기에다가 그의 지혜와 선하심 등을 덧붙일 수 있다. 비록 보이지 않는 것들이라 하더라도, 우리는 그러한 것들을 그 나타나는 것을 보고 충분히 분별할 수 있다. 피조물들을 보면서 우리는 영원하시며 전능하신 창조주가 계심을 쉽게 깨달을 수 있다. 우리는 결과를 보고 원인을 추론할 수 있다.

그러므로 그들이 핑계하지 못할지니라. 어떤 사람들은 이것을 "그들이 핑계하지 못할 수 있느니라"(they may be without excuse)라고 번역한다. 그러나 우리의 본문처럼 "그들이 핑계할 수 없느니라"(they are without excuse)라고 읽는 것이 훨씬 더 나은 번역이다. 이것이 의미하는 바는 하나님이 이러한 목적으로 그들에게 그러한 지식을 주셨기 때문에 그들이 핑계할 수 없다는 것이 아니다. 그것이 명백하게 의미하는 바는 하나님이 모든 사람들에게 그러한 것들을 알 수 있는 분명한 수단들을 주셨기 때문에 그들이 결코 알 수 없었노라고 주장할 수 없다는 것이다.

21. 하나님을 알되 하나님을 영화롭게도 아니하며 감사하지도 아니하고 오히려 그 생각이 허망하여지며 미련한 마음이 어두워졌나니.

왜냐하면(because). (흠정역(KJV)에서 본문은 "because"로 시작함). 여기의 "왜냐하면"은 바로 앞 절과 연결되는 것일 수 있다. 그렇다면 본 절은 이방인들이 핑계할 수 없는 이유를 설명하는 것이 될 것이다. 그것은 그들이 하나님을 알면서도 그를 영화롭게도 아니하고 감사하지도 아니했기 때문이다. 또 그것은 로마서 1:18과 연결되는 것일 수도 있다. 그렇다면 본 절은 그들이 "불의로 진리를 막은" 것을 증명하는 증거가 될 것이다.

하나님을 알되. 그들은 하나님에 대한 본성적인 지식을 가지고 있었다. 앞에서 이야기한 것처럼, 본성의 빛과 자연의 책이 그것을 그들에게 가르쳤다. 비록 그것이 그들을 구원하기에는 충분하지는 않았다 하더라도, 그럼에도 불구하고 그것은 그들을 핑계 없이(without excuse) 구원하기에는 충분했다.

하나님을 영화롭게도 아니하며. 그들은 하나님에게 그의 신적 탁월함과 완전함에 합당하게 예배하지도 않고, 그렇게 그를 인식하지도 않았다. "여호와께 그의 이름에 합당한 영광을 돌리며 거룩한 옷을 입고 여호와께 예배할지어다"(시 29:2).

감사하지도 아니하고. 그들은 하나님이 그들이 향유하는 모든 좋은 것들을 만드신 자요 주신 자임을 인정하지도 않고 그로 인해 그에게 감사를 드리지도 않았다. 도리어 모든 것을 우연과 행운과 그들 자신의 노력과 일월성신의 영향으로 돌렸다.

오히려 그 생각이 허망하여지며. 이방인들은 주로 그들 자신의 생각과 판단의 기초 위에서 신적 존재에 대한 관념을 구성했다. 그러한 기초 위에서 신의 존재를 어떤 사람들은 부인하고, 어떤 사람들은 의심하고, 어떤 사람들은 인정했다. 신의 존재를 인정한 사람들 가운데 어떤 사람들은 유형적이며 무형적인 많은 신들이 있다고 생각했고, 또 어떤 사람들은 ── 예컨대 플라톤이나 아리스토텔레스 같은 ── 오직 하나의 신이 있을 뿐이라고 생각했다. 그리고 그런 사람들 가운데서도 소요학파(逍遙學派)와 같은 사람들은 그의 섭리를 부인했으며, 스토아학파와 같은 사람들은 그를 둘째 혹은 하위의 원인들에 예속시켰다. 바로 이것이 바울이 여기에서 말하는 "허망함"(vanity)이다. 우상들과 어리석은 생각의 틀 역시도 허망한 것들(vanities)로 일컬어진다. 신명기 32:21; 예레미야 10:15; 사도행전 14:15을 보라.

미련한 마음이 어두워졌나니. 여기의 "마음"은 생각을 의미한다. 그들의 지성(知性)이 어두워졌으며, 그들 안에 있는 자연적인 이성(理性)도 흐려졌다. 이것은 그들이 참된 지식을 오용(誤用)한 것에 대한 정당한 심판이었다.

22. 스스로 지혜 있다 하나 어리석게 되어.

어떤 사람들은 여기의 문맥 전체를 바울이 1세기의 이단 종파인 영지주의자들에 대해 말하는 것으로 연결시킨다. 그렇다면 여기의 구절은 다음과 같은 것이 될 것이다. 즉 그들은 영지주의자들 즉 "아는 자들"이라는 이름을 취하면서 스스로를 다른 사람들보다 더 지혜로운 자들이라고 자임했음에도 불구하고 실제로 다른 사람들보다 더 어리석은 자임을 스스로 증명했다는 것이다. 반면 다른 사람들은 여기의 구절을 이교도 철학자들과 연결시킨다. 즉 그들은 세속적이며 자연적인 것들에 대해서는 매우 지혜로우며 학식이 풍부함에도 불구하고, 영적이며 하늘에 속한 것들에 대해서는 어리석은 자들이 되었다는 것이다. 그들은 피조물에 대해서는 지혜로웠지만, 그러나 창조주에 대해서는 어리석은 자들이 되었다. 어리석은 자들이 값진 것에 대해서는 무관심한 채 장난감 따위나 좋아하는 것처럼, 그들은 참된 하나님의 자리에 그들의 생각으로 만든 우상들과 형상들을 세웠다. 바울은 다음 절에서 바로 이것을 그들의 어리석음을 나타내는 증거로서 제시한다. 그들 가운데 최고의 현자(賢者) 가운데 한 사람으로 간주되는 소크라테스는 죽을 때 자신의 친구들이 자신을 위해 의술의 신인 아스클레피오스에게 수탉을 제물로 바쳐 주기를 바랐다.

23. 썩어지지 아니하는 하나님의 영광을 썩어질 사람과 새와 짐승과 기어다니는 동물 모양의 우상으로 바꾸었느니라.

썩어지지 아니하는 하나님의 영광을 … 바꾸었느니라. 이러한 표현은 시편 106:20과 예레미야 2:11에서 빌려온 것이다.

썩어질 사람과 새와 짐승과 기어다니는 동물 모양의 우상으로. 바울은 고등한 피조물로부터 저급한 피조물로 진행함으로써 그들의 우상 숭배의 어리석음이 더 잘 나타나도록 만든다. 여기의 네 가지는 모든 종류의 피조물을 대표한다. 여기에 언급된 형상들을 숭배하는 이교도들의 어리석은 우상 숭배는 이스라엘 백성들에 의해서도 행해졌다. 에스겔 8:10-11을 보라. 그리고 그것은 오늘날 로마 가톨릭 교도들에 의해서도 똑같이 행해지고 있다. 그들은 자신들이 참 하나님을 예배할 뿐 어리석은 형상들을 숭배하지 않노라고 말하지만, 그러나 그것은 헛된 핑계에 불과하다. 왜냐하면 옛 우상 숭배자들도 그와 똑같은 핑계를 댔기 때문이다. 발렌티니아누스 황제와 테오도시우스 황제에게 로마 신들의 복권(復權)을 간청했던 교황 심마쿠스(Symmachus)는 자신들이 오직 한 분의 하나님만을 경외할 뿐이라고 말하면서, 그것은 사람들을 그 하나님에게로 데려가는 여러 가지 방법들 가운데 하나일 뿐이라고 역설했다. 그들은 하나님을 예배하듯이 그러한 것들을 붙잡지 않으며, 도리어 그것들 안에서 참 하나님을 예배한다는 것이다. 그러나 이런 식의 예배는 참 하나님께 대한 예배가 아니라 형상 숭배일 뿐이다. 시편 106:19-20을 출애굽기 32:4-5과 비교하라.

24. 그러므로 하나님께서 그들을 마음의 정욕대로 더러움에 내버려 두사 그들의 몸을 서로 욕되게 하게 하셨으니.

그러므로. 본 절은 그들의 불경건의 결과이다. 이것은 계속적으로 반복되어 왔다. 모든 악은 하나님과 참된 경건을 경멸한 것의 결과이다.

하나님께서 그들을 … 내버려 두사. 본 문맥에서 이러한 표현은 세 번 반복된다(24, 26, 28절). 이것은 시편 81:12로부터 취해진 것으로 보인다. 어떤 사람들은 하나님의 내버려 두심을 단순히 그가 그들로부터 은혜를 거두심으로써 그들로 하여금 죄를 짓도록 허락하시는 것을 의미하는 것으로 생각한다. 그러나 여기에는 단순한 허용 이상의 무엇이 있는 것으로 보인다. 하나님은 단순히 그들을 그들 자신들에게 내버려 두지 않으셨다. 도리어 하나님은 정당한 보응으로 그들을 그들 자신의 정욕과 사탄의 손에 붙이셨다(시 69:27). 하나님은 그들의 죄에 죄를 더하셨다.

서로(between themselves). 어떤 사람들은 이것을 "그러한 것들 안에서"(in themselves)라고 읽는 반면, 또 어떤 사람들은 이것을 에베소서 4:32과 골로새서 3:13처럼 "피차"(one among another)라고 읽는다. 바울은 여기에서 좀 더 일반적으로 그들에 의해 행해진 모든 종류의 타락과 더러움에 대해 이야기한다.

25. 이는 그들이 하나님의 진리를 거짓 것으로 바꾸어 피조물을 조물주보다 더 경배하고 섬김이라 주는 곧 영원히 찬송할 이시로다 아멘.

하나님의 진리를 거짓 것으로 바꾸어. 다시 말해서 진리의 하나님 혹은 참된 하나님을 거짓 우상으로 바꾸어. 앞에서 이야기한 것처럼, 그들은 본성의 빛과 자연의 책으로부터 배운 참된 개념들을 거짓된 생각과 상상으로 바꾸었다.

피조물을 조물주보다 더 경배하고 섬김이라. 혹은 조물주 외에 다른 피조물들을 경배하고 섬김이라. 어떤 사람들은 이것을 "피조물을 조물주보다 더 경배하고 섬김이라"라고 비교급으로 이해한다(한글개역개정판은 이와 같이 되어 있음). 그런가 하면 다른 사람들은 이것을 배타적으로 이해한다. 즉 그들이 피조물만을 경배하고 섬기면서 조물주에 대해서는 그렇게 하지 않았다는 것이다. 그들에게는 두 가지 큰 오류의 죄책이 있다. 하나는 생각의 오류로서, 하나님의 진리를 거짓 것으로 바꾼 것이다. 그리고 또 하나는 의지(意志)의 오류로서, 조물주보다 피조물을 경배하고 섬긴 것이다.

주는 곧 영원히 찬송할 이시로다 아멘. 옛 히브리인들은 하나님에 대해 언급할 때 이러한 표현을 덧붙이기를 좋아했다. "그를 영원히 송축할지로다."

26. 이 때문에 하나님께서 그들을 부끄러운 욕심에 내버려 두셨으니 곧 그들의 여자들도 순리대로 쓸 것을 바꾸어 역리로 쓰며.

이 때문에. 다시 말해서 그들의 우상 숭배와 더러움 때문에. 그들의 우상 숭배는 그것에 수반되는 더러움에 의해 더 가중한 것이 된다.

부끄러운 욕심. "Vile affections" 즉 추악한 감정. 다시 말해서 가장 더럽고 수치스러운 감정. 데살로니가전서 4:4-5은 "각각 거룩함과 존귀함으로 자기의 아내 대할 줄을 알고 하나님을 모르는 이방인과 같이 색욕을 따르지 말고"라고 훈계한다. 이와 같이 우리는 모든 더러운 것들로부터 우리의 몸을 존귀하게 지켜야 한다. 그러나 그들은 자신을 더러운 것에 내어줌으로써 자기 자신과 자신들의 몸을 수치스럽게 했다. 고린도 전서 6:18을 보라. "음행을 피하라 사람이 범하는 죄마다 몸 밖에 있거니와 음행하는 자는 자기 몸에 죄를 범하느니라." 만일 음행으로 말미암아 사람의 몸이 수치스럽게 된다면, 하물며 여기에 언급된 악을 행하는 사람이야 얼마나 더 그렇겠는가!

곧 그들의 여자들도 순리대로 쓸 것을 바꾸어 역리로 쓰며. 바울은 다른 곳에서 더러운 것은 그 이름조차도 부르지 말라고 훈계한다. "음행과 온갖 더러운 것과 탐욕은 너희 중에서 그 이름조차도 부르지 말라 이는 성도에게 마땅한 바니라"(엡 5:3).

27. 그와 같이 남자들도 순리대로 여자 쓰기를 버리고 서로 향하여 음욕이 불 일듯 하매 남자가 남자와 더불어 부끄러운 일을 행하여 그들의 그릇됨에 상당한 보응을 그들 자신이 받았느니라.

이것은 예전에 소돔 사람들이 행한 죄였으며, 그들은 그러한 죄로 말미암아 멸망을 당했다(창 19:5). 레위기 18:22을 보라. 자연을 만든 자를 버린 자들이 자연의 질서를 무시하는 자리로 떨어지는 것은 얼마나 당연한 일인가! 하나님의 영광을 짐승의 형상으로 바꾼 자들이 짐승조차도 가증스럽게 여기는 일을 행하는 자리로 떨어지는 것은 얼마나 당연한 일인가! 25절의 죄를 지은 자들을 28절의 형벌로 징벌하는 것은 얼마나 정당한 징벌인가!

28. 또한 그들이 마음에 하나님 두기를 싫어하매 하나님께서 그들을 그 상실한 마음대로 내버려 두사 합당하지 못한 일을 하게 하셨으니.

마음에 하나님 두기를 싫어하매. 혹은 하나님을 인정하기를 싫어하매. 계속해서 바울은 그들의 죄와 그들에 대한 징벌 사이의 상사관계(相似關係)를 보여 준다. 여기에서 바울이 묘사하는 악은 21절이 묘사하는 것과 매우 유사하다. 그들은 하나님에 대한 어느 정도의 지식을 가지고 있었음에도 불구하고 그에게 영광을 돌리지도 않고 감사하지도 않았다. 결국 그들은 그를 하나님으로 인정하지 않은 것이다.

하나님께서 그들을 그 상실한 마음대로 내버려 두사. 다시 말해서 지각 없는 혹은 판단력이 결여된 마음대로 내버려 두사. 자신의 생각으로 하나님을 부인하는 사람들을 아무런 판단력 혹은 분별력 없는 상태로 그냥 내버려 두는 것은 지극히 정당한 보응이다. 그들이 이와 같은 상실한 마음대로 내버려지는 것은 단번에가 아니라 점차적으로 그렇게 된다. 먼저 그들은 '그들 자신의 마음의 정욕' 에 내버려진다(24절). 그리고 다음으로 그들은 '부끄러운 욕심' 에 내버려진다(26절). 그리고 마지막으로, 그들은 판단력이 결여된 '상실한 마음' 에 내버려진다. 이런 상태에서 그들은 악 외에는 아무것도 행할 수 없다.

29. 곧 모든 불의, 추악, 탐욕, 악의가 가득한 자요 시기, 살인, 분쟁, 사기, 악독이 가득한 자요 수군수군하는 자요.

계속해서 둘째 돌판을 범하는 죄들이 따른다. 이러한 것들은 이방인들 가운데 만연한 것들이었다. 이 모든 죄들 가운데 샘의 근원과 같은 것은 '불의' 이다. 왜냐하면 그것으로부터 다른 모든 죄들이 흘러나오기 때문이다. 그리고 그것은 마치 그 이후에 열거되는 모든 악들을 모두 포함하는 울타리와 같다. 그 울타리 안에 그 이후에 열거되는 모든 악들이 모두 포함된다. 물론 여기에 열거된 모든 악들이 모든 개개인들 안에서 발견되는 것은 아니다. 설령 일부 사람들은 그렇다 하더라도 말이다. 다만 여기의 말씀이 의미하는 것은 모든 사람이 이런 것들 가운데 어떤 것들에 대해 죄책이 있다는 것이다.

추악, 탐욕. "Fornication, wickedness" 즉 음행, 악독. 헬라어 원어에는 근사한 문자의 유희(wordplay)가 나타난다. '포르네이아' 와 '포네리아' , 그리고 이어지는 구절들에서 두 개의 문자의 유희가 더 나타난다. '프쏘누와 쏘누' , 그리고 '아수네투스' 와 '아순쎄투스' . 바울이 이러한 어법을 사용하는 목적은 구체적인 악들을 제시하기 위함이다. 그리하여 어떤 사람들은 악독(wickedness)이라고 읽는 대신 까다로움(troublesomeness)이라고 읽거나 혹은 다른 사람들을 괴롭히며 불화를 일으키기를 좋아함이라고 읽는다. 마귀는 불화를 일으키는 자이다.

악의가 가득한 자. 혹은 해악을 끼치는 자.

악독이 가득한 자. 혹은 찌무룩하며 무뚝뚝한 자. 매사를 나쁜 쪽으로 받아들이는 자.

수군수군하는 자. 혹은 뒤에서 험담하며 물어뜯는 자. 수군수군하는 자들은 다른 사람들의 잘못을 은밀하게 말한다.

30. 비방하는 자요 하나님께서 미워하시는 자요 능욕하는 자요 교만한 자요 자랑하는 자요 악을 도모하는 자요 부모를 거역하는 자요.

하나님께서 미워하시는 자. "Haters of God" 즉 하나님을 미워하는 자. 원어는 수동형으로 되어 있다. 그리하여 어떤 사람들은 이것을 "하나님에 의해 미움을 받는 자"라고 읽는다(한글개역개정판은 이와 같이 읽음). 그러나 수동형으로 되어 있음에도 불구하고 능동형으로 취하여지는 경우도 종종 있다. 베드로후서 1:3을 보라. 바울은 여기에서 이방인들의 죄의 목록을 열거하고 있으며, 이것은 그 가운데 하나이다. 시편 81:15을 보라.

능욕하는 자(despiteful). 혹은 해를 끼치는 자.

악을 도모하는 자. "Inventors of evil things" 즉 악한 일을 창안하는 자. 이들은 예전의 통상적인 악을 행하는 것으로는 도무지 만족하지 못한다. 그들은 새로운 악을 고안하며 창안한다. 이것이 어떤 종류의 악을 가리키는 것이든 간에, 우리는 이교도들 가운데 이와 같은 일을 많이 발견할 수 있다. 팔라리스(Phalaris)는 새로운 고문 도구를 발명하는 자에게, 그리고 사르다나팔루스(Sardanapalus)는 새로운 성적 쾌락을 찾아내는 자에게 큰 상을 내리겠다는 칙령을 내렸다.

부모를 거역하는 자. 개인적인 부모이든 혹은 국가적인 부모이든.

31. 우매한 자요 배약하는 자요 무정한 자요 무자비한 자라.

우매한 자(without understanding). 혹은 양심이 없는 자.

무정한 자(without natural affection). 이것 역시 이방인들 가운데 만연한 죄이다. 그들은 심지어 자기 자녀를 자신들의 우상에게 제물로 바쳤다. 디모데후서 3:3을 보라.

무자비한 자(implacable). 혹은 냉혹하여 도무지 화해할 수 없는 자.

32. 그들이 이같은 일을 행하는 자는 사형에 해당한다고 하나님께서 정하심을 알고도 자기들만 행할 뿐 아니라 또한 그런 일을 행하는 자들을 옳다 하느니라.

하나님께서 정하심을 알고도. 즉 그의 공의로운 율법과 규례를 알고도. 혹은 죄와 죄인들에게 형벌을 내리는 그의 공의를 알고도. 이것을 이방인들은 본성의 빛에 의해 그리고 하나님의 공의가 세상에서 실제로 나타나는 실례들에 의해 안다.

이 같은 일을 행하는 자는 사형에 해당한다고. 멜리데의 야만인들도 살인한 자는 죽는 것이 마땅하다고 판단했다(행 28:4). 사도행전 23:29; 26:31을 보라. 이교도들 역시도 그들의 저작물들에 나타나는 것처럼 미래의 영원한 형벌에 대한 어느 정도의 지식을 가지고 있었다.

그런 일을 행하는 자들을 옳다 하느니라. "Have pleasure in them that do them" 즉 그런 일을 행하는 자들 안에서 즐거움을 취하느니라. 혹은 그런 일을 행하는 자들을 옹호하며 격려하느니라. 시편 10:3을 보라. 이것이 가장 마지막에 열거되는 것은 가장 악독한 것이기 때문이다. 이것은 가장 높은 수준의 악이다. 자신이 행하든 다른 사람들이 행하든 악을 행하는 것 안에서 즐거움을 취하는 자들은 마귀와 가장 가까운 자들이다.

제2장

개요

1. 남을 판단하는 것으로 스스로를 정죄하는 자들은 하나님의 심판을 피할 수 없음(1-5).
2. 유대인이든 이방인이든 구별 없이 모든 사람이 자기의 행한 대로 보응을 받음(6-13).
3. 이방인들에게도 행동의 규칙이 있음(14-16).
4. 이방인보다 더 큰 빛을 받았노라고 자랑하는 유대인은 죄에 대해 갑절의 죄책을 가짐(17-24).
5. 율법을 지키지 않는 한 할례는 아무 유익도 없음(25-29).

1. 그러므로 남을 판단하는 사람아, 누구를 막론하고 네가 핑계하지 못할 것은 남을 판단하는 것으로 네가 너를 정죄함이니 판단하는 네가 같은 일을 행함이니라.

2장 앞부분의 바울의 말이 누구를 향한 것인가 하는 문제와 관련하여 많은 논쟁이 있어 왔다. 어떤 사람들은 바울이 앞 장 후반부에서 이방인들의 죄를 언급한 후 곧바로 유대인들에게로 돌이켜 그들의 좀 더 은밀한 악과 위선을 드러낸다고 생각한다. 그러나 2장을 시작하는 "그러므로"라는 접속사는 여기의 말씀이 앞에서 이야기한 것의 결과임을 암시하는 것처럼 보인다. 그렇게 볼 때 그는 계속해서 이방인들에게 이야기하고 있었던 것이다. 그리고 유대인들에게 이야기하는 것은 17절에 가서야 비로소 시작된다. 또 어떤 사람들은 바울이 이방인들 가운데 특별히 재판관들과 통치자들에게 말하고 있었다고 생각한다. 스스로 법을 만들어 이런저런 죄로 다른 사람들을 처벌함에도 불구하고, 정작 자신들 역시도 같은 죄를 짓는 사람들 말이다. 그런가 하면 또 어떤 사람들은 그가 좀 더 특별하게 소크라테스나 아리스티데스나 파브리키우스나 카토나 세네카 등과 같은 뛰어난 철학자들과 유명한 사람들에게 말하고 있었다고 생각한다. 이들은 자신들의 강연이나 저작물 속에서 다른 사람들의 악한 태도를 비난했지만, 그러나 실상 그들 역시도 다를 바가 없었다. 예컨대 카토를 생각해 보자. 그는 남의 재산을 강탈하며, 자기 아내를 매춘시키며, 마지막에 자살한 것으로 알려져 있음에도 불구하고 예컨대 벨레이우스 같은 사람에 의해 가장 덕행이 높은 사람으로 칭송되었다. 이와 같은 그들은 다른 사람들의 허물을 지적하며 비난하면서도 스스로 같은 일을 행했다.

남을 판단하는 사람아, 누구를 막론하고 네가 핑계하지 못할 것은. 하나님의 의로운 판단에 동의하면서 앞 장에 언급된 죄들을 은밀하면서도 내적으로 행하는 자들은 아무것도 핑계할 수 없다. 그들 역시도 앞 장의 죄를 범한 자들과 동일한 죄책을 가지며, 그들에게 동일한 사망과 정죄의 판결이 내려진다.

남을 판단하는 것으로 네가 너를 정죄함이니. 네가 율법을 가지고 다른 사람들을 비난하며 정죄하는도다. 그러나 그것은 실상 네가 네 스스로를 정죄하는 것이로다. 네 자신의 입이 다른 사람 안에서 네 스스로를 정죄하는도다. 마태복음 7:3; 21:40, 41, 45; 요 8:4, 9을 보라.

2. 이런 일을 행하는 자에게 하나님의 심판이 진리대로 되는 줄 우리가 아노라.

하나님의 심판이 ── 이 땅에서든 하늘에서든 ── 참되며 올바르다는 것은 성경과 이성(理性) 모두로부터 명백하다. 사무엘상 16:7을 보라. 그는 의로운 판단으로 심판하신다. 사람에 대해서든 사물에 대해서든, 그는 겉모습으로가 아니라 실상으로 심판하신다.

이런 일을 행하는 자에게. 이러한 표현은 다른 사람들을 판단하는 사람들과 앞 장에 언급된 죄들로 인해 다른 사람들의 비난을 받는 사람들 모두를 포함한다.

3. 이런 일을 행하는 자를 판단하고도 같은 일을 행하는 사람아, 네가 하나님의 심판을 피할 줄로 생각하느냐.

만일 다른 사람들의 죄가 단지 사람에 불과할 뿐인 네 비난을 피하지 못한다면, 하물며 네 자신의 악행은 얼마나 더 하나님의 심판을 피할 수 없겠는가? "하나님은 우리 마음보다 크시고 모든 것을 아시기 때문이라"(요일 3:20).

4. 혹 네가 하나님의 인자하심이 너를 인도하여 회개하게 하심을 알지 못하여 그의 인자하심과 용납하심과 길이 참으심이 풍성함을 멸시하느냐.

하나님은 그들이 행한 악한 행동들에 대해 징벌하지 않으시고 간과하셨다. 그것은 그가 지금까지 그 모든 것을 참으셨기 때문이었다. 그리고 하나님은 그들에게 ── 특별히 로마인들에게 ── 세상적인 축복들을 풍성하게 쌓으셨다. 하나님이 참으시며 외적인 풍성함을 주실 때, 사람들이 안일함 가운데 의기양양해하는 것은 통상적인 일이다. 시편 50:21; 55:19; 전도서 8:11; 호세아 12:8을 보라.

그의 인자하심. "his goodness" 즉 그의 선하심. 로마서 9:23; 에베소서 1:7, 18; 2:4, 7; 3:8을 보라.

하나님의 인자하심이 너를 인도하여 회개하게 하심을. 바로 이것이 하나님의 인자하심과 용납하심의 한 가지 큰 목적이다. 호세아 11:4; 베드로후서 3:9을 보라. 만일 어떤 사람이 하나님의 인자하심을 이런 목적으로 사용하지 않는다면, 그는 그것을 오용(誤用)하는 것이다.

용납하심과 길이 참으심. "Forbearance and long-suffering" 즉 인내하심과 오래 참으심. 오래 참으심은 인내하심이 확장된 것이다. 성경은 하나님의 이런 속성에 대해 많이 이야기한다. 출애굽기 34:6; 민수기 14:11, 18; 시편 86:15; 마태복음 23:37; 로마서 9:22; 디모데전서 1:16; 베드로전서 3:20을 보라.

멸시하느냐. 이 단어는 올바르지 못하게 생각하는 것을 의미한다. 만일 어떤 사람이 하나님의 인자하심(goodness)을 변덕스러우며 대수롭지 않은 것으로 여긴다면, 그는 그것을 멸시하는 것이다.

5. 다만 네 고집과 회개하지 아니한 마음을 따라 진노의 날 곧 하나님의 의로우신 심판이 나타나는 그 날에 임할 진노를 네게 쌓는도다.

진노의 날에 임할 진노를 네게 쌓는도다. 이러한 표현은 신명기 32:34-35 혹은 욥기 36:13과 관련되는 것으로 보인다. 또 야고보 5:3도 이것과 유사하다. 이것이 의미하는 바는 네가 하나님의 진노를 점점 더 많이 격발시킨다는 것이다. 너는 죄를 쌓음으로써 네게 대한 하나님의 진노를 쌓는도다. 마치 사람들이 말세에 재물을 쌓음으로써 하나님의 형벌을 가중시키는 것처럼 말이다(약 5:3).

하나님의 의로우신 심판이 나타나는 그 날. 즉 하나님의 심판의 날 혹은 마지막 날. 그 날 하나님은 이 땅에서 형벌을 피한 죄들을 찾으시고 드러내실 것이다. 그리고 그때 그의 공의와 공평이 나타날 것이며, 모든 것이 온전히 드러날 것이다.

6. 하나님께서 각 사람에게 그 행한 대로 보응하시되.

그 날 하나님의 심판이 공의대로 이루어질 것이며, 가장 의로운 심판이 행해질 것이다. 그리고 그로써 그가 하신 모든 말씀이 증명될 것이다. 우리는 시편 62:12; 마태복음 16:27; 고린도후서 5:10; 요한계시록 22:12에서 이와 유사한 구절을 발견한다. 이러한 구절로부터 교황주의자들은 행위의 공로를 끌어낸다. 그러나 경건한 자들에게 주어지는 상급은 빚이 아니라 은혜의 상급이다. '아포도세이' (ἀποδώσει)는 마태복음 20:8의 경우처럼 정당한 보답뿐만 아니라 값없는 은혜를 의미한다. "이와 같이 너희도 명령 받은 것을 다 행한 후에 이르기를 우리는 무익한 종이라 우리가 하여야 할 일을 한 것뿐이라 할지니라"(눅 17:10).

7. 참고 선을 행하여 영광과 존귀와 썩지 아니함을 구하는 자에게는 영생으로 하시고.

바울은 앞에서 일반론적으로 제시한 것을 여기에서 더 구체적으로 확장시킨다.

참고 선을 행하여. 혹은 선한 일 가운데 계속적으로 인내하여. 마태복음 10:22; 24:13; 히브리서 10:36을 보라.

썩지 아니함. 혹은 불멸. 바울이 이것을 덧붙인 것은 그가 말하는 영광과 존귀가 이방인들이 통상적으로 추구하는 것과 같은 것이 아님을 나타내기 위함이었다. 왜냐하면 이방인들은 세속적인 영광을 그들의 행동의 동기로 삼았기 때문이었다. 그가 말하는 영광과 존귀는 하늘에 속한 영원한 것으로서 결코 쇠하지 않는 것이다.

영생으로 하시고. 즉 그런 사람들에게 영생을 주시고.

8. 오직 당을 지어 진리를 따르지 아니하고 불의를 따르는 자에게는 진노와 분노로 하시리라.

당을 지어(that are contentious). 혹은 다투기를 좋아하여. 이와 같이 할례주의자들은 할례와 관련하여 논쟁하며 다투기를 좋아했다(행 10:45; 갈 2:12). 다투기를 좋아하는 사람은 또한 완고하며 고집이 센 사람을 의미한다. 그들은 자기주장만 고집하는 가운데 절대로 설득을 당하려고 하지 않는다. 그들은 자기 의의 관점으로부터 심지어 하나님의 의까지도 발로 차버리고 만다. 호세아 4:4을 보라.

진리를 따르지 아니하고. 로마서 1:18에 대한 주석을 보라.

불의를 따르는. 이런 사람들은 죄와 타락의 종이다. 로마서 6:12; 베드로후서 2:19을 보라.

진노와 분노. 여기의 두 가지는 단지 정도의 차이일 뿐이다. 악인에 대한 하나님의 심판은 이와 같이 그의 진노와 분노의 결과이다.

9. 악을 행하는 각 사람의 영에는 환난과 곤고가 있으리니 먼저는 유대인에게요 그리고 헬라인에게며.

각 사람의 영. "Every soul of man" 즉 사람의 모든 영혼. 이것은 이중적인 히브리어법이다. 첫째로, 창세기 12:5; 14:21; 17:14; 36:6; 42:26의 경우처럼, 영혼이 사람을 대신하여 제시된다. 둘째로, 로마서 1:18의 경우처럼, "사람의 모든 영혼"이 "모든 사람의 영혼"을 대신하여 제시된다. 로마서 1:18에서도 "사람들의 모든 불의"가 "모든 사람들의 불의"를 대신하여 제시된다. 사람의 영혼만 형벌을 받는 것이 아니다. 다만 그것이 주된 형벌을 받을 뿐이다.

환난과 곤고. 이와 같이 하나님은 악인들에게 환난과 곤고로 갚으실 것이다. 어떤 사람들은 전자를 죄의 형벌과, 그리고 후자를 상실의 형벌과 연결시킨다. 그런가 하면 또 어떤 사람들은 전자를 꺼지지 않는 불과, 그리고 후자를 죽지 않는 벌레와 연결시킨다. 이것은 수사학적인 과장법으로 보인다. 시편 11:6; 마가복음 9:43-48을 보라.

먼저는 유대인에게요 그리고 헬라인에게며. 형벌에 있어 유대인들이 먼저인 것은 그들이 하나님의 뜻을 더 잘 알고 하나님으로부터 더 많은 것을 받았기 때문이다. "주인의 뜻을 알고도 준비하지 아니하고 그 뜻대로 행하지 아니한 종은 많이 맞을 것이요 알지 못하고 맞을 일을 행한 종은 적게 맞으리라"(눅 12:47-48). 또 마태복음 11:22-24을 보라.

10. 선을 행하는 각 사람에게는 영광과 존귀와 평강이 있으리니 먼저는 유대인에게요 그리고 헬라인에게라.

평강. 바울은 자신이 7절에서 "썩지 아니함"이라고 부른 것을 여기에서 "평강"이라고 부른다. 히브리인들이 통상적으로 받아들이는 바에 따를 때, 평강은 이 땅과 하늘에서의 모든 좋은 것과 복된 것들을 포함하는 개념이다.

먼저는 유대인에게요 그리고 헬라인에게라. 믿지 않는 불경건한 유대인들이 형벌에 있어 먼저인 것처럼, 또한 그들 가운데 경건한 신자들은 상급에 있어 먼저일 것이다. 물론 다음 절에 나타난 이유 때문에 경건한 이방인 신자들이 그들과 함께 그것에 참여할 것이라 하더라도 말이다.

11. 이는 하나님께서 외모로 사람을 취하지 아니하심이라.

이것은 역대하 19:7과 신명기 10:17로부터 빌려온 것으로 보인다. 사도행전 10:34에도 같은 말씀이 나온다. 또 욥기 34:19; 갈라디아서 2:6; 3:28; 에베소서 6:9; 베드로전서 1:17을 보라. 이에 대해 하나님이 ― 그들이 아직 태어나지도 않고 선악 간에 아무 일도 행하지 않았을 때 ― 야곱은 사랑하시고 에서는 미워하시지 않았느냐는 반론이 제기된다(롬 9:11-13). 이에 대한 대답은 그것이 심판과 관련한 말씀이 아니라 선택과 관련한 말씀이라는 것이다. 하나님은 은혜 베풀 자에게 은혜를 베푸시며, 기쁘신 뜻 가운데 자신이 행하고자 하는 일을 행하실 수 있으시다.

12. 무릇 율법 없이 범죄한 자는 또한 율법 없이 망하고 무릇 율법이 있고 범죄한 자는 율법으로 말미암아 심판을 받으리라.

여기의 전반부는 이방인과 관련한 말씀이고, 후반부는 유대인과 관련한 말씀이다. 이와 같이 바울은 유대인과 이방인을 서로 나누어서 이야기하기를 좋아했다(고전 9:20, 21).

율법이 있고 범죄한 자는. 즉 율법 아래에서 범죄한 자는.

13. 하나님 앞에서는 율법을 듣는 자가 의인이 아니요 오직 율법을 행하는 자라야 의롭다 하심을 얻으리니.

본 절과 이어지는 두 절은 괄호 안에 포함된다(한글개역개정판에는 14절과 15절만 괄호 안에 포함되어 있음). 이것은 12절의 언급에 대한 항변을 예방하기 위해 말한 것이다. 유대인들은 자신들이 이방인들보다 더 우월하다고 항변할 수 있었다. 이방인들과는 달리 자신들은 하나님의 율법을 알고 고백하기 때문에 마땅히 심판에 있어 특권을 가져야만 한다는 것이다. 이러한 항변에 바울은 율법을 알고 배우는 것만으로는 충분하지 않다고 말한다. 만일 그것에 순종하지 않는다면 말이다. 그러나 그들은 순종하지도 않았고 순종할 수도 없었다. 여기에서의 바울의 의도는 단순히 죄인들이 어떻게 하나님 앞에서 의롭다 하심을 받는지를 보이는 것이 아니라, 다만 율법의 취지와 목적에 따라 의롭다 함을 받음에 있어 필수적인 것을 보이는 것이다. 그것은 거기에 기록된 모든 것을 계속적으로 행하는 것이다. 만일 어떤 사람이 그 자신의 노력으로 율법을 완전하면서도 계속적으로 순종할 수 있다면, 그는 하나님으로부터 의롭다 하심을 받게 될 것이다. 그러나 자연적인 사람이든 거듭난 사람이든 율법을 완전하게 순종할 수 있는 사람은 아무도 없다. 그렇기 때문에 사람들은 다른 방법으로 의롭다 함을 받는 길을 찾아야만 한다. 여기의 본문은 로마서 3:30이나 갈라디아서 3:11과 전혀 상충되지 않는다. 언뜻 볼 때는 상충되는 것처럼 보일 수 있다 하더라도 말이다. 다만 여기의 본문이 말하고자 하는 것은 이방인들뿐만 아니라 유대인들도 보편적인 저주에 포함되며 그렇기 때문에 그들 역시도 믿음으로 말미암아 주어지는 하나님의 의를 붙잡아야만 한다는 것이다.

14. 율법 없는 이방인이 본성으로 율법의 일을 행할 때에는 이 사람은 율법이 없어도 자기가 자기에게 율법이 되나니.

여기에서 바울은 이방인들의 항변을 예상하며 말한다. 그들은 자신들이 율법을 가지고 있지 않기 때문에 그것을 범할 수 없으며 그렇기 때문에 심판을 받는 것이 합당치 않노라고 항변할 수 있었다. 로마서 4:15을 보라. "율법은 진노를 이루게 하나니 율법이 없는 곳에는 범법도 없느니라." 이러한 항변에 바울은 비록 그들이 유대인들처럼 돌판에 기록된 율법은 가지고 있지 않다 하더라도 그러나 마음에 기록된 율법은 가지고 있다고 대답한다. 그것은 이를테면 유대인들이 가지고 있었던 율법의 사본과 같은 것이었으며, 어떤 측면에서 그것과 동일한 효과를 가진 것이었다. 왜냐하면 그들은 그것을 통해 율법의 두 주된 가르침인 선한 것을 행하며 악한 것을 금하는 법도를 배울 수 있었기 때문이다.

본성으로 … 행할. 본성(nature, 혹은 자연)은 성경과 특별 계시의 반대편에 있는 것이다. 이방인들은 본성의 빛에 의해 모세의 율법이 명하기도 하고 금하기도 한 많은 것들을 행했다.

자기에게 율법이 되나니. 그들은 자신들 안에 행해야 할 것과 금해야 할 것을 규정한 율법 대신 이성(理性)의 원리들과 공평의 규칙들을 가지고 있었다.

15. 이런 이들은 그 양심이 증거가 되어 그 생각들이 서로 혹은 고발하며 혹은 변명하여 그 마음에 새긴 율법의 행위를 나타내느니라.

그 생각들이 서로 혹은 고발하며 혹은 변명하여. 지금은 이런 방식으로 다음엔 저런 방식으로. 여기의 말씀이 의미하는 것은 사람 안에 자신의 행동이 선한지 혹은 악한지 고발하거나 혹은 변명하는 생각과 양심이 있다는 것이다.

그 마음에 새긴. 이것은 예레미야 31:33에 언급된 언약의 약속과 연결되는 것으로 보인다. "그러나 그 날 후에 내가 이스라엘 집과 맺을 언약은 이러하니 곧 내가 나의 법을 그들의 속에 두며 그들의 마음에 기록하여 나는 그들의 하나님이 되고 그들은 내 백성이 될 것이라." 그러면 어떻게 이러한 약속이 이방인들과 연결되느냐는 질문이 제기될 수 있다. 이에 대한 대답은 다음과 같다. 즉 예레미야는 은혜로 말미암아 마음에 특별하면서도 초자연적으로 기록되는 것을 말한 반면, 여기에서 바울은 일반적이며 자연적으로 기록되는 것을 말한 것이라는 것이다.

율법의 행위. 이것은 다음과 같은 것들을 가리키는 것일 수 있다. 율법의 총체. 즉 하나님을 사랑하고 이웃을 자신처럼 사랑하라는 율법의 총체. 혹은 율법의 역할. 즉 무엇을 행할 것인지와 무엇을 행해서는 안 되는지를 가르치는 것으로 구성되는 율법의 역할. 혹은 율법이 규정하는 외적인 행동들.

16. 곧 나의 복음에 이른 바와 같이 하나님이 예수 그리스도로 말미암아 사람들의 은밀한 것을 심판하시는 그 날이라.

이러한 말씀은 12절과 연결되는 것일 수 있다. 그렇게 본다면 이것은 유대인들과 이방인들이 심판을 받을 때를 표현하는 것이다. 지금 사람들의 양심은 스스로에 대해 인정하기도 하고 정죄하기도 한다. 또 그들의 생각은 스스로에 대해 고발하기도

하고 변명하기도 한다. 그러나 심판 날 이러한 일은 더 특별하게 행해질 것이다. 왜냐하면 그 날 심판장께서 사람들의 은밀한 것을 심판할 것이기 때문이다. 그리하여 가장 은밀한 죄들조차 심판장의 주목과 책망을 피하지 못할 것이다. "하나님은 모든 행위와 모든 은밀한 일을 선악 간에 심판하시리라"(전 12:14). 또 고린도전서 4:5을 보라.

나의 복음. 즉 내가 전파하는 복음. 바울이 그것을 나의 복음이라고 부르는 것은 그것의 창시자로서가 아니라 그것의 반포자로서이다. 그것은 계시한 자의 측면에서는 그의 복음이 아니었지만, 그러나 나누어주는 자의 측면에서는 그의 복음이었다. 로마서 16:25; 고린도전서 9:17; 고린도후서 5:18-19; 디모데전서 2:8을 보라. 일부 교황주의자들 가운데 이것이 "바울의 복음서"를 — 마태의 복음서나 마가의 복음서와 같은 — 가리키는 것일 수 있다는 가설이 제기되었다. 그러나 이러한 터무니없는 가설에 대해 오늘날 교황주의자들 자신도 부끄러워하기 시작했다.

17. 유대인이라 불리는 네가 율법을 의지하며 하나님을 자랑하며.

이제 바울은 좀 더 특별하게 유대인들을 다루기 시작한다. 그는 여기에서 유대인들이 의지하며 자랑한 특권들을 열거한다. 그리고 그렇게 하는 가운데 그는 그 모든 것들에도 불구하고 그들이 하나님의 의의 필요성과 관련하여 이방인들과 동일한 자리에 서 있음을 보인다.

유대인이라 불리는. 그들은 유다(Judah)로부터 유대인(Jew)이라 불렸다. 마치 헤베르(Heber)로부터 히브리인(Hebrew)이라 불린 것처럼 그리고 이스라엘(Israel)로부터 이스라엘인(Israelite)이라 불린 것처럼 말이다. "유대인"이라는 호칭은 당시에 매우 영예로운 호칭이었다. 왜냐하면 그것은 참 하나님을 고백하며 예배하는 자를 의미하는 것이었기 때문이었다. "너희는 그와 같은 영예로운 이름으로 불리지만 그러나 실상은 그렇지 않도다." 로마서 2:28과 요한계시록 2:9을 보라.

네가. 여기에서 바울은 유대인들을 단수(單數)로 말한다. 그것은 모든 유대인들로 하여금 그가 말하는 것을 좀 더 잘 적용하도록 만들기 위함이었다.

율법을 의지하며. 율법을 신뢰하며.

하나님을 자랑하며. 너는 "하나님은 나의 하나님이며, 나와 더불어 언약을 맺었으며, 나는 그와 특별한 관계를 가지고 있노라"라고 자랑하도다. "우리가 음란한 데서 나지 아니하였고 아버지는 한 분뿐이시니 곧 하나님이시로다"(요 5:41). 여기의 표현은 이사야 45:25로부터 빌려온 것으로 보인다.

18-19. [18]율법의 교훈을 받아 하나님의 뜻을 알고 지극히 선한 것을 분간하며 [19]맹인의 길을 인도하는 자요 어둠에 있는 자의 빛이요.

교만하게도 네가 감히 이 모든 것을 네 자신에게로 취하는도다. 그리고 네가 율법의 모든 것을 다 자기 품 안에 가지고 있는 양, 그리고 그것의 은밀한 모든 것을 다 아는 양 스스로 속이도다.

20. 율법에 있는 지식과 진리의 모본을 가진 자로서 어리석은 자의 교사요 어린 아이의 선생이라고 스스로 믿으니.

지식의 모본. 개념들의 체계 혹은 틀.

어린 아이. 아는 것이 없거나 아주 적은 사람들.

21. 그러면 다른 사람을 가르치는 네가 네 자신은 가르치지 아니하느냐 도둑질하지 말라 선포하는 네가 도둑질하느냐.

네 자신은 가르치지 아니하느냐. 다른 사람들에게 강요하는 것을 네 자신은 행하지 않느냐? 마태복음 23:3을 보라.

도둑질하느냐. 유대인들은 예로부터 이러한 죄로 유명했다. 시편 50:18; 마태복음 23:14을 보라.

22. 간음하지 말라 말하는 네가 간음하느냐 우상을 가증히 여기는 네가 신전 물건을 도둑질하느냐.

간음하느냐. 유대인들은 이러한 죄에도 크게 중독되어 있었다. 시편 50:18; 예레미야 5:8을 보라.

신전 물건을 도둑질하느냐. "Dost thou commit sacrilege?" 즉 네가 신성모독을 행하느냐? 여기에서 바울은 죄를 구체화한다. 그는 "네가 우상 숭배를 하느냐"라고 말하지 않고 "네가 신성모독을 행하느냐"라고 말한다. 유대인들은 포로로부터 돌아온 후 더 이상 우상 숭배에 빠지지 않았다. 그러나 그들은 여전히 그와 비슷한 죄책에 빠져 있었던 것으로 보인다. 여기에서 "신성모독을 행하는" 것이 무엇인가 하는 의문이 제기될 수 있다. 어떤 사람들은 여기에서 바울이 일종의 우상 숭배인 그들의 탐심을 거론하고 있는 것이라고 생각한다. 유대인들은 우상을 위해 구별된 물건을 취해 그것을 자신들의 개인적인 유익을 위해 사용했다. 하나님의 율법에 의해 마땅히 파괴시켜 버려야 했음에도 불구하고 말이다. 또 어떤 사람들은 그것을 그들이 마땅히 하나님께 성별하여 드려야만 하는 것들을 그렇게 하지 않은 것으로 생각한다. 사무엘상 2:13; 말라기 3:8-9을 보라. 그들은 하나님께 드려야만 하는 것들을 자기 자신을 위한 용도로 바꾸었다. 많은 사람들이 이러한 견해를 따라 그것을 하나님의 것을 도둑질하는 것으로 생각한다. 로마법은 황제에게 속한 것을 취하는 행위를 신성모독의 죄로 규정했다. 그렇다면 하물며 하나님께 속한 것을 취하는 것이야 얼마나 더 그렇겠는가? 그런가 하면 또 어떤 사람들은 여기의 신성모독의 죄를 하나님에 대한 예배를 더럽히며 갖가지 잡다한 유전(遺傳)들을 덧붙임으로써 그의 명령들을 무력화시키는 것으로 생각한다.

23. 율법을 자랑하는 네가 율법을 범함으로 하나님을 욕되게 하느냐.

네가 하나님을 욕되게 하면서 이방인들로 하여금 그의 이름을 망령되이 일컫도록 만드느냐? 그러므로 다음 절의 엄중한 책망이 따른다.

24. 기록된 바와 같이 하나님의 이름이 너희 때문에 이방인 중에서 모독을 받는도다.

너희 때문에. 너희와 너희 조상들의 죄 때문에.

기록된 바와 같이. 바울은 이것이 어디에 기록된 것인지 말하지 않는다. 그는 그들이 그것을 충분히 알고 있는 것으로 전제한다. 이사야 52:5; 에스겔 36:20, 23을 보라.

25. 네가 율법을 행하면 할례가 유익하나 만일 율법을 범하면 네 할례는 무할례가 되느니라.

이러한 바울의 말에 유대인들은 설령 다른 특권들은 의와 구원에 도움이 되지 않는다 하더라도 최소한 할례만큼은 상당한 효력을 가지고 있노라고 항변할 수 있었다. 이러한 항변에 대해 우리는 다음과 같이 대답할 수 있다. (1) 양보. 할례는 정말로 유익이 있다. (2) 한계. 네가 율법을 행하면. 이것은 26절과 27절에서 좀 더 부연해서 설명된다. (3) 구별. 할례에는 두 종류가 있다. 율법 조문에 따른 외적인 할례와 내적이며 영적인 할례. 오직 후자만이 참된 효력을 가지며 하나님에 의해 받아들여진다(28, 29절).

네가 율법을 행하면. 네가 할례를 받은 자에게 요구되는 대로 율법을 온전하게 지키면. "내가 할례를 받는 각 사람에게 다시 증언하노니 그는 율법 전체를 행할 의무를 가진 자라"(갈 5:3). 혹은 네가 최선의 노력을 다해 율법을 행한다면.

만일 율법을 범하면 네 할례는 무할례가 되느니라. 즉 만일 네가 율법을 범하면 네 할례는 아무 효력이 없으며 네게 아무런 특권도 주지 못하느니라. 악한 유대인은 하나님에게 구스 족속과 다를 바 없다(암 9:7). 바울은 외적인 할례 의식을 자랑하며 육체에 할례를 받는 것으로 충분하다고 생각한 유대인들의 육신적인 확신과 위선을 바로잡는다. 어떤 사람들은 이러한 말씀 가운데 바울이 할례가 언약의 통상적인 조건이었던 율법 시대를 바라보고 있었다고 생각한다. 그때 할례는 실제로 유익하며 유효했다. 그러나 복음 시대인 지금 그것은 폐지되었다. 갈라디아서 5:2, 6을 보라.

26. 그런즉 무할례자가 율법의 규례를 지키면 그 무할례를 할례와 같이 여길 것이 아니냐.

무할례자. 즉 할례를 받지 않은 자.

율법의 규례를 지키면. 비록 율법의 규례를 항상 완전하게 지킬 수 있는 사람은 아무도 없다 하더라도, 만일 무할례자 가운데 어떤 사람이 많은 불완전함에도 불구하고 진지한 마음으로 율법의 규례를 지켜 행한다면. 우리는 이런 사람의 실례(實例)로서 두 명의 백부장을 들 수 있다. 한 사람은 누가복음에 언급된 백부장이며, 또 한 사람은 사도행전에 언급된 백부장이다. 만일 이런 의미에서 어떤 무할례자가 율법의 규례를 지킨다면, 의심의 여지 없이 하나님은 그를 할례자와 같이 여기실 것이다. 로마서 4:10을 보라.

27. 또한 본래 무할례자가 율법을 온전히 지키면 율법 조문과 할례를 가지고 율법을 범하는 너를 정죄하지 아니하겠느냐.

본래 무할례자. 즉 할례를 받지 않은 이방인.

율법을 온전히 지키면. "Fulfil the law" 즉 율법을 성취하면. 여기에 또 하나의 단어가 나타난다. 앞에서 "지키면"(keep)으로 나타났던 것이 여기에서는 "성취하면"(fulfil)으로 나타난다. 사용된 단어는 다르지만, 그러나 그 의미는 같다. 야고보서 2:8을 보라.

율법 조문과 할례를 가지고 율법을 범하는. 즉 율법 조문에 따라 행하는 외적인 할례를 가지고 율법을 범하는. 이것이 의미하는 바는 그들이 하나님의 사랑의 증표인 율법과 할례를 가지고 그것을 의지하면서 도리어 더욱 담대한 마음으로 하나님께 죄를 범했다는 것이다(17절). 이와 같이 율법과 할례가 그들에게 도리어 죄를 범하는 도구가 되었다.

너를 정죄하지 아니하겠느냐. "Judge thee" 즉 너를 심판하지 아니하겠느냐. 마치 니느웨 사람들과 스바 여왕이 이스라엘 사람들을 심판할 것처럼, 그가 너를 심판하지 아니하겠느냐(마 12:41, 42). 이것이 의미하는 바는 순종하는 이방인이 불순종하는 유대인을 심판할 것이라는 것이다.

28. 무릇 표면적 유대인이 유대인이 아니요 표면적 육신의 할례가 할례가 아니니라.

표면적 유대인. 외적인 유대인.

유대인이 아니요. 조상들에게 주어진 약속의 상속자인 참된 유대인이 아니요.

할례가 아니니라. 하나님이 본래 요구하신 그리고 구원의 효력이 있는 참된 할례가 아니니라. 할례는 단순히 외적인 포피를 잘라내는 것으로서 간주되어서는 안 된다.

29. 오직 이면적 유대인이 유대인이며 할례는 마음에 할지니 영에 있고 율법 조문에 있지 아니한 것이라 그 칭찬이 사람에게서가 아니요 다만 하나님에게서니라.

자기 마음의 포피를 잘라낸 자가 참된 유대인이며 참된 이스라엘 백성이다. "유다인과 예루살렘 주민들아 너희는 스스로 할례를 행하여 너희 마음 가죽을 베고 나 여호와께 속하라"(렘 4:4). 다시 말해서, 모든 더러운 마음을 씻고, 추악한 것들을 제거하고, 영으로 하나님을 섬기며, 그리스도 예수 안에서 기뻐하며, 육체를 신뢰하지 않는 사람이 참된 유대인이다. "하나님의 성령으로 봉사하며 그리스도 예수로 자랑하고 육체를 신뢰하지 아니하는 우리가 곧 할례파라"(빌 3:3).

제3장

개요

1. 유대인의 특권(1-2).
2. 그러한 특권이 믿지 않는 자들에 의해 무효화되지 않음(3-4).
3. 불의에 대해 진노를 내리시는 것으로 하나님의 의가 부당한 것으로 비난을 받을 수 없음(5-8).
4. 유대인 역시도 죄 아래 있음을 율법 자체가 확증함(9-19).
5. 그러므로 어떤 육체도 율법의 행위로 의롭다 하심을 받지 못함(20).
6. 그러므로 모든 사람이 하나님의 은혜로 말미암아 그리스도를 믿는 믿음을 통해 차별 없이 구원을 받음(21-30).
7. 믿음은 율법을 파기하지 않고 도리어 굳게 세움(31).

1. 그런즉 유대인의 나음이 무엇이며 할례의 유익이 무엇이냐.

그런즉 유대인의 나음이 무엇이며. 이것은 앞에서 이야기한 것에 대해 제기될 수 있는 반론을 예상하고 던진 예변법(豫辨法)적인 질문이다. 어떤 사람들은 만일 유대인이 이방인과 동일한 정죄 아래 놓여 있다면 유대인이라고 해서 이방인에 비해 나을 것이 아무것도 없지 않느냐는 반론을 제기할 수 있었다. 혹은 (롬 2:28-29에서 확증한 것처럼) 만일 외적인 것들이 우리에게 아무런 유익도 가져다주지 못한다면 그리고 이방인들이 그런 것 없이 교회 안으로 들어올 수 있다면 결국 유대인의 특권이라는 것은 아무것도 없는 것이 아니냐는 (하나님이 그들을 자기 백성으로 그토록 오랜 세월 인정하셨음에도 불구하고) 반론도 제기될 수 있었다.

할례의 유익이 무엇이냐. 만일 무할례자들이 할례와 상관없이 마음이 정결해지고 하나님의 백성으로 받아들여진다면, 할례의 용도는 도대체 무엇이며 그것은 도대체 무슨 목적으로 세워진 것이냐?

2. 범사에 많으니 우선은 그들이 하나님의 말씀을 맡았음이니라.

앞의 가상적인 반론에 대해 바울은 대범한 양보의 어법으로 대답한다. 여기의 대답은 특별히 앞의 첫 번째 반론과 — 넓게 보면 후자까지도 포함될 수 있다 하더라도 — 연결된다.

우선은(chiefly). 로마서 1:8의 경우처럼, 이것은 단순히 말하는 순서와 관련되는 것이 아니다. 왜냐하면 여기에서 말하기 시작하는 것이 아니기 때문이다. 또 그것은 유대인의 유익의 숫자와 관련되는 것도 아니다. 왜냐하면 그는 단지 한 가지 유익만을 언급하고 있기 때문이다. 다만 그것은 여기에서 말하는 특권의 특별함 혹은 탁월함과 관련되는 것이다. 즉 다음에 언급되는 것이 모든 유익들 가운데 가장 으뜸 되는 유익이라는 것이다.

그들이 하나님의 말씀을 맡았음이니라. "Unto them were committed the oracles of God" 직역하면 "그들에게 하나님의 신탁들이 맡겨졌음이라." 불경건한 학자들은 이러한 말씀을 귀신들 혹은 이방 신들에 의해 주어진 응답을 의미하는 것으로 생각한다. 그러나 성령은 (다른 다양한 방법들과 마찬가지로) 이와 같은 방법을 사용하는 것을 경멸하지 않는다. 비록 이것이 이교도들의 미신 가운데 종종 잘못 사용되었다 하더라도 말이다. 어쨌든 여기의 구절이 의미하는 것은 이것이다. 즉 유대인들에게 구약의 모든 책들과, 특별히 시내 산에서 주어진 법정적인 언약과, 하나님의 율법이 포함되어 있는 성경이 맡겨졌다는 것이다. 스데반도 그것을 "살아 있는 말씀"(lively oracles)이라고 불렀다. "시내 산에서 말하던 그 천사와 우리 조상들과 함께 광야 교회에 있었고 또 살아 있는 말씀을 받아 우리에게 주던 자가 이 사람이라"(행 7:38). 히브리서 역시도 좀 더 특별하게 신앙의 근본적인 교리들을 "하나님의 말씀의 초보"(the first principles of the oracles of God)라고 부른다. "때가 오래 되었으므로 너희가 마땅히 선생이 되었을 터인데 너희가 다시 하나님의 말씀의 초보에 대하여 누구에게서 가르침을 받아야 할 처지이니 단단한 음식은 못 먹고 젖이나 먹어야 할 자가 되었도다"(히 5:12).

3. 어떤 자들이 믿지 아니하였으면 어찌하리요 그 믿지 아니함이 하나님의 미쁘심을 폐하겠느냐.

어떤 자들이 믿지 아니하였으면. 만일 어떤 자들이 불신앙 가운데 남아 있었다면(행 28:24), 만일 그들이 그 말씀(the oracle)과 메시야 약속을 신뢰하지 않았다면.

하나님의 미쁘심. 즉 하나님의 진실하심과 신실하심(시 33:4). 본 절 역시 또 하나의 예변법(豫辨法)이다. 여기에 함축된 반론은, 만일 그들이 불신앙으로 말미암아 그러한 말씀들을 통해 아무런 유익도 얻지 못한다면 그러한 말씀들을 가진 것으로 유대인들이 특별히 나을 것이 없지 않느냐는 것이다. 이에 대한 대답이 이어지는 또 하나의 질문 가운데 예기(豫期)된다. 어떤 사람들의 불신앙이 하나님이 그의 택하신 자들에게 당신의 약속을 이루시는데 장애물이 될 수 있느냐? 이러한 질문 속에 부정(否定)이 함축되어 있다. 다음 절에 나타나는 것처럼 — "그럴 수 없느니라." "우리는 미쁨이 없을지라도 주는 항상 미쁘시니 자기를 부인하실 수 없으시리라"(딤후 2:13).

4. 그럴 수 없느니라 사람은 다 거짓되되 오직 하나님은 참되시다 할지어다 기록된 바 주께서 주의 말씀에 의롭다 함을 얻으시고 판단 받으실 때에 이기려 하심이라 함과 같으니라.

그럴 수 없느니라. "God forbid" 즉 하나님이여 금하소서. 앞 절에 암시되어 있었던 부정이 여기에서 큰 분개와 혐오와 함께 명백하게 표출된다.

사람은 다 거짓되되. 비록 모든 사람이 다 거짓말쟁이라 하더라도. 혹은 사람은 다 변덕스러운 피조물이며 본성적으로 오류에 빠지기 쉬우며 쉽게 다른 사람들을 속일 수 있다 하더라도. "내가 놀라서 이르기를 모든 사람이 거짓말쟁이라 하였도다"(시 116:11).

하나님은 참되시다 할지어다. 하나님으로 하여금 그의 약속과 언약에 신실하게 남아 있게 혹은 나타나게 하라. 혹은 하나님으로 하여금 성경이 무수히 증언하는 대로 인정되게 하라. 민수기 23:19; 디도서 1:2; 히브리서 6:17-18을 보라.

주께서 주의 말씀에 의롭다 함을 얻으시고. 주께서 약속하시고 경고하신 말씀들 안에서 옳다 인정함을 받으시고. 여기의 단어는 성경의 다양한 곳에서 이와 같은 의미로 사용된다(마 11:19; 눅 7:27, 35; 10:29).

이기려 하심이라. 깨끗하려 혹은 정결하려 하심이라. 여기에서 바울은 당시에 일반적으로 사용되었던 번역본인 70인경을 인용하면서, 단어보다 의미에 더 신경을 쓴다. 정결하신 그는 의로운 판단 가운데 이기실 것이다.

판단 받으실 때에. 혹은 판단하실 때에. 여기의 단어는 능동적으로도 취하여질 수 있고 수동적으로도 취하여질 수 있다. 즉 주께서 어떤 사람에 대하여 판단을 행하실 때에, 혹은 어떤 사람이 주를 비방하려고 생각할 때에.

5. 그러나 우리 불의가 하나님의 의를 드러나게 하면 무슨 말 하리요 내가 사람의 말하는 대로 말하노니 진노를 내리시는 하나님이 불의하시냐.

그러나 우리 불의가 하나님의 의를 드러나게 하면. 이것은 앞 절의 이야기로 말미암아 제기될 수 있는 또 하나의 가상적인 반론이다. 즉 만일 자신의 약속을 지키시는 하나님의 신실하심이 사람들의 신실하지 않음에도 불구하고 나타난다면, 우리는 하나님의 성실하심이 사람들의 믿지 않음에 의해 더 풍성하게 나타난다고 충분히 추측할 수 있지 않겠느냐는 것이다.

무슨 말 하리요. 이와 같이 우리가 반박하노니.

내가 사람의 말하는 대로 말하노니. 내가 육신적인 사람들의 신성모독적인 언어로 말하노니. 혹은 내가 육신적인 생각을 따라 말하는 어떤 사람들의 반론을 인용하여 말하노니.

진노를 내리시는 하나님이 불의하시냐. 즉 유대인들에게 혹은 다른 어떤 악인들에게 형벌을 내리시는 하나님이 불의하시냐?

6. 결코 그렇지 아니하니라 만일 그러하면 하나님께서 어찌 세상을 심판하시리요.

결코 그렇지 아니하니라. "God forbid" 즉 하나님이여 금하소서. 바울은 큰 혐오와 함께 그들의 비방과 트집을 배격한다. 그는 그것을 대답할 가치조차 없는 것으로 생각한다.

만일 그러하면 하나님께서 어찌 세상을 심판하시리요. 만일 하나님이 조금이라도 불의하시다면, 도대체 어떻게 그가 지금 세상을 통치하실 수 있으며 또 장차 의(義) 가운데 세상을 심판하실 수 있겠는가? 시편 96:13; 98:9을 보라. 혹은 만일 그가 본성적으로 공의롭지 않으며 그의 뜻이 의의 기준이 아니라면, 도대체 어떻게 그가 지극히 높으신 하나님일 수 있겠는가? 창세기 18:25; 욥기 34:12을 보라.

7. 그러나 나의 거짓말로 하나님의 참되심이 더 풍성하여 그의 영광이 되었다면 어찌 내가 죄인처럼 심판을 받으리요.

여기의 "참되심"(truth)이라는 단어로써 바울은 하나님의 신실하심과 진실하심을 의미한다.

어찌 내가 죄인처럼 심판을 받으리요. 만일 나의 악으로 말미암아 하나님의 이름에 더 큰 영광이 돌려진다면, 도대체 내가 범법자로서 형벌을 받아야 할 까닭이 무엇이란 말인가? 여기에서 바울은 반론을 제기하는 악인의 역할을 스스로 떠맡으면서, 그의 이름으로 말한다. 이런 식의 어법은 모든 작가들이 자주 사용하는 방식이다. 그리고 그것은 성경 기자들 사이에서도 종종 나타난다. 예컨대 전도서 3:19-22; 고린도전서 15:32을 보라.

8. 또는 그러면 선을 이루기 위하여 악을 행하자 하지 않겠느냐 어떤 이들이 이렇게 비방하여 우리가 이런 말을 한다고 하니 그들은 정죄 받는 것이 마땅하니라.

이 말씀이 이 자리에 놓인 사실은 그것을 더욱 거칠게 들리게 만들며 그럼으로써 난해함을 야기한다. 이 말씀을 두고 많은 비평학자들 사이에서 큰 논란이 있어 왔다. 어떤 학자들은 이것을 괄호 안에 포함시키며, 다른 학자들은 그 안에 위치의 변환이 있다고 단언한다. 요컨대 이것은 앞의 비방에 대한 반박으로 보인다. 바울은 이를테면 다음과 같이 말하는 듯하다. "만일 하나님이 죄인들의 죄로 말미암아 영광을 받으시기 때문에 그들이 아무런 형벌도 받지 않는 것이 마땅하다면, 그렇다면 '선을 이루기 위하여 악을 행하자' 는 말은 그다지 틀린 말이 아닐 것이라. 어떤 사람들은 우리를 비방하면서 마치 우리가 그렇게 가르친 것처럼 말하는도다." 이것은 악을 행하는 것으로 선을 이룰 수 있다는 것으로서, 얼마나 잘못된 생각인가! 이러한 사상에 찬동하는 사람은 아무도 없을 것이다. 그러므로 앞의 비방은 일고의 가치도 없는 터무니없는 것이다.

그들은 정죄 받는 것이 마땅하니라. 즉 악을 행하는 것으로 선을 이룰 수 있다고 가르치며 그와 같이 행하는 사람들이 정죄를 당하는 것은 지극히 마땅한 일이니라. 바울은 그와 같은 어리석은 말을 논박할 가치조차 없는 것으로 여기면서, 정죄 받는 것이 마땅하다는 말로 일축한다. 그가 여기에서 말하고자 하는 것은, 사도들과 복음전도자들을 비방하면서 거짓 소문을 퍼뜨리는 자들은 정죄를 당하는 것이 지극히 마땅하다는 것이다. "마치 우리가 악을 행하는 것으로 선을 이룰 수 있다고 가르친 것처럼 말하며 떠들고 다니는 자들은 정죄 받는 것이 마땅하니라."

9. 그러면 어떠하냐 우리는 나으냐 결코 아니라 유대인이나 헬라인이나 다 죄 아래에 있다고 우리가 이미 선언하였느니라.

그러면 어떠하냐 우리는 나으냐. 바울은 여기에서 자신이 본 장 앞부분에서 다루었던 주제로 다시 돌아온다. 그는 유대인들에게 한 가지 질문을 던진다. "그러면 어떠하냐 우리는 나으냐?" 하나님의 말씀이 그들에게 맡겨졌다는 사실로 인해 그들은 분명 이방인들보다 더 나은 위치에 서 있었다.

결코 아니라. 바울은 앞에서 유대인의 특권에 대해 말했다. "범사에 많으니 우선은 그들이 하나님의 말씀을 맡았음이니라"(2절). 그들은 어떤 외적인 유익들과 관련해서 분명 이방인들을 훨씬 능가했다. "그들은 이스라엘 사람이라 그들에게는 양자 됨과 영광과 언약들과 율법을 세우신 것과 예배와 약속들이 있고 조상들도 그들의 것이요 육신으로 하면 그리스도가 그들에게서 나셨으니"(롬 9:4, 5). 그러나 복음적인 의(義)나 혹은 그들 자신의 어떤 공로의 기초 위에서는 결코 그렇지 않았다.

죄 아래. 죄의 권세 아래, 혹은 죄의 죄책 아래. "우리가 알거니와 무릇 율법이 말하는 바는 율법 아래에 있는 자들에게 말하는 것이니 이는 모든 입을 막고 온 세상으로 하나님의 심판 아래에 있게 하려 함이라"(롬 3:19).

우리가 이미 선언하였느니라. 우리가 앞 장에서 별도로 다루었느니라. 그리고 또 다시 여기에서 우리는 유대인들과 이방인들이 동일함을 선언하노라. 유대인들은 그들의 율법을 자랑하며, 이방인들은 그들의 철학을 자랑했다. 그럼에도 불구하고 복음적인 믿음과 의와 관련하여 그들 모두는 똑같은 위치에 서 있다.

10. 기록된 바 의인은 없나니 하나도 없으며.

기록된 바. 즉 성경 이곳저곳에 기록된 것처럼. 바울은 이어지는 구절들에서 그것을 인용하면서, 단어들을 엄격하게 반복하기보다 그 의미를 전달하는 쪽으로 초점을 맞춘다. 이것은 특별히 그가 바로 앞에서 하나님의 말씀을 맡은 자들이라고 부른 유대인들에게 적합한 증거이다.

의인은 없나니 하나도 없으며. 바울은 좀 더 일반적인 증거로부터 시작한다. 이것은 시편 14:3과 53:1로부터 인용한 것이다.

11. 깨닫는 자도 없고 하나님을 찾는 자도 없고.

깨닫는 자도 없고. 영혼의 타락을 보여 주는 좀 더 특별한 증거. 앞에서 인용한 시편들에 묘사된 마음의 모습을 주목해 보라. 거기에 묘사된 마음의 모습은 신명기 22:29; 욥기 32:9; 이사야 1:3; 예레미야 4:22; 10:14에 묘사된 마음의 모습과 동일하다.

하나님을 찾는 자도 없고. 의지(意志)의 타락을 보여 주는 증거. 이것 역시 앞에 인용한 시편들 안에 나타난다.

12. 다 치우쳐 함께 무익하게 되고 선을 행하는 자는 없나니 하나도 없도다.

다 치우쳐. 즉 다 진리의 길 혹은 생명의 길로부터 벗어나. 시편 14:3; 36:4; 58:3을 보라. 이것은 앞의 말씀 즉 "하나님을 찾는 자도 없고"라는 말씀을 예증(例證)한다.

함께 무익하게 되고. 여기의 단어가 의미하는 것처럼, 오직 쓰레기더미에 적합한 자 외에는 아무 짝에도 쓸모없는 자가 되고. 시편 14:1-7과 욥기 15:16을 보라.

선을 행하는 자는 없나니 하나도 없도다. 이것은 10절과 같은 의미이지만, 그러나 시편의 인용문을 좀 더 엄격하게 따른 것이다. 시편에서도 이것은 두 번 반복된다. 시편 14:1, 3을 보라.

13. 그들의 목구멍은 열린 무덤이요 그 혀로는 속임을 일삼으며 그 입술에는 독사의 독이 있고.

그들의 목구멍은 열린 무덤이요. 바울은 계속해서 사람의 타락을 그 몸의 지체들과 연결시켜 언급한다. 그는 말하는 기관(器官)을 네 가지 표현으로 언급한다. 첫 번째는 풍유적인 것으로서 시편 5:9로부터 취한 것이다. 이에 대해서는 그 구절에 대한 주석을 참조하라.

그 혀로는 속임을 일삼으며. 이것은 명백히 혀의 타락을 표현한다. 왜냐하면 그것으로부터 거짓말과 비방하는 말과 아첨하는 말과 위증하는 말이 나오기 때문이다. 이것은 예레미야 9:3-5로부터 취한 것이다.

그 입술에는 독사의 독이 있고. 세 번째 표현 역시 첫 번째와 마찬가지로 풍유적인 것이다. 이것은 시편 140:3로부터 취한 것으로서, 이를 위해서는 그 구절에 대한 주석을 참조하라.

14. 그 입에는 저주와 악독이 가득하고.

혀의 타락과 관련한 마지막 네 번째 표현은 시편 10:7로부터 취한 것이다. 이에 대하여는 그 구절에 대한 저자의 주석을 참조하라.

15. 그 발은 피 흘리는 데 빠른지라.

이것 역시 우리에게 인간의 타락을 그대로 보여 준다. 이것은 잠언 1:16과 이사야 59:7로부터 취한 것이다. 이를 위해서는 그러한 구절들에 대한 저자의 주석을 참조하라.

16-17. [16]파멸과 고생이 그 길에 있어 [17]평강의 길을 알지 못하였고.

이것은 이사야 59:7-8로부터 취한 것이다.

18. 그들의 눈앞에 하나님을 두려워함이 없느니라 함과 같으니라.

여기의 마지막 말씀은 앞에서 언급한 모든 악들의 진정한 원인을 보여 준다. 이것은 시편 36:1로부터 취한 것이다. 그 구절에 대한 저자의 주석을 참조하라.

19. 우리가 알거니와 무릇 율법이 말하는 바는 율법 아래에 있는 자들에게 말하는 것이니 이는 모든 입을 막고 온 세상으로 하나님의 심판 아래에 있게 하려 함이라.

이것은 또 하나의 반론을 예상하면서 말한 것이다. 지금까지 이야기한 바울의 말에 대해 유대인들은 이 모든 증언들이 자신들과 관련되는 것이 아니라 오로지 추잡한 이방 세계와만 관련될 뿐이라고 반박할 수 있었다. 설령 그들 가운데 일부 타락한 자들은 그럴 수 있다 하더라도 말이다. 그러나 이에 대해 바울은 다음과 같이 말한다. "우리는 하나님의 율법과 좀 더 특별하게 모세 율법과 좀 더 일반적으로 성경의 모든 것이 인류 전체의 악과 결함에 대해 말하는 것을 아노라. 그리고 그것은 좀 더 특별하게 율법이 주어진 유대인들에게 말하는 것이노라." 이것은 12절의 선언과 일맥상통한다. 로마서 6:15; 고린도전서 9:20을 보라.

모든 입을 막고. 즉 자랑하는 것을 막고 ── 유대인들은 자랑하는 것에 너무나 익숙해 있었다. 혹은 양심의 가책으로 인해 아무 말 없이 침묵하게 하고. 시편 63:11; 에스겔 16:63; 마태복음 22:12을 보라.

온 세상으로 하나님의 심판 아래에 있게 하려 함이라. 유대인들과 이방인들과 모든 인류가 타락으로 인해 하나님의 정죄와 심판 아래 있게 되었다. 로마서 3:9과 요한복음 3:18을 보라.

20. 그러므로 율법의 행위로 그의 앞에 의롭다 하심을 얻을 육체가 없나니 율법으로는 죄를 깨달음이니라.

그러므로. 이방인들은 본성의 율법에 의해, 그리고 유대인들은 기록된 율법에 의해 하나님의 심판 아래 있는 까닭에, 그리고 아무도 율법을 성취할 수 없으며 그 의를 만족시킬 수 없는 까닭에.

율법의 행위로. 여기에서 바울이 의미하는 것은 의식법(儀式法)만이 아니라 도덕법까지 포함한다. 여기에는 로마서 2:21-22처럼 도둑질과 간음을, 그리고 로마서 7:1-25처럼 육체의 정욕을 금하는 율법까지도 포함된다. 유대인뿐만 아니라 이방인까지도 이러한 율법 아래 있으며 그들 역시 이러한 율법에 따라 정죄를 받는다.

그의 앞에 의롭다 하심을 얻을. 혹은 하늘의 법정에서 무죄 판결을 받을. 이것은 시편 143:2로부터 취한 것이다. 그곳의 주석을 참조하라.

육체가 없나니. 이것은 일종의 제유법(提喩法), 즉 어느 한 부분으로써 전체를 나타내는 표현 방법이다. 여기에서는 육체로서 사람 전체를 나타낸다. 창세기 6:3, 12을 보라.

율법으로는 죄를 깨달음이니라. 그렇기 때문에 율법은 아무 짝에도 쓸모없는 것이라고 생각해서는 안 된다. 계속해서 바울은 율법의 용도를 보여 준다. 그것은 우리로 하여금 우리의 죄책을 깨닫게 해준다. 로마서 7:7; 고린도전서 15:56을 보라.

21. 이제는 율법 외에 하나님의 한 의가 나타났으니 율법과 선지자들에게 증거를 받은 것이라.

이제는. 의롭다 함을 받는 것은 율법으로 말미암는 것이 아니다. 그것은 다른 방법으로 얻어져야 한다.

율법 외에. 우리의 순종을 요구하는 율법이 우리에게 전가되는 다른 의에 대해 알지 못하기 때문에.

하나님의 한 의. 로마서 1:17을 보라. "복음에는 하나님의 의가 나타나서 믿음으로 믿음에 이르게 하나니 기록된 바 오직 의인은 믿음으로 말미암아 살리라 함과 같으니라."

나타났으니. 그럼에도 불구하고 복음 안에서 그리고 그리스도의 오심으로 말미암아 그러한 의가 분명하게 나타났다. 로마서 1:17을 보라.

율법과 선지자들에게 증거를 받은 것이라. 여기에 새로운 것은 아무것도 없다. 요한복음 5:46-47을 보라. 이러한 사실을 가르치는 증언들은 매우 많다. 창세기 3:15; 15:6; 22:17-18; 이사야 53장; 예레미야 31:31-33; 다니엘 9:24-25을 보라. 또 사도행전 24:14; 26:22; 28:23에서 사용된 같은 논증을 보라.

22. 곧 예수 그리스도를 믿음으로 말미암아 모든 믿는 자에게 미치는 하나님의 의니 차별이 없느니라.

바울이 여기에서 "하나님의 의"에 대해 다시금 언급하는 것은 그것을 받는 수단 혹은 방편을 설명하기 위함인데, 그것은 다름 아닌 "믿음"이다. 로마서 4:11-12; 9:30; 빌립보서 3:9을 보라. 이러한 구절들에서 우리는 같은 것을 가리키는 몇 가지 표현들을 보게 된다. 이러한 의는 율법과 무관하게 예수를 믿는 믿음으로 말미암아 주어진다. 그러므로 그것은 여기에서 "예수 그리스도를 믿음"으로 일컬어진다.

모든 믿는 자에게 미치는. 유대인이든 이방인이든 믿기만 하면.

차별이 없느니라. 유대인과 이방인은 서로 다른 방식으로 의롭다 함을 받지 않는다. "그러면 어떠하냐 우리는 나으냐 결코 아니라 유대인이나 헬라인이나 다 죄 아래에 있다고 우리가 이미 선언하였느니라"(9절).

23. 모든 사람이 죄를 범하였으매 하나님의 영광에 이르지 못하더니.

모든 사람이 죄를 범하였으매. 유대인과 이방인 모두 그들에게 전가된 아담의 죄책을 가지며 그들 안에 원초적인 타락이 내재해 있다는 점에서 아무런 차이도 없다.

하나님의 영광에 이르지 못하더니. 사람이 처음 창조된 하나님의 영광의 형상에 이르지 못하더니. 혹은 이성적(理性的)인 피조물의 영광인 하나님과의 교제에 이르지 못하더니. 혹은 마치 경주자가 지치고 피곤하여 목적지에 이르지 못하는 것처럼, 영원한 영광에 이르지 못하더니.

24. 그리스도 예수 안에 있는 속량으로 말미암아 하나님의 은혜로 값없이 의롭다 하심을 얻은 자 되었느니라.

그리스도 예수 안에 있는 속량으로 말미암아. 여기에서 우리는 전쟁 중에 붙잡힌 포로들이 비싼 값으로 속량되는 은유를 발견한다. 마태복음 20:28; 마가복음 10:45; 디모데전서 2:6; 히브리서 9:12을 보라.

하나님의 은혜로 값없이 의롭다 하심을 얻은 자 되었느니라. 그리스도 예수 안에 있는 속량 외에 다른 방법으로 사람은 결코 율법의 정죄와 참소로부터 자유로워질 수 없다. 바울은 여기에서 사람이 의롭다 함을 받는 근본적인 원인을 언급한다. 그것은 우리 안에 있는 어떤 원인이나 혹은 공로와는 전적으로 무관하다. 그것은 오직 아무 자격 없는 피조물에게 베풀어지는 하나님의 값없는 호의로 말미암는다(엡 1:6-7; 2:8; 딛 3:7).

25. 이 예수를 하나님이 그의 피로써 믿음으로 말미암는 화목제물로 세우셨으니 이는 하나님께서 길이 참으시는 중에 전에 지은 죄를 간과하심으로 자기의 의로우심을 나타내려 하심이니.

하나님이 … 세우셨으니. 즉 아버지이신 하나님이 영원한 의논(eternal counsel)과 구속의 언약 가운데 혹은 옛 성막의 모형과 그림자 가운데 이 예수를 세우셨으니(엡 1:9; 벧전 1:20-21). 이제 마침내 하나님은 그를 세상에 공개적으로 나타내셨다.

그의 피로써 믿음으로 말미암는. 계속해서 바울은 의롭다 함의 도구적인 원인을 보여 준다. 다시 말해서, 그것은 '믿음' 즉 죄인이 순종하는 마음으로 믿음의 대상인 그리스도의 '피'를 의지(依支)하며 굳게 붙잡는 것이다.

화목제물로. 혹은 속죄제물로. 요한일서 2:2을 보라. 은연중 바울은 피 뿌린 은혜의 보좌를 암시한다. 그것은 위대한 속죄의 모형이었다. 그리고 그와 같은 방법으로 하나님은 죄인들에게 호의를 베푸시고 그들과 화목하셨다. 레위기 16:2; 민수기 7:89을 보라.

하나님께서 길이 참으시는 중에 전에 지은 죄를 간과하심으로. 여기의 "전에 지은 죄"는 의롭다 하심을 받기 전에 행해진 죄를 의미하는 것이거나, 혹은 옛 언약 아래서 즉 세상에 속죄가 아직 나타나기 전에 행해진 죄를 의미하는 것일 것이다. 그때 하나님은 장차 올 것에 기초해서 우리 조상들을 참으시고 그들의 죄를 간과하셨다. 히브리서 9:15-18을 보라.

자기의 의로우심을 나타내려 하심이니. 혹은 자기의 선하심과 긍휼하심을 보이기 위함이니(삼상 12:7-10; 시 36:10). 혹은 자신의 약속을 지키며 모든 모형과 예언을 성취하는 그의 신실하심을 보이기 위함이니. 혹은 죄에 대해 보응하는 그의 공의를 보이기 위함이니 —— 하나님은 자기 아들을 정죄하심으로써 죄에 대해 보응하는 그의 공의를 나타내셨다. 혹은 믿음으로 말미암는 의를 보이기 위함이니(22절).

26. 곧 이 때에 자기의 의로우심을 나타내사 자기도 의로우시며 또한 예수 믿는 자를 의롭다 하려 하심이라.

곧 이 때에 자기의 의로우심을 나타내사. 바울은 의롭다 함의 최종적인 원인을 반복한다. 그것은 복음의 시대에 하나님의 의로우심을 나타내기 위함이다. "이르시되 내가 은혜 베풀 때에 너에게 듣고 구원의 날에 너를 도왔다 하셨으니 보라 지금은 은혜 받을 만한 때요 보라 지금은 구원의 날이로다"(고후 6:2). 이것은 이사야 49:8로부터 취한 것이다.

자기도 의로우시며 또한 예수 믿는 자를 의롭다 하려 하심이라. 하나님은 자신의 본성의 완전한 정결함과 자신의 의지(意志)의 완전한 올바름과 자신의 완전한 공의에 아무런 누도 끼쳐지지 않기 위해 죄와 죄인을 미워하실 수밖에 없으시면서 동시에 예수를 믿고 스스로를 구주에게 던지는 자들에게 은혜를 베푸신다.

27. 그런즉 자랑할 데가 어디냐 있을 수가 없느니라 무슨 법으로냐 행위로냐 아니라 오직 믿음의 법으로니라.

자랑할 데가 어디냐. 바울 사도는 이를테면 그들을 모독한다. 즉 유대인들의 자랑 즉 이방인들보다 훨씬 더 낫다는 그들의 자랑이 이제 어디에 있느냐는 것이다. 혹은 그들의 자랑의 기초가 무엇이냐는 것이다. 예레미야 9:23-24을 보라.

있을 수가 없느니라 무슨 법(law)으로냐 행위로냐. "자랑할 데가 어디냐"는 질문에 바울은 분명하게 대답한다. "있을 수가 없느니라." 율법(law)은 결코 받으심과 의롭다 하심의 조건이 될 수 없다. 그는 아무것도 그러한 조건을 성취할 수 없다고 말한다. 율법은 그러한 목적을 이룸에 있어 지극히 연약하다. "율법이 육신으로 말미암아 연약하여 할 수 없는 그것을 하나님은 하시나니"(롬 8:3).

아니라 오직 믿음의 법으로니라. 즉 믿음을 요구하는 복음의 법. 바로 이것에 의해 그리스도의 의가 우리에게 전가되며, 우리는 그리스도의 의를 얻는다. 여기에서 바울이 "믿음의 법"(law of faith)이라는 표현을 사용한 것을 어떤 사람들은 그가 율법(law)이라는 단어를 너무나 좋아하는 유대인들의 습관을 따른 결과라고 생각한다. 그렇게 함으로써 그는 새로운 것을 만들어냈다는 의심을 피할 수 있었다는 것이다.

그러나 대부분의 사람들은 그것이 히브리적인 어법으로서 믿음의 법칙 혹은 교훈을 의미하는 것 외에 아무것도 아니라고 생각한다.

28. 그러므로 사람이 의롭다 하심을 얻는 것은 율법의 행위에 있지 않고 믿음으로 되는 줄 우리가 인정하노라.

이것은 바울이 1:17부터 시작한 전체 이야기의 결론이다. "우리가 인정하노라"는 논리학자들이 즐겨 사용하는 표현처럼 "우리가 추론하노라" 혹은 "우리가 주장하노라"를 의미한다.

사람이 의롭다 하심을 얻는 것은 율법의 행위에 있지 않고 믿음으로 되는 줄. 여기의 표현은 다른 곳에서 종종 나타나는 "우리는 오직 믿음으로 말미암아 의롭다 함을 받는다"와 같은 의미이다. 이것은 이를테면 "천사도 아니고 우상도 아니고 형상도 아니고 오직 하나님에게만 경배가 드려져야 한다"와 같은 투의 표현이다.

29. 하나님은 다만 유대인의 하나님이시냐 또한 이방인의 하나님은 아니시냐 진실로 이방인의 하나님도 되시느니라.

여기에서 바울은 자문자답(自問自答)하는 방식으로 우리에게 은혜의 언약이 유대인들에게만 속하는 것이 아니라 이방인들에게도 속하는 사실을 분명하게 보여준다. 창세기 17:5; 22:18; 시편 2:8; 이사야 11:10-12 등을 보라. 이러한 구절들에 나타난 약속들은 유대인과 이방인을 나누는 벽이 허물어진 지금 좀 더 특별하게 성취된다. 에베소서 2:13-14을 보라.

30. 할례자도 믿음으로 말미암아 또한 무할례자도 믿음으로 말미암아 의롭다 하실 하나님은 한 분이시니라.

하나님은 죄인들을 의롭게 하시는 행동에 있어 결코 변덕스러울 수 없다. 그는 유일하시며 변할 수 없는 하나님이다. 할례자인 유대인과 무할례자인 이방인은 그리스도 안에서 동일한 하나님에 의해 그리고 동일한 방법과 방식으로 즉 믿음으로 말미암아 그리고 믿음을 통해 의롭다 하심을 받는다. 여기의 두 표현 즉 "믿음으로 말미암아"(by faith)와 "믿음을 통해"(through faith) 사이에는 아무런 차이도 없다. 둘은 서로 나누어질 수도 없고 구별될 수도 없다.

31. 그런즉 우리가 믿음으로 말미암아 율법을 파기하느냐 그럴 수 없느니라 도리어 율법을 굳게 세우느니라.

우리가 믿음으로 말미암아 율법을 파기하느냐. 여기에서 바울은 매우 예리한 질문을 던진다. 그것은 만일 오직 믿음으로 말미암아 의롭다 함을 얻는다면 그러면 율법은 쓸데없는 것이냐는 질문이다. 그러면 율법은 파기되느냐?

그럴 수 없느니라. "God forbid" 즉 하나님이여 금하소서. 바울은 큰 혐오를 나타내는 그의 통상적인 표현으로 그러한 반론을 단호히 배격한다.

도리어 율법을 굳게 세우느니라. 바울은 믿음으로 말미암아 완전한 의를 얻는 것보다 더 율법을 굳게 세우는 것은 아무것도 없다고 단호히 말한다. 믿음으로 말미암아 의롭다 함을 받았기 때문에 그리스도께 가장 완전하게 순종할 수 있게 된다는 것이다. 이렇게 하여 모든 모형과 약속과 예언이 성취된다. 마태복음 5:17; 누가복음 16:17을 보라. 요컨대 복음의 영으로 말미암아 우리는 율법과 좀 더 정확하게 일치되게 된다. 비록 율법을 완전하게 이루는 자리까지는 도달할 수 없다 하더라도 말이다.

제4장

개요

1. 아브라함 자신도 믿음으로 말미암아 의롭다 함을 받음(1-8).
2. 그가 의롭다 함을 받은 것은 할례 받기 전임. 그럼으로써 그는 할례 여부와 상관없이 모든 신자들의 공통적인 조상이 될 수 있었음(9-12).
3. 아브라함에게 주어진 약속은 율법으로 말미암은 것이 아님. 만일 율법으로 말미암았다면 그 약속은 헛것이 되고 맘. 아브라함의 모든 자손들은 은혜를 따라 믿음으로 말미암음(13-17).
4. 바랄 수 없는 중에 바라고 믿은 아브라함의 믿음(18-22).
5. 이 모든 것은 아브라함만을 위한 것이 아니라 그리스도를 통해 하나님을 믿는 모든 사람들을 위한 것임(23-25).

1. 그런즉 육신으로 우리 조상인 아브라함이 무엇을 얻었다 하리요.

계속해서 바울은 자신이 앞에서 이야기한 3:28의 주된 결론 즉 "사람이 의롭다 하심을 받는 것은 율법의 행위에 있지 않고 믿음으로 되는" 것이라는 그의 결론을 아브라함의 예로써 증명한다. 아브라함은 믿음과 행함을 모두 가지고 있었던 사람이었지만, 그러나 그는 행함이 아니라 믿음으로 말미암아 의롭다 하심을 받았다. 자손들이 그들의 조상과 똑같은 방식으로 의롭다 함을 받는 것은 너무나 당연한 일이다. 사람이 의롭다 함을 받는 데에는 오직 하나의 방법만이 있을 뿐이다.

육신으로. 여기의 "육신으로"는 "조상"과 연결되는 것일 수 있다. 그렇다면 그것이 의미하는 것은 아브라함이 육신을 따른 그들의 조상이라는 것이 될 것이다(롬 9:5). 또 그것은 "발견했다"와 연결되는 것일 수도 있다(found, 한글개역개정판에는 "얻었다"로 되어 있음). 그렇다면 그 의미는 아브라함이 육신을 따라 무엇을 발견했느냐는 것이 될 것이다. 다시 말해서 바울은 아브라함이 육신 가운데 행한 그의 의로 말미암아 무엇을 발견했느냐고 반문하는 것이다. 아브라함은 어떤 행함이나 공로로 말미암아 ― 의식적(儀式的)인 것이든 도덕적인 것이든 ― 의를 얻지 않았다. 이와 같이 "육신"이라는 단어는 믿음으로 말미암는 의와 반대되는 의미에서 할례 혹은 율법으로 말미암는 의와 연결되어 사용된다.

2. 만일 아브라함이 행위로써 의롭다 하심을 받았으면 자랑할 것이 있으려니와

하나님 앞에서는 없느니라.

자랑할 것이 있으려니와. 자랑하며 뽐낼 까닭과 근거가 있으려니와.

하나님 앞에서는 없느니라. 즉 아브라함은 하나님 앞에서 자랑할 만한 것이 아무것도 없느니라. 바울 사도의 논증은 다음과 같이 재구성될 수 있다. "만일 아브라함이 공로로 말미암아 의롭다 함을 받았다면, 그는 하나님 앞에 자랑할 만한 것을 가질 것이다. 그러나 그는 하나님 앞에 자랑할 만한 것을 아무것도 가지고 있지 않다. 그러므로 그는 행위로 말미암아 의롭다 함을 받지 않았다." 죄인들을 의롭다하는 하나님의 방법은 믿음으로 말미암는 것이므로 그들에게는 자랑할 것이 아무것도 없다. "그런즉 자랑할 데가 어디냐 있을 수가 없느니라 무슨 법으로냐 행위로냐 아니라 오직 믿음의 법으로니라"(3:27).

3. 성경이 무엇을 말하느냐 아브라함이 하나님을 믿으매 그것이 그에게 의로 여겨진 바 되었느니라.

여기에 언급된 성경은 창세기 15:6이다. "아브람이 여호와를 믿으니 여호와께서 이를 그의 의로 여기시고." 바울은 거기에 사용된 단어들을 약간 변용하여 인용한다. 창세기에는 "he believed in God"이라고 되어 있는 반면 여기에는 "he believed God"이라고 되어 있다. 또 창세기에는 능동형으로 "여호와께서 이를 그의 의로 여기시고"(he counted it to him for righteousness)라고 되어 있는 반면 여기에는 수동형으로 "그것이 그에게 의로 여겨진 바 되었느니라"(it was counted to him for righteousness)라고 되어 있다. 이렇게 된 것은 바울이 당시 히브리어 원문보다 더 널리 사용되었던 70인경을 따랐기 때문이었다. 그러나 둘은 어렵지 않게 조화될 수 있다. 표현은 다소 차이가 나지만 그러나 그 의미는 동일하기 때문이다.

아브라함이 하나님을 믿으매. 즉 아브라함이 하나님의 약속을 믿으매. 아브라함은 하나님이 그의 방패요 그의 지극히 큰 상급이며, 그의 몸에서 그의 상속자가 날 것이며, 그 씨가 크게 번성할 것이라는 약속을 믿었다(창 15:1, 4, 5). 여기의 "씨"를 그는 자신의 육체의 씨로써 뿐만 아니라 그의 허리로부터 날 메시야 곧 세상의 구주로써 이해했다. "이는 확실히 천사들을 붙들어 주려 하심이 아니요 오직 '아브라함의 씨'를 붙들어 주려 하심이라"(히 2:16). 이러한 창세기 15장의 약속들뿐만 아니라, 그는 창세기 12:3의 약속도 믿었다. "너를 축복하는 자에게는 내가 복을 내리고 너를 저주하는 자에게는 내가 저주하리니 땅의 모든 족속이 너로 말미암아 복을 얻을 것이라 하신지라." 그는 그와 그의 씨 안에서 땅의 모든 족속이 복을 얻을 것을 믿었다. 이러한 약속들 속에서 그는 명백히 메시아를 인식했다. "이 약속들은 아브라함과 그 자손에게 말씀하신 것인데 여럿을 가리켜 그 자손들이라 하지 아니하시고 오직 한 사람을 가리켜 네 자손이라 하셨으니 곧 그리스도라"(갈 3:16). 뿐만 아니라 그는 메시아의 때를 바라보며 즐거워했다. "너희 조상 아브라함은 나의 때 볼 것을 즐거워하다가 보고 기뻐하였느니라"(요 8:56).

그것이 그에게 의로 여겨진 바 되었느니라. 즉 그는 믿음으로 말미암아 의롭다 함을 받았느니라. 믿음으로 말미암아 의롭다 함을 받았다는 것과 믿음으로 말미암아 의가 전가되었다는 것은 같은 말이다. 믿음은 그리스도의 의가 우리에게 전가되는 통로이며, 바로 이것이 우리의 의롭다 하심의 본질이다. 교황주의자들은 그리스도의 의가 우리에게 전가되는 것을 부인한다. 그들은 "의롭다 하심"(justification)이라는 단어에 대해 트집을 잡으면서 그것을 가상적(假想的)인 의라고 부른다. 그러나 바울 사도는 본 장에서 그 단어를 열 번 사용한다. 그리고 열 번 모두 같은 의미로 사용되며, 그러므로 우리도 같은 의미로 받아들인다. 그러면 우리는 아브라함의 의롭다 하심과 관련하여 바울의 교훈과 야고보의 교훈을 어떻게 조화시킬 것인가? 야고보는 다음과 같이 분명하게 말한다. "우리 조상 아브라함이 그 아들 이삭을 제단에 바칠 때에 행함으로 의롭다 하심을 받은 것이 아니냐"(약 2:21). 그리고 계속해서 그는 다음과 같이 추론한다. "이로 보건대 사람이 행함으로 의롭다 하심을 받고 믿음으로만은 아니니라"(24절). 그러나 바울의 교훈과 야고보의 교훈을 조화시키는 것은 그리 어려운 일이 아니다. 왜냐하면 바울은 하나님 앞에서 우리의 의롭다 하심의 원인을 이야기하는 반면 야고보는 사람들 앞에서 그러한 의롭다 하심의 표적들을 이야기하는 것이기 때문이다. 전자는 의가 전가되는 것을 이야기하는 반면 후자는 그러한 의가 실제적으로 표출되는 것을 이야기한다. 전자는 믿음의 역할을 이야기하는 반면 후자는 믿음의 속성을 이야기한다. 전자는 사람의 의롭다 함을 이야기하는 반면 후자는 그 사람의 믿음을 이야기한다. 전자는 아브라함이 의롭다 하심을 받는 것을 이야기하는 반면 후자는 이미 의롭다 하심을 받은 아브라함을 이야기한다.

4. 일하는 자에게는 그 삯이 은혜로 여겨지지 아니하고 보수로 여겨지거니와.

바울은 계속해서 아브라함이 행위가 아니라 믿음과 값없는 은혜로 의롭다 하심을 받았기 때문에 자랑할 것이 없음을 논증한다. 그리고 그렇게 하는 과정에서 그는 "일하는" 자와 "일하지 아니하고 믿는" 자를 비교한다.

일하는 자에게는. 즉 자신의 일로 말미암아 의롭다 하심을 얻을 목적과 계획으로 일하는 자에게는. 왜냐하면 이런 의미 외에서는 믿는 자도 역시 일하기 때문이다.

그 삯이 은혜로 여겨지지 아니하고 보수로 여겨지거니와. 여기에는 다음과 같은 가정(假定)이 전제되어 있다 ── 만일 그가 완전한 순종의 조건을 성취했다면. 그러나 정확하게 말한다면 적정한 보수로서의 삯은 없다. “누가 주께 먼저 드려서 갚으심을 받겠느냐”(롬 11:35). 다만 바울은 여기에서 사람의 예를 따라 이야기하고 있을 뿐이다.

5. 일을 아니할지라도 경건하지 아니한 자를 의롭다 하시는 이를 믿는 자에게는 그의 믿음을 의로 여기시나니.

일을 아니할지라도. 즉 자신의 일로 말미암아 의롭다 하심을 얻을 목적과 계획으로 일하지 아니할지라도.

경건하지 아니한 자를 의롭다 하시는. 악인을 그리스도 안에서 의롭게 만드시는. 하나님은 경건하지 아니한 자를 의롭다 하심을 통해 경건한 자로 만드신다.

그의 믿음을 의로 여기시나니. 즉 그리스도를 영접하며 받아들이는 행동으로서의 그의 믿음을 의로 여기시나니.

6. 일한 것이 없이 하나님께 의로 여기심을 받는 사람의 복에 대하여 다윗이 말한 바.

바울이 아브라함의 예(例)에 이어 다윗의 증언을 덧붙이는 것은 자신이 앞 장 21절에서 말한 것을 좀 더 충분하게 증명하기 위함이었다. “이제는 율법 외에 하나님의 한 의가 나타났으니 율법과 선지자들에게 증거를 받은 것이라”(롬 3:21). 율법과 선지자들 모두 유대인들 사이에서 큰 권위였다. 여기에서 다윗이 어디에서도 “일한 것이 없이 하나님께 의로 여기심을 받는 사람은 복이 있도다”라고 말하지 않았다는 반론이 제기될 수 있다. 이에 대한 대답은 다음과 같다. 물론 어디에서도 그런 말은 나타나지 않지만 그러나 이어지는 구절들 가운데 그와 같은 의미는 분명하게 나타난다.

7. 불법이 사함을 받고 죄가 가리어짐을 받는 사람들은 복이 있고.

이것은 시편 32:1로부터 인용한 것으로서, 앞의 논증을 훌륭하게 뒷받침해 주는 말씀이다. 왜냐하면 “죄가 사함을 받는” 것과 “의가 전가되는” 것은 서로 나누어질 수 없는 것이기 때문이다. 의롭다 함을 받는 것을 단지 죄 사함을 받는 것으로만 생각하는 것은 잘못된 생각이다. 여기에서의 바울의 목적은 의롭다 함의 충분한 성격을 설명하는 것이 아니라, 다만 의롭다 함이 공로와 무관함을 증명하는 것이다. 죄 사함을 받는 것과 의가 전가되는 것은 다르다. 그것은 원인과 결과가 다른 것과 마찬가지이다. 죄 사함을 받는 것은 의가 전가되는 것을 전제한다. 죄 사함을 받은 사람은 먼저 자신에게 전가된 그리스도의 의를 갖는다.

8. 주께서 그 죄를 인정하지 아니하실 사람은 복이 있도다 함과 같으니라.

죄와 관련하여 동일한 것이 세 가지 방식으로 표현된다. 죄 안에는 고려해야 할 것이 세 가지 있다. (1) 거기에 하나님을 거스르는 것이 있다. 이것은 사함을 받는 것으로 표현된다. (2) 거기에 불결한 것이 있다. 이것은 가려지는 것으로 표현된다. (3) 거기에 죄책이 있다. 이것은 범죄자에게 돌려지지 않는 것으로 표현된다.

9. 그런즉 이 복이 할례자에게냐 혹은 무할례자에게도냐 무릇 우리가 말하기를 아브라함에게는 그 믿음이 의로 여겨졌다 하노라.

우리는 여기의 바울의 말을 다음과 같이 재구성할 수 있다. "우리가 앞에서 증명한 것처럼, 아브라함에게는 그의 믿음이 의로 여겨졌노라. 이제 모두가 이것을 인정하노라. 그러므로 이제 문제는 그와 같이 의로 여기심을 받는 복이 오직 할례자들에게만 속하느냐 아니면 무할례자들에게도 속하느냐 하는 것이로다."

10. 그런즉 그것이 어떻게 여겨졌느냐 할례시냐 무할례시냐 할례시가 아니요 무할례시니라.

만일 그것이 문제라면, 그것을 해결하는 방법은 어떤 상황에서 아브라함의 믿음이 의로 여기심을 받았는지를 살펴보는 것이다. 그것은 그가 할례받기 오래 전의 일이었다. 아브라함이 믿음으로 바라보았던 약속은 그가 할례받기 최소한 14년 전에 주어진 것이었다. 창세기 15:2과 창세기 17:24-25을 비교하라. 또 창세기 16:16을 보라. 그러므로 만일 의로 여기심을 받은 복이 할례에 따른 것이 아니었다면, 이방인들 역시도 유대인들과 마찬가지로 얼마든지 그 복을 받을 수 있게 된다.

11. 그가 할례의 표를 받은 것은 무할례시에 믿음으로 된 의를 인친 것이니 이는 무할례자로서 믿는 모든 자의 조상이 되어 그들도 의로 여기심을 얻게 하려 하심이라.

할례의 표. 혹은 표로서의 할례. 여기에서 할례와 관련하여 두 가지 사실이 분명하게 선언된다. (1) 그것이 표였다는 사실. 그러면 그것은 무엇의 표였나? 그것은 마음의 할례의 표였으며 또한 원죄가 치유된 것의 표였다. (2) 그것이 인치는 것이었다는 사실. 그러면 그것은 무엇을 인치는 것이었나? 그것은 "믿음으로 된 의" 혹은 "믿음의 의"를 인치는 것이었다. 이를 위해서는 로마서 1:17에 대한 저자의 주석을 참조하라. "믿음의 의"는 은혜의 언약을 완곡하게 표현한 것이다. 여기에 우리가 믿음으로 말미암아 의로 여기심을 받는 것이 약속되어 있다. 그리고 이곳은 믿음의 의가 새 언약을 대체하여 나타난 유일한 장소가 아니다. 로마서 10:6에 대한 저자의 주석을 보라. 할례가 인치는 것으로 불리는 것은 그것이 은혜의 언약과 그것이 약속한 의를 확증하는 것이었기 때문이다. 사람들 사이에서 인(印) 혹은 도장의 일반적인 용도는 어떤 일을 확증하며 재가함으로써 그 일을 더욱 확실하게 하는 것이다. 인치는 것에는 종종 보증금이 따르는데, 보증금 역시 동일한 목적을 위한 것이다. 바울은 고린도인들의 회심을 자신의 사도직을 인치는 것으로서 말한다. 다시 말해서, 그것은 그의 사도직을 확증하는 것으로서 그가 하나님으로부터 보냄 받은 것을 좀 더 분명하게 만들었다. 또 인치는 것은 맹세하는 것과 동일한 것이었다. 아브라함에게 약속하실 때, 하나님은 그것을 맹세로써 확증하셨다. 또 하나님은 아브라함과 그의 자손들과 더불어 언약을 세우실 때 그것을 인치는 것으로 확증하셨는데, 그것이 바로 할례였다. 그래서 그는 그것을 창세기에서 하나님의 언약이라고 불렀다. 할례에 대하여 말하여질 수 있는 것을 우리는 성례에 대하여서도 똑같이 말할 수 있다. 할례는 우리에게 구약과 신약의 모든 성례의 성격과 용도를 보여 준다. 그것들은 모두 새 언약을 인치는 것들이었다. 바울이 여기에서 할례에 대해 이야기하는 것은 오직 할례 자체에만 해당되는 것이 아니다. 같은 이유로 그것은 다른 성례들에도 똑같이 적용된다. 그것은 유월절과 세례와 주의 만찬에도 똑같이 적용된다. 예컨대 바울은 앞에서 할례를 표(sign)라고 불렀다. 이것은 유월절도 마찬가지이며, 세례도 마찬가지이며, 주의 만찬도 마찬가지이다. 또 그는 그것을 "믿음으로 된 의를 인친" 혹은 "새 언약을 인친" 것이라고 불렀다. 이것 역시 유월절도 마찬가지이며, 세례도 마찬가지이며, 주의 만찬도 마찬가지이다. 예컨대 주의 만찬을 생각해 보자. 우리 구주는 거기에서의 잔을 새 언약이라고 부른다. 다시 말해서, 거기에서의 잔은 인(印)이며 확증이다. 또 여기에서 아브라함에 대해 확증된 것은 에디오피아의 내시와 빌립보 감옥의 간수를 비롯한 모든 피세례자들에게도 똑같이 확증될 수 있다. 그들은 세례의 표를 받았으며, 믿음의 의를 인친 것을 받았으며, 죄 사함을 받았다.

믿는 모든 자의 조상이 되어. 즉 믿는 모든 자의 조상으로 알려지고 선포되어. 비슷한 구절로서 마태복음 5:45을 보라. 설령 많은 조상들이 아브라함 이전에 믿었다 하더라도, 그러나 그들 가운데 어느 누구도 아브라함처럼 믿는 자들의 조상이라고 불리지 않는다. 그것은 하나님이 그들 가운데 어느 누구에게도 아브라함에게 주셨던 것과 같은 후손의 약속을 주시지 않았기 때문이다. 다음 절을 보라.

12. 또한 할례자의 조상이 되었나니 곧 할례 받을 자에게뿐 아니라 우리 조상 아브라함이 무할례시에 가졌던 믿음의 자취를 따르는 자들에게도 그러하니라.

앞 절에서 우리는 아브라함이 이방인 신자들의 조상임을 보았다. 그것은 그가 무할례시에 믿음으로 말미암아 의로 여기심을 받았기 때문이었다. 이러한 사실은 의(義)가 어떤 외적인 할례와 무관하게 사람들에게 전가될 수 있음을 보여 준다. 뿐만 아니라 아브라함은 또한 유대인 신자들의 조상이기도 하다. 그들은 그의 자취를 따라 할례를 받고, 그의 믿음과 순종의 본을 따르며, 그가 그의 본토를 떠난 것처럼 자신들의 죄를 떠나며, 그와 마찬가지로 하나님의 모든 약속을 믿고 끝까지 하나님을 따르는 자들이다.

13. 아브라함이나 그 후손에게 세상의 상속자가 되리라고 하신 언약은 율법으로 말미암은 것이 아니요 오직 믿음의 의로 말미암은 것이니라.

어떤 사람들은 여기의 "세상"을 온 세계에 퍼진 신자들의 세상으로 이해한다. 그렇게 본다면 그것은 사실상 바울이 앞에서 말한 것 즉 아브라함이 할례자와 무할례자를 포함하는 모든 신자들의 조상이 될 것이라는 것과 동일한 것이다. 반면 다른 사람들은 여기의 "세상"을 하늘을 상징하는 가나안 땅으로 이해한다. 히브리서 4:3; 11:9, 10, 16을 보라. 이것은 창세기 12:7과 15:18에서 약속되었다.

아브라함이나 그 후손에게 하신 언약은 율법으로 말미암은 것이 아니요 오직 믿음의 의로 말미암은 것이니라. 즉 그 언약이 아브라함에게 주어진 것은 율법을 지킨 것에 따른 공로 때문이 아니었다. 그것은 그가 하나님을 믿음으로 말미암아 믿음의 의를 얻었기 때문이었다. 여기의 구절 전체 안에 행위와 무관하게 오직 믿음으로 말미암아 의롭다 함을 받는 진리가 담겨 있다. 그것은 다음과 같이 재구성될 수 있다. "만일 아브라함과 그의 후손들에 대한 기업의 약속이 율법을 순종하는 것이 아니라 믿음의 의에 의해 이루어지는 것이었다면, 필연적으로 우리가 행함으로가 아니라 믿음으로 말미암아 의롭다 함을 얻는다는 결론이 따른다."

14. 만일 율법에 속한 자들이 상속자이면 믿음은 헛것이 되고 약속은 파기되었느니라.

즉 만일 율법의 행위를 의지(依支)하는 사람들이 하나님의 약속의 상속자가 된다면 그리하여 그 기업이 행함으로 말미암아 온다면, 믿음은 아무 쓸데도 없고 의미도 없는 것이 될 것이다. 그리고 신자들에게 주어진 약속들은 헛되고 무익한 것이 될 것이다. 바로 이것이 본 구절의 요체이다.

만일 율법에 속한 자들이. 이것을 갈라디아서 3:9-10과 비교하라. 거기에서 바울 사도는 의와 구원을 찾는 사람들을 두 부류로 구분한다. 첫째 부류는 "믿음으로 말미암은 자들"이다. 이들은 믿음의 방법으로 구원을 찾는 부류의 사람들이다. 둘째 부류는 "율법의 행위에 속한 자들"이다. 이들은 율법의 행위로 말미암아 구원을 찾는 부류의 사람들이다. "율법에 속한"이란 표현과 "율법의 행위에 속한"이란 표현은 같은 표현이다.

상속자이면. 다시 말해서 하나님의 약속의 상속자이면 혹은 가나안이 그 모형인 하늘의 안식의 상속자이면.

믿음은 헛것이 되고. 즉 만일 기업을 찾는 자들이 율법으로 말미암아 그것을 얻을 수 있다면, 그렇다면 믿음은 쓸모없는 것이 되고 말 것이다. 만일 우리가 율법을 순종함으로 말미암아 그리스도 안에 있는 의와 구원을 얻을 수 있다면, 그것을 얻고자 믿음으로 나아가는 것이 도대체 무슨 의미가 있겠는가? "율법 안에서 의롭다 함을 얻으려 하는 너희는 그리스도에게서 끊어지고 은혜에서 떨어진 자로다"(갈 5:4).

약속은 파기되었느니라. 즉 아브라함과 그의 자손에게 주어진 약속은 아무것도 아닌 것이 되었느니라. 아무도 율법으로 말미암아 구원받지 못할 것이다. 왜냐하면 율법은 사람을 약속된 것을 얻는 데로 데려가지 못하기 때문이다.

15. 율법은 진노를 이루게 하나니 율법이 없는 곳에는 범법도 없느니라.

율법은 진노를 이루게 하나니. 즉 하나님의 진노를 이루게 하나니. 율법 자체가 진노를 이루는 것이 아니다. 다만 우리의 불순종의 대가로서 진노를 이룬다. 이것은 앞 절에서 이야기한 것, 즉 기업이 율법의 행위로 말미암지 않는다는 것을 다시금 재확인한다. 바울은 그것을 율법의 효과와 결과로부터 증명한다. 율법은 진노를 이룬다. 그것은 사람들을 약속된 복으로 데려가는 것으로부터 너무나 멀리 떨어져 있다. 도리어 그것은 사람들을 하나님의 진노와 저주 아래 노출시킨다. "무릇 율법 행위에 속한 자들은 저주 아래에 있나니 기록된 바 누구든지 율법 책에 기록된 대로 모든 일을 항상 행하지 아니하는 자는 저주 아래에 있는 자라 하였음이라"(갈 3:10).

율법이 없는 곳에는 범법도 없느니라. 율법이 진노를 이루는 것이 분명한 것은 그것이 범법을 야기하며 드러내기 때문이다. 율법과 하나님의 진노는 서로 불가분리적으로 연결되어 있다. 이것은 의식법(儀式法)을 포함한 모든 종류의 사소한 규례들에 있어 사실이다. 왜냐하면 율법이 있기 전에는 그런 것들을 빠뜨리는 것은 죄가 아니었기 때문이다. 율법이 주어지기 전에는 그 이후와 같은 큰 범법은 없었다. 왜냐하면 우리 안에 금지된 것을 행하고자 하는 이상한 성향이 있기 때문이다. 또 인간의 마음은 율법의 책망에 의해 더욱 완고해지는 경향이 있다. 나아가 율법으로 말미암아 사람의 의무를 분명하게 알게 되기 때문이다. 주인의 뜻을 알면서 행하지 않는 종은 더 많이 맞을 것이다.

16. 그러므로 상속자가 되는 그것이 은혜에 속하기 위하여 믿음으로 되나니 이는 그 약속을 그 모든 후손에게 굳게 하려 하심이라 율법에 속한 자에게뿐만 아니라 아브라함의 믿음에 속한 자에게도 그러하니 아브라함은 우리 모든 사람의 조상이라.

여기에 기업이 율법이 아니라 믿음으로 말미암음을 증명하는 두 가지 새로운 논증이 나온다.

그것이 은혜에 속하기 위하여 믿음으로 되나니. 바울에게 있어 믿음으로 말미암아 의롭다 함을 받는 것과 은혜로 말미암아 의롭다 함을 받는 것은 같은 것이다.

그 약속을 그 모든 후손에게 굳게 하려 하심이라. 만일 그것이 율법으로 말미암는다면, 그것은 율법을 성취할 수 없는 인간의 연약함으로 인해 불확실하며 견고하지 못한 것이 될 것이다. 아브라함의 후손은 두 부류이다. 한 부류는 율법에 의한 후손 즉 유대인들이다. 또 한 부류는 유대인이든 이방인이든 아브라함의 믿음의 자취를 따라 행하는 자들이다. 이 모든 사람들에게 그 약속은 확실할 수밖에 없다. 율법은 결코 기업을 얻는 조건이나 수단이 될 수 없다.

17. 기록된 바 내가 너를 많은 민족의 조상으로 세웠다 하심과 같으니 그가 믿은 바 하나님은 죽은 자를 살리시며 없는 것을 있는 것으로 부르시는 이시니라.

많은 민족의 조상(father). 아브라함이 많은 민족의 조상인 것은 사람들 앞에서 육체의 출생에 의한 것이 아니라, 하나님 앞에서 영적인 친족관계에 의한 것이다. 하나님은 아브라함의 믿음을 영화롭게 하시고 그를 어떤 측면에서 자신과 같은 아버지(조상, father)로 삼으셨다. 하나님이 보편적인 아버지 즉 한 민족이 아니라 모든 민족의 아버지인 것처럼, 아브라함 역시도 그러했다. 또 하나님이 그들의 육체의 아버지가 아니라 영적인 아버지인 것처럼, 아브라함 역시도 그러했다.

하나님은 죽은 자를 살리시며 없는 것을 있는 것으로 부르시는 이시니라. 즉 아브라함은 하나님을 전능자로서 믿었다. 여기에서 하나님의 전능하심은 그것의 두 가지 큰 결과로써 묘사된다. 하나는 죽은 자를 부활로 다시 살리는 것이다. 그리고 다른 하나는 없는 것을 있게 만드는 것이다. 창조 때에 무(無)로부터 모든 것을 만드신 것처럼 말이다. 바울은 이것을 "부르는" 것으로 표현한다. 하나님은 단지 말씀하시기만 하면 된다. 그러면 모든 것이 그대로 된다. 그가 말씀하시자 모든 것이 창조되었다. 이와 같이 아브라함은 하나님의 능력을 믿었으며, 그것을 자신의 현재 상태 속에서 구체적으로 적용했다. 아브라함은 하나님이 죽은 자를 다시 일으킬 수 있음을 믿었기 때문에 그가 또한 자신의 죽은 몸과 사라의 죽은 태로부터 후손을 일으킬 수 있음을 믿었다. 아브라함은 하나님이 무(無)로부터 만물을 창조할 수 있음을 믿었기 때문에 그가 또한 아무것도 없는 자신에게 후손을 주실 수 있으며 그의 백성이 아닌 이방인들을 그의 백성으로 만드실 수 있음을 믿었다.

18. 아브라함이 바랄 수 없는 중에 바라고 믿었으니 이는 네 후손이 이같으리라 하신 말씀대로 많은 민족의 조상이 되게 하려 하심이라.

여기에서 바울은 그의 주된 논증으로부터 다소 벗어나 아브라함의 믿음을 칭찬하는 자리로 나아간다.

바랄 수 없는 중에 바라고 믿었으니. 아브라함은 자신과 사라 모두와 관련하여 이성적(理性的)이며 자연적인 측면에서 볼 때 바랄 수 있는 것을 아무것도 가지고 있지 않았다. 그럼에도 불구하고 그는 아들을 갖게 될 것을 바라고 믿었다. 그리고 그로부터, 마치 줄기로부터 많은 가지들이 나는 것처럼, 많은 민족들이 날 것을 바라고 믿었다. 그의 이러한 믿음과 소망은 하나님의 능력과 신실하심 위에 기초했다.

네 후손이 이같으리라. 즉 네 후손이 하늘의 별과 같으리라. "그를 이끌고 밖으로 나가 이르시되 하늘을 우러러 뭇별을 셀 수 있나 보라 또 그에게 이르시되 네 자손이 이와 같으리라"(창 15:5).

19. 그가 백 세나 되어 자기 몸이 죽은 것 같고 사라의 태가 죽은 것 같음을 알고도 믿음이 약하여지지 아니하고.

아브라함은 자기 몸의 약함을 개의치 않았다. 그의 몸은 마치 죽은 것과 같았다. 왜냐하면 그는 이미 100세나 되었기 때문이다. 그는 더 이상 자식을 낳을 것을 바랄 수 없었다. 그런데 이때로부터 몇 년 후 아브라함은 그두라와 결혼하여 여러 자녀를 낳았다. 그러면 도대체 어떻게 바울은 지금 그의 몸이 죽은 것과 방불하여 더 이상 자식을 낳을 수 없었다고 말하는가? 어떤 사람들은 아브라함의 몸의 죽은 것 같음이 단지 그 자신의 생각일 뿐이었다고 말한다. 아우구스티누스는 두 가지로 대답한다. (1) 아브라함의 몸은 죽지 않았다. 다만 사라의 몸이 죽었을 뿐이었다. 그는 젊은 여자를 통해 자녀를 낳을 수 있었다. (2) 그의 몸이 다시 소생되었다. 그는 하나님으로부터 생식(生殖)과 관련한 새로운 능력을 받았다. 또 하나의 질문이 제기될 수 있는데, 그것은 도대체 어떻게 바울이 "아브라함이 자신의 몸이 죽은 것 같음을 개의치 않고"라고 말할 수 있었느냐는 것이다(considered not, 한글개역개정판에는 단순히 "알고도"라고 되어 있음). 창세기 17:17에 "아브라함이 엎드려 웃으며 마음속으로 이르되 백 세 된 사람이 어찌 자식을 낳을까 사라는 구십 세니 어찌 출산하리요 하고"라고 분명하게 기록되어 있는데 말이다. 어떤 사람들은 아브라함이 처음에는 의심했지만 나중에는 그러한 불신앙을 극복했다고 대답한다. 그의 믿음이 모든 난관을 극복했다는 것이다. 다른 사람들은 그가 하나님의 약속의 진실성을 조금도 의심하지 않았지만 그러나 그것을 어떻게 이해할 것인지 다시 말해서 그것을 문자적으로 이해할 것인지 아니면 상징적으로 이해할 것인지 분명하게 알지 못했다고 말한다. 창세기 17:19을 보라. 또 다른 사람들은 여기의 아브라함의 말이 의심하는 말이 아니라 다만 묻는 말일 뿐이라고 말한다. 그것은 다만, 마치 처녀 마리아가 "그 일이 어떻게 이루어질 것이나이까?"라고 물은 것처럼, 그 일이 어떻게 이루어질지 알기를 바라는 마음으로부터 나온 것일 뿐이라는 것이다. 아우구스티누스는 아브라함의 웃음이 사라의 웃음과 다른 것이었다고 말한다. 사라의 웃음은 불신앙으로부터 나온 것이었지만, 아브라함의 웃음은 기쁨과 경탄으로부터 나온 것이었다는 것이다.

20. 믿음이 없어 하나님의 약속을 의심하지 않고 믿음으로 견고하여져서 하나님께 영광을 돌리며.

하나님의 약속. 즉 창세기 15:5과 17:16의 약속. "그를 이끌고 밖으로 나가 이르시되 하늘을 우러러 뭇별을 셀 수 있나 보라 또 그에게 이르시되 네 자손이 이와 같으리라"(창 15:5). "내가 그에게 복을 주어 그가 네게 아들을 낳아 주게 하며"(창 17:16).

하나님께 영광을 돌리며. 하나님의 능력과 약속을 믿는 모든 사람은 하나님께 영광을 돌리며 그의 참되심에 인을 친다.

21. 약속하신 그것을 또한 능히 이루실 줄을 확신하였으니.

아브라함은 하나님을 당신이 약속한 것을 완전하게 이루실 수 있는 자로서, 그리고 가장 신실하시며 결코 실패하지 않은 자로서 바라보았다. 그는 일의 어려움이나 불가능성으로부터 추론하지 않았다. 다만 그는 전능자에게는 어떤 일이든 능히 이룰 수 있는 능력이 있음을 믿었다.

22. 그러므로 그것이 그에게 의로 여겨졌느니라.

3절을 보라. "성경이 무엇을 말하느냐 아브라함이 하나님을 믿으매 그것이 그에게 의로 여겨진 바 되었느니라." 믿음으로 말미암아 그는 그 약속을 받기에 충분히 합당하게 되었다.

23-24. [23]그에게 의로 여겨졌다 기록된 것은 아브라함만 위한 것이 아니요 [24]의로 여기심을 받을 우리도 위함이니 곧 예수 우리 주를 죽은 자 가운데서 살리신 이를 믿는 자니라.

여기에서 다음과 같은 질문이 제기될 수 있다. 설령 아브라함이 믿음으로 말미암아 의롭다 함을 받고 그에게 의가 전가되었다 하더라도, 그것이 도대체 우리와 무슨 관련이 있단 말인가? 이에 바울은 그것이 기록된 것은 우리를 위함이었다고 대답한다. 로마서 15:4을 보라. "무엇이든지 전에 기록된 바는 우리의 교훈을 위하여 기록된 것이니 우리로 하여금 인내로 또는 성경의 위로로 소망을 가지게 함이니라." 만일 우리가 "예수 우리 주를 죽은 자 가운데서 살리신" 하나님을 믿는다면, 아브라함에게 일어난 일과 똑같은 일이 우리에게도 일어날 것이다. 이것은 아브라함의 믿음보다 더 큰 믿음의 행동이다. 의롭다 함을 받는 믿음의 본질은 단순히 하나님의 약속의 진실성에 동의(同意)하는 것보다 우리 주 예수 그리스도를 통해 그를 의지하며 신뢰하는 것 안에 놓여 있다. 여기에서 한 가지 질문이 제기될 수 있다. 그것은 어째서 바울이 아버지를 묘사하기 위해 그리스도를 죽은 자 가운데서 다시 살리신 행동을 선택했는가 하는 질문이다. 이에 대한 대답은 그것이 아브라함의 믿음과 그의 자손인 우리의 믿음 사이의 균형을 유지하기 위함이었다는 것이다. 아브라함은 하나님이 죽은 자와 같은 자신의 몸을 다시 살리신 것 안에서 하나님의 능력을 인식했다. 마찬가지로 우리 역시도 하나님이 우리 주 예수를 다시 살리신 것 안에서 그의 능력을 인식한다. 나아가 바울은 그리스도를 죽은 자 가운데 다시 살리신 것 안에 의롭다 하심을 위해 하나님을 신뢰하는 어떤 특별한 이유와 근거가 있는 것처럼 말한다. 실제로 우리의 믿음을 세우기 위해 이것보다 더 적합한 것은 아무것도 없다. 왜냐하면 우리 주 예수 그리스도를 사망의 고통으로부터 풀어 주시고 다시 살리셨을 때, 하나님은 우리에게 우리의 죄에 대한 그의 공의가 완전하게 만족되었다는 충분한 확증을 주신 것이었기 때문이다. 만일 예수 그리스도가 우리의 죗값을 마지막 한 푼까지 갚지 않으셨다면, 그는 여전히 사망의 감옥 아래 계셨을 것이었다. 그러므로 사도 베드로는 "하나님이 그리스도를 죽은 자 가운데서 부활하게 하심으로 우리에게 산 소망이 있게 하시며 우리로 하여금 하늘에 간직한 유업을 잇게" 하셨다고 말한다(벧전 1:3, 4). 이와 같이 우리로 하여금 죄 사함과 하나님과의 화해와 영원한 생명으로 받아들여지는 것을 믿도록 만듦에 있어, 예수 그리스도가 죽은 자 가운데서 다시 살아나는 것보다 더 효과적인 수단은 아무것도 없다.

25. 예수는 우리가 범죄한 것 때문에 내줌이 되고 또한 우리를 의롭다 하시기 위하여 살아나셨느니라.

우리가 범죄한 것 때문에. 즉 우리가 범죄한 것을 속죄하기 위해. "여호와께서 그에게 상함을 받게 하시기를 원하사 질고를 당하게 하셨은즉 그의 영혼을 속건제물로 드리기에 이르면 그가 씨를 보게 되며 그의 날은 길 것이요 또 그의 손으로 여호와께서 기뻐하시는 뜻을 성취하리로다"(사 53:10).

내줌이 되고. 바울이 "십자가에 못 박히고"라고 말하는 대신 "내줌이 되고"라고 말한 것은 우리를 최초의 원인 즉 삼위일체 사이의 영원한 평화의 의논으로 데려가기 위함이었다. 사도행전 2:23; 4:27-28; 로마서 8:32을 보라.

우리를 의롭다 하시기 위하여 살아나셨느니라. 그의 죽음이 우리의 의롭다 하심에 아무런 역할도 하지 않는 것은 결코 아니다. "그리스도 예수 안에 있는 속량으로 말미암아 하나님의 은혜로 값 없이 의롭다 하심을 얻은 자 되었느니라"(롬 3:24). 다만 여기의 말씀은 그의 죽음 안에서 시작된 의롭다 하심이 그의 부활 안에서 완성되었음을 말하는 것일 뿐이다. 그리스도는 그의 수난과 죽음으로 말미암아 우리의 의롭다 함과 구원을 위해 분명한 공로를 이루셨다. 그러나 우리에게 그것이 실제로 효력을 끼치며 완성되는 것은 그의 부활에 달려 있다. 그는 그의 죽음으로 말미암아 우리의 빚을 갚으셨으며, 그의 부활 안에서 우리의 채무소멸증서를 받으셨다. "그는 곤욕과 심문을 당하고 끌려 갔으나 그 세대 중에 누가 생각하기를 그가 살아있는 자들의 땅에서 끊어짐은 마땅히 형벌 받을 내 백성의 허물 때문이라 하였으리요"(사 53:8). 그가 사망으로부터 해방되셨을 때, 우리 역시도 그 안에서 그리고 그와 함께 우리의 모든 죄의 형벌과 죄책으로부터 해방되었다. 본 절은 복음 전체를 요약한 것이다.

제5장

개요

1. 우리는 믿음으로 의롭다 하심을 받음으로 말미암아 하나님과 더불어 화평을 이룸(1).
2. 우리가 하나님의 영광을 바라고 즐거워함(2).
3. 우리가 환난 중에도 즐거워힘(3-5).
4. 지금 하나님의 사랑을 최고로 경험하는 가운데 우리는 미래의 최종적인 구원을 더 큰 확신으로 바라봄(6-10).
5. 그리스도로 말미암아 화목하게 하신 하나님 안에서 우리가 즐거워함(11).
6. 죄와 사망이 아담으로 말미암아 모든 사람들에게 임한 것처럼, 의롭다 하시는 하나님의 은혜가 그리스도로 말미암아 모든 인류에게 더 풍성하게 임함(12-19).
7. 율법 아래서 죄가 왕 노릇 한 것 같이, 이제 그리스도 안에서 은혜가 더 풍성하게 왕 노릇 함(20-21).

1. 그러므로 우리가 믿음으로 의롭다 하심을 받았으니 우리 주 예수 그리스도로 말미암아 하나님과 화평을 누리자.

지금까지 사람이 의롭다 하심을 받는 원인과 방법이 다루어졌다면, 이제 의롭다 하심의 은택과 효과가 따른다.

믿음으로 의롭다 하심을 받았으니. 앞에서 바울이 자세히 증명하고 확증한 것처럼. 로마서 5:28; 4:24을 보라.

우리 주 예수 그리스도로 말미암아. 예수 그리스도는 화해의 유일한 중보자이다. 고린도후서 5:19; 에베소서 2:14-16; 골로새서 1:20; 디모데전서 2:5을 보라.

하나님과 화평을 누리자. 왜냐하면 전에는 하나님과 원수 된 자들이었지만 그러나 이제는 그와 더불어 화해한 자들이 되었기 때문에. "전에 악한 행실로 멀리 떠나 마음으로 원수가 되었던 너희를 이제는 그의 육체의 죽음으로 말미암아 화목하게 하사"(골 1:21). 이제 우리는 아브라함처럼 하나님의 벗이 되었다.

2. 또한 그로 말미암아 우리가 믿음으로 서 있는 이 은혜에 들어감을 얻었으며 하나님의 영광을 바라고 즐거워하느니라.

우리는 예수 그리스도로 말미암아 하나님과 더불어 화해했을 뿐만 아니라, 또한 그를 믿는 믿음으로 말미암아 그의 임재와 은혜에 들어감을 얻었다. 압살롬의 경우처럼, 사람은 왕과 더불어 화해했음에도 불구하고 그의 임재와 은혜에 들어감을 얻지 못할 수도 있다. 에베소서 2:18; 3:12; 베드로전서 3:18을 보라.

우리가 서 있는. 어떤 유혹이나 고난에도 불구하고 흔들리지 않으면서 서 있는. 이것은 전투 중에 자신의 위치를 지키는 병사들로부터 취한 은유이다.

이 은혜. 이것은 그가 로마서 3:24에서 말한 은혜를 가리키는 것이든지, 아니면 그것보다도 하나님과의 화해와 친교의 복된 상태를 가리키는 것이다. "그리스도 예수 안에 있는 속량으로 말미암아 하나님의 은혜로 값 없이 의롭다 하심을 얻은 자 되었느니라"(롬 3:24).

하나님의 영광을 바라고 즐거워하느니라. 바라는 하나님의 영광 안에서(in the glory hoped for) 즐거워하느니라. 즉 하나님이 약속하시고 그를 향유하는 것으로 구성되는 영광 안에서 즐거워하느니라. 이것은 히브리인들이 통상적으로 사용하는 어법이다. 누가복음 10:20; 베드로전서 1:8-9을 보라.

3. 다만 이뿐 아니라 우리가 환난 중에도 즐거워하나니 이는 환난은 인내를.

우리가 환난 중에도 즐거워하나니. 마치 옛 병사들이 영광의 상처자국 안에서 즐거워했던 것처럼. 갈라디아서 6:17; 고린도후서 12:9-11을 보라. 신자들은 미래의 행복 안에서만 즐거워하는 것이 아니라 또한 현재의 환난과 고난 안에서도 즐거워한다. 그것은 환난 자체를 즐거워하는 것이라기보다 그것의 결과와 열매를 즐거워하는 것이다.

환난은 인내를. 물론 환난 자체가 인내를 이루는 것은 아니다. 왜냐하면 많은 경우 환난은 도리어 정반대의 것을 이루기도 하기 때문이다. 다만 인내의 창시자이신 하나님이 인내를 이루고자 하는 목적으로 환난을 사용하실 때, 환난은 인내를 이루는 거룩한 수단이 된다.

4. 인내는 연단을, 연단은 소망을 이루는 줄 앎이로다.

인내는 연단을. 인내를 통해 우리는 하나님의 돌보심과 보호하심과 당신의 약속을 지키시는 신실하심을 경험하게 된다. 시편 91:15; 이사야 43:2; 고린도후서 1:4-5을 보라. 뿐만 아니라 우리는 인내를 통해 우리 자신의 참고 견디는 힘과 진실함을 증진시키게 된다. 마태복음 13:21을 보라.

연단은 소망을. 즉 앞의 2절과 같은 하나님의 영광에 대한 소망, 혹은 새로운 긍휼과 때에 맞는 구원의 소망. 신자들은 하나님이 자신들을 과거에 구원하셨으며 또 지금도 구원하시는 것을 알며, 그렇기 때문에 미래에도 구원하실 것을 소망하며 믿는다.

5. 소망이 우리를 부끄럽게 하지 아니함은 우리에게 주신 성령으로 말미암아 하나님의 사랑이 우리 마음에 부은 바 됨이니.

소망이 우리를 부끄럽게 하지 아니함은. 소망은 우리를 속이거나 혹은 실망시키지 않는다. 그러나 좌절된 소망은 사람을 부끄러움과 혼란으로 가득 채운다(욥 6:19, 20). 이 구절은 시편 22:5로부터 취한 것으로 보인다.

우리에게 주신 성령으로 말미암아. 물론 이러한 표현이 아버지와 아들을 배제하는 것은 아니다. 그러나 우리로 하여금 하나님의 사랑을 느끼도록 만들고 우리의 마음을 하나님께 대한 사랑으로 채우는 것은 좀 더 특별한 의미에서 성령의 역사(役事)이다.

하나님의 사랑. 이것은 적극적으로는 하나님에 대한 우리의 사랑을 의미할 수도 있고, 소득적으로 우리에 대한 하나님의 사랑을 의미할 수도 있다(롬 5:8). 아마도 후자가 좀 더 가능성이 높아 보인다.

우리 마음에 부은 바 됨이니. 우리 마음에 분명하게 나타나고 풍성하게 부어졌으니. 이러한 표현은 구약과 신약에서 자주 나타나는 은유이다. 이사야 44:3; 요엘 2:28; 스가랴 12:10; 요한복음 7:38; 사도행전 2:17을 보라.

6. 우리가 아직 연약할 때에 기약대로 그리스도께서 경건하지 않은 자를 위하여 죽으셨도다.

우리가 아직 연약할 때에. 우리가 스스로를 돕거나 구속할 수 없었을 때에.

경건하지 않은 자를 위하여. 즉 하나님과 원수 됨으로 말미암아 아무런 호의도 받을 자격이 없는 자들을 대신하여(롬 5:10).

7. 의인을 위하여 죽는 자가 쉽지 않고 선인을 위하여 용감히 죽는 자가 혹 있거니와.

바울은 경건하지 않은 자들을 위하여 죽으신 그리스도의 사랑을 부각시키면서 그것이 무엇과도 비교할 수 없는 전무후무한 일임을 보인다.

선인(good man). 이러한 표현을 우리는 매우 친절하며 관대한 사람 혹은 공동의 선에 매우 유용하며 유익한 사람을 가리키는 것으로서 이해해야 한다. 공동의 선을 위해 자신의 목숨을 기꺼이 희생시킨 몇몇 사람들의 예를 들어보자. 릴로에(Lilloe)는 그의 주군인 에드워드 왕을 대신하여 자신의 목숨을 바쳤으며, 니콜라스 리비쉐

(Nicholas Ribische)는 피스타를 포위 공격할 때 모리스 왕자를 살리기 위해 자신의 목숨을 희생시켰다.

8. 우리가 아직 죄인 되었을 때에 그리스도께서 우리를 위하여 죽으심으로 하나님께서 우리에 대한 자기의 사랑을 확증하셨느니라.

하나님께서 우리에 대한 자기의 사랑을 확증하셨느니라. 즉 하나님께서 그것으로써 자기의 사랑을 나타내셨느니라. 하나님은 그것을 가장 확실한 표적으로서 가장 분명하게 드러내셨다. 요한복음 3:16; 요한일서 4:9-10을 보라.

우리가 아직 죄인 되었을 때에 그리스도께서 우리를 위하여 죽으심으로. 즉 우리가 아직 죄의 상태 안에 그리고 죄의 죄책과 권세 아래 있었을 때. 신자들은 어떤 의미에서 여전히 죄인이다. "만일 우리가 죄가 없다고 말하면 스스로 속이고 또 진리가 우리 속에 있지 아니할 것이요"(요일 1:8). 그러나 그들의 죄는 사해지고 정복되었으며, 그들은 더 이상 죄인이라는 이름 아래 나아가지 않는다. 성경에서 죄인은 그 안에 죄가 내주하며 통치하는 사람을 가리킨다. 요한복음 9:31을 보라. 우리는 본질적으로 그러한 죄인이었다. 그렇다. 우리는 죄인이었을 뿐만 아니라 하나님의 원수였다. 이러한 사실은 우리를 위해 죽으신 그리스도의 사랑을 더욱 확증한다. 사람들 가운데 친구를 위해 자기 목숨을 내어놓는 것보다 더 큰 사랑은 없다. 그러나 여기에 나타난 그리스도의 사랑을 보라. 원수들을 위해 자기 목숨을 내어준 그의 사랑은 다른 모든 사랑을 능가한다.

9. 그러면 이제 우리가 그의 피로 말미암아 의롭다 하심을 받았으니 더욱 그로 말미암아 진노하심에서 구원을 받을 것이니.

바울의 논증은 정말로 강력한 설득력을 가진다. 왜냐하면 만일 우리가 그리스도의 피로 말미암아 의롭다 하심을 받았다면, 마땅히 더욱 그로 말미암아 구원을 받을 것이기 때문이다. 그리스도께서 전자(前者)를 이루셨다. 그러므로 그는 마땅히 후자(後者)를 이루실 것이다.

그의 피로 말미암아. 즉 그의 피 혹은 그의 고난을 믿는 믿음으로 말미암아.

진노하심에서. 헬라어에는 정관사가 붙어 있다. 즉 그 진노하심에서. 이것이 의미하는 것은 장차 임할 영원한 진노이다.

10. 곧 우리가 원수 되었을 때에 그의 아들의 죽으심으로 말미암아 하나님과 화목하게 되었은즉 화목하게 된 자로서는 더욱 그의 살아나심으로 말미암아 구원을 받을 것이니라.

하나님과 화목하게 되었은즉. 그리스도의 죽으심으로 말미암아 하나님은 우리와 화목할 수 있게 되셨다. 우리가 믿을 때, 하나님은 그리스도의 죽으심의 공로를 통해 우리와 실제로 화목하신다.

그의 살아나심으로 말미암아 구원을 받을 것이니라. 즉 그의 부활로 말미암아. 구원이 그리스도의 살아나심에 돌려지는 것은 그것으로써 그가 우리의 구원을 완성하셨기 때문이다 — 그는 항상 살아 계셔서 우리를 위해 기도하신다(히 12:25). 또 그것은 그의 살아나심으로 말미암아 우리가 장차 영원한 생명으로 살아날 것이기 때문이다.

11. 그뿐 아니라 이제 우리로 화목하게 하신 우리 주 예수 그리스도로 말미암아 하나님 안에서 또한 즐거워하느니라.

그뿐 아니라. 우리는 바울이 앞에서(2-3절) 말한 것처럼 영광의 소망과 환난 안에서 자랑할 뿐만 아니라, 또한 하나님 자신 안에서 즐거워하며 자랑한다. 그는 예수 그리스도 안에서 우리의 하나님과 아버지가 되셨다.

12. 그러므로 한 사람으로 말미암아 죄가 세상에 들어오고 죄로 말미암아 사망이 들어왔나니 이와 같이 모든 사람이 죄를 지었으므로 사망이 모든 사람에게 이르렀느니라.

여기서부터 마지막 절까지 바울은 첫째 아담과 둘째 아담을 대조시킨다. 바울은 특별히 본문 초두에 원인을 나타내는 접속사 "그러므로"를 사용하여 여기의 문맥을 그가 앞에서 말한 것과 연결시킨다. 그가 말하고자 하는 요지는 이것이다 — "지금까지 내가 말한 것에 비추어, 아담으로 말미암아 잃어버린 것이 그리스도로 말미암아 회복된 것이 너무나 명백하도다." 본 구절은 논리적으로 불완전한 것처럼 보인다. 왜냐하면 "한 사람으로 말미암아 죄가 세상에 들어오고"에 이어 "그리스도로 말미암아 … "가 덧붙여져야만 하기 때문이다. 실제로 바울은 대조의 뒷부분을 뒤로 미룬다. 완전한 대조는 18-19절에 나오고, 중간 부분은 일종의 긴 삽입구이다.

한 사람으로 말미암아. 즉 아담으로 말미암아. 여기에서 하와가 먼저 범죄하지 않았느냐는 반론이 제기될 수 있다(딤후 2:14). 이에 대한 대답은 바울은 지금 어떻게 죄가 처음에 세상에 들어왔는지 그 순서를 보여 주고 있는 것이 아니라 다만 그것이 어떻게 인류에게 퍼졌는지를 보여 주고 있는 것이라는 것이다. 따라서 그는 남자(man)를 언급한다. 왜냐하면 그가 여자의 머리이며 또한 언약이 그와 더불어 맺어졌기 때문이다. 또 여기에서 "사람"(man)은 남자와 여자 모두를 포함하는 집합적인 의미로 사용되었을 수도 있다. 마치 하나님이 "우리가 사람을 만들자"라고 말씀하실 때처럼 말이다.

죄. 이것은 금지된 열매를 따먹은 우리의 최초의 조상들의 실제적인 죄를 가리키는 것으로 이해되어야 한다. 바로 이 죄가 그들의 후손들에게 영향을 끼쳤으며, 그들을 죄인으로 만들었다. "한 사람이 순종하지 아니함으로 많은 사람이 죄인 된 것 같이"(19절).

세상에 들어오고. 즉 세상에 거주하는 사람들에게 들어오고. 이것은 어떤 단어 대신에 그것을 연상시키는 다른 단어를 쓰는 일종의 환유법이다.

죄로 말미암아 사망이 들어왔나니. 죄의 삯은 사망이다. 여기에서 "사망"은 일시적인 사망과 영적이며 영원한 사망을 모두 포함하는 넓은 의미로 취하여져야 한다.

이와 같이 모든 사람이 죄를 지었으므로. 그 한 사람 안에서 모든 사람이 죄를 지었으므로. 이것은 아담이 공적인 인물(public person)이었음을 나타내는 충분한 증거이다. 그 안에서 그의 모든 후손들이 범죄하고 타락했다. 그는 우리의 대표였으며, 우리는 모두 그 안에 있었다. 마치 한 지역의 사람들이 그들을 대표하는 의원(議員) 안에 있는 것처럼 말이다. 이와 같이 모든 사람이 아담 안에서 죄를 지은 것은 그들이 그의 허리 안에 있었기 때문이다. 마치 레위가 아브라함의 허리 안에서 멜기세덱에게 십일조를 바친 것처럼 말이다(히 7:9).

사망이 모든 사람에게 이르렀느니라. 사망이 어린아이에 이르기까지 모든 종류의 사람들을 사로잡았느니라.

13. 죄가 율법 있기 전에도 세상에 있었으나 율법이 없었을 때에는 죄를 죄로 여기지 아니하였느니라.

죄가 율법 있기 전에도 세상에 있었으나. 죄는 모세에 의해 율법이 주어진 이후뿐만 아니라 그 전에도 항상 세상에 있었다.

율법이 없었을 때에는 죄를 죄로 여기지 아니하였느니라. 모세의 율법 이전에도 율법이 있었음이 분명하다. 왜냐하면 만일 그때 율법이 없었다면 사람들에게 죄가 죄로 여겨지지 않았을 것이기 때문이다. 그러나 모세의 율법 이전에도 죄가 사람들에게 전가되고 부가되었으며, 모든 사람들에게 사망이 선고되었다. 그러므로 그 전에도 율법이 있었음이 분명하다. 그리고 그것을 범함으로 사람들은 죄인이 되었다. 그것은 자연법(law of nature)이거나, 혹은 하나님이 아담에게 주신 — 이것을 범함으로 모든 사람들에게 죄가 전가된 — 적극적인 율법이었다. "한 사람이 순종하지 아니함으로 많은 사람이 죄인 된 것 같이"(19절). 어떤 사람들은 여기에서 바울이 "죄가 율법과 함께 존재하기 시작했다고 생각해서는 안 된다. 왜냐하면 기록된 율법이 있기 전에도 죄가 있었기 때문이다"라는 반론을 예상하면서 그것을 미리 방어하고 있었다고 생각한다. 나중에 율법에 의해 금지된 행동들이 실제로 율법이 있기 전에도 행해졌다. 그리고 그것은 하나님 앞에서 실제적인 죄였다. 그러나 율법이 주어지기 전에 그러한 행동들은 사람들에게 엄격하게 죄로써 알려지거나 혹은 여겨지지 않았다.

14. 그러나 아담으로부터 모세까지 아담의 범죄와 같은 죄를 짓지 아니한 자들까지도 사망이 왕 노릇 하였나니 아담은 오실 자의 모형이라.

계속해서 바울은 앞 절에서 자신이 주장한 것 즉 율법이 있기 전에도 세상에 죄가 있었다는 주장을 증명하는 데로 나아간다. 왜냐하면 죄의 삯인 사망이 아담으로부터 대략 2,500년 후의 모세까지 모든 인류 위에 왕 노릇 했기 때문이다.

아담으로부터 모세까지 아담의 범죄와 같은 죄를 짓지 아니한 자들까지도. 즉 아담처럼 실제로 죄를 짓지 않은 어린 아기들까지도. 아기들은 아담처럼 죄를 짓지 않았음에도 불구하고 그 안에서 죄를 지었으며, 그의 죄책이 그들에게 전가되었다. 그렇지 않았다면 사망이 그들에게 아무런 권세도 갖지 못했을 것이었다. 요컨대 어린 아기들조차 무죄하지 않다. 그들을 덮은 최초의 강보는 피와 불결한 것의 죄와 수치로 짜여진다(겔 16:4, 6).

오실 자의 모형이라. 즉 훗날 그로부터 오실 그의 후손의 모형이라. 그는 둘째 아담인 그리스도이다. 아담은 그의 모형 혹은 상징이었다. 첫째 아담은 사람의 자연적이며 지상적인 존재의 원형이었으며, 둘째 아담은 사람의 영적이며 천상적인 존재의 원형이었다. 첫째 아담으로 말미암아 죄와 사망이 세상에 들어왔으며, 둘째 아담으로 말미암아 의와 생명이 세상에 들어왔다.

15. 그러나 이 은사는 그 범죄와 같지 아니하니 곧 한 사람의 범죄를 인하여 많은 사람이 죽었은즉 더욱 하나님의 은혜와 또한 한 사람 예수 그리스도의 은혜로 말미암은 선물은 많은 사람에게 넘쳤느니라.

그러나 이 은사는 그 범죄와 같지 아니하니. 그러나 첫째 아담과 둘째 아담 사이에 큰 유사성이 있다고 해서 양자 사이에 차이가 없는 것은 결코 아니다. 양자 사이에는 많은 차이들이 있다. 아담의 죄와 그리스도의 순종을 그것들의 효력의 측면에서 비교해 보라. 그러면 여러분은 큰 차이를 발견하게 될 것이다.

한 사람의 범죄를 인하여 많은 사람이 죽었은즉 더욱 하나님의 은혜와 또한 한 사람 예수 그리스도의 은혜로 말미암은 선물은 많은 사람에게 넘쳤느니라. 그리스도의 순종은 의롭다 하심과 구원을 가져다줌에 있어 아담의 죄가 정죄를 가져다주는 것보다 훨씬 더 강력한 능력을 갖는다. 단순히 사람일 뿐인 자의 범죄가 그의 모든 자연적인 후손들에게 사망과 진노를 가져다줄 수 있었다면, 하물며 사람일 뿐만 아니라 하나님이신 자의 순종은 그의 모든 영적인 후손들에게 죄 사함과 생명을 얼마나 더 풍성하게 가져다줄 수 있을 것인가! 여기에서 바울이 그리스도의 은혜의 탁월함을 제시하는 것은 숫자의 측면에서가 아니라 그것의 강력한 능력과 효력의 측면에서이다.

16. 또 이 선물은 범죄한 한 사람으로 말미암은 것과 같지 아니하니 심판은 한 사람으로 말미암아 정죄에 이르렀으나 은사는 많은 범죄로 말미암아 의롭다 하심에 이름이니라.

아담과 그리스도 사이에 인격의 측면에서 차이가 있는 것처럼 또한 그들의 행동과 그것이 미치는 범위의 측면에서도 차이가 있다. 아담의 한 범죄가 우리를 정죄했으며, 그 한 범죄로부터 불행이 야기되었다. 그러나 그리스도의 은혜와 값없는 선물은 우리로부터 한 범죄뿐만 아니라 모든 허물들과 범죄들을 사해 주었다. 그것은 원죄뿐 아니라 다른 모든 개인적이며 실제적인 죄들을 사해 주는 데까지 미친다.

17. 한 사람의 범죄로 말미암아 사망이 그 한 사람을 통하여 왕 노릇 하였은즉 더욱 은혜와 의의 선물을 넘치게 받는 자들은 한 분 예수 그리스도를 통하여 생명 안에서 왕 노릇 하리로다.

여기에서 바울은 아담과 그리스도 사이에서 그들의 행동의 결과와 효력의 측면에서의 차이를 보여 준다. 만일 한 사람과 그의 한 범죄로 말미암아 사망이 모든 인류 위에 왕 노릇 했다면, 하물며 예수 그리스도로 말미암은 의의 은혜와 선물은 그로부터 넘치는 은혜와 긍휼을 받은 모든 사람들에게 얼마나 풍성한 생명을 가져다줄 것인가!

18. 그런즉 한 범죄로 많은 사람이 정죄에 이른 것 같이 한 의로운 행위로 말미암아 많은 사람이 의롭다 하심을 받아 생명에 이르렀느니라.

긴 삽입구에 이어, 마침내 바울은 자신이 12절에서 이야기하기 시작했던 것으로 다시 돌아온다. 그리고 그때 불완전한 상태로 남겨두었던 것을, 그는 여기에서 비로소 완전한 형태의 대조로 제시한다.

정죄(judgment). 심판에 노출시키는 죄책.

많은 사람이 정죄에 이른 것 같이. 여기의 "많은 사람"은 첫째 아담의 모든 자연적인 자손들을 가리킨다.

많은 사람이 의롭다 하심을 받아 생명에 이르렀느니라. 여기의 "많은 사람"은 둘째 아담의 모든 영적인 자손들을 — 유대인이든 이방인이든 차별 없이 — 가리킨다. 성경에서 "많은"(many)과 "모든"(all)은 종종 교차적으로 사용된다. 어떤 때는 "많은"을 위해 "모든"이 사용된다. 누가복음 6:26; 사도행전 22:15을 보라. 그런가 하면 "모든"을 위해 "많은"이 사용되기도 한다. 다니엘 12:2을 보라. 이와 같이 "모든"과 "많은"이 서로 교차적으로 사용되는 것은 본문뿐만 아니라 15절과 19절에서도 나타난다.

19. 한 사람이 순종하지 아니함으로 많은 사람이 죄인 된 것 같이 한 사람이 순종하심으로 많은 사람이 의인이 되리라.

한 사람. 즉 아담. 12절에 대한 주석을 보라.

많은. 즉 모든. 여기에서 "한"과 "많은"이 서로 대조된다. 그 의미는 이것이다 — 비록 아담은 한 사람일 뿐이었지만 그러나 그는 다른 많은 사람들을 오염시켰으며, 그의 죄는 단지 그 자신 안에만 머물지 않았다.

죄인 된 것 같이. 죄의 상태 속으로 떨어진 것 같이. 이것은 그 안에서 모든 세상이 범죄했다는 것보다 더 강한 표현이다. 여기의 단어는 극악한 큰 죄인을 나타내기 위해 사용되는 단어이다. 여기에서 바울 사도는 우리에게 모든 철학이 알지 못했던 사실, 즉 아담의 죄가 우리 모두에게 전가되고 우리 모두가 아담의 죄에 오염된 사실을 알려준다. 그렇다. 이것은 모세가 발견한 인간 타락의 역사(歷史) 이상(以上)이다. 거기(즉 모세가 기록한 인간 타락의 역사)에서 우리는 죽음의 원인, 즉 죽음이 어떻게 인류 전체에게 오게 되었는지를 본다. 그러나 아담의 죄가 우리에게 전가되고 그의 불순종으로 말미암아 우리가 죄와 저주에 연루된 것은 거기에 명확하게 계시되지 않았다. 복음과 특별히 여기의 문맥을 통해 비로소 우리는 그와 같은 진리를 좀 더 충분하게 발견하게 된다.

한 사람이 순종하심으로. 즉 그리스도께서 순종하심으로. 여기에서 바울은 아담과 그리스도 사이의 대조를 종결짓는다. 바울은 두 사람 모두를 공적인 인물(public persons)로서 혹은 공통의 뿌리로서 제시했다. 한 사람은 죄와 사망의 뿌리로서, 그리고 다른 사람은 의와 생명의 뿌리로서 말이다. 여기의 전체적인 문맥 속에 문법적으로 모호하며 불완전한 부분이 몇 군데 있는 것은 사실이다. 그러나 그런 경향은 바울에게 있어 특이한 것이 아니다. 왜냐하면 그는 종종 단어나 어법 등에 지나치게 얽매이지 않으면서 자신의 주제를 거침없이 진행시켜 나가곤 하기 때문이다. 한 학자는 여기의 문맥 가운데 나타나는 난제들과 관련하여 이렇게 말한다. "우리는 테세우스의 실(絲)을 필요로 하지 않는다. 우리로 하여금 여기의 서신을 이해하도록 인도하는 것은 오직 성령의 빛일 뿐이다."

20. 율법이 들어온 것은 범죄를 더하게 하려 함이라 그러나 죄가 더한 곳에 은혜가 더욱 넘쳤나니.

여기에서 바울은 율법이 주어진 이유를 보여 준다. 13절이 보여 주는 것처럼 설령 율법이 있기 전에도 죄가 세상에 있었다 하더라도, 율법이 주어진 것은 (좁은 의미로 그 한 사람의 혹은 넓은 의미로 모든 사람의) 범죄를 더하게 하려 함이었다. 여기의 접속사 '히나'는 원인을 나타내는 접속사로 취하여질 수 있다. 그렇다면 여기의 구절은 ── "율법은 범법하므로 더하여진 것"이라고 말하는 갈라디아서 3:19처럼 ── 율법이 주어진 것이 죄의 죄책과 형벌이 좀 더 충분하게 발견됨과 함께 하나 님의 은혜와 긍휼의 부요함이 좀 더 풍성하게 드러나도록 하기 위함인 것으로 해석된다. 또 그것은 결과를 나타내는 접속사로 취하여질 수도 있다. 그렇다면 그것은 인간의 타락으로 말미암아 죄가 증가되고 번성하게 되었음을 의미하는 것이 될 것이다. 로마서 7:12처럼, 율법은 거룩하고 의로우며 선하다. 그런데 도대체 어떻게 율법이 주어짐으로 말미암아 죄가 증가된단 말인가? 그것은 그것이 죄인을 자극하며 격동시키기 때문이기도 하고(롬 3:20; 7:8, 11), 또한 그것이 죄를 명백하게 만들기 때문이기도 하다(롬 7:7, 13). 율법으로 말미암아 죄는 죄로서 온전히 알려진다.

그러나 죄가 더한 곳에 은혜가 더욱 넘쳤나니. 이것은 앞의 주장을 완화시키기 위해 덧붙여진 것이다. 그러면서 이것은 율법이 주어진 두 번째 목적을 제시한다. 율법이 주어진 첫 번째 목적은 죄를 더하기 위함이며, 두 번째 목적은 그로 말미암아 하나님의 은혜가 더욱 넘치게 하기 위함이다. 여기에서 우리는 둘 사이의 차이를 주목할 필요가 있다. 첫 번째 목적은 선한 사람이든 악한 사람이든 모든 사람들에게 보편적인 것이다. 율법은 모든 사람들로 하여금 죄를 알게 하고 더하게 한다. 반면 두 번째 목적은 선택된 자들에게 한정된 특별한 것이다. 죄가 더한 곳에 하나님의 은혜가 더욱 넘치는 것은 오직 선택된 사람들에게만 한정된다. 그들의 죄책이 클수록 사함을 베푸시는 하나님의 은혜 역시 그만큼 크다.

21. 이는 죄가 사망 안에서 왕 노릇 한 것 같이 은혜도 또한 의로 말미암아 왕 노릇 하여 우리 주 예수 그리스도로 말미암아 영생에 이르게 하려 함이라.

바울은 앞에서 왕 노릇 하는 것을 사망에게 돌렸는데, 지금은 그것을 죄에게 돌린다. 그 이유는 명백하다. 그것은 사망이 실제로 죄로 말미암아 왕 노릇 하기 때문이다. 또 바울은 앞에서 아담과 그리스도를 대조시켰는데, 여기에서는 죄와 은혜 그리고 죄의 권세와 은혜의 권세를 대조시킨다. 전체적인 요지는 이것이다 — 죄가 인류를 정복하고 사람들에게 사망을 가져다준 것처럼, 그리스도의 은혜 역시 인류를 정복하고 우리에게 영원한 생명을 가져다준다.

의. 전가된 혹은 분여(分與)된 의.

우리 주 예수 그리스도로 말미암아. 본 장의 첫 부분과 끝 부분이 얼마나 멋지게 상응하는지 보라. 이와 같이 예수 그리스도는 알파와 오메가이다.

제6장

개요

1. 은혜로 말미암아 의롭다 함을 받았다 하더라도, 우리는 죄 가운데 살 수 없음. 왜냐하면 세례의 상징 자체가 죄에 대하여 그리스도와 함께 죽는 것을 요구하기 때문임. 그러므로 우리는 마땅히 하나님을 향한 거룩의 삶으로 나아가야 함(1-13).
2. 은혜의 통치 아래 있을 때, 우리는 죄의 통치로부터 해방됨. 그러나 만일 우리가 죄에 순종한다면, 우리는 여전히 죄의 종의 상태에 있는 것임. 그러므로 죄로부터 해방되었다면, 우리는 마땅히 거룩함에 이르러야 함(14-20).
3. 죄의 삯은 사망임. 그러나 하나님의 은혜를 통한 거룩의 열매는 영생임(21-23).

1. 그런즉 우리가 무슨 말을 하리요 은혜를 더하게 하려고 죄에 거하겠느냐.

이것은 또 하나의 가상적인 반론이다. 본 서신은 이와 같이 가상적인 반론들로 가득하다. 여기에서 바울은 자신이 앞에서 이야기한 일반적인 교리 즉 하나님의 값없는 은혜로 말미암아 의롭다 함을 받는 교리에 의해서나 혹은 좀 더 특별하게 그가 바로 앞에서 언급한 "죄가 더한 곳에 은혜가 더욱 넘쳤나니"라는 말에 의해 제기될 수 있는 반론에 대해 대답한다. 어떤 사람들은 만일 많은 죄 가운데 거함에도 불구하고 죄 사함으로 인해 은혜가 더 풍성하게 드러난다면 결국 내적인 의는 아무 필요 없는 것이 아니냐는 추론을 끌어낼 수 있었다. 사도 유다는 "하나님의 은혜를 도리어 방탕한 것으로 바꾼" 사람들에 대해 언급한다(유 1:4). 그와 같은 추론을 끌어내는 사람들은 사도들의 가르침 위에 거짓된 구조물을 세우는 것이다. 그들은 바울의 말을 그가 의도한 것보다 더 일반적으로 만든다. 죄가 더하는 것이 모든 사람들에게 은혜가 더욱 넘치는 기회가 되는 것은 아니다. 단지 자신들의 죄를 자백하고 버리는 자들에게 그렇다는 것이다. 바울이 단지 지나간 시간에 대해 말한 것을 그들은 미래의 시간에 적용시킨다. 회심과 부르심 이전에 행해진 많은 죄들은 죄 사함 안에서 하나님의 은혜를 더욱 풍성하게 나타내는 기회가 된다. 그러나 회심과 부르심 이후에 행해진 죄들은 그렇지 않다. 여기에서 바울이 질문의 방식으로 이러한 반론을 제기한 것은 부분적으로 그의 교훈을 왜곡시키는 것에 대한 그의 혐오를 나타내기 위한 것이면서, 또 부분적으로 자신은 결코 그와 같은 식의 터무니없는 사상을 가지고 있지 않음을 분명하게 나타내기 위한 것이었다.

2. 그럴 수 없느니라 죄에 대하여 죽은 우리가 어찌 그 가운데 더 살리요.

그럴 수 없느니라. "God forbid" 즉 하나님이여 금하소서. 바울은 그와 같은 추론을 대답할 가치도 없는 것으로 간주한다. 은혜를 더하게 한다는 미명으로 죄에 거한다든지 혹은 경건의 삶을 멀리하는 것은 참으로 터무니없는 일이다. 터무니없음을 말할 때, 바울은 종종 여기의 표현을 사용한다. 로마서 3:4, 6, 31을 보라.

어찌. "How" 즉 어떻게. 이러한 의문사로써 바울은 그것이 불가능하며 터무니없는 일임을 보인다. 마태복음 6:28; 갈라디아서 4:9을 보라. 이어지는 논증은 매우 설득력 있는 것으로서 다음과 같이 재구성될 수 있다 — "믿음으로 말미암아 죽은 자들은 죄에 대하여 죽었으며, 죄에 대하여 죽은 자들은 더 이상 죄 가운데 살 수 없다." 그들은 죄에 대하여 죽었으며, 그렇기 때문에 죄의 권세와 통치 아래 살지 않는다. 그들은 죄 가운데 살지 않으며, 죄를 이긴다. 그들은 죄 가운데 떨어질 수 있지만, 그러나 그 가운데 살아갈 수는 없다. 사람을 빠져 죽게 만드는 것은 물 가운데 떨어지는 것이 아니라, 그 안에 머물러 있는 것이다. 사람을 저주 가운데 떨어지게 만드는 것은 죄 가운데 떨어지는 것이 아니라 그 안에 머물러 사는 것이다.

3. 무릇 그리스도 예수와 합하여 세례를 받은 우리는 그의 죽으심과 합하여 세례를 받은 줄을 알지 못하느냐.

알지 못하느냐. 즉 너희가 모를 수 없는 명백한 사실이 아니냐?

그리스도 예수와 합하여 세례를 받은. 그리스도와 합하여 세례를 받는 것은 그리스도의 이름으로 세례를 받는 것을 의미한다. 사도행전 10:48; 19:5을 보라. 또 그것은 그리스도 안으로 접붙여져 그의 신비한 몸의 지체가 되는 것을 의미한다.

그의 죽으심과 합하여 세례를 받은. 그리스도의 죽으심과 합하여 세례를 받는 것은 그의 죽으심 안에서 그와 더불어 교제를 갖는 것을 의미하거나 혹은 우리에게 인쳐진 그의 죽으심의 효력을 취하는 것을 의미한다. 바로 이것이 그리스도와 합하여 세례를 받은 자들의 복된 특권이다. 그들은 의롭다 하심을 위한 그의 죽으심의 공로에 참여하는 자들일 뿐만 아니라 또한 그의 죽으심의 효력에 참여하는 자들이기도 하다. "누구든지 그리스도와 합하기 위하여 세례를 받은 자는 그리스도로 옷 입었느니라"(갈 3:27).

4. 그러므로 우리가 그의 죽으심과 합하여 세례를 받음으로 그와 함께 장사되었나니 이는 아버지의 영광으로 말미암아 그리스도를 죽은 자 가운데서 살리심과 같이 우리로 또한 새 생명 가운데서 행하게 하려 함이라.

그러므로. 이와 같이 우리가 그리스도와 함께 죽었기 때문에.

그의 죽으심과 합하여 세례를 받음으로. 여기에 기후가 온화한 동방 지역의 세례 방식 즉 물에 완전히 잠김으로써 잠시 동안 물 아래 장사되는 것처럼 보이는 세례 방식이 은연중 나타나는 듯하다. "너희가 세례로 그리스도와 함께 장사되고 또 죽은 자들 가운데서 그를 일으키신 하나님의 역사를 믿음으로 말미암아 그 안에서 함께 일으키심을 받았느니라"(골 2:12). 세례는 우리가 죄에 대하여 죽은 것을 표현할 뿐만 아니라 또한 우리가 죽음 가운데 인내하며 자라는 것을 표현한다. 장사되는 것은 죽음 가운데 계속해서 있는 것을 함축하며, 따라서 그것은 우리가 죄에 대하여 계속적으로 죽는 것을 통하여 성화(聖化)되어 가는 것을 암시한다.

우리가 그와 함께 장사되었나니. 즉 우리가 그의 장사되심 안에서 그와 더불어 교제를 갖게 되었나니. 이것은 죄가 멸망을 당한 것을 한층 더 강렬하게 표현한다. 우리가 장사됨으로써 우리의 죄도 함께 장사되었다. 이제 우리는 더 이상 우리의 죄를 볼 수 없게 되었으며(창 23:4), 그것은 이제 더 이상 우리와 아무 상관없는 것이 되었다.

아버지의 영광으로 말미암아. 즉 골로새서 1:11에서 "그의 영광의 힘"이라고 불리는 아버지의 능력으로 말미암아. 성경은 곳곳에서 하나님이 그리스도를 "그의 능력으로 말미암아" 다시 살리셨다고 말한다. 또 고린도전서 6:14과 고린도후서 13:4에서 그리스도는 "하나님의 능력으로 말미암아" 다시 살아나셨다고 말하여진다. 어떤 사람들은 본문을 그리스도가 죽은 자 가운데 아버지의 영광으로 다시 살아나셨다고 읽는다. 여기의 전치사 '디아'는 때로 "to"로 번역된다. 베드로전서 1:3을 보라.

그리스도를 죽은 자 가운데서 살리심과 같이. 그리스도의 죽으심과 장사되심 다음에 그의 부활이 따르는 것처럼, 우리에게도 그러하다. 우리는 주 예수 그리스도의 죽으심과 부활 안에서 그와 더불어 친교를 가질 뿐만 아니라 또한 그와 하나 됨을 이루게 된다. 이러한 두 가지가 세례 의식을 통해 표현되고 확증된다.

새 생명 가운데서 행하게. 즉 새로운 원리들에 의해 자극되고 새로운 목표를 추구하며 거룩의 새로운 열매를 맺는 새 생명을 살게. "이제는 우리가 얽매였던 것에 대하여 죽었으므로 율법에서 벗어났으니 이러므로 우리가 영의 새로운 것으로 섬길 것이요 율법 조문의 묵은 것으로 아니할지니라"(롬 7:6).

5. 만일 우리가 그의 죽으심과 같은 모양으로 연합한 자가 되었으면 또한 그의 부

활과 같은 모양으로 연합한 자도 되리라.

바울은 앞에서 자신이 이야기한 것을 계속해서 이어가면서 그것을 그럴듯한 비유로 예증한다. 여기의 비유는 접붙이는 것으로부터 취하여진 것이다. 바울은 신자들이 그리스도의 죽으심과 같은 모양으로 연합된 혹은 접붙여진 것을, 다시 말해서 그들이 그 안에서 그와 더불어 하나가 된 것을 당연한 것으로 받아들인다. 빌립보서 3:10을 보라. 그리스도께서 죽으셨으며, 신자들도 죽는다. 그리스도의 죽음은 육체적인 죽음이며, 신자들의 죽음은 영적인 죽음이다. 그리스도의 죽음은 다른 사람들의 죄를 속죄하기 위한 대속의 죽음이며, 신자들의 죽음은 그들 자신의 죄를 죽이며 십자가에 못 박는 성화(聖化)의 죽음이다.

우리가 그의 부활과 같은 모양으로 연합한 자도 되리라(we shall be also in the likeness of his resurrection). 원어의 문장은 생략의 어법과 함께 다소 불완전하다. 원어를 직역하면 다음과 같다. "우리가 그의 부활과 같이 되리라"(we shall be of his resurrection). 그러므로 우리의 영역본(KJV)은 상반절로부터 빌려온 단어들와 함께 그 의미를 보충한다. 여기와 비슷한 경우로서 요한복음 5:36을 보라. "내게는 요한보다 더 큰 증거가 있으니(I have a greater witness than of John)." 여기에서 "요한보다"는 곧 "요한의 증거보다"를 의미한다(한글개역개정판에는 "요한의 증거보다"라고 되어 있음). 신자들은 그리스도와 함께 죽었을 뿐만 아니라 또한 그와 함께 다시 살아났다(골 3:1). 그들은 그리스도와 같은 모양으로 부활에 참여한다. 그리스도께서 죽은 자 가운데 새 생명으로 다시 살아나신 것처럼, 우리 역시도 새 생명 가운데 행하기 위해 죽은 행실로부터 다시 살아난다(롬 6:4). 더욱이 그들은 그리스도와 그의 부활로부터 흘러나오는 권능으로 말미암아 다시 살아난다. 바로 이것이 바울이 빌립보서 3:10에서 그렇게 간절하게 참여하기를 바랐던 바로 그 권능이었다. "내가 그리스도와 그 부활의 권능과 그 고난에 참여함을 알고자 하여 그의 죽으심을 본받아 어떻게 해서든지 죽은 자 가운데서 부활에 이르려 하노니." 물가에 심긴 나무에 접붙여진 가지를 생각해 보라. 그 가지는 나무로부터 흘러들어오는 권능으로 말미암아 살아난다. 이와 같이 신자는 그가 접붙여진 그리스도로부터 흘러들어오는 권능으로 말미암아 새로운 생명으로 살아난다. 여기에서 한 가지 질문이 제기될 수 있다. 그것은 "어째서 바울은 신자들이 '그의 부활과 같은 모양으로 연합한 자가 될' 것이라고 말하는가? 그들은 그리스도를 믿는 믿음으로 말미암아 이미 연합한 자가 되지 않았는가?"라는 질문이다. 이에 대한 대답은 "여기에서 바울이 현재형이 아니라 미래형을 선택한 것은 그 일이 단지 시작된 것에 불과하기 때문이었다"는 것이다. 그 일은 하늘에서 충만한 완전에 이를 때까지 매일같이 계속적으로 자라간다.

6. 우리가 알거니와 우리의 옛 사람이 예수와 함께 십자가에 못 박힌 것은 죄의 몸이 죽어 다시는 우리가 죄에게 종 노릇 하지 아니하려 함이니.

옛 사람. 첫 사람 아담으로부터 내려온 부패되고 오염된 본성. 에베소서 4:22 ; 골로새서 3:9-10을 보라. 옛 사람과 새 사람은 서로 반대이다. 새 사람이 우리 안에서 새롭게 회복된 하나님의 형상인 것처럼, 옛 사람은 하나님의 형상이 부패된 것으로서 전인(全人)의 보편적인 오염이다.

예수와 함께 십자가에 못 박힌. 우리가 그와 더불어 연합됨으로 말미암아 그리고 그의 죽으심과 십자가를 통해. "내가 그리스도와 함께 십자가에 못 박혔나니 그런즉 이제는 내가 사는 것이 아니요 오직 내 안에 그리스도께서 사시는 것이라"(갈 2:20).

죄의 몸. 이것은 앞에 나온 "옛 사람"과 정확하게 같은 의미를 갖는 동의어이다. 타락한 본성은 어떤 때는 "몸"으로(롬 8:13), 또 어떤 때는 "사망의 몸"으로(롬 7:24), 그리고 여기에서는 "죄의 몸"으로 일컬어진다. 죄의 몸은 진실로 죄 덩어리이다. 그것은 하나의 죄가 아니라 모든 죄가 뭉쳐진 것이다. 골로서새 3:5은 "음란과 부정과 사욕과 악한 정욕과 탐심"을 "땅에 있는 지체들"이라고 부르는데, 바로 그것이 여기의 "죄의 몸"과 관련된 것이다.

죽어. 죄의 몸은 마침내 죽을 때까지 계속해서 약해져 간다.

다시는 우리가 죄에게 종 노릇 하지 아니하려 함이니. 우리가 거듭나기 전에 그랬던 것처럼 그리고 자발적으로 죄를 행하는 자들이 여전히 그러는 것처럼(요 8:34). 그들은 죄를 행할 뿐만 아니라 죄에 의해 행하여진다(they do not only act sin, but are acted by it). "우리도 전에는 어리석은 자요 순종하지 아니한 자요 속은 자요 여러 가지 정욕과 행락에 종 노릇 한 자요 악독과 투기를 일삼은 자요 가증스러운 자요 피차 미워한 자였으나"(딛 3:3). 또 로마서 6:16을 보라.

7. 이는 죽은 자가 죄에서 벗어나 의롭다 하심을 얻었음이라.

죽은 자. 즉 죄에 대하여 죽은 자. 죄에 대하여 죽은 자는 죄책의 측면에서 뿐만 아니라 죄에 종 노릇 하는 측면에서도 죄로부터 벗어난다. 특별히 후자는 본 문맥과 가장 잘 조화된다. 마치 죽은 자가 평생 동안 자신을 주관했던 자들의 권세로부터 벗어나는 것처럼, 죄에 대하여 죽은 자도 마찬가지이다. 베드로전서 4:1을 보라.

8. 만일 우리가 그리스도와 함께 죽었으면 또한 그와 함께 살 줄을 믿노니.

만일 우리가 그리스도의 죽으심 안에서 그와 더불어 교제를 갖는다면, 우리는 또한 그의 부활과 살아 계심 안에서 그와 더불어 교제를 가질 것을 믿을 수 있는 충분한 이유를 갖는다. 5절을 보라. 본 절이 일차적으로 의미하는 것은 영적인 생명이다 — 비록 영원함이 배제되는 것은 아니라 하더라도 말이다. 우리는 더 이상 죽은 행실로 돌아가지 않을 정도로 온전히 그리스도와 함께 살 것이다. 다음 절이 이러한 사실을 잘 보여 준다.

9. 이는 그리스도께서 죽은 자 가운데서 살아나셨으매 다시 죽지 아니하시고 사망이 다시 그를 주장하지 못할 줄을 앎이로라.

그리스도는 우리의 영원한 모범이며 표본이시다. 그는 죽은 자 가운데서 다시 살아나셨으며, 더 이상 사망의 권세 아래 들어가지 않으신다.

10. 그가 죽으심은 죄에 대하여 단번에 죽으심이요 그가 살아 계심은 하나님께 대하여 살아 계심이니.

그는 죄를 제거하기 위해 죄에 대하여 단번에 죽으셨다. "이와 같이 그리스도도 많은 사람의 죄를 담당하시려고 단번에 드리신 바 되셨고"(히 9:28). 그리고 죽은 자 가운데서 다시 살아나심으로써 그는 불멸의 영원한 생명으로 영원히 하나님과 함께 살아 계신다. 이러한 말씀 가운데 아들이 아버지와 더불어 갖는 영원하면서도 끊어질 수 없는 연합이 나타난다.

11. 이와 같이 너희도 너희 자신을 죄에 대하여는 죽은 자요 그리스도 예수 안에서 하나님께 대하여는 살아 있는 자로 여길지어다.

그러므로 우리는 그의 죽으심의 공로로 말미암아 죄에 대하여 죽고 그의 부활의 공로로 말미암아 하나님에 대하여 살아 있는 것으로 여겨야만 한다. 따라서 우리는 또다시 옛 죄와 옛 삶의 방식으로 돌아가서는 안 된다.

그리스도 예수 안에서. 혹은 그리스도 예수를 통해, 혹은 그리스도 예수의 본을 따라. 여기의 표현은 예수 그리스도가 우리의 영적 생명의 뿌리임을 함축한다. 어린 가지들이 줄기 안에서 사는 것처럼, 신자들은 예수 그리스도 안에서 하나님에 대하여 산다. 그리고 그들은 그로부터 그들의 영적 생명이 시작되고 유지되고 완성되는 자양분을 받는다.

12. 그러므로 너희는 죄가 너희 죽을 몸을 지배하지 못하게 하여 몸의 사욕에 순종하지 말고.

그러므로 너희는 죄가 너희 죽을 몸을 지배하지 못하게 하여. 우리는 죄에 대하여 죽었으며, 그리스도와 합하여 세례를 받았으며, 그의 죽으심과 같은 모양으로 연합한 자가 되었다. 그러므로 우리는 본 절의 훈계에 귀를 기울이고 전심으로 순종해야 한다. 여기의 "죄"는 우리의 본성의 죄 혹은 타락을 의미한다. 그것은 앞에 나온 "옛 사람" 혹은 "죄의 몸"과 동의어이다. 거듭난 사람들 안에 여전히 그것이 남아 있다. 물론 그들 안에서 죄의 권세는 꺾였지만 그러나 완전히 소멸된 것은 아니다. 그러므로 그들에게 여기의 훈계는 불필요한 것이 아니다.

지배하지. 바울은 죄가 그들의 죽을 몸에 있게 하지 못하게 하라고 말하지 않고 다만 그들을 지배하며 주관하지 못하게 하라고 말한다. "그것으로 하여금 너희 안에서 지배권을 휘두르지 못하게 하라. 그것으로 하여금 성령의 지배권보다 더 높은 지배권을 갖지 못하게 하라."

너희 죽을 몸을. 여기에서 "몸"은 전인(全人)을 대신하여 사용된 일종의 제유법(提喩法)이다. 여기에서 바울이 굳이 몸이라는 표현을 사용한 것은 그것의 지체들과 부분들이 죄의 통상적인 도구이기 때문이다. 그렇기 때문에 다음 절에 "너희 지체를 불의의 무기로 죄에게 내주지 말고"라는 말씀이 따른다(13절). 다시 말해서 몸의 정욕 안에서 죄에 순종해서는 안 된다는 것이다. 헬라어에서 여기의 단어의 성(性)은 그것이 이와 같이 읽혀지고 이해되어야 함을 요구한다. 정욕은 단순히 몸 안에만 있는 것이 아니다. 그리스도께서도 그와 같이 가르치셨다. "마음에서 나오는 것은 악한 생각과 살인과 간음과 음란과 도둑질과 거짓 증언과 비방이니 이런 것들이 사람을 더럽게 하는 것이요 씻지 않은 손으로 먹는 것은 사람을 더럽게 하지 못하느니라"(마 15:19, 20). 그럼에도 불구하고 대부분의 경우 악한 정욕들은 몸 안에서 그리고 몸을 통해 스스로를 나타낸다. "육체의 일은 분명하니 곧 음행과 더러운 것과 호색과"(갈 5:19).

13. 또한 너희 지체를 불의의 무기로 죄에게 내주지 말고 오직 너희 자신을 죽은 자 가운데서 다시 살아난 자 같이 하나님께 드리며 너희 지체를 의의 무기로 하나님께 드리라.

바울은 우리 몸의 지체들을 장인(匠人)들이 일할 때 사용하는 도구들 혹은 병사들이 전투할 때 사용하는 무기들로 비유한다. 같은 손으로 어떤 사람은 이웃에게 자선을 베풀고 어떤 사람은 남의 물건을 훔친다. 같은 혀로 어떤 사람은 축복하고 어떤 사람은 저주한다. 여기의 "지체들"을 우리는 손이나 눈이나 귀와 같은 몸의 지체들로서 뿐만 아니라 이해력이나 의지(意志)나 감정과 같은 영혼의 기능들로서 이해해야 한다. 영혼의 기능들은 몸의 지체들에 어느 정도의 분깃을 가지고 있다. 예컨대 이해력이 눈에 어느 정도의 분깃을 가지고 있는 것처럼 말이다. 우리는 이 모든 것들을 죄를 위한 사탄의 명령이 아니라 의를 위한 하나님의 명령에 따라 무기로 사용해야 한다.

죽은 자 가운데서 다시 살아난 자 같이. 여기의 말씀은 우리가 죄와 사탄을 섬기지 않고 오직 하나님만을 섬겨야만 하는 이유를 보여 준다. 그것은 우리가 영적으로 죽고, 영적으로 다시 살아났기 때문이다. 또 그것은 우리가 그리스도 안에서 죄와 사망의 권세로부터 살리심을 받는 큰 은택을 받았기 때문이다.

14. 죄가 너희를 주장하지 못하리니 이는 너희가 법 아래에 있지 아니하고 은혜 아래에 있음이라.

죄가 우리를 지배하지 못하는 것과 관련하여, 앞의 12절이 훈계라면 여기의 14절은 약속이다. 죄는 거듭난 자 안에서 폭동을 일으킬 수는 있지만 그러나 지배하지는 못한다. 죄는 자신의 절대적인 권능을 잃었다. 그것은 마치 "그 생명은 보존되었지만 그러나 그 권세는 빼앗긴" 짐승들과 같다(단 7:12). 우리가 승리를 확신할 때, 그것은 우리에게 큰 힘과 격려가 된다.

너희가 법(law) 아래에 있지 아니하고 은혜 아래에 있음이라. 바울은 자신이 앞에서 단언하고 약속한 것의 이유를 제시한다. 그것은 그들이 율법 시대가 아니라 복음 시대 아래 있기 때문이다. 은혜는 종종 복음을 대신하여 제시된다. 또 여기의 말씀은 다음과 같이 표현될 수도 있다 — "너희가 옛 언약 아래 있지 아니하고 새 언약 아래 있음이라." 율법과 은혜는 이와 같이 다르다. 전자는 죄인을 정죄하지만, 후자는 그를 용서한다. 전자는 완전함을 요구하지만, 후자는 진지한 순종을 받아들인다. 전자는 우리가 해야만 하는 일을 규정하지만, 후자는 우리로 하여금 그 일을 행할 수 있도록 돕는다. 특별히 마지막 것은 매우 중요한 의미를 갖는다. 우리는 죄가 우리를 주관하는 권세를 갖지 못할 것을 확신할 수 있다. 왜냐하면 우리는 (마치 벽돌을 요구하면서 그러나 짚은 주지 않는 애굽의 감독자들처럼) 죄를 금하면서 그것을 행할 수 있는 능력을 주지 못하는 혹은 순종을 요구하면서 그것을 행할 수 있는 힘은 주지 못하는 율법 아래 있지 않고, 죄인으로 하여금 죄를 대적하며 이길 수 있도록 능력을 부여해 주는 복음 혹은 은혜의 언약 아래 있기 때문이다. 여기에서 "그렇다면 율법 시대에 경건한 자들에 대하여는 어떻게 말할 것인가? 그들은 은혜 아래 있지 않았단 말인가?"라는 질문이 제기될 수 있다. 이에 대한 대답은 다음과 같다. 그들은 은혜 아래 있었지만(행 15:11; 히 4:2), 그러나 모두 같은 정도로 그런 것은 아니었다. 경건한 자들은 율법 아래에서 도우심과 돌보심을 받았지만, 그러나 그것은 율법으로 말미암아 받은 것은 아니었다. 로마서 7:4을 보라.

15. 그런즉 어찌하리요 우리가 법 아래에 있지 아니하고 은혜 아래에 있으니 죄를 지으리요 그럴 수 없느니라.

그런즉 어찌하리요 우리가 법 아래에 있지 아니하고 은혜 아래에 있으니 죄를 지으리요. 율법 아래 있지 아니하고 은혜 아래 있다고 해서 우리가 마음대로 살며 죄를 지어도 좋단 말인가?

그럴 수 없느니라. "God forbid" 즉 하나님이여 금하소서. 혹은 결코 그렇지 아니하니라. 전반부의 전제는 결코 후반부의 결론을 끌어내지 못한다. 물론 우리는 율법의 저주와 엄격함 아래 있지 않지만, 그럼에도 불구하고 우리는 여전히 그것의 훈계와 가르침 아래 있다. 은혜가 죄를 허용하는 것은 결코 아니다. 바울은 여기와 다른 곳에서 기독교적 자유의 남용과 오용을 엄중하게 경고한다. 갈라디아서 5:13; 베드로전서 2:16을 보라. 또 로마서 6:1에 대한 저자의 주석을 보라.

16. 너희 자신을 종으로 내주어 누구에게 순종하든지 그 순종함을 받는 자의 종이 되는 줄을 너희가 알지 못하느냐 혹은 죄의 종으로 사망에 이르고 혹은 순종의 종으로 의에 이르느니라.

바울은 앞 절에 언급된 반론에 대해 여기에서 단호하게 반박한다.

순종의 종으로 의에 이르느니라. 순종의 종으로 의에 이른 자들은 영원한 생명의 상급을 받을 것이다. 그런데 어째서 여기에서 바울은 순종의 종으로 생명에 이른다고 — 사망의 반대는 생명임에도 불구하고 — 말하지 않는가? 그랬더라면 좀 더 명확하며 충분한 대조가 되지 않았겠는가? 그것은 비록 죄는 사망의 원인이라 하더라도 순종은 생명의 원인이 아니기 때문이다(롬 6:23). 순종은 다만 생명으로 나아가는 길일 뿐이다.

17. 하나님께 감사하리로다 너희가 본래 죄의 종이더니 너희에게 전하여 준 바 교훈의 본을 마음으로 순종하여.

너희가 본래 죄의 종이더니. 즉 너희가 한때 죄의 종으로서 무지하며 거듭나지 못했음에도 불구하고. 그러나 이제 너희는 그러한 멍에로부터 벗어나 죄의 능력과 지배로부터 자유롭게 되었도다.

너희에게 전하여 준 바 교훈의 본을 마음으로 순종하여. 여기의 말씀은 신자들의 마음 안에서 펼쳐지는 신적 교훈의 효력을 표현한다. 그것(즉 신적 교훈)은 신자들의 마음을 자신의 형상으로 변화시키며 만들어간다. "우리가 … 그와 같은 형상으로 변화하여 영광에서 영광에 이르니"(고후 3:18). 또 그것은 야고보서 1:21에서 "마음에 심어진 말씀"으로 일컬어진다. 그것은 — 마치 나무가 자기에게 접붙여진 어린 가지에 대해 그렇게 하는 것처럼 — 듣는 자들의 마음과 삶을 자신의 형상으로 바꾼다. 복음의 교훈은 주형(鑄型)이며, 신자들은 쇠이다. 녹은 쇳물이 주형 안에 부어질 때, 쇳물은 주형의 모양과 형상을 받는다.

18. 죄로부터 해방되어 의에게 종이 되었느니라.

죄로부터 해방되어. 즉 죄의 멍에로부터 해방되어. 너희는 엄하고 악한 주인으로부터 해방 증서를 받고 스스로를 더 나은 주인에게 드렸도다.

19. 너희 육신이 연약하므로 내가 사람의 예대로 말하노니 전에 너희가 너희 지체를 부정과 불법에 내주어 불법에 이른 것 같이 이제는 너희 지체를 의에게 종으로 내주어 거룩함에 이르라.

너희 육신이 연약하므로 내가 사람의 예대로 말하노니. 영적인 것들에 대한 너희의 이해력이 연약하므로 내가 너희가 알아들을 만한 수준으로 말하노니. 그러므로 내가 멍에과 자유의 익숙한 비유를 사용하노라. 이러한 세속적인 것으로 너희는 영적인 것들을 더 잘 이해할 수 있게 될 것이라. "내가 땅의 일을 말하여도 너희가 믿지 아니하거든 하물며 하늘의 일을 말하면 어떻게 믿겠느냐"(요 3:12).

너희가 너희 지체를 부정과 불법에 내주어. 내가 너희에게 가장 간절히 바라는 것은 너희가 예전에 죄에게 순종했던 것처럼 지금 하나님에게 순종하며 예전에 악을 행했던 것처럼 지금 선을 행하는 것이라.

부정. 즉 너희를 더럽히는 육체의 정욕들.

불법에 내주어 불법에 이른 것 같이. 즉 하나의 죄에 또 다른 죄를 더한 것 같이. 또 우리는 전자를 원죄(original sin)를 가리키는 것으로, 그리고 후자를 실제적인 죄(actual sin)를 가리키는 것으로 이해할 수 있다.

20. 너희가 죄의 종이 되었을 때에는 의에 대하여 자유로웠느니라.

죄의 종이었을 때, 너희는 하나님의 의와 아무 상관이 없었느니라. 그러나 지금 너희는 죄로부터 의(義) 혹은 경건으로 건짐을 받았느니라. 이제 너희는 의와 경건을 지키며 따르는 자들이 되었도다. 그런데 어째서 아직까지도 죄가 너희를 주관한 단 말이냐? 어째서 너희는 지금 모든 죄로부터 스스로를 엄격하게 억제하지 않는단 말이냐?

21. 너희가 그 때에 무슨 열매를 얻었느냐 이제는 너희가 그 일을 부끄러워하나니 이는 그 마지막이 사망임이라.

만일 너희가 다음과 같은 세 가지 사실을 생각한다면, 이것은 한층 더 온당하고 공정한 책망이 될 것이다. (1) 너희가 예전에 행한 죄들이 너희에게 너무나 보잘것없는 열매와 만족을 가져다준 사실. (2) 그것들을 기억할 때 부끄러움과 슬픔 외에 아무것도 따르지 않는다는 사실. (3) 영원한 죽음과 저주가 (죄 사함의 은혜와 긍휼이 그것을 막아주지 않는 한) 그 모든 것들의 확실한 결말이 될 것이라는 사실.

22. 그러나 이제는 너희가 죄로부터 해방되고 하나님께 종이 되어 거룩함에 이르는 열매를 맺었으니 그 마지막은 영생이라.

그러나 이제 너희는 죄에 종 노릇 하는 것으로부터 해방되어 하나님의 종들로 받아들여졌도다. 그러므로 이제 너희는 그 차이를 명백하게 인식하도다. 왜냐하면 (1) 살아가는 동안 너희가 은혜와 거룩 안에서 자라 가기 때문에. (2) 죽을 때에 너희가 영원한 생명을 가질 것이기 때문에.

23. 죄의 삯은 사망이요 하나님의 은사는 그리스도 예수 우리 주 안에 있는 영생이니라.

그러므로 죄의 종의 신분과 하나님의 종의 신분을 서로 비교해 보라. 그러면 너희는 어느 주인이 섬기며 순종하기에 좋은 주인인지 쉽게 알게 될 것이다. 죄가 마지막에 너희에게 지불할 삯은 사망이다. 그러나 하나님이 너희에게 값없이 주실 (만일 너희가 하나님의 종이라면) 상급은 그리스도 예수 우리 주 안에 있는 영생이다.

삯(wages). 이 단어는 양식을 함축한다. 옛 로마인들은 그들의 병사들에게 군 복무에 대한 보상으로 양식을 지불했다. 그러다가 나중에는 돈으로 대체되었지만, 그러나 예전부터 사용되던 용어는 그대로 존속되었다. 지금도 이 단어는 보수 혹은 급여를 가리키는 용어로 여전히 사용된다.

사망이라. 여기의 "사망"을 우리는 일시적인 사망뿐만 아니라 좀 더 특별하게 영원한 사망을 의미하는 것으로 이해해야 한다. 왜냐하면 이 단어와 대칭을 이루는 단어가 영생 곧 영원한 생명이기 때문이다. 바로 이것 즉 일시적인 사망과 영원한 사망이 죄가 주는 진정한 보수이다.

하나님의 은사(gift)는 … 영생이니라. 바울은 영생이 의의 삯이라고 말하지 않고, 하나님의 값없는 선물(gift)이라고 말한다. 그가 이와 같이 의도적으로 표현을 바꾼 것은 우리가 우리 자신의 공로나 혹은 우리 자신의 행위나 혹은 우리 자신의 자격이 아니라 오직 하나님의 은혜 혹은 선물로 말미암아 영생을 얻는 것을 보이기 위함이다.

그리스도 예수 우리 주 안에 있는. 아우구스티누스의 「은혜와 자유의지론」 9장을 보라. 지금도 여전히 죽음에 이르는 죄와 경미한 죄를 구별하며 선행의 공로의 교리를 가지고 있는 교황주의자들은 본 절을 어떻게 설명할 것인가?

제7장

개요

1. 율법은 사람을 그가 살아 있는 동안만 주관할 수 있을 뿐임(1-3).
2. 그러므로 그리스도의 몸으로 말미암아 율법에 대하여 죽은 우리는 더 이상 율법 아래 있지 않음(4).
3. 율법 자체는 거룩하고 의로우며 선함. 그러나 인간의 부패한 본성으로 인해 그것은 단지 사망에 이르는 죄의 도구로서 기능할 수 있을 뿐임(5-13).
4. 우리의 부패한 본성은 우리의 이성(理性)이 선하다고 인정하는 것을 행할 능력이 없음(14-23).
5. 그러한 형편 가운데 떨어진 인간의 비참함과 그리스도를 통해 그러한 비참함으로부터 구원하시는 하나님의 긍휼(24-25).

1. 형제들아 내가 법 아는 자들에게 말하노니 너희는 그 법이 사람이 살 동안만 그를 주관하는 줄 알지 못하느냐.

바울은 앞 장에서 신자들이 어떻게 죄의 지배로부터 자유로워지는지를 이야기했다. 계속해서 본 장에서 그는 또한 그들이 모세 율법의 멍에로부터 자유로워지는 것을 — 그들이 그것에 대하여 죽고 그것이 그들에 대하여 죽었기 때문에 — 선포한다. 이러한 진리를 그는 남편과 아내의 친숙한 비유로 예증(例證)한다. 남편이 죽으면 아내는 그로부터 자유로워져 다른 남자와 결혼할 수 있게 된다. 그와 같이 신자들은 율법에 대하여 죽음으로써 그것으로부터 자유로워져 다른 남편인 그리스도와 결혼하게 된다. 그리고 그리스도와 결혼함을 통해 하나님을 위하여 열매를 맺을 수 있게 된다. 여기의 "법"(law)으로써 바울은 다음 절에 나타나는 것처럼 혼인과 관련한 모세의 율법을 의미한다. 그리고 여기의 "사람"(man)은 남자와 여자 모두를 포함한다. 왜냐하면 남자와 여자 모두 앞에 언급된 법에 예속되기 때문이다.

2. 남편 있는 여인이 그 남편 생전에는 법으로 그에게 매인 바 되나 만일 그 남편이 죽으면 남편의 법에서 벗어나느니라.

여기에서 바울은 앞 절에서 이야기한 것을 다시금 반복한다.

남편 있는 여인이 그 남편 생전에는 법으로 그에게 매인 바 되나. 이와 병행되는 구절로서 고린도전서 7:39을 보라. 이것은 일반적인 규칙이다. 그러나 간음의 경우에는 예외이다. 마태복음 5:32; 고린도전서 7:15을 보라.

남편의 법에서. 즉 혼인과 관련한 율법의 책임에서.

3-4. [3]그러므로 만일 그 남편 생전에 다른 남자에게 가면 음녀라 그러나 만일 남편이 죽으면 그 법에서 자유롭게 되나니 다른 남자에게 갈지라도 음녀가 되지 아니하느니라 [4]그러므로 내 형제들아 너희도 그리스도의 몸으로 말미암아 율법에 대하여 죽임을 당하였으니 이는 다른 이 곧 죽은 자 가운데서 살아나신 이에게 가서 우리가 하나님을 위하여 열매를 맺게 하려 함이라.

너희도 율법에 대하여 죽임을 당하였으니. 즉 너희가 율법으로 말미암아 의롭다 함을 받고자 하는 모든 소망과 율법을 순종하는 것에 대한 모든 신뢰로부터 벗어났으니. "내가 율법으로 말미암아 율법에 대하여 죽었나니 이는 하나님에 대하여 살려 함이라"(갈 2:19). 우리가 율법에 대하여 죽은 것처럼, 율법 또한 우리에 대하여 죽었다. 우리가 율법에 대하여 죽은 것과 율법이 우리에 대하여 죽은 것은 정확하게 동의어이다. 여기에서 "율법으로써 바울은 무엇을 의미하는가?"라는 질문이 제기될 수 있다. 이에 대한 대답은 7절에 나타나는 것처럼 그것이 의식법(儀式法)뿐 아니라 도덕법까지 포함한다는 것이다. 도덕법은 여전히 힘을 가지고 있다. 그리스도는 그것을 폐하기 위해 오신 것이 아니라 완성하기 위해 오셨다. 그러나 신자들은 그것의 저주와 그것의 엄격한 강요로부터 자유로워졌다. 이와 같이 우리는 그것으로부터 자유로워졌지만, 그러나 부분적으로 그러하다.

그리스도의 몸으로 말미암아. 즉 십자가 위에서의 그리스도의 몸의 희생제사로 말미암아. 그러한 희생제사를 통해 그리스도는 우리를 앞에서 언급한 의미로서의 율법으로부터 건져내셨다.

하나님을 위하여 열매를 맺게. 즉 하나님에게 영광과 찬미가 돌려지도록 거룩함과 선한 행실의 열매를 맺게.

5. 우리가 육신에 있을 때에는 율법으로 말미암는 죄의 정욕이 우리 지체 중에 역사하여 우리로 사망을 위하여 열매를 맺게 하였더니.

왜냐하면. (흠정역(KJV)에서 본 절은 "왜냐하면"(for)으로 시작함). 왜냐하면 하나님을 위하여 열매를 맺음에 있어 지금 우리가 예전보다 더 나은 도움을 갖고 있기 때문이라. 혹은 우리가 예전보다 훨씬 더 나은 상황 가운데 있기 때문이라. 이와 같이 바울은 우리의 현재 상태가 이전 상태와 얼마나 다른지 보여 준다.

우리가 육신에 있을 때에는. 여기의 "육신"은 거듭나기 전 혹은 율법의 초등학문 아래 있을 때의 우리의 육신적인 상태를 가리킨다. 왜냐하면 다음 절에 우리가 율법으로부터 벗어난 것이 언급되기 때문이다.

율법으로 말미암는 죄의 정욕. 즉 죄로 향하는 타락한 성향. 이러한 성향은, 마치 태양에 의해 쓰레기더미로부터 유독한 가스가 일어나는 것처럼, 율법에 의해 일어난다. 또 그러한 성향은 율법에 의해 자극되고 촉발된다.

우리 지체 중에 역사하여. 로마서 6:13, 16을 보라.

사망을 위하여 열매를 맺게 하였더니. 즉 마침내 사망으로 귀결되는 악한 열매를 맺게 하였더니. "너희가 그 때에 무슨 열매를 얻었느냐 이제는 너희가 그 일을 부끄러워하나니 이는 그 마지막이 사망임이라"(롬 6:21).

6. 이제는 우리가 얽매였던 것에 대하여 죽었으므로 율법에서 벗어났으니 이러므로 우리가 영의 새로운 것으로 섬길 것이요 율법 조문의 묵은 것으로 아니할지니라.

이제는. 즉 육신의 상태로부터 벗어난 때.

우리가 얽매였던 것에 대하여 죽었으므로. 여기의 "우리가 얽매였던 것"은 죄 혹은 율법임이 분명하다. 왜냐하면 거듭나지 않은 상태에 있을 때, 우리는 그러한 것들에 얽매여 있었기 때문이다. 그러나 그러한 것들은 이제 우리를 얽맬 아무런 능력도 가지고 있지 못하다. 어떤 사람들은 이것을 그가 앞 장에서 이야기한 옛 사람이 죽은 것으로 읽는다.

율법에서 벗어났으니. 4절에 대한 주석을 참조하라.

영의 새로운 것으로 섬길 것이요. 이제 우리는 하나님 혹은 우리의 새로운 남편인 예수 그리스도를 참된 거룩함 안에서 혹은 새로운 영적 방식으로 섬겨야 한다.

율법 조문의 묵은 것으로 아니할지니라. 즉 율법의 문자를 따라 외적이며 의식(儀式)적인 방식으로 아니할지니라. 그러한 섬김 혹은 예배 방식은 이제 낡고 묵은 것이 되었다. 여기의 "묵은"(oldness)이라는 단어는 그것이 폐지되었음을 은연중 암시한다. "새 언약이라 말씀하셨으매 첫 것은 낡아지게 하신 것이니 낡아지고 쇠하는 것은 없어져 가는 것이니라"(히 8:13).

7. 그런즉 우리가 무슨 말을 하리요 율법이 죄냐 그럴 수 없느니라 율법으로 말미암지 않고는 내가 죄를 알지 못하였으니 곧 율법이 탐내지 말라 하지 아니하였더라면 내가 탐심을 알지 못하였으리라.

율법이 죄냐 그럴 수 없느니라. 여기에 또 하나의 가상적인 반론이 나온다. 이러한 반론은 바울이 5절에서 말한 것 즉 죄가 율법으로 말미암아 우리 안에서 강력한 힘을 갖는다는 주장으로부터 충분히 예상될 수 있는 것이었다. 어떤 사람들은 그러한 주장에 반박하면서 그러면 율법이 죄냐고 즉 율법이 죄의 원인이냐고 혹은 죄의 한 요소냐고 반문할 수 있었다. 이러한 가상적인 반론에 대해 바울은 그가 즐겨 사용하는 표현인 "그럴 수 없느니라"(God forbid, 하나님이여 금하소서)라는 말로 대답한다.

율법으로 말미암지 않고는 내가 죄를 알지 못하였으니. 즉 율법으로 말미암지 않고는 내가 스스로를 겸비케 하며 그리스도께 나아갈 수 있을 정도로 죄를 분명하며 효과적으로 알지 못하였을 것이니. 바울은 이것을 어째서 율법이 죄의 원인이 될 수 없는지에 대한 한 가지 이유로서 덧붙인다. 그것은 율법이 죄를 찾아내며, 드러내며, 책망하며, 저주하기 때문이다. 그는 자기 자신의 경험으로부터 논증한다.

내가 탐심을 알지 못하였으리라. 즉 내가 탐심이 죄라는 것을 알지 못하였으리라. 여기의 "탐심"(lust)을 어떤 사람들은 스콜라 철학자들이 "무정형의 욕망"이라고 부르는 의지(意志)의 동의(同意)를 갖지 못한 욕망으로 이해한다. 또 어떤 사람들은 여기의 "탐심"을 모든 실제적인 탐심들이 흘러나오는 원천인 원죄로 이해한다. 그것은 마치 수많은 불꽃들이 계속해서 솟아오르는 뜨거운 풀무와 같다. 야고보는 그것을 "욕심"이라고 부른다. "오직 각 사람이 시험을 받는 것은 자기 욕심에 끌려 미혹됨이니"(약 1:14). 이것은 모든 계명에서 금지되지만 — 왜냐하면 개별적인 죄들이 금지된 곳에서 그것들의 뿌리 역시 금지되기 때문에 — 그러나 좀 더 특별하게 열 번째 계명에서 금지된다.

율법이 탐내지 말라 하지 아니하였더라면. 어떤 사람들은 여기의 율법을 일반적인 율법 전체를 가리키는 것으로 이해한다. 그러나 헬라어 원문에 나타나는 정관사는 그것을 특정한 계명에 한정시키는 것처럼 보인다. 뿐만 아니라 여기의 단어들은 열 번째 계명에 그대로 나타나는 단어들이다. 그런데 어째서 바울은 열 번째 계명에 구체적으로 열거되는 목적어들을 — "네 이웃의 집을" "네 이웃의 아내를" 등등을 — 언급하지 않은 것일까? 그에 대한 대답은 그것이 본질적인 것이 아니었기 때문이라는 것이다. 바울은 여기에서 내적인 욕심에 대해 말하고 있었다. 만일 율법이 없었다면, 그러한 내적 욕심은 잠재되어 있는 상태로 드러나지 않을 것이었다. 여기에서는 단지 탐심의 죄 자체만을 이야기하는 것으로 충분했다. 그것의 목적어들에 대해서는 모든 사람들이 알고 있으므로 굳이 열거할 필요가 없었다.

8. 그러나 죄가 기회를 타서 계명으로 말미암아 내 속에서 온갖 탐심을 이루었나니 이는 율법이 없으면 죄가 죽은 것임이라.

그러나 죄가. 즉 우리의 본성의 타락이. 앞에서 탐심이라고 불린 영혼의 타락한 성향.

기회를 타서 계명으로 말미암아. 즉 율법의 금지에 의해 충동되고 이끌려져. 율법이 기회를 준 것이 아니라, 죄가 기회를 취한 것이다. 앞에서 이야기한 것처럼, 율법은 결코 죄의 원인이 아니다 — 설령 우발적으로 죄의 원인이 될 수 있다 하더라도 말이다. 수종(水腫) 병에 있어 병을 악화시킨 것으로서 비난받아야 하는 것은 술이 아니라 육체의 나쁜 습관이다. 이것은 인간 본성의 타락에 있어서도 마찬가지이다. 율법이 금하는 것은 계속해서 탐하는 것이다. 율법이 탐심의 물결을 더 많이 막을수록, 탐심의 수위(水位)는 더 높아진다. 율법은 죄를 억제하기 위해 주어졌다. 그러나 우리의 타락으로 말미암아 율법은 도리어 죄를 자극하며 충동한다. 율법은 죄를 금하지만, 그러나 그것을 피할 수 있는 힘은 주지 않는다. 반면 탐심은 율법으로 말미암아 기회를 취하여 더욱 강렬하게 스스로를 나타낸다.

내 속에서 온갖 탐심을 이루었나니. 즉 모든 종류의 무절제한 욕정들과 성향들을 이루었나니.

율법이 없으면. 즉 율법을 아는 것이 없으면.

죄가 죽은 것임이라. 즉 상대적으로 죽은 것임이라. 율법이 없을 때, 죄는 양심을 위협하거나 혹은 무절제한 욕정을 충동시키는 힘을 갖지 못한다. 그때 그것은 마치 잠자는 사자와 같다.

9. 전에 율법을 깨닫지 못했을 때에는 내가 살았더니 계명이 이르매 죄는 살아나고 나는 죽었도다.

전에 율법을 깨닫지 못했을 때에는 내가 살았더니. 내 자신의 경우를 예로 들어 보자. 율법을 제대로 알고 그것의 영적 의미를 이해하기 전에 혹은 율법으로부터 멀리 떨어져 있는 동안, 나는 내가 살았노라고 스스로 생각했다. 그때 나는 내가 누구 못지않게 좋은 상태에 있노라고 스스로 판단했다. 나는 어떤 양심의 괴로움도 느끼지 않았다. 바로 이것이 한 사람의 바리새인이었을 때 혹은 거듭나지 못한 상태에 있었을 때의 나의 모습이었다.

계명이 이르매. 즉 계명이 내 양심에 가까이 다가왔을 때. 내가 율법의 영적 의미와 내용을 깨닫고 알게 되었을 때, 다시 말해서 율법이 나의 악한 탐심과 욕정과 성향을 정죄했을 때.

죄는 살아나고. 즉 죄의 악함과 죄책이 나타나고. 그로 인해 내 영혼 위에 죄의 생생한 의식(意識)이 새겨지고, 나의 타락성은 새로운 활력과 생명력을 받은 것처럼 보였노라.

나는 죽었도다. 즉 내 자신의 생각과 느낌 안에서. 나는 내 양심이 치명적인 상처를 입은 것을 느꼈노라. 나는 내가 사망과 저주의 상태 가운데 있음을 깨달았노라. 나는 누구 못지않게 좋은 상태 가운데 있다는 예전의 확신을 잃었노라.

10. 생명에 이르게 할 그 계명이 내게 대하여 도리어 사망에 이르게 하는 것이 되었도다.

생명의 규범이면서 동시에 생명에 이르는 수단으로 — 만일 내가 그것을 지킬 수 있다면 — 주어진 계명이 이제 나에게 사망의 기회가 되었노라(롬 10:5; 갈 3:12). 그것은 나를 결박하여 형벌로 이끌었으며, 마침내 사망에 이르게 하였도다. 어떤 사람들은 여기의 "생명"과 "사망"을 영혼의 평안과 혼돈으로 이해한다.

11. 죄가 기회를 타서 계명으로 말미암아 나를 속이고 그것으로 나를 죽였는지라.

죄가 기회를 타서 계명으로 말미암아. 8절에 대한 주석을 참조하라.

나를 속이고. 즉 나를 유혹하여 다른 길로 이끌고(히 3:13; 약 1:14).

나를 죽였는지라. 즉 죄가 나를 절망으로 이끌었는지라, 혹은 나를 사망과 저주에 넘겨주고 나를 가증한 존재로 만들었는지라.

12. 이로 보건대 율법은 거룩하고 계명도 거룩하고 의로우며 선하도다.

이로 보건대 율법은 거룩하고. 그러므로 7절의 가상적인 반론은 아무 근거 없는 반론이었다. 설령 율법이 죄의 기회가 될 수 있다 하더라도, 그럼에도 불구하고 그것은 결코 죄의 원인이 아니다. 모든 경우에 그것은 거룩하고, 의로우며, 선한 것으로 인정된다.

율법. 모든 가지들을 포함하는 나무 전체로서의 율법.

계명. 특별히 율법의 교훈적인 부분, 그리고 모든 개별적인 교훈들.

거룩하고 의로우며 선하도다. 하나님의 율법을 묘사하는 여기의 세 형용사는 다음과 같이 구별될 수 있다. 율법은 그것의 의식적(儀式的)인 부분의 측면에서 거룩하며, 그것의 법정적인 부분의 측면에서 의로우며, 그것의 도덕적인 부분의 측면에서 선하다. 또 율법은 하나님에 대한 우리의 의무를 가르쳐주는 측면에서 거룩하며, 이웃에 대한 우리의 의무를 보여 주는 측면에서 의로우며, 그것의 효과와 목적의 측면에서 선하다.

13. 그런즉 선한 것이 내게 사망이 되었느냐 그럴 수 없느니라 오직 죄가 죄로 드러나기 위하여 선한 그것으로 말미암아 나를 죽게 만들었으니 이는 계명으로 말미암아 죄로 심히 죄 되게 하려 함이라.

그런즉 선한 것이 내게 사망이 되었느냐 그럴 수 없느니라. 여기에 또 하나의 가상적인 반론이 묘사된다. 바울은 본질적으로 거룩한 율법이 그에게 사망을 가져다주거나 혹은 사망의 원인이 된다는 것을 단호히 부인한다. 문제는 율법 안에 있는 것이 아니라, 그 자신의 타락한 본성 안에 있었다.

오직 죄가 죄로 드러나기 위하여 선한 그것으로 말미암아 나를 죽게 만들었으니. 죄는 스스로를 죄로써 나타내기 위해 그 자체로는 거룩하고 의로우며 선한 율법을 기회로 삼아 바울 안에서 사망을 이루었다.

이는 계명으로 말미암아 죄로 심히 죄 되게 하려 함이라. 거듭나지 않았을 때 바울에게 죄는 주목할 만한 것이 아닌 것처럼 보였지만, 그러나 이제는 극도로 더럽고 추악한 것으로 나타났다. 죄는 죄라는 이름 외에 다른 이름으로 부를 수 없을 정도로 지극히 악독한 것이다. 제롬(Jerome)은 여기에서 바울이 남성 형용사로 여성 명사를 꾸미는 이상한 어법을 사용하고 있다고 생각했다. 그러나 베자(Beza)와 에라스무스(Erasmus)는 이것이 아테네 방언에서 통상적인 어법이었음을 발견했다. 비슷한 경우로서 로마서 1:20을 보라. 어떤 사람들은 여기의 "죄 되게"를 "죄인 되게"로 읽는다. 그렇다면 바울은 죄를 의인화하고 있었던 셈이 된다. 이러한 독법은 문맥 전체와 잘 어울린다. 왜냐하면 본 문맥에서 죄는 역사(役事)하고, 죽고, 다시 살아나고, 속이고, 죽이는 등 추상적인개념이 아니라 인격적인 존재처럼 묘사되기 때문이다.

14. 우리가 율법은 신령한 줄 알거니와 나는 육신에 속하여 죄 아래에 팔렸도다.

우리가 율법은 신령한 줄 알거니와. 계속해서 바울은 율법이 "신령한"(spiritual) 것이라고 말하면서 그것을 높이 평가한다. 그것은 외적인 순종뿐만 아니라 내적이며 영적인 순종까지 요구한다. 또 그것은 육신적인 죄뿐만 아니라 영적인 죄까지도 금한다. 마태복음 5:1-48에 나타나는 율법에 대한 그리스도 자신의 설명을 읽어 보라.

나는 육신에 속하여. 즉 부분적으로 육신에 속하여. 우리 안에 여전히 죄와 육신의 찌꺼기들이 남아 있다. 이런 측면에서 거듭난 자들까지도 육신에 속한다고 말하여진다. 고린도전서 1:2과 3:1을 비교하라.

죄 아래에 팔렸도다. 아합이나 혹은 우상 숭배에 빠진 이스라엘 백성들과는 달리, 바울은 능동적으로 스스로를 죄에 팔거나 혹은 죄를 범하지 않았다(왕상 21:20, 25; 왕하 17:17). 그는 죄의 종이나 혹은 노예가 아니었다. 그러나 종종 그는 그의 의지(意志)에 반하여 죄의 포로가 되었다. 그는 그의 의지에 반하여 여전히 강렬한 정욕과 죄의 공격에 예속되었으며, 스스로를 온전히 자유롭게 할 수 없었다. 물론 그는 그러한 공격에 항상 강력하게 저항했지만, 그러나 많은 경우 정복을 당하곤 했다. 지금까지 그는 죄의 권능과 거듭나지 않은 사람들 안에 있는 죄에 대해 이야기했다. 그는 자신도 예전에 그와 같은 상태에 있었음을 이야기하면서, 지금도 여전히 자기 안에 죄와 육신의 찌꺼기들이 남아 있음을 — 거듭나고 새로워졌음에도 불구하고 — 고백한다. 본 장의 이어지는 부분은 명백히 거듭난 사람들에게 적용된다. 왜냐하면 바울이 여기에서 시제를 바꾸어 현재형으로 말하기 때문이다. 7-14절에서 바울은 과거형을 사용하여 이야기했다. 그러다가 15절에 이르러 그는 시제를 현재형으로 바꿈으로써 그 모든 것을 현재의 자신에게 그대로 연결시킨다. 나는 전에 그러저러했다가, 지금 이러저러하노라(*I was* so and so, *I am* thus and thus). 시제의 변화는 명백히 인칭의 변화를 함축한다.

15. 내가 행하는 것을 내가 알지 못하노니 곧 내가 원하는 것은 행하지 아니하고 도리어 미워하는 것을 행함이라.

내가 행하는 것을. 즉 내가 하나님의 명령에 거슬러 행하는 것을.

내가 알지 못하노니. 많은 경우 나는 내가 행하는 것을 알지 못하는 것으로 인하여 놀라며 압도되노라. 또 여기의 표현은 흠정역이 번역하는 대로 "내가 받아들이지 못하노니"(I allow not)를 의미한다. 여기의 단어는 마태복음 7:23을 비롯한 몇몇 곳에서 그와 같은 의미로 사용된다. 회심하고 거듭난 상태에 있는 지금도 종종 나는 내 안에서 벌어지는 강렬한 싸움을 느끼노라. 그리하여 내 안에 계신 성령의 인도하심 가운데 마땅히 행해야만 하는 것은 행하지 않고, 도리어 내가 미워하며 반대하는 악은 행하노라. "육체의 소욕은 성령을 거스르고 성령은 육체를 거스르나니 이 둘이 서로 대적함으로 너희가 원하는 것을 하지 못하게 하려 함이니라"(갈 5:17).

도리어 미워하는 것을 행함이라. 바울이 여기에서 말하는 것은 외적인 행동이라기보다 내적인 충동과 움직임이다. 다시 말해서 그것은 술 취함이나 부정함과 같은 추잡한 죄들이 아니라, 오염된 본성으로부터 흘러나오는 그리고 우리가 이생에서 완전하게 정결할 수 없는 결함들이다.

16. 만일 내가 원하지 아니하는 그것을 행하면 내가 이로써 율법이 선한 것을 시인하노니.

내가 12절과 14절에서 이야기한 것처럼, 율법 자체는 선한 것이라. 나는 율법이 의(義)의 유일한 규범으로서 거룩하며 선한 것이라는 데에 기꺼이 동의하노라.

17. 이제는 그것을 행하는 자가 내가 아니요 내 속에 거하는 죄니라.

그것을 행하는 자가 내가 아니요. 그것을 행하는 자는 영적이며 새로워진 존재로서의 내가 아니요, 나의 전체 자아가 아니라.

내 속에 거하는 죄니라. 집이 서 있는 한 결코 나가지도 않고 내가 쫓아낼 수도 없는 악독한 동거인(同居人)처럼, 그것을 행하는 자는 내 속에 내주하는 죄니라. 그것은 마치 집의 벽을 오염시킨 나병과 같다. 그 집이 허물어질 때까지 그것은 없어지지 않을 것이다. 앞에서 이야기한 것처럼, 그것은 집으로부터 결코 떠나지 않는 동거인과 같다. 그것은 나그네처럼 우리 안에 잠시 머물렀다가 떠나가는 것이 아니다. 그것은 우리와 함께 계속적으로 거한다.

18. 내 속 곧 내 육신에 선한 것이 거하지 아니하는 줄을 아노니 원함은 내게 있으나 선을 행하는 것은 없노라.

내 육신에. 즉 나의 육신적인 부분에. 혹은 나의 본성 자체 안에.

선한 것이 거하지 아니하는. 선한 것이 전혀 없는, 혹은 영적인 선이 전혀 없는.

원함은 내게 있으나. 즉 내가 선한 것을 행하고자 의지(意志)할 수 있으나.

선을 행하는 것은 없노라. 그러나 내가 바라는 방식으로 선을 행할 수 있는 능력이 나에게 없노라. 이것이 의미하는 바는 그가 자신이 바라는 선을 전혀 행하지 않았다는 것이 아니다. 다만 그가 선한 일을 많이 시작했지만 그러나 그것을 철저하게 이루어나갈 수 없었음을 말하는 것이다.

19-20. [19]내가 원하는 바 선은 행하지 아니하고 도리어 원하지 아니하는 바 악을 행하는도다 [20]만일 내가 원하지 아니하는 그것을 하면 이를 행하는 자는 내가 아니요 내 속에 거하는 죄니라.

여기의 두 절은 앞의 15절과 17절을 다시 반복한 것이다. 새 사람 안에 두 사람이 있다. 그 안에 "나"와 또 다른 "나"가 있다. 바울은 거듭나지 않은 상태에 있을 때 이와 같은 구별을 할 수 없었다.

21. 그러므로 내가 한 법을 깨달았노니 곧 선을 행하기 원하는 나에게 악이 함께

있는 것이로다.

이 구절은 주석가들에게 많은 혼란을 가져다주었다. 바울은 단순히 한 법에 대해 말한다. 문제는 그가 어떤 법을 의미했느냐 하는 것이다. 어떤 사람들은 여기의 "법"(law)을 그가 뒤에서 이야기하는 죄의 법으로 이해한다(23, 25절). 죄는 법처럼 강력한 힘을 갖고 명령하며 지시한다. 가장 선한 사람조차도 그것에 저항하며 그것의 멍에를 떨쳐버리기 위해 많은 고심을 하고 애를 써야만 한다. 내 자신의 예를 들어 보자. 나는 죄 안에서 매우 강력한 힘을 발견했으며, 선을 행하고자 할 때마다 방해를 받았다. 나는 내가 원하는 대로 자유롭고 충분하게 선을 행할 수 없었다. 반면 다른 사람들은 여기의 "법"을 하나님의 법으로 이해한다. 이렇게 이해하는 사람들 가운데에도 여기의 말씀에 대한 해석은 여러 갈래로 나누어진다. 그 가운데 가장 좋은 해석은 여기에 전치사 '카타'가 생략되었다고 보는 것이다. 그렇다면 그 의미는 다음과 같이 된다 ── 하나님의 법 혹은 명령에 따라 선을 행하고자 할 때, 나는 악이 나와 함께 있는 것을 발견했노라.

나에게 악이 함께 있는 것이로다. 이것은 원죄를 완곡적으로 표현한 것이다. 우리 안에 죄가 거하며, 악이 우리와 함께 있다. 우리 안에 계속적으로 악이 내재하며, 우리 위에 계속적으로 그것이 들러붙어 있다. 헬라어 단어가 함축하는 것처럼, 그것은 항상 우리 곁에 가까이 있다. 그것은 언제나 어디서나 우리와 함께 있다. 우리가 어디로 가든, 그것은 우리를 따른다. 그리고 우리가 선을 행하고자 할 때, 그것은 강력한 힘으로 우리를 방해한다.

22. 내 속사람으로는 하나님의 법을 즐거워하되.

이것은 여기에서 바울 사도가 거듭난 사람으로서 말하고 있었음을 한층 더 분명하게 보여 준다. 하나님의 법을 즐거워하는 것은 오직 거듭난 사람들만의 몫이다. 시편 1:2; 119:77, 111을 보라.

속사람. 즉 새 사람. 혹은 사람 안에 있는 거듭난 부분. 베드로는 이것을 "마음에 숨은 사람"으로 부른다(벧전 3:4). 로마서 2:29; 고린도후서 4:16을 보라.

23. 내 지체 속에서 한 다른 법이 내 마음의 법과 싸워 내 지체 속에 있는 죄의 법으로 나를 사로잡는 것을 보는도다.

내 지체 속에서 한 다른 법이. 즉 앞 절에서 언급한 하나님의 법과 완전히 다른 법. "지체 안에 있는 법"은 사람 안에 있는 자연적인 타락을 가리킨다. 그것은 법처럼 사람을 육신적인 보상과 형벌로 명령하며 잡아끈다. 한편 "마음 안에 있는 법"은 은혜의 원리를 가리킨다. 그것 역시 법처럼 사람을 선한 것으로 명령하며 잡아끈다. "지체 안에 있는 법"과 "마음 안에 있는 법"은 갈라디아서에서 육체와 성령으로 불리는 것과 같은 것이다. "육체의 소욕은 성령을 거스르고 성령은 육체를 거스르나니 이 둘이 서로 대적함으로 너희가 원하는 것을 하지 못하게 하려 함이니라"(갈 5:17). 모든 거듭난 사람들 안에 이러한 두 가지 법과 원리들이 있으며, 둘은 서로 거스르며 대적한다. 그러므로 둘 사이에 끊임없는 싸움과 다툼이 있다. 야고보서 4:1; 베드로전서 2:11을 보라.

내 지체 속에 있는 죄의 법으로. "지체 속에 있는 법"과 "지체 속에 있는 죄의 법"은 같은 것이다.

죄의 법으로 나를 사로잡는. 즉 나의 의지(意志)에 반하여 그리고 나의 동의(同意)와 상관없이 죄를 범하는 데로 나를 끌고 가는. 바울은 계속해서 은유를 사용한다. 거듭난 자 안에서 육체는 계속적으로 싸움을 벌일 뿐만 아니라 많은 경우 이기며 승리한다. 로마서 7:15을 보라.

24. 오호라 나는 곤고한 사람이로다 이 사망의 몸에서 누가 나를 건져내랴.

오호라 나는 곤고한 사람이로다. 여기의 표현은 계속되는 싸움으로 지친 사람을 묘사한다.

이 사망의 몸에서. 혹은 사망의 이 몸에서. 또는 히브리 어법대로 내가 불가분리적으로 연결된 이 죽을 몸에서, 혹은 죄의 이 시체에서. 이것 역시 원죄에 대한 또 하나의 완곡어법이다. 원죄는 로마서 6:6에서 "죄의 몸"으로 불리며, 여기에서 "사망의 몸"으로 불린다. 그것은 사람을 사망으로 이끌며, 사망과 결박한다.

누가 나를 건져내랴. 이것은 의심하며 낙망한 자의 목소리가 아니라, 구원을 갈급하며 갈망하는 자의 목소리이다. 성경에는 이런 식의 절규가 자주 나타난다. 시편 55:6을 보라. 어떤 사람은 이것을 "경건한 자의 신음소리"라고 부른다.

25. 우리 주 예수 그리스도로 말미암아 하나님께 감사하리로다 그런즉 내 자신이 마음으로는 하나님의 법을 육신으로는 죄의 법을 섬기노라.

하나님께 감사하리로다. 하나님은 이미 나를 죄의 굴레와 통치로부터 건져내 주셨도다. 그러므로 설령 죄가 나와 더불어 싸운다 하더라도, 나는 여전히 그것을 대적하며 그리스도의 능력으로 말미암아 자주 그것을 이기노라. "우리 주 예수 그리스도로 말미암아 우리에게 승리를 주시는 하나님께 감사하노니"(고전 15:57).

그런즉 내 자신이 마음으로는 하나님의 법을 육신으로는 죄의 법을 섬기노라. 이것은 바울이 본 장에서 토로하는 그의 경험적인 고백의 결론이다. 거듭난 부분의 측면에서 나는 하나님의 법에 순복하지만, 그러나 거듭나지 못한 부분의 측면에서는 죄의 법에 순종하노라. 여기에서 사람이 두 주인을 섬길 수 없지 않느냐는 반론이 제기될 수 있다. 이에 대한 대답은, 바울이 같은 부분에서 두 주인을 섬기지 않았다는 것이다. 그는 동시에 그리고 일상적으로 그렇게 하지 않았다. 왜냐하면 대부분의 경우 그는 하나님의 법을 섬겼기 때문이었다. 다만 때로 그리고 유혹의 힘과 내적인 타락으로 말미암아, 그는 그의 의지(意志)에 반하여 죄의 법을 섬기도록 강요되었다.

제8장

개요

1. 복음 안에서 우리는 정죄로부터 벗어난 가운데 성령을 따라 행함(1-4).
2. 육신의 생각은 사망이요 영의 생각은 생명임(5-8).
3. 그리스도인들 안에 그들을 인도하시며 도우시는 성령이 거하심(9-11).
4. 영으로써 몸의 행실을 죽이면 살 것임(12-13).
5. 성령의 인도하심을 받는 자들이 곧 하나님의 아들이요 영광을 상속받을 상속자들임(14-18).
6. 세상이 오랫동안 타락의 멍에로부터 건짐 받기를 소망하면서 하나님의 아들의 나타나심을 기다림(19-22).
7. 성령의 첫 열매를 받은 자들까지도 여전히 그것을 소망하며 기다림(23).
8. 우리는 오직 소망으로 말미암아 구원을 받음(24-25).
9. 성령께서 성도들의 연약함을 도우심(26-27).
10. 그럼에도 불구하고 하나님을 경외하는 자들의 최종적인 선(善)이 하나님에 의해 미리 정해지고 그의 섭리에 따라 확실하게 이루어짐(28-30).
11. 기독교적 소망의 근거와 확증(31-39).

1. 그러므로 이제 그리스도 예수 안에 있는 자에게는 결코 정죄함이 없나니.

그러므로 이제. 앞 장에서 바울이 말한 것처럼, 신자들은 스스로를 죄 가운데 내어주지 않으며(15절) 부분적으로 죄로부터 구원받았다(25절). 그러므로 이제 이어지는 명제가 따른다.

그리스도 예수 안에 있는 자에게는. 이러한 표현은 그리스도와 신자들 사이의 신비하면서도 영적인 연합을 함축한다. 이것은 때로 그리스도께서 신자들 안에 계신 것으로 표현되기도 하며(롬 8:10; 고후 13:5; 골 1:17), 또 때로 여기와 같이 신자들이 그리스도 안에 있는 것으로 표현되기도 한다(고전 1:30; 요일 5:20). 그리스도는 그의 영으로 말미암아 신자들 안에 계시며, 신자들은 믿음으로 말미암아 그리스도 안에 거한다.

결코 정죄함이 없나니. 바울은 그리스도 안에 있는 자들에게 정죄될 만한 것이나 혹은 저주받을 만한 것이 아무것도 없다고 말하지 않는다. 그와 같은 것들은 충분히 있을 수 있다. 그는 다만 그들에게 실제적인 정죄함이 없다고 말할 뿐이다. 요한복음 3:18; 5:24을 보라. 여기의 표현 안에 곡언법이 있다(曲言法. 표현하려는 것을 빙 둘러서 말하는 수사법, 예컨대 "very good"을 "not bad"로 말하는 따위). 그러므로 여기에는 겉으로 나타나는 것보다 더 많은 내용이 함축된다. 여기에서 바울이 의미하는 것은 의롭다 함과 영원한 구원이 그리스도 안에 있는 자들의 분깃이라는 것이다. 부정적인 것(정죄함이 없나니) 안에 긍정적인 것(의롭다 함과 영원한 구원)이 함축된다. 그리스도 안에 있는 자들에게는 오직 하나님의 정죄만이 면제될 뿐이다. 그들은 여전히 다른 사람들이나 혹은 자기 자신의 양심의 정죄를 당할 수 있다.

2. 이는 그리스도 예수 안에 있는 생명의 성령의 법이 죄와 사망의 법에서 너를 해방하였음이라.

그리스도 예수 안에 있는. 즉 그리스도 예수 위에 부어짐으로 말미암아 여전히 그 안에 매우 특별한 방식으로 남아 있는 것. 이사야 11:2; 누가복음 4:1을 보라. 혹은 "그리스도 예수 안에 있는"은 "그리스도 예수로 말미암은"과 같은 것이다. 그는 그가 기뻐하는 때, 그가 기뻐하는 방법으로, 그가 기뻐하는 자들에게 성령을 주신다.

생명의 성령의 법. 어떤 사람들은 이것을 복음의 교훈으로 이해한다. 그것이 "생명의 성령의 법"이라 불리는 것은 그것이 생명과 성령의 사역이기 때문이다. 다른 사람들은 그것을 그리스도의 인성(人性)을 가득 채우고 있었던 은혜와 거룩의 효력과 능력으로 이해한다. 또 다른 사람들은 그것을 영혼 안에서 새로운 생명이 강력한 능력과 효력으로 탄생되고 역사(役事)하는 것으로 이해한다.

죄와 사망의 법에서 너를 해방하였음이라. 여기의 "죄"로써 바울은 일차적으로 원죄를 의미한다. 바울은 그리스도 안에 있는 자들이 절대적으로 죄로부터 구원받았다고 말하지 않는다. 다만 죄의 법 즉 죄의 권능과 지배와 폭정으로부터 구원받았다고 말할 뿐이다. 또 여기의 "사망"은 사망에 이르는 죄 혹은 사망에 속한 본성을 의미한다. "생명의 성령"(Spirit of life)이 살아 계신 성령(living Spirit)을 의미하는 것처럼, 어떤 사람들은 "죄와 사망"(sin and death)이 죽음에 이르는 죄(deadly sin)를 의미한다고 생각한다. 다른 사람들은 "사망"을 "죄"와 구별되는 것으로 취하면서, 여기에서 바울이 이중적인 구원을 말하고 있다고 생각한다. 그리하여 그들은 여기의 "사망"을 영원한 사망 혹은 둘째 사망으로 이해한다. "이 첫째 부활에 참여하는 자들은 복이 있고 거룩하도다 '둘째 사망'이 그들을 다스리는 권세가 없고"(계 20:6). 전체의 의미는 이것이다. 즉 새롭게 하며 소생시키는 성령의 강력한 능력이 죄의 명령과 법칙으로부터 바울을 해방시켰으며 모든 신자들을 해방시킨다는 것이다. 그리하여 죄는 예전처럼 그들을 주관하지 못한다. 그리고 죄의 권능으로부터 해방된 신자들은 또한 사망과 영원한 정죄의 권능으로부터 해방된다. 그러므로 이것은 "그리스도 예수 안에 있는 자에게는 결코 정죄함이 없나니"라는 앞 절의 명제를 확증하는 하나의 증거이다.

3. 율법이 육신으로 말미암아 연약하여 할 수 없는 그것을 하나님은 하시나니 곧 죄로 말미암아 자기 아들을 죄 있는 육신의 모양으로 보내어 육신에 죄를 정하사.

여기에 "그리스도 예수 안에 있는 자에게는 결코 정죄함이 없나니"라는 1절의 명제에 대한 또 하나의 증거가 제시된다. 우리를 정죄하는 죄 안에는 두 가지가 있다. 그것은 죄의 권능과 죄책이다. 바울은 앞 절에서 전자 즉 죄의 권능으로부터 해방되는 것에 대해 이야기했다. 계속해서 그는 본 절에서 후자 즉 죄의 죄책이 제거되는 것에 대해 이야기한다.

율법이 할 수 없는 그것을. 여기의 "율법"으로서 바울은 도덕법을 의미한다. 그러면 율법이 할 수 없는 것은 무엇인가? 여기에는 몇 가지 대답이 있지만, 그러나 주된 해석은 그것이 정죄로부터 우리를 면제시켜 줄 수 없다는 것이다. 사도행전 13:38-39; 갈라디아서 3:21; 히브리서 7:18-19을 보라.

육신으로 말미암아 연약하여. 여기의 "육신"을 우리는 부패한 본성으로 이해해야 한다. 바로 이것으로 말미암아 율법이 연약해지고 무능해진다. 율법의 무능함은 그 자체로부터 오지 않고, 그것이 관계하는 사람들의 상태로부터 온다. 율법이 우리에게 연약한 것은 우리가 율법에 대해 연약하기 때문이다. 태양이 맹인의 눈에 빛을 줄 수 없는 것은 태양 자체의 무능함 때문이 아니라, 그 빛을 받는 눈의 무능함 때문이다.

죄로 말미암아(for sin). 이것은 바로 뒤에 이어지는 구절 즉 "자기 아들을 죄 있는 육신의 모양으로 보내어"와 연결될 수 있다. 그렇다면 그 의미는, 하나님이 그 아들을 죄 있는 육신의 모양으로 보내신 것은 그 아들로 말미암아 죄를 제거하기 위함이었다는 것이 될 것이다. 또 이것은 마지막에 나오는 "육신에 죄를 정하사"와 연결될 수도 있다. 그렇다면 거기에 무엇인가 생략된 것이 있는 셈이 된다. 흠정역 난외(欄外)는 여기에다 "희생제사"라는 단어를 덧붙인다. 그렇다면 그 의미는 "죄를 위한 희생제사로 말미암아 육신에 죄를 정하사"가 될 것이다. 이런 식의 생략은 성경에 매우 흔하다. 예컨대 이사야 53:10의 "그의 영혼을 죄로 드리기에 이르면"이라는 표현을 생각해 보자. 여기에는 "죄"와 "드리기에" 사이에 "제물"이 생략되어 있다. 그러므로 그것의 온전한 의미는 "그의 영혼을 죄를 위한 제물로 드리기에 이르면"이 된다(한글개역개정판에는 "속건제물로 드리기에 이르면"이라고 되어 있음). 또 에스겔 45:19의 "제사장이 죄의 피를 가져다가"라는 표현을 생각해 보자. 여기에도 "죄" 앞에 "속죄 제물"이 생략되어 있다. 그러므로 그것의 온전한 의미는 "제사장이 속죄 제물의 피를 가져다가"가 된다(한글개역개정판에는 "그 속죄제 희생제물의 피를 가져다가"로 되어 있음). 비슷한 경우로서 호세아 4:8; 고린도후서 5:21; 히브리서 10:6 등을 보라.

자기 아들을 보내어. 타락한 사람을 의롭다 하며 구원하는 것은 율법에게 있어 불가능한 일이었다. 그러므로 하나님은 다른 방법을 찾아내심으로써 그 일을 효과적으로 이루실 것이었다. 그의 율법이 할 수 없는 일을 그의 아들은 할 수 있으시다. 그러므로 그는 그 아들을 보내실 것이다.

죄 있는 육신의 모양으로. 즉 여기의 "육신"은 앞의 "육신"과 전혀 다른 의미를 갖는다. 앞에서는 도덕적인 의미에서 인간의 부패한 본성을 가리키는 것이었던 반면 여기에서는 물질적인 의미에서 그리스도의 인성(人性)을 가리킨다. "모양"이라는 단어는 육신이 아니라 죄 있는 육신과 연결된다. 그는 실제적이며 참된 육신을 가지셨지만, 그러나 단지 죄 있는 육신의 모양과 나타남만을 가지셨을 뿐이다. 고린도후서 5:21; 히브리서 4:15; 7:26; 베드로전서 1:19을 보라.

육신에 죄를 정하사. 수리아 역본은 이것을 "그의 육신에 죄를 정하사"라고 읽는다. 그렇다면 이것이 의미하는 바는 하나님이 마땅히 우리가 감당해야 할 죄와 저주를 자기 아들 안에서 엄중하게 처벌하셨다는 것이 될 것이다. 하나님은 우리 모두의 죄를 그에게 전가하셨으며, 그는 그 모든 것을 십자가 위에서 자신의 몸으로 담당하셨다. 갈라디아서 3:13; 베드로전서 2:24을 보라.

4. 육신을 따르지 않고 그 영을 따라 행하는 우리에게 율법의 요구가 이루어지게 하려 하심이니라.

우리에게 율법의 요구가 이루어지게 하려 하심이니라. 여기에 하나님이 그 아들을 보내신 또 하나의 목적이 나타난다. 그것은 그로 하여금 우리 안에서 혹은 우리를 위해 율법의 의를 완전하게 이루게 하기 — 왜냐하면 우리 스스로는 그것을 행하는 것이 완전히 불가능하기 때문에 — 위함이었다. 그러한 공로 위에서 우리는 의로운 자로 여겨질 — 마치 우리 자신이 그 모든 의를 이룬 것처럼 - 것이다. 그리스도께서 희생제물이 되신 것만으로는 율법의 모든 목적과 요구를 이룰 수 없었다. 율법이 명령하는 것과 함께 그것이 거슬러졌을 때 치러져야 할 모든 형벌이 행해져야만 했다. 그러므로 그리스도는 두 가지 모두를 위해 보냄을 받았으며, 두 가지 모두를 이루셨다. 그리하여 그가 행하시고 형벌을 당하신 것은 마치 우리가 행하고 형벌을 당한 것으로 간주된다. 바로 이것이 성경이 그토록 자주 이야기하는 "의의 전가"이다. 로마서 4:1-25을 보라. 그리고 이와 관련하여 그는 "우리를 위해 의가 되셨다"고 말하여지며(고전 1:30), 우리는 "그 안에서 하나님의 의가 되었다"고 말하여진다(롬 5:19; 고후 5:21).

육신을 따르지 않고 그 영을 따라 행하는. 이러한 표현은 그리스도와 연합되고 정죄로부터 면제된 사람들을 묘사하기 위해 앞에서 제시되었었는데, 전가(轉嫁)의 방식으로 그리스도의 의에 참여하는 사람들을 묘사하기 위해 여기에서 또다시 제시된다. 오직 거룩함을 따라 행하는 자들만이 그리스도께서 율법을 이루시고 만족시키신 것을 스스로에게 적용시킬 수 있다. 왜냐하면 그리스도는 우리를 위해 율법의 의를 이루셨기 때문이다. 우리는 이제 더 이상 아무것도 할 것이 없으며 마음대로 살 수 있다고 생각해서는 안 된다. 왜냐하면 — 비록 그리스도께서 모든 면에서 율법을 이루셨다 하더라도 — 그로 말미암아 은택을 받은 모든 사람들은 육신을 따라 행하지 않고 그 영을 따라 행해야만 하기 때문이다. 1절을 보라.

5. 육신을 따르는 자는 육신의 일을, 영을 따르는 자는 영의 일을 생각하나니.

육신을 따르는 자. 즉 거듭나지 못함으로 말미암아 자연적인 상태에 있는 육신적인 사람들.

육신의 일. 갈라디아서 5:19-21에 "육체의 일"이라고 불리는 절대적으로 악한 일들과, 재물이나 명예나 쾌락 등과 같은 경우에 따라 악한 일. 후자의 것들 역시도 "육체의 일"이라고 불리며, 육신적인 사람들은 이러한 것들을 생각한다. 즉 그들은 그러한 것들에 영향을 받으며, 그러한 것들 안에서 즐거움을 취한다.

영을 따르는 자. 즉 거듭남으로 말미암아 그 안에 성령이 거하는 영적인 사람들.

영의 일. 즉 하늘에 속한 영적인 일들. 영을 따르는 자들은 이러한 일들을 생각하며 좋아한다.

6. 육신의 생각은 사망이요 영의 생각은 생명과 평안이니라.

앞 절에서 우리는 육신적인 사람들과 영적인 사람들의 서로 다른 태도와 성향을 보았는데, 여기에서는 그들의 서로 다른 종착지를 보게 된다.

육신의 생각은 사망이요. 육체의 일을 생각하며 좋아하는 것의 결과는 사망이다. 다시 말해서 그것은 결국 사망으로 귀결된다. 여기의 "사망"은 영원한 사망 혹은 둘째 사망을 가리킨다.

영의 생각은. 즉 영의 일들을 생각하고 좋아하며 그러한 것들 안에서 즐거움을 취하는 것. 다시 말해서 그 마음의 성향과 기울기가 영의 일들로 향하는 것.

생명과 평안이니라. 즉 하늘에서의 영원한 생명과 이 땅에서의 온전한 평안의 길이니라.

7. 육신의 생각은 하나님과 원수가 되나니 이는 하나님의 법에 굴복하지 아니할 뿐 아니라 할 수도 없음이라.

육신의 생각은 하나님과 원수가 되나니. 육신적인 사람은 하늘에 속한 일들을 바라보지 않는다. 왜냐하면 그 생각이 하나님과 원수가 되었기 때문이다.

이는 하나님의 법에 굴복하지 아니할 뿐 아니라 할 수도 없음이라. 이것은 "육신의 생각은 하나님과 원수가 되나니"라는 앞의 선언의 이유로서 제시된 것이다. 서로 원수가 된 두 사람을 생각해 보라. 두 사람의 의지(意志)는 서로 반대되며, 상대에게 결코 굴복하지 않을 것이다. 이와 같이 육신의 생각은 변화되고 새로워지지 않는 한 하나님의 의지(意志)와 반대된다. 육신의 생각이 하나님의 의지와 일치되는 것은 불가능하다. 왜냐하면 그 안에는 "하나님의 의지에 순종하는 것에 대한 도덕적 무능함"이 있기 때문이다. 요한복음 8:43; 고린도전서 2:14을 보라.

8. 육신에 있는 자들은 하나님을 기쁘시게 할 수 없느니라.

그러므로. 본 절은 앞 절의 논리적 귀결이다(한글개역개정판에는 "그러므로"가 생략되어 있음).

육신에 있는 자들은. 어떤 로마 교황은 이것을 "혼인한 자들은"이라고 이해했는데, 이것은 얼마나 어리석은 이해인가! 다음 절이 그러한 어리석은 해석을 배격한다. 이것은 육신적이며 거듭나지 못한 사람들을 가리키는데, 5절의 "육신을 따르는 자들"과 같은 사람들이다.

하나님을 기쁘시게 할 수 없느니라. 그들 자신도 또 그들이 행하는 어떤 일도 하나님을 기쁘시게 할 수 없다. 그들이 행하는 최고의 일조차도 죽은 행실에 — 그리고 어떤 사람이 표현한 것처럼 "우아한 죄"에 — 불과할 뿐이다. 시편 5:4-5; 히브리서 11:6을 보라.

9. 만일 너희 속에 하나님의 영이 거하시면 너희가 육신에 있지 아니하고 영에 있

나니 누구든지 그리스도의 영이 없으면 그리스도의 사람이 아니라.

여기에서 바울은 앞에서 자신이 제시한 것을 로마인 신자들에게 좀 더 일반적으로 적용한다.

만일. 여기의 가정법은 조건적인 것이 아니라 원인적인 것이다. 그러므로 여기의 표현은 "너희 속에 하나님의 영이 거하시는 까닭에"라고 번역될 수 있다. 로마서 8:17, 31; 데살로니가후서 1:6을 보라.

너희 속에 하나님의 영이 거하시면. 하나님의 영은 거듭난 자들 속에 그의 무한한 임재에 의해서 — 그는 모든 곳에 계시기 때문에 — 뿐만 아니라 그의 효과적인 은혜에 의해 거하신다. 신자들 속에 거하시는 성령의 내주하심은 두 가지를 함축한다. (1) 그가 그들 안에서 다스리심. 왕은 자신이 거하는 곳에서 명령하며 통치한다. (2) 그가 그들 안에서 거하심. 성령은 신자들 안에 영원히 거하신다(요 14:16).

육신에 있지 아니하고 영에 있나니. 즉 5절처럼 육신을 따르지 아니하고 영을 따르나니. 혹은 육신의 일을 생각하지 아니하고 영의 일을 생각하나니.

누구든지 그리스도의 영이 없으면 그리스도의 사람이 아니라. 앞에서 하나님의 영으로 불렸던 것이 여기에서는 그리스도의 영으로 불린다. 그것이 그리스도의 영으로 불리는 것은 그것이 그로부터 나오며 그에 의해 얻어지기 때문이다(요 14:26; 16:7; 갈 4:6). 그리스도의 영이 없으면 그리스도의 사람이 아니라고 말할 때 바울이 의미하는 바는 그런 사람들은 그리스도에게 개인적으로 속하지 않으며, 그와 더불어 특별한 관계를 가지고 있지 않으며, 그의 참된 지체가 아니라는 것이다. 상인이 그의 상품에다가 그의 인을 치는 것처럼, 그리스도는 그를 따르는 자들에게 그의 영으로 인을 친다(엡 1:13).

10. 또 그리스도께서 너희 안에 계시면 몸은 죄로 말미암아 죽은 것이나 영은 의로 말미암아 살아 있는 것이니라.

그리스도께서 너희 안에 계시면. 앞에서 이야기한 것처럼 하나님과 그리스도의 영이 너희 안에 거하시면. 그리스도는 그의 영으로 말미암아 신자들 안에 거하신다.

몸은 죄로 말미암아 죽은 것이나. 여기의 "몸"을 어떤 사람들은 불경건한 자들 안에 있는 거듭나지 않은 타락한 부분으로 이해한다. 그것은 그들 안에서 죽은 것이나 마찬가지이다. 반면 다른 사람들은 그 단어를 문자 그대로 취하여, 그것이 사람들의 몸이 "죽을 몸"이라는 것 이상의 다른 아무것도 의미하지 않는 것으로 이해한다. 신자들의 몸 역시 다른 사람들의 몸과 마찬가지로 죽음에 예속되어 있다.

영은 살아 있는 것이니라. "the Spirit is life." 여기의 "영"을 어떤 사람들은 하나님의 영으로 이해한다. 그렇다면 여기의 말씀은 "하나님의 영은 생명이시니라" 다시 말해서 "하나님의 영이 너희 몸을 죽지 않는 몸으로 다시 일으키시고 소생시키실 것이라"라는 의미가 될 것이다. 반면 다른 사람들은 여기의 "영"을 은혜로 말미암아 새로워진 성도들의 영혼으로 이해한다. 그렇다면 여기의 의미는 "영혼은 살아 있는 것이니라" 즉 "영혼은 이 땅에서 은혜의 삶을 살며 장차 하늘에서 영광의 삶을 살 것이니라"가 될 것이다.

의로 말미암아. 여기의 "의"를 우리는 우리에게 구원의 권리와 자격을 주는 "전가된 의"(imputed righteousness)로 이해할 수도 있고, 구원받을 모든 사람들에게 요구되는 필수적인 조건인 "본래적인 의"(inherent righteousness)로 이해할 수도 있다. 요지는 이것이다 ── "만일 너희가 참된 그리스도인이라면, 비록 너희의 몸은 죽는다 하더라도 너희의 영혼은 영원히 살 것이라. 그리고 너희의 죽은 몸은 영원히 멸망하지 않고 반드시 다시 살아날 것이라."

11. 예수를 죽은 자 가운데서 살리신 이의 영이 너희 안에 거하시면 그리스도 예수를 죽은 자 가운데서 살리신 이가 너희 안에 거하시는 그의 영으로 말미암아 너희 죽을 몸도 살리시리라.

예수를 죽은 자 가운데서 살리신 이. 하나님 아버지를 표현하는 완곡어법. 아들은 스스로 다시 살아나셨다(요 2:19; 10:18). 동시에 여기에서는 아버지가 그를 죽은 자 가운데 다시 살리셨다고 말하여진다. 로마서 1:4에 대한 주석을 참조하라.

너희 죽을 몸도 살리시리라. 너희의 몸을 필멸의 상태로부터 영광스러운 불멸의 생명으로 살리시리라.

너희 안에 거하시는 그의 영으로 말미암아. 만일 너희가 그 영으로 말미암아 거룩하여졌다면, 너희는 또한 그 영으로 말미암아 그리스도께서 다시 일어나신 것처럼 다시 일어날 것이라. 악인들 역시도 마지막 날 다시 일어날 것이다. 그러나 의인들은 특별한 방식으로 다시 일어날 것이다. 그들이 다시 일어날 것은 하나님의 전능하신 능력으로 말미암은 것과 마찬가지로, 또한 그들이 그의 지체로서 그리스도와 연합된 덕분이요, 또한 그들이 그의 전(展)으로서 성령에 대한 그들의 관계 덕분이다. 오직 그들만이 진정한 부활에 참여하게 될 것이다. 그러므로 그것은 특별하게 "의인의 부활"로 일컬어진다(눅 14:14). 따라서 "하나님의 자녀"와 "부활의 자녀"는 같은 표현이다(눅 20:36).

12. 그러므로 형제들아 우리가 빚진 자로되 육신에게 져서 육신대로 살 것이 아니니라.

그러므로. 이러한 접속사는 여기의 말씀을 앞 절과 연결시킨다. 즉 우리가 육신 가운데 있지 않고 우리 안에 내주하시는 하나님의 영을 가지고 있으므로, 또 우리가 거룩하여지고 우리의 영혼이 소생되었을 뿐만 아니라 장차 우리의 몸이 다시 살아날 것이므로.

우리가 빚진 자로되 육신에게 져서 육신대로 살 것이 아니니라. 우리는 죄에게 빚진 자도 아니고, 우리 안에 있는 타락하고 부패한 본성에게 빚진 자도 아니다. 우리는 오직 성령에게 빚진 자다. 그러므로 우리는 육신대로 살 것이 아니라 성령을 따라 살아야 한다.

13. 너희가 육신대로 살면 반드시 죽을 것이로되 영으로써 몸의 행실을 죽이면 살리니.

너희가 육신대로 살면 반드시 죽을 것이로되. 즉 너희가 육신대로 살면 영원히 죽고 앞에서 이야기한 영광스러운 부활에 결코 참여하지 못할 것이로되. 경건한 자들에게도 이러한 경고는 꼭 필요하다. 그들은 결코 "어쨌든 나는 택함 받고 거룩하여졌으므로 이제 마음대로 행하며 원하는 대로 살 수 있어"라고 말해서는 안 된다.

영으로써. 즉 성령의 은혜와 도우심으로 말미암아.

몸의 행실을 죽이면. 죄의 행동을 삼가는 것만으로는 충분하지 않다. 우리는 죄를 십자가에 못 박아 죽여야 한다. 여기에서 악한 행동이 "몸의 행실"로 불리는 것은 몸이 그러한 행동의 도구가 되기 때문이다. 여기의 "몸"(body)을 어떤 사람들은 타락한 본성으로 이해한다. 그렇다면 다른 곳에서 바울이 "육체"(flesh)라고 부르는 것과 같은 것이 될 것이다. 이것이 로마서 8:6에서는 "죄의 몸"으로, 그리고 여기에서는 그냥 "몸"으로 불린다.

살리니. 즉 영원히 살리니. 이와 병행되는 경우로서 로마서 6:22; 갈라디아서 6:8을 보라. 또 로마서 8:6을 보라.

14. 무릇 하나님의 영으로 인도함을 받는 사람은 곧 하나님의 아들이라.

이것은 앞 절 하반절의 "영으로써 몸의 행실을 죽이면 살리라"라는 명제를 증명한다. 왜냐하면 그들은 "하나님의 영으로 인도함을 받는 하나님의 아들"이기 때문이다. 바울이 "하나님의 영으로 사는"이라고 말하지 않고 "하나님의 영으로 인도함을 받는"이라고 말하는 것은 성령이 우리의 삶의 인도자와 통치자가 되셔야만 함을 보이기 위함이다. 그는 배에 있어 키잡이와 같고, 말에 있어 기수와 같다. 여기의 표현은 다른 사람들로부터 인도함을 받는 맹인이나 혹은 스스로는 아무 힘이 없으므로 다른 사람들에 의해 들것에 실려 옮겨지는 중풍병자로부터 취하여진 것이다. 이와 같은 방식으로 우리는 성령에 의해 인도함을 받는다. 왜냐하면 성령께서 인도하지 않는 한 우리는 우리의 길을 볼 수도 없고, 또 성령께서 도우시지 않는 한 그 길을 걸어갈 힘도 없기 때문이다. 성령은 강력한 힘으로 우리를 인도하시며 이끄신다. 그러나 우리의 의지(意志)에 반하여 강제적으로 그렇게 하시지는 않는다. 우리는 처음에는 성령의 인도하심을 달가워하지 않는다 하더라도 나중에는 그것을 달가워하게 된다. 그리고 마침내 우리는 성령의 인도하심을 간절히 사모하며 기도하게 된다. 시편 25:5; 143:10; 아가 1:4을 보라.

15. 너희는 다시 무서워하는 종의 영을 받지 아니하고 양자의 영을 받았으므로 우리가 아빠 아버지라고 부르짖느니라.

이것은 앞 절의 "무릇 하나님의 영으로 인도함을 받는 사람은 곧 하나님의 아들이라"라는 명제를 증명한다. 왜냐하면 우리 안에 성령이 내주하시는 결과 우리는 하나님을 "아버지"라 부를 수 있게 되기 때문이다. 여기에서 바울이 이야기하는 것은 두 개의 별개의 영이 아니라 오직 하나의 동일한 영 곧 하나님의 영이다. "종의 영"과 "양자의 영"으로 서로 다른 표현으로 나타나지만, 그러나 실제로는 하나의 동일한 영이다. "종의 영"은 하나님의 백성이 의식법(儀式法) 아래 있었을 때의 종의 상태와 관련되거나(갈 4:3, 9), 혹은 시내 산에서 도덕법을 반포할 때의 공포와 두려움의 상태와 관련되는 것으로 보인다. 출애굽기 19:16과 히브리서 12:18-21을 비교하라. 또 갈라디아서 4:24을 보라. 또 어쩌면 그것은 하나님의 영이 율법으로 말미암아 사람들의 마음과 양심 속에서 역사(役事)할 때의 노예적인 두려움과 공포의 상태와 관련되는 것인지도 모른다. 성령께서 그들의 눈을 열어 그들로 하여금 자신들이 죄와 사탄의 멍에 아래 있으며 하나님의 진노와 보응을 피할 수 없음을 보게 하실 때의 노예적인 두려움 말이다. 많은 경우 이것은 그들을 회심으로 이끄는 준비 작업이 된다. 그러나 거듭날 때, 그들은 이러한 상태로부터 벗어난다. 누가복음 1:74; 히브리서 2:15; 요한일서 4:18을 보라. 여기에서 "그렇지만 많은 하나님의 자녀들이 의심과 두려움으로 가득 차 있지 않느냐?"라는 반론이 제기될 수 있다. 이에 대한 대답은 그것은 대부분의 경우 하나님의 영의 역사(役事)로 말미암은 것이 아니라 그들 자신의 영의 문제들로 말미암은 것이라는 것이다. 어떤 사람들은 "종의 영"과 "유기(遺棄)의 영"을 구별한다. 그들은 하나님의 자녀들이 전자로부터 구원받지만, 그러나 여전히 후자에 의해 훈련과 연단을 받는다고 말한다. 또 여기에서 하나님의 영이 "양자(養子)의 영"으로 불리는 것은 그가 우리 안에서 양자의 일을 행하실 뿐만 아니라 그것을 우리에게 증언하시고 확증하시기 때문이다. 바울은 여기에서 "종의 영"과 반대되는 표현으로 "자유의 영"이라고 말할 수도 있었다. 그렇지만 실제로 그렇게 말한 것과 하등 다를 것이 없다. 왜냐하면 "양자의 영"을 받은 자녀들은 자유롭기 때문이다.

우리가 아빠 아버지라고 부르짖느니라. "양자의 영을 받았으므로 우리가 아빠 아버지라고 부르짖느니라" 혹은 "양자의 영으로 말미암아 우리가 아빠 아버지라 부르짖느니라." 우리 안에 거하는 성령으로 말미암아 드려지는 기도는 하나님이 받으실 만한 기도이다. "이와 같이 성령도 우리의 연약함을 도우시나니 우리는 마땅히 기도할 바를 알지 못하나 오직 성령이 말할 수 없는 탄식으로 우리를 위하여 친히 간구하시느니라"(26절). "아빠"는 아버지를 의미하는 히브리어 혹은 수리아어이다. 그러면 여기에 아버지라는 헬라어가 덧붙여진 이유는 무엇인가? 그것은 하나님이 유대인과 이방인 모두의 아버지임을 나타내기 위함이거나(롬 3:29; 10:12), 혹은 하나님 안에 있는 이중적인 부성(父性) 즉 하나님이 창조에 의해 모든 사람들의 아버지이면서 특별히 은혜와 거듭남에 의해 신자들의 아버지인 사실을 나타내기 위함이거나, 혹은 기도에 있어서의 간절함과 진지함을 나타내기 위함이었을 것이다. 특별히 마지막 것은 "부르짖느니라"라는 표현과 잘 부합된다. 반복어법 안에는 진지함이 담긴다. 이와 같이 같은 의미를 가진 두 단어가 반복되는 것은 결코 드문 경우가 아니다. 마가복음 14:36; 갈라디아서 4:6을 보라.

16. 성령이 친히 우리의 영과 더불어 우리가 하나님의 자녀인 것을 증언하시나니.

양자의 영은 우리로 하여금 하나님을 아버지로 부르도록 고무할 뿐만 아니라 또한 우리가 그의 자녀임을 보증하며 확증한다. 하나님 아버지가 예수 그리스도에게 하셨던 것과는 달리, 이 일을 그는 외적인 음성으로 하지 않는다. 또 다니엘과 마리아의 경우와 달리, 천사들에 의해 그렇게 하지도 않는다. 다만 내적이며 은밀한 비췸에 의해 그렇게 한다. 그는 우리의 마음에 이러한 비췸을 일으켜 우리로 하여금 하나님이 우리 아버지이시며 우리가 그의 자녀임을 깨닫게 한다. 이것은 성령의 은혜들과 작용들의 증언이 아니라, 성령 자신의 증언이다. 그것을 이렇게 생각해 보

라. 어떤 사람의 영이 그에게 그가 아들임을 증언한다. 그는 부지런한 탐구와 검토를 통해 자기 안에서 그러한 사실의 표적과 증표를 발견한다. 그러나 이러한 증언은 그 자체로는 미약하다. 사탄은 수많은 방식과 다양한 궤계로 그것을 허물어뜨릴 수 있다. 그러므로 그것은 더 큰 증언 즉 성령 자신의 증언에 의해 강화되고 재확증되어야 한다. 그는 우리 자신의 영과 함께 증언하며, 그것을 우리 위에 인친다. 그는 먼저 우리 마음 안에서 은혜를 작동시키며, 그러고 난 연후에 그것을 증언한다. 이러한 증언은 모든 신자들에게 동일하지 않다. 그리고 어떤 신자에게 있어 항상 동일하지도 않다. 그는 직접적인 증언으로 말미암아 우리의 영에게 증언하며, 공통적인 증언으로 말미암아 우리의 영과 함께 증언한다.

17. 자녀이면 또한 상속자 곧 하나님의 상속자요 그리스도와 함께 한 상속자니 우리가 그와 함께 영광을 받기 위하여 고난도 함께 받아야 할 것이니라.

자녀이면 또한 상속자. 이와 병행되는 구절로서 갈라디아서 4:7을 보라. "그러므로 네가 이 후로는 종이 아니요 아들이니 아들이면 하나님으로 말미암아 유업을 받을 자니라." 세상의 통치자들의 자녀도 이와 같다. 역대하 21:3을 보라.

그리스도와 함께 한 상속자. 그리스도와 함께 공동 상속자. 그는 우리의 맏형이며, 우리를 형제라 부르기를 부끄러워하지 않는다. 그는 본질로 말미암은(by nature) 상속자이며, 우리는 은혜로 말미암은(by grace) 상속자이다.

우리가 그와 함께 영광을 받기 위하여 고난도 함께 받아야 할 것이니라. 혹은 만일 우리가 그와 함께 고난을 받는다면, 우리는 또한 그와 함께 영광도 받게 될 것이니라. 그리스도의 십자가는 우리의 하늘의 유업의 조건이다. "그와 함께" 고난을 받는 것은 "그를 위해" 고난을 받는 것과 같은 것이다. 이와 같이 그리스도와 함께 고난을 받을 때, 우리는 또한 그와 함께 영광을 받게 될 것이다. 그러나 우리 모두가 동일한 영광을 받는 것은 아니다. 다만 각자의 분량에 따라 영광을 받을 것이다. 그리스도는 고난을 통해 영광에 들어가셨다(눅 24:26). 그러므로 우리도 그래야만 한다. "우리가 그와 함께 영광을 받는" 것 안에 세 가지가 함축된다. (1) 그와 같이 됨. 우리는 영광에 있어 각자의 분량으로 그리스도와 같이 될 것이다. 요 17:22; 빌 3:21을 보라. (2) 그와 함께 있음. 우리는 영광 가운데 그와 함께 있을 것이다. 요한복음 17:24; 데살로니가전서 4:17을 보라. (3) 그로부터 전달됨. 우리의 영광은 그로부터 올 것이다. 그의 영광이 우리 위에 반사될 것이요, 우리는 그의 광채 안에서 빛날 것이다.

18. 생각하건대 현재의 고난은 장차 우리에게 나타날 영광과 비교할 수 없도다.

생각하건대. 혹은 확실하게 결론짓건대. 로마서 3:28을 보라. 이러한 표현은 여러 개의 숫자들을 더함으로써 총계를 도출하는 수학자나 혹은 몇 가지 전제들로부터 결론을 도출하는 논리학자로부터 빌려온 것일 것이다.

비교할 수 없도다. 이 단어는 천칭 저울의 내려가는 부분을 가리키는 단어이다. 만일 우리가 현재의 고난과 장차 나타날 영광의 무게를 달아본다면, 전자가 후자보다 훨씬 가벼움이 분명하게 드러날 것이다.

우리에게 나타날. 그것은 우리에게 나타났으며, 장차 우리 안에서 나타날 것이다. 여기의 본문은 사람의 공로와 보속(補贖)에 대한 교황주의자들의 교리를 반박한다.

19. 피조물이 고대하는 바는 하나님의 아들들이 나타나는 것이니.

베드로는 바울의 서신들에 대해 말하면서 "그 중에 알기 어려운 것이 더러 있으니"라고 말한다(벧후 3:16). 어떤 학자는 베드로의 그와 같은 말이 특별히 여기의 문맥에 적용된다고 말한다. 정말로 여기에는 "알기 어려운" 것이 많이 있다.

피조물(creature). 이 단어는 본 절과 이어지는 세 절 속에서 네 번 사용된다. 그 단어는 오직 22절에서만 "창조"(creation)로 번역된다(한글개역개정판에서는 모두 "피조물"로 되어 있음). 여기에서 주된 질문은 "바울이 도대체 어떤 피조물을 말하고 있는 것인가?"라는 것이다. 이러한 질문에 대해 여러 가지 대답이 주어질 수 있지만, 여기에서 나는 두 가지만 제시하고자 한다. (1) 피조물(creature) 혹은 창조(creation)는 유대인과 이방인을 포함한 모든 인류를 의미한다. 마가복음 16:15을 보라. 거기에서 그리스도는 "모든 피조물(every creature)에게 복음을 전파하라"고 명령하신다(한글개역개정판에는 "만민에게"라고 되어 있음). 이것은 여기와 같은 단어이다. 또 베드로전서 2:13에서 베드로는 "인간의 모든 제도를 순종하되"라고 명령한다. 원어(原語)에서 여기에 사용된 단어는 "인간 피조물"(human creature)이다. 이것 역시 본문에 사용된 단어와 같은 단어이다. 거기에서 베드로가 의미한 것은 이방인 혹은 이교도 통치자들의 권세이다. 성경에서 이방인들은 때로 "세상"으로(롬 11:12, 15), 또 때로 "피조물"(creature) 혹은 "창조"(creation)로 불린다. (2) "피조물"은 전체적인 세상과 그 안에 있는 모든 피조물들, 혹은 창조의 전체적인 구조나 몸체를 의미한다. 여기에서 "피조물"은 이런 의미로, 그리고 특별히 의인법을 사용하여 이성적(理性的)이며 인격적인 존재로 언급된다. 성경에서 비이성적인 피조물을 이성적인 존재에게 적합한 표현을 사용하며 묘사하는 것은 흔한 일이다. 시 96:11-12; 히브리서 2:11; 야고보서 5:4을 보라. 여기에서도 "피조물"은 고대하며, 굴복하며, 바라며, 탄식하는 등으로 묘사된다.

고대하는. 피조물의 기대가 기대하는. 이것은 전형적인 히브리적 용어법이다. 피조물은 머리를 쳐들고 기대한다(빌 1:20).

하나님의 아들들이 나타나는 것이니. 즉 하나님의 아들들이 나타나는 때니. 아랍의 해석가들은 여기의 본문에다가 "영광"이라는 단어를 덧붙여 "피조물의 간절한 기대가 하나님의 아들들의 영광이 나타나는 것을 기다리나니"라고 읽는다. 그들의 영광은 이 땅에서는 감추어져 있지만 그러나 장차 나타나고 드러날 것이다. "우리가 다 수건을 벗은 얼굴로 거울을 보는 것 같이 주의 영광을 보매 그와 같은 형상으로 변화하여 영광에서 영광에 이르니"(고후 3:18). 피조물이 이것을 고대하는 것은 그때 자신의 본래의 자유와 영광이 회복될 것이기 때문이다. 그때 "만물이 회복될" 것이다(행 3:21). 그러나 앞에서 언급한 첫 번째 의미로 피조물을 이해하는 사람들은 여기의 마지막 구절을 전혀 다르게 해석한다. 즉 지금 이방 세계가 유대인들이 그리스도를 영접하거나 혹은 배척함으로 말미암아 무슨 일이 일어나게 될 것인지를 보기를 간절히 고대하고 있다는 것이다.

20. 피조물이 허무한 데 굴복하는 것은 자기 뜻이 아니요 오직 굴복하게 하시는 이로 말미암음이라.

만일 이 말씀이 세상과 그 안에 있는 모든 피조물에 대한 것으로 이해된다면, 그것은 피조물의 현재 상태를 보여 주는 것이다. 그것은 지금 허무한 데 종 노릇 하고 있다. 그것은 지금 불충분한 상태 가운데 있으며, 그것이 처음 창조되고 만들어진 상태에 크게 미치지 못한다. 그러므로 모든 것이 허무하며 헛되다고 말하여진다. 그것은 그 본래의 목적에 부응하지 못하며 미치지도 못한다. 또 그것의 일시성과 불확실성과 관련하여 고린도전서 7:31; 히브리서 1:11-12; 요한일서 2:17을 보라. 또 21절은 그것이 "썩어짐의 종 노릇" 하고 있다고 말한다. 이와 같이 허무한 것과 썩어짐의 종 노릇 하는 것은 자기 뜻으로부터 말미암은 것이 아니다. 즉 그 자신의 고유한 본질과 성질을 따른 것이 아니다. 이성적(理性的)인 피조물에게 의지(意志)가 있다면, 자연적인 것들에게는 그 고유한 성질이 있다. 그러면 피조물이 이러한 상태가 된 연유는 무엇인가? 본문은 그것이 "오직 굴복하게 하시는 이로 말미암음이라"라고 말한다. 다시 말해서, 하나님이 인간의 죄 때문에 피조물을 저주하시고, 그것을 허무한 것과 썩어짐에 종 노릇 하게 하셨다는 것이다. 창세기 3:17; 4:12; 레위기 26:19-20을 보라. 그러나 하나님이 이렇게 하셨음에도 불구하고 거기에 피조물이 처음 창조되었을 때의 상태로 다시 회복될 것을 소망하며 기대할 수 있는 근거가 있다. 21절에 나타나는 것처럼, 피조물은 더 나은 상태로 회복될 것이다. 한편 "피조물"을 이방 세상으로 이해하는 사람들은 여기의 말씀에 대해 전혀 다른 해석을 제시한다. 그들은 이방인들이 우상 숭배와 헛된 예배의 허무한 것과 비참하며 불행한 상태에 종 노릇 하게 되었다고 말한다(우상은 "헛된 것"으로 불린다, 행 14:15). 헤시키우스(Hesychius)는 바로 이것이 "헛됨"의 의미라고 말한다. 이것은 그들의 뜻에 따른 것 혹은 그들의 자유로운 선택에 따른 것이 아니라, 사탄의 권능과 악의로 말미암은 — 왜냐하면 하나님이 그들을 그의 손에 넘겨주셨기 때문에 — 것이다. 그는 그들의 마음속에서 통치하며, 그들을 자기 뜻대로 움직이는 자기의 포로로 만들며, 그들을 모든 악행과 비참함에 종 노릇 하게 만든다. 그러므로 가련한 이교도들은 21절에 나타나는 것처럼 이러한 헛된 것에 종 노릇 하는 것으로부터 구원받기를 간절히 바라며 소망한다. 여기에서 한 가지 질문이 제기될 수 있는데, 그것은 만일 그들을 종 노릇 하게 만드는 자가 사탄이라면 도대체 어떻게 그가 "피조물이 썩어짐의 종 노릇 한 데서 해방되어 하나님의 자녀들의 영광의 자유에 이르는 것을 바란다"고 말하여질 수 있느냐 하는 것이다. 이에 대한 대답은 21절의 "그가 바라는"이 21절에 속하는 것이 아니라 20절에 속한다는 것이다. 그리고 21절의 나머지 부분은 일종의 삽입구처럼 읽혀져야 한다는 것이다.

21. 그 바라는 것은 피조물도 썩어짐의 종 노릇 한 데서 해방되어 하나님의 자녀들의 영광의 자유에 이르는 것이니라.

만일 "피조물"이 천지와 그 안에 있는 만물로 이해된다면, 그 의미는 그것이 그 종류대로 그리고 각각의 용량에 따라 하나님의 자녀들의 영광의 자유에 참여하게 될 것이라는 것이 될 것이다. 그들은 성도들의 영광이 아니라 단지 그들의 영광의 자유에 참여할 것이다. 앞에서 이야기한 것처럼, 심판 날 피조물은 처음 창조될 때의 상태인 자유의 상태로 회복될 것이다. 처음 창조되었을 때 모든 헛된 것과 종 노릇 하는 것과 썩어짐으로부터 자유로웠던 것처럼, 피조물은 보편적인 부활의 날 다시금 그와 같이 될 것이다. 사도행전 3:19, 21; 베드로후서 3:13을 보라. 반면 "피조물"을 이방 세상으로 이해하는 사람들은 본 절을 다음과 같이 해석한다 — 이교도들 역시도 예수 그리스도의 은혜의 복음으로 말미암아 그들이 오랫동안 종 노릇 했던 죄의 저주와 타락으로부터 그리스도에 의해 속량된 자유자의 영광스러운 상태와 상속자의 권리를 갖는 하나님의 자녀의 상태로 건짐 받게 될 것이다.

22. 피조물이 다 이제까지 함께 탄식하며 함께 고통을 겪고 있는 것을 우리가 아느니라.

만일 우리가 "피조물"을 천지와 그 안에 있는 모든 것으로 이해한다면, 여기에서 바울은 그것의 현재 상태를 다시금 분명하게 강조하면서 보여 주고 있는 셈이 된다. 천지와 그 안에 있는 모든 것들은 구원을 고대하며 기다리는 가운데 신음하며 고통을 겪고 있다. 이것은 또한 은유적인 표현이다. 전자 즉 "신음하며"는 무거운 짐을 진 남자와 관련되며, 후자 즉 "고통을 겪고"는 해산을 앞둔 여자와 관련된다. 그것들은 "이제까지" 즉 아담의 타락 이래로 오늘날까지 그와 같은 상태에 있다. 한편 "피조물"을 이방 세상으로 이해하는 사람들은 이것을 다음과 같이 해석한다 ── "우리 즉 예수 그리스도의 사도들과 사역자들은 이방인들이 복음을 들을 때 그것을 매우 적극적으로 받아들임을 ── 완고한 마음으로 배척하는 유대인들과는 달리 ── 경험으로 아노라. 이방 세상은 이를테면 그리스도의 때로부터 지금까지 해산의 고통 가운데 있으면서 하나님의 자녀들을 낳을 준비를 하고 있노라."

23. 그뿐 아니라 또한 우리 곧 성령의 처음 익은 열매를 받은 우리까지도 속으로 탄식하여 양자 될 것 곧 우리 몸의 속량을 기다리느니라.

바울은 18절에서 장차 성도들에게 나타날 미래의 영광이 있음을 확언했다. 그것은 그들의 현재의 고난을 무한히 능가하는 것이었다. 이것을 그는 피조물의 간절한 기대(期待)로부터 다시금 확증한 연후에, 여기에서 신자들 안에 있는 기대로부터 또다시 확증한다.

성령의 처음 익은 열매. 이러한 표현으로 바울은 신자들이 이생에서 누리는 의와 희락과 화평을 의미한다. 이것들은 성령의 열매들이다. 순서의 측면에서, 그것들은 처음 익은 열매라 불린다. 또 분량의 측면에서, 그것들은 하늘에서의 전체와 비교할 때 극히 일부이다. 또 충만의 측면에서, 그것들은 하늘에서의 완전함과 비교하여 아주 조금이다. 이생에서의 성령의 은혜와 위로는 우리가 장차 참여하게 될 풍성하며 충만한 희락의 보증이다. 마치 옛 이스라엘 백성들의 첫 열매가 곧 있을 풍성한 추수의 보증이었던 것처럼 말이다.

속으로 탄식하여. "Groan within ourselves" 즉 우리 안에서 탄식하여. 어떤 사람들은 "우리 사이에서 탄식하여"(groan among ourselves)라고 읽는데, 우리 역본(흠정역)의 독법이 더 낫다. 이것은 성도들이 죄와 고통 가운데 탄식하는 방식을 표현한다. 그것은 마음으로부터의 내적 탄식이다.

양자 될 것을 기다리느니라. 지금 우리는 하나님의 아들이다. 그런데 어째서 우리가 이미 가지고 있는 것을 또다시 기다려야만 한단 말인가? 이에 대한 대답은 다음과 같다. 우리는 유업의 권리를 가지고 있지만, 그러나 아직까지 그것을 충분히 소유하지 못한다. 바울 자신이 바로 이어서 그 의미를 설명한다.

우리 몸의 속량. 즉 죄와 슬픔으로부터의 완전한 구원. 이러한 표현은 다른 곳에서도 사용되었다. 누가복음 21:28; 에베소서 4:30을 보라. 그러면 여기에서 "우리 영혼의"라고 말하지 않고 "우리 몸의"라고 말한 까닭은 무엇인가? 그것은 그들의 영혼이 이미 유업을 실제적으로 소유하고 있기 때문일 뿐만 아니라 또한 이생의 고통과 슬픔이 몸에 의해 전인(全人)에게로 옮겨지기 때문이다. 그러므로 몸의 속량은 실제적으로 전인의 속량이다.

24. 우리가 소망으로 구원을 얻었으매 보이는 소망이 소망이 아니니 보는 것을 누가 바라리요.

물론 우리는 하나님의 약속에 따라 우리에게 속한 속량과 구원이 있음을 확실히 믿는다. 그럼에도 불구하고 우리는 그것을 현재적으로 소유하지 않는다. 우리가 현재적으로 소유하는 모든 구원은 오직 "소망 가운데"이다. 소망은 본질적으로 아직 향유하지 못하는 것과 관련된다. 왜냐하면 실제로 보고 소유하는 곳에 소망은 더 이상 존재하지 않기 때문이다. 자신이 실제로 보고 향유하는 것을 도대체 누가 소망하겠는가?

25. 만일 우리가 보지 못하는 것을 바라면 참음으로 기다릴지니라.

만일 우리가 보이지 않는 속량과 구원을 실제로 바란다면, 필시 우리는 우리의 모든 현재적인 고난과 아픔을 참으면서 그것을 기다릴 것이다. 참된 소망에는 항상 소망하는 것을 참음으로 기다리는 것이 수반된다. 그러므로 우리는 "소망의 인내"라는 표현을 보게 된다(살전 1:3). 히브리서 6:12; 10:36을 보라.

26. 이와 같이 성령도 우리의 연약함을 도우시나니 우리는 마땅히 기도할 바를 알지 못하나 오직 성령이 말할 수 없는 탄식으로 우리를 위하여 친히 간구하시느니라.

이와 같이. 이것은 11절에 언급된 성령의 역사(役事)와 연결되거나, 혹은 그것보다도 앞 절의 소망과 연결된다. 소망이 인내하는 것을 돕는 것처럼, 성령 역시 그러하다.

우리의 연약함을 도우시나니. 여기의 "도우시나니"는 우리 등에 지워진 무거운 짐을 어떤 힘센 사람이 대신 짊어 주는 것과 같은 도움이나 혹은 걷지 못하는 어린아이의 손을 붙잡아줌으로써 걸을 수 있도록 이끌어주는 유모의 도움을 함축한다.

우리는 마땅히 기도할 바를 알지 못하나. 성령이 우리를 돕는 한 가지 방법은 우리에게 기도하는 법을 가르치는 것이다. 기도는 십자가 아래서 우리를 쉬게 하며, 환난 가운데 피할 수 있는 큰 피난처이다. 그러나 우리는 마땅히 기도할 바를 알지 못한다. 기도하는 내용에 있어서도 그렇고, 그 방식에 있어서도 그렇다. 바로 이런 부분들에서 성령은 우리를 도우신다. 우리는 완전한 기도의 모범인 주기도문을 가지고 있다. 그런데 어째서 우리가 기도할 바를 알지 못한다고 말하는 것인가? 물론 우리는 기도에 있어서의 일반적인 규범으로서 주기도문을 가지고 있다. 그럼에도 불구하고 우리는 구체적이며 세세한 것들을 배워야만 한다. 하나님의 자녀들은 종종 자신들이 알지 못하는 것을 구하곤 했다. 욥기 6:8; 요나 4:3; 마가복음 10:38; 고린도후서 12:8을 보라.

오직 성령이 우리를 위하여 친히 간구하시느니라. 우리를 위해 간구하시는 분이 두 분 계신다. 한 분은 34절에 나타나는 것처럼 그리스도이시며, 다른 한 분은 여기에 나타나는 것처럼 성령이시다. 그러면 성령은 어떻게 우리를 위해 간구하시는가? 그것은 우리 안에서 간구하심을 통해서, 혹은 우리의 기도를 도우심을 통해서이다. 성령은 스가랴 12:10에서 "간구의 영"으로 불린다(한글개역개정판에는 "간구하는 심령"이라고 되어 있음). 우리가 "아빠 아버지라 부르짖는" 것은 성령에 의해서이다(롬 8:15). 그는 우리 마음속에서 그렇게 부르짖으신다. "하나님이 그 아들의 영을 우리 마음 가운데 보내사 아빠 아버지라 부르게 하셨느니라"(갈 4:6). 또 아버지의 영은 우리 안에서 말씀하신다. "말하는 이는 너희가 아니라 너희 속에서 말씀하시는 이 곧 너희 아버지의 성령이시니라"(마 10:20). 그는 우리에게 우리가 어떻게 기도해야 할지를 가르치실 뿐만 아니라, 기도에 있어 우리가 가져야 할 마땅한 태도와 기도에 있어서의 올바른 표현까지도 가르치신다. 에베소서 6:18; 유다서 1:20을 보라.

말할 수 없는 탄식으로. 즉 말로써 표현될 수 없는 내적인 신음과 탄식으로. 말이나 혹은 목소리로 표현되지 않는 기도가 얼마든지 있을 수 있다. 사람은 아무 말 하지 않으면서도 하나님께 강력하게 부르짖을 수 있다. 출애굽기 14:15; 사무엘상 1:13을 보라.

27. 마음을 살피시는 이가 성령의 생각을 아시나니 이는 성령이 하나님의 뜻대로

성도를 위하여 간구하심이니라.

마음을 살피시는 이. 이것은 사람의 예대로 하나님을 표현한 것이다. 물론 하나님이 어떤 것을 유심히 살피거나 혹은 탐색하는 방식으로 무엇인가를 아는 것은 아니다. 다만 사람들이 그와 같은 방법으로 지식을 알고 배우기 때문에 그것을 하나님께 적용하여 그와 같이 표현한 것이다. 예레미야 17:10; 사도행전 1:24을 보라.

성령의 생각을 아시나니. 하나님은 성령의 생각을 이해하시고 찬동하신다.

하나님의 뜻대로 성도를 위하여 간구하심이니라. 만일 우리 기도가 이와 같은 종류의 기도라면, 그것은 속히 상달되고 응답될 것이다. "그를 향하여 우리가 가진 바 담대함이 이것이니 그의 뜻대로 무엇을 구하면 들으심이라 우리가 무엇이든지 구하는 바를 들으시는 줄을 안즉 우리가 그에게 구한 그것을 얻은 줄을 또한 아느니라"(요일 5:14, 15). 하나님의 뜻대로 기도하는 것은 (1) 우리의 기도의 내용과, (2) 우리의 기도의 방식과, (3) 우리의 기도의 목적과 관련된다. 특별히 마지막 것과 관련해서 야고보서 4:3을 보라.

28. 우리가 알거니와 하나님을 사랑하는 자 곧 그의 뜻대로 부르심을 입은 자들에게는 모든 것이 합력하여 선을 이루느니라.

여기에서 우리에게 큰 위로가 되는 또 하나의 명제가 나타난다. 그것은 하나님의 자녀에게 "모든 것이 합력하여 선을 이룬다"는 것이다. 이것은 단순히 추측과 추론의 문제가 아니라, 확신과 확실성의 문제이다. 그러면 우리는 어떻게 그러한 사실을 아는가? (1) 하나님의 증언에 의해. 성경은 그에 대해 분명하게 증언한다. 시편 12:1-2; 이사야 3:10을 보라. (2) 우리 자신의 경험에 의해. 우리는 우리가 경험하는 모든 사건들의 결과를 통해 그러한 사실을 확신하게 된다.

그의 뜻대로. "According to his purpose" 즉 그의 목적을 따라. 이러한 표현이 덧붙여진 것은 하나님의 부르심의 이유와 근거를 나타내기 위함이다. 그것은 그 자신의 목적과 기쁘신 뜻 외에 아무것도 아니다. 우리가 부르심을 받은 것은 우리 자신의 자격에 따른 것이 아니라 그의 목적을 따른 것이다. "하나님이 우리를 구원하사 거룩하신 소명으로 부르심은 우리의 행위대로 하심이 아니요 오직 자기의 뜻과 영원 전부터 그리스도 예수 안에서 우리에게 주신 은혜대로 하심이라"(딤후 1:9).

모든 것. 심지어 죄까지도 포함해서. 왜냐하면 하나님의 자녀들은 심지어 죄 가운데 넘어지는 것을 통해서조차 더 겸손해지며 스스로 경계하는 법을 배우기 때문에. 그렇지만 여기의 "모든 것"이 특별히 의미하는 것은 고통스러운 일들이다. 가장 힘들고 고통스러운 일들을 생각해 보라. 물론 그런 일들 자체는 나쁜 일이다. 그러나 하나님의 자녀들에게 그런 일들은 결국 합력하여 선을 이룬다.

합력하여. 그것들이 서로 협동하며 함께 일하여. 첫째로, 그것들은 "하나님과 함께" 일한다. 바울은 자신과 다른 사역자들을 "하나님과 함께 일하는 자"로 말한다(고후 6:1). 그러나 이러한 표현은 특별히 고통스러운 일들에게도 적용될 수 있다. 그러한 일들은 "하나님과 함께 일하는 자들"이다. 어떤 사람들은 본문의 표현을 "하나님이 모든 일들과 함께 일하여 선을 이루느니라"라고 읽는다. 둘째로, 그것들은 "우리와 함께" 일한다. 이 부분에 있어 우리 자신도 능동적이어야 한다. 우리는 모든 일들로부터 선을 이루기 위해 수고하고 노력해야 한다. 셋째로, 그것들은 "자기들끼리 함께" 일한다. 이 일이나 혹은 저 일 하나만 생각해 보라. 그러면 당신은 그 일이 선을 이루는 것을 보지 못할 것이다. 그러나 그 일을 다른 일들과 서로 연결시켜 보라. 그러면 당신은 그 일이 마침내 선을 이룬 것을 보게 될 것이다. 예컨대 약(藥)을 생각해 보라. 그것은 여러 가지 성분들이 모여 이루어진다. 그것으로부터 한 성분만을 취하여 먹어 보라. 그러면 그것은 약이라기보다 도리어 독이 될 것이다. 반면 모든 성분들이 서로 합쳐지고 어우러질 때, 그것은 매우 훌륭한 약이 될 것이다.

선을 이루느니라. 때로 일시적인 선을 이루기도 하지만(창 1:20), 그러나 결국 영적이며 영원한 선으로 귀결된다. 하나님의 자녀들에게 일어나는 모든 섭리들은 그들을 이 땅에서 하나님에게로 그리고 장차 천국으로 더 가까이 데려가기 위한 것이다.

29. 하나님이 미리 아신 자들을 또한 그 아들의 형상을 본받게 하기 위하여 미리 정하셨으니 이는 그로 많은 형제 중에서 맏아들이 되게 하려 하심이니라.

여기의 말씀은 앞 절의 명제를 좀 더 부연 설명해 준다.

하나님이 미리 아신 자들. 즉 인정(認定) 혹은 찬동(贊同)의 앎으로 미리 아신 자들. 이런 의미가 아닌 다른 의미로는, 하나님은 모든 사람들과 사물들을 미리 아신다. 혹은 하나님이 자기 소유로 미리 아신 자들. 요한복음 10:14, 27; 로마서 11:2; 디모데후서 2:19을 보라. 이러한 하나님의 미리 아심이 우리의 택하심의 기초이다. 베드로후서 1:2을 보라.

또한 그 아들의 형상을 본받게 하기 위하여 미리 정하셨으니. 하나님은 당신의 값없는 사랑과 호의를 나타내고자 당신이 받으시기 기뻐하신 자들을 인류 전체로부터 떼어내어 당신의 아들의 형상을 본받게 하기 위해 미리 정하셨다. 고린도전서 15:49; 고린도후서 3:18; 에베소서 1:4-6; 빌립보서 3:20-21; 요한일서 3:2을 보라.

이는 그로 많은 형제 중에서 맏아들이 되게 하려 하심이니라. 여기에 앞에서 언급한 "본받음"의 한계가 제시된다. 물론 우리는 그리스도와 같아지게 될 것이지만, 그러나 그와 동등하게 되는 것은 결코 아니다. 그는 여전히 갑절의 분깃을 갖는 맏아들의 존귀를 가지신다. 그는 하늘과 땅의 모든 가족들의 머리이며 통치자이다. "왕은 정의를 사랑하고 악을 미워하시니 그러므로 하나님 곧 왕의 하나님이 즐거움의 기름을 왕에게 부어 왕의 동료보다 뛰어나게 하셨나이다 왕의 모든 옷은 몰약과 침향과 육계의 향기가 있으며 상아궁에서 나오는 현악은 왕을 즐겁게 하도다"(시 7:8).

30. 또 미리 정하신 그들을 또한 부르시고 부르신 그들을 또한 의롭다 하시고 의롭다 하신 그들을 또한 영화롭게 하셨느니라.

하나님은 이미 은혜 가운데 그들에게 놀라운 일을 시작하셨고, 또 그 일에 대한 보증을 주셨다. 그리고 때가 되면 그들을 영원한 생명과 영광을 온전히 소유하는 데로 데려갈 것이다. 어떤 사람들은 여기의 "영화롭게 하심" 안에 "거룩하게 하심"이 포함된다고 말한다. 왜냐하면 만일 그렇지 않다면 여기에서 바울이 제시한 구원의 여정에 큰 구멍이 생기기 때문이라는 것이다. 그러나 그것 즉 "거룩하게 하심"은 여기의 구원의 여정 가운데 세 번째로 제시된 "효과적인 부르심" 안에 포함되는 것으로 여겨진다.

31. 그런즉 이 일에 대하여 우리가 무슨 말 하리요 만일 하나님이 우리를 위하시면 누가 우리를 대적하리요.

그런즉 이 일에 대하여 우리가 무슨 말 하리요. 어떤 사람들은 이러한 질문을 바로 앞에 언급된 구절들과 연결시킨다. 반면 다른 사람들은 더 앞으로 나아가 그것을 28절과 연결시킨다. 그런가 하면 또 어떤 사람들은 포괄적으로 그것을 바울이 앞에서 이야기한 전체 내용과 연결시킨다. 어떤 사람들은 여기의 "이 일"(these things)을 좀 더 특별하게 고통과 고난으로 이해한다. 이러한 일들에 대해 우리가 무엇이라고 말할 것인가? 혹은 이러한 일들로 말미암아 우리가 낙망할 필요가 무엇이란 말인가?

만일 하나님이 우리를 위하시면. 즉 하나님이 우리를 위하시므로 혹은 우리 편이시므로. 이것은 불확실함이 아니라 확실함을 함축한다. 9절을 보라. 바울은 이것을 결코 부인될 수 없는 당연한 것으로 받아들인다. 시편 46:7, 11; 118:6-7을 보라.

누가 우리를 대적하리요. 즉 아무도 우리를 성공적으로 대적할 수 없노라, 혹은 아무도 우리를 안전하게 대적할 수 없노라. 왜냐하면 우리를 대적한 그들 자신이 우리보다 더 큰 해를 입을 것이기 때문이라. 시편 56:1을 보라. 막시밀리안 황제는 이 구절을 너무나 좋아하여 그 글귀를 자신이 항상 먹고 마시는 식탁 위에 새겨 놓았다. 그렇게 함으로써 그것이 자기 마음 가운데 깊이 새겨지게 하고자 말이다.

32. 자기 아들을 아끼지 아니하시고 우리 모든 사람을 위하여 내주신 이가 어찌 그 아들과 함께 모든 것을 우리에게 주시지 아니하겠느냐.

자기 아들을 아끼지 아니하시고. 이러한 표현은 그리스도를 내주신 하나님의 관대하심과 그를 징벌하신 하나님의 엄격하심을 동시에 보여 준다(사 53:4, 5, 11).

우리 모든 사람을 위하여. 이것은 명백히 앞에 언급된 사람들 즉 하나님이 미리 아시고, 미리 정하시고, 부르시고, 의롭다 하시고, 영화롭게 하신 자들을 가리킨다. 그들은 인류 전체가 아니라 일군의 특별한 사람들이다. 여기의 구절 속에 범위와 한계 모두가 나타난다. "모든"에 범위가 표현되고, "우리"에 한계가 표현된다.

내주신. "그가 하나님께서 정하신 뜻과 미리 아신 대로 내준 바 되었거늘"(행 2:23). 이것은 결코 유다와 빌라도와 유대인들을 정당화하지 않는다. 설령 하나님의 목적을 이루는 도구가 되었다 하더라도, 그들은 단지 그들 자신의 악함과 악의를 따라 행동했을 뿐이다.

어찌 그 아들과 함께 모든 것을 우리에게 주시지 아니하겠느냐. 즉 의문의 여지 없이 그는 그렇게 하실 것이다. 그것은 확실하게 추론되고 확증될 수 있다. 큰 것을 주신 자가 어찌 작은 것을 주기를 아까워하겠는가! 그리스도는 세상 전체보다 혹은 모든 선물들과 축복들보다 무한히 크시다.

33. 누가 능히 하나님께서 택하신 자들을 고발하리요 의롭다 하신 이는 하나님이시니.

누가 능히 하나님께서 택하신 자들을 고발하리요. 누가 감히 그들에 대해 고발하며 참소할 수 있단 말인가? 그들을 고발할 수 있는 것이 아무것도 없으며, 그들을 고발할 수 있는 자도 아무도 없다. 왜냐하면 그들은 의롭다 함을 받았기 때문이다.

의롭다 하신 이는 하나님이시니. 최고의 재판장이 그들을 용서하시고 의롭다 하셨다. 이러한 표현은 이사야 50:8-9로부터 취하여진 것으로 보인다. 이사야의 구절은 하나님이 자신을 의롭다 하셨노라고 말하는 그리스도 자신의 말씀이다. 반면 여기의 구절은 하나님이 자신들을 의롭다 하셨다고 말하는 모든 신자들의 말이다. 그들의 담대한 확신에는 두 가지 이유가 있다. 하나는 하나님이 그들을 선택하신 사실이며, 또 하나는 하나님이 그들을 의롭다 하시고 무죄 방면하신 사실이다.

34. 누가 정죄하리요 죽으실 뿐 아니라 다시 살아나신 이는 그리스도 예수시니 그는 하나님 우편에 계신 자요 우리를 위하여 간구하시는 자시니라.

누가 정죄하리요. 아무도 하나님이 택하신 자들을 고발할 수 없거늘 하물며 누가 그들을 정죄할 수 있단 말인가? "그러므로 이제 그리스도 예수 안에 있는 자에게는 결코 정죄함이 없나니"(1절).

죽으실 뿐 아니라. 만일 그들이 정죄되어야 한다면, 그들을 정죄할 자는 심판자여야만 한다. 그러나 그의 죽음이 그들을 정죄로부터 해방시켰다. 그의 죽음으로 말미암아 그들의 모든 죄를 위한 충분한 속죄와 만족이 이루어졌다. 이미 오래 전에 하늘에서 택함 받은 자들의 모든 죄가 충분하게 만족되었다. 그러므로 그것은 이 땅의 신자들의 마음과 양심을 충분히 만족시켜 줄 수 있다. 그런 사람들은 여기의 바울처럼 담대하게 자신의 장갑을 집어던지며 세상을 향해 도전할 수 있다. 양심과 육신적인 이성(理性)과 율법과 죄와 지옥과 마귀들로 하여금 그들이 할 수 있는 모든 일을 하게 하라. 그리스도의 죽으심과 속죄로 인해 그 모든 것은 우리를 정죄하기에 결코 충분하지 않을 것이다.

다시 살아나신 이는 그리스도 예수시니. 그리스도의 부활은 우리를 의롭다 하는 일에 특별한 능력을 가지고 있다. 여기에서 바울은 "다시 살아나신"을 특별히 강조한다. 그리스도의 부활은 그의 죽으심보다 상대적으로 더 큰 능력을 가지고 있다. 로마서 4:25에 대한 저자의 주석을 보라.

그는 하나님 우편에 계신 자요 우리를 위하여 간구하시는 자시니라. 신자들은 그리스도의 죽으심과 부활뿐만 아니라 그가 하나님 우편에서 우리를 위해 기도하시는 것 안에서 승리의 근거를 발견한다.

35. 누가 우리를 그리스도의 사랑에서 끊으리요 환난이나 곤고나 박해나 기근이나 적신이나 위험이나 칼이랴.

누가 우리를 끊으리요. 바울은 계속해서 승리의 찬가를 부른다. 그는 "무엇이"라고 말하지 않고 "누가"라고 말한다. 물론 뒤에 이어지는 것들은 인격적 존재들이 아니다. 그럼에도 불구하고 그가 여기에서 "누가"라는 인격적인 표현을 사용한 것은 통상적으로 사탄이나 혹은 악인들이 그러한 것들을 도구로 사용하여 우리에게 해악을 끼치기 때문이다.

그리스도의 사랑에서. 우리는 이것을 능동적으로 "그에 대한 우리의 사랑으로부터"라고 이해할 수도 있고, 수동적으로 "우리에 대한 그의 사랑으로부터"라고 이해할 수도 있다. 바울이 주로 의미한 것은 아마도 후자였던 것으로 보인다.

환난. 바울은 일곱 가지 구체적인 악들을 열거한다. 그는 상대적으로 작은 것으로부터 시작해서 점점 더 큰 것으로 나아간다. 여기에 제시된 순서는 우연적인 것이 아니라 의도적인 것이다. "환난"이라는 단어는 우리를 압박하며 짓누르는 것을 의미한다.

곤고. 이 단어(distress)는 본래 장소의 비좁음을 의미하는 단어였는데, 나중에 마음의 괴로움과 번민을 의미하는 것으로 전의(轉意)되었다.

박해. 이 단어는 어떤 장소로부터 다른 장소로 쫓아내는 것을 가리킨다. 그러므로 여기에는 "추방"의 의미가 함축되어 있다. 마태복음 10:23을 보라.

위험. 어떤 종류의 것이든 생명에 위협이 되는 모든 것. 고린도후서 11:26을 보라.

칼. 이것은 죽음 특별히 폭력적인 죽음을 상징하는 것으로서 제시된다.

36. 기록된 바 우리가 종일 주를 위하여 죽임을 당하게 되며 도살 당할 양 같이 여김을 받았나이다 함과 같으니라.

바울은 앞에 언급된 악들 가운데 어떤 것도 신자들을 그리스도의 사랑으로부터 끊을 수 없음을 증명하기 위해 여기의 말씀을 인용한다. 이것은 시편 44:22로부터 취하여진 것이다. 그것이 함축하는 것은 이것으로 보인다 — "옛 성도들은 온갖 종류의 고통에도 불구하고 하나님의 사랑으로부터 끊어지지 않았다. 그러므로 그러한 고통들은 지금도 우리를 그리스도의 사랑으로부터 끊을 수 없다."

종일. 즉 끊임없이 계속적으로. 시편 38:6, 12; 71:24; 잠 23:17; 로마서 10:21을 보라.

주를 위하여. 우리의 죄를 위하여가 아니라 그리스도를 위하여. 혹은 의를 위하여. 마태복음 5:10; 10:18, 39; 베드로전서 3:14을 보라.

죽임을 당하게 되며. 어떻게 그들은 이렇게 말할 수 있었는가? 죽은 자가 도대체 어떻게 말할 수 있단 말인가? 여기의 표현은 단지 그들의 위험하며 절망적인 상태를 묘사할 뿐이다. 성경에서 절박한 위험을 죽음의 상징으로 묘사하는 것은 통상적인 일이다. 고린도전서 15:31; 고린도후서 1:10; 4:11을 보라.

도살 당할 양 같이 여김을 받았나이다. 즉 우리가 멸망당하도록 작정되었나이다. 이것은 이를테면 다음과 같이 한탄하는 것이다 — "마치 사람들이 양들에 대해 그러는 것처럼, 우리의 원수들이 자신들 마음대로 우리를 죽일 수 있다고 여기나이다. 또 도살하는 자들이 양을 죽일 때 그러는 것처럼, 그들이 우리의 죽음을 대수롭지 않은 것으로 여기며 우리의 죽음을 헐값으로 여기나이다"(시 44:11, 12). 여기에서 1560년에 칼라브리아(Calabria)에서 있었던 그리스도인들의 박해 이야기를 잠깐 보도록 하자. 다음의 이야기는 존 폭스의 「순교자 열전」으로부터 취한 것이다: "그들은 모두 함께 한 집에 갇혀 있었다. 사형집행인이 들어와 그들 가운데 한 사람을 취한다. 그의 눈을 수건으로 가리고 그를 넓은 장소로 데려간다. 거기에서 그에게 무릎을 꿇으라고 명령하고는 곧바로 그의 목을 벤다. 그리고 절반쯤 죽은 상태로 그냥 내버려 둔다. 사형집행인은 자신의 칼과 수건을 취하고는 다시 나머지 사람들에게로 온다. 그리고 그들 가운데 또 한 사람을 취하여 앞 사람과 똑같이 행한다. 그렇게 하여 그는 88명 모두의 목을 벤다."

37. 그러나 이 모든 일에 우리를 사랑하시는 이로 말미암아 우리가 넉넉히 이기느니라.

이 모든 일에. 즉 35절에서 열거한 여러 가지 악들에.

우리가 넉넉히 이기느니라. 혹은 우리가 극복하느니라. 우리는 이김을 당함으로 말미암아 이긴다. 우리는 다른 사람들을 이기는 사람들로 말미암아 이긴다. 우리는 우리의 원수들을 그들 자신의 무기로 친다. 여기의 의미는 다음과 같은 것으로 보인다. 하나님의 자녀들에게 고통을 가져다주는 마귀의 목표는 그들을 그리스도로부터 끌어내어 불평하며 절망하게 만드는 것이다. 그러나 이 일에 그는 패배를 당하며 그의 모든 일은 수포로 돌아간다. 왜냐하면 하나님이 자기 자녀들에게 고귀한 영을 불어넣어 주심으로써 그들의 열심과 인내가 사그라들기는 고사하고 도리어 더 강렬해지기 때문이다. 배교자 로마 황제 율리아누스(Julian)의 신하 가운데 한 사람은 그에게 "우리 그리스도인들의 결심은 당신의 잔혹무도함에도 불구하고 더욱 굳건해질 것이오"라고 말했다.

우리를 사랑하시는 이로 말미암아. "우리를 사랑하시는 이"는 두 말할 것도 없이 그리스도를 가리킨다. 여기에서 우리는 그리스도인들의 승리의 이유를 보게 된다. 죄와 고난에 대한 그리스도인들의 승리는 그들 자신이나 혹은 그들 자신의 힘으로부터 말미암은 것이 아니라, 그리스도로부터 말미암은 것이다. 로마서 7:24-25; 고린도전서 15:57; 고린도후서 2:14; 디모데후서 4:17을 보라.

38. 내가 확신하노니 사망이나 생명이나 천사들이나 권세자들이나 현재 일이나

장래 일이나 능력이나.

내가 확신하노니. 어떤 특별한 계시를 의해서가 아니라 모든 신자들에게 공통적인 '같은 믿음의 영'에 의해. "기록된 바 내가 믿었으므로 말하였다 한 것 같이 우리가 같은 믿음의 마음을 가졌으니 우리도 믿었으므로 또한 말하노라"(고후 4:13).

사망이나 생명이나. 즉 죽음의 두려움이나 삶의 소망이나.

천사들이나. (1) 악한 천사들. 왜냐하면 선한 천사들은 우리를 그리스도의 사랑으로부터 끊으려고 하지 않을 것이기 때문이다. (2) 어떤 사람들은 여기에 선한 천사들까지도 포함된다고 생각한다. 그들은 이것을 일종의 가정(假定)의 방식으로 이해한다. 설령 그들이 그렇게 하고자 애쓴다 할지라도 결국 그들의 노력은 수포로 돌아가고 말 것이라는 것이다. 그들은 갈라디아서 1:8 역시도 이와 같은 방식으로 이해한다. "그러나 우리나 혹은 하늘로부터 온 천사라도 우리가 너희에게 전한 복음 외에 다른 복음을 전하면 저주를 받을지어다."

권세자들이나 능력이나. 어떤 사람들은 이러한 표현을 골로새서 2:15의 경우처럼 천사들을 가리키는 것으로 이해한다. 반면 다른 사람들은 그것을 박해하는 통치자들과 권력자들을 가리키는 것으로 이해한다.

현재 일이나 장래 일이나. 즉 지금 우리에게 임한 고난이나 장차 우리에게 임할 고난이나. 바울은 지나간 일들에 대해서는 언급하지 않는다. 왜냐하면 그러한 것들은 이미 극복되었기 때문이다.

39. 높음이나 깊음이나 다른 어떤 피조물이라도 우리를 우리 주 그리스도 예수 안에 있는 하나님의 사랑에서 끊을 수 없으리라.

높음이나 깊음이나. 즉 세속적인 영광과 출세의 높음이나 세속적인 수치나 모욕의 깊음이나. 어떤 사람들은 여기의 "높음과 깊음"을 성경이 아무것도 남기지 않고 모든 것을 취할 때 사용하는 포괄적인 표현으로 이해한다.

다른 어떤 피조물이라도. 바울은 문장 끝에 이러한 표현을 덧붙임으로써 여기에다가 우리가 상상할 수 있는 모든 것들을 포함시킨다. 즉 설령 또 다른 것들이 있다 하더라도.

우리를 우리 주 그리스도 예수 안에 있는 하나님의 사랑에서 끊을 수 없으리라. 바울은 믿음으로 말미암아 그리스도와 연합된 우리들에게 이것을 확증한다. 35절에 대한 저자의 주석을 보라.

제9장

개요

1. 바울이 유대인들을 위한 자신의 거짓 없는 근심과 고통을 고백함(1-5).
2. 바울이 성경으로부터 아브라함에게 주신 약속이 필연적으로 그의 모든 자손들을 포함하는 것은 아님을 증명함(6-13).
3. 하나님께서 당신이 기뻐하는 자들에게 은혜를 베푸는 것 안에 어떤 불의함도 없음(14-18).
4. 바울이 토기장이의 예를 통해 하나님의 절대적인 주권을 역설함(19-24).
5. 바울이 이방인들의 부르심과 유대인들의 버려짐과 관련한 성경의 예언들을 인용함(25-29).
6. 유대인들이 거절한 믿음의 의를 이방인들이 얻음(30-31).
7. 유대인들의 거절의 이유(32-33).

1-2. 내가 그리스도 안에서 참말을 하고 거짓말을 아니하노라 나에게 큰 근심이 있는 것과 마음에 그치지 않는 고통이 있는 것을 내 양심이 성령 안에서 나와 더불어 증언하노니.

바울은 유대인들의 배척과 이방인들의 부르심을 다루기에 앞서 먼저 유대인들로 하여금 자신의 편지를 참을성 있게 읽을 수 있도록 그들의 마음을 준비시킨다. 그리고 그러는 가운데 그는 이스라엘에 대한 자신의 사랑과 그들의 배척에 대한 자신의 거짓 없는 슬픔을 있는 그대로 표현한다. 그리고 그렇게 함으로써 그는 이 글을 쓰는 것이 어떤 울분이나 혹은 악의로부터가 아니라 하나님을 향한 양심과 진리로부터임을 분명하게 나타낸다.

내가 그리스도 안에서 참말을 하고. 혹은 그리스도로 말미암아 참말을 하고. 이것은 맹세의 형식으로 말한 것이다. 성경은 중요한 사실을 말할 때 종종 이러한 형식을 사용한다. 창세기 22:16; 다니엘 12:7; 에베소서 4:17을 보라.

거짓말을 아니하노라. 이것이 덧붙여진 것은 앞의 선언을 다시 한 번 확증함으로써 좀 더 큰 신뢰성을 갖도록 하기 위함이었다. 어떤 사실을 확증한 후에 곧바로 여기와 같은 부정적인 표현을 덧붙이는 것은 전형적인 히브리 방식이었다. 사무엘상 3:18; 요한복음 1:20을 보라.

나에게 큰 근심이 있는 것과 마음에 그치지 않는 고통이 있는 것을. 이스라엘과 그 백성을 위한 근심과 고통을 그는 (1) 그것의 크기로써 표현한다. 그것은 "큰" 근심이었다. 그것은 여자가 해산할 때 갖는 고통과 같은 고통이었다. (2) 그것의 연속성으로써 표현한다. 그것은 "그치지 않는" 혹은 단절 없는 고통이었다. (3) 그것의 좌소(座所)로써 표현한다. 그것은 외적인 고통이 아니라 그의 "마음에" 있는 고통이었다. 여기에서 바울은 유대인들의 버려짐과 관련하여 그들의 완악함과 불신앙을 제시하지 않지만, 그러나 우리는 이어지는 말씀으로부터 어렵지 않게 그것을 추론할 수 있다.

내 양심이 나와 더불어 증언하노니. 바로 이런 목적으로 하나님이 사람 안에 양심을 두셨다.

성령 안에서. 즉 진리에 대한 증인이신 성령 앞에서, 혹은 거짓말할 수 없는 성령의 인도하심에 의해.

3. 나의 형제 곧 골육의 친척을 위하여 내 자신이 저주를 받아 그리스도에게서 끊어질지라도 원하는 바로라.

내 자신이 저주를 받아 그리스도에게서 끊어질지라도 원하는 바로라. 이 구절은 많은 주석가들을 큰 혼돈에 빠뜨렸다. 어떤 사람들은 그것을 "내 자신이 그리스도로부터 저주를 받기를 원하였노라"라고 읽는다. 다시 말해서, 회심하기 전에 그는 그리스도인들을 압제하는 박해자가 됨으로써 기꺼이 그리스도로부터 저주를 받고자 했다는 것이다. 라틴 불가타 역본과 많은 교황주의자들이 여기의 '에우코멘'을 이와 같이 번역한다. 그러나 대부분의 주석가들은 우리처럼 그것을 직설법적으로가 아니라 가능법적으로 읽는다. 그러면서 그들은 여기에 '에우코이멘 안'이 생략되어 있다고 본다. 이런 경우는 성경에 흔히 나타난다. 예컨대 사도행전 25:22; 고린도전서 2:8; 고린도후서 11:1 등을 참조하라. 그럼에도 불구하고 여전히 난제가 남는다. 그것은 도대체 어떻게 바울이 저주를 받아 그리스도로부터 끊어질 것을 바랄 수 있었느냐는 것이다. 이에 대한 일반적인 견해는 그가 하나님의 영광에 대한 열심과 자기 형제들에 대한 사랑으로부터 그들 모두가 구원받을 수만 있다면 자신은 기꺼이 저주를 받기를 바랐다는 것이다. 어떤 사람은 바울이 이를테면 이렇게 말했다고 말한다. "그리스도께서 우리를 위해 저주가 되신 것은 얼마나 놀라운 일인가! 만일 주님이 종들을 위해 기꺼이 저주가 되셨다면, 그의 종이 형제들을 위해 기꺼이 저주가 되는 것은 너무나 당연한 일이 아닌가!"

또 다른 사람은 이렇게 말한다. "바울이 그의 형제들을 위해 끊어지기를 원했던 것은 그리스도의 은혜와 사랑으로부터가 아니라 그의 위로와 미래의 행복으로부터였다. 그는 하늘의 영광에서 자신의 분깃을 잃는 것을 만족스럽게 여겼다. 만일 그것이 그리스도의 영광을 더욱 높이는 것이 된다면 말이다. 그의 영광은 한 개인이 구원받는 것보다 백성 전체가 구원받는 것을 통해 더 높아질 것이었다. 그러므로 그의 형제들이 구원받을 수만 있다면 바울은 그리스도 안에서의 모든 소망과 그의 영원한 행복으로부터 끊어지는 것에 대해 기꺼이 만족할 수 있었다." 그는 이러한 해석으로 만족하지 않는다. 그러면서 바울이 여기에서 말하는 것은 단지 잠시 동안 저주를 받는 것 혹은 단지 이 세상에서 저주가 되는 것이었다고 생각한다. '아나테마'는 때로 육체적인 죽음을 의미한다. 옛 우상 숭배자들은 그들의 우상들과 거짓 신들에게 사람을 희생제물로 바쳤다. 그것은 그들의 진노를 무마시키기 위함이었는데, 그러한 희생제물을 그들은 '아나테마'라 불렀다. 그렇다면 바울은 여기에서 "내 형제들이 구원받을 수만 있다면 나는 희생제물이 되어 죽을지라도 기꺼이 만족할 수 있을 것이라"라고 말한 셈이 된다. 그렇지만 설령 이런 관점이 받아들여진다 하더라도, "그리스도에게서"라는 구절이 어떻게 이해되어야 하느냐 하는 문제가 여전히 남는다. 이에 대해 그들은 "그리스도에게서"(form Christ) 대신 "그리스도로 말미암아"(by Christ)라고 읽을 수 있다고 대답한다. 그렇다면 바울은 "내 형제들이 구원받을 수만 있다면, 나는 그리스도로 말미암아 끊어지는 것으로 기꺼이 만족할 수 있노라"라고 말한 셈이 된다. 이러한 이해는 모세가 형제들에 대해 가졌던 뜨거운 열심과도 잘 어울린다. "그러나 이제 그들의 죄를 사하시옵소서 그렇지 아니하시오면 원하건대 주께서 기록하신 책에서 내 이름을 지워 버려 주옵소서"(출 32:32). 이와 같이 모세는 그의 형제들이 사함을 받지 못하느니 차라리 자기의 이름이 생명책에서 지워지게 해 달라고 기도했다. 그 구절에 대한 저자의 주석을 참조하라.

그러나 바울이 바란 것과 관련하여 또 다른 그리고 더 개연성이 높은 해석이 있다. 그것은 그가 다음과 같이 말했다고 보는 것이다. "이스라엘이 구원받을 수만 있다면, 나는 기꺼이 그리스도의 교회로부터 끊어지기를 혹은 파문되기를 바랄 수 있노라." 헤시키우스(Hesychius)는 아나테마가 '아코이노네토스' 즉 파문을 의미한다고 말한다. "만일 누구든지 주를 사랑하지 아니하면 '아나테마' 즉 기독교 공동체로부터 제명되는 것 혹은 그리스도인의 특권을 박탈당하는 것이 있을 것이라"(고전 16:22). 또 갈라디아서 1:8을 보라. "그러나 우리나 혹은 하늘로부터 온 천사라도 우리가 너희에게 전한 복음 외에 다른 복음을 전하면 저주를 받을지어다." 여기에서 바울은 다른 복음을 가르치는 자에게 '아나테마' 즉 그리스도의 교회로부터 제명되는 것이 있을 것이라고 말한다. 만일 이러한 해석이 받아들여진다면, "그리스도에게서"(from Christ)는 "그리스도의 몸에서"를 의미하는 것이 될 것이다. "그리스도"라는 단어는 고린도전서 12:12; 갈라디아서 3:27 등에서 그와 같은 의미로 사용된다. 그리스도는 몸의 머리이시다. 그러므로 몸으로부터 끊어지는 것은 그리스도로부터 끊어지는 것으로 충분히 말하여질 수 있다. 바울은 모세의 율법으로부터 이탈하여 유대교 예배체계와 맞지 않는 다른 종파를 세웠다는 죄목으로 유대인들에 의해 참소와 박해를 당했다. 그럼에도 불구하고 바울은 그들이 그리스도인이 되는 최고의 특권에 참여할 수만 있다면 자신은 기꺼이 그러한 특권으로부터 제명되기를 바라노라고 말함으로써 그들에 대한 자신의 뜨거운 사랑과 열심을 나타냈다. 마지막으로 한 가지 덧붙일 것이 있다. 초대교회 시대에 이러한 아나테마 혹은 파문에는 그 대상자를 사탄에게 내어주는 것이 수반되었다. 그리고 거기에는 그의 몸을 멸하는 것이 따랐는데, 그것은 그의 몸에 가혹한 형벌을 가하는 것을 의미하는 것이었다. 이런 의미에서 생각할 때, 우리는 바울이 유대인들의 유익을 위해서라면 기꺼이 그 모든 일시적인 고통들까지도 기꺼이 감당하기를 바랐음을 알 수 있다.

골육의 친척. 이와 같이 유대인들은 육체를 따라 그의 친척이었다. 창세기 29:14을 보라.

4. 그들은 이스라엘 사람이라 그들에게는 양자 됨과 영광과 언약들과 율법을 세우신 것과 예배와 약속들이 있고.

여기와 다음 구절에서 바울은 유대인들이 하나님으로부터 받은 다양한 특권들을 열거한다. 그리고 특별히 여기에서 그는 자신이 앞 절과 같은 바람을 가질 만한 충분한 이유가 있음을 보이면서, 비록 유대인들이 이러한 특권들로부터 배제되었다고 해서 자신이 결코 그들을 깔보며 무시하는 것이 아님을 나타낸다.

이스라엘 사람. 위대한 족장 이스라엘(야곱)의 자손. 이것은 유대인들에게 가장 영광스러운 호칭이었다. 그들은 이스라엘의 자손이라는 것을 최고의 영예로 여겼다. 하나님 자신이 친히 야곱의 이름을 이스라엘로 바꾸어 주셨다. "그가 이르되 네 이름을 다시는 야곱이라 부를 것이 아니요 이스라엘이라 부를 것이니 이는 네가 하나님과 및 사람들과 겨루어 이겼음이니라"(창 32:28).

양자(養子). 여기의 "양자"는 앞의 8:15이나 혹은 에베소서 1:5과 같이 이해되어서는 안 된다. 여기의 "양자"를 우리는 야곱의 자손의 특별한 특권으로서 이해해야 한다. 땅의 모든 민족 가운데 그들은 하나님의 자녀와 장자(長子)가 되도록 그와 특별하게 연결된 백성으로 세움을 받았다. 출애굽기 4:22; 신명기 14:1; 예레미야 31:9; 20; 마태복음 15:26을 보라.

영광. 이를테면 언약궤와 성전. 왜냐하면 하나님이 그러한 것들 가운데 자신의 영광스러운 임재를 나타내셨기 때문이다. 사무엘상 4:21-22; 시편 26:8; 78:61을 보라.

언약들. 어떤 사람들은 여기의 "언약들"을 율법의 두 돌판을 가리키는 것으로 이해한다. 히브리서 9:4을 보라. 반면 다른 사람들은 아브라함과 맺은 언약(창 15:8, 17:2, 7)과 유대 나라와 맺은 언약(출 24:7-8; 34:27) 등의 언약들로 이해한다. 여기에 할례도 의도되었을 수 있다. 왜냐하면 그것 역시도 하나님의 언약으로 불리기 때문이다(창 17:10).

율법을 세우신 것. "The giving of the law" 즉 율법을 주신 것. 법정적인 율법과 의식적(儀式的)인 율법과 특별히 도덕적인 율법. 이것은 큰 특권으로 말하여진다(신 4:8, 32). 여기의 구절은 율법 자체만이 아니라 율법이 주어진 정황들과 관련되는 것일 수 있다.

예배. 하나님을 예배하는 참된 방식 역시 큰 특권이었다. 다른 민족들은 하나님(신)이 있고 그에게 마땅히 예배가 드려져야 함을 알았지만, 그러나 어떻게 그렇게 하는지에 대해서는 알지 못했다. 그리하여 그들은 미신과 우상 숭배에 빠져 버리고 말았다.

약속들. 이생의 약속들과 내생의 약속들. 특별히 메시아와 그로 말미암은 축복과 관련한 약속들. 이러한 약속들은 율법과 선지자들 가운데 발견되며, 유대인들과 그들의 자녀들에게 상속되었다. 사도행전 2:39; 에베소서 2:12을 보라.

5. 조상들도 그들의 것이요 육신으로 하면 그리스도가 그들에게서 나셨으니 그는 만물 위에 계셔서 세세에 찬양을 받으실 하나님이시니라 아멘.

조상들도 그들의 것이요. 위대한 족장들인 아브라함과 이삭과 야곱과 다른 거룩한 조상들과 선지자들. 이것 역시 유대인들이 자랑하는 큰 특권이었다.

육신으로 하면 그리스도가 그들에게서 나셨으니. 여기의 "그들"은 앞의 "조상들"이 아니라 유대인들이다. 이것이 의미하는 바는 그리스도가 그들의 혈통으로부터 인성(人性)을 취하였다는 것이다. 그리스도께서 천사가 아니라 사람의 본질을 취하신 것은 인류에게 있어 큰 영광이다. 또 그리스도께서 아브라함의 씨를 취한 것은 그의 자손인 유대인들에게 있어 큰 영광이다.

그는 만물 위에 계셔서 세세에 찬양을 받으실 하나님이시니라. 본 절은 우리의 구속자이신 주 예수 그리스도의 인격 안에 있는 두 본성을 잘 보여 준다. 그는 사람일 뿐만 아니라 또한 하나님이셨다. 그렇다. 여기의 표현은 성경이 유일하신 참 하나님을 묘사할 때 사용한 바로 그 표현이다.

6. 그러나 하나님의 말씀이 폐하여진 것 같지 않도다 이스라엘에게서 난 그들이 다 이스라엘이 아니요.

바울은 여기에서 한 가지 반론을 예상하면서 그에 대답한다. 유대인들은 다음과 같이 반론을 제기할 수 있었다 — 만일 유대인들이 버려졌다면 하나님은 신실하지 않은 하나님이 될 것이며, 아브라함과 이삭과 야곱과 그들의 자손에게 주신 약속들은 결국 아무 효력 없는 것이 되고 말 것이다. 이러한 반론에 바울은 이스라엘 백성들을 둘로 구별함으로써 대답한다. 어떤 사람들은 단지 육신적인 혈통의 측면에서만 이스라엘 백성들이다. 반면 다른 사람들은 아브라함의 믿음으로부터 말미암은 약속의 자녀인 참 이스라엘 백성들이다. "무릇 표면적 유대인이 유대인이 아니요 표면적 육신의 할례가 할례가 아니니라 오직 이면적 유대인이 유대인이며 할례는 마음에 할지니"(롬 2:28, 29). 하나님의 약속들은 참된 이스라엘 백성들에게 주어진 것이며, 그들에게 그러한 약속들은 충분한 효력을 가진다. 그리고 이스라엘 혹은 참 이스라엘 백성의 이름 아래 유대인으로 태어났든 이방인으로 태어났든 아브라함의 믿음을 본받으며 그의 발자취를 따르는 모든 사람들이 포함된다. 이러한 사실을 바울은 다음 절에서 계속 논증한다.

7. 또한 아브라함의 씨가 다 그의 자녀가 아니라 오직 이삭으로부터 난 자라야 네 씨라 불리리라 하셨으니.

앞 절에서 이스라엘 백성들을 구별했던 바울은 여기에서 또다시 아브라함의 자손들을 구별한다. 유대인들은 늘 입버릇처럼 "우리는 아브라함의 자손이라"라고 말했다(요 8:33). 그러나 여기에서 바울은 모든 아브라함의 자손이 다 약속의 자손이 아니라고 말한다. 왜냐하면 하나님이 이미 아브라함에게 "이삭에게서 나는 자라야 네 씨라 부를 것임이니라"라고 말씀하셨기 때문이다(창 21:12). 이삭을 통해 메시야가 오실 것이며, 이삭을 따라 낳은 자들이 참 아브라함의 자손이다. 그들은 하나님의 말씀과 약속에 의해 이삭의 예를 따라 낳은 자들이다. 이스마엘은 아브라함의 육체적인 아들이었음에도 불구하고 버려졌다. 그는 육체를 따라 낳은 자들의 모형이었다. 반면 이삭은 육체의 힘이 아니라 하나님의 약속을 따라 낳은 아브라함의 영적인 자손들의 모형이다.

8. 곧 육신의 자녀가 하나님의 자녀가 아니요 오직 약속의 자녀가 씨로 여기심을 받느니라.

쉽게 말해서 육체를 따라 낳은 아브라함의 모든 자녀들이 단순히 그러한 사실에 의해 하나님의 자녀로 받아들여지지 않는다는 것이다. 그들을 하나님의 자녀로 만드는 것은 그들의 혈통이 아니라 그들의 믿음이다. 참 아브라함의 씨는 약속을 따라 낳은 자들이며, 그러므로 그들은 "약속의 자손"이라 일컬어진다. 그리고 그들 모두는 유대인이든 이방인이든 "영을 따라 낳은 자들"이다. 갈라디아서 4:29에서 이삭이 그와 같은 이름으로 불렸던 것처럼 말이다. "그러나 그 때에 육체를 따라 난 자가 '성령을 따라 난 자'를 박해한 것 같이 이제도 그러하도다." 본 절의 의미는 갈라디아서 3:8, 14, 29에서 충분하게 표현된다. 또 갈라디아서 4:28을 보라.

9. 약속의 말씀은 이것이니 명년 이 때에 내가 이르리니 사라에게 아들이 있으리라 하심이라.

이삭이 태어난 것은 매우 특이한 일이었다. 왜냐하면 아브라함과 사라 모두 그것을 바랄 아무런 근거도 가지고 있지 못했기 때문이었다. 다만 하나님께서 아브라함에게 "내년 이맘때 내가 반드시 네게로 돌아오리니 네 아내 사라에게 아들이 있으리라"라고 약속하셨다(창 18:10). 이것은 마치 하나님이 아브라함에게 "네게 아들을 주리라는 약속을 이룸으로써 내가 나의 능력을 나타내리라"라고 말씀하시는 것과 같았다. 이로써 이삭이 태어난 것이 하나님의 약속의 결과였다는 사실이 명백해진다. 이와 같이 약속에 속한 자들은 누구든지 아브라함의 자손이며, 믿음과 순종에 의해 하나님의 자녀로 받아들여질 것이다. 마찬가지로 베드로는 아내 된 자들에게 — 유대인이든 이방인이든 상관없이 — 선행으로 말미암아 사라의 딸이 되었다고 말한다(벧전 3:6).

10. 그뿐 아니라 또한 리브가가 우리 조상 이삭 한 사람으로 말미암아 임신하였는데.

그뿐 아니라. 어떤 사람들은 이것을 "그녀(즉 사라)뿐 아니라"라고 읽는다.

리브가가 우리 조상 이삭 한 사람으로 말미암아 임신하였는데. 여기의 예(例)가 덧붙여진 것은 앞의 이야기와 관련하여 하나님이 이삭을 선택하시고 이스마엘을 배척하신 이유가 무엇이냐는 반론이 제기될 수 있었기 때문이었다. 이삭은 아브라함이 아직 할례 받지 않았을 때 자유로운 여자로부터 태어난 반면 이스마엘은 종으로부터 태어났다. 뿐만 아니라 그는 패역함과 악한 영의 몇 가지 증표를 나타냈다. 나아가 본 절과 이어지는 세 절에서 바울은 또 하나의 이유를 제시한다. 그것은 에서와 야곱 안에서 발견되는 이유이다. 두 사람 사이에는 혈통과 행위의 측면에서 아무런 차이도 없었다. 그들 모두 한 어머니로부터 태어났다. 리브가는 유대인의 조상인 이삭으로 말미암아 그들을 동시에 잉태했다. 그럼에도 불구하고 한 사람은 선택되고, 다른 한 사람은 버려졌다. 이러한 사실은 약속이 육체를 따른 아브라함의 (혹은 이삭의) 모든 자녀들에게 속하지 않는다는 사실을 보여 주는 부인할 수 없는 증거였다. 아브라함으로부터 (혹은 이삭으로부터) 태어났다고 해서 모두가 약속의 자녀인 것은 아니다.

11. 그 자식들이 아직 나지도 아니하고 무슨 선이나 악을 행하지 아니한 때에 택하심을 따라 되는 하나님의 뜻이 행위로 말미암지 않고 오직 부르시는 이로 말미암아 서게 하려 하사.

그 자식들이 아직 나지도 아니하고. 하나님의 택하심과 버리심의 이유는 그들의 혈통에 있지 않았던 것처럼 또한 그들의 행위에도 있지 않았다. 왜냐하면 하나님이 장차 그들에게 일어날 일을 말씀하셨을 때 그들은 아직 태어나지도 않았을 뿐만 아니라 또한 선악 간에 아직 아무 일도 행하지 않았기 때문이다.

무슨 선이나 악을 행하지 아니한 때에. 에서와 야곱은 택하심을 받거나 혹은 버림을 받을 어떤 실제적인 선이나 혹은 악을 행하지 않았다. 원죄와 관련해서는, 그들 모두 똑같이 그것에 오염되었다.

하나님의 뜻이. 여기의 "하나님의 뜻"은 택하심을 받느냐 혹은 버림을 당하느냐와 관련한 것으로 이해되어야 한다.

행위로 말미암지 않고. 실제로 행해진 것이든 혹은 예견된 것이든.

오직 부르시는 이로 말미암아. 즉 하나님의 기쁘신 뜻과 값없이 베풀어지는 호의로 말미암아. 하나님은 자신이 택하신 자들을 또한 효과적으로 부르신다(롬 8:13). 이와 병행되는 구절로서 디모데후서 1:9을 보라.

서게 하려 하사. 혹은 견고하게 하려 하사.

12. 리브가에게 이르시되 큰 자가 어린 자를 섬기리라 하셨나니.

이 구절은 10-11절과 함께 일종의 삽입구로서 읽혀져야 한다. 리브가가 자기 태중에서 싸우는 아이들에 관하여 물었을 때, 하나님은 그녀에게 "큰 자가 어린 자를 섬기리라"라고 말씀하셨다. 이러한 말씀의 의미를 위하여는 창세기 25:23에 대한 주석을 참조하라.

13. 기록된 바 내가 야곱은 사랑하고 에서는 미워하였다 하심과 같으니라.

앞 절의 말씀은 여기의 이어지는 말씀에 의해 부연 설명된다. 여기의 말씀은 말라기 1:2-3로부터 취한 것이다. 그것에 대한 저자의 주석을 참조하라. 에서가 야곱을 섬길 것이라는 앞 절의 말씀이 야곱의 택하심과 에서의 버려짐을 충분하면서도 분명하게 나타내지 못하는 것처럼 보였기 때문에, 바울은 그것을 좀 더 충분하게 설명하기 위해 성경의 다른 구절을 끌어온다. 그러면서 그는 에서가 야곱을 섬기는 것이 야곱에 대한 하나님의 값없는 사랑과 에서에 대한 하나님의 공의로운 미움에 따른 것임을 증명한다. 어떤 사람들은 여기의 에서와 야곱을 그들 자신이 아니라 그들의 후손을 가리키는 것으로 이해한다. 그리고 야곱에 대한 사랑과 에서에 대한 미움이 단지 일시적인 것들과 관련되는 것으로 이해한다. 그들은 하나님이 야곱을 사랑한 것을 그에게 약속의 땅을 주신 것으로, 그리고 에서를 미워한 것을 그에게 메마르고 황량한 땅을 주신 것으로 이해한다. 그리고 에서를 미워한 것은 단지 하나님이 그를 야곱보다 덜 사랑하신 것을 의미할 뿐인 것으로 이해한다. 이와 같이 이해하는 사람들은 여기의 문맥이 어떤 사람들은 하나님의 약속의 자녀인 반면 다른 사람들은 그렇지 않음을 다루고 있는 사실을 고려해야만 한다. 만일 그들의 말이 맞다면, 사실상 바울은 구약의 증언들을 자기 멋대로 인용한 꼴이 된다. 나는 주석가로서 이러한 논쟁을 더 이상 길게 다루지 않고자 한다.

14. 그런즉 우리가 무슨 말을 하리요 하나님께 불의가 있느냐 그럴 수 없느니라.

여기에 또 하나의 가상적인 반론이 제시된다. 어떤 사람들은 "만일 하나님이 임의로 어떤 사람은 선택하고 다른 사람은 배척한다면 결국 하나님은 불의하며 편파적인 것이 아니냐?"라는 반론을 제기할 수 있었다. 이러한 가상적인 반론에 바울은 "그럴 수 없느니라"(God forbid, 즉 하나님이여 금하소서)라고 단호하게 대답한다. 이것은 그가 종종 사용하는 강한 혐오와 부정(否定)의 표현이다. 수리아 역본의 역자들은 이것을 "하나님이여 용서하소서"(God forgive)라고 읽음으로써 그와 같은 생각이 얼마나 악독한 것인지를 나타낸다. 계속해서 바울은 하나님이 어떤 사람을 선택하거나(15, 16절) 혹은 배척하는(17절) 것이 결코 불의하지 않음을 보인다.

15. 모세에게 이르시되 내가 긍휼히 여길 자를 긍휼히 여기고 불쌍히 여길 자를 불쌍히 여기리라 하셨으니.

하나님은 어떤 사람을 선택하고 어떤 사람을 배척하는 것으로 인해 불의한 하나님으로 비난받을 수 없다. 왜냐하면 전자는 순전히 은혜와 긍휼의 행동이며, 후자는 공의를 따른 행동이기 때문이다. 이것을 증명하기 위해 바울은 출애굽기 33:19을 인용한다. "여호와께서 이르시되 내가 내 모든 선한 것을 네 앞으로 지나가게 하고 여호와의 이름을 네 앞에 선포하리라 나는 은혜 베풀 자에게 은혜를 베풀고 긍휼히 여길 자에게 긍휼을 베푸느니라." 여기에서 하나님은 그의 기쁘신 뜻이 은혜와 자비를 베푸는 그의 모든 행동의 유일한 규범이라고 말씀하신다. 여기의 두 구절은 같은 것을 의미한다. 여기에서 같은 말씀을 두 번 반복하는 것은 긍휼을 베푸심에 있어서의 하나님의 임의성(任意性)을 강조한다. 하나님을 움직이는 것은 오직 그의 은혜로운 성품 외에 아무것도 아니다. 그것은 오직 그의 선하시며 기쁘신 뜻에 달려 있을 뿐이다. 요지는 이것이다. 설령 하나님이 어떤 사람에게는 긍휼을 나타내시고 다른 사람에게는 그렇게 하지 않는다 하더라도, 그는 결코 불의한 하나님으로 비난받을 수 없다는 것이다. 왜냐하면 하나님은 누구에게도 불의하게 행하지 않으셨을 뿐만 아니라 또한 누구에게도 빚을 지지 않으셨기 때문이다.

16. 그런즉 원하는 자로 말미암음도 아니요 달음박질하는 자로 말미암음도 아니요 오직 긍휼히 여기시는 하나님으로 말미암음이니라.

하나님의 택하심은 야곱이나 혹은 다른 어떤 사람들의 원함이나 달음박질로 말미암은 것이 아니다. 다시 말해서 그것은 그들의 선한 열망이나 행위나 성품이나 행함으로 말미암은 것이 아니다. 혹은 그러한 것들을 미리 예견함으로 말미암은 것도 아니다. 그것은 전적으로 하나님의 긍휼과 기쁘신 뜻으로부터 말미암은 것이다. 여기의 구절은 펠라기우스주의(Pelagianism)의 기초를 산산이 허물어뜨린다.

17. 성경이 바로에게 이르시되 내가 이 일을 위하여 너를 세웠으니 곧 너로 말미암아 내 능력을 보이고 내 이름이 온 땅에 전파되게 하려 함이라 하셨으니.

여기의 구절은 하나님이 어떤 사람을 선택할 때와 동일한 조건으로 다른 사람을 배척하는 것이 결코 불의한 일이 아님을 보여 준다. 이러한 사실을 증명하기 위해 바울은 출애굽기 9:16을 인용한다. 이 구절은 14절과 결합되어 읽혀져야 한다.

성경이 바로에게 이르시되. 즉 성경에서 하나님이 바로에게 말씀하시되.

내가 이 일을 위하여 너를 세웠으니. 즉 내가 너를 애굽의 왕으로 만들었으니. 혹은 (어떤 사람들이 생각하는 것처럼) 내가 내 백성을 압제하도록 너를 세웠으니. 혹은 내가 너를 강퍅하게 하고 너를 완악하며 반역적인 마음에 넘겨주었으니.

너로 말미암아 내 능력을 보이고 내 이름이 온 땅에 전파되게 하려 함이라. 온 세상으로 하여금 나의 능력과 영광을 듣고 알도록 할 목적으로 내가 이 일을 행하였노라. 이것은 하나님이 죄인을 배척하는 것이 결코 불의한 일이 아님을 보여 준다. 왜냐하면 그로 말미암아 그의 영광이 더욱 드러나기 때문이다. 바로 이러한 목적을 위해 만물이 창조되고 만들어졌다. "여호와께서 온갖 것을 그 쓰임에 적당하게 지으셨나니 악인도 악한 날에 적당하게 하셨느니라"(잠 16:4).

18. 그런즉 하나님께서 하고자 하시는 자를 긍휼히 여기시고 하고자 하시는 자를 완악하게 하시느니라.

이것은 앞의 명제를 짤막하게 반복하는 것이다.

그런즉 하나님께서 하고자 하시는 자를 긍휼히 여기시고. 앞의 15절에 대한 주석을 보라.

하고자 하시는 자를 완악하게 하시느니라. 즉 법정적인 방식으로. 모든 사람 안에 있는 자연적인 완악함과 죄를 반복적으로 행하는 것으로부터 말미암는 습관적인 완악함 외에, 하나님의 보응으로부터 말미암는 법정적인 완악함이 있다. 사람들이 죄 가운데 자신의 마음을 완악하게 할 때, 하나님은 법정적으로 그들의 마음을 완악하게 하신다. 출애굽기에서 우리는 바로가 그의 마음을 강퍅하게 했다는 말씀을 세 번 듣는다(출 5:15, 32; 9:34). 마찬가지로 우리는 그 책에서 하나님이 그의 마음을 강퍅하게 하셨다는 말씀을 여러 번 듣는다(출 7:13; 9:12, 10:1, 20, 27; 14:8). 하나님은 사람들의 마음을 고의적으로 강퍅하게 만들지 않는다. 다시 말해서, 하나님은 부드러운 마음을 강퍅하게 만들지도 않으며, 임의로 사람들의 마음속에다가 강퍅함을 집어넣으시지도 않으며, 고의적으로 그들의 마음이 강퍅해지도록 이끄시지도 않는다. 다만 하나님은 두 가지 방식으로 죄인들의 마음을 강퍅하게 하신다. (1) 그들을 그냥 내버려 두심으로써. 다시 말해서 그들의 마음을 부드럽게 만들지 않음으로써. 해가 자신의 광채를 거둘 때 어둠이 따르는 것처럼, 하나님이 자신의 은혜의 광채를 거두실 때 강퍅함이 따른다. (2) 그들을 징벌하심으로써. 하나님은 예전의 강퍅함에 대한 형벌로서 그들을 더욱 강퍅하게 하신다. a) 사탄으로 말미암아. 마음이 강퍅하게 된 죄인들은 사탄에게 넘겨진다. b) 그들 자신으로 말미암아. 그들은 그들 자신의 마음의 정욕에 넘겨진다. c) 하나님의 말씀과 역사(役事)로 말미암아. 다음 절(19절)에 나타나는 것처럼, 그러한 것들로 말미암아 결과적으로 사람들의 마음이 강퍅해진다. 19절에 대한 저자의 주석을 참조하라.

19. 혹 네가 내게 말하기를 그러면 하나님이 어찌하여 허물하시느냐 누가 그 뜻을 대적하느냐 하리니.

여기에서 바울은 세 번째로 예상되는 반론을 제기한다. 첫 번째 반론은 하나님이 신실하지 않은 것 아니냐는 반론이었으며(6절), 두 번째 반론은 하나님이 불의하지 않느냐는 반론이었다(14절). 이제 세 번째 반론은 하나님이 너무나 가혹하며 잔인한 것이 아니냐는 반론이다. 어떤 사람들은 만일 하나님이 사람들을 다룸에 있어 오로지 자신의 기쁘신 뜻만을 따른다면 그리고 모든 일이 오직 그에 따라 행해지는 것일 뿐이라면 도대체 무슨 까닭으로 하나님이 사람들에 대해 허물하시며 탄식하시느냐는 반론을 제기할 수 있었다. 만일 어떤 사람들을 배척하는 것이 그의 뜻이라면, 도대체 누가 그러한 뜻에 저항할 수 있단 말인가? 아무도 하나님과 맞설 수 없다는 것은 히브리인들의 공통적인 생각이었다. "이르되 우리 조상들의 하나님 여호와여 주는 하늘에서 하나님이 아니시니이까 이방 사람들의 모든 나라를 다스리지 아니하시나이까 주의 손에 권세와 능력이 있사오니 능히 주와 맞설 사람이 없나이다"(대하 20:6).

20. 이 사람아 네가 누구이기에 감히 하나님께 반문하느냐 지음을 받은 물건이 지은 자에게 어찌 나를 이같이 만들었느냐 말하겠느냐.

여기에 앞의 가상적인 반론에 대한 대답이 따른다.

이 사람아 네가 누구이기에 감히 하나님께 반문하느냐. 이와 같은 말을 바울은 다소 흥분한 상태에서 한 것으로 보인다. 지금 그의 마음은 앞의 가상적인 반론을 제기한 자의 파렴치함에 대해 격동되어 있었던 것으로 보인다. 바울은 그에게 이를테면 이렇게 말한다. "너는 네가 누구라고 생각하느냐? 너는 단지 한 사람에 불과하지 않느냐? 너는 살아 있는 진흙덩어리요, 숨 쉬는 작은 티끌이요, 하찮은 벌레에 불과하지 않느냐? 너는 감히 너를 만든 자와 논쟁을 벌이려고 하느냐? 너는 너와 같은 다른 피조물들과는 논쟁을 벌이려니와 그러나 너의 창조주와는 그렇게 할 수 없느니라." 이사야 45:9-10; 욥 40:2을 보라.

지음을 받은 물건이 지은 자에게 어찌 나를 이같이 만들었느냐 말하겠느냐. 나무가 목수와 논쟁을 벌이겠느냐? 쇠가 대장장이와 논쟁을 벌이겠느냐? 진흙이 토기장이와 논쟁을 벌이겠느냐?

21. 토기장이가 진흙 한 덩이로 하나는 귀히 쓸 그릇을, 하나는 천히 쓸 그릇을 만들 권한이 없느냐.

바울은 작은 사실로부터 큰 사실을 논증한다. 만일 토기장이가 자신의 진흙으로 자신이 원하는 그릇을 만들 권한이 있다면, 하물며 하나님은 얼마나 더 그렇겠는가? 자신의 피조물에 대한 하나님의 권한은 자신의 진흙에 대한 토기장이의 권한보다 훨씬 더 크다. 토기장이는 자신의 진흙을 만들지 않았다. 다만 진흙과 토기장이 모두 하나님에 의해 만들어졌다. 여기에 매우 중요한 사실이 함축되어 있다. 토기장이가 진흙덩어리로부터 만든 다양한 그릇들 사이에는 본질적으로 차이가 없다. 마찬가지로 사람들 사이에는 본질적으로 차이가 없다. 긍휼의 그릇으로 만들어진 선택된 사람이든 진노의 그릇으로 만들어진 유기(遺棄)된 사람이든, 모두 본질적으로 동일하다. 그들은 모두 타락한 상태 가운데 있다. 또 여기에는 다음과 같은 사실이 나타난다. 토기장이는 같은 진흙덩어리로부터 자신이 원하는 대로 귀히 쓰는 그릇과 천히 쓰는 그릇을 만든다. 그는 자신의 그릇들에게 자신이 그와 같이 만든 이유를 설명할 필요가 없다. 그와 같이 하나님은 어떤 사람은 선택하고 어떤 사람은 유기할 수 있다. 그리고 그는 그의 피조물들에게 그렇게 한 것에 대해 설명할 필요가 없다. 진흙덩어리로부터 어떤 그릇을 만들든, 토기장이는 아무런 잘못도 행하는 것이 아니다. 마찬가지로 피조물로부터 어떤 사람을 만들든, 하나님은 피조물에게 아무런 잘못도 행하는 것이 아니다.

22. 만일 하나님이 그의 진노를 보이시고 그의 능력을 알게 하고자 하사 멸하기로 준비된 진노의 그릇을 오래 참으심으로 관용하시고.

본 절과 다음 절은 19절의 가상적인 반론에 대한 실제적인 대답이다. 앞에서 바울은 자신의 피조물에 대한 하나님의 절대적인 권리와 권한에 대해 이야기했다. 하나님은 그들을 자신의 기쁘신 뜻대로 처분할 수 있는 절대적인 권한을 가지고 계신다. 마치 토기장이가 자신의 진흙에 대해 그런 것처럼 말이다. 계속해서 바울은 사람들로 하여금 하나님을 불공평한 폭군이라고 비난하지 못하도록 하기 위해 그가 사람들을 서로 다르게 다루는 이유를 덧붙인다. (1) 설령 하나님이 죄에 대한 자신의 진노와 죄인에 대해 보응하는 자신의 권능을 나타내기 위해 어떤 사람들을 가혹하게 다루신다고 하더라도, 우리는 하나님에 대해 아무런 반론도 제기할 수 없다. (2) 설령 하나님이 그들의 죄에 대해 오래 참으시며 그들에게 회개할 기회를 주신다고 하더라도, 우리는 하나님에 대해 아무런 반론도 제기할 수 없다. (3) 설령 그들이 멸하기로 준비된 진노의 그릇이라 — 부분적으로 그들 자신의 육신적인 행실로 말미암아 또 부분적으로 하나님의 의로운 심판으로 말미암아 — 하더라도, 우리는 하나님에 대해 아무런 반론도 제기할 수 없다.

23. 또한 영광 받기로 예비하신 바 긍휼의 그릇에 대하여 그 영광의 풍성함을 알게 하고자 하셨을지라도 무슨 말을 하리요.

바울은 여기에서 반대쪽 측면을 이야기한다. (1) 설령 하나님이 자신의 영광의 풍성함 혹은 그의 영광스러운 은혜를 나타내기 위해 어떤 사람들을 은혜와 긍휼로 다루신다 하더라도, 우리는 하나님에 대해 아무런 반론도 제기할 수 없다. (2) 설령 그들이 하나님의 영광을 위해 준비된 긍휼의 그릇이라 하더라도, 우리는 하나님에 대해 아무런 반론도 제기할 수 없다. 바울은 여기에서 두 종류의 그릇에 대해 이야기한다. 하나는 진노의 그릇이며, 다른 하나는 긍휼의 그릇이다. 이것은 앞에서 천히 쓰는 그릇과 귀히 쓰는 그릇이라고 언급한 것과 같은 맥락이다. 특별히 "진노의 그릇"과 관련하여, 바울은 그것을 "멸하기로 준비된" 것이라고 말한다(22절). 그리고 "긍휼의 그릇"과 관련하여, 바울은 그것을 하나님이 "영광을 받기로 예비"하셨다고 말한다.

24. 이 그릇은 우리니 곧 유대인 중에서뿐 아니라 이방인 중에서도 부르신 자니라.

지금까지 바울은 하나님의 약속이 아브라함의 육신의 자손들에게 해당되는 것이 아님을 계속적으로 보여 주었다. 이러한 논증을 그는 6절로부터 시작해서 본 절까지 계속 진행시켜 왔다. 그리고 여기에서 마침내 그는 아브라함의 참된 씨 즉 약속의 자녀가 누구인지 명백히 밝힌다. 앞 절에서 바울은 "영광을 받기로 예비된 긍휼의 그릇들"에 대해 이야기했다. 그는 여기에서 그들이 누구인지 밝히는데, 그들은 "하나님이 유대인 중에서 뿐만 아니라 이방인 중에서도 부르신" 자들이다. 이러한 사실을 그는 다음 절에서 또다시 증명한다.

25. 호세아의 글에도 이르기를 내가 내 백성 아닌 자를 내 백성이라, 사랑하지 아니한 자를 사랑한 자라 부르리라.

여기에서 바울은 이방인들이 약속의 자녀임을 — 혹은 그 약속이 유대인들뿐만 아니라 이방인들에게도 속함을 — 증명한다. 유대인들이 자신의 이러한 주장을 감당할 수 없었기 때문에, 그는 그들을 설득하기 위해 호세아의 증언 두 가지를 인용한다. 하나는 본 절에 제시된 것으로서 호세아 2:23로부터 취한 것이며, 다른 하나는 다음 절에 제시된다.

26. 너희는 내 백성이 아니라 한 그 곳에서 그들이 살아 계신 하나님의 아들이라

일컬음을 받으리라 함과 같으니라.

이러한 증언은 호세아 1:10로부터 취한 것이다. 여기에서 바울은 이를테면 이렇게 말하고 있는 셈이다 — 이방인의 부르심 및 회심과 관련하여 내가 말한 것은 호세아 선지자가 오래 전에 우리 조상들에게 예언한 것 외에 아무것도 아니니라. 어떤 사람들은 호세아의 이러한 구절이 일차적으로 유대인들에 대하여 그리고 이차적으로 혹은 결과적으로 이방인들에 대하여 말한 것이라고 생각한다. 반면 다른 사람들은 그것이 근본적으로 이방인들에 대하여 말한 것이라고 생각한다. 성경에서 "내 백성이 아닌 자"라든지 "사랑하지 아니한 자" 등과 같은 표현들은 대부분의 경우 이방인들과 관련하여 사용된다.

27. 또 이사야가 이스라엘에 관하여 외치되 이스라엘 자손들의 수가 비록 바다의 모래 같을지라도 남은 자만 구원을 받으리니.

본 절과 이어지는 두 절에서 바울은 하나님이 대부분의 유대인들을 간과하시고 그들 가운데 소수의 남은 자들만 구원하실 것이 이사야 선지자에 의해 예언되었음을 증명한다.

외치되. 여기에서 우리는 이사야 선지자의 열심을 주목할 수 있다. 그는 은밀히 전파한 것이 아니라 모든 사람들 앞에 공개적으로 전파했다. 여기의 예언은 이사야 10:22-23로부터 취한 것이다.

바다의 모래 같을지라도. 하나님은 아브라함에게 그의 자손이 이와 같을 것이라고 약속하셨다. 창세기 22:17; 32:12을 보라.

구원을 받으리니. 이사야 10:21에 나타나는 것처럼, 그는 — 포로로부터 혹은 죄로부터 — "돌아오리니"라고 말한다. 이것은 돌이켜 회개하는 자 외에는 아무도 구원받을 수 없음을 보여 준다.

28. 주께서 땅 위에서 그 말씀을 이루고 속히 시행하시리라 하셨느니라.

이러한 말씀 역시 앞에 인용된 이사야 10:22-23에서 발견된다. 바울은 구약을 인용할 때 거의 대부분 70인경으로부터 취한다. 여기의 본문과 다른 많은 인용문들에서 히브리 원문과 상당한 차이가 있었음에도 불구하고, 그것은 당시에 일반적으로 통용되던 역본이었다. 바울이 이것을 인용한 것은 오직 남은 자만 구원받는 이유를 제시하기 위함이었다. 그것은 하나님이 당신의 말씀을 이루실 것이기 때문이었다. 하나님은 그 백성들에게 갑작스런 파멸을 가져오실 것이었다. 산헤립과 앗수르인들 혹은 티투스 베스파시아누스와 로마인들이 그들을 완전하면서도 신속하게 정복할 것이었다. 그들 가운데 소수의 사람들만 남을 것이며, 대다수의 사람들은 첫째로는 불신앙에 다음으로는 파멸에 함몰될 것이었다. 바울은 그러한 소수의 남은 자들을 백성들 가운데 택함 받은 자들의 모형으로 만든다. 그들은 예수 그리스도를 믿는 믿음으로 말미암아 구원받을 자들이다.

29. 또한 이사야가 미리 말한 바 만일 만군의 주께서 우리에게 씨를 남겨 두지 아니하셨더라면 우리가 소돔과 같이 되고 고모라와 같았으리로다 함과 같으니라.

이사야가 미리 말한 바. 이것은 이사야 1:9을 가리키는 것이다.

만군의 주. 그는 강한 하나님으로서 모든 피조물의 주인이다. 모든 피조물은 그의 뜻을 실행한다. 마치 병사들이 그들의 대장의 뜻을 실행하는 것처럼 말이다.

우리에게 씨를 남겨 두지 아니하셨더라면. 여기의 "씨"는 27절의 소수의 "남은 자"와 같은 맥락이다. 이들은 큰 곡식더미 가운데 작은 양의 씨앗들처럼 남았다. 택함 받은 씨앗들은 전체 곡식과 비교할 때 소수이다.

우리가 소돔과 같이 되고 고모라와 같았으리로다. 즉 우리 역시도 그들과 마찬가지로 완전히 멸망되고 황폐화되었을 것이다. "하나님께서 소돔과 고모라와 그 이웃 성읍들을 뒤엎었듯이 거기에 사는 사람이 없게 하며 그 가운데에 머물러 사는 사람이 아무도 없게 하시리라"(렘 50:40).

30. 그런즉 우리가 무슨 말을 하리요 의를 따르지 아니한 이방인들이 의를 얻었으니 곧 믿음에서 난 의요.

이것은 지금까지 바울이 이야기한 것 즉 어떤 사람들은 선택받고 어떤 사람들은 유기된 것 혹은 이방인들은 부름을 받고 유대인들은 버림을 받은 것과 관련한 이야기의 결론이다.

의를 따르지 아니한. 즉 의를 추구하지도 않고 그것에 대해 관심도 없었던. 그들은 의를 따르는 대신 도리어 그것으로부터 도망쳤다. 그들은 온갖 불의로 가득했다(롬 1:18; 엡 2:2-3).

믿음에서 난 의. 즉 참된 믿음으로 말미암아 받는 복음의 의 혹은 그리스도의 의.

31. 의의 법을 따라간 이스라엘은 율법에 이르지 못하였으니.

의의 법을 따라간 이스라엘. 즉 믿지 않는 유대인들. 그들은 하나님의 율법을 매우 중시하면서 그 안에 있는 외적인 규례들과 의식(儀式)들을 준수하는데 큰 열심을 품었다.

율법에 이르지 못하였으니. 그들은 율법이 요구하는 의에 미치지 못했다. 다음 절에 나타나는 것처럼, 그러한 의는 행위에 의해서가 아니라 믿음에 의해 얻어진다.

32. 어찌 그러하냐 이는 그들이 믿음을 의지하지 않고 행위를 의지함이라 부딪칠 돌에 부딪쳤느니라.

여기에 앞의 역설 즉 "의의 법을 따라간 이스라엘이 율법에 이르지 못한" 것에 대한 이유가 제시된다.

이는 그들이 믿음을 의지하지 않고 행위를 의지함이라. 그들은 믿음의 방법으로 그것을 추구하지 않고 행위의 방법으로 그것을 추구했다. 여기의 두 가지는 의롭다 함을 받음에 있어 서로 상반되는 두 가지 방식이다. 로마서 3장과 4장을 읽어보라. 결국 그들은 불가능한 방법으로 의 혹은 의롭다 함을 받고자 했다.

부딪칠 돌에 부딪쳤느니라. 여기의 "부딪칠 돌"(stumbling-stone)은 "걸려 넘어지게 하는 돌"을 의미하는 것으로서 참된 메시야를 가리킨다. 그들은 그리스도로 말미암아 의를 찾고자 하는 것으로부터 너무나 멀리 떨어져 있었다. 도리어 그들은 그리스도로 말미암아 걸려 넘어짐으로써 스스로 멸망을 자초했다. 마가복음 6:3; 고린도전서 1:23을 보라. 그들은 그가 자신들에게 자신들의 의보다 더 나은 의를 주는 것을 불가능하다고 생각했다. 그리고 그 모든 것은 그들 앞서 온 선지자들의 예언대로 이루어진 것이었다.

33. 기록된 바 보라 내가 걸림돌과 거치는 바위를 시온에 두노니 그를 믿는 자는 부끄러움을 당하지 아니하리라 함과 같으니라.

기록된 바. 이사야 8:14과 28:16에 기록된 것처럼. 여기의 예언은 베드로에 의해서도 인용되었다(벧전 2:6-8).

걸림돌. 예수 그리스도는 보배로운 모퉁잇돌이면서 동시에 결과적으로 걸림돌 즉 걸려 넘어지게 만드는 돌이다(눅 2:34).

그를 믿는 자는 부끄러움을 당하지 아니하리라. 이사야 선지자는 "믿는 자는"(he that believeth)이라고 말한 반면 바울은 "믿는 자는 누구든지"(whoever believeth)라고 말한다. 둘은 같은 의미이다. 또 이사야 선지자는 "그것을 믿는 이는 다급하게 되지 아니하리로다"라고 말한 반면 바울은 "그를 믿는 자는 부끄러움을 당하지 아니하리라"라고 말한다. 다급하며 서두르는 자는 마침내 부끄러움을 당하게 될 것이다.

제10장

개요

1. 바울이 맹목적인 열심으로 잘못된 길로 나아간 이스라엘을 위해 기도함(1-3) .
2. 바울이 율법으로 말미암아 의롭다 함을 받는 것과 믿음으로 말미암아 의롭다 함을 받는 것 사이의 차이를 성경으로부터 설명함(4-10) .
3. 유대인과 이방인을 불문하고 믿는 모든 자들에게 열린 구원(11-13).
4. 이방인들에게 복음을 전파해야만 하는 필요성(14-18) .
5. 하나님이 이방인들을 받으시는 것이 이미 성경에 예언됨 (19-20) .
6. 유대인들이 하나님의 긍휼을 거절하는 것 역시도 이미 성경에 예언됨(21) .

1. 형제들아 내 마음에 원하는 바와 하나님께 구하는 바는 이스라엘을 위함이니 곧 그들로 구원을 받게 함이라.

바울은 이스라엘에 대한 자신의 거짓 없는 사랑과 그들의 구원에 대한 간절한 바람을 고백하면서 본 장을 시작한다. 그는 이를테면 이렇게 말하고 있는 것이다. "앞에서도 이야기했지만 여기에서 다시 분명하게 말하노라. 대부분의 유대인들이 마치 내가 그들을 미워하는 것처럼 혹은 내가 그들의 원수인 것처럼 생각하노라. 그러나 나는 그들에 대해 정말로 애틋하면서도 간절한 마음을 가지고 있노라. 나는 그들이 구원받기를 정말로 간절히 바라면서 그것을 위해 하나님께 기도하노라."

그들로 구원을 받게 함이라. 그들로 영원한 구원을 받고 그들의 머리 위에 매달려 있는 진노와 멸망의 홍수를 피하게 하려 함이라.

2. 내가 증언하노니 그들이 하나님께 열심이 있으나 올바른 지식을 따른 것이 아니니라.

내가 증언하노니 : 내가 그들에게 혹은 그들 가운데 많은 사람들에게 증언하노니.

그들이 하나님께 열심이 있으나. 그들은 모세의 모든 의식(儀式)들과 예법들과 함께 하나님의 율법을 지키고자 하는 뜨거운 열망을 가지고 있었다. 그러면서 그들은 그렇게 하는 것이 하나님의 영광을 높이는 것이라고 생각했다.

올바른 지식을 따른 것이 아니니라. 즉 참되며 바른 지식. 그것은 뜨거운 열심이었는지 모르지만 그러나 맹목적인 열심이었다. 그들은 하나님의 뜻이 무엇인지, 그리고 하나님이 받으시는 의가 어떤 것인지 알지 못했다. 그들은 구약 아래서 율법과 예배의 참된 목적을 알지 못했다. 그들은 그 안에서 그리고 그로 말미암아 율법이 성취된 그리스도를 알지 못했다.

3. 하나님의 의를 모르고 자기 의를 세우려고 힘써 하나님의 의에 복종하지 아니하였느니라.

하나님의 의를 모르고. 여기에서 바울은 유대인들이 결핍했던 지식 즉 그들이 알지 못했던 것을 좀 더 구체적으로 보여 준다. 요컨대 그들은 "하나님의 의"를 알지 못했다. 이에 대해서는 1:17에 대한 주석을 참조하라. 그것은 "율법과 선지자들에게 증거를 받은" 것이었다. "이제는 율법 외에 하나님의 한 의가 나타났으니 율법과 선지자들에게 증거를 받은 것이라"(3:21). 바로 거기에 인생의 참된 복이 담겨 있는 것으로서, 그것은 반드시 알아야만 하는 것이었다. 그러나 그들은 그것을 알지 못했다. 자기 의를 세우려고 힘써. 그들 자신의 본원적인 의, 혹은 그들 자신이 이룬 의, 혹은 그들 자신이 노력하여 만든 의. 그들은 하나님의 의의 자리에다가 바로 이런 의를 세우려고 했다.

하나님의 의에 복종하지 아니하였느니라. 여기의 구절은 그들의 무지(無知) 뒤에 있었던 그들의 교만을 보여 준다. 사람들의 마음 안에 본성적으로 있는 것이 바로 이러한 교만이다. 그들은 필요한 것이 자기 안에 있다고 생각하면서 밖으로 나가려고 하지 않았다. 그들은 필요한 것이 자기에게 있다고 생각하면서 타자(他者)를 바라보려고 하지 않았다. 그들은 그들 자신의 공로로 말미암은 충분한 의를 가지고 있었으므로 하나님의 의를 거절하고 그것으로부터 스스로를 돌이켰다.

4. 그리스도는 모든 믿는 자에게 의를 이루기 위하여 율법의 마침이 되시니라.

바울은 유대인들이 하나님의 의를 알지 못했던 것은 그들이 율법의 참된 마침(end, 혹은 목적)이신 그리스도를 알지 못했기 때문임을 증명한다.

그리스도는 율법의 마침(end)이 되시니라. 먼저 그리스도는 율법의 목적(end)이다. 율법이 주어진 목적은 그것을 통해 죄인들이 자신들의 죄와 잃어진 상태와 저주의 상태를 깨닫고 그것을 피하기 위해 그리스도와 그의 의로 달려가도록 하기 위함이었다. 갈라디아서 3:19, 24을 보라. 또 그리스도는 율법의 완성이며 극치이다. 여기의 "마침"(end)은 바로 이런 의미로 취하여진다. 디모데전서 1:5을 보라. 그는 율법의 모든 의식(儀式)들이 예표했던 실체로서 의식법(儀式法)을 완성하셨다. 율법의 모든 의식들은 그와 관련되며, 그는 그 모든 것의 완성이며 마침이다. 그는 또한 도덕법을 완성하셨다. 부분적으로 그것의 모든 의를 이루는 능동적인 순종과, 부분적으로 마땅히 우리가 받아야 할 율법의 모든 저주와 형벌을 담당하는 수동적인 순종을 통해 말이다. 그는 우리를 대신하여 율법이 요구하는 모든 것을 완성하셨다. "육신을 따르지 않고 그 영을 따라 행하는 우리에게 율법의 요구가 이루어지게 하려 하심이니라"(롬 8:4).

5. 모세가 기록하되 율법으로 말미암는 의를 행하는 사람은 그 의로 살리라 하였거니와.

본 절과 이어지는 구절들에서 바울은 율법의 의와 믿음의 의 사이의 큰 차이와 그러한 차이가 이미 모세 자신의 책들 가운데 가르쳐지고 있는 사실을 증명한다. 율법의 의는 모세에 의해 명확하게 묘사된다. "너희는 내 규례와 법도를 지키라 사람이 이를 행하면 그로 말미암아 살리라"(레 18:5). 율법이 요구하는 모든 것을 계속적으로 그리고 완전하게 준수하며 행하는 사람은 영원한 생명의 상급을 받을 것이다. 로마서 2:13과 그에 대한 주석을 참조하라. 뿐만 아니라 그것은 반대쪽 측면에서 "율법의 의에 미치지 못하는 사람은 누구든지 사망과 저주를 초래할" 것이라는 사실을 함축한다. 이것 역시 다른 곳에서 분명하게 선언된다. 신명기 27:26; 갈라디아서 3:10을 보라. 이것은 정말로 가혹한 말씀이다. 과연 누가 그것을 감당할 수 있겠는가? 그것은 우리 모두를 하늘로부터 차단시키고 지옥으로 이끈다. 그것은 우리 위에 불가능한 조건을 놓는다. 그러므로 우리는 다음 절이 이야기하는 믿음의 의에 귀를 기울여야만 한다.

6. 믿음으로 말미암는 의는 이같이 말하되 네 마음에 누가 하늘에 올라가겠느냐 하지 말라 하니 올라가겠느냐 함은 그리스도를 모셔 내리려는 것이요.

믿음으로 말미암는 의는 이같이 말하되. 여기에서 바울은 믿음의 의를 의인화한다. 믿음의 의 혹은 믿음으로 말미암는 의는 마치 인격적 존재처럼 무엇인가를 말하며 선포한다. 그것이 의미하는 것은 성경 혹은 모세가 믿음의 의에 대하여 이러저러하게 말한다는 것이다. 여기의 말씀은 신명기 30:12-13로부터 취하여진 것이다. 여기에서 한 가지 문제가 제기된다. 그것은 바울이 그 신명기 구절을 올바로 인용하고 있는가, 아니면 단지 그것을 암시할 뿐인가 하는 것이다. 어떤 사람들은 후자로 생각하면서 모세가 직접적으로 율법에 대해 말한 것을 바울이 암시 혹은 적합화의 방식으로 믿음에 적용하고 있다고 말한다. 이렇게 본다면 바울은 모세의 글을 인용하고 있는 것이 아니라 그것을 자신의 목적에 맞게 수정하여 사용하고 있는 것이다. 반면 다른 사람들은 그와 같이 보는 것은 바울의 논증의 힘을 간과하는 것이라고 생각한다. 그들은 여기의 구절이 모세의 말을 올바로 인용한 것이라고 본다. 그리고 모세가 신명기에서 말한 것은 (비록 매우 모호하기는 하지만) 믿음의 의에 관한 것이었다고 생각한다. 실제로 신명기 30:12-13은 복음 시대에 속한다. 일부 유대교 랍비들은 신명기 30장이 — 특별히 거기의 앞부분이 — 메시야의 시대와 관련되어 있는 사실을 인정한다. 거기에서 모세는 이스라엘 백성들이 열방 가운데 쫓겨날 것에 대해 말했다. 이 일은 그리스도께서 승천하신 얼마 후 그들에게 실제로 일어났으며, 그들이 회심할 때까지 계속될 것이다. 로마서 11:1-36을 보라. 그러고 나서 하나님은 그들을 약속의 땅으로, 위에 있는 예루살렘으로, 예수 그리스도의 참된 교회로 다시금 그들을 회복시킬 것이다. 그때 하나님은 그들과 그들의 자손들의 마음에 할례를 행하심으로써 그들로 하여금 전심으로 주를 사랑하게 하실 것이다. 그러면 주님은 그들의 조상들을 기뻐하셨던 것처럼 그들을 기뻐하시며 그들에게 선을 행하실 것이다. 그리고 하나님의 언약의 약속에 따라 하나님의 율법이 그들의 마음 안에 기록될 것이다. 그것은 그들로부터 숨겨지거나 멀리 있지 않고, 그들의 입에 그리고 그들의 마음 안에 있을 것이다. 이와 같이 바울은 유대인들이 신뢰하는 모세의 증언을 사용하여 그들을 설득한다.

누가 하늘에 올라가겠느냐. 즉 우리의 의와 구원과 관련하여 거기에서 하나님의 뜻을 배우고 그것을 우리에게 가르치기 위해.

올라가겠느냐 함은 그리스도를 모셔 내리려는 것이요. 그것은 사실상 그것을 우리에게 계시하기 위해 그리고 우리에게 구원을 가져다주기 위해 그리스도께서 이미 하늘로부터 내려오셨음을 부인하는 것이다. 뿐만 아니라 그것은 그리스도께서 하늘로 올라가신 것을 부인하는 것이다. 왜냐하면 그는 한 개인으로서가 아니라 공인(public person)으로서 거기로 가셨기 때문이다. 그는 우리의 머리로서 거기로 가셨다. 그리고 그는 그의 모든 지체들을 거기로 데려가실 것이다. 그는 우리의 선구자로서 거기에 계신다. 그는 우리를 위해 처소를 예비하기 위해 먼저 거기로 가셨다. 그러므로 거기에 갈 것을 믿지 않는 그리스도인은 그리스도께서 거기에 계신 것을 의심하는 것이다. 만일 그가 여기에서 우리의 구원과 구속을 완성하지 못하셨다면, 그는 결코 거기에 가지 않으셨을 것이다.

7. 혹은 누가 무저갱에 내려가겠느냐 하지 말라 하니 내려가겠느냐 함은 그리스도를 죽은 자 가운데서 모셔 올리려는 것이라.

누가 무저갱에 내려가겠느냐. 여기의 "무저갱"은 지옥을 의미한다. 누가복음 8:31;

요한계시록 9:1; 20:1, 3을 보라. 불신앙과 절망 가운데 네가 거기에 갈 것이라고 말한다든지 혹은 누가 거기에 갈 것이냐고 묻지 말라.

내려가겠느냐 함은 그리스도를 죽은 자 가운데서 모셔 올리려는 것이라. 그렇게 말하는 것은 사실상 그리스도의 죽음을 헛된 것으로 만드는 것이다. 그것은 마치 "그는 우리를 위해 죽지 않았으며, 우리의 죄를 속하기 위해 또다시 와서 고통을 당하고 피를 흘려야만 한다"고 말하는 것과 같다. 그는 우리를 사망과 저주로부터 구원하기 위해 죽으셨다. 그가 하나님의 진노를 받은 것은 우리로 하여금 그것을 피하도록 하기 위함이었다. 이것이 의미하는 바는, 믿음으로 말미암아 의롭다 함을 받는 교리는 행위로 말미암아 의롭다 함을 받는 교리처럼 어렵고 불가능한 조건을 제시하지 않는다는 것이다. 율법으로 말미암는 의는 우리를 계속적으로 지옥에 대한 두려움과 천국에 대한 절망으로 이끈다. 반면 믿음으로 말미암는 의는 우리에게 큰 위로의 말을 전하면서, 우리로부터 구원 혹은 저주에 대한 모든 두려움과 번민을 제거해준다.

8. 그러면 무엇을 말하느냐 말씀이 네게 가까워 네 입에 있으며 네 마음에 있다 하였으니 곧 우리가 전파하는 믿음의 말씀이라.

그러면 무엇을 말하느냐. 즉 신명기 30:14에 있는 본문은 무엇을 말하느냐, 혹은 믿음으로 말미암는 의는 무엇을 말하느냐? 그것의 언어와 문체는 무엇이냐? 앞의 6절과 7절에서 바울은 그것이 말하지 않는 것을 말했다. 그러나 여기에서 그는 그것이 말하는 것을 말한다.

말씀이 네게 가까워. 즉 생명과 구원을 위해 네게 요구된 것이 네게 가까워. 바울은 여기에서 구원의 길의 용이함과 그것이 우리 앞에 준비되어 있는 것을 선언하는 것처럼 보인다. 그것은 복음 안에서 그리고 믿음의 의로 말미암아 우리에게 가르쳐졌다. 하나님은 우리에게 구원의 길을 찾기 위해 바다를 건너라든지 혹은 산에 오르라든지 혹은 먼 여행을 떠나라는 등의 어려운 것을 요구하지 않는다. 복음 아래서 구원의 길은 손쉽고 짧은 지름길이다. 그것은 손의 수고를 요구하지 않는다. 다만 입의 고백과 마음의 믿음만을 요구할 뿐이다. 또 구원의 길을 가르치는 말씀은 멀리 있지 않다. 바로 우리 손 앞에 있다. 그것은 마치 "네 입에 있으며 네 마음에 있는" 것과 마찬가지이다. 어떤 사람들은 당시에 "네 입에 있으며 네 마음에 있다"는 표현이 매우 가까이 준비되어 있음을 나타내는 일종의 관용어였다고 생각한다.

곧 우리가 전파하는 믿음의 말씀이라. "믿음의 말씀"으로 바울은 복음과 복음의 교훈을 의미한다. 복음이 "믿음의 말씀"으로 불리는 것은 그것이 믿음을 일으키기 때문이기도 하고 또한 그것이 믿음의 대상이기 때문이기도 하다.

9. 네가 만일 네 입으로 예수를 주로 시인하며 또 하나님께서 그를 죽은 자 가운데서 살리신 것을 네 마음에 믿으면 구원을 받으리라.

복음이 우리의 구원을 위해 기본적으로 요구하는 것은 단지 여기의 두 가지밖에 없다. 하나는 — 모든 박해와 위험에도 불구하고 — 우리 입으로 예수를 주로 시인하며 우리가 그에 의해 구원받고 통치되는 것을 선언하는 것이다. 그리고 다른 하나는 우리 마음으로 하나님이 그를 죽은 자 가운데서 다시 살리신 것을 믿는 것이다. 그리스도의 부활은 그 이전의 것(그의 수난과 죽음 등)과 그 이후의 것(그의 승천과 하나님 우편에 앉으심과 우리를 위해 기도하심 등) 모두를 전제하며, 그것들을 함께 연결한다. 그러므로 여기의 부활은 그 안에 나머지 모든 것을 포함한다. 또 여기에 특별히 부활이 언급되는 것은 만일 그것이 없었다면 그의 죽음과 수난은 쓸모없는 것이 되기 때문이다. 왜냐하면 그는 부활로 말미암아 택함 받은 모든 사람들을 위해 죄와 사망과 저주에 대한 완전한 승리를 얻으셨기 때문이다. 로마서 4:25에 나타나는 것처럼, 바로 이것이 우리의 의롭다 함의 근본적인 기초이다. "예수는 우리가 범죄한 것 때문에 내줌이 되고 또한 우리를 의롭다 하시기 위하여 살아나셨느니라."

10. 사람이 마음으로 믿어 의에 이르고 입으로 시인하여 구원에 이르느니라.

마음으로 믿어. 앞 절에서는 입으로 시인하는 것이 먼저 나왔지만, 여기에서는 마음으로 믿는 것이 먼저 나온다. 실제로 믿음이 고백(시인)에 선행한다. 고린도후서 4:13에서 바울은 시편 기자의 말을 인용하면서 "기록된 바 내가 믿었으므로 말하였다 한 것 같이 우리가 같은 믿음의 마음을 가졌으니 우리도 믿었으므로(믿음) 또한 말하노라(고백)"라고 말한다. 그러나 우리의 믿음 여부는 우리의 고백에 의해 분별되고 알려진다. 의에 이르고. 즉 의롭다 함에 이르고. 이 말씀은 로마서 4:5 혹은 9:30에 의해 설명될 수 있다.

입으로 시인하여 구원에 이르느니라. 교황주의자들은 본 절을 빙자하여 믿음(즉 마음으로 믿는 것)뿐만 아니라 선한 행동(즉 입으로 시인하는 것)이 구원의 원인임을 논증한다. 그러나 여기에서 입으로 시인하는 것은 구원의 원인으로서가 아니라 그것의 수단으로서 요구된 것이다. 바울 사도가 여기에서 구원과 의롭다 함의 원인으로 제시하는 것은 믿음이다. 왜냐하면 여기에서 구원에 돌려지는 "입으로 시인하는" 것은 단지 믿음의 결과 혹은 열매일 뿐이기 때문이다. 논리학의 기본적인 원리처럼, 원인의 원인이 진정한 원인이다.

11. 성경에 이르되 누구든지 그를 믿는 자는 부끄러움을 당하지 아니하리라 하니.

바울은 자신이 앞에서 이야기한 구원과 관련한 믿음과 신앙 고백의 효력을 여기에서 성경으로 증명한다. 그가 인용하는 성경구절은 이사야 28:16 혹은 시편 25:3이다. 로마서 9:33과 그에 대한 주석을 참조하라.

12. 유대인이나 헬라인이나 차별이 없음이라 한 분이신 주께서 모든 사람의 주가 되사 그를 부르는 모든 사람에게 부요하시도다.

유대인이나 헬라인이나 차별이 없음이라. 여기에서 바울은 앞 절의 "누구든지"라는 보편적인 용어의 이유를 제시한다. 로마서 9:33을 살필 때 주목했던 것처럼, 그 단어는 이사야 28:16에서는 발견되지 않는다.

모든 사람의 주. 이러한 호칭은 유대인과 헬라인 사이에 차별이 없는 이유를 보여준다. 이러한 호칭은 특별히 예수 그리스도와 관련된다. 그는 로마서 10:9에서 "주"로, 그리고 사도행전 10:36에서 "만유의 주"로 불린다. 그는 세계 만국으로부터 택함 받은 모든 사람들의 머리이다.

그를 부르는. 예수 그리스도는 무조건적으로 모든 사람에게 부요하신 것이 아니라, 믿음으로 그를 부르는 모든 사람에게 부요하시다.

모든 사람에게 부요하시도다. 즉 모두에게 풍부하시도다. 그러므로 유대인들은 이방인들이 부르심을 받은 것을 시기할 필요가 없다. 그렇다고 해서 그들이 더 적게 가지는 것은 결코 아니다. 주님은 무궁무진한 분량의 은혜와 긍휼을 가지고 계신다. 그의 샘은 우리의 목마름을 모두 채우고도 남는다.

13. 누구든지 주의 이름을 부르는 자는 구원을 받으리라.

"주는 그를 부르는 모든 사람에게 부요하시도다"라는 앞 절의 명제는 여기에서 요엘 2:32의 증언에 의해 다시금 확증된다. 여기의 요엘의 증언은 베드로에 의해서도 인용된 바 있다(행 2:21). 바울의 논증은 다음과 같이 재구성될 수 있다: "만일 누구든지 주의 이름을 부르는 자는 구원을 받는다면, 주는 그를 부르는 모든 사람에게 부요하신 것이 된다. 왜냐하면 어떤 부요도 구원과 비교할 수 없기 때문이다. 누구든지 주의 이름을 부르는 자는 구원을 받을 것이라는 것은 사실이다. 그러므로 주는 그를 부르는 모든 사람에게 부요하시다는 것 역시 사실이다."

누구든지. 유대인이든 이방인이든 주의 이름을 부르는 사람들 즉 그 이름이 예수 그리스도인 자를 부르는 사람들은 구원을 받을 것이다. 이것을 고린도전서 1:2과 비교하라.

14. 그런즉 그들이 믿지 아니하는 이를 어찌 부르리요 듣지도 못한 이를 어찌 믿으리요 전파하는 자가 없이 어찌 들으리요.

여기의 구절과 이어지는 구절들의 연결 관계는 매우 모호하다. 어떤 사람들은 여기의 말씀을 바울이 "유대인이나 헬라인이나 차별이 없음이라"라고 말한 12절과 연결시킨다. 그러면서 본 절은 그것을 증명하는 것이라고 생각한다. 유대인이나 헬라인이나 차별이 없는 것은 주의 이름을 부름으로 말미암아 구원을 받음에 있어 그들 모두가 동일하게 되었기 때문이다. 주의 이름을 부르는 것은 믿음으로부터 말미암는 것이며, 믿음은 하나님의 말씀을 들음으로부터 말미암는 것이며, 들음은 그것을 전파함으로부터 말미암는 것이다. 또 어떤 사람들은 이것을 삼단논법적인 것으로 만든다. 참된 의는 믿음의 의다. 믿음의 의는 하나님의 약속에 따라 유대인과 이방인에게 공통적으로 속한다. 그러므로 두 백성 모두에게 하나님으로부터 복음전파자들이 보냄을 받는 것이 필요하다. 왜냐하면 그것이 믿음을 낳고 또 사람들을 그리스도께로 데려가는 통상적인 방법이기 때문이다. 어쨌든 여기에서 바울이 논증하는 방법은 점증적인 방식으로서, 매우 강력한 힘을 갖는다. 하나님은 그의 선지자들을 통해 유대인과 이방인에게 아무 차별 없이 구원을 약속하셨다. 그러나 그를 부르는 것이 없이는 구원이 없다. 믿음이 없이는 그를 부르는 것이 없다. 듣는 것이 없이는 믿음이 없다. 전파하는 자가 없으면 듣는 것이 없다. 보냄을 받는 것이 없으면 전파하는 자가 없다. 바울은 계속적으로 질문을 던지면서 자신의 논증을 이어가는데, 이것은 한층 더 강력한 힘을 갖는다. 왜냐하면 그 안에 강한 호소력이 담기기 때문이다. 여기의 모든 질문들 속에는 부정적인 대답이 이미 함축되어 있다.

그들이 믿지 아니하는 이를 어찌 부르리요. 그러므로 성자(聖者)들과 천사들의 중보와 관련한 교황주의자들의 교리는 아무 근거 없는 것이다.

듣지도 못한 이를 어찌 믿으리요. 택함 받은 자들 가운데 태어나면서부터 귀머거리인 자들이 있다. 이런 사람들에게 하나님은 특별한 방법으로 외적인 수단의 결핍을 보충해 주신다. 그러나 일반적으로 듣는 것이 믿음에 필수적이다. 마치 믿음이 그를 부르는 것에 필수적이고, 그를 부르는 것이 구원에 필수적인 것처럼 말이다.

15. 보내심을 받지 아니하였으면 어찌 전파하리요 기록된 바 아름답도다 좋은 소

식을 전하는 자들의 발이여 함과 같으니라.

보내심을 받지 아니하였으면 어찌 전파하리요. 선지자들이나 사도들처럼, 하나님 혹은 그리스도에 의해 직접적으로. 갈라디아서 1:1을 보라. 혹은 이런 일에 사람들을 구별하여 세우도록 그리스도로부터 권세를 부여 받은 사람들에 의해 간접적으로. 바울은 "이러한 위임 없이 어찌 그들이 전파할 수 있으리요"라고 말한다. 다시 말해서 그러한 위임 없이 도대체 어떻게 그들이 그리스도의 이름으로 그리고 그의 권세로 말미암아 합당하게 전파할 수 있느냐는 것이다. 그러나 종종 보냄을 받음이 없이 달음질하는 사람들이 있었고, 지금도 있고, 앞으로도 있을 것이다. "이 선지자들은 내가 보내지 아니하였어도 달음질하며 내가 그들에게 이르지 아니하였어도 예언하였은즉"(렘 23:21).

아름답도다 좋은 소식을 전하는 자들의 발이여. 여기에 인용된 성구는 이사야 52:7에서 발견된다. "좋은 소식을 전하며 평화를 공포하며 복된 좋은 소식을 가져오며 구원을 공포하며 시온을 향하여 이르기를 네 하나님이 통치하신다 하는 자의 산을 넘는 발이 어찌 그리 아름다운가." 여기에서 바울은 70인경을 버려두고 히브리 본문을 따른다. 그러나 바울은 이사야가 말한 것을 그대로 인용하지 않는다. 그는 어떤 구절은 그냥 지나친다. 예컨대 "산을 넘는"과 같은 구절 말이다. 이것은 예루살렘의 지리적 위치와 관련되는 것이었다. 또 그는 단수(자의 발)를 복수(자들의 발들)로 바꾼다. 여기에서 다음과 같은 한 가지 반론이 제기될 수 있다. 이사야의 본문은 유대인들이 앗수르의 멍에로부터 구원받는 것을 전파하기 위해 보냄을 받은 자에 대한 것이 아니냐 하는 것이다. 이에 대한 대답은 다음과 같다. 비록 그것을 인정한다 하더라도, 그것은 그리스도로 말미암은 평화와 구원을 전파하는 것에 충분히 적용될 수 있다는 것이다. 왜냐하면 앗수르로부터의 구원 역시도 (다른 모든 일시적인 구원들과 마찬가지로) 그리스도로 말미암아 이루어진 구속 안에 그 기초를 가지고 있기 때문이다.

16. 그러나 그들이 다 복음을 순종하지 아니하였도다 이사야가 이르되 주여 우리가 전한 것을 누가 믿었나이까 하였으니.

그러나 그들이 다 복음을 순종하지 아니하였도다 : 여기에서 바울은 예상되는 유대인들의 트집을 미리 막는다. 그들은 이렇게 트집을 잡으며 말할 수 있었다 — 만일 사도들과 복음전파자들이 하나님으로부터 그토록 큰 권세와 함께 보냄을 받고 또 그토록 놀라운 메시지를 가져왔다면, 그렇다면 그토록 적은 사람만이 그것을 받아들이고 그것에 순종한 까닭은 도대체 무엇이란 말인가? 이러한 트집에 바울은, 그것이 조금도 이상하지 않은 것은 그것이 이미 오래 전에 이사야 선지자에 의해 예언되었기 때문이라고, 대답한다. "우리가 전한 것을 누가 믿었느냐 여호와의 팔이 누구에게 나타났느냐"(사 53:1), 이사야가 이와 같이 말한 것이 마치 그것이 그들의 불신앙의 이유인 것처럼 이해되어서는 안 된다. 접속사 "for"는 원인을 보여 주는 것이 아니라 결과를 보여 준다(흠정역 본문은 다음과 같음. But they have not all obeyed the gospel. For Esaias saith, Lord, who hath believed our report?). 그들이 믿지 않은 것은 이사야 선지자가 그렇게 말했기 때문이 아니다. 다만 그들이 믿지 않았기 때문에 이사야 선지자가 그렇게 예언한 것이다.

주여. 이것은 70인경이 설명을 위해 덧붙인 것이다.

우리가 전한 것을 누가 믿었나이까. 이것은 극소수의 사람들만 믿었음을 함축한다. 이것을 요한복음 3:32과 비교하라.

17. 그러므로 믿음은 들음에서 나며 들음은 그리스도의 말씀으로 말미암았느니라.

이것은 앞의 점층적 논법의 결론이다(14절). 여기에서 바울은 믿음이 일으켜지는 일반적인 수단에 대해 이야기한다. 그렇다고 해서 바울이 아무런 수단 없이도 특별한 방법으로 믿음을 일으키는 혹은 일으킬 수 있는 성령의 역사(役事)를 제한하는 것은 아니다. 14절에 대한 주석을 참조하라.

그리스도의 말씀으로 말미암았느니라. 즉 그리스도의 명령으로 말미암았느니라. 복음이 사람들에게 합법적으로 전파될 수 있게 되는 것은 오직 그리스도의 명령 때문이다. 그리스도의 명령으로 인해 사도들과 복음전파자들은 이방인들에게 복음을 전파하는 합당한 권세를 갖게 된다.

18. 그러나 내가 말하노니 그들이 듣지 아니하였느냐 그렇지 아니하니 그 소리가 온 땅에 퍼졌고 그 말씀이 땅 끝까지 이르렀도다 하였느니라.

바울은 어떤 사람이 유대인들을 위해 제기할 수 있는 가상적인 변명 즉 그들이 듣지 못했기 때문에 믿을 수 없었다는 변명에 대해 대답한다. 앞에서 이야기한 것처럼 믿음은 들음에서 오는 것이기 때문에 말이다. 이에 대해 바울은 복음이 온 세상에 전파되었기 때문에 유대인들이 그에 대해 들을 수밖에 없었다고 대답한다. 그리고 복음이 온 세상에 전파된 것을 그는 시편 19:4을 인용함으로써 증명한다. 그는 이를테면 "다윗이 너희에게 복음의 소리가 온 땅에 퍼졌으므로 모두가 들었음을 혹은 들을 수 있었음을 말하지 않느냐?"라고 말하고 있는 것이다. 여기에서 한 가지 반론이 제기될 수 있다. 그것은 단지 다윗이 하늘과 궁창 등과 같은 하나님이 하신 일에 대해 말하고 있었지 않았느냐는 것이다. 이에 대한 대답은 다음과 같다. 어떤 사람들은 바울 사도가 단지 그 시편 구절을 암시할 뿐 그것을 직접적으로 인용하는 것은 아니라고 생각한다. 반면 다른 사람들은 시편 기자가 문자적이며 역사적(歷史的)으로 하늘과 궁창 등에 대해 말하면서 동시에 예언적으로 사도들과 복음전파자들에 대해 말했다고 생각한다. 여기의 "온 땅"을 우리는 땅의 가장 큰 부분으로, 그리고 "땅 끝"을 땅의 먼 부분으로 이해할 수 있다.

19. 그러나 내가 말하노니 이스라엘이 알지 못하였느냐 먼저 모세가 이르되 내가 백성 아닌 자로써 너희를 시기하게 하며 미련한 백성으로써 너희를 노엽게 하리라 하였고.

여기에서 바울은 성경의 세 구절을 인용함으로써 유대인들이 이방인들과 함께 복음의 소리를 들을 수밖에 없었음을 증명한다. 그러므로 그들은 듣지 못한 것이 아니라, 들었음에도 불구하고 배척한 것이다. 이방인들은 기쁘게 받아들인 반면 말이다. 이렇게 함으로써 바울은 자신이 다음 장에서 다루고자 하는 주제 즉 이방인들의 부르심과 유대인들의 유기(遺棄)와 관련한 주제의 기초를 놓는다.

이스라엘이 알지 못하였느냐. 이것이 온전한 문장이 되기 위해서는 목적어가 보충되어야만 한다 — 하나님이든, 혹은 복음이든, 혹은 믿음의 의든, 혹은 이방인의 회심이든. 이스라엘 백성들은 자신들이 알지 못했었노라고 핑계를 댈 수 없었다. 왜냐하면 그들은 모세와 이사야의 글에 정통해 있었기 때문이었다.

모세가 이르되. 즉 신명기 32:21에서. 여기에서도 바울은 70인경의 번역을 따른다.

내가 백성 아닌 자로써 너희를 시기하게 하며 미련한 백성으로써 너희를 노엽게 하리라. 여기에서 하나님은 유대인들에게 이를테면 "내가 너희들보다 이방인들을 더 사랑하여 너희를 시기하게 하며 노엽게 하리라"라고 말씀하신다. 이런 말씀을 들었을 때, 그들의 마음은 심히 쓰리고 격동될 수밖에 없었다. 왜냐하면 그들은 엄청난 특권을 받은 백성들이었던 반면 이방인들은 그들이 생각할 때 사람이라기보다 개와 같은 짐승에 불과한 자들이었기 때문이다. 사도행전 13:45을 보라. 또 이 글이 인용된 원본인 신명기 32:21을 읽어 보라. 그러면 당신은 이것이 하나님이 유대인들에게 그들의 우상 숭배에 대한 징벌로써 말씀하신 것이라는 사실을 발견하게 될 것이다. 그들은 본질상 신이 아닌 것들을 자신들에게로 취했다. 그리하여 하나님은 그들에 대한 앙갚음으로 본질상 백성이 아닌 자들을 자신에게로 취하실 것이었다. 이를테면 그들은 다른 남편을 자신들에게로 취했다. 그리하여 하나님은 그들이 행한 대로 갚아주기 위해 다른 아내를 자신에게로 취하실 것이었다.

20. 이사야는 매우 담대하여 내가 나를 찾지 아니한 자들에게 찾은 바 되고 내게 묻지 아니한 자들에게 나타났노라 말하였고.

이사야는 매우 담대하여. 이사야는 이방인들의 부르심과 유대인들의 유기(遺棄)와 관련하여 한층 더 담대하게 말했다. 제롬이 말한 것처럼, 그는 너무나 비싼 대가 즉 나무 톱에 의해 켬을 당하는 대가를 치르면서까지 거룩한 자유를 사용했다. 바로 이것이 말씀을 전하는 자들에게 요구되는 자질이다. 사도행전 4:13; 28:31을 보라.

말하였고. 즉 이사야 65:1에서. 바울은 이사야의 글을 ── 히브리 원문으로부터나 70인경으로부터나 ── 어느 정도 변용하여 인용한다.

내가 나를 찾지 아니한 자들에게 찾은 바 되고. 이것을 로마서 9:30과 비교하라. 그리고 그 구절의 주석을 참조하라.

내게 묻지 아니한 자들에게 나타났노라. 이것을 에베소서 2:2과 비교하라. 이방인들의 부르심은 전적으로 값없는 은혜와 하나님의 자유로운 선택의 결과였다.

21. 이스라엘에 대하여 이르되 순종하지 아니하고 거슬러 말하는 백성에게 내가 종일 내 손을 벌렸노라 하였느니라.

이스라엘에 대하여 이르되. 즉 이사야 65:2에서. 앞에 인용된 예언은 무지하며 불경건한 이방인들의 부르심을 예언하는 위로의 예언이었다. 반면 여기에 인용된 예언은 패역하며 완악한 유대인들의 버려짐을 예언하는 경고의 예언이다.

종일. 그들이 처음 부르심을 받았을 때부터 이산(離散)의 때까지.

내가 내 손을 벌렸노라. 마치 패역한 아들을 받아들이기 위해 손을 내민 아버지처럼. 이것을 마태복음 23:37과 비교하라.

순종하지 아니하고 거슬러 말하는 백성에게. 이사야는 단지 "패역한"이라는 단어만을 사용했을 뿐이다. 그러나 바울은 그것을 여기에서 "순종하지 아니하고 거슬러 말하는"이라고 풀어서 번역한다. 그들은 "마음으로 순종하지 아니하고" "입으로 거슬러 말하는" 자들이었다. 이것은 앞의 9절과 10절에 언급된 두 가지 즉 "마음으로 믿고" "입으로 시인하는" 것과 상반되는 것이다. 이것을 사도행전 7:51-52; 13:45; 19:9과 비교하라.

제11장

개요

1. 하나님이 모든 이스라엘을 버린 것이 아님. 은혜로 말미암아 구원받은 남은 자들이 있음(1-6).
2. 나머지 사람들의 영적 어둠이 성경에 예언되어 있음(7-10).
3. 이스라엘의 넘어짐과 회심이 이방 세계에 미치는 결과(11-16).
4. 이방인들은 유대인들을 비방하는 대신 하나님의 선하심과 엄중하심을 깊이 새겨야 함(17-22).
5. 장차 유대인들이 믿고 구원받을 것이 예언됨(23-32).
6. 측량할 수 없는 하나님의 지혜와 지식과 판단과 길(33-36) .

1. 그러므로 내가 말하노니 하나님이 자기 백성을 버리셨느냐 그럴 수 없느니라 나도 이스라엘인이요 아브라함의 씨에서 난 자요 베냐민 지파라.

앞 장 마지막 부분에서 유대인들이 완악함으로 말미암아 버림을 당하고 이방인들이 부르심을 받은 것을 보여 준 바울은 계속해서 여기에서 한 가지 가상적인 반론에 대해 대답한다. 어떤 사람들이 다음과 같은 반론을 제기할 수 있었다 — 정말로 그렇다면 하나님은 결국 버리지 않겠다고 약속한 자신의 언약 백성을 버리신 것이 아닌가? 시편 94:14을 보라. "여호와께서는 자기 백성을 버리지 아니하시며 자기의 소유를 외면하지 아니하시리로다." 이러한 가상적인 반론에 그는 먼저 그가 습관적으로 사용하는 "그럴 수 없느니라"(God forbid, 하나님이여 금하소서)로 대답한다. 그리고 계속해서 그는 유대인들이 버림을 당한 것이 전체적인 것도 아니고 최종적인 것도 아님을 보여 준다.

나도 이스라엘인이요 아브라함의 씨에서 난 자요. 바울은 이스라엘이 버림을 당한 것이 전체적인 것이 아님을 증명하기 위해 이와 같이 말한다. 그는 이를테면 이렇게 말하고 있는 것이다. "나 역시도 혈통적으로 유대인이며, 육체를 따라 아브라함의 자손이니라. 그럼에도 불구하고 나는 하나님에 의해 버림을 당하지 않았노라."

베냐민 지파라. 어떤 사람들은 바울이 자신이 영예로운 지파로부터 태어난 것을 암시하기 위해 이것을 덧붙였다고 생각한다. 왜냐하면 그 지파는 사울 왕과 에스더 왕비가 태어난 지파였기 때문이다(삼상 9:1; 에 2:5). 반면 다른 사람들은 바울이 정반대의 이유로 이것을 덧붙였다고 생각한다. 즉 베냐민 지파는 모든 지파 가운데 말째 지파면서 동시에 가장 작은 지파였기 때문이라는 것이다. 그런가 하면 또 다른 사람들은 바울이 여기에서 자신의 지파를 언급하는 것은 단순히 그가 회심한 개종자가 아니라 혈통에 따른 유대인임을 나타내기 위함이었다고 생각한다. 빌립보서 3:5을 보라.

2. 하나님이 그 미리 아신 자기 백성을 버리지 아니하셨나니 너희가 성경이 엘리야를 가리켜 말한 것을 알지 못하느냐 그가 이스라엘을 하나님께 고발하되.

하나님이 그 미리 아신 자기 백성을 버리지 아니하셨나니. 여기에서 바울은 앞의 가상적인 반론에 대해 구별의 방법을 사용하여 다시금 대답한다. 그는 하나님이 미리 아신 백성들과 그렇지 않은 백성들을 구별한다. 그러면서 전자의 백성들은 하나님으로부터 버림을 당하지 않았다고 말한다. 여기의 "하나님이 미리 아신 백성"이란 표현으로 그는 영원한 생명으로 선택되고 예정된 사람들을 의미한다. "하나님이 미리 아신 자들을 또한 그 아들의 형상을 본받게 하기 위하여 미리 정하셨으니 이는 그로 많은 형제 중에서 맏아들이 되게 하려 하심이니라"(롬 8:29). 또 요한복음 10:14; 디모데후서 2:19에도 이와 같은 미리 아심이 함축되어 있다.

너희가 성경이 엘리야를 가리켜 말한 것을 알지 못하느냐. 이것은 앞의 가상적인 반론에 대한 세 번째 대답이다. 바울은 유대인들이 매우 익숙하게 알고 있는 엘리야의 예를 든다. 그가 엘리야의 예를 든 것은 유대인들로 하여금 자신을 오만한 자라고 참소하지 못하도록 하기 위함이었다. 왜냐하면 그는 앞 절에서 하나님이 자기 백성을 버리지 않은 증거로서 자기 자신을 예로 들었기 때문이었다. 그리하여 그는 그들에게 유대인들 가운데 자신뿐만 아니라 — 설령 그들에게 알려지지 않았다 하더라도 — 다른 많은 믿는 자들이 있음을 이해시키고자 하였다. 이런 맥락에서 그는 "너희가 성경이 엘리야를 가리켜 말한 것을 알지 못하느냐"라고 말했다(왕상 19:1-21).

그가 이스라엘을 하나님께 고발하되. 여기의 "이스라엘"은 하나님을 배반하고 우상 숭배에 떨어진 북 왕국 열 지파를 가리킨다. 엘리야는 그들의 불경건을 제시하며 다음 절과 같이 고발했다.

3. 주여 그들이 주의 선지자들을 죽였으며 주의 제단들을 헐어 버렸고 나만 남았는데 내 목숨도 찾나이다 하니.

열왕기상 19:10, 14을 보라.

주의 제단들을 헐어 버렸고. 여기의 "주의 제단들"은 산당(high places)의 제단들을 가리키는 것이 아니다. 왜냐하면 그러한 제단들은 마땅히 헐려져야만 했기 때문이다. 또 그것은 예루살렘 성전의 제단들을 가리키는 것도 아니다. 왜냐하면 그러한 제단들은 지금 엘리야가 고발하고 있는 열 지파의 범위 밖에 있었기 때문이었다. 다만 여기의 "제단들"은 열 지파의 경건한 사람들이 예루살렘에 올라가는 것이 허락되지 않았을 때 나름대로 하나님을 섬기기 위해 세운 제단들이었던 것으로 보인다. 이와 같은 특별한 경우에는 (예루살렘 성전의 공적인 제단이 아닌) 사적인 제단을 세우는 것이 허용되었다. 또 어쩌면 여기의 "제단들"은 엘리야 자신이 하나님의 특별한 명령에 따라 세운 제단들이었는지도 모른다. 그런가 하면 어떤 사람들은 여기의 "주의 제단들을 헐어 버렸고"라고 표현을 단순히 그들이 하나님에 대한 참된 예배를 더럽히고 파괴한 것으로 이해하기도 한다.

나만 남았는데. 엘리야는 실제로 이와 같이 알았다. 왜냐하면 드러내 놓고 하나님을 예배하는 사람이 거의 없었기 때문이었다. 당시 열 지파의 타락은 이처럼 보편적이었다.

4. 그에게 하신 대답이 무엇이냐 내가 나를 위하여 바알에게 무릎을 꿇지 아니한 사람 칠천 명을 남겨 두었다 하셨으니.

그에게 하신 대답이 무엇이냐. 여기의 "대답"이라는 단어는 문자적으로 은혜의 보좌로부터 주어진 하나님의 신탁(神託)을 가리킨다. 그러나 그것은 일반적으로 하나님으로부터 주어진 신적 지침을 가리키는 것으로 취하여진다. 여기와 동일한 단어가 사용된 마태복음 2:12; 히브리서 11:7을 보라. 바울은 열왕기상 19:15-18에 기록된 대로 "하나님의 대답"이라는 전체적인 표현을 반복하지 않는다. 그는 다만 그의 목적에 맞게 변용하여 인용한다.

내가 나를 위하여 … 남겨 두었다. 하나님은 "그들이 스스로를 남겨 두었다"라고 말씀하시지 않고, "내가 그들을 남겨 두었다"라고 말씀하셨다. 이를테면 하나님은 "내 자신의 값없는 은혜로 말미암아 내가 그들을 배교와 우상 숭배로부터 지켰노라"라고 말씀하고 계신 것이다.

바알에게 무릎을 꿇지 아니한 사람. 즉 바알의 형상 앞에 무릎을 꿇지 아니한 사람.

칠천 명(seven thousand men). 여기에 "men"으로 되어 있다고 해서 이들이 모두 남자들이었던 것은 아니다. 의심의 여지 없이 그들 가운데 여자들도 있었을 것이다.

5. 그런즉 이와 같이 지금도 은혜로 택하심을 따라 남은 자가 있느니라.

엘리야의 때와 마찬가지로, 지금도 유대인들 가운데 하나님이 은혜로 택하신 남은 자들이 있다. 그러므로 그들이 버림을 당한 것은 결코 전체적인 것이 아니다. 믿지 않는 자들과 비교할 때 믿는 자들의 수가 적다 하더라도 또 전체 숫자와 비교할 때 남은 자의 숫자가 소수라 하더라도, 그럼에도 불구하고 야고보가 바울에게 말한 것처럼 유대인들 가운데 믿는 자들이 수만 명이나 있었다. "형제여 그대도 보는 바에 유대인 중에 믿는 자 수만 명이 있으니"(행 21:20).

6. 만일 은혜로 된 것이면 행위로 말미암지 않음이니 그렇지 않으면 은혜가 은혜 되지 못하느니라.

이 구절은 앞 절에 의존한다. 언뜻 볼 때 이 구절은 지금 바울이 논증하고 있는 것과 잘 어울리지 않는 것처럼 보인다. 그러나 그는 성령의 인도하심 가운데 잠시 주제를 벗어나 선택과 부르심이 행위로 말미암지 않고 오직 은혜로 말미암는다는 사실을 다시금 역설한다. 이에 대해 앞에서 다룬 바 있지만(4:4-5; 9:11), 그러나 그는 그것을 여기에서 다시 한 번 다룬다. 그러면서 그는 여기에서 옛 유대인들이 이해할 수도 없었고 이해하지도 못했던 한 가지 진리를 전달한다. 그것은 선행의 공로와 하나님의 값없는 은혜는 결코 함께 갈 수 없다는 진리이다. 둘은 서로 배타적인 관계로서, 서로가 서로를 배척한다. 만일 택하심과 부르심이 은혜와 행위 모두로부터 말미암는다면, 은혜는 은혜 되지 못하며 행위는 행위 되지 못한다. 값없는 은혜에 의해 오는 것은 빚으로 말미암아 오지 않으며, 행위의 공로에 의해 오는 것은 빚으로 말미암아 온다. 값없이 오는 것과 공로로 말미암아 오는 것은 서로 정반대이다. 그러므로 택하심과 부르심이 부분적으로 은혜로 말미암으며 또 부분적으로 행위의 공로로 말미암는다고 말하는 것은 함께 갈 수 없는 것을 함께 가도록 만드는 것이다. 그것은 빚을 빚이 아닌 것으로 만드는 것이며, 공로를 공로가 아닌 것으로 만드는 것이며, 행위를 행위가 아닌 것으로 만드는 것이며, 은혜를 은혜가 아닌 것으로 만드는 것이다. 그러므로 우리는 어느 하나를 붙잡으면서 동시에 다른 하나는 부인해야만 한다.

7. 그런즉 어떠하냐 이스라엘이 구하는 그것을 얻지 못하고 오직 택하심을 입은 자가 얻었고 그 남은 자들은 우둔하여졌느니라.

그런즉 어떠하냐. 자, 이것이 이제까지 이야기한 것의 결론이니라.

이스라엘이 구하는 그것을 얻지 못하고. 율법의 행위로 말미암아 의와 생명을 얻고자 했던 이스라엘은 그것을 얻지 못했고. 그들은 결국 표적을 맞추지 못했다. 그들은 표적을 겨누었지만, 그러나 제대로 맞추지 못했다. "의의 법을 따라간 이스라엘은 율법에 이르지 못하였으니 어찌 그러하냐 이는 그들이 믿음을 의지하지 않고 행위를 의지함이라 부딪칠 돌에 부딪쳤느니라"(롬 9:31, 32).

그 남은 자들은 우둔하여졌느니라. "The rest were blinded" 즉 그 남은 자들은 맹인이 되었느니라. 결국 택함 받지 못한 자들은 하나님의 의로운 심판에 의해 그들 자신의 무지와 완악함에, 그리고 그러한 것들로 역사하는 사탄에 남겨졌다. "그 중에 이 세상의 신이 믿지 아니하는 자들의 마음을 혼미하게 하여 그리스도의 영광의 복음의 광채가 비치지 못하게 함이니 그리스도는 하나님의 형상이니라"(고후 4:4). 만일 바울이 여기에서 "그 남은 자들은 얻지 못하였느니라"라고 말했다면 좀 더 매끄러운 반어법 문장이 되었을 것이다. 그러나 바울은 의도적으로 여기와 같이 말했는데, 그것은 그들이 그것을 얻지 못한 이유 즉 그들의 마음의 완악함과 맹인 됨을 보이기 위함이었다.

8. 기록된 바 하나님이 오늘까지 그들에게 혼미한 심령과 보지 못할 눈과 듣지 못할 귀를 주셨다 함과 같으니라.

기록된 바. 즉 이사야 6:9; 29:10에 기록된 바.

오늘까지. 예전에 그랬던 것과 마찬가지로 오늘날에도 여전히. 이것은 앞 절의 마지막 구절과 연결될 수도 있다. 그렇다면 "그 남은 자들은 오늘까지 우둔하여졌느니라"가 될 것이다.

혼미한 심령. 여기의 단어는 예컨대 독사와 같은 것에 물림으로 말미암아 떨어진 죽음과 같은 잠을 의미한다.

9-10. [9]또 다윗이 이르되 그들의 밥상이 올무와 덫과 거치는 것과 보응이 되게 하시옵고 [10]그들의 눈은 흐려 보지 못하고 그들의 등은 항상 굽게 하옵소서 하였느니라.

다윗이 이르되. 즉 시편 69:22, 23에서. 바울은 다윗의 글을 문자적으로 인용하지 않는다. 그는 다윗이 받았던 것과 동일한 영의 인도하심으로 그 의미를 훼손함이 없이 어떤 단어는 더하고 어떤 단어는 바꾼다.

그들의 밥상이 올무와 덫과 거치는 것과 보응이 되게 하시옵고. 어떤 사람들은 이것을 기도로 받아들이는 반면 다른 사람들은 예언으로 받아들인다. 다윗은 (그가 그 모형인) 그리스도의 인격 안에서 (그의 백성인) 유대인들이 자신에게 가한 극도의 악행과 압제를 토로하며 예언한다. 그들은 그에게 음식 대신 쓸개를 주었으며, 목마를 때 초를 마시게 했다(시 69:21). 그리하여 다윗은 그들에게 하나님의 진노가 내리기를 간구한다. 특별히 그는 그들의 가장 즐거운 것들이 그들의 멸망으로 바뀌며, 그들의 총명이 어둠으로 바뀌며, 그리하여 그들이 하늘의 것들에 대해서는 아무것도 분별하지 못한 채 오로지 땅의 것들에 대해서만 맛볼 수 있게 되며, 그리하여 그들의 머리와 마음을 하나님과 그의 복음에 대해 들지(lift up) 못하게 되기를 예언 혹은 기도한다. 다윗이 예언의 영으로 말미암아 기도한 것은 그대로 이루어져야만 했다. 그러므로 유대인들의 마음이 전반적으로 불신앙과 완악함으로 기울어진 것은 조금도 놀랄 일이 아니었다.

11. 그러므로 내가 말하노니 그들이 넘어지기까지 실족하였느냐 그럴 수 없느니라 그들이 넘어짐으로 구원이 이방인에게 이르러 이스라엘로 시기나게 함이니라.

지금까지 바울은 유대인들이 버림을 당한 것이 전체적인 것이 아님을 보여 주었다. 이제 그는 계속해서 그것이 최종적인 것이 아님을 증명하는 데로 나아간다. 그들은 세상의 종말 전에 대대적으로 부름을 받고 회심할 것이며, 이방인들과 함께 한 목자이신 주 예수 그리스도 아래서 한 양 무리를 이룰 것이다. 이것을 증명하기 위해 바울은 여러 가지 논증을 제시한다.

그들이 넘어지기까지 실족하였느냐. 여기에 또 하나의 가상적인 반론이 있다. 유대인들은 다음과 같이 말할 수 있었다 ── 만일 이사야와 다윗과 같은 거룩한 선지자들이 우리가 맹인처럼 아무것도 보지 못한 채 실족할 것을 예언했다면, 그렇다면 이제 우리는 영원히 소망 없는 상태에 있는 것이 아니냐? 이러한 반론에 바울은 다음과 같이 대답한다. "그들이 다시 일어날 수 없도록 최종적으로 실족한 것은 결코 아니니라. 내가 말한 것은 결코 그런 뜻이 아니니라. 도리어 하나님은 내게 정반대의 것을 계시하셨느니라. 언젠가 하나님은 유대인들을 다시 부르시고 그들을 자신의 은총으로 회복시키실 것이니라."

그들이 넘어짐으로 구원이 이방인에게 이르러. 유대인들이 넘어짐으로 말미암아 다시 말해서 그들이 복음을 배척함으로 말미암아 그것이 이방인들에게 전파되고, 그로 인해 그들이 부르심을 받고 구원에 이르게 되는 선이 이루어졌다. 사도행전 13:42, 46을 보라. 이와 같이 처음에는 소수의 유대인들과 다수의 이방인들이 회심을 했다. 이렇게 하여 의식법(儀式法)이 좀 더 쉽게 폐지되고, 복음의 교훈과 하나님의 은혜가 더 잘 세워지게 되었다.

이스라엘로 시기나게 함이니라. 즉 복음을 받아들이지 않은 유대인들. 하나님은 이방인들에게 주신 이와 같은 은혜를 당신이 정하신 때에 유대인들에게 거룩한 시기심을 불러일으키는 도구로 사용하실 것이다. 하나님은 그러한 도구를 사용하셔서 그들에게 거룩한 분개와 경쟁심을 불러일으키실 것이다. 그들은 자신들이 업신여기던 자들이 자신들을 크게 앞지른 것을 보고 거룩한 시기심에 불타는 가운데 복음을 붙잡고 다시금 하나님의 백성이 될 것이다. 이와 같이 하나님은 유대인들이 버림을 당하는 것을 이방인들이 부르심을 받는 것의 기회로 사용하셨다. 그리고 또 다시 하나님은 이방인들이 부르심을 받은 것을 유대인들이 다시금 회복되는 것의 기회로 사용하실 것이다.

12. 그들의 넘어짐이 세상의 풍성함이 되며 그들의 실패가 이방인의 풍성함이 되거든 하물며 그들의 충만함이리요.

바울 사도는 유대인들의 넘어짐이 이방인들의 부르심의 기회가 되었음을 보여주었다. 그러면 이제 "그렇다면 유대인들의 회심은 마찬가지로 이방인들의 넘어짐의 기회가 되지 않겠는가?"라는 반론이 제기될 수 있었다. 이러한 가상적인 반론에 그는 부정적으로 대답한다. 그는 작은 것으로부터 큰 것으로 논증을 진행시켜 나가면서 대답한다. 만일 그들의 넘어짐이 이방인들의 풍성함이 된다면, 하물며 그들이 다시금 부르심을 받는 것은 이방인들에게 얼마나 더 큰 풍성함이 되겠는가! 만일 하나님이 유대인들의 넘어짐을 그의 은혜의 풍성함을 열방에 붓는 기회로 사용하셨다면 그리고 만일 믿는 유대인의 숫자가 작은 것이 다수의 이방인들이 회심을 하게 되는 기회가 되었다면, 하물며 그들의 충만함은 얼마나 더 큰 결과를 가져오게 될 것인가!

하물며 그들의 충만함이리요. 하물며 유대인들이 대대적으로 회심하여 하나님의 백성의 무리 안으로 들어오는 것은 세상을 얼마나 큰 놀라움으로 가득 채우며 복음을 얼마나 큰 광채로 가득 채울 것인가! 그리고 그것은 믿는 이방인들의 숫자를 얼마나 더 크게 증가시킬 것인가!

13. 내가 이방인인 너희에게 말하노라 내가 이방인의 사도인 만큼 내 직분을 영광스럽게 여기노니.

즉 내가 믿음 안에서 풍성하여진 너희에게 말하노라. 나는 이방인의 사도로 임명되었으며, 이방인인 너희에게 보냄을 받았노라. 로마서 15:16; 사도행전 9:15; 13:2; 22:21; 26:17; 갈라디아서 1:16; 2:7; 에베소서 3:8; 디모데후서 1:11을 보라. 이와 같이 나는 너희의 축복과 특권으로 세움 받은 나의 직분을 영광스럽게 여기노라.

14. 이는 혹 내 골육을 아무쪼록 시기하게 하여 그들 중에서 얼마를 구원하려 함이라.

이와 같이 나는 너희에게 주어진 하나님의 호의와 긍휼을 귀하게 여기노라. 그것은 나의 골육인 유대인들을 시기하게 하는 수단이 될 것이니라. 자신들에게 약속된 것을 이방인들이 소유한 것을 볼 때, 그것은 (만일 하나님이 기뻐하시면) 그들의 거룩한 시기심 혹은 경쟁심을 불러일으킬 것이니라. 11절을 보라. 질문. 어떻게 바울은 여기에서 자신이 그들 중에서 얼마를 구원할 수 있다고 말하는가? 구원의 창시자는 하나님이 아닌가? 대답. 물론 그렇다. 그러나 하나님은 그 일의 도구로서 그의 사역자들을 주셨다. 그리고 그들을 자신과 함께 일하는 동역자로 부르셨다. 고린도후서 6:1; 디모데전서 4:16을 보라.

15. 그들을 버리는 것이 세상의 화목이 되거든 그 받아들이는 것이 죽은 자 가운데서 살아나는 것이 아니면 무엇이리요.

이 구절은 유대인들의 부르심을 증명하는 논증을 담고 있다. 이것은 새로운 것이 아니라 앞에서 이야기한 것을 다시 반복하는 것이다(12절). 사용된 용어만 다를 뿐 전체적인 내용은 동일하다. 앞에서는 바울이 유대인들의 넘어짐을 이야기한 반면 여기에서는 그들의 버려짐을 이야기한다. 또 앞에서는 세상의 풍성함을 이야기한 반면 여기에서는 세상의 화목을 이야기한다. 즉 만일 유대인들이 버림을 당한 것이 이방인들에게 큰 유익을 가져다주었다면, 그들이 다시 회복되는 것은 얼마나 더 큰 유익을 가져다주겠느냐는 것이다.

세상의 화목이 되거든. 즉 이방인들에게 복음이 전파되는 기회가 되거든. 왜냐하면 이를 통해 그들이 하나님과 화목하게 되기 때문에. 복음은 곧 화목의 사역이다(고후 5:18-20).

그 받아들이는 것이. 즉 하나님의 호의와 교회의 품 안으로 받아들여지는 것이.

죽은 자 가운데서 살아나는. "Life from the dead" 즉 죽음으로부터 생명으로. 이것은 (특별히 좋은 방향으로) 큰 변화를 가리키는 관용적인 표현이다. 유대인들의 회심은 쇠약해진 교회를 회복시키며 강하게 할 것이다. 그것은 이방인들의 믿음을 회복시킬 것이며, 종교에 있어서의 그들의 모든 차이를 화해시킬 것이며, 그들 사이에 좀 더 철저한 개혁의 기회가 될 것이다. 이로써 교회는 더 복되고 번성하게 될 것이다. 그것은 마치 죽은 자가 다시 살아난 것처럼 될 것이다.

16. 제사하는 처음 익은 곡식 가루가 거룩한즉 떡덩이도 그러하고 뿌리가 거룩한즉 가지도 그러하니라.

여기에 유대인들이 최종적으로 버림을 당한 것이 아님을 증명하는 또 하나의 논증이 있다. 그것은 그들의 조상들과 맺은 언약 때문이다.

처음 익은 곡식 가루가 거룩한즉. 어떤 사람들은 여기의 "처음 익은 곡식 가루"와 하반절의 "뿌리"를 서로 구별한다. 여기의 "처음 익은 곡식 가루"를 그들은 먼저 기독교 신앙으로 회심한 사도들과 다른 경건한 유대인들로 이해한다. 그리고 하반절의 "뿌리"를 그들은 아브라함과 다른 족장들로 이해한다. 반면 다른 사람들은 둘을 같은 것으로 받아들이면서 모두가 아브라함과 이삭과 야곱과 기타 족장들을 가리키는 것으로 이해한다.

떡덩이도 그러하고. 여기의 "떡덩이"와 하반절의 "가지"로서 바울은 거룩한 족장들로부터 태어난 유대 백성들을 의미한다. 여기에서 한 가지 중요한 질문이 제기될 수 있다. 그것은 어떤 의미로 그것들이 거룩하다고 일컬어지는가, 혹은 그가 말하는 거룩함은 무엇을 의미하는 것인가 하는 것이다. 그것은 본원적인 거룩함이 아니라 언약적인 거룩함을 의미한다. 언약 안에 있는 외적이며 가시적(可視的)인 모든 것들은 거룩한 것으로 일컬어졌다. 출애굽기 9:6; 다니엘 8:24을 보라. 일상적인 물건들이 하나님과 그를 예배하는 일에 드려졌을 때, 그것들은 성경에서 거룩한 것으로 일컬어진다. 예루살렘은 악한 도시였음에도 불구하고 "거룩한 성"으로 일컬어진다(마 27:53). 이와 같은 의미로 유대인들은 여전히 거룩한 백성이다. 그들은 혈통적으로 하나님께 드려졌다. 그들은 하나님과 연결된 백성으로서 거룩한 백성이다. 그들은 그들의 조상들의 허리에서 하나님께 구별된 백성이다. 이것은 거룩한 족장들의 모든 자손들에게 허락된 것으로서 결코 완전하게 상실될 수 없다. 그러므로 그들은 "하나님이 그들의 조상들과 더불어 세우신 언약의 자손"이라고 일컬어진다(행 3:25). 사도행전 2:39을 보라. 그러므로 하나님은 그의 때에 아브라함과 이삭과 야곱의 자손인 유대인들과 세운 자신의 언약을 기억하실 것이다. 그들은 "조상들로 말미암아 사랑을 입은 자들"이다(롬 11:28). 그러므로 그들은 스스로를 절망적으로 바라보아서는 안 된다. 또 이방인들 역시도 그들을 다음 절에 나타나는 것처럼 경멸의 눈초리로 바라보아서는 안 된다.

17. 또한 가지 얼마가 꺾이었는데 돌감람나무인 네가 그들 중에 접붙임이 되어 참감람나무 뿌리의 진액을 함께 받는 자가 되었은즉.

여기와 이어지는 몇 구절에서 바울은 다소 주제를 이탈하는데, 그것은 이방인들로 하여금 유대인들을 비방하지 못하도록 하고 또 그들이 당한 일을 통해 교훈을 배우도록 하기 위함이다.

가지 얼마가 꺾이었는데. 즉 믿지 않는 유대인들.

돌감람나무인. 돌감람나무 즉 불경건한 이교 세계로부터 취한 어린 가지인.

네가. 즉 믿는 이방인. 여기에서 바울은 특정한 사람을 가리키는 것처럼 단수를 사용하지만, 그러나 그가 의미하는 것은 믿는 이방인 전체이다.

그들 중에 접붙임이 되어. 즉 믿는 유대인들 가운데 접붙임이 되어. 어떤 사람들은 "그들 대신에" 혹은 "꺾이어진 가지들의 자리에"라고 읽는다.

참감람나무 뿌리의 진액을 함께 받는 자가 되었은즉. 여기의 "뿌리"로서 바울은 앞에서 이야기한 것처럼 아브라함과 이삭과 야곱과 기타 족장들을 의미한다. 또 "참감람나무"로서 그는 그리스도의 교회를 의미한다. 그리고 "참감람나무 뿌리의 진액"으로서 그는 아브라함과 그의 자손들 혹은 참된 교회에 속한 모든 약속들과 특권들과 은혜들과 규례들과 영적인 축복들과 은택들을 의미한다.

18. 그 가지들을 향하여 자랑하지 말라 자랑할지라도 네가 뿌리를 보전하는 것이 아니요 뿌리가 너를 보전하는 것이니라 .

그 가지들을 향하여 자랑하지 말라. 마치 너희가 본질적으로 그들보다 더 선한 것처럼 혹은 은혜에 있어 너희가 그들보다 더 자격이 있는 것처럼, 불신앙으로 인해 잘려진 유대인들을 향하여 자랑하지 말라. 즉 너희의 목을 길게 늘이며 그들을 향해 모욕과 경멸의 시선을 보내지 말라.

자랑할지라도 네가 뿌리를 보전하는 것이 아니요 뿌리가 너를 보전하는 것이니라. 만일 어떤 사람이 교만한 마음을 갖는다면, 그는 뿌리가 가지들의 신세를 지고 있는 것이 아니라 가지들이 뿌리의 신세를 지고 있는 사실을 기억할 필요가 있다. 이방인들이 가진 좋은 것들을 생각해 보라. 그것들은 그들이 유대인들로부터 받은 것이지, 유대인들이 그들로부터 받은 것이 아니다. 이방인 교회가 유대 교회에 접붙여진 것이지, 유대 교회가 이방인 교회에 접붙여진 것이 아니다. 여기의 구절이 말하는 것은 이것이다. "유대인들을 경멸하지 말라. 왜냐하면 그들이 본래의 가지들이기 때문이다. 만일 너희가 본래의 가지들을 모욕한다면, 너희는 이를테면 뿌리 위에 스스로를 높이는 꼴이다. 왜냐하면 그 뿌리 즉 모든 믿는 자들의 조상인 아브라함이 한때는 그들을 지탱했고 지금은 너희를 지탱하기 때문이다."

19-20. [19]그러면 네 말이 가지들이 꺾인 것은 나로 접붙임을 받게 하려 함이라 하리니 [20]옳도다 그들은 믿지 아니하므로 꺾이고 너는 믿으므로 섰느니라 높은 마음을 품지 말고 도리어 두려워하라.

여기에서 바울은 이방인들이 유대인들을 모욕하는 가상적인 이유를 제시한다. 그것은 유대인들이 꺾인 것이 자신들을 위한 것 혹은 자신들을 위해 길을 내기 위한 것이라는 것이다. 그들은 덜 가치 있는 것이 항상 더 가치 있는 것에게 길을 내어주는 법이라고 말할 수 있었다. 이에 대해 바울은 먼저 동의(同意)로써 대답한다. 옳도다. 그것은 사실이니라. 이방인들이 접붙임을 받게 하기 위해 유대인들이 꺾인 것을 나는 부인하지 않노라. 그러나 그는 계속해서 부정(否定)으로 대답한다. 유대인들이 꺾인 원인은 이방인들이 그들보다 더 가치 있기 때문이 아니었다. 그것은 유대인 자신들의 불신앙 때문이었다. 그들은 그리스도를 영접하지 않았다(요 1:11). 로마서 10:3처럼, 그들은 "자기 의를 세우려고 힘써 하나님의 의에 복종하지 않았다." 그러므로 만일 너희 이방인들이 그와 같은 방식으로 생각한다면, 너희는 명백히 잘못된 생각을 하고 있는 것이니라. 실상 너희는 전혀 원인이 아닌 것을 원인으로 생각하고 있는 꼴이니라. 너희는 원인과 결과 사이를 구별하지 못한 것이니라. 유대인들이 꺾임을 당함으로 말미암아 이방인들이 받아들여진 것이지, 후자가 전자의 원인인 것은 결코 아니니라.

너는 믿으므로 섰느니라. 너희가 지금 유대인들 대신에 선 원인은 혹은 그리스도의 교회 안에 너희의 자리를 차지하게 된 원인은 너희가 가치 있기 때문이 아니니라. 그것은 그들이 배척한 그리스도를 너희가 믿었기 때문이니라. 믿음으로 말미암아 너희는 참감람나무에 접붙여졌으며 또 계속해서 그 안에 거하느니라.

높은 마음을 품지 말고 도리어 두려워하라. 교훈을 받고 스스로 교만에 빠지지 않도록 조심하라. 만일 너희가 그런 잘못에 빠진다면, 너희 역시도 같은 운명을 맞이하게 될 수 있느니라. 그러므로 두려움 가운데 서서 죄를 범하지 말라. 그들과 마찬가지로 너희 역시도 불신앙와 배교에 떨어지기 쉬운 존재들이니라.

21. 하나님이 원 가지들도 아끼지 아니하셨은즉 너도 아끼지 아니하시리라.

이것은 앞에서 언급한 경고의 이유이다. 만일 하나님이 자신의 옛 백성인 유대인들에 대해 그토록 준엄하게 대하셨다면, 하물며 너희 이방인들에 대해서야 얼마나 더 그렇게 하실 수 있겠느냐! 그러므로 마땅히 너희는 두려워하며 스스로 조심할 것이니라.

22. 그러므로 하나님의 인자하심과 준엄하심을 보라 넘어지는 자들에게는 준엄하심이 있으니 너희가 만일 하나님의 인자하심에 머물러 있으면 그 인자가 너희에게 있으리라 그렇지 않으면 너도 찍히는 바 되리라.

바울은 이방인들에게 겸손과 경건한 두려움 가운데 있어야 할 필요성을 계속해서 설득한다. 첫 번째 이유는 유대인들에 대한 하나님의 준엄하심의 예로부터 취하여진다. 배교와 불신앙 가운데 떨어진 그들은 꺾여지고 버려졌다. 두 번째 이유는 긍휼 가운데 유대인들의 자리에 접붙여진 가련한 이방인들에 대한 하나님의 값없는 은혜와 인자하심으로부터 취하여진다. 세 번째 이유는 그들이 지금 서는 조건 즉 "너희가 만일 하나님의 인자하심에 머물러 있으면"이라는 조건으로부터 취하여진다. 어떤 사람들은 여기에 결과(믿음) 대신에 원인(하나님의 인자하심)이 언급되었다고 생각한다. 왜냐하면 하나님의 인자하심이 그들 안에서 믿음을 만들어내기 때문이다. 다음 절은 바로 이것이 그 의미임을 보여 준다. 왜냐하면 거기에서 바울이 "그들도 믿지 아니하는 데 머무르지 아니하면"이라고 말하고 있기 때문이다. 그리고 마지막 네 번째 이유는 뒤따르게 될 위험으로부터 취하여진다. 만일 그들이 교만과 안일한 마음으로부터 잘못된 생각에 빠진다면, 그들 역시도 원가지인 유대인들처럼 찍힐 것이다. 어떤 사람들은 여기에서 단어가 바뀐 것을 주목한다. 유대인들은 "꺾였다고"(broken off) 말하여지는 반면 이방인들은 "찍힐"(cut off) 것이라고 말하여진다. 후자가 전자보다 더 강한 표현인 것으로 보인다.

23. 그들도 믿지 아니하는 데 머무르지 아니하면 접붙임을 받으리니 이는 그들을 접붙이실 능력이 하나님께 있음이라.

여기에서 바울은 이방인들의 교만을 예방하기 위해 또 다른 논증을 덧붙인다. 그리고 그것은 유대인들의 회복의 소망으로부터 취하여진다. 비록 지금은 절망적이며 버려진 상태 가운데 있는 것처럼 보이지만, 그러나 그들이 다시 회복되어 교회 안으로 접붙여지는 것은 결코 불가능한 일이 아니다. 큰 장애물은 그들의 불신앙인데, 하나님은 그것을 능히 제거할 수 있으시다. 그들을 배척한 하나님은 또한 그들을 회복시킬 수도 있으시다. 그에게 불가능한 일은 없으며, 그는 마른 뼈를 소생시킬 수 있으시다. 성경은 우리의 소망과 확신을 고취시키기 위해 종종 하나님의 능력으로부터 논증을 제시한다(롬 4:21; 14:4; 고후 9:8; 딤후 1:12; 히 2:18; 11:19).

24. 네가 원 돌감람나무에서 찍힘을 받고 본성을 거슬러 좋은 감람나무에 접붙임을 받았으니 원 가지인 이 사람들이야 얼마나 더 자기 감람나무에 접붙이심을 받으

랴.

여기에서 바울은 유대인들의 회복의 가능성뿐만 아니라 충분한 개연성을 보여 준다. 그것은 하나님이 그것보다 개연성이 덜한 것까지도 행하셨기 때문이다. 만일 일종의 돌감람나무 가지인 이방인들이 본성을 거슬러 ── 왜냐하면 참감람나무 줄기에 돌감람나무 가지를 접붙이는 것이 아니라 돌감람나무 줄기에 참감람나무 가지를 접붙이는 것이 일반적인 일이기 때문에 ── 하나님의 교회인 참감람나무 안으로 접붙여졌다면, 하물며 본래의 가지인 유대인들이야 얼마나 더 본래 자신들이 속했던 참감람나무에 더 잘 접붙임이 되겠는가! 일반적인 접붙임 방법에 따를 때, 한 나무를 같은 종류의 다른 나무와 접붙이는 것이 통상적이다. 레위기 19:19을 보라.

25. 형제들아 너희가 스스로 지혜 있다 하면서 이 신비를 너희가 모르기를 내가 원하지 아니하노니 이 신비는 이방인의 충만한 수가 들어오기까지 이스라엘의 더러는 우둔하게 된 것이라.

여기에서 바울은 유대인들의 회심과 부르심의 가능성과 충분한 개연성뿐만 아니라 그것의 확실성을 보여 준다. 이것을 그는 신비 혹은 비밀이라고 부른다. 그것은 성경에 계시되었음에도 불구하고 사람들에 의해 깨달아지지 않았다. 그들의 회심의 방법과 그 숫자와 그 때는 여전히 우리로부터 감추어져 있다. 이방인들의 부르심은 신비이며 큰 비밀이었다. 에베소서 3:3을 보라. 그리고 유대인들의 부르심과 회복 역시 마찬가지이다. 이 신비에는 세 가지 요소가 있는데, 바울은 이방인들로 하여금 교만한 마음 가운데 유대인들을 경멸하지 못하도록 하기 위해 그들에게 그것을 알린다. 그 가운데 두 가지가 본 절 안에 있다. 첫째는 "이스라엘 가운데 단지 일부가 우둔하게" 된 것이다(한글개역개정판에는 "이스라엘의 더러는 우둔하게 된 것이라"라고 되어 있음). 다시 말해서, 그들 모두가 우둔하며 강퍅하게 되는 것이 아니었다. 또 그러한 우둔함과 강퍅함이 영원히 계속될 것도 아니었다. 그것은 단지 어느 정도 기간 동안 그럴 것이었다. 특별히 후자의 개념은 "신비"라는 단어와 잘 어울린다. 왜냐하면 그것은 일부 유대인들이 믿은 것으로서 비밀이 아니었기 때문이다. 그것은 예전에 그들에게 선포되고 말하여진 것이었다(2, 5, 7절). 계속해서 여기의 신비의 두 번째 요소는 유대인들이 우둔하게 되는 것이 "이방인의 충만이 오기까지" 계속될 것이라는 것이다(한글개역개정판에는 "이방인의 충만한 수가 들어오기까지"라고 되어 있음). 여기의 "충만"(fulness)을 우리는 "큰 숫자" 혹은 "큰 무리"로 이해해야 한다. 그것은 사도들의 시대보다 훨씬 더 큰 숫자가 될 것이다. 여기의 표현에 대한 또 하나의 해석이 있다. 그것은 여기의 "이방인"을 로마인 혹은 로마 권력을 의미하는 것으로 이해하는 것이다(행 4:27, 21:11을 보라). 그리고 그들의 "충만이 오는" 것은 그들의 통치의 충만한 때로 이해될 수 있다(그리고 그 후에 그들의 멸망이 따른다). 이렇게 본다면 여기에 유대인들이 부르심을 받을 때가 예언되어 있는 셈이 된다. 그것은 적그리스도와 로마 권력이 멸망을 당한 직후가 될 것이다. 우리는 이러한 해석을 우리 주님 자신의 예언과 비교해 볼 필요가 있다. "그들이 칼날에 죽임을 당하며 모든 이방에 사로잡혀 가겠고 예루살렘은 이방인의 때가 차기까지 이방인들에게 밟히리라"(눅 21:24).

26. 그리하여 온 이스라엘이 구원을 받으리라 기록된 바 구원자가 시온에서 오사 야곱에게서 경건하지 않은 것을 돌이키시겠고.

여기에 앞에서 언급한 신비의 세 번째 그리고 가장 중요한 요소가 있다. 그것은 결국 "온 이스라엘이 구원을 받을" 것이라는 것이다. 여기의 "이스라엘"은 갈라디아서 6:16과 다른 구절들에서 사용된 것처럼 유대인들과 이방인들로 구성되는 하나님의 교회 전체를 의미하는 것이 아니다. 왜냐하면 만일 그렇다면 신비라는 말은 전혀 무의미한 말이 되기 때문이다. 도리어 여기의 "이스라엘"을 우리는 유대 나라와 그 백성들을 가리키는 것으로 이해해야 한다. 또 "온 이스라엘"(all Israel)이 개별적인 이스라엘인 모두를 의미하는 것은 아니다. 도리어 우리는 그것을 "그들 가운데 많은 사람들 혹은 대다수의 사람들"을 의미하는 것으로 이해해야 한다. 성경에서 "모든"(all)은 종종 이와 같은 의미로 취하여진다. 요한복음 6:45; 디모데전서 2:6을 보라. 바울이 이방인들의 회심과 그들의 충만이 오는 것에 대해 말할 때, 여전히 그들 가운데 회심하지 않은 사람들이 많이 있었다. 마찬가지로 유대인들의 대대적인 회심의 때에도 여전히 그들 가운데 많은 사람들이 부름 받지 못할 수 있다.

기록된 바. 이러한 진리를 계시로 말미암아 깨달은 바울은 계속해서 그것을 성경으로 증명한다. 여기의 바울의 글과 그것이 인용된 원문이 완전하게 일치되지는 않는다. 앞부분의 인용문은 (약간의 변이와 함께) 이사야 59:20에서 발견된다. 그리고 후자의 인용문과 관련하여 어떤 사람들은 그것을 예레미야 31:33로부터 취해진 것으로 생각한다. 반면 다른 사람들은 바울이 이사야의 두 구절을 함께 결합했다고 생각하면서, 뒷부분의 인용문을 이사야 27:9로부터 취해진 것으로 본다. 여기에서 바울은 히브리 원문이 아닌 70인경을 따르면서 거기에 나오는 단어들을 그대로 사용했다. 그리고 여기의 예언들과 약속들은, 그리스도께서 육체로 오셨을 때 부분적으로 성취되었음에도 불구하고(행 3:26을 보라), 세상 끝날 유대인들 가운데 좀 더 충분하고 완전하게 성취될 것이다.

27-28. [27]내가 그들의 죄를 없이 할 때에 그들에게 이루어질 내 언약이 이것이라 함과 같으니라 [28]복음으로 하면 그들이 너희로 말미암아 원수 된 자요 택하심으로 하면 조상들로 말미암아 사랑을 입은 자라.

여기에서 바울은 한 가지 반론을 예상하면서 그것을 예방하기 위해 말한다. 이방인들은 다음과 같이 반론을 제기하며 말할 수 있었다 — 유대인들은 복음을 배척함으로 말미암아 하나님으로부터 미움을 받는 한 결코 돌이켜 구원을 받을 수 없을 것이라. 이에 대해 먼저 그는 그들의 생각에 동의(同意)하는 방식으로 대답한다. "복음으로 하면 그들이 너희로 말미암아 원수 된 자요." 그렇다. 그것은 실제로 사실이었다. 그들은 복음을 배척했으며, 그로 인해 하나님으로부터 미움을 받고 하나님의 원수가 되었다. 그렇지만 그것은 이방인들에게 도리어 유익한 결과가 되었다. 왜냐하면 유대인들이 복음을 배척함으로써 도리어 그것이 이방인들에게 더 빨리 전달될 수 있었기 때문이었다. 11절을 보라. 그리고 이방인들이 복음을 받아들였기 때문에 유대인들은 복음을 더욱 배척하며 대적했다. 이방인들이 복음을 믿고 고백했기 때문에 유대인들은 복음에 대해 더 적대적인 태도를 취했다. 계속해서 바울은 그들의 생각을 바로잡는 방식으로 대답한다. 유대인들은 아직 절망적인 상황 가운데 있지 않다. 그들은 "택하심으로 하면 조상들로 말미암아 사랑을 입은 자들"이다. 여기의 "택하심"으로써 그는 하나님이 그들을 영원한 생명으로 선택하신 것이나 혹은 하나님이 그들을 세상 모든 민족 가운데 자기의 친 백성과 나라로 선택하신 것을 의미한다. 신명기 7:6; 시편 135:4; 사도행전 13:46을 보라. 그리고 "사랑"으로써 바울은 하나님이 그들의 조상들로 인해 여전히 그들에 대해 가지고 계시는 그의 선의(善意)의 사랑을 의미한다. 그것은 그들의 조상들의 공로 때문이 아니라 그들의 조상들과 맺은 언약 때문이며, 또한 그들이 그들의 조상들의 자손이기 때문이다. 하나님은 그들에게 그들과 그들의 자손들과 그들의 자손들의 자손들에게 영원히 하나님이 되실 것을 약속하셨다. 그러므로 많은 사람들의 불신앙에도 불구하고 이러한 하나님의 약속은 결코 완전하게 좌절될 수 없다.

29. 하나님의 은사와 부르심에는 후회하심이 없느니라.

여기의 말씀은 다음과 같은 사실을 함축한다 — "하나님의 택하심, 의롭다 하심, 양자로 삼으심, 효과적인 부르심 등과 같은 그의 특별한 은사들(혹은 선물들, gifts)은 취소될 수 없다. 하나님은 자신이 주신 것에 대해 결코 후회하지 않으신다. 이것은 다른 일반적인 선물들과 은혜들에 있어서도 마찬가지이다." 반면 사무엘상 15:11을 읽어보라. "내가 사울을 왕으로 세운 것을 후회하노니 그가 돌이켜서 나를 따르지 아니하며 내 명령을 행하지 아니하였음이니라." 그러나 만일 당신이 본문을 앞의 말씀과 연결시켜 숙고한다면, 당신은 그 의미가 다음과 같은 것으로 나타나는 것을 발견하게 될 것이다 ── "하나님이 아브라함의 자손들을 자기 백성으로 삼으시고 자신을 그들에게 주시기를 기뻐하신 그의 은사와 부르심은 결코 되돌려질 수도 없고 후회될 수도 없는 것이다."

30-31. [30]너희가 전에는 하나님께 순종하지 아니하더니 이스라엘이 순종하지 아니함으로 이제 긍휼을 입었는지라 [31]이와 같이 이 사람들이 순종하지 아니하니 이는 너희에게 베푸시는 긍휼로 이제 그들도 긍휼을 얻게 하려 하심이라.

이것은 유대인들의 회심과 부르심을 증명하는 마지막 논증이다. 그것은 다음 절(32절)에서 최종적으로 확증된다. 여기의 논증은 이방인들에 대한 하나님의 동일한 다루심으로부터 취하여진다. 오랜 기간의 불신앙 후에 하나님은 이방인들을 긍휼 가운데 받으셨다. 그러므로 하나님은 마지막에 유대인들에 대해서도 그와 같이 하실 것이다. 바울은 작은 것으로부터 큰 것으로 논증한다. 만일 유대인들의 불신앙이 이방인들에게 긍휼의 기회가 되었다면, 하물며 이방인들에게 나타난 긍휼은 유대인들에게 얼마나 큰 긍휼의 기회가 되겠는가! 악으로부터 선한 결과가 나타났다면, 하물며 선으로부터는 얼마나 더 선한 결과가 나타나겠는가! 만일 유대인들의 불신앙이 이방인들의 회심이라는 선한 결과를 가져왔다면, 도대체 어째서 우리가 이방인들의 부르심이 유대인들의 회심의 결과를 가져올 것이라고 생각해서는 안 된단 말인가? 로마서 11:11, 14을 보라. 유대인들이 이방인들의 긍휼 즉 그들에 대한 하나님의 긍휼을 볼 때, 온 세상이 기독교 신앙 안에서 얼마나 풍성해졌는가! 유대인들은 헛되이 메시야를 기다렸으며, 그들은 마침내 온 천하에 흩어지고 말았다. 그러나 그들은 마침내 돌이켜 그리스도를 붙잡을 것이며, 긍휼 가운데 그에 의해 받아들여질 것이다.

32. 하나님이 모든 사람을 순종하지 아니하는 가운데 가두어 두심은 모든 사람에게 긍휼을 베풀려 하심이로다.

하나님은 의로운 심판 가운데 유대인들과 이방인들을 똑같이 불신앙 가운데 가두어 두셨다. 그리고 하나님은 자신의 때에 모두에게 즉 유대인들과 이방인들에게 값없는 긍휼을 나타내심 안에서 자신의 뜻을 이루실 것이었다. 먼저는 유대인들에게요 다음으로 이방인들에게, 그리고 마침내 유대인들과 이방인들 모두에게 말이다. 하반절의 "모든"(all)으로 바울은 갈라디아서 3:22에 나타나는 것처럼 유대인이든 이방인이든 믿는 모든 사람들을 의미한다. 극심한 갈등 가운데 빠져 있었던 루터는 이 구절로부터 큰 위로를 얻었다.

33. 깊도다 하나님의 지혜와 지식의 풍성함이여, 그의 판단은 헤아리지 못할 것이며 그의 길은 찾지 못할 것이로다.

본 절부터 36절까지는 바울이 지금까지 — 특별히 9장부터 11장까지 — 이야기한 모든 것의 결론이다. 그는 여러 가지 깊은 신비들을 이야기했으며, 또한 여러 가지 가상적인 반론들에 대해 대답했다. 그리고 마침내 여기에서 그는 잠시 멈춘 채 하나님을 바라보면서 그의 지혜와 지식의 풍성함을 찬미한다. 여기의 바울은 마치 물을 건너는 사람처럼 보인다. 그는 자신의 발이 바닥에 닿지 않는 것을 느끼기 시작하면서 갑자기 소리친다. 깊도다! 그리고 그는 더 이상 앞으로 나아가지 못한다. 하나님의 지혜와 지식의 풍성함이여! 즉 그의 지혜와 지식의 상상할 수 없음과 측량할 수 없음이여! 어떤 사람들은 여기의 두 가지 즉 지혜와 지식을 서로 구별하는 반면 다른 사람들은 그것을 같은 것으로 받아들인다. 골로새서 3:3을 보라.

그의 판단은 헤아리지 못할 것이며 그의 길은 찾지 못할 것이로다. 어떤 사람들은 하나님의 판단과 길을 서로 구별한다. 그들은 "하나님의 판단"을 사람들 혹은 나라들과 관련한 그의 계획과 목적으로 이해한다. 그리고 "하나님의 길"은 그들을 다룸에 있어서의 그의 섭리의 방법으로 이해한다. 반면 다른 사람들은 둘을 같은 것으로, 다시 말해서 전형적인 히브리 어법으로서 같은 것을 반복하는 것으로 생각한다. 바울은 하나님의 판단을 "헤아릴 수 없는"(unsearchable) 것으로 말한다. 그러므로 우리는 하나님의 판단에 대해 불평한다든지, 비난한다든지, 혹은 꼬치꼬치 캐고 들어서는 안 된다. 또 그는 하나님의 길을 "찾을 수 없는"(past finding out) 것으로 말한다. 이것은 앞의 "헤아릴 수 없는"과 같은 의미이다. 이것은 술래잡기 놀이로부터 취한 은유이다. 술래는 놀이하는 사람들이 어디에 숨어 있는지 찾을 수 없다. 그들의 흔적도 없고 냄새도 없기 때문이다. 이와 같이 우리는 하나님의 판단을 헤아릴 수도 없고, 그의 행하심의 이유를 찾아낼 수도 없다. 아무도 바다에서 배가 지나간 길이나 혹은 하늘에서 독수리가 날아간 길을 찾아낼 수 없다. 어떤 사람들은 여기의 "하나님의 길"을 그가 사람들을 선택하거나 혹은 유기(遺棄)하는 섭리를 의미하는 것으로 제한한다.

34. 누가 주의 마음을 알았느냐 누가 그의 모사가 되었느냐.

누가 하나님이 행하시고자 하는 일을 알았느냐? 누가 하나님에게 그가 어떤 일을 행하심에 있어 조언하며 충고하였느냐? 이것은 이사야 40:13-14로부터 취해진 것이다.

35. 누가 주께 먼저 드려서 갚으심을 받겠느냐.

어떤 사람들은 이것이 욥기 41:11을 인용하는 것으로 생각한다. 그러면서 이것을 다음과 같이 이해한다 — 만일 어떤 사람이 하나님을 위해 무엇인가를 행함으로써 그를 빚지게 한다면 그는 풍성한 갚으심을 받을 것이다. 그러나 그렇게 보는 것은 가능하지 않다. 왜냐하면 하나님은 아무에게도 빚을 지지 않기 때문이다. 모든 구원은 오직 은혜와 긍휼로 말미암는다. 그러므로 하나님이 어떤 사람을 다른 사람들보다 더 후하게 다루신다고 해서 그에 대해 불평해서는 안 된다.

36. 이는 만물이 주에게서 나오고 주로 말미암고 주에게로 돌아감이라 그에게 영광이 세세에 있을지어다 아멘.

만물이 주에게서 나오고 주로 말미암고 주에게로 돌아감이라. 즉 만물은 효과적인 원인으로서 그에게서 나오고, 섭리적인 원인으로서 그로 말미암고, 최종적인 원인으로서 그에게로 돌아간다. 또 만물은 다른 동기(動機) 없이 그에게서 나오고, 다른 도움 없이 그로 말미암고, 다른 목적지 없이 그에게로 돌아간다.

그에게 영광이 세세에 있을지어다 아멘. 이것은 성경에 통상적으로 나타나는 영광송이다. 갈라디아서 1:5; 디모데후서 4:18; 히브리서 13:21; 베드로전서 5:11을 보라.

제12장

개요

1. 바울이 자기 몸을 거룩한 산 제물로 드릴 것과, 하나님의 뜻을 분별할 것과, 각 사람에게 나누어 주신 믿음의 분량대로 생각할 것을 훈계함(1-3).
2. 우리는 모두 그리스도 안에서 한 몸의 지체임(4-5).
3. 각각의 은사들은 공동의 유익을 위해 부지런히 사용되어야 함(6-8).
4. 그리스도인들이 따라야 할 다양한 실천적 의무들(9-18).
5. 복수하지 말 것과 선으로써 악을 이길 것을 훈계함(19-21).

1. 그러므로 형제들아 내가 하나님의 모든 자비하심으로 너희를 권하노니 너희 몸을 하나님이 기뻐하시는 거룩한 산 제물로 드리라 이는 너희가 드릴 영적 예배니라.

지금까지 믿음과 관련한 주제들을 다룬 바울은 이제부터 거룩한 삶과 관련한 다양한 훈계들을 가르친다.

하나님의 모든 자비하심으로(by the mercies of God). 바울이 여기에서 복수 명사(mercies)를 사용한 것은 택하심, 의롭다 하심, 양자로 삼으심 등 하나님의 다양한 자비들을 강조하기 위함이다. 너희 이방인들이 하나님으로부터 그토록 크고 놀라운 자비들을 받았으므로, 또 하나님이 그의 옛 백성인 유대인들보다 너희를 더 사랑하셔서 너희를 택하시고 부르셨으므로. 이러한 자비하심들을 생각할 때, 마땅히 너희가 모든 형태의 거룩함과 새로운 순종으로 나아가야 하지 않겠느냐!

너희 몸을. 너희 자신을 혹은 너희 전인(全人)을. 우리는 여기에서 부분(몸)이 전체(전인)를 대신하는 것을 발견한다. 특별히 여기에서 "몸"이 제시된 것은 그것이 하나님을 예배함에 있어 영혼의 도구이기 때문이다.

하나님이 기뻐하시는. 혹은 하나님이 받으실 만한. 이와 같이 율법 아래서 지정된 제물은 하나님이 기뻐하시는 제물이었다(레 1:9). 마찬가지로 하나님의 어린 양이신 예수 그리스도는 하나님이 기뻐하시는 제물이었다(엡 5:2). 마찬가지로 복음 아래서 모든 영적인 제물들은 하나님이 기뻐하시는 제물이다(빌 4:18; 히 13:16).

거룩한. 율법 아래서 희생제물은 흠도 없고 점도 없어야 했다(출 12:5; 레 1:10, 신

15:21).

산 제물. 옛 희생제사에서 오직 산 동물만이 제물로 드려질 수 있었으며, 그것의 피는 제단 밑에 뿌려졌다. 죽은 동물이나 들짐승에게 찢긴 동물은 제물로 드려질 수도 없었고 먹을 수도 없었다(출 22:31; 레 22:8). 마찬가지로 하나님은 우리에게 자기 자신을 산 제물로 드리라고 말씀하신다. 다시 말해서, 우리는 죄와 허물로 죽는 것이 아니라 하나님에 대하여 살아 있어야만 한다.

드리라. 영적인 제사장들로서 봉헌하라.

영적 예배. "reasonable service" 즉 이성적(理性的)인 예배, 혹은 이성에 합한 예배. 이와 같은 방식으로 너희 자신을 하나님께 드리는 것보다 더 이성적인 예배는 없느니라. 어떤 사람들은 여기에 요구된 제물과 이성이 없는 동물을 드렸던 유대인들의 옛 제물 사이의 차이를 보이기 위해 이것을 덧붙였다고 생각한다. 한편 다른 사람들은 "이성적인 예배"를 영적인 예배로 이해하면서, 여기의 표현을 베드로전서 2:5의 "영적인 제물"과 같은 것으로 설명한다(한글개역개정판에는 "신령한 제사"로 되어 있음). 그런가 하면 또 다른 사람들은 여기의 "이성적인"(reasonable)을 "하나님의 말씀에 따른"으로 이해한다. 나는 이러한 해석이 본문 안에 있는 헬라어 표현(로기켄 라트레이안)과 가장 잘 어울린다고 생각한다. 같은 단어가 베드로전서 2:2에 사용되는데, 그것은 거기에서 "이성적인 젖"이 아니라 "말씀의 젖"으로 번역된다(한글개역개정판에는 "신령한 젖"으로 되어 있음). 이렇게 볼 때 본문이 말하는 예배는 우리가 골로새서 2:23에서 읽는 "자의적 예배"(will worship)와 반대되는 "하나님의 말씀에 따른" 예배이다(한글개역개정판에는 "자의적 숭배"라고 되어 있음).

2. 너희는 이 세대를 본받지 말고 오직 마음을 새롭게 함으로 변화를 받아 하나님의 선하시고 기뻐하시고 온전하신 뜻이 무엇인지 분별하도록 하라.

너희는 이 세대를 본받지 말고. 너희는 스스로를 세속적이며 악한 사람들의 타락한 원리들과 관습들과 삶의 방식들에 맞추지 말고. 그들의 삶의 풍조가 어떤지를 보기 위해서는 로마서 13:13; 에베소서 4:18-19; 베드로전서 4:3 등을 참조하라. 여기와 비슷한 훈계를 우리는 출애굽기 23:2; 베드로전서 1:14에서도 발견할 수 있다.

마음을 새롭게 함으로 변화를 받아. 거듭남으로 말미암아 너희의 전인(全人)이 변화를 받아. "오직 너희의 심령이 새롭게 되어 하나님을 따라 의와 진리의 거룩함으로 지으심을 받은 새 사람을 입으라"(엡 4:23, 24),

하나님의 선하시고 기뻐하시고 온전하신 뜻이 무엇인지 분별하도록 하라. "하나님의 뜻"은 하나님의 말씀 가운데 계시된 그의 의지(意志)를 가리킨다. 또 "분별"은 찾아내고 발견하는 것을 의미한다. 그러므로 이것은 앞 절에서 언급된 "이성적인 예배"와 가장 잘 어울린다. 다시 말해서 이것은 말씀의 원리를 따르는 거룩과 순종의 삶을 훈계하는 것이다. 여기에서 바울은 하나님의 뜻 혹은 말씀에 세 개의 수식어를 덧붙인다. 선하시고. 하나님의 뜻은 선하다. 그것은 오직 우리의 유익을 위해 계시된 것이다. 기뻐하시고. "acceptable" 즉 받으심직한. 순종으로 말미암아 우리는 받으심직한 사람들이 된다. 온전하신. 하나님의 뜻은 온전하다. 그것을 따를 때 우리 역시도 온전해진다(딤후 3:17). 여기의 말씀을 읽는 다른 독법(讀法)들도 있지만, 그러나 그 의미는 모두 동일하다. 어떤 사람들은 우리가 하나님의 뜻을 분별함으로써 무엇을 행하는 것이 선하고 받으심직하고 온전한 것인지 알게 된다고 이해한다. 또 어떤 사람들은 우리가 하나님의 뜻을 분별함으로써 선하며 받으심직하며 온전한 것을 알게 된다고 이해한다.

3. 내게 주신 은혜로 말미암아 너희 각 사람에게 말하노니 마땅히 생각할 그 이상의 생각을 품지 말고 오직 하나님께서 각 사람에게 나누어 주신 믿음의 분량대로 지혜롭게 생각하라.

바울은 거룩한 삶과 관련한 실제적인 훈계들을 제시하기에 앞서 먼저 좀 더 특별한 훈계를 제시한다.

내게 주신 은혜로 말미암아. 로마서 1:5과 그에 대한 저자의 주석을 보라.

너희 각 사람에게. 좀 더 특별하게 교회 안에서 어떤 특별한 은사나 직분을 가진 자들에게.

말하노니. 요구하며 명하노니. 갈라디아서 5:16을 보라. 여기에서 나는 너희에게 1절처럼 단지 권할 뿐만 아니라 또한 사도의 권세를 가진 자로서 요구하며 명하노라.

마땅히 생각할 그 이상의 생각을 품지 말고. 자기 자신과 자신의 지혜와 자신의 능력에 대한 교만한 자만심에 취하지 말고.

지혜롭게 생각하라. "But to think soberly" 즉 취하지 않은 맑은 정신으로 생각하라. 혹은 겸손하게 생각하라. 우리는 각자 자신에게 주어진 한계 안에 있어야 하며, 우리에게 속하지 않은 것을 취해서는 안 된다. 또 우리는 다른 사람들을 경멸해서는 안 되며, 우리가 그들보다 더 많이 가진 것처럼 꾸며서도 안 된다. 여기의 헬라어에는 우리의 언어로 옮길 수 없는 멋진 "언어의 유희"(wordplay)가 있다.

하나님께서 각 사람에게 나누어 주신 믿음의 분량대로. 여기의 "믿음"은 하나님과 그리스도를 아는 지식과 다른 모든 영적인 은사들과 은혜들 전체를 함축한다. 이러한 것들이 여기에서 "믿음"이라고 불리는 것은 그것들이 믿음과 함께 주어지고 믿음으로 말미암아 실행되기 때문이다. 이러한 것들을 하나님은 각 사람의 분량 혹은 분깃을 따라 나누어 주신다. 하나님은 한 사람에게 모든 것을 주시지도 않고, 같은 은사를 모든 사람들에게 같은 분량으로 주시지도 않는다. 로마서 12:6; 에베소서 4:7을 보라,.

4-5. [4]우리가 한 몸에 많은 지체를 가졌으나 모든 지체가 같은 기능을 가진 것이 아니니 [5]이와 같이 우리 많은 사람이 그리스도 안에서 한 몸이 되어 서로 지체가 되었느니라.

여기의 말씀은 우리가 교만해서는 안 되는 이유를 보여 준다. 모든 그리스도인은 하나의 동일한 몸의 지체들이다. 그러므로 그들은 자신들의 은사로 교만해서는 안 되며, 그것을 공동의 유익을 위해 사용해야 한다. 많은 지체들로 이루어진 자연적인 몸이 그러한 것처럼, 그리스도의 신비한 몸인 교회도 마찬가지이다. 자연적인 몸의 지체들이나 신비한 몸인 교회의 지체들이나 모두 같은 기능 혹은 직분을 가진 것이 아니다. 눈과 귀와 손은 각자 자신의 기능을 가지고 있다. 이것은 그리스도의 교회도 마찬가지이다. 교회는 머리인 그리스도 안에서 한 몸이며, 많은 지체들을 가지고 있다. 교회는 다양한 사람들과 다양한 직분들로 구성된다. 뿐만 아니라 지체들은 서로 지체가 된다. 다시 말해서 그들은 서로 결합된 지체들이다. 그들은 같은 머리에 공동으로 연결되어 있을 뿐만 아니라 또한 서로 연결되어 있다. 그러므로 그리스도인들은 — 특별히 교회의 직분자들은 — 다른 지체를 업신여긴다든지 혹은 다른 직분을 침해해서는 안 된다. 도리어 각자는 자신의 은사를 다른 사람들의 유익을 위해 사용해야 한다.

6. 우리에게 주신 은혜대로 받은 은사가 각각 다르니 혹 예언이면 믿음의 분수대로.

우리에게 주신 은혜대로 받은 은사가 각각 다르니. 혹은 하나님이 우리에게 주신 은혜를 따라 우리가 각각 다른 은사들과 직분들을 가졌으니. 그러므로 우리는 그러한 은사들과 직분들을 올바르게 사용해야 한다. 이것이 덧붙여진 것은 교만과 시기를 막기 위함이다. 아무도 자신이 가진 것으로 인해 교만해서도 안 되며, 다른 사람이 가진 것을 시기해서도 안 된다. 왜냐하면 모든 것이 은혜로 말미암은 것이기 때문이다.

예언이면 믿음의 분수대로. "믿음의 분수대로" 다음에 "예언하고"가 생략되어 있다. 예언의 은사를 가진 사람들은 하늘의 신비와 관련하여 하나님이 주신 지식의 분량대로 그것을 실행해야 한다. 또 그들은 예언함에 있어 기독교 신앙의 항목들을 고려하면서, 자신들이 그러한 것들의 규제를 받고 있는지 스스로를 살펴야만 한다. 어떤 사람들은 여기의 "믿음의 분수"라는 표현으로 바울이 성경 전체를 의미했다고 생각한다. 구약시대에 어떤 사람들이 성경과 어긋나는 것을 전할 때, 그들은 거짓 선지자로 규정되었다(신 13:1 이하). 또 어떤 사람들은 그러한 표현으로 그가 기독교 신앙의 확실한 원리들 즉 어떤 선지자도 결코 벗어나서는 안 되는 근본적인 원리들을 의미했다고 생각한다(히 6:1). 그런가 하면 또 어떤 사람들은 그러한 표현으로서 그가 기독교 신앙의 기본적인 신조(信條)들을 의미했다고 생각한다.

7. 혹 섬기는 일이면 섬기는 일로, 혹 가르치는 자면 가르치는 일로.

섬기는 일(ministry). 여기의 단어 아래 교회의 모든 기능들이 포함된다. 그리고 그러한 기능들은 나중에 크게 둘로 나누어진다. 첫째는 말씀 사역이고, 둘째는 다른 경건한 사역들이다. 섬기는 일로 부름 받은 모든 사람은 부지런함으로 그 일을 감당해야 한다. 사도행전 20:28, 베드로전서 5:2을 보라

가르치는 일. 여기의 "가르치는 일"과 다음 절의 "위로하는 일"은 말씀 사역의 두 가지 큰 일을 가리킨다. 어떤 사람들은 그것들이 특별한 직분들이었다고 생각한다. 에베소서 4:11을 보라. 다양한 사역자들이 있었던 초대교회에서 교사의 직분을 가진 사람들도 있었고 목사의 직분을 가진 사람들도 있었다. 교사의 직분을 가진 사람들은 주로 기독교의 기본적인 원리들을 가르치며, 건전한 교리를 세우며, 거짓 교리를 논파했다. 또 목사의 직분을 가진 사람들은 주로 위로하며 훈계하는 일을 담당했다. 그런가 하면 다른 사람들은 그것들이 특별한 은사들이었다고 생각한다. 어떤 사람들은 가르치는 은사를 가지고 있었던 반면 다른 사람들은 위로하는 은사를 가지고 있었다. 바울은 6절에서 그것들을 "다양한 은사들"이라고 부른다. 때로 여기의 두 가지는 한 사람 안에서 발견되기도 한다. 그들은 가르치는 은사와 위로하는 은사를 동시에 가진 특별한 사람들이었다.

8. 혹 위로하는 자면 위로하는 일로, 구제하는 자는 성실함으로, 다스리는 자는 부지런함으로, 긍휼을 베푸는 자는 즐거움으로 할 것이니라.

위로하는 일. "Exhortation" 혹은 훈계하는 일. 앞 절의 주석을 참조하라.

구제하는 자는 성실함(simplicity)으로. 구제를 위해 물건과 돈을 모으고 나누어 주는 직분을 가진 자는 — 사도행전 6장에서 이것은 집사의 일로 나타난다 — 그 일을 단순함(simplicity) 혹은 나누어지지 않은 한마음(singleness of heart)으로 해야 한다. 또 이 단어는 에베소서 6:5에서 "성실한 마음"으로 번역된다. 구제하는 자는 그 일을 신실하며, 공평하며, 사심 없이 해야 한다.

다스리는 자. 혹은 다른 사람들을 주관하는 자. 여기의 "다스리는 자"가 누구인가와 관련하여 주석가들 사이에 큰 차이가 있다. 이것은 나라를 다스리는 자가 아니라(이들에 대해서는 다음 장에서 다룬다), 교회를 다스리는 자를 의미한다. 어떤 사람들은 그들을 교회의 모든 직분자들을 의미하는 것으로 이해한다. 다른 사람들은 그들을 목사들과 교사들과는 별개로 교회를 감독하는 자들을 의미하는 것으로 생각한다. 그들은 교회를 다스리며, 교회 안에서 행해지는 각종 악행들을 통제하며, 지체들 사이의 불화를 조정하며, 훈계와 책망으로 치리를 실행하는 자들이었다. 고린도전서 12:28; 디모데전서 5:17을 보라.

긍휼을 베푸는 자는 즐거움으로 할 것이니라. 어떤 사람들은 여기의 말씀을 모든 그리스도인들에게 보편적으로 적용되는 것으로 이해한다. 모든 그리스도인들이 마땅히 긍휼을 베푸는 자가 되어야 하며, 그것을 특별히 즐거움으로 감당해야 한다는 것이다. 그러나 우리는 지금 바울이 교회의 특별한 직분들에 대해 말하고 있는 사실을 잊어서는 안 된다. 또 이것은 집사들을 가리키는 것일 수도 없다. 왜냐하면 그들의 사역에 대해서는 바로 앞에서 다루었기 때문이다. 그러므로 여기의 표현이 의미하는 것은 특별히 병자, 불구자, 죄수, 나그네 등과 같은 사람들을 돌보는 사람들과 관련된 것으로 보인다. 디모데전서 5:10을 보라. 아마도 이들은 고린도전서 12:28에서 바울이 "돕는 자"라고 부른 자들과 같은 사람들이었을 것이다. 이들에게 바울은 그 일을 즐거움으로 감당하라고 가르친다. 왜냐하면 그렇게 하지 않을 때 그들은 긍휼의 대상자들을 무뚝뚝하며 불친절하게 대할 수밖에 없기 때문이다.

9. 사랑에는 거짓이 없나니 악을 미워하고 선에 속하라.

앞의 권면들은 특별히 교회의 직분자들과 관련한 것이었지만, 이제부터 나오는 권면들은 모든 그리스도인들에게 보편적으로 관련된다. 바울은 사랑으로부터 시작한다. 그것은 사랑이 근본적인 은혜이기 때문이다. 뿐만 아니라 다른 은혜들과 은혜의 행동들은 사랑으로부터 나오며, 또 그러한 행동들에는 필연적으로 사랑이 수반되어야만 하기 때문이다. 여기의 "사랑"을 우리는 하나님에 대한 사랑과 이웃에 대한 사랑으로 이해할 수 있지만, 그러나 본문이 주로 의미하는 것은 후자인 것으로 보인다. 사랑에 있어서의 필수적인 요소는 그것에 거짓 혹은 외식(外飾)이 없어야 한다는, 다시 말해서 진실하며 꾸밈이 없어야 한다는 것이다(고후 6:6; 벧전 1:22). 우리는 "말과 혀로만 사랑하지 말고 행함과 진실함으로" 사랑해야 한다(요일 3:18).

악을 미워하고. "Abhor that which is evil" 즉 악한 것을 미워하고. 우리는 단순히 악을 피할 뿐만 아니라, 마치 지옥을 미워하는 것처럼 그것을 미워해야 한다. 여기의 동사는 극도의 혐오를 함축한다. 시편 119:104; 아모스 5:15을 보라.

선에 속하라. "Cleave to that which is good" 즉 선한 것을 붙잡으라, 혹은 문자적으로 선한 것에 붙어 있으라. 마치 풀로 붙인 것처럼 함께 붙어 있는 것은 떼어내기가 어렵다. 같은 단어가 남편과 아내 사이의 연합에 사용된다. 마태복음 19:5; 에베소서 5:31을 보라.

10. 형제를 사랑하여 서로 우애하고 존경하기를 서로 먼저 하며.

서로 우애하고. "Be kindly affectioned one to another" 즉 서로 따뜻한 마음을 품고. 그리스도인들은 서로에 대해 이와 같은 마음을 품어야만 한다. 마치 부모가 그 자녀에 대해 그리고 모든 동물들이 그 새끼에 대해 그렇게 하는 것처럼 말이다.

존경하기를 서로 먼저 하며. 이 구절은 빌립보서 2:3에 의해 좀 더 충분하게 설명된다. "아무 일에든지 다툼이나 허영으로 하지 말고 오직 겸손한 마음으로 각각 자기보다 남을 낫게 여기고." 또 그것은 창세기 13:9에서 아브라함에 의해 실증된다. "네 앞에 온 땅이 있지 아니하냐 나를 떠나가라 네가 좌하면 나는 우하고 네가 우하면 나는 좌하리라." 대부분의 사람들은 남들보다 자신이 더 앞서며, 더 영예로워지기를 바란다. 그러나 그러한 태도는 여기의 훈계와 상반된다. 어떤 사람들은 이것을 형제 사랑을 나타냄에 있어 다른 사람들보다 먼저 하고 그들에게 본이 되라는 의미로 이해한다.

11. 부지런하여 게으르지 말고 열심을 품고 주를 섬기라.

부지런하여 게으르지 말고. "Not slothful in business" 즉 일할 때 게으르게 하지 말고. 이 구절은 전도서 9:10에 의해 좀 더 충분하게 설명된다. "네 손이 일을 얻는 대로 힘을 다하여 할지어다." 일반적인 혹은 특별한 부르심의 모든 의무들을 행함에 있어 그리고 하나님의 영광을 위한 모든 일에 있어, 우리는 게으르지 않도록 조심해야 한다. 마태복음 25:26-27; 히브리서 6:12을 보라.

열심을 품고. 이것은 앞의 구절과 대조되는 구절이다. 열심과 뜨거움은 게으름을 쫓아낼 것이다. 성경은 종종 우리에게 이러한 영적 뜨거움을 요구한다. 갈라디아서 4:18; 요한계시록 3:19을 보라. 또 시편 69:9; 요한복음 2:17; 4:34; 사도행전 18:25에 나타난 실례(實例)들을 보라.

주를 섬기라. 즉 주의 영광과 그를 섬기는 일에 요구되는 모든 것들을 부지런히 수행하라. 시편 2:11; 에베소서 6:7을 보라. 어떤 사본들은 이것을 에베소서 5:16과 골로새서 4:5처럼 시간을 아끼라는 의미로 읽는다.

12. 소망 중에 즐거워하며 환난 중에 참으며 기도에 항상 힘쓰며.

소망 중에 즐거워하며. 이 땅에서의 인도하심과 하늘에서의 영원한 구원의 소망 안에서 즐거워하며. 로마서 5:2에 대한 저자의 주석을 참조하라.

기도에 항상 힘쓰며. 쉬지 말고 기도하기를 힘쓰며. 숨은 사람들을 찾을 때까지 놀이를 포기하지 않는 술래잡기로부터 취한 은유. 누가복음 18:1; 에베소서 6:18; 골로새서 4:2; 데살로니가전서 5:17을 보라.

13. 성도들의 쓸 것을 공급하며 손 대접하기를 힘쓰라.

쓸 것. 성도들은 쓸 것에 있어 도움을 받아야만 한다. 바울은 고린도후서에서 가난한 성도들을 돕는 이러한 종류의 사랑을 위해 두 장 전체를 할애한다(즉 8장과 9장). 또 갈라디아서 6:10; 히브리서 13:16을 보라.

손 대접하기를 힘쓰라. 우리는 아브라함과 롯 안에서 이에 대한 모범을 발견한다. 창세기 18:1-2; 19:1-2를 보라. 나그네를 대접하는 의무에 대해서는 신명기 10:18-19; 이사야 58:7; 디모데전서 3:2; 디도서 1:8; 히브리서 13:2; 베드로전서 4:9을 보라.

14. 너희를 박해하는 자를 축복하라 축복하고 저주하지 말라.

너희를 박해하는 자를 축복하라. 즉 그들을 위해 기도하며, 그들이 잘 되기를 바라라. 이것은 마태복음 5:44; 누가복음 6:28로부터 빌려온 것이다. 또 베드로후서 3:9을 보라. 그리스도 자신이 이에 대한 모범을 우리에게 보여 주셨다. 이사야 53:12; 누가복음 23:34; 베드로전서 2:23을 보라. 또 우리는 스데반과, 바울과, 초창기 그리스도인들에게서 이에 대한 모범을 발견한다(행 7:60; 고린도전서 4:12).

축복하고 저주하지 말라. 이와 같이 바울이 같은 훈계를 반복하는 것은 그 일의 어려움을 보여 준다. 그것은 인간의 타락한 본성과 상반되며, 그것이 여전히 우리 안에 내재해 있음을 보여 준다. "저주하지 말라"고 말할 때 바울이 의미하는 것은 "너희의 원수들에게 나쁜 일이 생기기를 바라지 말라"는 것이다. 반론. 선지자들과 사도들은 이와 반대로 행동하지 않았는가? 열왕기하 2:24; 시편 69:22-23; 사도행전 8:20; 13:10-11; 23:3을 보라. 답변. 그들이 그렇게 한 것은 성령의 특별한 부르심과 특별한 신적 충동으로 말미암은 것이었다.

15. 즐거워하는 자들과 함께 즐거워하고 우는 자들과 함께 울라.

즉 이웃의 좋은 일과 나쁜 일이 너희 자신의 일인 것처럼 그들과 마음을 같이하라. 바울은 고린도전서 12:26-27에서 이렇게 마음을 같이 해야 하는 이유를 설명한다. "만일 한 지체가 고통을 받으면 모든 지체가 함께 고통을 받고 한 지체가 영광을 얻으면 모든 지체가 함께 즐거워하느니라 너희는 그리스도의 몸이요 지체의 각 부분이라." 그것은 우리가 서로 지체이기 때문이다. 그러므로 한 지체가 고통을 받을 때 모든 지체가 함께 고통을 받으며, 한 지체가 영광을 받을 때 모든 지체가 함께 즐거워한다. 이에 대한 실례를 우리는 누가복음 1:58; 고린도후서 11:29에서 발견한다. 또 히브리서 13:3을 보라.

16. 서로 마음을 같이하며 높은 데 마음을 두지 말고 도리어 낮은 데 처하며 스스로 지혜 있는 체 하지 말라.

서로 마음을 같이하며. 여기의 훈계는 어떤 판단에 있어 마음을 같이하라는 것이라기보다 감정에 있어 마음을 같이하라는 것이다. 우리는 서로에 대해 존중하는 마음을 가져야만 한다. 그리고 선한 것을 바라며 열망함에 있어 같은 마음을 가져야만 한다. 로마서 15:5; 빌립보서 2:2; 베드로전서 3:8을 보라.

높은 데 마음을 두지 말고. 즉 너희의 능력과 부르심 이상의 것들에 마음을 두지 말고, 야심과 욕심을 경계하라. 그리고 시편 131:1에서 다윗이 말한 것을 기억하라. "여호와여 내 마음이 교만하지 아니하고 내 눈이 오만하지 아니하오며 내가 큰 일과 감당하지 못할 놀라운 일을 하려고 힘쓰지 아니하나이다."

낮은 데 처하며. Condescend to men of low estate. 헬라어 원문에는 "낮은"(low)이라는 단어만 있다. 나머지 단어들은 우리의 해석자들이 덧붙인 것이다. 여기의 "낮은"은 사물과 연결될 수도 있고(즉 낮은 것들에 처하며 — 한글개역개정판은 이와 같이 되어 있음), 사람과 연결될 수도 있다(즉 낮은 사람의 자리에 처하며 — 영어 흠정역은 이와 같이 되어 있음). 어쨌든 그 의미는 우리가 가난한 형제들을 경멸하지 말고 스스로를 낮추어 기독교적 사랑을 실천해야 한다는 것이다.

스스로 지혜 있는 체 하지 말라. 이것은 잠언 3:7로부터 취해진 것으로 보인다. "스스로 지혜롭게 여기지 말지어다 여호와를 경외하며 악을 떠날지어다." 또 로마서

12:3을 보라.

17. 아무에게도 악을 악으로 갚지 말고 모든 사람 앞에서 선한 일을 도모하라.

아무에게도 악을 악으로 갚지 말고. 우리 구주께서도 표현은 다르지만 동일한 교훈을 가르치셨다. "나는 너희에게 이르노니 악한 자를 대적하지 말라 누구든지 네 오른편 뺨을 치거든 왼편도 돌려 대며 또 너를 고발하여 속옷을 가지고자 하는 자에게 겉옷까지도 가지게 하며"(마 5:39, 40). 또 잠언 20:22; 데살로니가전서 5:15; 베드로전서 3:9을 보라. 본 장의 마지막 세 절 역시도 사적인 복수를 금지하는 내용을 다룬다. 복수는 사람들이 단념하기가 너무나 힘들 정도로 혈과 육에 지극히 달콤하다.

모든 사람 앞에서 선한 일을 도모하라. 하나님 앞에서 자신의 양심을 살피는 것처럼 그렇게 사람들 앞에서 자신의 명예를 돌아보라. 사람들이 너희를 악인이라고 비방하며 떠벌이지 못하도록 말과 행동에 있어 온전하라. "이는 우리가 주 앞에서 뿐 아니라 사람 앞에서도 선한 일에 조심하려 함이라"(고후 8:21). 또 빌립보서 4:8; 베드로전서 3:16을 보라.

18. 할 수 있거든 너희로서는 모든 사람과 더불어 화목하라.

여기에서 바울이 훈계하는 의무는 그리스도인으로서 불신자들뿐만 아니라 모든 사람들에 대해 화평한 행동을 하라는 것이다. 여기와 비슷한 훈계를 우리는 히브리서 12:14에서 발견한다. "모든 사람과 더불어 화평함과 거룩함을 따르라 이것이 없이는 아무도 주를 보지 못하리라." 바울은 본문의 훈계에다가 두 가지 제한을 덧붙인다. 첫째는 "할 수 있거든"이고, 둘째는 "너희로서는"이다. 더불어 화목하게 사는 것이 불가능할 정도로 매우 완고하며 화목할 줄 모르는 기질을 가진 사람들이 있다. 그런가 하면 더불어 화목하기 위해서는 하나님의 진리와 영광 그리고 자신의 선한 양심을 포기해야만 하는 경우도 있다. 이런 경우에 우리는 우리가 할 수 있는 일만 하면 된다. 그럼으로써 우리에게는 허물이 없게 하자.

19. 내 사랑하는 자들아 너희가 친히 원수를 갚지 말고 하나님의 진노하심에 맡기라 기록되었으되 원수 갚는 것이 내게 있으니 내가 갚으리라고 주께서 말씀하시니라.

내 사랑하는 자들아. 바울이 이렇게 친근한 호칭을 사용하는 것은 이어지는 훈계를 그들에게 좀 더 잘 설득하기 위함이다. 왜냐하면 그것은 혈과 육에 너무나 어려운 것이기 때문이다.

너희가 친히 원수를 갚지 말고. 이것은 앞의 17절의 훈계와 같은 맥락의 훈계이다. 바울은 사적인 복수에 집착하는 타락한 본성의 성향을 고려하여 그것을 여기에서 다시 한 번 강조한다. 이것은 레위기 19:18로부터 빌려온 것으로 보인다.

하나님의 진노하심에 맡기라. "But rather give place unto wrath" 즉 진노에 자리를 내어주라(원어에 "하나님의"는 없음). 여기의 구절을 어떤 사람들은 "너희 자신의 진노에 자리를 내어주라"라고 읽는다. 즉 화를 내며 조급하게 복수하려고 하지 말고, 하만에 대해 분개했을 때의 아하수에로처럼 잠깐 물러서라는 것이다. 또 어떤 사람들은 여기의 "진노"를 우리에게 악을 행하는 자들의 진노와 연결시킨다. 사울과 관련하여 다윗이 그렇게 했던 것처럼, 그들의 진노를 감당하며 그들의 악행과 포악을 감수하라는 것이다. 그러나 여기의 "진노"를 하나님과 연결시켜 "하나님의 진노"로 이해하는 것이 가장 합당해 보인다. 즉 너희의 옳음이 하나님에 의해 증명되며 옹호되도록 하라는 것이다. 다시 말해서, 너희의 사정을 하나님께 맡기고 그의 손으로부터 그의 일을 취하지 말라는 것이다. 이러한 해석이 전후 맥락과 가장 잘 어울린다.

기록되었으되. 즉 신명기 32:35에. 이 말씀은 또한 시편 94:1; 나훔 1:2; 히브리서 10:30에도 인용된다.

20. 네 원수가 주리거든 먹이고 목마르거든 마시게 하라 그리함으로 네가 숯불을 그 머리에 쌓아 놓으리라.

네 원수가 주리거든 먹이고 목마르거든 마시게 하라. 네 원수에게 악을 악으로 갚는 대신 도리어 선을 행하라.

그리함으로 네가 숯불을 그 머리에 쌓아 놓으리라. 그렇게 함으로써 그를 누그러지게 만들든지 아니면 그로 하여금 하나님으로부터 더 큰 보응을 받도록 만들게 될 것이다. 이것은 잠언 25:21-22로부터 취해진 것이다. 그 구절에 대한 저자의 주석을 참조하라.

21. 악에게 지지 말고 선으로 악을 이기라.

이것은 정말로 놀라운 금언이다. 여기에서 바울은 한 가지 반론을 예상한다. 어떤 사람들은 다음과 같이 말할 수 있었다: "만일 우리가 이러한 훈계를 따른다면, 사람들이 우리를 겁쟁이와 비겁자로 여길 것이 아닌가?" 이에 대해 바울은 바로 그것이 진정한 승리의 길이라고 대답한다. 여기의 "악"으로써 그는 사람들의 악행과 위해(危害)를 의미한다. 악을 선으로 갚을 때, 그들의 악의는 더욱 격발될 것이다. 그리고 그럴 때, 그들은 결국 패배한 것이다. 그러므로 바울은 우리에게 "선으로 악을 이기라"고 훈계한다. 바로 이것이 진정한 승리의 길이다. 이와 같은 방법으로 다윗은 사울을 이겼으며, 엘리사는 수리아 군대를 이겼다. 이것은 또한 우리 자신을 이기는 방법이기도 하다. 우리는 복수심을 품는 자신의 욕망을 부인함으로써 스스로를 이긴다.

제13장

개요

1. 통치자들에게 복종할 것을 훈계함(1-6).
2. 모든 자들에게 줄 것을 주라고 훈계함(7).
3. 사랑의 빚 외에는 아무 빚도 지지 말아야 함. 그리고 사랑은 율법의 완성임(8-10) .
4. 방탕함과 술 취함과 다른 어둠의 일들은 복음의 때에 합당치 않은 것으로서 마땅히 벗어버려야 함(11-14).

1. 각 사람은 위에 있는 권세들에게 복종하라 권세는 하나님으로부터 나지 않음이 없나니 모든 권세는 다 하나님께서 정하신 바라.

어떤 사람은 앞 장을 바울의 윤리학으로, 그리고 본 장을 그의 정치학으로 부른다. 앞 장 말미에서 그는 그리스도인들이 사적으로 복수해서는 안 되며, 모든 것을 하나님에게 맡겨야 하며, 원수 갚는 것이 하나님에게 있으니 그가 갚으실 것이라고 말했다. 이로부터 사람들은 악을 행한 사람을 바로잡는다든지 혹은 그리스도인들이 그러한 목적을 위해 권세자들을 활용하는 것은 적법한 일이 아니라고 추론할 수 있었다. 따라서 바울은 이러한 문제를 분명하게 하기 위해 여기의 논증을 펼친다. 그는 다른 곳에서 그리스도인들의 자유에 대해 이야기했다. 그는 자신이 가르친 것이 마치 그리스도인들이 권세 아래 있는 것으로부터 벗어났음을 의미하는 것인 양 오해되지 않기를 바랐다. 그리하여 그는 여기에서 권세에 복종해야 하는 의무를 분명하게 역설한다.

각 사람은. "every soul" 즉 모든 사람은. 앞 장 1절에서 우리는 몸이 전인(全人)을 대신하여 제시된 것을 보았다. 반면 여기에서는 "영혼"(soul)이 전인을 대신하여 제시된다. 여기에서 "모든"(every)이라는 표현을 주목하라. 그러므로 교회의 사역자들 역시도 예외가 아니다.

위에 있는 권세들에게. 여기의 "권세들"(powers)은 물론 그것을 가진 사람들을 가리키는 것이다. 이들을 바울은 3절에서 "다스리는 자들"이라고 부른다. 마찬가지로 누가복음 12:11에서 그리스도는 제자들에게 "사람들이 너희를 회당이나 위정자나 권세 있는 자(powers) 앞에 끌고 가거든"이라고 말씀하신다. 여기에서도 같은 단어가 사용되었다. 그러므로 그것은 명백히 "권세를 가진 사람들"을 의미한다. 크리소스토모스는 여기에서 바울이 "권세를 가진 사람들"이 아니라 "권세들"에게 복종하라고 말한 것에 주목한다. 그가 그렇게 말한 것은 그들의 권세(power)가 오용(誤用)된다고 하더라도 그들의 권위(authority)는 마땅히 인정되고 순종되어야만 하기 때문이다. 또 바울이 여기에서 "권세들"이라고 복수형으로 말한 것은 군주정, 귀족정, 민주정 등과 같은 다양한 종류의 권세들이 있기 때문이다. 이와 같이 다양한 종류의 권세들 가운데 어떤 권세 아래 살든지, 우리는 그것에 복종해야 한다. 또 "위에 있는 권세들"(higher powers)이라는 표현으로 바울은 최고의 권세들(supreme powers)을 의미한다. 같은 단어가 베드로전서 2:13에서 사용된다. "인간의 모든 제도를 주를 위하여 순종하되 혹은 '위에 있는'(supreme) 왕이나." 이들과 이들로부터 권세를 위임받은 자들에게 우리는 기꺼이 복종해야 한다. 디모데전서 2:2; 베드로전서 2:14을 보라. 그런가 하면 낮은 권세들도 있다. 예컨대 부모라든지 혹은 주인과 같은 권세들인데, 이것 역시 하나님으로부터 말미암는다. 그러나 바울은 이것에 대해서는 여기에서 다루지 않는다.

복종하라. 바울은 순종하라(be obedient)고 말하지 않고 복종하라(be subject)고 말한다. 이것은 모든 의무와 봉사를 포함하는 포괄적인 단어이다. 이러한 복종은 오직 합법적인 것들에만 한정되어야 한다. 그렇지 않은 경우에 우리는 베드로처럼 말해야 한다. "하나님 앞에서 너희의 말을 듣는 것이 하나님의 말씀을 듣는 것보다 옳은가 판단하라"(행 4:19). 또 그러한 경우 우리는 폴리캅처럼 행동해야 한다. 그리스도를 모독하고 가이사의 이름으로 맹세할 것을 요구받았을 때, 그는 단호히 거절하며 이렇게 말했다: "우리는 통치자들과 권세자들에게 경의를 표하도록 배웠지만 그러나 그러한 경의는 오직 참된 신앙과 어긋나지 않는 것에만 한정된다."

권세는 하나님으로부터 나지 않음이 없나니. 바로 이것이 앞의 명령의 이유이다. 하나님으로부터 난 것은 마땅히 인정되고 복종되어야 한다. 통치권의 창시자는 하나님이시다. 여기에서 바울은 통치권자에 대해서도 말하지도 않고, 통치권의 오용(誤用)에 대해서도 말하지도 않고, 그러한 권세를 얻는 방법에 대해서도 말하지 않는다. 그는 다만 통치권 자체와 그것의 창시자에 대해 말할 뿐이다. 그는 그것이 하나님으로부터 났다고 말한다. 하나님이 통치권을 세우셨으며, 어떤 사람에게 그러한 권세를 행사하도록 위임 혹은 허락하신다. 여기의 구절은 잠언 8:15; 다니엘 4:32; 요한복음 19:11에 의해 증명되고 예증된다.

모든 권세는 다 하나님께서 정하신 바라. 이 구절은 앞 구절을 다시 한 번 확증한다. 에라스무스는 이 구절을 어떤 해석자가 좀 더 충분한 설명을 위해 삽입한 것으로 생각했다. 그러나 이 구절은 모든 고대 사본들에서 발견된다. 그러므로 그와 같은 에라스무스의 추측은 근거가 없다. 여기의 구절의 강조점은 "정하신"(ordained)이라는 단어에 놓이는 것으로 보인다. 권세와 공권력은 단순히 하나님으로부터 말미암은 것이 아니라 — 하나님으로부터 말미암지 않은 것은 아무것도 없다 — 하나님이 "정하신" 것이다. 이 단어는 두 가지를 함축한다 — 창안과 재가(裁可). 하나님은 통치권을 고안하시고 창안하셨다. 그리고 그것을 재가하시고 옹호하신다.

2. 그러므로 권세를 거스르는 자는 하나님의 명을 거스름이니 거스르는 자들은 심판을 자취하리라.

그러므로 권세를 거스르는 자는 하나님의 명을 거스름이니. 이 구절은 1절 앞부분에서 명령한 복종을 더욱 강화시키기 위한 것이거나, 그렇지 않으면 1절 뒷부분으로부터 추론한 것이다. 권세를 거스르는 것은 하나님 자신을 거스르는 것이다.

심판. 이 단어는 성경에서 일시적인 사람의 형벌에 적용되기도 하고(눅 23:40; 고전 6:7; 벧전 4:17), 영원한 신적 형벌에 적용되기도 한다(눅 20:47; 히 6:2; 벧후 2:3). 그러므로 이것은 권세를 거스르는 자들이 통치자로부터 받게 될 일시적인 형벌로 이해될 수도 있고, 하나님으로부터 받게 될 영원한 형벌로 이해될 수도 있다.

3. 다스리는 자들은 선한 일에 대하여 두려움이 되지 않고 악한 일에 대하여 되나니 네가 권세를 두려워하지 아니하려느냐 선을 행하라 그리하면 그에게 칭찬을 받으리라.

바울은 위에 있는 권세들에게 복종해야 하는 의무와 관련하여 계속 논증을 펼쳐간다. 여기의 논증은 그렇게 하는 것의 유익과, 악을 징벌하고 선행을 장려하는 통치권의 목적으로부터 취하여진다. "인간의 모든 제도를 주를 위하여 순종하되 혹은 위에 있는 왕이나 혹은 그가 악행하는 자를 징벌하고 선행하는 자를 포상하기 위하여 보낸 총독에게 하라"(벧전 2:13, 14). "다스리는 자들은 선한 일에 대하여 두려움이 되지 않고"라고 말할 때, 바울이 의미하는 바는 일반적으로 그렇다는 것이다. 실제로 그들은 선한 일에 대해 두려움이 되기 위함이 아니라, 정반대의 이유 즉 악한 일에 대해 두려움이 되기 위해 세워졌다.

네가 권세를 두려워하지 아니하려느냐 선을 행하라 그리하면 그에게 칭찬을 받으리라. 즉 네가 권세자에 의해 징벌을 받는 두려움으로부터 자유롭고자 하느냐? 그렇다면 선한 일을 행하라. 그러면 너는 두려움으로부터 자유로워질 뿐만 아니라 또한 그로부터 칭찬과 상급을 받을 것이라. 잠언 14:35; 16:13을 보라. 여기의 "선"으로써 바울은 신학적인 선이 아니라 도덕적인 선을 의미한다. 즉 정직하게 살고, 말이나 행동으로 다른 사람들에게 해를 끼치지 않고, 모든 사람에게 줄 것을 주는 것 같은 것들 말이다. 이것은 이교도들을 포함하여 모든 사람들 앞에 선한 일이다.

4. 그는 하나님의 사역자가 되어 네게 선을 베푸는 자니라 그러나 네가 악을 행하거든 두려워하라 그가 공연히 칼을 가지지 아니하였으니 곧 하나님의 사역자가 되어 악을 행하는 자에게 진노하심을 따라 보응하는 자니라.

그는 하나님의 사역자가 되어 네게 선을 베푸는 자니라. 바로 이것이 통치자에게 주어진 권세의 목적이다. 바로 이런 목적을 위해 하나님은 그에게 그와 같은 권세로 옷 입혔다. 성경은 말씀을 전파하는 자와 칼을 가진 자에게 같은 이름을 붙여준다. 둘 다 하나님의 사역자이다. 그들의 사역에는 한 가지 공통적인 목적이 있는데, 그것은 사람들의 선(善)과 복리(福利)이다.

그러나 네가 악을 행하거든 두려워하라 그가 공연히 칼을 가지지 아니하였으니. 하나님의 도덕법이나 혹은 자기가 살고 있는 나라의 법을 거스르는 자가 통치자를 두려워해야 하는 이유가 바로 여기에 있다. 왜냐하면 그가 공연히 칼을 갖지 않았기 때문이다. 여기에서 칼은 권위와 권세를 상징한다. 여기에서 바울은 왕으로부터 어떤 지역에 보냄을 받은 총독이 자신의 권세를 나타내는 깃발과 함께 그곳으로 부임하는 관습을 암시한다. 총독은 공연히 혹은 아무 목적 없이 권세를 부여받지 않았다. 그는 악을 징벌하고 선을 포상하는 권세를 가지고 있다.

곧 하나님의 사역자가 되어 악을 행하는 자에게 진노하심을 따라 보응하는 자니라. 악을 행하는 자가 통치자를 두려워해야만 하는 또 하나의 이유가 여기에 있다. 그것은 그가 하나님의 사역자로서 악을 행하는 자에게 진노를 실행하는 자이기 때문이다. 그는 하나님의 자리에 앉아 하나님에게 속한 일을 행한다. 로마서 12:19을 보라. 여기의 "진노"는 누가복음 21:23; 로마서 2:8처럼 징벌을 가리킨다.

5. 그러므로 복종하지 아니할 수 없으니 진노 때문에 할 것이 아니라 양심을 따라 할 것이라.

지금까지 바울은 통치권이 하나님으로부터 말미암았으며, 그것은 사람들의 유익을 위해 하나님이 정하신 바며, 바로 그런 이유 때문에 하나님이 그들에게 칼을 주셨으며, 그러므로 마땅히 복종해야만 함을 이야기했다. 그리고 복종하는 것은 두 가지 근거 위에 기초한다. 첫째는 통치자의 진노 혹은 형벌에 대한 두려움으로부터이다. 그리고 둘째는 양심의 의무 때문이다. 왜냐하면 하나님이 그와 같이 명령하셨기 때문에 그렇게 하지 않는 것은 결국 하나님을 거스르는 것이면서 동시에 자기 자신의 양심에 상처를 입히는 것이기 때문이다. 사무엘상 24:5; 전도서 8:2; 베드로전서 2:13을 보라.

6. 너희가 조세를 바치는 것도 이로 말미암음이라 그들이 하나님의 일꾼이 되어 바로 이 일에 항상 힘쓰느니라.

너희가 조세를 바치는 것도 이로 말미암음이라. 즉 권세에 복종하는 증표로서 너희가 조세를 바치는 것이라. 여기의 "조세"는 원어에 복수형으로 되어 있다. 그러므로 그것은 합법적으로 부과되는 모든 종류의 세금들과 의무들을 의미한다.

그들이 하나님의 일꾼이 되어 바로 이 일에 항상 힘쓰느니라. 여기에 통치자들에게 조세가 드려져야만 하는 이유가 나타난다. 그것은 그들의 권위를 뒷받침하는 것이면서 동시에 그들의 수고에 대한 정당한 보상이다. "그들이 바로 이 일에 항상 힘쓰느니라"라고 말할 때, 이것이 의미하는 바는 그들이 조세를 받는 일에 항상 힘쓴다는 것이 아니다. 도리어 그것은 바울이 앞에서 이야기한 것처럼 백성들의 선과 복리를 계속적으로 증진하며 선한 자를 포상하고 악한 자를 징벌하는 그들의 의무로서 이해되어야 한다.

7. 모든 자에게 줄 것을 주되 조세를 받을 자에게 조세를 바치고 관세를 받을 자에게 관세를 바치고 두려워할 자를 두려워하며 존경할 자를 존경하라.

이 구절은 통치권과 관련한 바울의 논증의 결론이다. "모든 자에게 줄 것을 주되"라고 말할 때, 바울이 의미하는 것은 모든 사람들이 아니라 모든 통치자들이다. 그들이 선한 자든 악한 자든 혹은 높은 직위의 통치자든 낮은 직위의 통치자든 막론하고 말이다. 또 그들에게 줄 것을 주라는 것은 그들에게 속하는 권리를 인정하고 그에 합당한 것을 주라는 것이다. "그런즉 가이사의 것은 가이사에게, 하나님의 것은 하나님께 바치라"(마 22:21). 좀 더 특별하게 통치자들에게 속하는 것은 두 가지이다. 하나는 여기에서 조세와 관세로 표현된 것이다. 만일 이 두 가지가 서로 다른 것이라면, 전자는 물건에 부과된 세금이고 후자는 사람에 부과된 세금이다. 다른 하나는 존귀와 두려움이다. 존귀는 내적인 존경과 경외를, 그리고 두려움은 외적인 존경과 경외를 의미한다. 또 존귀는 통치자의 위엄에 따른 그의 몫이고, 두려움은 그의 권위에 따른 그의 몫이다.

8. 피차 사랑의 빚 외에는 아무에게든지 아무 빚도 지지 말라 남을 사랑하는 자는 율법을 다 이루었느니라.

통치자들과 관련한 특별한 의무들을 다룬 연후에, 이제 바울은 모두에게 속하는 좀 더 일반적인 의무들을 다루는 데에로 나아간다.

피차 사랑의 빚 외에는. 너희가 완전하게 갚을 수 없는 오직 하나의 빚이 있다. 너희는 항상 그 빚을 지고 있으며, 항상 그 빚을 갚아야만 한다. 그것은 바로 사랑의 빚이다.

아무에게든지 아무 빚도 지지 말라. 상전에게든, 혹은 동료에게든, 혹은 하인에게든.

남을 사랑하는 자는 율법을 다 이루었느니라. 바로 이것이 우리가 서로 사랑해야 하는 이유이다. 그리고 우리는 계속해서 이 빚을 갚아나가야 한다. 이것은 특별히 사랑의 위대함을 보여 준다. "남을 사랑하는 자"라는 표현으로 바울은 다음 절이 보여 주는 것처럼 두 번째 돌판을 의미한다. 남을 사랑하는 자는 곧 둘째 돌판이 요구하는 것을 행한 자이다.

9. 간음하지 말라, 살인하지 말라, 도둑질하지 말라, 탐내지 말라 한 것과 그 외에 다른 계명이 있을지라도 네 이웃을 네 자신과 같이 사랑하라 하신 그 말씀 가운데 다 들었느니라.

이 구절은 사랑이 율법의 완성임을 증명한다. 바울은 여기에서 둘째 돌판에 기록된 계명들을 열거한다. 그런데 우리는 그가 다섯 번째 계명(네 부모를 공경하라)을 언급하지 않는 것을 주목할 수 있다. 그것은 어떤 사람들이 생각하는 것처럼 유대인들이 그 계명을 첫째 돌판의 일부로 간주했기 때문이거나, 아니면 다른 사람들이 생각하는 것처럼 앞에서 위에 있는 권세들에 대한 의무를 다루었기 때문이었을 것이다(부모도 거기에 포함되기 때문에). 어쩌면 그는 여기에서 부정적인 표현의 계명들만 언급한 것인지도 모른다. 그렇게 한 것은 그러한 계명들이 사랑과 가장 거리가 먼 것들이기 때문일 것이다. 계속해서 우리는 여기에서 바울이 일곱 번째 계명을 여섯 번째 계명 앞에 놓은 사실을 주목할 필요가 있다. 그것은 어떤 사람들이 생각하는 것처럼 로마인들 가운데 간음이 보편화되어 있었기 때문이거나, 아니면 다른 사람들이 생각하는 것처럼 그것이 특별히 가증하며 추잡한 죄였기 때문이었을 것이다. 갈라디아서에서도 음행이 육체의 일들 가운데 첫 번째로 거명된다(갈 5:19). 또 어쩌면 그것은 70인경이 출애굽기에서 이와 같은 순서로 계명들을 나열

하기 때문인지도 모른다. 그리고 열 번째 계명은 "탐내지 말라"는 한 문장으로 요약된다. 그것은 단지 하나의 계명일 뿐이다. 그러므로 그것을 두 개의 계명으로 나누는 사람들은 참으로 우스꽝스러운 일을 하고 있는 것이다. 또 "그 외에 다른 계명이 있을지라도"라고 말할 때 바울이 의미한 것은 같은 성격의 — 즉 이웃과 관련한 — 다른 계명들이거나 아니면 십계명에 표현되지 않은 성경의 다른 계명들일 것이다. 이웃과 관련한 모든 계명들은 이것 하나로 요약된다 — "네 이웃을 네 자신과 같이 사랑하라." 마태복음 22:39; 갈라디아서 5:14; 디모데전서 1:5을 보라.

10. 사랑은 이웃에게 악을 행하지 아니하나니 그러므로 사랑은 율법의 완성이니라.

이 구절은 8절의 명제를 증명하기 위한 논증이다. 이것은 다음과 같이 재구성될 수 있다 — "이웃에게 악을 행하지 않는 혹은 해를 끼치지 않는 것이 율법을 이루는 것이다. 사랑은 이웃에게 악을 행하지 않는다. 그러므로 사랑은 율법의 완성이다." 바로 이것이 사랑의 속성이다. "사랑은 오래 참고 사랑은 온유하며 시기하지 아니하며 사랑은 자랑하지 아니하며 교만하지 아니하며 무례히 행하지 아니하며 자기의 유익을 구하지 아니하며 성내지 아니하며 악한 것을 생각하지 아니하며"(고전 13:4, 5). 또 "사랑은 이웃에게 악을 행하지 아니하나니" 속에는 "사랑은 이웃에게 선을 행하나니"가 함축되어 있다. 부정적인 표현 속에 긍정적인 표현이 함축되어 있다. 그리고 여기에 부정적인 표현이 제시된 것은 앞 절의 표현과 좀 더 잘 어울리도록 하기 위함이었을 것이다.

11. 또한 너희가 이 시기를 알거니와 자다가 깰 때가 벌써 되었으니 이는 이제 우리의 구원이 처음 믿을 때보다 가까웠음이라.

또한. "And that." 혹은 더욱이. 이것은 생략어법이다. 아마도 "내가 말하거니와"나 혹은 "내가 덧붙이거니와"가 생략된 것으로 보인다. 이를테면 바울은 기독교적 사랑에 대해 이야기하고 난 연후에 "계속해서 내가 이어지는 훈계를 더하노라"라고 말하고 있는 것이다.

이 시기를 알거니와. 지금이 큰 시련의 때 혹은 복음의 빛의 때임을 생각하면서.

자다가 깰 때가 벌써 되었으니. 즉 게으름과 안일함과 모든 죄의 길을 떨쳐버리고. 고린도전서 15:34; 에베소서 5:14; 데살로니가전서 5:6-8을 보라. 자, 지금은 일어나 잠옷을 벗고 새 옷을 갈아 입을 때로다.

이제 우리의 구원이 처음 믿을 때보다 가까웠음이라. 혹은 처음 믿을 때보다 구원이 우리에게 더 가까웠음이라. 어떤 사람들은 이것을 일시적인 구원 즉 당시 그리스도인들에게 떨어진 박해로부터의 구원으로 이해한다. 이러한 박해로부터 그들은 그들을 박해했던 유대인들의 멸망으로 말미암아 구원받았다. 이것은 그리스도에 의해 예언되었으며, 그리스도인들은 그 때를 기다렸다. 그리고 지금 그 때는 그들이 처음 기독교 신앙을 받아들였을 때보다 더 가까워졌다. 그러나 대부분의 사람들은 이것을 영원한 구원으로 이해한다. 그러한 구원이 지금 그들이 처음 믿었을 때보다 더 가까워졌다는 것이다. 여기의 말씀 속에 로마인 신자들을 깨우는 또 다른 표현들이 담겨 있다. 첫째는 "때 혹은 시간을 아는 것"(즉 끝나는 시간을 아는 것)이며, 둘째는 "구원의 가까움"(즉 결승점의 가까움)이다. 그들은 마치 마라톤 경주를 하는 경주자들과 같다. 결승점에 가까이 다가갈수록 그들은 더 빨리 달린다. 다른 경주자들이 자신들보다 더 앞서 달려가지 못하도록 하기 위해서 말이다.

12. 밤이 깊고 낮이 가까웠으니 그러므로 우리가 어둠의 일을 벗고 빛의 갑옷을 입자.

밤이 깊고 낮이 가까웠으니. 어떤 사람들은 여기의 "밤"과 "낮"을 유대인들에 의한 박해의 밤과 그들의 박해로부터의 구원의 낮으로 이해한다. 히브리서 10:25을 보라. 반면 다른 사람들은 여기의 "밤"을 무지와 불신앙의 때로 이해한다. 바울은 "밤이 깊고" 혹은 "밤이 거의 지나갔고"라고 말한다. 이생에서 신자들 가운데 밤은 완전히 사라지지 않는다(고전 13:9, 10). 또 그들은 "낮"을 다음 절과 데살로니가전서 5:5처럼 복음의 빛과 구원의 지식의 때로 이해한다. 바울은 "낮이 가까웠으니"라고 말한다. 완전한 낮이 될 때까지 빛은 세상을 계속해서 더 밝게 비춘다.

그러므로 우리가 어둠의 일을 벗고. 여기와 에베소서 5:11에서 "어둠의 일들"은 우리의 모든 옛 죄들을 가리킨다. 그러한 죄들이 이와 같은 이름으로 불리는 것은 그것들이 통상적으로 무지와 어둠 가운데 있는 자들에 의해 행해지기 때문일 뿐만 아니라 또한 어떤 죄들은 ── 예컨대 바울이 다음 절에서 언급하는 죄들 ── 대체로 밤의 어둠 속에서 행해지는 경향이 있기 때문이다. 욥기 24:15; 데살로니가전서 5:7을 보라. 여기에서 바울은 로마인 신자들에게 그러한 어둠의 일들을 벗어버리라고 훈계한다. 여기의 "벗고"라는 단어 속에는 긴박함과 미워함이 함축되어 있다(사 30:22; 31:7).

빛의 갑옷을 입자. 여기에서 "빛의 갑옷"은 세상 앞에서 밝게 빛나는 모든 기독교적 은혜들을 의미한다. "이같이 너희 빛이 사람 앞에 비치게 하여 그들로 너희 착한 행실을 보고 하늘에 계신 너희 아버지께 영광을 돌리게 하라"(마 5:16). 그러한 것들은 갑옷처럼 죄와 사탄의 모든 공격으로부터 우리를 보호해준다.

13. 낮에와 같이 단정히 행하고 방탕하거나 술 취하지 말며 음란하거나 호색하지 말며 다투거나 시기하지 말고.

낮에와 같이 단정히 행하고. 하나님의 은혜와 영광스러운 복음의 빛이 비취는 자들답게 단정함과 거룩한 조심함으로 행동하고. "단정하게 행하는" 것은 디도서 2:12에서 세 가지 부사에 의해 표현된다 — 신중함(soberly)과 의로움(righteously)과 경건함(godly)으로. 계속해서 바울은 다양한 악들을 열거하는데, 그러한 것들은 단정히 행하는 것과 반대되는 것들이다. 여기에서 바울은 그것들을 둘씩 짝을 맞추어 세 쌍으로 제시한다. 첫째 쌍은 방탕함과 술 취함이다. 이러한 것들로서 그는 절제하지 못하며, 과다하게 먹고 마시는 것을 의미한다. 누가복음 21:34을 보라. 둘째 쌍은 음란과 호색이다. 이러한 것들로서 그는 모든 종류의 부정함과 정욕과 음행을 의미한다. 갈라디아서 5:19; 에베소서 5:3; 골로새서 3:5; 데살로니가전서 4:3; 5:7; 베드로전서 4:3을 보라. 그리고 셋째 쌍은 다툼과 시기이다. 여기의 모든 악들은 서로 연결되고 얽혀 있다. 절제하지 못하는 것은 부정함을 낳으며, 둘은 함께 다툼과 분쟁을 낳는다. "재앙이 뉘게 있느뇨 근심이 뉘게 있느뇨 분쟁이 뉘게 있느뇨 원망이 뉘게 있느뇨 까닭 없는 상처가 뉘게 있느뇨 붉은 눈이 뉘게 있느뇨 술에 잠긴 자에게 있고 혼합한 술을 구하러 다니는 자에게 있느니라"(잠 23:29, 30). 유명한 성 아우구스티누스는 자신이 바로 이 구절을 읽고 묵상한 후 회심했노라고 고백한다.

14. 오직 주 예수 그리스도로 옷 입고 정욕을 위하여 육신의 일을 도모하지 말라.

주 예수 그리스도로 옷 입고. 앞에서 "빛의 갑옷을 입으라"고 훈계한 바울은 여기에서 또다시 "주 예수 그리스도로 옷 입으라"고 훈계한다. 이것이 필요한 것은 우리를 하나님 앞에서 가려줄 수 있는 — 마치 옷이 벌거벗음을 가려주는 것처럼 — 것은 오직 그리스도와 그의 의뿐이기 때문이다. 그리스도로 옷 입는 것은 믿음으로 그를 영접하고, 그 위에서 안식하며, 그를 고백하며, 본받는 것이다. "누구든지 그리스도와 합하기 위하여 세례를 받은 자는 그리스도로 옷 입었느니라"(갈 3:27).

정욕을 위하여 육신의 일을 도모하지 말라. 여기의 "육신"(flesh)을 어떤 사람들은 타락한 본성으로 이해하며 또 어떤 사람들은 몸으로 이해한다. "육신의 일을 도모하지 말라"라는 표현은 문자적으로 "make not provision for the flesh" 즉 육신을 위해 양식을 만들지 말라는 것이다. 육신을 위해 양식을 만들지 말라고 말할 때, 바울은 몸에 필요한 것들을 공급하지 말 것을 의미하지 않는다. 이것은 당연히 허락된다(엡 5:29; 딤전 5:23). 성경 어디에서도 자기 몸을 소홀히 여기라든지 혹은 자기 몸을 야위게 하라고 명령하지 않는다. 다만 여기에서 바울이 의미하는 것은 우리가 육신의 정욕 안에서 우리의 육신을 만족시켜서는 안 된다는 것이다. 고린도전서 11:27을 보라. 우리는 우리의 육신을 보양(保養)할 수 있지만, 그러나 그것이 이끄는 대로 끌려 다녀서는 안 된다. 우리는 육신이 과도하게 바라고 열망하는 것을 채우고자 육신을 위해 염려하며, 그것에 영합해서는 안 된다.

제14장

개요

1. 연약한 형제를 사랑으로 대하는 것과 관련한 지침들. 사소한 문제들로 인해 피차 정죄하며 비난해서는 안 됨(1-6).
2. 우리는 사나 죽으나 그리스도의 것임(7-9).
3. 우리 모두는 하나님의 심판대 앞에서 우리가 행한 일들을 설명해야 함(10-12).
4. 우리의 기독교적 자유를 다른 사람의 양심에 거리끼는 것이 되도록 사용해서는 안 됨(13-23).

1. 믿음이 연약한 자를 너희가 받되 그의 의견을 비판하지 말라.

본 장과 다음 장에서 바울은 당시 로마 교회에서 큰 분란의 대상이 된 몇 가지 부차적인 문제들을 다룬다. 유대인들 가운데 어떤 사람들은 복음을 받아들였음에도 불구하고 여전히 모세의 의식(儀式)들을 엄격하게 고수했다. 그들은 음식을 먹는 규례라든지 혹은 날을 지키는 규례를 엄격하게 준수하면서 자신들과 다른 생각을 가진 사람들을 하나님의 율법을 경멸하는 불경건한 자들로서 비난할 준비가 되어 있었다. 한편 기독교적 자유에 대해 좀 더 제대로 가르침을 받은 이방인 신자들은 그러한 규례들을 고집하는 유대인들을 보면서 그들을 무지하며 미신적인 자들이라고 경멸하며 그들과의 교제를 부인할 준비가 되어 있었다. 이런 상황 가운데 바울은 이러한 문제를 해결하고자 노력하면서 그들 사이에 화평을 이루고자 했다.

믿음이 연약한 자. 신앙에 있어서의 어떤 부차적인 문제들에 있어 ― 특별히 기독교적 자유의 문제라든지 혹은 의식법(儀式法)으로부터의 자유와 같은 문제에 있어 ― 확고하지 못하고 흔들리는 자. 이러한 표현으로써 바울은 주로 ― 물론 의심하는 다른 그리스도인들에게도 적용될 수 있었다 하더라도 ― 엄격한 유대화주의자들을 의미한다.

너희가 받되. 혹은 너희의 품 안으로 받아들이되, 혹은 너희와의 교제 안으로 받아들이되. 너희는 그의 연약함을 품음으로써 그를 온유의 영으로 더 잘 가르칠 수 있을 것이라. 로마서 15:1; 빌립보서 3:15-16을 보라. 부처(Bucer)는 그리스도와 관련한 어떤 의견 차이에도 불구하고 기꺼이 모두를 받아들였다.

그의 의견을 비판하지 말라. 즉 그를 무익한 논쟁과 말다툼으로 대하지 말라. 그것은 아무것도 세우지 못하고 도리어 분쟁과 다툼만 만들 뿐이라. 디모데전서 6:4처럼, 그를 의심병에 빠지게 만들지 말라. 여기의 구절은 디도서 3:9에 좀 더 충분하게 설명된다. "어리석은 변론과 족보 이야기와 분쟁과 율법에 대한 다툼은 피하라 이것은 무익한 것이요 헛된 것이니라." 난외(欄外)의 독법은 까다로운 그리스도인조차도 기독교적 교제의 울타리 안으로 받아들여져야 함을 보여 준다. 요컨대 우리는 우리와 다르게 생각하는 사람들의 생각을 판단하며 비난해서는 안 된다.

2. 어떤 사람은 모든 것을 먹을 만한 믿음이 있고 믿음이 연약한 자는 채소만 먹느니라.

어떤 사람은 모든 것을 먹을 만한 믿음이 있고. 혹은 어떤 사람은 모든 것을 먹을 수 있다고 믿고. 기독교적 자유를 제대로 배운 사람은 설령 율법에 의해 금지된 것이라 하더라도 온전한 것이라면 무엇이든 먹을 수 있음을 안다. 이제 정결한 음식과 부정한 음식 사이의 차이는 없다. 마태복음 15:11; 사도행전 10:12-15을 보라.

믿음이 연약한 자는 채소만 먹느니라. 반면 기독교적 자유에 대해 충분하게 배우지 못한 사람은 금지된 것을 먹음으로써 하나님을 거스르게 되는 두려움으로 인해 차라리 채소만 먹는 것으로 만족할 것이다. 이것이 의미하는 바는 당시에 오직 채소만 먹는 것을 합법적으로 여겼을 뿐 고기를 먹는 것은 금지되었다는 것이 아니다. 다만 믿음이 연약한 자들이 채소를 비롯한 땅의 열매들만 먹는 것으로 만족하고자 했다는 것이다. 왜냐하면 — 고기의 경우에는 부정한 것으로서 금지된 것일 수도 있고, 피를 제거하지 않은 것일 수도 있고, 우상에게 드려진 것일 수도 있는 등의 문제가 있을 수 있는 반면 — 채소를 비롯한 땅의 열매들을 먹는 것은 모세의 율법에 특별한 문제를 일으키지 않기 때문이었다. 다니엘 1:8을 보라.

3. 먹는 자는 먹지 않는 자를 업신여기지 말고 먹지 않는 자는 먹는 자를 비판하지 말라 이는 하나님이 그를 받으셨음이라.

먹는 자는 먹지 않는 자를 업신여기지 말고 먹지 않는 자는 먹는 자를 비판하지 말라. 즉 아무것이나 먹을 수 있는 자는 자신의 자유를 그와 반대로 생각하는 사람 즉 그러한 자유를 알지 못한 채 여전히 먹을 수 있는 것과 먹을 수 없는 것을 가리는 자를 비방하거나 혹은 업신여기는데 사용해서는 안 된다. 마찬가지로 율법에 금지된 고기를 먹지 않는 자는 그와 반대로 생각하는 사람을 불경하며 위험한 사람으로 판단하거나 정죄해서는 안 된다. 그러한 사소한 생각의 차이에도 불구하고 그리스도인들은 서로 사랑하며 교제해야 한다.

이는 하나님이 그를 받으셨음이라. 이것이 연약한 그리스도인을 의미하는 것인지 혹은 강한 그리스도인을 의미하는 것인지 여부는 논란의 여지가 있다. 바로 앞과 바로 뒤에 나오는 "비판"이라는 단어를 볼 때, 그것은 후자 즉 강한 그리스도인을 의미하는 것으로 보인다. 그러나 어떤 사람들은 그것이 둘 모두를 가리키는 것으로 생각한다. 먹는 자와 먹지 않는 자 모두 하나님이 차별 없이 자신의 교회와 가족 안으로 받아들이셨다는 것이다.

4. 남의 하인을 비판하는 너는 누구냐 그가 서 있는 것이나 넘어지는 것이 자기 주인에게 있으매 그가 세움을 받으리니 이는 그를 세우시는 권능이 주께 있음이라.

남의 하인을 비판하는 너는 누구냐 그가 서 있는 것이나 넘어지는 것이 자기 주인에게 있으매. 여기에서 우리는 앞에서 언급된 악에 대한 날카로운 책망을 보게 된다. 우리는 야고보서 4:12에서 여기와 비슷한 책망을 발견한다. "입법자와 재판관은 오직 한 분이시니 능히 구원하기도 하시며 멸하기도 하시느니라 너는 누구이기에 이웃을 판단하느냐." 다시 말해서 그렇게 하는 것은 하나님의 율법에 반하는 것일 뿐만 아니라 또한 자연법에도 반하는 것이라는 것이다. 자연법은 우리에게 사람이 다른 사람의 종을 정죄해서는 안 된다고 말한다. 왜냐하면 그에 대해 아무런 권리나 혹은 권세를 가지고 있지 않기 때문이다. 그렇다면 하나님의 종인 사람에 대해서야 얼마나 더 그렇겠는가! 모든 그리스도인은 그리스도를 주인으로 모시는 그의 종들이다. 그들이 서거나 넘어지는 것이 그에게 있으며, 잘하거나 못하는 것도 그에게 있다.

그가 세움을 받으리니 이는 그를 세우시는 권능이 주께 있음이라. 만일 그가 넘어진다면, 그는 세움을 받을 것이다. 왜냐하면 세우시는 권능이 주께 있기 때문이다. 그렇다면 어떻게 이 일이 따르는가? 하나님이 그를 서게 할 수 있으므로 그가 세움을 받을 것인가? 대답. 하나님의 모든 약속들에 있어 그의 권능이 그의 의지(意志)와 결합되는 것이 바로 그의 법칙이다. 그러므로 후자(즉 "그를 세우시는 권능이 주께 있음이라")가 전제될 때, 전자(즉 "그가 세움을 받으리니")는 의문의 여지가 없는 것이 된다. 이 문제와 관련한 하나님의 말씀은 명확하다. 왜냐하면 바울이 3절에서 "하나님이 그를 받으셨음이라"라고 말했기 때문이다. 우리는 이와 비슷한 논증 방식을 로마서 11:23에서 보게 된다. "그들도 믿지 아니하는 데 머무르지 아니하면 접붙임을 받으리니 이는 그들을 접붙이실 능력이 하나님께 있음이라." 여기에서 바울은 유대인들의 부르심을 하나님의 능력으로부터 취한 논증으로 증명한다. 왜냐하면 그들을 다시 접붙이실 능력이 하나님에게 있기 때문이다. 로마서 4:21; 히브리서 10:23을 보라.

5. 어떤 사람은 이 날을 저 날보다 낫게 여기고 어떤 사람은 모든 날을 같게 여기나니 각각 자기 마음으로 확정할지니라.

어떤 사람은 이 날을 저 날보다 낫게 여기고 어떤 사람은 모든 날을 같게 여기나니. 고기를 먹는 문제뿐만 아니라 날을 지키는 문제와 관련하여 로마 교회에 상당한 의견 차이가 있었다. 바울은 전자의 문제와 마찬가지로 후자의 문제에 있어서도 그러한 의견 차이를 조정하고자 애를 쓴다. 회심한 유대인들은 모세의 율법에 의해 정해진 절기들이 다른 날들보다 더 거룩하며 여전히 계속해서 지켜져야만 한다고 생각했다. 갈라디아서 4:10; 골로새서 2:16을 보라. 반면 이방인 신자들은 옛 언약 아래서의 날들의 차이는 이제 종결되었다고 생각했다. 원문에 "같게"라는 단어는 나오지 않는다. 다만 우리의 해석자들이 적절하게 보충한 것이다.

각각 자기 마음으로 확정할지니라. 각각의 사람으로 하여금 자기가 행하는 바의 기초에 대해 만족하게 하라. 각각의 사람으로 하여금 남의 판단과 양심이 아니라 자기 자신의 판단과 양심에 따라 행동하게 하라. 각각의 사람들로 하여금 자신이 행하는 것의 정당성을 마음으로 확신하게 하라. 각각의 사람들로 하여금 바울처럼 "내가 주 예수 안에서 알고 확신하노니 무엇이든지 스스로 속된 것이 없으되 다만 속되게 여기는 그 사람에게는 속되니라"라고 말할 수 있게 하라(14절). 여기의 훈계의 이유를 우리는 23절에서 발견할 수 있다. "의심하고 먹는 자는 정죄되었나니 이는 믿음을 따라 하지 아니하였기 때문이라 믿음을 따라 하지 아니하는 것은 다 죄니라." 스스로 죄라고 생각하는 것을 행하는 사람은, 그것이 실제로 죄든 죄가 아니든, 하나님을 거스르는 것이다. 그러나 사람은 죄가 아니라고 확신하면서 행한 것 안에서 죄를 범할 수 있다. 확신은 필요하지만, 그러나 그것이 필연적으로 어떤 행동을 선하며 정당한 것으로 만드는 것은 아니다.

6. 날을 중히 여기는 자도 주를 위하여 중히 여기고 먹는 자도 주를 위하여 먹으니 이는 하나님께 감사함이요 먹지 않는 자도 주를 위하여 먹지 아니하며 하나님께 감사하느니라.

여기에서 우리는 그리스도인들이 피차의 의견이나 혹은 행동의 차이와 관련하여 서로 비난해서는 안 되는 이유를 보게 된다. 왜냐하면 그들은 모두 같은 목적 즉 하나님을 기쁘시게 하며 영화롭게 하는 목적을 가지고 있기 때문이다. 이것은 먹는 자와 먹지 않는 자에게도 적용되며, 절기를 지키는 자와 지키지 않는 자에게도 적용된다. 만일 우리의 행동의 진정한 목적이 주를 기쁘시게 하며 영화롭게 하는 것이라면, 우리의 행동은 — 서로 다른 것이라 하더라도 — 정당한 것으로 간주된다. 고린도전서 10:31; 골로새서 3:17을 보라.

먹는 자도 주를 위하여 먹으니 이는 하나님께 감사함이요. 즉 하나님이 창조하신 것들을 자유롭고 풍성하게 취할 수 있는 것으로 인해 하나님께 감사함이요. 어떤 사람들은 음식을 먹기 전에 먼저 감사를 드리는 행동의 기초를 여기의 본문에서 발견한다. 그러나 그러한 행동은 마태복음 14:19; 15:36; 26:26; 사도행전 27:35에서 더 확실한 기초를 갖는다.

먹지 않는 자도 주를 위하여 먹지 아니하며 하나님께 감사하느니라. 왜냐하면 하나님이 금하시지 않은 다른 풍성한 양식들이 있기 때문에(고전 10:28).

7-8. [7]우리 중에 누구든지 자기를 위하여 사는 자가 없고 자기를 위하여 죽는 자도 없도다 [8]우리가 살아도 주를 위하여 살고 죽어도 주를 위하여 죽나니 그러므로 사나 죽으나 우리가 주의 것이로다.

여기에서 바울은 자신이 앞에서 이야기했던 것 즉 어떤 행동을 하든지 그리스도인들이 주를 기쁘시게 하고 영화롭게 하기 위해 해야 함을 다시 한 번 부연 설명한다. 그러면서 그는 그러한 일반적인 목적 가운데 그리스도인들이 자신들의 삶과 죽음을 하나님께 드려야만 함을 역설한다. 그는 먼저 소극적인 측면에서 우리 가운데 아무도 자기를 위해 살지도 않고 죽지도 않는다고 말한다. 우리의 주인은 우리 자신이 아니며, 우리는 우리 마음대로 행하지 않는다. 계속해서 바울은 적극적인 측면에서 우리가 주를 위해 살기도 하고 죽기도 한다고 말한다. 우리의 삶은 그를 섬기는 일에 사용되며, 그가 정하신 때에 우리는 세상을 떠난다. 살든지 죽든지 우리의 목표는 그의 영광이며, 그 자신이 우리의 삶의 중심이며 과녁이다(고후 5:9; 빌 1:21).

그러므로 사나 죽으나 우리가 주의 것이로다. 이것은 그가 지금까지 이야기한 것의 결론이다. 언제 어디서든, 건강할 때든 병들었을 때든, 부요할 때든 가난할 때든, 살든 죽든, 우리는 주의 것이며 그의 뜻대로 행한다. 그는 우리에 대해 이 세상과 다음 세상에서 절대적인 주권을 가지고 계신다.

9. 이를 위하여 그리스도께서 죽었다가 다시 살아나셨으니 곧 죽은 자와 산 자의

주가 되려 하심이라.

다시 말해서 그리스도께서 죽었다가 다시 살아나신 것의 열매로서 그는 죽은 자와 산 자의 주가 되실 수 있게 되었다.

이를 위하여 그리스도께서 죽었다가 다시 살아나셨으니. 흠정역(KJV)은 본문을 "For to this end Christ both died, and rose, and revived"라고 읽는다. 한편 라틴 불가타 역본은 "revived"를 빠뜨리며, 반면 크리소스토모스는 "rose"를 빠뜨린다. 또 암브로시우스(Ambrose)는 여기의 단어들의 순서를 바꾸어 "이를 위하여 그리스도께서 사셨고, 죽으셨고, 다시 살아나셨으니"라고 읽는다. 그런가 하면 또 어떤 사람들은 "revived"의 과거형이 현재형을 대신하여 제시된 것이라고 생각한다. 즉 그는 우리를 위해 중보하며 우리에 대한 통치권을 행사하기 위해 여전히 살아 계신다는 것이다. 반면 다른 사람들은 그리스도께서 여기에서 사시는 것이 부활 후 그가 가진 새로운 삶의 상태를 의미하는 것이라고 생각한다.

곧 죽은 자와 산 자의 주가 되려 하심이라. 혹은 죽은 자와 산 자 모두를 주관하며 통치하는 자가 되려 하심이라. 혹은 그들에 대해 통치권을 행사하기 위함이라. 그는 하나님으로서 만유에 대한 우주적인 통치권을 가지고 계신다. 또 그는 중보자로서 하나님이 그에게 주신 모든 사람들에 대한 좀 더 특별한 통치권을 가지고 계신다. 이러한 통치권을 그는 자신의 죽음으로 샀으며, 다시 살아나심으로써 그것을 완전하게 행사하실 수 있게 되었다. 마태복음 28:18; 빌립보서 2:9-10을 보라.

10. 네가 어찌하여 네 형제를 비판하느냐 어찌하여 네 형제를 업신여기느냐 우리가 다 하나님의 심판대 앞에 서리라.

바울은 그들에게 피차 관용할 것을 계속해서 설득한다. 그는 그들에게 사소한 문제들로 인해 서로 비판하며 업신여기지 말 것을 간곡히 호소한다. 그는 여기에서 두 가지 논증을 제시한다. 첫 번째 논증은 그들이 서로에 대하여 갖는 관계로부터 취하여진다. 그들은 자연적인 출생에 의해서가 아니라 거듭남과 양자됨에 의해 서로 형제이다. 그들은 한 하나님을 공동의 아버지로 갖는다. 두 번째 논증은 모든 사람이 그리스도의 심판대 앞에 서는 심판의 날을 생각하는 것으로부터 취하여진다. 고린도후서 5:10을 보라. 특별히 여기에서 "다"(all)라는 단어를 주목하라. 강한 자도 그리스도의 심판대 앞에 설 것이며, 연약한 자도 마찬가지이다. 그리고 그때 그가 누가 잘하고 누가 잘못했는지 결정할 것이다. 그때까지 우리는 잠잠히 있어야 한다. 우리가 누구기에 감히 그의 자리를 찬탈한단 말인가? 여기의 구절이 의문문 형식으로 된 것은 강한 부인(否認)을 함축한다.

11. 기록되었으되 주께서 이르시되 내가 살았노니 모든 무릎이 내게 꿇을 것이요 모든 혀가 하나님께 자백하리라 하였느니라.

이 구절은 바울이 앞에서 이야기한 것 즉 모든 사람이 그리스도의 심판대 앞에 설 것이라는 사실을 재확인한다. 이것은 이사야 45:23로부터 취한 것이다. "내가 나를 두고 맹세하기를 내 입에서 공의로운 말이 나갔은즉 돌아오지 아니하나니 내게 모든 무릎이 꿇겠고 모든 혀가 맹세하리라 하였노라." 여기에서 우리는 하나님이 맹세하는 형식으로 말씀하시는 것을 보게 되는데, 이러한 형식은 성경에 종종 나타난다. 민수기 14:21, 28; 예레미야 22:24; 에스겔 5:11; 14:16-18; 20:3을 보라. 여기에서 바울은 "모든 혀가 맹세하리라" 대신 70인경을 따라 "모든 혀가 자백하리라"라고 말한다. 우리는 빌립보서 2:2에서 모든 입이 "예수 그리스도를 주라 시인하는" 것을 듣는다. 통상적으로 여호와에 대해 말하여지는 것이 여기에서 특별한 방식으로 그리스도에게 적용되는데, 이것은 그가 최고의 심판자이며 통치자인 주님이심을 분명하게 보여 준다. 모든 사람은 그에게 복종의 표시로 그 앞에 무릎을 꿇을 수밖에 없으며, 원하든 원하지 않든 그의 심판대 앞에 설 수밖에 없다.

12. 이러므로 우리 각 사람이 자기 일을 하나님께 직고하리라.

여기에 우리가 그리스도의 심판대 앞에 서는 목적이 나타난다. 그것은 그 앞에 우리가 행한 일을 설명하기 위함이다. 마태복음 12:36; 베드로전서 4:5을 보라. 바울은 "우리 각 사람이 ── 큰 사람이든 작은 사람이든, 강한 사람이든 연약한 사람이든 ── 직고하리라"라고 말한다. 우리 각자는 "자기 일을" 즉 다른 사람들의 행동이 아니라 자기 자신의 행동을 직고하게 될 것이다. 질문. 목사들은 자기 양들을 위해 설명해야만 하지 않는가? 대답. 목사들은 자신들의 게으름과 제대로 돌보지 못함으로 인해 양들을 잘못 이끈 것에 대해 설명해야만 할 것이다. 그러나 동시에 각각의 양들 또한 자신들의 개인적인 잘못에 대해 설명해야만 할 것이다.

13. 그런즉 우리가 다시는 서로 비판하지 말고 도리어 부딪칠 것이나 거칠 것을 형제 앞에 두지 아니하도록 주의하라.

그런즉 우리가 다시는 서로 비판(judge)하지 말고. 모든 사람은 오직 그리스도에 의해 심판(judge)을 받을 것이다. 그러므로 우리는 서로 비판하지 말아야 한다. 우리는 장차 그 앞에 설 때를 위해 이러한 잘못을 바로잡아야 한다.

도리어 … 주의하라. 지금까지 바울의 훈계는 좀 더 일반적으로 강한 자와 연약한 자 모두에 대한 것이었다. 이제 그는 좀 더 특별하게 비교적 강하며 지식이 있는 그리스도인들에게 훈계하기 시작한다. 그는 그들에게 그들의 자유를 오용(誤用)함으로 말미암아 그것이 자칫 연약하며 무지한 사람들에게 거치는 것이 되지 않도록 주의할 것을 훈계한다.

부딪칠 것이나 거칠 것을 형제 앞에 두지 아니하도록. 다시 말해서 어떤 형태로든 형제들을 걸려 넘어지게 하지 않도록. 너희의 자유를 오용함으로 말미암아 그들을 기독교 신앙으로부터 쫓아낸다든지 혹은 그들을 격발시켜 스스로의 양심에 죄를 짓게 만들지 말라. "그런즉 너희의 자유가 믿음이 약한 자들에게 걸려 넘어지게 하는 것이 되지 않도록 조심하라"(고전 8:9). 고린도전서에서 바울은 단지 "걸려 넘어지게 하는 것"(stumbling block)에 대해서만 이야기한 반면 여기에서는 "부딪힐 것"(stumbling block)과 "거칠 것"(occasion to fall)으로 확장시켜 이야기한다. 여기의 두 가지는 그 표현 방식은 다르지만 그러나 그 의미는 동일하다. 스테파누스(Stephanus)가 주목한 것처럼, 후자의 단어는 일반적인 문학 작품에서는 거의 사용되지 않고 오로지 성경에서만 특별하게 나타나는 단어이다. 그것은 문자적으로 올가미의 다리를 의미한다. 그 다리가 넘어질 때 동물은 올가미에 갇혀 붙잡히게 된다. 이러한 개념으로부터 그 단어는 다른 사람을 걸려 넘어지게 하거나 실족시키는 것을 의미하는 것으로 사용되게 되었다. 걸려 넘어지는 것이나 혹은 실족하는 것은 수동적인 것도 있고 능동적인 것도 있다. 수동적인 걸려 넘어짐은 선한 것이 사람의 타락으로 말미암아 그에게 넘어지게 하는 기회가 될 때이다. 이와 같이 그리스도와 그의 복음은 유대인들에게 걸려 넘어지는 것(scandal)이었다. 고린도전서 1:23; 베드로전서 2:8을 보라. 반면 능동적인 걸려 넘어짐은 어떤 것이 어떤 사람에게 실족하는 기회를 줌으로 말미암아 그를 슬프게 하거나 혹은 죄를 범하는 기회가 되었을 때이다. 로마서 14:15, 21을 보라. 이러한 기회는 악한 조언으로 말미암아(마 16:23; 계 2:14), 혹은 악한 모범으로 말미암아(사 9:16; 마 15:14), 혹은 사소한 일들 가운데 기독교적 자유를 오용(誤用)함으로 말미암아(고전 8:9) 만들어진다.

14. 내가 주 예수 안에서 알고 확신하노니 무엇이든지 스스로 속된 것이 없으되 다만 속되게 여기는 그 사람에게는 속되니라.

여기에서 바울은 한 가지 반론을 예상한다. 어떤 사람들은 "그들은 어떤 음식도 그 자체로 부정한 것은 아니라는 사실을 충분하게 깨달았으므로 자신 앞에 있는 어떤 음식도 먹을 수 있는 자유를 사용할 수 있고 또 사용할 것이 아닌가!"라고 말할 수 있었다. 이에 대해 바울은 먼저 동의(同意)의 방식으로 대답한다. 그는 그들이 말하는 것이 사실임을 기꺼이 인정하면서, 그들에게 자신이 이러한 확신을 주 예수로부터 받았다고, 다시 말해서 그의 말씀과 그의 영으로 말미암아 가르침을 받았다고 말한다.

무엇이든지 스스로 속된 것이 없으되. 즉 그 자체로 혹은 본질적으로 부정한 음식은 아무것도 없다. 창세기 1:31; 9:3을 보라. 어떤 동물은 온전하지 않을 수 있지만 그러나 그 자체로 부정한 것은 아니다. 유대인들에게 그러한 동물들은 본질적으로 부정한 것이 아니라 율법에 의해 부정했다. 그리고 그러한 율법은 이제 옛 것으로서 지나간 것이 되었다. 골로새서 2:16-17; 디모데전서 4:3-4을 보라.

다만 속되게 여기는 그 사람에게는 속되니라. 바울은 앞의 명제를 한정하기 위해 이것을 덧붙인다. 어떤 음식도 그 자체로 부정하지는 않다 하더라도, 그러나 그것을 부정하다고 생각하는 사람에게는 부정하다. 어떤 고기는 하나님이 금하심으로 말미암아 부정하다고 믿는 사람이 있다고 하자, 만일 그가 그 고기를 먹는다면, 그는 악을 행하는 것이 될 것이다. 왜냐하면 그렇게 함으로써 그는 스스로의 양심에 거슬러 행동했을 뿐만 아니라 또한 자신이 죄라고 생각하는 일을 행했기 때문이다. "의심하고 먹는 자는 정죄되었나니 이는 믿음을 따라 하지 아니하였기 때문이라 믿음을 따라 하지 아니하는 것은 다 죄니라"(23절).

15. 만일 음식으로 말미암아 네 형제가 근심하게 되면 이는 네가 사랑으로 행하지 아니함이라 그리스도께서 대신하여 죽으신 형제를 네 음식으로 망하게 하지 말라.

여기에서 우리는 강한 자가 연약한 자를 실족시켜서는 안 되는 두 가지 이유를 보게 된다. 첫째로, 그것은 사랑과 상충된다. 음식 문제로 형제를 근심하게 하는 것은 사랑의 원리에 어긋나게 행동하는 것이다. 그것은 다른 사람들을 근심하게 하거나 실족시켜서는 안 된다고 하는 사랑의 최고의 율법을 거스르는 것이다(고전 13:4). 사람들이 자신들의 자유를 올바르게 사용하지 않을 때, 연약한 그리스도인은 두 가지 방식으로 근심하게 된다. (1) 그는 그들이 하나님께서 금하신 음식을 먹음으로써 그분께 죄를 범했다고 생각하게 된다. 하나님을 경외하는 사람에게 있어 다른 사람들이 그의 율법을 거스르는 것을 보는 것은 근심하게 하는 일이다. (2) 그 역시도 그 자신의 빛과 양심을 거슬러 그들과 같은 행동을 하도록 이끌려질 수 있다. 그리고 이것은 나중에 그에게 근심과 괴로움을 가져다주며, 그렇게 하여 그의 양심은 쓰라린 괴로움을 당하게 된다. "이같이 너희가 형제에게 죄를 지어 그 약한 양심을 상하게 하는 것이 곧 그리스도에게 죄를 짓는 것이니라"(고전 8:12).

그리스도께서 대신하여 죽으신 형제를 네 음식으로 망하게 하지 말라. 이것은 그리스도인들이 자신의 자유를 다른 사람에게 거치는 것이 되도록 사용해서는 안 되는 두 번째 이유이다. 그것은 그렇게 하는 것이 자칫 그들을 망하게 하는 기회가 될 수 있기 때문이다. 만일 너희가 그와 같이 행한다면, 너희는 그리스도께서 위하여 죽으신 자들을 망하게 하는 길을 취하는 것이라. 너희는 그들을 기독교 신앙으로부터 떠나도록 만들든지 아니면 죄 가운데로 끌어들이게 될 것이라. 그리고 그들로 하여금 자신들의 양심에 반하게 행동하도록 이끎으로써 결국 그들의 구원을 위태롭게 만들게 될 것이라. 여기와 비슷한 구절로서 고린도전서 8:11을 보라. "그러면 네 지식으로 그 믿음이 약한 자가 멸망하나니 그는 그리스도께서 위하여 죽으신 형제라." 여기에서 한 가지 질문이 제기될 수 있다. 그것은 사람이 그리스도께서 위하여 죽으신 다른 사람을 망하게 할 수 있느냐 하는 것이다. 대답은 그럴 수 없다는 것이다. 요한복음 10:28은 그것을 분명하게 보여 준다. "내가 그들에게 영생을 주노니 영원히 멸망하지 아니할 것이요 또 그들을 내 손에서 빼앗을 자가 없느니라." 또 마태복음 24:24; 요한복음 6:39; 베드로전서 1:5을 보라. 그렇다면 여기의 본문은 어떻게 이해되어야 하는가? 바울은 그리스도께서 실제로 위하여 죽으신 자들이 아니라 대략적인 판단으로 교회의 울타리 안에 있는 사람들에 대해 말하고 있는 것이다. 우리는 기독교 신앙을 고백하는 모든 사람들을 일단은 그리스도께서 자신의 죽음으로 구속하신 자들로서 간주해야 한다.

16. 그러므로 너희의 선한 것이 비방을 받지 않게 하라.

여기에 형제를 실족시켜서는 안 되는 사실을 뒷받침하는 또 하나의 논증이 있다. 그것은 그렇게 함으로써 우리의 선(good)이 비방을 받게 될 것이기 때문이다. 여기의 "선"을 어떤 사람들은 기독교 신앙이나 혹은 일반적인 복음으로 이해한다. 반면 다른 사람들은 그것을 특별히 우리의 기독교적 자유로 이해한다. 즉 너희가 가진 기독교적 자유의 위대한 특권이 비방을 당하지 않도록 하라는 것이다. 다시 말해서, 연약한 그리스도인들과 불신자들이 너희를 방종하며 제멋대로 행동하는 자들이라고 비난하지 못하도록 행동하라는 것이다. "내가 말한 양심은 너희의 것이 아니요 남의 것이니 어찌하여 내 자유가 남의 양심으로 말미암아 판단을 받으리요 만일 내가 감사함으로 참여하면 어찌하여 내가 감사하는 것에 대하여 비방을 받으리요"(고전 10:29, 30).

17. 하나님의 나라는 먹는 것과 마시는 것이 아니요 오직 성령 안에 있는 의와 평강과 희락이라.

여기에 그리스도인들이 먹고 마시는 것과 같은 사소한 문제로 다투어서는 안 되는 사실을 뒷받침하는 또 하나의 논증이 담겨 있다. 왜냐하면 하나님의 나라는 그러한 사소한 것들 안에 있는 것이 아니라, 그것보다 훨씬 더 중요한 것들 안에 있는 것이기 때문이다. 여기의 "하나님의 나라"를 우리는 복음 혹은 참된 신앙과 경선으로 이해할 수 있다. 그것은 하나님이 사람들의 마음 안에서 세우시는 나라이다(눅 17:21; 고전 4:20). "하나님의 나라는 먹는 것과 마시는 것이 아니요"라고 말할 때 바울이 의미한 것은 그것이 그러한 것들 안에서 서거나 혹은 그러한 것들로 이루어지는 것이 아니라는 것이다. 여기의 "먹는 것과 마시는 것"은 일종의 제유법(提喩法)으로서, 사소하며 중립적인 성격의 모든 것을 대표하여 제시된 것이다. 바울은 다른 곳에서 그러한 것들을 "우리를 하나님 앞에 내세우지 못하는" 것들이라고 말한다. "음식은 우리를 하나님 앞에 내세우지 못하나니 우리가 먹지 않는다고 해서 더 못사는 것도 아니고 먹는다고 해서 더 잘사는 것도 아니니라"(고전 8:8). 이러한 것들은 하나님을 예배하며 섬기는 일에 있어 별다른 분깃을 갖지 못한다. 하나님의 나라 혹은 경건은 무엇을 먹거나 혹은 먹지 않는 것으로 증진되지 않는다. 갈라디아서 5:6; 디모데전서 4:8을 보라.

의와 평강과 희락. 여기에서 바울은 우리에게 하나님의 나라가 무엇으로 구성되는지 보여 준다. 그것은 외적으로 무엇을 지키느냐 하는 것이 아니라 내적인 은혜들과 은혜의 성품들로 구성된다. 그는 모든 것을 열거하지 않고 다만 여기의 세 가지만 열거하는 것으로 만족한다 — 의와 평강과 희락. 여기의 "의"를 어떤 사람들은 우리가 로마서 4:1-25에서 읽는 전가(轉嫁)된 의로 이해하는 반면 다른 사람들은 본래적인 의로써 "거룩"과 같은 것으로 이해한다. 또 여기의 "평강"으로써 어떤 사람들은 바울이 하나님과의 평강 혹은 양심의 평강을 의미했다고 생각하는 반면 다른 사람들은 그가 사람들과의 평강 혹은 기독교적 일치와 연합을 의미했다고 생각한다. 나는 후자로 생각하는 것이 19절과 좀 더 잘 어울린다고 생각한다. 또 여기의 "희락"을 어떤 사람들은 하나님의 호의를 현재적으로 느끼거나 혹은 미래의 구원을 소망함으로부터 야기되는 영적인 위로를 의미하는 것으로 이해하는 반면 다른 사람들은 그리스도인들이 서로에 대하여 취하는 위로와 즐거움으로 이해한다(고전 13:6).

성령 안에서. 이것이 덧붙여진 것은 이러한 은혜들을 효력 있게 만드는 참된 원인을 보이기 위함이다. 그것은 바로 하나님의 영이다. 그리고 한 걸음 더 나아가 여기의 의와 평강과 희락을 단순히 세상적이며 육신적인 의와 평강과 희락과 구별하기 위함이다.

18. 이로써 그리스도를 섬기는 자는 하나님을 기쁘시게 하며 사람에게도 칭찬을 받느니라.

이것은 하나님의 나라가 의와 평강과 희락으로 구성된다는 앞의 명제를 증명한다. 그것은 이러한 은혜들 안에서 그리스도를 섬기는 자는 하나님을 기쁘시게 하며 사람들에게도 칭찬을 받기 때문이다. 이러한 것은 먹는 것과 마시는 것으로는 결코 얻어질 수 없다. 여기에서 바울이 "이러한 것들로써 그리스도를 섬기는 자는 사람들에게도 칭찬을 받느니라"라고 말하는 것을 주목하라. 왜냐하면 다른 은혜들로 인해서는 종종 미움과 비방을 당할 수 있다 하더라도, 그러나 의와 평강과 희락의 경우에는 심지어 악인조차도 대부분의 경우 칭찬하지 않을 수 없기 때문이다. 사무엘상 2:26; 잠언 3:4; 누가복음 2:52; 사도행전 2:47을 보라.

19. 그러므로 우리가 화평의 일과 서로 덕을 세우는 일을 힘쓰나니.

이것은 지금까지 이야기한 것의 적용이다. 여기에서 우리는 두 가지 실천적인 훈계를 발견한다. 하나는 화평의 일이고, 다른 하나는 서로 덕을 세우는 일이다. 바울은 앞에서 모든 사람들과 더불어 화목하라고 말했다(12:18). 그리고 여기에서 그는 좀 더 특별하게 형제들 사이에서의 화평과 일치를 이야기한다. 고린도후서 13:11; 에베소서 4:3; 골로새서 3:15; 데살로니가전서 5:13; 히브리서 12:14을 보라. 여기의 화평은 꼭 필요한 것이다. 우리는 그것을 증진시키는 모든 일들을 가까이 하며, 그것을 가로막는 모든 일들을 멀리 해야 한다. 우리는 서로 화평할 뿐만 아니라 또한 서로 유익을 이루어야 한다. 우리는 은혜와 지식 안에서 서로 세워 주어야 한다.

20. 음식으로 말미암아 하나님의 사업을 무너지게 하지 말라 만물이 다 깨끗하되 거리낌으로 먹는 사람에게는 악한 것이라.

음식으로 말미암아 하나님의 사업을 무너지게 하지 말라. 바울은 형제를 실족시켜서는 안 되는 사실을 뒷받침하는 또 하나의 논증을 제시한다. 그는 여기에서 음식을 먹는 것과 같은 사소한 문제 때문에 하나님의 사업을 무너지게 해서는 안 된다고 말한다. 여기의 "하나님의 사업"(the work of God)을 어떤 사람들은 형제의 영혼으로 이해한다. 그것은 그것의 탁월함으로 인해 "하나님의 작품"(the work of God)으로 지칭된다. 그것은 이를테면 삼위일체의 의논으로 만들어진 것이었으며, 창조의 최고의 작품들 가운데 하나였으며, 그 안에 하나님의 형상이 새겨졌다. 만일 이러한 해석이 맞다면, 이것은 15절의 논증을 반복하는 것이다. 그러나 여기의 "하나님의 사업"은 하나님이 사소한 문제들에 있어 서로 다른 의견을 가지고 있는 신자들 가운데 만드는 화평과 연합으로 혹은 하나님이 사람들의 마음 안에서 그의 전능하신 능력으로 일으키는 은혜와 믿음의 사업으로 이해될 수 있다. 요한복음 6:29; 데살로니가전서 1:3을 보라. 이러한 "하나님의 사업"은 — 전자의 의미든 후자의 의미든 — 기독교적 자유의 오용(誤用)에 의해 방해되고 어지럽혀질 수 있다. 요컨대 형제를 실족시키는 자는 그러한 하나님의 사업을 허물어뜨리며 파괴시키는 것이다.

만물이 다 깨끗하되 거리낌으로 먹는 사람에게는 악한 것이라. 여기에서 우리는 인정(認定)과 예외(例外)를 보게 된다. 바울은 만물이 다 — 그 자체로 혹은 본질적으로 — 깨끗하며 정결함을 인정한다. 로마서 14:14; 고린도전서 6:12; 디도서 1:15을 보라. 그러나 곧바로 그는 "거리낌으로 먹는 사람에게는 — 혹은 자신의 먹음으로 다른 사람을 거리끼게 하는 사람에게는 — 악한 것이라"라고 덧붙인다. 음식은 그 자체로는 악하지 않지만 그러나 거리끼게 하는 것으로 인해 악한 것이 된다.

21. 고기도 먹지 아니하고 포도주도 마시지 아니하고 무엇이든지 네 형제로 거리끼게 하는 일을 아니함이 아름다우니라.

바울은 자신의 교훈을 한 단계 더 확장시킨다. 그는 형제들을 실족시키거나 혹은 거리끼게 만드는 일을 피하기 위해 우리가 율법이 금한 것뿐만 아니라 고기와 포도주처럼 율법이 금하지 않은 것까지도 삼갈 필요가 있음을 가르친다. 그와 같이 행동하는 것을 그는 "아름다우니라"라고 표현하는데, 이것은 앞 절의 "악한"과 반대되는 표현이다. 그것은 하나님에게 아름다운 일이며, 하나님이 받으시고 기뻐하실 만한 일이다. 또 그것은 우리의 형제들에게 아름다운 일이며, 그들에게 유익하고 이로운 일이다. 그것이 아름다운 일인 것은 그것이 "더 나은"(better) 행동이기 때문이다. 마태복음 18:8-9을 보라.

22. 네게 있는 믿음을 하나님 앞에서 스스로 가지고 있으라 자기가 옳다 하는 바로 자기를 정죄하지 아니하는 자는 복이 있도다.

네게 있는 믿음을 하나님 앞에서 스스로 가지고 있으라. "Hast thou faith? have it to

thyself before God" 즉 네가 믿음을 가지고 있느냐? 그것을 하나님 앞에서 스스로 가지고 있으라. 어떤 사람들은 첫 번째 구절을 의문부호 없이 "네가 믿음을 가지고 있으니"라고 읽는다. 그러나 어떻게 읽든 그 의미는 동일하다. 바울 사도는 여기에서 한 가지 반론을 예상한다. 강한 그리스도인들은 14절처럼 "내가 주 예수 안에서 알고 확신하노니 무엇이든지 스스로 속된 것이 없지 않은가?"라고 말할 수 있었다. 나는 이제 복음 아래서 내가 기뻐하는 모든 것을 먹을 수 있는 자유를 가지고 있음을 확실히 믿노라. 그리고 내가 확신하는 바에 따라 행동하는 것은 지극히 합당한 일이 아닌가? 이에 대해 바울은, 설령 사람이 그와 같은 믿음 혹은 확신을 가지고 있다고 하더라도 만일 그것이 다른 형제들에게 거리끼는 것이 된다면 그것을 드러낼 것이 아니라 감추어야 한다고, 대답한다. 그는 신앙의 근본적인 교리들에 대해 말하고 있지 않다. 신앙의 근본적인 교리들은 — 설령 많은 사람들이 그러한 것들을 거리끼는 것으로 생각한다고 하더라도 — 반드시 인정되고, 고백되고, 지켜져야 한다. 다만 그는 신앙의 사소한 문제들에 대해 말하고 있는 것이다. 그는 지금 부차적인 문제들을 다루고 있는 중이다. 그러한 것들과 관련한 우리의 믿음 혹은 확신은, 만일 그것이 다른 형제들을 거리끼게 하거나 혹은 다툼을 일으킨다면, 함부로 떠벌려져서는 안 된다.

자기가 옳다 하는 바로 자기를 정죄하지 아니하는 자는 복이 있도다. 이것은 모든 사람들에게 — 특별히 강한 그리스도인들에게 — 적용되는 훌륭한 경구(警句)이다. 그 의미는 이것이다. 어떤 일이 합법적인 일임을 알 때 그 일을 행하면서 그 안에서 스스로를 참소하거나 혹은 정죄할 아무런 이유를 갖지 않는 자는 복이 있다. 왜냐하면 그는 스스로의 양심을 거슬러 행동하는 자들을 괴롭히는 두려움으로부터 자유롭기 때문이다.

23. 의심하고 먹는 자는 정죄되었나니 이는 믿음을 따라 하지 아니하였기 때문이라 믿음을 따라 하지 아니하는 것은 다 죄니라.

여기에 특별히 연약한 그리스도인들을 위한 또 하나의 경구가 있다. 어떤 음식이 합법적인지 여부에 대해 의심하는 사람을 생각해 보라. 그는 그것을 먹을 수 있는지 혹은 먹을 수 없는지 의심한다. 그런데 만일 그가 그것을 먹는다면, 그는 정죄된다. 다시 말해서 그 자신의 양심이 그를 정죄한다. 혹은 그는 믿음을 따라 먹지 않음으로 스스로를 정죄에 합당한 자로 만든다. 의심하며 행할 때, 그것은 죄를 따라 행하는 것이다. 왜냐하면 그렇게 하는 것은 죄를 두려워하지 않고 기꺼이 그것을 행하는 악한 마음을 드러내는 것이기 때문이다.

믿음을 따라 하지 아니하는 것은 다 죄니라. 이것은 앞의 명제를 다시금 확증하는 것이다. 여기의 "믿음"은 지식, 혹은 22절과 같은 충분한 확신을 의미한다. 만일 어떤 사람이 어떤 일을 행함에 있어 그것이 하나님을 기쁘시게 하는 일이며 그의 말씀에 의해 정당화되는 일이라는 것에 대한 충분한 확신 없이 흔들리는 마음으로 그 일을 행한다면, 그는 죄를 범하는 것이다. 우리는 의심 가운데 양심에 반하게 행동해서는 안 된다. 이와 관련하여 키케로(Cicero)는 이렇게 말한다: "만일 어떤 일이 합법적인지 불법적인지 의심이 된다면, 그 일을 행하지 말라." "믿음이 없이는 하나님을 기쁘시게 하지 못하나니 하나님께 나아가는 자는 반드시 그가 계신 것과 또한 그가 자기를 찾는 자들에게 상 주시는 이심을 믿어야 할지니라"(히 11:6).

제15장

개요

1. 우리는 그리스도의 모범을 따라 이웃의 선을 위해 우리 자신의 의지(意志)를 포기해야 함(1-3).
2. 성경이 기록된 목적(4).
3. 바울이 그리스도인들 사이의 일치를 위해 기도함(5-6).
4. 그리스도께서 유대인들과 이방인들 모두를 받으신 것처럼 우리가 서로 받아야 함(7-12).
5. 바울이 그들 모두의 기쁨과 평강과 소망을 위해 기도함(13).
6. 바울이 이방인의 사도로서의 자신의 직분을 언급함(14-16).
7. 바울이 자신의 수고의 열매를 언급함(17-21).
8. 바울이 서바나로 가는 길에 그들을 방문할 것을 약속함(22-29).
9. 바울이 그들에게 자신을 위해 기도해 줄 것을 부탁함(30-33).

1. 믿음이 강한 우리는 마땅히 믿음이 약한 자의 약점을 담당하고 자기를 기쁘게 하지 아니할 것이라.

믿음이 강한 우리는(we then that are strong). 여기의 "그러므로"(then)라는 접속사는 이제부터 언급하는 이야기가 앞에서 이야기한 것의 논리적 귀결임을 보여 준다. "강한"으로써 바울은 특별히 기독교적 자유의 교훈을 이해하고 깨달은 사람들을 의미한다. 그는 스스로를 그러한 사람들 가운데 한 사람으로 놓는데, 그렇게 하는 것은 스스로를 자랑하기 위해서가 아니라 스스로를 이어지는 훈계의 모범으로 제시하기 위함이다.

마땅히 … 할 것이라. 즉 하나님의 율법과 자연법 모두에 의해 당연히 그렇게 해야 할 것이라.

믿음이 약한 자의 약점을 담당하고. "믿음이 약한 자"로서 바울은 로마서 14:1에 나타난 것과 같이 믿음과 지식에 있어 연약한 자를 의미한다. 또 "약점"은 그들의 무지(無知)와 완고함을 가리킨다. 그는 중대한 범죄나 혹은 이단이 아니라, 무지와 연약함으로부터 말미암은 사소한 오류들에 대해 말하고 있다. "우리가 마땅히 믿음이 약한 자의 약점을 담당하고"라고 말할 때 그가 의미하는 것은 우리가 어린아이들이

나 병자들의 투정을 받아주는 것처럼 그렇게 그들을 대해야 한다는 것이다. 그렇게 하는 것이 우리에게 무거운 짐이 될 수 있지만, 그럼에도 불구하고 우리는 그 짐을 담당해야만 한다. 우리는 그들의 생각을 부정하며 반박하는 대신 인내하는 마음으로 그들을 가르쳐야 한다. 출애굽기 23:5; 고린도전서 9:22; 갈라디아서 6:2을 보라.

자기를 기쁘게 하지 아니할 것이라. 사소한 일들에 있어 우리는 다른 사람들에 대해서는 아랑곳하지 않고 오로지 우리 자신의 생각대로만 행동해서는 안 된다. 우리는 모든 것을 다 안다는 식의 교만한 마음으로 스스로를 기쁘게 해서도 안 되며, 믿음이 약한 자들의 무지에 대해 그들을 경멸하며 업신여겨서는 안 된다. 우리는 우리의 자유와 자기만족의 기초 위에 서서는 안 된다. 도리어 다른 사람들을 위해 기꺼이 우리 자유의 일부를 포기해야 한다.

2. 우리 각 사람이 이웃을 기쁘게 하되 선을 이루고 덕을 세우도록 할지니라.

자기를 기쁘게 하지 아니할 것이라고 말하고 나서, 바울은 곧바로 우리가 다른 사람들을 기쁘게 해야 한다고 덧붙인다. "우리 각 사람이 이웃을 기쁘게 하되." 그가 의미하는 것은 우리가 스스로를 낮추면서 우리 자신을 다른 사람들에게 맞춤으로써 범사에 그들을 기쁘게 하고 선을 이루며 덕을 세워야 한다는 것이다. 우리는 로마서 14:19에서 여기와 비슷한 교훈을 보게 된다. "그러므로 우리가 화평의 일과 서로 덕을 세우는 일을 힘쓰나니." 또 바울은 고린도인들에게도 여기와 비슷한 실천적인 교훈을 가르친다. "누구든지 자기의 유익을 구하지 말고 남의 유익을 구하라"(고전 10:24). 나아가 그는 자기 자신의 모범으로 그들을 이와 같이 이끈다(고전 9:19; 10:33). 사람을 기쁘게 하는 것은 죄가 되는 경우도 있고 정당한 것이 되는 경우도 있는데, 여기의 훈계는 후자의 경우에 한정된다.

3. 그리스도께서도 자기를 기쁘게 하지 아니하셨나니 기록된 바 주를 비방하는 자들의 비방이 내게 미쳤나이다 함과 같으니라.

그리스도께서도 자기를 기쁘게 하지 아니하셨나니. 바울은 우리 주님 자신의 모범으로 앞 장 1절의 훈계 즉 "믿음이 연약한 자를 너희가 받되 그의 의견을 비판하지 말라"는 훈계를 뒷받침한다. 우리 주님은 우리의 완전한 본보기로서 우리가 영원히 따라야 할 모범을 남기셨다. 요한복음 13:15, 34; 베드로전서 2:21; 요한일서 2:6; 4:17을 보라. 그리스도께서 자기를 기쁘게 하지 않으셨다는 말은 그가 스스로를 만족시키거나 혹은 아끼지 않으셨음을 의미한다. 그는 자기 자신의 안일을 구하지 않으셨으며, 고통과 죽음을 싫어하는 인간의 본성을 만족시키고자 하지도 않으셨다.

그는 일생 동안 자신의 유익이 아니라 우리의 유익을 구하셨다.

그러나(원문에는 "아니하셨나니"와 "기록된 바" 사이에 "그러나"가 있음). 여기에 무엇인가가 생략되어 있다. 그러므로 전체적인 의미를 온전하게 하기 위해서는 무엇인가가 보충되어야 한다. 아마도 전체적인 의미는 그리스도께서 자기를 기쁘게 하지 아니하신 대신 그러나 다른 사람들을 기쁘게 하셨다는 것이거나, 아니면 그가 자기를 기쁘게 하지 아니하신 대신 그러나 우리의 연약함과 치욕을 담당하셨다는 것이거나, 아니면 그가 자기를 기쁘게 하지 아니하셨지만 그러나 결국 그렇게 되었다는 것이거나, 아니면 그가 자기를 기쁘게 하지 아니하셨음에도 불구하고 그러나 이어지는 인용문 즉 "주를 비방하는 자들의 비방이 내게 미쳤나이다"라는 말씀이 그에게 이루어졌다는 것일 것이다.

기록된 바. 이것은 시편 69:9을 인용한 것이다. "주의 집을 위하는 열성이 나를 삼키고 주를 비방하는 비방이 내게 미쳤나이다." 다윗이 그리스도의 인격 안에서 혹은 그의 모형으로서 그와 같이 말했음이 요한복음 2:17에 나타난다. "제자들이 성경 말씀에 주의 전을 사모하는 열심이 나를 삼키리라 한 것을 기억하더라." 본문이 의미하는 바는 그리스도께서 아버지의 뜻에 순종하여 사람들의 비방에 의도적으로 스스로를 노출시켰다는 것이거나, 혹은 그가 하나님에게 떨어지는 것을 자신에게 떨어지는 것으로 간주했다는 것이거나, 혹은 그가 하나님을 비방하는 사람들의 죄를 나무 위에서 자기 몸으로 담당하셨다는 것이다. 그리스도는 자신의 안일과 유익을 구하는 대신 우리를 위해 그와 같이 행하셨다. 그러므로 우리 역시도 스스로를 부인하면서 다른 사람들의 유익을 구해야 한다. "그는 근본 하나님의 본체시나 하나님과 동등됨을 취할 것으로 여기지 아니하시고 오히려 자기를 비워 종의 형체를 가지사 사람들과 같이 되셨고 사람의 모양으로 나타나사 자기를 낮추시고 죽기까지 복종하셨으니 곧 십자가에 죽으심이라"(빌 2:6-8).

4. 무엇이든지 전에 기록된 바는 우리의 교훈을 위하여 기록된 것이니 우리로 하여금 인내로 또는 성경의 위로로 소망을 가지게 함이니라.

이것은 바울이 앞 절의 인용문이 다윗이나 혹은 그리스도에게만 관련되는 것이 아니라 우리에게도 관련되는 것임을 보이기 위해 덧붙인 것이다. 우리 역시도 그들의 모범을 따라 믿음이 약한 자들의 허물을 담당하면서 우리 자신을 기쁘게 하지 말아야 한다. 그러면서 바울은 이것을 우리에게 성경의 일반적인 용도(用途)를 알려주는 기회로 삼는다. 즉 무엇이든지 전에 기록된 것은 — 여기에서든 다른 곳에서든 ── 우리를 가르치며 교훈하기 위해 기록된 것이라는 것이다. 모든 교훈들뿐 아니라 모든 약속들과(히 13:5) 경고들과(행 13:40-41) 상급들과(롬 4:24) 형벌들이(고전 10:11) 우리와 직접적으로 관련된다. 물론 본문은 좀 더 특별히 구약과 관련되는 것으로 이해되지만, 그러나 신약과 관련해서도 마찬가지이다. 신약 역시도 같은 성령으로 말미암아 같은 목적을 위해 기록되었다. "모든 성경은 하나님의 감동으로 된 것으로 교훈과 책망과 바르게 함과 의로 교육하기에 유익하니"(딤후 3:16).

우리로 하여금 인내로 또는 성경의 위로로 소망을 가지게 함이니라. 계속해서 바울은 성경의 용도와 그것이 가져다주는 유익을 좀 더 구체적으로 보여 준다. 그것은 우리의 소망과 영생의 확신을 확고하게 하기 위한 것이다. "내가 하나님의 아들의 이름을 믿는 너희에게 이것을 쓰는 것은 너희로 하여금 너희에게 영생이 있음을 알게 하려 함이라"(요일 5:13). 여기에서 바울이 "성경의 인내와 위로"(한글개역개정판에는 "인내로 또는 성경의 위로로"라고 되어 있음)라고 말하는 것은 인내와 위로 모두 우리 안에서 성경 말씀을 도구로 하여 만들어지기 때문이다. 요한계시록 3:10을 보라. 우리는 성경에 담겨 있는 모범들과 약속들로부터 인내로 무장되고 위로를 공급받는다. 여기에서 그가 말하는 "소망"은 영원한 생명뿐만 아니라 이 땅에서의 구원과 보호와 관련된 것으로서 이해될 수 있다. 다시 말해서, 성경의 주된 용도는 이것이다. 즉 우리가 거기에서 발견하는 거룩한 인물들의 인내와 그들을 곤경 가운데 구원하시고 보호하시는 하나님의 위로의 모범으로 말미암아, 하나님이 우리 역시도 때를 따라 구원하시고 보호하실 것이란 사실을 우리로 하여금 확신하도록 하게 하기 위함이다.

5. 이제 인내와 위로의 하나님이 너희로 그리스도 예수를 본받아 서로 뜻이 같게 하여 주사.

인내와 위로의 하나님이. "모든 은혜의 하나님"(벧전 5:10), "소망의 하나님"(롬 15:13), "평강의 하나님"(롬 15:33), "사랑과 평강의 하나님"(고후 13:11)으로 불린 그는 또다시 여기에서 "인내와 위로의 하나님"으로 불린다. 그 의미는 그가 인내와 위로를 만드는 창시자라는 것이다. 우리는 앞 절에서 "성경의 인내와 위로"라는 표현을 읽었다. 계속해서 바울은 여기에서 성경 자체가 그러한 것들을 만드는 것이 아니라 하나님이 성경 안에서 그리고 성경으로 말미암아 그러한 것들을 만드는 사실을 보인다.

너희로 서로 뜻이 같게 하여 주사. 바울은 앞에서도 이와 같이 훈계했었다(롬

12:16). 또 고린도전서 1:10; 고린도후서 13:11; 에베소서 4:3; 빌립보서 2:2을 보라. 하나님은 인내와 위로의 창시자인 것과 마찬가지로 또한 평강과 일치의 창시자이다. 관용과 연합의 은혜는 그의 선물이다. 그는 사람들을 한마음이 되게 만드신다. 그러므로 그의 백성들은 그것을 위해 그에게 간구해야 한다.

그리스도 예수를 본받아. 즉 그의 가르침과 명령과 모범을 따라.

6. 한마음과 한 입으로 하나님 곧 우리 주 예수 그리스도의 아버지께 영광을 돌리게 하려 하노라.

한마음과 한 입으로 하나님께 영광을 돌리게 하려 하노라. 너희가 서로 한마음을 갖는 것뿐만 아니라 또한 한 입으로 하나님께 영광을 돌리기를 원하노라. 이방인이든 유대인이든 믿음이 강한 자든 약한 자든, 나는 너희가 하나님을 섬기며 예배하는 일에 한마음일 뿐만 아니라 또한 한 입이기를 원하노라. 나는 너희 모두가 하나의 입을 가진 것처럼 하나님께 기도하며 찬미하기를 원하노라. 바로 이것이 하나님께 영광을 돌리는 일이라(시 50:23). 초창기 그리스도인들 사이에 있었던 연합과 일치를 위해서는 사도행전 4:32을 보라. "믿는 무리가 한마음과 한 뜻이 되어 모든 물건을 서로 통용하고 자기 재물을 조금이라도 자기 것이라 하는 이가 하나도 없더라."

우리 주 예수 그리스도의 아버지. 신약에서 하나님을 가리키는 일반적인 완곡어법. 고린도후서 1:3; 11:31; 에베소서 1:3; 골로새서 1:3; 베드로전서 1:3을 보라. 하나님이 그리스도의 아버지인 것은 첫째로 그가 하나님의 아들이기 때문이다. 하나님은 그를 영원한 출생으로 낳으셨다(요 3:16; 요일 4:9). 그리고 둘째로, 하나님이 그를 사람으로 만드셨기 때문이다(눅 1:35). 그리고 셋째로, 하나님이 그를 중보자로 세우시고 그러한 직분에 합당하게 하셨기 때문이다(시 40:8; 요 20:17). 하나님의 이러한 호칭 속에 우리의 모든 복과 위로가 포함되어 있다. 왜냐하면 그가 예수 그리스도의 아버지이기 때문에 또한 우리의 아버지가 되시기 때문이다. 또 바울이 여기에서 이러한 호칭을 덧붙인 것은 참 하나님을 세상의 거짓 신들로부터 구별하고 나아가 하나님이 복음 아래서 어떻게 영광과 예배를 받으시는지 보이기 위함이었다. 요컨대 하나님은 우리 주 예수 그리스도의 아버지로서 영광과 예배를 받으신다.

7. 그러므로 그리스도께서 우리를 받아 하나님께 영광을 돌리심과 같이 너희도 서로 받으라.

그러므로 … 너희도 서로 받으라. 로마서 14:1, 3을 보라. 바울은 처음에 시작했던 말과 같은 말로 여기의 주제를 마무리한다. 앞에서는 강한 자에게 약한 자를 받으라고 훈계했지만, 여기에서는 서로 받으라고 훈계한다. 강한 자는 약한 자를 받아야 한다. 마찬가지로 약한 자 역시도 강한 자를 받아야 한다. 그들은 모두 함께 하나의 공동체를 이루어야 한다. 그들은 형제 사랑 안에서 서로를 형제로 여기면서 피차 오래 참음과 관용을 실천해야 한다.

그리스도께서 우리를 받아. 유대인과 이방인을 차별하지 않고 그들의 허물과 연약함을 담당하신 그리스도의 모범을 따라.

하나님께 영광을 돌리심과 같이. 어떤 사람들은 여기의 구절을 뒷 구절과 연결시킨다 — 너희도 서로 받아 하나님께 영광을 돌리라. 하나님은 그의 백성들 사이의 사랑과 일치에 의해 영광을 받으신다. 반면 다른 사람들은 이것을 앞 구절과 연결시키면서 다음과 같이 읽는다 — 그리스도께서 하나님의 영광으로 우리를 받으신 것 같이. 즉 그리스도께서 우리를 하나님의 영광에 참여하는 자로 만드셨다는 것이다. 그리스도는 유대인들에게는 하나님의 진리의 영광을 나타내시고, 이방인들에게는 긍휼의 영광을 나타내셨다. 마지막으로 여기의 "같이"(as)는 동량(同量)을 의미하는 것이 아니라 동질(同質)을 의미하는 것이다. 그리스도의 무한한 사랑과 사람들의 빈약한 사랑은 양적으로 결코 비교될 수 없다. 마태복음 5:48; 에베소서 5:2을 보라.

8. 내가 말하노니 그리스도께서 하나님의 진실하심을 위하여 할례의 추종자가 되셨으니 이는 조상들에게 주신 약속들을 견고하게 하시고.

바울은 그리스도께서 어떻게 유대인들과 이방인들을 받으셨는지를 설명하면서 그와 같이 그들도 서로 받을 것을 훈계한다. 여기에서 그는 유대인들을 "할례"라고 부른다. 로마서 3:30; 4:9, 12을 보라. 그러면서 그는 그리스도가 그들에게 "추종자"(minister, 혹은 사역자)가 되셨다고 말한다. 마태복음 20:28을 보라. 그리스도는 그들 가운데 계셨던 육체의 날에 그의 사역(ministry)을 행하셨다(마 15:24). 그의 주된 거처는 유대 지역이었음에도 불구하고, 그는 실제로 이방인들을 부르시기 위해 사마리아 지역을 다니셨다.

하나님의 진실하심을 위하여. 혹은 하나님의 진실하심 때문에. 즉 그의 진실하심이 땅에 떨어지지 않게 하기 위해.

이는 조상들에게 주신 약속들을 견고하게 하시고. 처음에 아담에게 주시고 다음에 아브라함과 다윗에게 주신 메시야 약속들. 즉 메시야가 그들의 허리에서 나오고 그들의 자손으로 말미암아 땅의 모든 족속이 복을 받을 것이라는 약속들.

9. 이방인들도 그 긍휼하심으로 말미암아 하나님께 영광을 돌리게 하려 하심이라 기록된 바 그러므로 내가 열방 중에서 주께 감사하고 주의 이름을 찬송하리로다 함과 같으니라.

계속해서 바울은 두 번째 부분 즉 그리스도께서 이방인들 역시도 받으셨음을 증명한다. 여기에 명백히 무엇인가가 생략되어 있다. 전체적인 의미는 분명 이방인들에게 주어진 약속들이 있었으며 그러한 약속들까지도 이루기 위해 그리스도께서 오셨다는 것으로 이해된다. 그러한 약속들의 요지는 이방인들이 하나님의 긍휼하심으로 인하여 그에게 영광을 돌리게 될 것이라는 것이었다. 어떤 사람들은 앞 절에서 유대인들과 관련하여 하나님의 진실하심이 언급되고 여기에서 이방인들과 관련하여 하나님의 긍휼하심이 언급된 것을 주목한다. 하나님의 진실하심과 긍휼하심은 따로 가지 않고 함께 간다. 왜냐하면 유대인들의 구원은 하나님의 진실하심으로 말미암은 것이면서 동시에 그의 긍휼하심으로 말미암은 것이기 때문이다(미 7:20). 마찬가지로 이방인들의 부르심 역시도 하나님의 긍휼하심으로 말미암은 것이면서 동시에 그의 진실하심으로 말미암은 것이다. 이와 관련한 하나님의 많은 약속들이 있다. 그러나 여기에서 긍휼하심이 특별히 이방인들과 연결되는 것은 그러한 하나님의 속성이 그들의 회심과 부르심 가운데 좀 더 두드러지게 나타났기 때문이다. 여기와 비슷한 경우로서 로마서 4:25; 10:10을 참조하라.

기록된 바. 유대인들은 이방인들에 대한 하나님의 긍휼하심을 거의 이해하지 못했다. 그리하여 바울은 그것을 몇 가지 성경구절들로 증명한다. 첫 번째 인용문은 시편 18:49로부터 취한 것이다. 그 구절에 대한 저자의 주석을 참조하라. 다윗은 이것을 그리스도의 인격 안에서 말한다. 시편에는 "내가 이방 나라들 중에서 주께 감사하며(I will give thanks to thee)"라고 되어 이는 반면, 여기에서는 70인경을 따라 "내가 열방 중에서 주께 고백하며"(I will confess to thee)라고 되어 있다(한글개역개정판에는 둘 다 똑같이 "감사하며"라고 되어 있음). 이와 같이 그들이 하나님의 긍휼하심을 고백하며 감사할 것이라고 예언된 것처럼, 마침내 그들은 긍휼하심으로 받아들여졌다.

10. 또 이르되 열방들아 주의 백성과 함께 즐거워하라 하였으며.

이것은 신명기 32:43로부터 취한 것이다. 우리는 여기에 이방인들이 하나님의 백성이 되며, 그들이 유대인들과 함께 하나님을 예배하며 섬길 것이며, 그들이 자신들에 대한 하나님의 선하심과 긍휼하심을 의식(意識)하며 기뻐할 것이라는 것이 한층 더 분명하게 나타나는 것을 발견한다. 이제 둘 사이를 나누는 장벽은 사라졌으며, 그들은 모두 한 목자 아래 한 양 무리가 되었다.

11. 또 모든 열방들아 주를 찬양하며 모든 백성들아 그를 찬송하라 하였으며.

이것은 시편 117:1로부터 취한 것이다. 거기에서 이방인들은 하나님을 찬양하라고 명령받는다. 만일 그들이 하나님을 올바로 알지 못하며 그의 긍휼하심을 얻지 못했다면, 그들은 결코 그렇게 할 수 없을 것이었다.

12. 또 이사야가 이르되 이새의 뿌리 곧 열방을 다스리기 위하여 일어나시는 이가 있으리니 열방이 그에게 소망을 두리라 하였느니라.

또 이사야가 이르되. 즉 이사야 11:10에 이르되. 그 구절에 대한 저자의 주석을 참조하라. 이것은 명백히 이방인들의 회심을 예언하는 예언이다. 그들이 긍휼하심으로 받아들여질 것이라는 것이 앞의 예언들에서는 단지 암시되었을 뿐이지만 그러나 여기에서는 명백하게 언명된다. 다윗의 자손(구주)이 이새의 뿌리로부터 일어날 것이요, 그가 그의 말씀과 영으로 이방인들을 다스릴 것이다. 그가 마치 깃발처럼 자신의 십자가를 전파함으로 말미암아 그들을 모을 것이며, 그들은 그에게 소망을 둘 것이다. 여기에서 바울은 히브리 본문과 다소 차이가 있는 70인경을 따른다. 그러나 그것은 단지 표현에 있어서의 차이일 뿐 그 의미에 있어서는 동일하다. 이사야 42:1, 6; 49:22; 60:3, 5 등에 이방인들에게 베풀어진 긍휼하심과 관련한 또 다른 증언들이 나타나지만, 그러나 바울은 지금까지 인용한 것들로 충분하다고 생각했다.

13. 소망의 하나님이 모든 기쁨과 평강을 믿음 안에서 너희에게 충만하게 하사 성령의 능력으로 소망이 넘치게 하시기를 원하노라.

바울은 형제 사랑과 일치와 관련한 자신의 긴 강화(講話)를 여기의 짧은 기도로 마무리한다. 그는 앞에서 이방인들이 하나님께 소망을 둘 것이라고 말했다. 그와 연결하여 그는 여기에서 하나님을 "소망의 하나님"으로 부른다. 그는 진실로 우리 소망의 유일한 대상으로서(시 146:5; 렘 17:7; 딤전 6:17) 그리고 그러한 소망의 유일한 창시자로서(벧전 1:3) "소망의 하나님"이시다.

모든 기쁨과 평강을 믿음 안에서. 즉 그리스도를 믿는 살아 있는 믿음을 통해 마음 가운데 일어나는 풍성한 기쁨과 평강으로. 혹은 그리스도를 믿는 믿음 안에서 모든 위로와 일치로. 여기에서 바울은 그들이 그러한 것들로 충만하기를 기도한다. 그는 그들 가운데 있었던 갖가지 다툼 대신 그들이 이러한 것들로 충만하기를 바란다. 그리고 로마서 14:17에서 그는 하나님의 나라가 이러한 것들로 구성된다고 말했다. “하나님의 나라는 먹는 것과 마시는 것이 아니요 오직 성령 안에 있는 의와 평강과 희락이라.”

성령의 능력으로 소망이 넘치게 하시기를 원하노라. 바울은 우리가 소망을 가질 수 있다고 말하는 대신 소망이 넘칠 수 있다고 말한다. 우리는 히브리서 6:11처럼 “소망의 풍성함” 혹은 “소망의 풍성한 확신”에 이를 수 있다. 이러한 소망은 마치 영혼의 닻 같아서 우리 영혼을 폭풍과 비바람 속에서 안전하고 견고하게 지켜준다. 그리고 이러한 소망은 우리 안에서 성령의 능력으로 말미암아 만들어진다.

14. 내 형제들아 너희가 스스로 선함이 가득하고 모든 지식이 차서 능히 서로 권하는 자임을 나도 확신하노라.

여기의 구절로부터 본 서신의 결어(結語)가 시작된다. 여기에서 바울은 첫째로 자신이 그들에게 편지를 쓰는 까닭과, 둘째로 자신이 아직까지 그들에게 가지 못한 이유를 설명한다. 그의 첫 번째 설명 즉 자신이 그들에게 편지를 쓰는 까닭과 관련한 설명은 로마의 그리스도인들을 칭찬하는 말로 시작된다. 그는 본 서신을 그들을 칭찬하는 말로 시작했었다(1:8). 그리고 이제 여기에서 같은 말로 끝맺는다. 그는 그들을 세 가지로 칭찬한다. 첫째는 그들의 “선함”이다. 이것은 성령의 열매들 가운데 하나이다(갈 5:22, 갈라디아서에는 “양선”으로 되어 있음). 그것은 넓은 의미로는 모든 은혜와 덕을 포괄하는 것으로서, 그리고 좁은 의미로는 다른 사람들을 관용하며 용납하는 온유함과 너그러움을 의미하는 것으로서 취하여질 수 있다. 둘째는 “모든 지식” 즉 기독교적 자유와 관련하여 필요한 것들에 대한 모든 지식이다. “모든 지식”이라는 표현으로 바울은 풍성한 분량의 지식을 의미한다. 셋째는 “서로 권하는” 태도 즉 다른 사람들에게 그들이 알지 못하는 것을 알려주는 태도이다. 비록 그들 가운데 믿음이 약하며 무지한 사람들이 많이 있었다 할지라도, 그러나 또한 그들 가운데 이와 같이 칭찬을 받을 만한 사람들 역시도 많이 있었다. 고린도전서 1:5을 보라.

15. 그러나 내가 너희로 다시 생각나게 하려고 하나님께서 내게 주신 은혜로 말미암아 더욱 담대히 대략 너희에게 썼노니.

물론 나는 너희가 이와 같은 것들을 이미 알고 있음을 확신하노라. 그럼에도 불구하고 나는 너희로 하여금 너희가 이미 아는 것을 실천하도록 격려하고자 더욱 담대히 너희에게 쓰는 것이 좋다고 생각했노라. 베드로후서 1:12-13; 3:1을 보라. 바울이 이렇게 말한 것은 앞에서 책망한 것들의 예리함을 다소나마 무디게 하고 나아가 그의 편지가 그들에게 좀 더 잘 소화되도록 하기 위함이었다. 왜냐하면 사람들은 무지나 악보다 태만이나 게으름을 좀 더 쉽게 받아들이기 때문이다. 바울은 하나님이 그에게 주신 은혜 때문에, 다시 말해서 그의 사도의 직분과 권세 때문에 그들에게 더욱 담대히 편지를 썼노라고 말한다. 로마서 1:5; 12:3을 보라.

16. 이 은혜는 곧 나로 이방인을 위하여 그리스도 예수의 일꾼이 되어 하나님의 복음의 제사장 직분을 하게 하사 이방인을 제물로 드리는 것이 성령 안에서 거룩하게 되어 받으실 만하게 하려 하심이라.

계속해서 바울은 자신의 직분과 부르심에 대해 좀 더 상세히 이야기한다.

이방인을 위하여 그리스도 예수의 일꾼이 되어. 로마서 11:13에 대한 저자의 주석을 참조하라. 또 갈라디아서 2:7-8; 디모데후서 1:11을 보라.

하나님의 복음의 제사장 직분을 하게 하사. 즉 하나님의 복음을 전파하는 일을 하게 하사. 어떤 사람들은 이것을 복음의 일을 위해 성별(聖別)되는 것으로 읽는다. 복음을 전파하는 그의 일은 율법 아래서의 제사장들의 일과 비교된다. 유대인들과 이방인들은 모두 자신들의 제사장직과 희생제사를 자랑했다. 이와 관련하여 바울은 자신의 일이 죽은 동물이 아닌 살아 있는 사람들을 하나님께 거룩한 제물로 드리는 것으로서 옛 제사장들의 일보다 훨씬 더 뛰어난 것임을 보인다.

이방인을 제물로 드리는 것이 … 받으실 만하게 하려 하심이라. 어떤 사람들은 이것을 능동적으로 즉 로마서 12:1처럼 이방인들이 스스로를 제물로 드릴 수 있게 되었다든지 혹은 말라기 1:11처럼 그들이 하나님께 받으실 만한 제물을 드릴 수 있게 되었다는 의미로 이해한다. 그러나 그것은 수동적으로 즉 바울이 그의 사역으로 그들을 회심시켜 그들을 하나님께 받으실 만한 제물로 드릴 수 있게 되었다는 의미로 이해하는 것이 더 낫다. 이사야 66:20을 보라.

성령 안에서 거룩하게 되어. 어떤 제사장에 의해서가 아니라 성령 자신에 의해 거룩하게 되어. 옛 제물이 외적이며 의식적(儀式的)으로 성별(聖別)되었던 것처럼, 여기의 제물 역시 성령에 의해 성별되고 정결하게 되었다.

17. 그러므로 내가 그리스도 예수 안에서 하나님의 일에 대하여 자랑하는 것이 있거니와.

바울은 사도직의 은혜를 받았으며, 복음 전파에 있어 큰 성공을 거두었다. 그리고 그의 사역으로 말미암아 많은 사람들이 회심했다. 바로 이러한 것들이 그가 자랑할 만한 것들이었다. 그러나 곧바로 그는 그 모든 자랑거리가 자신 안에 있는 것이 아니라 예수 그리스도 안에 있다고 덧붙인다. 왜냐하면 그가 행한 모든 것은 그리스도의 은혜로 말미암은 것이었기 때문이다. "그러나 내가 나 된 것은 하나님의 은혜로 된 것이니 내게 주신 그의 은혜가 헛되지 아니하여 내가 모든 사도보다 더 많이 수고하였으나 내가 한 것이 아니요 오직 나와 함께 하신 하나님의 은혜로라"(고전 15:10). 뿐만 아니라 그의 사역은 그 자신에게 속한 일들이 아니라 하나님에게 속한 일들로 구성되었다. 앞 절에서 그는 자신의 사도직을 레위의 제사장직으로부터 빌려온 용어로 묘사했다. 마찬가지로 여기에서 그는 같은 은유를 사용하는 가운데 자신이 사도직을 수행하는 것을 하나님에게 속한 일을 수행하는 것으로, 다시 말해서 옛 제사장들이 그들에게 맡겨진 일을 수행하는 것으로 부른다(히 5:1).

18. 그리스도께서 이방인들을 순종하게 하기 위하여 나를 통하여 역사하신 것 외에는 내가 감히 말하지 아니하노라 그 일은 말과 행위로.

나는 사실 이상의 것은 감히 말하지 아니하노라, 혹은 나는 나에 의해 실제로 행해지지 않은 것은 감히 말하지 아니하노라. 이것이 의미하는 바는 "나는 내가 스스로 행했노라고 감히 말하지 아니하노라"이다. 만일 나를 도구로 하여 이방인들에게 어떤 선한 일이 행해졌다면, 나는 그것이 전적으로 그리스도로 말미암아 이루어진 일임을 인정하노라. 나는 다만 그의 도구로 사용된 것일 뿐이라. "그런즉 아볼로는 무엇이며 바울은 무엇이냐 그들은 주께서 각각 주신 대로 너희로 하여금 믿게 한 사역자들이니라 나는 심었고 아볼로는 물을 주었으되 오직 하나님께서 자라나게 하셨나니 그런즉 심는 이나 물 주는 이는 아무 것도 아니로되 오직 자라게 하시는 이는 하나님뿐이니라"(고전 3:5-7).

말과 행위로. 어떤 사람들은 이것을 이방인들의 순종과 연결시킨다. 즉 복음 전파로 말미암아 그들이 말과 행위로 순종하게 되었다는 것이다. 그러나 이것은 다음 절의 "이루어졌으며"와 연결되는 것이 훨씬 더 낫다. 이방인들을 믿음으로 이끄는 바울의 일이 "말과 행위로" 이루어졌다는 것이다. 여기의 "말"(word)은 그의 공적인 복음 전파를, 그리고 "행위"(deed)는 그의 선한 행실 혹은 경건한 삶의 모범을 가리키는 것으로 보인다. 혹은 여기의 "행위"는 그가 행한 이적들과 그가 감당한 수고를 가리키는 것일 수도 있다.

19. 표적과 기사의 능력으로 성령의 능력으로 이루어졌으며 그리하여 내가 예루살렘으로부터 두루 행하여 일루리곤까지 그리스도의 복음을 편만하게 전하였노라.

표적과 기사의 능력으로. 혹은 강력한 표적과 기사로. 이러한 것들은 그의 사역이 하나님으로부터 말미암은 사실과 그가 전파한 것이 진리라는 사실을 확증해 주었으며, 그럼으로써 이방인들을 회심과 순종으로 이끄는데 큰 도움이 되었다. "사도의 표가 된 것은 내가 너희 가운데서 모든 참음과 표적과 기사와 능력을 행한 것이라"(고후 12:12). 만일 여기의 "표적"(signs)과 "기사"(wonders) 사이에 차이가 있다면, 그것은 단지 정도의 차이일 뿐이다. 우리는 성경에서 둘이 함께 결합되어 나타나는 것을 종종 발견한다(마 24:24; 요 4:48; 행 2:43; 5:12; 7:36; 14:3).

성령의 능력으로. 바로 이것 즉 "성령의 능력"이 사도들의 말과 행위와 표적과 기사를 복되게 하고 유효하게 한다. 다시 말해서, 이방인들을 회심시키는 것은 사도들의 말과 행위와 표적과 기사를 도구로 하여 성경께서 이루시는 일이다. 본 절에 "능력"(뒤나미스)이라는 단어가 두 번 나타난다. 그것은 먼저 표적과 기사에 — 그러한 것들의 효력을 나타내기 위해 — 적용된다. 그리고 다음으로 성령에 — 그가 그러한 효력을 유효하게 하는 원인임을 나타내기 위해 — 적용된다.

예루살렘으로부터 두루 행하여 일루리곤까지. 여기에 이방인들에게 복음을 전파하기 위해 감당한 바울의 수고와 고통이 그대로 나타난다. 일루리곤은 그리스의 끝으로 말하여지며, 일루리곤 해(海)라고 불리는 바다와 접해 있다. 그곳은 오늘날 스클라보니아(Sclavonia)라 불리는 지역으로 생각된다. 그곳은 예루살렘으로부터 1,600km 이상 떨어진 곳이다. 바울은 이러한 거리를 직선으로 여행한 것이 아니었다. 그는 수많은 도시들과 지역들을 두루 다니며 그곳까지 여행했다. 우리는 사도행전의 기사(記事)로부터 다메섹으로부터 시작된 그의 여행의 역사(歷史)를 추적할 수 있다. 그는 다메섹으로부터 자신의 사역을 시작했다. 그는 아라비아로 가서 거기에서 3년을 머물고는 다시 다메섹으로 돌아왔다. 그리고 다메섹으로부터 예루살렘으로 갔다가, 그곳으로부터 가이사랴로 그리고 계속해서 다소로 갔다. 그리고 다소에 있는 그를 바나바가 안디옥으로 데리고 갔다. 그리고 그는 유대인들에게 연보(捐補)를 전달하기 위해 안디옥으로부터 예루살렘으로 갔다가 다시 안디옥으로 돌아왔다. 안디옥으로부터 그는 바나바와 함께 셀레우키아로 갔으며, 거기에서 다시 구브로로, 그리고 다시 밤빌리아의 몇몇 도시들로 갔다가, 비시디아의 또 다른 안디옥으로 갔다. 그리고 다시 그곳으로부터 루가오니아로 갔다가, 다시 안디옥으로 돌아왔다. 안디옥으로부터 그는 할례 문제로 예루살렘에 보냄을 받았으며, 사도들의 편지와 함께 안디옥으로 다시 돌아왔다. 그리고 또다시 그는 안디옥을 떠나 수리아와 길리기아 지역을 다니며 교회들을 방문했다. 그러고 나서 다시 브루기아와 갈라디아와 무시아를 거쳐 드로아에 왔다. 바로 여기에서 그는 환상 가운데 마게도냐로 가라는 부르심을 받았으며, 이렇게 하여 그는 마침내 유럽으로 들어오게 되었다. 먼저 그는 마게도냐 안에 있는 빌립보로 갔으며, 그 다음에 데살로니가로 갔다. 그리고 데살로니가로부터 아덴으로 갔다가, 다시 고린도로 갔다. 그리고 그곳으로부터 에베소로 갔다가, 갈라디아와 브루기아의 교회들을 방문하고, 다시 에베소로 돌아왔다. 그리고 에베소로부터 그는 다시 마게도냐로 갔으며, 그곳으로부터 드로아와 밀레도로 갔다가, 그곳으로부터 두로와 가이사랴와 다른 도시들을 거쳐 예루살렘으로 갔다. 그리고 예루살렘에서 마침내 그는 체포되어 결박되었다. 지금까지 우리는 바울 사도의 대략적인 여행경로를 살펴보았다. 이 모든 경로를 여기에서 그는 "예루살렘으로부터 두루 행하여 일루리곤까지"라고 요약한다.

그리스도의 복음을 편만하게 전하였노라. 즉 이 모든 지역을 그리스도의 복음으로 채웠노라. 여기의 "편만하게"는 "가득 채우는" 것을 의미한다. 골로새서 4:17을 보라. 이것을 그는 자신의 사역을 "마치는" 것으로 부른다. "내가 달려갈 길과 주 예수께 받은 사명 곧 하나님의 은혜의 복음을 증언하는 일을 마치려 함에는 나의 생명조차 조금도 귀한 것으로 여기지 아니하노라"(행 20:24).

20-21. [20]또 내가 그리스도의 이름을 부르는 곳에는 복음을 전하지 않기를 힘썼노니 이는 남의 터 위에 건축하지 아니하려 함이라 [21]기록된 바 주의 소식을 받지 못한 자들이 볼 것이요 듣지 못한 자들이 깨달으리라 함과 같으니라.

바울은 자신이 이러한 지역들에 복음을 전파하기로 선택한 이유를 설명한다. 그것은 아직까지 그곳에 그리스도가 전파되지 않았기 때문이었다. 그가 간절히 원하는 것은 그리스도의 이름이 불리지 않는 곳에 복음을 전하는 것이었다. 그는 남의 터 위에 건축하기를 원하지 않았다. 그는 자신의 낫을 남의 이삭에 대기를 원하지 않았다. 그는 남의 몫인 영광을 자신에게로 돌리기를 원하지 않았다(고후 10:15, 16). 그가 그리스도의 이름이 불리지 않는 곳에 복음을 전한 또 다른 이유는 그로 말미암아 성경이 성취되도록 하기 위함이었다. 여기의 인용문은 이사야 52:15로부터 취한 것이다. "그가 나라들을 놀라게 할 것이며 왕들은 그로 말미암아 그들의 입을 봉하리니 이는 그들이 아직 그들에게 전파되지 아니한 것을 볼 것이요 아직 듣지 못한 것을 깨달을 것임이라." 이 구절에 대한 저자의 주석을 참조하라.

22. 그러므로 또한 내가 너희에게 가려 하던 것이 여러 번 막혔더니.

지금까지 바울은 자신이 이 편지를 쓰는 까닭을 설명했다. 이제 그는 자신이 지금까지 그들에게 가지 못한 이유를 설명하는 데에로 나아간다. 로마에 있는 그들은 "그가 그토록 여러 지역들을 다니면서도 아직까지 로마에 오지 않은 이유는 도대체 무엇이란 말인가?"라고 물을 수 있었다. 이에 대해 바울은 그것이 자신이 그들을 대수롭지 않게 여겨서라든지 혹은 그들에게 선의를 가지고 있지 않았기 때문이 아니라 다른 이유 때문이라고 대답한다. 그것은 앞에서 이야기한 것처럼 그리스도의 이름이 불리지 않는 곳에서 복음을 전하기를 원했기 때문이었다. 그는 바로 이 이유 때문에 자신이 그들에게 가려고 했던 것이 여러 번 막혔노라고 말한다. 그는 그들에게 가는 것보다 아직까지 그리스도의 이름이 불리지 않는 곳에 복음을 전하는 것을 더 중요하게 생각했다. 교회를 세우는 일이 그들에게 물을 주는 일보다 더 중요했다. 로마서 1:13에 나타나는 것처럼, 그는 여러 차례 그들에게 가고자 했으나 결국 길이 막혀 가지 못했다.

23. 이제는 이 지방에 일할 곳이 없고 또 여러 해 전부터 언제든지 서바나로 갈 때에 너희에게 가기를 바라고 있었으니.

지금까지 그들에게 가지 못한 이유를 설명하고 난 후, 계속해서 바울은 조만간 그들에게 갈 계획을 밝힌다. 여기에서 그는 지금 특별히 그와 같은 마음을 품은 이유를 두 가지로 설명한다. 첫째로, 이제는 이 지방에 더 이상 일할 곳이 없었다. 왜냐하면 그는 모든 도시에서 자신이 놓은 기초 위에 건축할 장로들을 세워 놓았기 때문이었다. 여기에서 "지방"(parts)으로 번역된 단어는 "기후(氣候)들" 즉 다양한 고도(高度)에 위치한 지역들을 의미한다. 둘째로, 그는 오래 전부터 그들에게 가기를 간절히 바라고 있었다. 로마서 1:10, 11을 보라.

24. 이는 지나가는 길에 너희를 보고 먼저 너희와 사귐으로 얼마간 기쁨을 가진 후에 너희가 그리로 보내주기를 바람이라.

여기에서 바울은 자신이 그들을 방문할 때를 제시한다. 그것은 그가 서바나를 여행할 때이다. 그는 그때 그들을 보게 될 것을 소망하지만, 그러나 그것을 확신하지는 못한다. 왜냐하면 그와 관련하여 하나님으로부터 특별한 계시를 받은 것이 없었기 때문이었다. 그래서 그는 분명하게 약속할 수 없었다. 28절을 보라.

먼저 너희와 사귐으로 얼마간 기쁨을 가진 후에. 바울이 이 말을 덧붙인 것은 그들로 하여금 자신이 그들 가운데 머물 계획이 없는 것이 아닌가 하는 의심을 갖지 못하도록 하기 위함이었다. 바울은 피차간의 교제로 서로 충분하게 만족할 때까지 그들을 떠나지 않을 것이었다.

너희가 그리로 보내주기를 바람이라. 이것은 그가 방문했던 교회들에서 통상적으로 행해졌던 일이었다. 사도행전 17:15을 보라. 이것은 그의 위용을 과시하기 위함이 아니라, 알지 못하는 위험한 길을 여행함에 있어 적절한 길 안내와 안전을 위한 것이었다.

25. 그러나 이제는 내가 성도를 섬기는 일로 예루살렘에 가노니.

어떤 사람들은 "만일 바울이 그가 있는 지방에서 더 이상 일할 곳이 없고 또 그토록 오랫동안 우리를 보기를 바랐다면, 그가 지금 당장 우리에게 오지 않는 이유는 도대체 무엇이란 말인가?"라고 말할 수 있었다. 이에 대해 그는 자신이 지금 그들에게 갈 수 없는 것은 지금 자신에게 매우 중요한 일 즉 성도들을 섬기는 일로 예루살렘에 올라가야 하는 일 다시 말해서 그들을 돕기 위해 이방인 교회들로부터 모은 연보(捐補)를 전달하는 일이 맡겨져 있기 때문이라고 대답한다. 여기의 단어는 현재분사형인데, 그것은 그 일이 지금 그의 손 안에 있으며 따라서 지체할 시간이 없음을 보여 준다. 물론 그의 주된 일은 복음을 전파하는 것이지 구제하는 일이 아니었다. 그럼에도 불구하고 그로 말미암아 연보를 모은 이방인 교회들이 그 일을 그에게 맡긴 것으로 보인다(고후 8:4).

26. 이는 마게도냐와 아가야 사람들이 예루살렘 성도 중 가난한 자들을 위하여 기쁘게 얼마를 연보하였음이라.

여기의 구절을 이해하기 위해 우리는 고린도후서 8:1과 9:2을 읽을 필요가 있다. 여기에서 "기쁘게 얼마를 연보하였음이라"라는 구절을 볼 때, 우리는 그 일이 억지로 강요된 일이 아니었음을 알 수 있다. 그 일은 기꺼이 그리고 준비된 마음으로 행해진 일이었으며, 그들은 "기쁘게" 참여했다. 여기에 "연보"(contribution)라고 번역된 단어는 문자적으로 "전달"(communication)을 의미하는데, 이것은 주는 자와 받는 자 사이의 상호 교환과 교류를 함축한다. 한 사람은 구제를 베풀며, 다른 사람은 그를 위해 하나님께 기도한다. 바울은 다른 곳에서 이 일을 "주고 받는 일"이라고 표현한다(빌 4:15).

27. 저희가 기뻐서 하였거니와 또한 저희는 그들에게 빚진 자니 만일 이방인들이 그들의 영적인 것을 나눠 가졌으면 육적인 것으로 그들을 섬기는 것이 마땅하니라.

저희가 기뻐서 하였거니와. 바울이 이 말을 반복한 것은 연보하는 일에 참여한 헬라인들을 칭찬하면서 동시에 로마인들도 같은 은택을 베풀 것을 격려하기 위함이었다.

또한 저희는 그들에게 빚진 자니. 다시 말해서 이방인들이 유대인들에게 빚진 자라는 말이다. 그 일은 사랑의 율법에 의해서 뿐만 아니라, 감사와 공평의 법에 의해서도 마땅한 일이었다(롬 13:8). 그들은 유대인들로부터 받았으므로 마땅히 그들에게 보답할 책임이 있었다.

만일 이방인들이 그들의 영적인 것을 나눠 가졌으면 육적인 것으로 그들을 섬기는 것이 마땅하니라. 유대인들의 "영적인 것"을 우리는 로마서 9:4-5에 언급된 모든 것으로 이해할 수 있다. "그들은 이스라엘 사람이라 그들에게는 양자 됨과 영광과 언약들과 율법을 세우신 것과 예배와 약속들이 있고 조상들도 그들의 것이요 육신으로 하면 그리스도가 그들에게서 나셨으니." 이 모든 것을 우리는 한 마디로 복음이라고 말할 수 있다. 복음은 먼저 유대인들에게 전파되었고, 예루살렘으로부터 이방인들에게로 퍼져나갔다. 누가복음 24:47; 사도행전 1:4, 8을 보라. 그리고 이방인들의 "육적인 것"을 우리는 그들의 금과 은과 육체의 필요를 채우기 위한 모든 것들로 이해할 수 있다. 우리는 고린도전서 9:7에서 여기와 비슷한 교훈을 발견할 수 있다. "누가 자기 비용으로 군 복무를 하겠느냐 누가 포도를 심고 그 열매를 먹지 않겠느냐 누가 양 떼를 기르고 그 양 떼의 젖을 먹지 않겠느냐."

28. 그러므로 내가 이 일을 마치고 이 열매를 그들에게 확증한 후에 너희에게 들렀다가 서바나로 가리라.

그러므로 내가 이 일을 마치고 이 열매를 그들에게 확증한 후에. 즉 내게 맡겨진 일을 처리하고 난 후에, 다시 말해서 헬라 교회들의 연보를 예루살렘의 유대인들에게 안전하게 전달하고 난 후에. 그 일은 마치 나의 품 안에 인봉된 보화처럼 내 손에 맡겨졌도다. 바울은 그것을 "열매"라고 부르는데, 그것은 그 일이 그들의 믿음과 사랑으로부터 진행되었기 때문이다(빌 4:17). 그것은 그것을 받는 자들에게도 유익이 될 것이었지만, 그러나 그것을 주는 자들에게 한층 더 큰 유익이 될 것이었다.

너희에게 들렀다가 서바나로 가리라. 즉 서바나로 가는 길에 너희를 혹은 너희 도시를 들르리라. 바울은 앞에서도 이러한 계획을 이야기한 바 있다(24절). 바울은 항상 이 일을 열망했지만, 그러나 서바나로 가는 여행은 끝내 이루어지지 못했다. 사람의 계획은 하나님의 섭리에 의해 통제된다. "사람이 마음으로 자기의 길을 계획할지라도 그의 걸음을 인도하시는 이는 여호와시니라"(잠 16:9).

29. 내가 너희에게 나아갈 때에 그리스도의 충만한 복을 가지고 갈 줄을 아노라.

어떤 사람들은 이것의 의미를 "내가 거기에서 너희가 복음의 모든 영적 축복들로 채워진 것을 보게 될 것이라"라고 이해한다. 이러한 의미는 본 장 14절과 잘 어울린다. "내 형제들아 너희가 스스로 선함이 가득하고 모든 지식이 차서 능히 서로 권하는 자임을 나도 확신하노라." 반면 다른 사람들은 그가 거기에서 그들의 그러함을 보게 될 것이라는 의미라기보다 그가 그들에게 그러한 복들을 가지고 갈 것이라는 의미로 이해한다. 이러한 이해는 1:11, 12과 잘 어울린다. 나는 후자가 좀 더 나은 이해라고 생각한다. 그는 지금 자신이 그들에게 더 풍성한 지식과 은혜와 위로를 나누어줌으로써 그들을 그리스도의 복음의 모든 축복들로 채워 부요하게 할 것을 말하고 있는 것이다.

30. 형제들아 내가 우리 주 예수 그리스도와 성령의 사랑으로 말미암아 너희를 권하노니 너희 기도에 나와 힘을 같이하여 나를 위하여 하나님께 빌어.

마지막으로 바울은 그들에게 자신을 위해 기도해 줄 것을 부탁한다. 바울에게 있어 이와 같이 부탁하는 것은 다른 서신들에서도 일반적인 일이었다. 에베소서 6:18-20; 골로새서 4:3; 데살로니가후서 3:1; 히브리서 13:18을 보라.

형제들아 내가 우리 주 예수 그리스도와 성령의 사랑으로 말미암아 너희를 권하노니. 여기의 "주 예수 그리스도와 성령의 사랑으로 말미암아"는 "for the Lord Jesus Christ' s sake, and for the love of the Spirit" 즉 "주 예수 그리스도를 위해 그리고 성령의 사랑을 위해"를 의미한다. 바울은 자신이 아니라 주 예수 그리스도를 위해, 그리고 성령의 사랑을 위해 그들에게 기도를 부탁한다. 만일 너희가 성령을 사랑한다면 혹은 만일 사랑의 은혜가 성령으로 말미암아 너희 안에서 역사한다면, 나를 위해 기도하는 것 안에서 그것을 나타내라. 바울은 이와 같이 마음을 움직이는 화법을 자주 사용한다. 로마서 12:1; 빌립보서 2:1을 보라.

너희 기도에 나와 힘을 같이하여 나를 위하여 하나님께 빌어. 이것은 군사적인 용어이다. 바울은 그들에게 마치 괴로움 가운데 있는 사람처럼 자신을 위해 간절하면서도 절박하게 기도해 달라고 부탁한다. 야곱은 이와 같은 방식으로 기도했다. 엘리야도 그와 같이 기도했으며, 에바브라도 그랬다(골 4:12). 바울은 그들에게 — 마치 아론과 훌이 모세를 위해 그렇게 했던 것처럼 — 자신을 위해 협력하며 기도해 줄 것을 부탁했다.

31. 나로 유대에서 순종하지 아니하는 자들로부터 건짐을 받게 하고 또 예루살렘에 대하여 내가 섬기는 일을 성도들이 받을 만하게 하고.

여기에서 바울은 구체적으로 자신을 위해 두 가지를 기도해 달라고 부탁한다. 첫째는 유대에 있는 믿지 않는 자들 혹은 완악한 마음으로 불순종하는 자들로부터 건짐을 받게 해 달라는 것이다. 그는 유대인들이 자신에 대해 격노하고 있는 것과 유대에서 환난과 결박이 자신을 기다리고 있는 것을 알고 있었다. "오직 성령이 각 성에서 내게 증언하여 결박과 환난이 나를 기다린다 하시나"(행 20:23). 그럼에도 불구하고 그는 그곳으로 가고 있었다. 유대인들은 어찌하든 그를 죽이고자 했다(행 21:31). 그리하여 바울은 로마의 신자들에게 자신이 그들로부터 건짐 받도록 기도해 달라고 부탁한다. 데살로니가후서 3:2을 보라. 그리고 둘째는, 자신이 예루살렘의 가난한 성도들에게 가져가는 연보가 그들에 의해 기꺼이 받아들여지고, 그럼으로써 그들이 그것을 보낸 이방인 교회들과 그것을 전달하는 자신과 더불어 순전한 마음으로 화해하도록 기도해 달라는 것이다. 선물 속에는 사람의 마음을 풀어주는 힘이 담겨 있다.

32. 나로 하나님의 뜻을 따라 기쁨으로 너희에게 나아가 너희와 함께 편히 쉬게 하라.

나로 하나님의 뜻을 따라 기쁨으로 너희에게 나아가. 하나님의 뜻일 때, 나는 더 큰 위로와 함께 너희에게 나아갈 수 있게 될 것이라. 바울은 앞에서도 이와 같은 조건을 제시했다. "어떻게 하든지 이제 하나님의 뜻 안에서 너희에게로 나아갈 좋은 길 얻기를 구하노라"(롬 1:10). 비슷한 경우로서 고린도전서 4:19; 야고보서 4:13, 15을 보라. 바울이 이 말을 덧붙인 것은 그가 말과 행동이 다른 자가 아니냐는 의심을 피하면서 동시에 자신이 항상 그리고 모든 일에 있어 스스로를 하나님의 기쁘신 뜻과 섭리에 맡기는 자임을 나타내기 위함이었다.

너희와 함께 편히 쉬게 하라. 즉 너희와 교제하는 가운데. 이것은 로마서 1:12과 같은 의미이다. "이는 곧 내가 너희 가운데서 너희와 나의 믿음으로 말미암아 피차 안위함을 얻으려 함이라." 이 구절에 대한 저자의 주석을 참조하라.

33. 평강의 하나님께서 너희 모든 사람과 함께 계실지어다 아멘.

평강의 하나님. 이것은 하나님과 관련하여 성경에 자주 나타나는 호칭이다. 여러 곳에서 그는 평강의 하나님으로 불린다(롬 16:20; 고후 13:11; 빌 4:9; 살전 5:23; 살후 3:16; 히 13:20). 이러한 호칭은 바울이 지금까지 다룬 큰 주제 즉 신자들은 서로 화평을 이루는 가운데 사소한 문제로 다툼을 일으켜서는 안 된다는 주제와 잘 어울린다.

너희 모든 사람과 함께 계실지어다. 본 장에서 바울은 로마의 신자들을 위해 세 번 기도한다. 여기 외에 다른 두 번은 5절과 13절이다. 여기의 기도가 다른 두 기도보다 더 포괄적이다. 만일 하나님이 우리와 함께 계신다면, 우리에게 부족한 것은 아무것도 없을 것이다. 하나님이 우리와 함께 계시는 것 안에 모든 좋은 것은 포함되고 모든 나쁜 것은 배제된다.

아멘. 로마서 16:27을 보라.

제16장

개요

1. 바울이 로마의 그리스도인들에게 뵈뵈를 천거함(1-2).
2. 바울이 여러 사람들에게 문안 인사를 보냄(3-16) .
3. 바울이 그들에게 분쟁을 일으키거나 거치게 하는 사람들을 주의할 것을 경고함(17-20).
4. 바울의 동역자들이 로마의 그리스도인들에게 문안 인사를 보냄(21-24).
5. 바울이 하나님을 찬미하며 편지를 끝냄(25-27).

1. 내가 겐그레아 교회의 일꾼으로 있는 우리 자매 뵈뵈를 너희에게 추천하노니.

본 장은 편지 끝에 붙어 있는 일종의 추신(追伸)과 같은 부분이다. 본 장을 바울은 그들에게 한 여자를 추천하는 것으로 시작한다. 그녀는 어떤 경위로 로마에 가게 되었는데, 바로 이 여자에 의해 이 편지가 그곳의 교회에 전달되었다.

겐그레아. 고린도에 속한 한 항구. 이곳은 고린도 동쪽에 아시아를 향해 있었다. 고린도에는 서쪽으로 이탈리아를 향한 쪽에 레게아(Lechea)라고 불리는 또 하나의 항구가 있었다. 이러한 두 개의 항구로 인해 시인들은 고린도를 "비 마리스"(Bi maris)라고 불렀다. 이곳에서 바울은 서원을 한 적이 있었다. "바울이 일찍이 서원이 있었으므로 겐그레아에서 머리를 깎았더라"(행 18:18). 이곳에서 바울은 복음을 전파하고 많은 사람을 회심시켰다. 아마도 뵈뵈는 그때 회심한 사람들 가운데 한 사람이었을 것이다. 여기에서 바울은 그녀를 "교회의 일꾼"이라고 부르는데, 이것은 그녀가 집사였다든지 혹은 과부의 명부에 올려진 사람들 가운데 한 사람이었음을 의미하지 않는다(딤전 5:9). 다만 그녀가 자신의 거주지로부터 쫓겨난 성도들에게 거처를 마련해 주는 등 그들을 도움으로써 교회를 섬겼음을 의미한다. 다음 절에 나타나는 것처럼, 그녀는 실제로 복음 사역자들과 바울 자신을 돕는 일꾼이었다. 우리는 누가복음 8:3에서 "자기들의 소유로 주님과 그의 제자들을 섬겼던" 여자들을 보게 되는데, 거기에 여기와 동일한 단어가 사용되었다. "막달라인이라 하는 마리아와 헤롯의 청지기 구사의 아내 요안나와 수산나와 다른 여러 여자가 함께 하여 자기들의 소유로 그들을 섬기더라." 여기의 뵈뵈 역시 그들과 같은 일을 했던 것으로 보인다. 그녀는 오네시보로가 했던 것처럼 바울을 섬겼다(딤후 1:18). 여기에서도 또한 동일한 단어가 사용되었다.

우리 자매. 즉 그리스도 안에서의 우리 자매. 그들은 같은 믿음을 고백함으로 말미암아 형제와 자매가 되었다. 야고보서 2:15을 보라.

뵈뵈. 시인들은 달을 뵈뵈(Phoebe)로, 그리고 해를 뵈부스(Phoebus)로 불렀다. 아마도 이러한 이름은 이방인인 그녀의 부모에 의해 지어진 것으로 보인다.

2. 너희는 주 안에서 성도들의 합당한 예절로 그를 영접하고 무엇이든지 그에게 소용되는 바를 도와 줄지니 이는 그가 여러 사람과 나의 보호자가 되었음이라.

주 안에서 그를 영접하고. 주의 이름으로 혹은 주를 위해 그를 영접하고. 마태복음 18:5을 보라. 혹은 그리스도인답게 그를 영접하고.

성도들의 합당한 예절로. 성도들을 영접하는 합당한 방식으로, 혹은 스스로를 성도라 고백하는 자들이 서로를 영접하는 합당한 방식으로.

무엇이든지 그에게 소용되는 바를 도와 줄지니. 그녀 옆에 서서 그녀에게 적절한 조언과 다른 도움들을 베풀지니. 그녀는 예컨대 사기를 당했다든지 혹은 압제를 당했다든지 혹은 부당한 처사를 당하는 등의 법적인 문제를 가지고 있을 수 있었으며, 그들 가운데 그녀를 도와줄 수 있는 사람들이 있을 수 있었다. 왜냐하면 당시 가이사의 집에도 그리스도인들이 있었기 때문이었다(빌 4:22).

이는 그가 여러 사람과 나의 보호자가 되었음이라. 그녀는 여러 사람과 특별히 바울 사도 자신에게 많은 도움을 베풀었다. 이것은 그녀가 어느 정도 중요한 위치에 있었던 사람임을 보여 준다. 그러므로 로마의 성도들이 많은 사람을 도운 그녀를 돕는 것은 지극히 마땅한 일이었다.

3. 너희는 그리스도 예수 안에서 나의 동역자들인 브리스가와 아굴라에게 문안하라.

계속해서 바울은 로마의 그리스도인들에게 몇몇 사람들의 이름을 거명하며 그들에게 문안하라고 말한다. 첫째로 등장하는 이름은 브리스가와 아굴라이다. 그녀는 브리스가라 불리기도 하고(딤후 4:19), 때로 애칭으로서 브리스길라라고 불리기도 한다. 이와 같이 애칭으로 불리는 것은 로마인들 사이에서 통상적인 일이었다. 예컨대 리비아가 리빌라로, 툴리아가 톨리올라로, 페트로나가 페트로넬라로 불렸던 것처럼 말이다. 여기에서 우리는 아내의 이름이 남편의 이름보다 먼저 나오는 것을 발견한다. 이런 현상은 여기뿐만 아니라 다른 곳에서도 나타난다(행 18:18; 딤후

4:19). 어떤 사람들은 그녀가 먼저 부르심을 받았기 때문이라고 생각한다. 그런가 하면 또 어떤 사람들은 그녀가 열심이나 섬김 등에 있어 남편보다 더 뛰어났기 때문이라고 생각한다. 그러나 우리는 이에 대해 지나치게 호기심을 가질 필요가 없다. 왜냐하면 다른 곳에서는 아굴라의 이름이 먼저 나오기도 하기 때문이다(행 18:2, 26; 고전 16:19). 이름이 먼저 나오는 것이 곧 그의 우월성을 증명하는 것은 아니다. 이와 관련하여 베드로의 이름이 먼저 거명되는 것으로 인해 그의 우월성을 논증하는 교황주의자들의 태도를 나는 근거가 취약한 것으로 본다. 왜냐하면 같은 논증에 의해 여기의 경우 아내인 브리스가가 남편인 아굴라보다 우월해야만 하기 때문이다. 여기의 아굴라는 본도의 유대인으로서 천막 짓는 직업을 가진 사람이었다. 바울은 고린도에서 이 사람과 함께 거하면서 함께 일했다(행 18:2, 3). 글라우디오 황제가 유대인들을 로마로부터 떠나라고 명령했음에도 불구하고, 지금 그들 부부는 다시 로마로 돌아와 있었던 것으로 보인다. 그것은 어쩌면 글라우디오가 죽었기 때문일 수도 있고, 또 어쩌면 그의 엄격한 칙령이 완화되었기 때문일 수도 있다.

그리스도 예수 안에서 나의 동역자들. 복음을 전파함에 있어 나를 돕는 자들. 그들은 기회가 되는 대로 복음을 전파하는 바울을 도왔다. 설령 대중적으로 복음을 전파하지는 않았다 하더라도, 그들은 사적으로 다양한 방법으로 복음을 진척시켰다. "그가 회당에서 담대히 말하기 시작하거늘 브리스길라와 아굴라가 듣고 데려다가 하나님의 도를 더 정확하게 풀어 이르더라"(행 18:26).

4. 그들은 내 목숨을 위하여 자기들의 목까지도 내놓았나니 나뿐 아니라 이방인의 모든 교회도 그들에게 감사하느니라.

그들은 내 목숨을 위하여 자기들의 목까지도 내놓았나니. 즉 그들은 내 목숨을 구하기 위하여 자기들의 목숨까지도 위험에 빠뜨렸으니. 성경은 이것이 그리스도인들의 의무라고 말한다. "그가 우리를 위하여 목숨을 버리셨으니 우리가 이로써 사랑을 알고 우리도 형제들을 위하여 목숨을 버리는 것이 마땅하니라"(요일 3:16). 아마도 바울은 여기에서 사도행전 18:12에 나타나는 고린도에서의 폭동 사건이나 혹은 사도행전 19:23에 나타나는 아시아에서의 폭동 사건을 언급하고 있는 것으로 보인다.

나뿐 아니라 이방인의 모든 교회도 그들에게 감사하느니라. 왜냐하면 바울이 이방인의 사도였기 때문에. 그의 목숨이 보전되는 것은 그들 모두에게 매우 중요한 일이었다.

5. 또 저의 집에 있는 교회에도 문안하라 내가 사랑하는 에배네도에게 문안하라 그는 아시아에서 그리스도께 처음 맺은 열매니라.

또 저의 집에 있는 교회에도 문안하라. 여기의 "문안하라"는 전체적인 의미를 채우기 위해 보충된 것이다. 즉 그들에 대한 나의 선의(善意)와 그들이 잘 되기를 바라는 나의 바람을 전해 달라. 우리는 고린도전서 16:19; 골로새서 4:15; 빌레몬서 1:2에서 비슷한 문안인사를 보게 된다. "저의 집에 있는 교회"는 일반적으로 그들의 가족 혹은 권속들로 이해된다. 바울이 그것을 "교회"로 부르는 것은 그들이 경건한 공동체를 이룸과 함께 그들 사이에서 종교적인 예배가 행해졌기 때문이었다. 우리는 아굴라와 브리스가를 본받아야 한다. 그리고 그리스도인들의 가정은 어디에 있든 작은 교회가 되어야 한다. 조지 왕의 거처는 항상 경건한 예배가 드려짐으로 말미암아 왕궁으로 뿐만 아니라 교회로 일컬어졌다. 어떤 사람들은 "저의 집에 있는 교회"를 엄숙한 예배를 위해 그곳에 모인 그리스도인들을 의미하는 것으로 생각한다. 그러나 이것은 이어지는 구절들에 나타나는 수많은 문안인사들을 감안할 때 개연성이 낮아 보인다.

내가 사랑하는 에배네도에게 문안하라. 에배네도는 헬라 방언으로 "칭찬할 만한"을 의미한다. 이 사람은 그 이름뿐만 아니라 그 행실에 있어서도 칭찬할 만한 사람이었다.

그는 아시아에서 그리스도께 처음 맺은 열매니라(흠정역에는 "아시아에서" 대신 "아가야에서"로 되어 있음). 여기와 똑같은 말이 스데바나의 집에 대하여서도 말하여진다(고전 16:15, "스데바나의 집은 곧 아가야의 첫 열매요"). 이것이 의미하는 바는 다음과 같다. 즉 아가야 지역에서 그리스도에 대한 믿음을 받아들인 첫 번째 사람은 에배네도이고, 첫 번째 가정은 스데바나의 집이라는 것이다. 이것은 정말로 특별한 칭찬이다. 하나님은 이와 같이 처음 익은 열매를 사모하신다(미 7:1).

6. 너희를 위하여 많이 수고한 마리아에게 문안하라.

마리아에게 문안하라. 당시 마리아는 매우 흔한 이름이었음에도 불구하고, 바울은 특별히 이 여인을 치하하면서 그녀에게 문안할 것을 부탁한다. 이그나티우스도 이 이름을 가진 여자 가운데 한 여자를 지혜와 경건을 겸비한 여자로 크게 칭찬했다.

너희를 위하여 많이 수고한. 이것은 이 여자에 대한 바울의 칭찬이다. 그녀는 성도들 특별히 복음 전도자들에게 음식과 필요한 것들을 제공하는 일에 크게 수고한 것으로 여겨진다. 자신은 로마에 없었음에도 불구하고, 바울은 그것을 자신에게 행한 것으로 인정한다. 어떤 사람들은 이 여자가 전에 고린도나 혹은 안디옥이나 혹은 다른 장소에 살면서 거기에서 바울에게 많은 도움을 주었을 것이라고 생각한다.

7. 내 친척이요 나와 함께 갇혔던 안드로니고와 유니아에게 문안하라 그들은 사도들에게 존중히 여겨지고 또한 나보다 먼저 그리스도 안에 있는 자라.

내 친척이요. 바울이 안드로니고와 유니아를 "친척"이라고 부르는 것은 그들이 유대인이었기 때문이거나(롬 9:3), 혹은 그들이 그와 같은 지파 출신이었기 때문이거나, 혹은 그들이 실제로 혈연관계였기 때문일 것이다.

나와 함께 갇혔던. 바울처럼 그들 역시도 복음을 위해 옥에 갇혔다. 바울은 종종 혼자 옥에 갇혔다(고후 11:23). 그런가 하면 다른 사람들과 함께 갇혔던 적도 있었다. 우리는 사도행전 16:23에서 그가 빌립보 감옥에 투옥된 것을 읽는데, 어쩌면 이때 여기의 두 사람이 그와 함께 갇혀 있었던 것이었는지도 모른다. 왜냐하면 그때 바울과 실라 옆에 다른 죄수들이 있었기 때문이었다(행 16:25, 26).

안드로니고와 유니아에게 문안하라. 여기의 "유니아"는 유니우스(Junius)라고 번역될 수도 있다. 어떤 사람들은 여기의 유니아가 여자로서 안드로니고의 아내였을 것이라고 생각한다. 반면 다른 사람들은 그들 모두를 남자로 생각한다.

그들은 사도들에게 존중히 여겨지고. 즉 그들은 사도들에게 잘 알려졌을 뿐만 아니라 사도들로부터 좋은 평가를 받는 사람들이었다. 열두 사도와 바울과 바나바뿐만 아니라 다른 선생들도 때로 사도(apostles) 혹은 사자(messengers)로 불렸다. 고린도후서 8:23; 빌립보서 2:25을 보라. 어떤 사람들은 안드로니고와 유니아가 누가복음 10:1에 언급된 70인 가운데 있었던 사람들이었을 것이라고 생각하며, 또 어떤 사람들은 그들이 사도행전 1:15에 언급된 120인 가운데 있었던 사람들이었을 것이라고 생각하며, 또 어떤 사람들은 그들이 베드로의 첫 설교 때 회심한 사람들 가운데 있었을 것이라고 생각하며(행 2:41), 또 어떤 사람들은 그들이 다음 번 설교 때 회심한 사람들 가운데 있었을 것이라고 생각한다(행 4:4). 어쨌든 그들은 당시 교회에서 중요한 위치를 차지하고 있었던 것으로 보인다.

또한 나보다 먼저 그리스도 안에 있는 자라. 여기의 두 사람을 바울은 세 가지로 칭찬한다. 첫째는 그리스도를 위해 옥에 갇히는 고난을 당한 사실이며, 둘째는 사도들에게 존중히 여겨진 사실이다. 그리고 셋째는 바울보다 먼저 회심한 자들이었다는 사실이다. 바울은 이와 비슷한 이유로 나손을 칭찬했다(행 21:16). "그리스도 안에 있는 자"라는 표현 속에는 우리를 그리스도와 결합시키는 — 마치 가지를 포도나무와 결합시키는 것처럼 — 믿음의 덕과 능력이 함축되어 있다.

8. 또 주 안에서 내 사랑하는 암블리아에게 문안하라.

어떤 역본들은 이 사람을 암블리아투스(Ampliatus)라고 번역한다. 이것은 로마식 이름이다.

주 안에서 내 사랑하는. 바울이 이 말을 덧붙인 것은 자신이 그를 사랑한 것이 그의 재물이나 혹은 어떤 외적인 것 때문이 아니라 오직 주님 때문임을 보이기 위함이었다. 요컨대 바울이 그를 사랑한 것은 그 안에 나타난 그리스도의 은혜 때문이었다.

9. 그리스도 안에서 우리의 동역자인 우르바노와 나의 사랑하는 스다구에게 문안하라.

우르바노. 이것 역시 로마식 이름이다. 훗날 여러 교황들이 이 이름을 사용했다.

그리스도 안에서 우리의 동역자. 같은 표현이 아굴라와 브리스가에게도 사용되었다(3절). 어쩌면 여기의 우르바노는 아굴라와 브리스가를 가르친 선생들 가운데 한 사람이었는지도 모른다.

나의 사랑하는 스다구. 이것은 헬라식 이름으로서, 곡식의 이삭을 의미한다. 어떤 사람은 이 사람이 콘스탄티노플의 첫 감독이었다고 말한다. 이 사람은 의심의 여지없이 은혜와 은사에 있어 탁월한 사람이었다. 왜냐하면 만일 그렇지 않았다면 바울이 여기에서 "나의 사랑하는"이라는 특별한 수식어를 덧붙이지 않았을 것이기 때문이다.

10. 그리스도 안에서 인정함을 받은 아벨레에게 문안하라 아리스도불로의 권속에게 문안하라.

오리게네스(Origen)는 여기의 "아벨레"를 우리가 사도행전 18:24에서 읽는 아볼로라고 추측한다. 에피파니우스(Epiphanius)는 그가 폴리캅에 앞서 서머나 교회의 선생이었다고 말한다.

그리스도 안에서 인정함을 받은. 그는 신실하며 진지한 그리스도인으로서 스스로를 나타냈으며, 또한 신실함과 열심과 믿음의 정조에 있어 많은 증거를 나타냈다. 이것은 정말로 큰 칭찬이다. 그는 "그리스도 안에" 있었을 뿐만 아니라, "그리스도 안에서 인정함"을 받았다. 정련(精鍊)된 금은 최고로 값진 것이다. 고난의 때에 스스로를 굳게 지키면서 견고하게 서 있는 것은 그리스도인으로서 최고의 칭찬이다.

아리스도불로의 권속에게 문안하라. 원문에는 "권속"이라는 단어가 없다. 이것은 다만 의미를 보충하기 위해 덧붙여진 것이다. 다음 절과 고린도전서 1:11에서도 이와 비슷한 경우를 보게 된다. 아리스도불로 자신은 문안의 대상이 아니었다. 아마도 그것은 그가 이미 죽었기 때문이든지, 아니면 그가 아직 회심하지 않았기 때문이었을 것이다. 다만 그의 권속 가운데 그리스도인들이 있었던 것으로 보인다. 다음 절을 보라.

11. 내 친척 헤로디온에게 문안하라 나깃수의 가족 중 주 안에 있는 자들에게 문안하라.

내 친척 헤로디온에게 문안하라. 7절을 보라.

나깃수의 가족 중 주 안에 있는 자들에게 문안하라. 수에토니우스(Suetonius)는 나깃수가 큰 부자로서 클라우디우스 황제로부터 총애를 받았던 사람이었다고 말한다. 그 자신은 악한 사람이었지만, 그러나 그의 가족 가운데 몇몇 신실한 그리스도인들이 있었다. 이와 같이 우리는 네로의 친족 중에도 성도들이 있었음을 읽는다(빌 4:22). 악인의 집으로부터도 얼마든지 신실한 백성들이 생겨날 수 있다. 이러한 사실은 선한 그리스도인이 선한 양심을 가지고 악한 주인을 섬길 수 있음을 보여 준다.

주 안에 있는 자들. 이것이 덧붙여진 것은 나깃수의 가족 모두가 그리스도인 혹은 그리스도의 교회의 지체였던 것은 아니었기 때문이다.

12. 주 안에서 수고한 드루배나와 드루보사에게 문안하라 주 안에서 많이 수고하고 사랑하는 버시에게 문안하라.

바울은 남자들만이 아니라 여자들에게도 문안을 한다. 우리는 앞에서 브리스가와 마리아를 보았다(3, 6절). 그리고 바울은 여기에서 또다시 세 여자를 더한다. 그는 앞의 두 사람에 대하여 "주 안에서 수고한," 다시 말해서 그들의 자리에서 그리스도와 그의 교회를 섬긴 자들이라고 말한다. 6절에 대한 주석을 보라.

주 안에서 많이 수고하고 사랑하는 버시에게 문안하라. 바울은 세 번째 여자를 더 많이 칭찬한다. 그는 그녀를 "사랑하는 버시"라고 부른다. 8절을 보라. 또 그는 앞의 두 여자에 대해서는 "주 안에서 수고한"이라고 말한 반면, 여기의 버시에 대해서는 "주 안에서 많이 수고한"이라고 말한다.

13. 주 안에서 택하심을 입은 루포와 그의 어머니에게 문안하라 그의 어머니는 곧 내 어머니니라.

루포. 우리는 마가복음 15:21에서 같은 이름을 발견한다. "마침 알렉산더와 루포의 아버지인 구레네 사람 시몬이 시골로부터 와서 지나가는데 그들이 그를 억지로 같이 가게 하여 예수의 십자가를 지우고."

주 안에서 택하심을 입은. 그는 탁월한 은혜와 은사를 받은 선택된 그리스도인(choice christian)이었다. 여기와 마찬가지로 우리는 요한이서 1:1에서 "택하심을 입은 부녀"라는 표현을 발견한다. 아마도 이것은 영원한 택하심(eternal election)을 의미하는 것은 아닌 것으로 보인다.

그의 어머니는 곧 내 어머니니라. 그에게는 육신의 어머니이고, 나에게는 마음의 어머니이니라. 그녀는 나를, 마치 어머니가 아들에게 하듯, 따뜻하게 대하였느니라. 디모데전서 5:2을 보라.

14. 아순그리도와 블레곤과 허메와 바드로바와 허마와 및 그들과 함께 있는 형제들에게 문안하라.

그들과 함께 있는 형제들. 그들과 함께 그들의 집에 거하는 그리스도인들.

15. 빌롤로고와 율리아와 또 네레오와 그의 자매와 올름바와 그들과 함께 있는 모든 성도에게 문안하라.

율리아. 이 사람은 아마도 빌롤로고의 아내였던 것으로 보인다.

올름바. 이 이름은 남자의 이름이라기보다 여자의 이름인 것으로 여겨진다.

그들과 함께 있는 모든 성도. 그들과 함께 그들의 집에 거하는 그리스도인들. 14절을 보라. 의심의 여지 없이 로마 교회에는 여기에 언급된 사람들 외에 훨씬 더 많은 그리스도인들이 있었을 것이다. 다른 사람들은 바울이 알지 못했거나 혹은 크게 주목할 만한 사람들이 아니었을 것이다. 어쨌든 로마에 전혀 간 적이 없는 바울이 이토록 많은 사람들의 이름과 그들 각각의 독특한 특징들을 알고 있었던 사실은 참으로 놀랄 만한 일이 아닐 수 없다. 로마의 많은 형제들의 이름이 언급되는 가운데 유독 베드로의 이름이 언급되지 않는 사실로 미루어, 우리는 본 서신이 기록될 때 베드로는 로마에 없었음을 합리적으로 추론할 수 있다.

16. 너희가 거룩하게 입맞춤으로 서로 문안하라 그리스도의 모든 교회가 다 너희에게 문안하느니라.

그들에게 문안하고 난 후에 바울은 이제 그들끼리 서로 문안하라고 말하면서 특별히 거룩한 입맞춤으로 그렇게 하라고 훈계한다. 우리는 고린도전서 16:20; 고린도후서 13:12; 데살로니가전서 5:26에서 여기와 동일한 훈계를 발견한다. 이것을 베드로는 "사랑의 입맞춤"이라고 부른다(벧전 5:14). 입을 맞추는 것은 사랑과 일치의 위대한 상징이다. 너희 사이에 음식을 먹는 문제라든지 혹은 날을 지키는 문제와 관련하여 큰 다툼이 있었도다. 그러므로 간절히 권하노니 그 모든 다툼과 불화를 잊어버리라. 그리고 이제 서로간의 사랑과 화평의 모든 표적들을 나타내라. 입을 맞추는 것은 히브리인들 사이의 옛 관습이었다. 우리는 옛 족장들이 그렇게 한 것을 발견한다(창 27:26; 29:11). 그리고 이러한 관습은 오늘날까지도 모든 나라들 가운데 어느 정도 남아 있다. 그리고 그것은, 테르툴리아누스가 증언하는 것처럼, 초창기 그리스도인들 사이에서도 마찬가지였다. 그들은 특별히, 크리소스토모스가 증언하는 것처럼, 성찬을 받을 때 그렇게 했다(Hom. 77). 그는 "우리는 입맞춤으로 서로 하나가 된다"라고 말한다. 이러한 관습은 몇몇 이유로 시행되지 않다가, 나중에 로마교도들은 그것을 미사 때 성상(聖像)에다가 입을 맞추는 미신적이며 어리석은 의식(儀式)으로 대체했다.

그리스도의 모든 교회가 다 너희에게 문안하느니라. 바울은 로마 교회에 자신의 문안 인사 외에 다른 사람들의 문안 인사도 전한다. 여기에서 먼저 교회들 전체의 문안 인사를 전하고, 나중에 각각의 사람들의 문안 인사를 전한다(21-23절). 여기의 "모든 교회"로써 그는 일차적으로 그가 지금 있는 헬라의 교회들을 의미한다.

17. 형제들아 내가 너희를 권하노니 너희가 배운 교훈을 거슬러 분쟁을 일으키거나 거치게 하는 자들을 살피고 그들에게서 떠나라.

바울은 분쟁을 일으키거나 거치게 하는 자들을 경계하라는 훈계와 함께 이 위대한 서신을 마무리한다. 그가 이러한 훈계를 마지막까지 미룬 것은 그들로 하여금 그것을 더 잘 기억하도록 하기 위함이었다. 어떤 사람들은 전자의 "분쟁을 일으키는 자들"을 교회의 교리를 오염시키는 자들로, 그리고 후자의 "거치게 하는 자들"을 교회의 질서를 거스르는 자들로 이해한다. 반면 또 어떤 사람들은 전자를 믿음과, 그리고 후자를 삶의 태도와 관련시킨다. 그런가 하면 또 어떤 사람들은 여기에서 바울이 단지 교회를 분열시키는 자들에 대해 경고하면서, 교회 분열의 결과 혹은 열매로서 거치게 하는 것을 언급했다고 생각한다. 아마도 여기에서 바울은 좀 더 특별하게 구원의 조건으로서 그리스도에 대한 믿음과 함께 율법의 규례를 지킬 것을 요구했던 사람들을 염두에 두고 있었던 것으로 보인다. 이런 사람들을 그는 종종 복음의 원수 혹은 그리스도의 십자가의 원수라고 불렀다. 갈라디아서 1:7; 빌립보서 3:2, 19, 19; 디도서 1:10을 보라.

너희가 배운 교훈을 거슬러. 즉 너희를 처음부터 가르치고 또 그리스도께로 회심시켰던 자들로부터 배운 교훈을 거슬러. 너희는 그리스도의 참된 교훈으로 가르침을 받았느니라. 그러나 다른 교훈을 받아들이고 또 가르치는 사람들이 있도다. 그들의 교훈은 사도들이 가르친 순전한 교훈과 어긋나는 잘못된 교훈이로다. 그러므로 그것이 너희들 가운데 분쟁과 분열을 일으키는도다.

그들에게서 떠나라. 여기에 교회를 분열시키는 자들과 관련한 두 개의 훈계가 있다. 첫째는 그들을 "살피라"는 것이다. 여기의 단어는 파수꾼이 망대 위에서 적들의 동태를 주시하는 것과 같은 행동을 의미한다. 파수꾼은 자기 성읍의 안전을 위해 성문을 드나드는 모든 사람들을 부지런히 살피며 주시한다. 둘째는 그들로부터 떠나라 혹은 피하라는 것이다. 이와 동일한 훈계를 우리는 데살로니가후서 3:6, 14; 디모데전서 6:3-5; 디모데후서 3:5; 디도서 3:10; 요한이서 1:10에서 발견한다. 요지는 교회가 마땅히 그들을 내쫓아야 한다는 것이다. 모든 그리스도인들은 그들과의 교제를 피하면서 그들로부터 돌이켜야 한다.

18. 이같은 자들은 우리 주 그리스도를 섬기지 아니하고 다만 자기들의 배만 섬기나니 교활한 말과 아첨하는 말로 순진한 자들의 마음을 미혹하느니라.

여기에서 우리는 미혹하는 자들에 대한 상세한 묘사와 함께 앞의 훈계의 이유를 보게 된다. 바울은 그들이 "우리 주 그리스도를 섬기지 아니하고 다만 자기들의 배만 섬긴다"고 말한다. 다시 말해서, 그들은 그리스도 대신 자기 자신을 섬기는 자들이다. 설령 그들이 예수 그리스도의 종인 양 가장하며 스스로를 그의 사역자로 내세운다 하더라도, 그들이 실제로 구하는 것은 그들 자신의 양식과 그들 자신의 유익이다. 이런 사람들에 대한 또 다른 묘사를 우리는 빌립보서 3:19; 디모데전서 6:5; 디도서 1:11; 베드로후서 2:3 등에서 발견할 수 있다.

교활한 말과 아첨하는 말로 순진한 자들의 마음을 미혹하느니라. 에덴동산에서 하와를 유혹한 사탄을 생각해 보라. 그는 마치 자신이 그녀의 유익을 바라는 것처럼 가장했다. 이와 같이 유혹하는 자들은 교활한 말과 아첨하는 말로 마치 자신들이 상대방의 선과 유익 외에는 아무것도 바라지 않는 양 꾸민다. 그들은 달콤한 말로 — 여기에 사용된 "율로기아"라는 단어가 의미하는 것처럼 — 자신들이 유혹하는 자들의 인격과 행실을 칭찬한다. 이런 방법으로 그들은 순진한 자들 즉 경솔함으로 거짓까지도 쉽게 믿어 버리는 자들을 미혹한다. 여기에서 "순진한"(simple)이라고 번역된 단어는 "악의가 없는" 혹은 "부주의한" 혹은 "의심하지 않는" 등을 의미한다.

19. 너희의 순종함이 모든 사람에게 들리는지라 그러므로 내가 너희로 말미암아 기뻐하노니 너희가 선한 데 지혜롭고 악한 데 미련하기를 원하노라.

너희의 순종함이 모든 사람에게 들리는지라. 너희가 기꺼이 복음을 받아들이고 그것에 순종한 것이 모든 사람들에게 알려졌느니라. 이와 비슷한 구절로서 로마서 1:8; 데살로니가전서 1:8을 보라.

내가 너희로 말미암아 기뻐하노니. 내가 너희의 온전함과 유순함을 듣고 기뻐하노니. 그러므로 내가 이 말을 하는 것은 너희를 정죄하기 위함이 아니라 너희로 하여금 경계하도록 하기 위함이라.

너희가 선한 데 지혜롭고 악한 데 미련하기를 원하노라. 너희가 유혹하는 자들에 의해 속임을 당하지 않도록 조심하라. 그들로 하여금 너희의 순진함을 악용하여 너희를 거짓된 길로 이끌지 못하도록 하라. 바울은 그들에게 그들의 순진함에다가 신중함을 더하라고 훈계한다. 우리는 악의가 없는 순진한 사람이면서 동시에 참과 거짓을 분별할 줄 아는 신중하며 지혜로운 사람이 되어야 한다. 우리는 다른 사람을 속이지 않는 정직한 사람이면서 동시에 다른 사람에게 속지 않는 신중한 사람이 되어야 한다. "보라 내가 너희를 보냄이 양을 이리 가운데로 보냄과 같도다 그러므로 너희는 뱀 같이 지혜롭고 비둘기 같이 순결하라"(마 10:16). 바울은 또한 빌립보인들이 이러한 신중함과 분별력을 가지기 위해 기도한다(빌 1:9, 10). 또 그는 데살로니가인들에게도 그와 같이 할 것을 훈계한다(살전 5:21).

20. 평강의 하나님께서 속히 사탄을 너희 발 아래에서 상하게 하시리라 우리 주 예수의 은혜가 너희에게 있을지어다.

본 절은 앞 절의 결과이다. 다시 말해서 만일 우리가 선한데 지혜롭고 악한데 미련하다면, 이와 같을 것이라는 것이다.

평강의 하나님. 바울은 15:33에서도 하나님을 이와 같은 이름으로 불렀다.

사탄을 너희 발 아래에서 상하게 하시리라. 여기의 단어는 발로 밟아 부수는 것을 의미한다. 이것은 주님이 그의 백성들에게 주시는 승리, 다시 말해서 그의 백성들이 그들을 분열시키며 유혹하며 압제하는 사탄과 그의 악한 도구들에 대해 거두는 승리를 가리킨다. 여기의 약속은 그들이 사탄과 그의 도구들을 이길 것이라는 것이다. 여호수아와 그의 군대가 가나안의 다섯 왕과 그들의 군대에 대해 승리를 거둔 것처럼, 그들은 사탄과 그의 수하들에 대해 그렇게 할 것이다(수 10:24). 요한계시록 22:11을 보라. 우리는 여기의 약속 가운데 창세기 3:15의 위대한 약속, 즉 여자의 후손인 예수 그리스도가 뱀의 머리를 상하게 할 것이라는 위대한 약속이 어른거리는 것을 보게 된다. 예수 그리스도께서 사탄의 머리를 상하게 함으로 말미암아 사탄은 우리 발 아래에서 패배와 상함을 당한다. 여자의 자손은 그들의 대표 안에서 뿐만 아니라 그들 자신의 인격 안에서 뱀의 머리를 상하게 할 것이다.

속히. 혹은 갑자기. 비록 사탄이 지금 광분할지라도, 그러나 머지않아 그는 허물어질 것이다. 어떤 사람들은 이것을 심판의 날과 연결시키는 반면 다른 사람들은 우상 숭배를 허물어뜨린 콘스탄티누스의 시대와 연결시킨다. 그렇다면 이것은 약속일 뿐만 아니라 또한 로마제국의 회심에 대한 예언도 될 것이다. 어떤 사람들은 여기에서 바울이 로마의 그리스도인들에게 사탄의 악의와 궤휼로 말미암아 그들 사이에서 생긴 분쟁이 곧 종결될 것이라고 말함으로써 그들을 위로하고 있는 것이라고 생각한다. 그 일은 부분적으로 본 서신에 의해, 그리고 또 부분적으로 나중에 바울의 수고에 의해 이루어졌다.

우리 주 예수의 은혜가 너희에게 있을지어다. 본 서신을 바울은 그들에게 은혜와 평강이 있기를 기원하는 것으로 시작했다가 여기에서 이와 같은 기원으로 마친다. 그는 15:33에서 "평강의 하나님께서 너희 모든 사람과 함께 계실지어다"라고 말했다. 그리고 여기에서 또다시 "우리 주 예수의 은혜가 너희에게 있을지어다"라고 말한다. 그는 15장에서 자신의 편지를 마감했다가, 몇 가지 보충하는 말과 함께 여기에서 재차 마감한다. 이러한 일은 편지를 쓸 때 흔히 있는 일이다. 여기의 인사말은 그의 서신 말미에 종종 나타나는 표현이다(살후 3:17).

21. 나의 동역자 디모데와 나의 친척 누기오와 야손과 소시바더가 너희에게 문안하느니라.

앞에서 로마의 여러 그리스도인들에게 문안 인사를 한 바울은 이제 그들에게 자신의 동역자들의 문안 인사를 보낸다. 그가 이렇게 하는 것은 그리스도인들 사이에 있는 그리고 마땅히 있어야 하는 상호 교제와 사랑을 나타내기 위함이다. 그들은 몸으로는 서로 다른 장소에 나누어져 있다 하더라도 그러나 마음으로는 같이 있었다. 바울은 디모데로부터 시작한다. 그는 디모데를 "동역자"라고 부른다. 그에게 있어 디모데는 그리스도의 복음을 함께 전파하는 동역자였다. 이것은 그의 겸손을 보여 준다. 왜냐하면 그는 자신보다 훨씬 어린 디모데를 동역자라는 호칭으로 높였기 때문이다. 이 사람에게 바울은 나중에 두 개의 편지를 보낸다(디모데전후서). 우리는 사도행전 16:17과 다른 곳에서 이 사람에 대해 좀 더 상세히 알게 된다.

누기오. 오리게네스를 비롯한 어떤 사람들은 이 사람을 복음서를 기록한 누가와 동일인으로 생각한다. 사도행전 20:5에 나타나는 것처럼 누가는 항상 바울 곁에 있었던 동료였으며, 이 편지를 쓸 때에도 그와 함께 있었다. 여기에서 그가 누기오(Lucius)라고 불리는 것은 로마 어법에 따른 것이다. 반면 다른 사람들은 이 사람이 사도행전 13:1에 나타나는 구레네 사람 루기오(Lucius)였다고 생각한다.

야손. 이 사람은 바울이 데살로니가에 있을 때 거처했던 집의 주인이었다(행 17:5, 7). 어떤 사람들은 이 사람을 사도행전 20:4에 나타나는 세군도와 동일인으로 생각한다. 하나는 그의 히브리식 이름이었고, 다른 하나는 그의 로마식 이름이었다는 것이다.

소시바더. 이 사람은 사도행전 20:4에 나타나는 베뢰아 사람 소바더와 동일인이다.

나의 친척. 7절에 대한 주석을 보라.

22. 이 편지를 기록하는 나 더디오도 주 안에서 너희에게 문안하노라.

더디오. 이 사람은 바울의 서기(書記) 혹은 비서였다. 그는 바울이 불러주는 대로 기록했거나 혹은 바울이 쓴 것을 다시 정리해서 기록한 것으로 보인다. 그는 바울의 허락 하에 자신의 문안 인사를 덧붙였다.

주 안에서 너희에게 문안하노라. 즉 주님으로부터의 너희의 안녕을 기원하노라.

23. 나와 온 교회를 돌보아 주는 가이오도 너희에게 문안하고 이 성의 재무관 에라스도와 형제 구아도도 너희에게 문안하느니라.

가이오. 우리는 성경에서 가이오라는 이름을 가진 몇몇 사람들을 발견한다. 우리는 사도행전 19:29에서 마게도냐의 가이오에 대해 읽는다. 또 우리는 사도행전 20:4에서 더베의 가이오에 대해 읽는다. 아마도 이 사람이 여기의 가이오였을 가능성이 가장 높아 보인다. 그런가 하면 바울이 고린도에서 세례를 베푼 사람들 가운데 이 이름을 가진 사람이 있었다(고전 1:14). 그런가 하면 사도 요한이 자신의 세 번째 편지를 쓴 또 다른 가이오도 있었다(요삼 1:1). 여기의 사람들 가운데 같은 사람이 있는지 혹은 모두가 다른 사람인지는 확실하지 않다.

나와 온 교회를 돌보아 주는. 이 사람은 바울과 모든 그리스도인 나그네를 환대하고 대접했다. 사도 요한의 세 번째 편지를 받은 가이오 역시도 비슷한 행동으로 칭찬을 받았다(요삼 1:5, 6).

이 성(city)의 재무관 에라스도. 혹은 이 성의 재정 관리인 혹은 집사. 이 사람은 그 도시의 재정을 관리하는 사람이었다. 그 도시는 지금 바울이 이 편지를 쓰고 있는 고린도였다. 에라스도는 그 도시에 거주하고 있었던 것으로 말하여진다(딤후 4:20). 그러나 우리는 사도행전 19:22에서 그가 바울의 돕는 자로서 바울에 의해 필요에 따라 이곳저곳으로 보냄을 받았던 사람이었음을 보게 된다. 이것은 그가 고린도라는 큰 도시의 재무관이었던 사실과 잘 맞지 않는다. 따라서 어떤 사람들은 그가 예전에 재무관이었기 때문에 그와 같은 이름으로 불렀을 것이라고 생각한다. 이와 같이 사무엘하 3:3에서 아비가일이 "나발의 아내"로 불리는 것은 그녀가 예전에 그의 아내였기 때문이었다.

24. (없음)

25. 나의 복음과 예수 그리스도를 전파함은 영세 전부터 감추어졌다가.

바울은 여기의 탁월한 영광송과 함께 자신의 편지를 마무리한다. 먼저 바울은 여기의 영광송 안에서 하나님을 묘사하고 난 후에 그에게 영원한 영광을 돌린다. 그는 하나님을 두 가지 속성으로 묘사한다. 첫째는 그의 능력이다. 그는 은혜와 진리 안에서 "능히 그들을 견고하게 하실" 자이다. 그는 죄와 오류 가운데 떨어지는 것으로부터 능히 그들을 지키실 수 있다. 성경은 종종 우리의 견고함의 근원을 하나님에게 돌린다. 데살로니가전서 3:13; 데살로니가후서 2:17; 3:3; 베드로전서 5:10을 보라. 사탄은 강한 능력을 가지고 있으며, 우리는 약하다. 그러므로 만일 하나님이 우리를 견고하게 하지 않으신다면, 우리는 곧 비틀거리고 넘어질 것이다. "남의 하인을 비판하는 너는 누구냐 그가 서 있는 것이나 넘어지는 것이 자기 주인에게 있으매 그가 세움을 받으리니 이는 그를 세우시는 권능이 주께 있음이라"(롬 14:4). 나아가 하나님은 복음을 도구로 사용하셔서 우리를 견고하게 하신다. 여기에서 우리는 몇 가지를 주목할 수 있다. 첫째로, 바울은 복음을 "나의 복음"이라고 말한다. 그것은 그가 그것을 전하는 전도자였기 때문이다. 로마서 2:16과 그 구절에 대한 저자의 주석을 보라. 둘째로, 바울은 그것을 "예수 그리스도를 전파함"이라고 부른다. 이것은 우리 주님 자신을 전파하는 것이기 때문에 능동적으로 취하여질 수 있다. 이와 같이 구원의 교훈은 "주님에 의해 말하여진 말씀"으로 일컬어진다(히 2:3). 마태복음 4:23; 9:35을 보라. 그러나 그것보다도 그것은 수동적으로 취하여진다. 왜냐하면 복음은 예수 그리스도에 관하여 전파된 것이기 때문이다. 로마서 1:1-3과 그 구절에 대한 저자의 주석을 보라. 셋째로, 바울은 복음을 "영세 전부터 감추어졌다가 이제는 나타내신 바 된 신비"라고 부른다. 이와 비슷한 구절로서 고린도전서 2:7; 에베소서 3:9; 골로새서 1:26을 보라. 어떤 사람들은 이것을 이방인들의 부르심에 국한시킨다. 그러나 그것은 삼위일체라든지 혹은 하나님의 아들의 성육신 등과 관련한 복음의 전체적인 교훈으로 이해하는 것이 더 낫다. 어떤 측면에서 그것이 구약 하에서 어느 정도 알려졌다 하더라도, 그러나 현재의 빛과 계시의 측면에서 그것은 감추어진 "신비"였다.

26. 이제는 나타내신 바 되었으며 영원하신 하나님의 명을 따라 선지자들의 글로 말미암아 모든 민족이 믿어 순종하게 하시려고 알게 하신 바 그 신비의 계시를 따라 된 것이니 이 복음으로 너희를 능히 견고하게 하실.

여기의 "신비의 계시"와 관련하여 네 가지가 언급된다. (1) 그것은 무엇을 도구로 하여 알려지게 되었나? — 선지자들의 글. 사도행전 10:43; 16:32; 28:23을 보라. (2) 그것은 무슨 권위에 의해 알려지게 되었나? — 영원하신 하나님의 명. (3) 그것은 어떤 사람들에게 알려지게 되었나? — 이방인들 혹은 모든 민족의 거민들. (4) 그것은 무슨 목적을 위해 알려졌나? — 믿어 순종하게 하시려고. 로마서 1:5; 15:18을 보라.

27. 지혜로우신 하나님께 예수 그리스도로 말미암아 영광이 세세무궁하도록 있을지어다 아멘.

여기에 묘사된 하나님의 두 번째 속성은 그의 지혜이다. 여기에서 그는 "지혜로우신 하나님"이라고 일컬어진다. 비슷한 구절로서 디모데전서 1:17; 유다서 1:25을 보라. 여러 곳에서 하나님은 "유일하신 참 하나님"(요 17:3)으로, "유일하신 주권자"(딤전 6:15)로, "오직 그에게만 죽지 아니함이 있는 자"(딤전 6:16)로 일컬어진다. 이것은 아들과 성령의 지혜를 배제하지 않는다. 다만 피조물의 지혜만을 배제할 뿐이다. 그가 유일하신 지혜자로 말하여지는 것은 아무도 그만큼 지혜롭지 못하기 때문이다. 다른 모든 것들의 지혜는 그로부터 말미암는다. 사람들과 천사들의 지혜는 그의 빛으로부터 온 광선(光線)들에 불과하다. 또 그가 유일하신 지혜자로 말하여지는 것은 그가 본래적으로 지혜롭기 때문이다. 그의 지혜는 그 자신으로부터 말미암는다. 그렇다. 그의 지혜는 그 자신이다.

예수 그리스도로 말미암아 영광이 세세무궁하도록 있을지어다. 여기에서 바울은 영원한 영광을 하나님에게 돌린다. 우리는 앞에서도 이와 비슷한 구절을 보았다(11:36). 다만 여기에는 "예수 그리스도로 말미암아"가 더해져 있는데, 그것은 우리의 찬미와 감사가 그를 통해 하나님께 받아들여짐을 나타내기 위함이다. 로마서 1:7; 에베소서 3:20, 21을 보라.

아멘. 이 단어는 앞에서 여섯 번 사용되었다(1:25; 9:5; 11:36; 15:33; 16:20, 24). 그것은 본래 히브리 단어이지만, 지금은 모든 언어들에서 사용된다. 그것은 그 의미를 상실함이 없이 다른 언어로 완전하게 번역될 수 없다. 그것은 다음과 같은 세 가지 방식으로 취하여질 수 있다. (1) 이름으로. 그것은 그리스도의 이름이다(계 3:14). (2) 부사로. 그것은 "진실로"를 의미하는 부사로써 어떤 말을 시작할 때나 혹은 끝마칠 때 그것이 거짓이 아닌 참 말임을 나타내기 위해 사용된다. 이와 같이 그것은 옛 유대인들에 의해 기도할 때뿐만 아니라, 랍비들의 어떤 설교나 강화(講話)에 기꺼이 동의하며 찬동함을 나타내기 위해 사용되었다. 고린도전서 14:16을 보라. (3) 동사로. 여기에는 간절한 바람의 의미가 담겨 있다. 하나냐가 바벨론 포로로부터 금방 돌아올 것에 대해 예언했을 때, 비록 거짓 예언이었음에도 불구하고 예레미야는 "아멘"이라고 대답했다. 그렇게 한 것은 그가 정말로 그렇게 되기를 간절히 바라는 사실을 나타내기 위함이었다(렘 28:6).

독자 여러분들께 알립니다!

'**CH북스**'는 기존 '**크리스천다이제스트**'의 영문명 앞 2글자와
도서를 의미하는 '**북스**'를 결합한 출판사의 새로운 이름입니다.

매튜 풀 청교도 성경주석 17

사도행전 · 로마서

1판 1쇄 발행 2015년 5월 26일
1판 3쇄 발행 2024년 8월 1일

지은이 매튜 풀 청교도 성경주석
옮긴이 정충하
발행인 박명곤 **CEO** 박지성 **CFO** 김영은
기획편집1팀 채대광, 김준원, 이승미, 이상지
기획편집2팀 박일귀, 이은빈, 강민형, 이지은, 박고은
디자인팀 구경표, 임지선
마케팅팀 임우열, 김은지, 전상미, 이호, 최고은

펴낸곳 CH북스
출판등록 제406-1999-000038호
전화 070-4917-2074 **팩스** 0303-3444-2136
주소 서울시 강서구 마곡중앙6로 40, 장흥빌딩 10층
홈페이지 www.hdjisung.com **이메일** support@hdjisung.com
제작처 영신사

"크리스천의 영적 성장을 돕는 고전"
세계기독교고전 목록

1 **데이비드 브레이너드 생애와 일기**
조나단 에드워즈 편집
2 **그리스도를 본받아** | 토마스 아 켐피스
3 **존 웨슬리의 일기** | 존 웨슬리
4 **존 뉴턴 서한집 - 영적 도움을 위하여** | 존 뉴턴
5 **성 프란체스코의 작은 꽃들**
6 **경건한 삶을 위한 부르심** | 윌리엄 로
7 **기도의 삶** | 성 테레사
8 **고백록** | 성 아우구스티누스
9 **하나님의 사랑** | 성 버나드
10 **회개하지 않은 자에게 보내는 경고**
조셉 얼라인
11 **하이델베르크 요리문답 해설** | 우르시누스
12 **죄인의 괴수에게 넘치는 은혜** | 존 번연
13 **하나님께 가까이** | 아브라함 카이퍼
14 **기독교 강요(초판)** | 존 칼빈
15 **천로역정** | 존 번연
16 **거룩한 전쟁** | 존 번연
17 **하나님의 임재 연습** | 로렌스 형제
18 **악인 씨의 삶과 죽음** | 존 번연
19 **참된 목자(참 목자상)** | 리처드 백스터
20 **예수님이라면 어떻게 하실까** | 찰스 쉘던
21 **거룩한 죽음** | 제레미 테일러
22 **웨스트민스터 소교리문답 강해**
알렉산더 화이트
23 **그리스도인의 완전** | 프랑소아 페넬롱
24 **경건한 열망** | 필립 슈페너
25 **그리스도인의 행복한 삶의 비결** | 한나 스미스
26 **하나님의 도성(신국론)** | 성 아우구스티누스
27 **겸손** | 앤드류 머레이
28 **예수님처럼** | 앤드류 머레이
29 **예수의 보혈의 능력** | 앤드류 머레이
30 **그리스도의 영** | 앤드류 머레이
31 **신학의 정수** | 윌리엄 에임스
32 **실낙원** | 존 밀턴
33 **기독교 교양** | 성 아우구스티누스
34 **삼위일체론** | 성 아우구스티누스
35 **루터 선집** | 마르틴 루터
36 **성령, 위로부터 오는 능력** | 앨버트 심프슨
37 **성도의 영원한 안식** | 리처드 백스터
38 **웨스트민스터 소요리문답 해설** | 토머스 왓슨
39 **신학총론(최종판)** | 필립 멜란히톤
40 **믿음의 확신** | 헤르만 바빙크
41 **루터의 로마서 주석** | 마르틴 루터
42 **놀라운 회심의 이야기** | 조나단 에드워즈
43 **새뮤얼 러더퍼드의 편지** | 새뮤얼 러더퍼드
44-46 **기독교 강요(최종판) 상·중·하** | 존 칼빈
47 **인간의 영혼 안에 있는 하나님의 생명**
헨리 스쿠걸
48 **완전의 계단** | 월터 힐턴
49 **루터의 탁상담화** | 마르틴 루터
50-51 **그리스도인의 전신갑주 I, II** | 윌리엄 거널
52 **섭리의 신비** | 존 플라벨
53 **회심으로의 초대** | 리처드 백스터
54 **무릎으로 사는 그리스도인** | 무명의 그리스도인
55 **할레스비의 기도** | 오 할레스비
56 **스펄전의 전도** | 찰스 H. 스펄전
57 **개혁교의학 개요(하나님의 큰 일)**
헤르만 바빙크
58 **순종의 학교** | 앤드류 머레이
59 **완전한 순종** | 앤드류 머레이
60 **그리스도의 기도학교** | 앤드류 머레이
61 **기도의 능력** | E. M. 바운즈
62 **스펄전 구약설교노트** | 찰스 스펄전
63 **스펄전 신약설교노트** | 찰스 스펄전
64 **죄 죽이기** | 존 오웬